二十五史藝文經籍志考補萃編續刊

第五卷（上）

王承略 劉心明 主編

漢書藝文志集釋

施之勉 著
林　相 整理

清華大學出版社
北京

版權所有，侵權必究。舉報：010-62782989，beiqinquan@tup.tsinghua.edu.cn。

圖書在版編目(CIP)數據

二十五史藝文經籍志考補萃編續刊. 第五卷/王承略，劉心明主編. —北京：清華大學出版社，2023.8
ISBN 978-7-302-63901-5

Ⅰ.①二… Ⅱ.①王…②劉… Ⅲ.①二十五史－藝文志 Ⅳ.①Z838

中國國家版本館 CIP 數據核字(2023)第 118164 號

責任編輯：馬慶洲
封面設計：曲曉華
責任校對：王淑雲
責任印製：楊　艷

出版發行：清華大學出版社
　　　　網　　址：http://www.tup.com.cn，http://www.wqbook.com
　　　　地　　址：北京清華大學學研大廈 A 座　　郵　編：100084
　　　　社　總　機：010-83470000　　郵　購：010-62786544
　　　　投稿與讀者服務：010-62776969，c-service@tup.tsinghua.edu.cn
　　　　質量反饋：010-62772015，zhiliang@tup.tsinghua.edu.cn
印　裝　者：三河市東方印刷有限公司
經　　銷：全國新華書店
開　　本：148mm×210mm　　印　張：23.375　　字　數：517 千字
版　　次：2023 年 8 月第 1 版　　印　次：2023 年 8 月第 1 次印刷
定　　價：128.00 元(全兩冊)

產品編號：096062-01

《二十五史藝文經籍志考補萃編續刊》編纂委員會

學術顧問：張高評
主　　編：王承略　劉心明
副 主 編：馬慶洲　李　兵
特約作者：劉兆祐　顧力仁　劉　琳　聶鴻音　張固也
點校整理：辛智慧　李學玲　張　雲　李玲玲　于少飛
　　　　　　楊勝男　由墨林　張　偉　陳福盛　解樹明
　　　　　　邱琬淳
校　　對：王成厚　李　博　王　瑞　王志遠　肖鴻哉
　　　　　　楊潤東　靳亞萍　馬慶輝　李古月　王銀萍
　　　　　　張孜烜　盧姝宇　林　相　朱世堯　侯穎格

目　　録

六藝 ……………………………………………… 13
　易 ………………………………………………… 13
　書 ………………………………………………… 40
　詩 ………………………………………………… 69
　禮 ………………………………………………… 93
　樂 ………………………………………………… 132
　春秋 ……………………………………………… 141
　論語 ……………………………………………… 190
　孝經 ……………………………………………… 203
　小學 ……………………………………………… 224

諸子 ……………………………………………… 259
　儒 ………………………………………………… 259
　道 ………………………………………………… 336
　陰陽 ……………………………………………… 385
　法 ………………………………………………… 402
　名 ………………………………………………… 417
　墨 ………………………………………………… 429
　縱橫 ……………………………………………… 441
　雜 ………………………………………………… 454
　農 ………………………………………………… 474
　小説 ……………………………………………… 484

詩賦 …… 501
賦 …… 501
雜賦 …… 534
歌詩 …… 538
兵書 …… 553
兵權謀 …… 553
兵形勢 …… 566
兵陰陽 …… 576
兵技巧 …… 588
數術 …… 601
天文 …… 601
曆譜 …… 616
五行 …… 631
蓍龜 …… 658
雜占 …… 668
形法 …… 684
方技 …… 698
醫經 …… 698
經方 …… 704
房中 …… 714
神仙 …… 720

漢書藝文志集釋

施之勉 著
林相 整理

底本:《漢書集釋》,2003年臺北三明書局出版。
校本:臺北《大陸雜誌》71卷第1期(1985)至74卷第3期(1987)連載,共21輯。

劉咸炘曰：①"群書皆文也，而以六藝爲宗，故名藝文。後世方志又以雜文筆編爲藝文，蓋以藝爲曲藝之藝，大非班意。《隋書》易爲經籍，經即藝，藝即文也。"又曰："章實齋《永清縣志・六書例議》曰：'班書《藝文》，②而劉歆《七略》不盡存其論説。史家約取掌故，以爲學者之要删，其與專門成書，不可一律求詳，亦其勢也。'"又曰："《史通》譏此篇爲失斷限，已詳《史通駁議》。"

班固《叙傳》曰："虙羲畫卦，書契後作，虞夏商周，孔纂其業，篹師古曰：'篹'與'撰'同。"《書》删《詩》，綴《禮》正《樂》，彖系大《易》，因史立法。師古曰："謂修《春秋》定帝王之文。"六學既登，遭世罔弘，師古曰："罔，無也。無能弘大正道也。"群言紛亂，諸子相騰。秦人是滅，漢修其缺，劉向司籍，九流以别。應劭曰："儒、道、陰陽、法、名、墨、從横、雜、農，凡九家。"爰著目録，略序洪烈。師古曰："洪，大也。烈，業也。"述《藝文志》第十。"

昔仲尼没而微言絶，

李奇曰："隱微不顯之言也。"師古曰："精微要妙之言耳。"

《史記》："孔子，名丘，字仲尼。"崔氏《洙泗考信録》："魯襄公二十有一年，冬十月庚子，孔子生。哀公十有六年，夏四月己丑，孔子卒。年七十有四。"

顧實曰："百家之文亦稱微言。"《論語讖》曰："子夏六十四人，共撰仲尼微言。《論語》即是。仲尼久没，故云絶矣。"

七十子喪而大義乖。

師古曰："七十子，謂弟子達者七十二人。舉其成數，故言七十。"

《史記・仲尼弟子列傳》：孔子曰："受業身通者，七十有七

---

① "炘"，原誤作"忻"，據上下文意改。
② "書"，清乾隆四十四年刻本《永清縣志》卷九作"著"。

人。皆異能之士也。"顔回、閔損、冉耕、冉雍、冉求、仲由、①宰予、端木賜、言偃、卜商、顓孫師、曾參、澹臺滅明、宓不齊、原憲、公冶長、南宮括、公皙哀、曾蒧、顔無繇、商瞿、高柴、漆雕開、公伯僚、司馬耕、樊須、有若、公西赤、巫馬施、梁鱣、顔幸、冉孺、曹卹、伯虔、公孫龍字子石。自子石已上三十五人，顯有年名，及受業聞見于書傳。其四十有二人無年及不見書傳者紀于下：冉季、公祖句茲、秦祖、漆雕哆、顔高、漆雕徒父、壤駟赤、商澤、石作蜀、任不齊、公良孺、后處、秦冉、公夏首、奚容蒧、公堅定、顔祖、鄡單、句井疆、罕父黑、秦商、申黨、顔之僕、榮旂、縣成、左人郢、燕伋、鄭國、秦非、施之常、顔噲、步叔乘、原亢籍、樂欬、廉絜、叔仲會、顔何、狄黑、邦巽、孔忠、公西輿如、公西蒧。

王先謙曰："二語亦見《劉歆傳》。"

劉光蕡曰："經籍之重，自孔子始，故從孔子說起也。然不自孔子生說起，而從孔子沒說起，爲《漢書·藝文》作緣起，見此《志》叙藝文有別擇之意，非漫無去取而録之也。"又曰："通篇之綱，志藝文即是志孔子之道。孔子是藝文之祖，七十子其宗也。大義微言，藝文之蘊乖絶，則傳記諸子宜兼存不可偏廢也。"

故《春秋》分爲五，

韋昭曰："謂左氏、公羊、穀梁、鄒氏、夾氏。"

陳國慶曰："按，左氏，謂左丘明。公羊，謂公羊高。穀梁，謂穀梁赤。鄒氏、夾氏未詳。"

《詩》分爲四，

韋昭曰："謂毛氏、齊、魯、韓。"

---

① "由"，原誤作"田"，據清乾隆武英殿刻本《史記·仲尼弟子列傳》（以下《史記》皆據此本，不再注明）改。

陳國慶曰："按，毛氏，是毛亨。齊，是齊人轅固。魯，是魯人申培。韓，是燕人韓嬰。各家皆有傳說。"

《易》有數家之傳。

劉光蕡曰："大道乖絕，第言《春秋》《詩》《易》之分，不備舉六藝者，夫子經世之微言大義，莫備於《春秋》；《詩》則大道之散見，爲學者求道所從入手處；《易》則大道之會歸，爲學問造極之域也。"又曰："首言《春秋》《詩》《易》三經，較《書》《禮》《樂》爲完全也。"

戰國從橫，真僞分爭，諸子之言紛然殽亂。至秦患之，乃燔滅文章，以愚黔首。

師古曰："殽，雜也。燔，燒也。秦謂人爲黔首，①言其頭黑也。"

劉光蕡曰："諸家之學，其旨符於六經者爲真，異者爲僞。諸子皆起於戰國，不惟神農、黃帝、力牧、伊尹、太公各書爲戰國之士所託，即管、晏之書，亦戰國爲管、晏之學者所託也。秦無著書之人，秦禁學也。然則戰國諸子，紛然殽亂，猶爲民智日開。有王者作，爲治甚易。"

王應麟曰："《大事記》：'始皇三十四年，焚書。非博士官所職，天下敢有藏《詩》《書》、百家語者，悉詣守、尉雜燒之。'東萊呂氏曰：'所燒者，天下之書；博士官所職，固自若也。蕭何獨收圖籍而遺此，惜哉！'《韓非·五蠹》篇云'明主之國，無書簡之文，以法爲教；無先王之語，以吏爲師'，即李斯之說也。"

漢興，改秦之敗，大收篇籍，

王應麟曰："《惠帝紀》：四年三月，除挾書律。《爾雅》：'挾，藏也。'"

---

① "爲"字原脫，據清乾隆武英殿刻本《漢書·藝文志》（以下《漢書》皆據此本，不再注明）補。

劉歆移書太常博士曰：'漢興，獨有一叔孫通略定禮儀，天下唯有《易》卜，未有他書。至孝惠之世，乃除挾書之律。至孝文，始使掌故朝錯從伏生受《尚書》。《詩》始萌芽。至孝武，然後鄒、魯、梁、趙頗有《詩》《禮》《春秋》先師，皆起於建元之間。《泰誓》後得，博士集而讀之。'趙岐《孟子題辭》：'孝文欲廣游學之路，《論語》《孝經》《爾雅》《孟子》，①皆置博士。'"

廣開獻書之路。

齊召南曰："此二句既敘在孝武之前，則指高祖時蕭何收秦圖籍，楚元王學《詩》，惠帝時除挾書之令，文帝使朝錯受《尚書》，②使博士作王制。又置《論語》《孝經》《爾雅》《孟子》博士，即其事也。"

按，下文云"歆卒父業，總群書而奏其《七略》""今刪其要，以備篇籍"，是《班志》仍《七略》之文也。而《七略》云："孝武皇帝敕丞相公孫弘廣開獻書之路，百年之間，書積如丘山。"《七略》明云廣開獻書之路在武帝時，則不得以此二句敘在武帝前，而疑非其時事也。

迄孝武世，書缺簡脫，禮壞樂崩，

師古曰："編絶散落，故簡脫。脫，音吐活反。"

陳國慶曰："按，古時書籍，皆用竹或木簡，以絲繩編聯之，繩斷，則簡脫落。"

聖上喟然而稱曰："朕甚閔焉！"

師古曰："喟，歎息之貌也，音丘位反。"

《補注》王先謙曰："《劉歆傳》云：故詔書稱曰：'禮壞樂崩，書

---

① 據民國開明書店《二十五史補編》本王應麟《漢藝文志考證》（以下《漢藝文志考證》皆據此本，不再注明），"《孟子》"位於"《爾雅》"前。

② "朝錯"，清光緒刻本王先謙《漢書補注》（以下《漢書補注》皆據此本，不再注明）引齊召南語作"鼂錯"。

缺簡脱，朕甚閔焉。'《武紀》元朔五年詔書刪'書缺簡脱'一句。"

王應麟曰："《孝武紀》元朔五年夏六月詔曰：'今禮壞樂崩，朕甚閔焉。'劉歆書又云'書缺簡脱'。"

劉光蕡曰："承上'缺''脱''崩''壞'，直接此四字，不重叙上文，此古文簡練之法。①"

周壽昌曰："案，聖上，稱孝武也。玩語氣似當時語。竊疑漢求遺書始自武帝，當時必有記録，班氏采其言入文中耳。"

於是建藏書之策，置寫書之官，下及諸子傳説，皆充秘府。

如淳曰："劉歆《七略》曰：'外則有太常、太史、博士之藏，内則有延閣、廣内、秘室之府。'"

何焯曰："《文選注》三十八引劉歆《七略》曰：'孝武皇帝敕丞相公孫弘廣開獻書之路，百年之間，書積如丘山。又《尚書》有青絲編目録。'即此所謂藏書之策也。"王先謙曰："官本'藏'作'臧'，是。"

姚明煇曰："漢初諸帝，高祖滅秦除項，日不暇及。文景崇尚黄老申韓。武帝立，田蚡、公孫弘先後爲相，而董仲舒請尊孔氏，始尚儒術，表章六經。"

王應麟曰："《通典》：'漢氏圖籍所在，有石渠、延閣、廣内，貯之於外府；又御史中丞居殿中，掌蘭臺秘書及麒麟、天禄二閣，藏之於内禁。'《百官表》：'御史中丞，在殿中蘭臺，掌圖籍秘書。'劉向受詔校書，每一書竟，表上輒言：'臣向書、②長水校尉臣參

---

① "文"，1921年思過齋刻《煙霞草堂遺書》本劉光蕡《前漢書藝文志注》（以下《前漢書藝文志注》皆據此本，不再注明）作"人"。

② "書"，原誤作"與"，據清乾隆武英殿刻本《北史·樊遜傳》（以下《北史》皆據此本，不再注明）、清光緒九年浙江書局刊本《玉海·藝文》（以下《玉海》皆據此本，不再注明）改。

書、①太常博士書，中外書合若干本，以相比校，然後殺青。'"
《向傳》云："領校中五經秘書。"又曰："霍山坐寫秘書。蘇昌爲太常，坐藉霍山書，②泄秘書，免。班斿，賜以秘書之副。時書不布，自東平思王以叔父求《太史公》、諸子書，大將軍白不許。"《張安世傳》："上行幸河東，嘗亡書三篋。詔問，莫能知。唯安世識之。"《通典》："中丞有石室，以藏秘書，圖讖之屬。"又曰："司馬遷爲太史令，紬史記石室金鐀之書。③《西都賦》：'天禄、④石渠，典籍之府。'《七略》曰：'孝武敕丞相公孫弘廣開獻書之路，百年之間，書積如丘山。'河平三年，謁者陳農使使求遺書於天下。"

至成帝時，以書頗散亡，使謁者陳農求遺書於天下。

《補注》王先謙曰："《成紀》在河平三年。"

詔光禄大夫劉向校經傳、諸子、詩賦，

《補注》沈欽韓曰："《文選·魏都賦》注引《風俗通》云：'劉向《別録》：讎校者，一人讀書，校其上下，得謬誤爲校。一人持本，一人讀書，若怨家相對爲讎。⑤'"

王先謙曰："《向傳》：'上方精於詩書，觀古文，詔向領校中五經秘書。'"

步兵校尉任宏校兵書，太史令尹咸校數術，侍醫李柱國校方技。⑥

師古曰："數術，占卜之書。方技，醫藥之書。"

陶憲曾曰："據《哀紀》《公卿表》，有任宏字偉公，爲執金吾，守大鴻臚，蓋即其人。"

周壽昌曰："尹咸，本書《劉歆傳》作丞相史，能治《左氏》。諫

---

① "臣"字原脱，據《北史·樊遜傳》《漢藝文志考證》《玉海·藝文》補。
② "藉"，原誤作"籍"，據《漢藝文志考證》改。
③ "金鐀"，原誤作"全匱"，據《漢藝文志考證》改。
④ "天禄"二字原脱，據《漢藝文志考證》補。
⑤ "對爲"二字原脱，據《漢書補注》補。
⑥ "柱"，原誤作"方"，據《漢書·藝文志》改。

大夫更始之子，官至大司農。李柱國，《隋書·經籍志序》引作太醫監。"

葉德輝曰："《百官表》：奉常屬官，有太醫令、丞，少府屬官亦有之，無侍醫之名。惟《張禹傳》云：'禹病，上書乞骸骨，成帝賜侍醫視疾。'顏注：'侍醫，侍天子之醫。'蓋若今言御醫矣。"

王先謙曰："案太史令，奉常屬官。咸先爲丞相史，見《劉歆傳》。更始子，官至大司農，見《儒林傳》《百官表》。"

楊樹達曰："《劉歆傳》云：'丞相史尹咸以能治《左氏》，與歆共校經傳。'則咸不僅校數術也。"

顧實曰："三人，蓋皆襄向校書，專門分任。然與校可考者，尚有杜參、班斿，則又必不止此數人。"

每一書已，向輒條其篇目，撮其指意，録而奏之。

師古曰："撮，總取也，音千括反。"

沈欽韓曰："向上《晏子》《列子》奏並云'以殺青書可繕寫'，然則其録奏者，並先殺青書簡也。"《御覽》六百六引《風俗通》云："劉向《別録》：'殺青者，直治竹作簡書之耳。'新竹有汁，善朽蠹，凡作簡者，皆於火上炙乾之，陳、楚間謂之汗。汗者，去其汁也。吳、越曰殺，殺亦治也。劉向爲孝成皇帝典校書籍二十餘年，①皆先書竹，改易刊定，可繕寫者，以上素也。"

《補注》王先謙曰："《隋志》：'每書就，向輒撰爲一録，論其指歸，辨其訛謬，叙而奏之。'"

按，向校秘書，在成帝河平三年，其卒在綏和元年。計河平三年至綏和元年，十九年。是向典校書籍，不得有二十餘年也。

楊樹達曰："按，向《叙録》今存者，有《戰國策》《管子》《晏子》《列子》《荀子》《鄧析子》《説苑》七篇。其《關尹子》《子華子》

---

① "劉"字原脱，據《四部叢刊》影印宋本《太平御覽》（以下《太平御覽》皆據此本，不再注明）補。

二篇，僞託不足信。"

會向卒，哀帝復使向子侍中奉車都尉歆卒父業。

師古曰："卒，終也。"

《補注》王先謙曰："《傳》作騎都尉奉車光禄大夫。"

按，《儒林傳》亦作"侍中奉車都尉"。

歆於是總群書而奏其《七略》，

王應麟曰："古者史官，既司典籍，蓋有目録，以爲綱紀。孔子刪書，別爲之序，各陳作者所由。韓、毛二《詩》，亦皆相類。漢時《別録》《七略》，各有其部，推尋事迹，則古之制也。"①

王先謙曰："《隋志》：'哀帝使歆嗣父之業，乃徙溫室中書於天禄閣上，歆遂總括群書，②撮其指要，著爲《七略》。'"

故有《輯略》，

師古曰："'輯'與'集'同，謂諸書之總要。"

吴仁傑曰："時猶未以'集'名書，故《志》載賦頌歌詩一百家，皆不曰'集'。晋荀勖分書爲四部，其四曰丁部。宋王儉撰《七志》，其三曰《文翰志》，亦未以'集'名之。梁阮孝緒爲《七録》，始有《文集録》。《隋志》遂以荀況等詩賦之文，皆謂之'集'，而又有別集。史官謂別集之名，漢東京所創。案，閔馬父論'《商頌》輯之亂'，韋昭曰：'輯，成也。'竊謂別集之名，雖始於東京，實本於劉歆之《輯略》，而《輯略》又本於《商頌》之輯云。"

有《六藝略》，有《諸子略》，有《詩賦略》，有《兵書略》，有《術數略》，有《方技略》。今删其要，以備篇籍。

師古曰："六藝，六經也。删去浮冗，取其指要也。其每略所

---

① 本段引自《隋書·經籍志》簿録篇小叙，非王應麟所言，此乃作者沿王先謙《漢書補注》之誤。

② "書"，清乾隆武英殿刻本《隋書·經籍志》（以下《隋書》皆據此本，不再注明）作"篇"。

條家及篇數，有與總凡不同者，傳寫脫誤，年代久遠，無以詳知。"

王應麟曰："劉向受詔校書，每一書竟，表上輒言：'臣向書、①長水校尉臣參書、②太常博士書、中外書合若干本，以相比校，然後殺青。'《風俗通》云：'劉向典校書籍，皆先書竹，爲易刊定，可繕寫者以上素。'《隋志》：'歆嗣父業，乃徙溫室中書于天禄閣上，著爲《七略》，大凡三萬三千九十卷。'"

姚明煇曰："孟堅刪《七略》之浮冗，取其指要，作《藝文志》，以備篇籍也。"

劉光蕡曰："《七略》均子政説特有，歆所變更。"又曰："子政以儒、道、陰陽、法、名、墨、縱橫、雜家、農家、小説爲十家，而別詩賦家不在諸子之列，後人遂以子政所序爲'九流'，此説非也。兵、數術及醫均宜爲家，而醫尤要。子政不列十家者，非子政所校也。劉歆既卒父業而總爲《七略》，即當收兵書、數術、方技於諸子之中。乃因其父分校之舊，録爲《七略》，是於子政所校未嘗復用心考核也。而惟以字爲'小學'，附《孝經》後，變亂父書。以聲音點畫之學，上參西漢博士傳經之席，忘親非聖，真千古之罪人矣！近人有《僞經考》，謂古文之學創自劉歆，六藝中所創皆古文，③皆歆竄入其父書中者。子政所校據古今文，不列古文爲經也。其説甚是。又《費氏易》《毛詩傳》皆歆僞作，亦極有見。蓋古今之異，④只在字形。子政習《穀梁春秋》《魯詩》，不應取不立博士之《毛詩》《左氏》。《費氏易》行於民間，不應四家博士所傳之經反脱'無咎''悔

---

① "書"，原誤作"與"，據《北史·樊遜傳》《玉海·藝文》改。
② "臣"字原脱，據《北史·樊遜傳》《漢藝文志考證》《玉海·藝文》補。
③ "所創皆古文"，《前漢書藝文志注》作"所列古文"。
④ "今"下，《前漢書藝文志注》有"文"字。

亡',而《費氏》與古文獨同,則歆之作僞,以誣其父明矣。"又曰:"道爲聖人之心,經爲聖人之文。漢初傳經即傳道也。讀此《志》須以道爲主。六經、《論語》《孝經》爲孔子之文,即是孔子之道。此《志》叙於各家之先,謂孔子之文載天下萬世之道,不得以儒家限也。"又曰:"經籍先叙六經,六經孔子所手定,道以孔子爲宗也。六藝首《易》,以《易》爲道之源也。次《書》,經世之大綱。次《詩》,經世之細目。次《禮》、次《樂》,經世之具。而《春秋》,經世之用也。此東漢儒者之序。若西漢,則先《詩》《書》《禮》《樂》,而次《易》象、《春秋》,蓋以《易》象、《春秋》爲道之體,而《詩》《書》《禮》《樂》則由體以達用之具也。西漢所叙爲長。《詩》爲《大學》之格致,誠、正、修、齊,《書》爲治、平,《禮》其章程,《樂》爲精神,《易》則明德,《春秋》則親民也。"

六　　藝

易

易經十二篇　施、孟、梁丘三家

師古曰："上、下經及十翼,故十二篇。"

《補注》王先謙曰："《志》言《易經》全文惟此三家,其餘傳説諸家,經文蓋不悉録。王充《論衡》云:'河内女子發屋,得逸《易》一篇。'《隋志》承之,以爲先失《説卦》三篇。案,《志》既云'傳者不絶',是此書未缺,發屋得《易》之事,乃俗説也。"

楊樹達曰："按,王説非也。孔氏《詩正義》云:'漢初爲傳訓者,皆與經別行。《三傳》之文,不與經連,故石經書《公羊傳》,皆無經文。及馬融爲《周禮注》,欲省學者兩讀,故具載本文。'然則經注並列,後漢以後始然。王氏以後漢説經家方式説西漢事,誤矣。"

姚振宗曰："本書《儒林傳》:'自魯商瞿子木受《易》孔子,五傳至齊田何子莊。①漢興,田何以齊田徙杜陵,號杜田生,授梁丁寬。寬授同郡碭田王孫,王孫授施讎、孟喜、梁丘賀。繇是《易》有施、孟、梁丘之學。'又曰:'施讎,字長卿,《後漢·儒林傳》注引《漢書》:"字子卿。"沛人也。沛與碭相近,讎爲童子,從田王孫受《易》。後讎徙長陵,田王孫爲博士,復從受業,②與孟喜、梁丘賀並爲門人。謙讓,常稱學廢,不教授。及梁丘賀爲少

---

① "子莊",《漢書·藝文志》、民國《師石山房叢書》本姚振宗《漢書藝文志拾補》(以下《漢書藝文志拾補》皆據此本,不再注明)皆作"子裝"。

② "受",《漢書·藝文志》《漢書補注》皆作"卒"。

府,事多,乃遣子臨分將門人張禹等從讎問。讎自匿不肯見,賀固請,不得已乃授臨等。於是賀薦讎:結髮事師數十年,賀不能及。詔拜讎爲博士。甘露中與五經諸儒雜論同異于石渠閣。'又曰:'孟喜,字長卿,東海蘭陵人也。父號孟卿,使喜從田王孫受《易》。舉孝廉爲郎,曲臺署長,病免,爲丞相椽。'又曰:'梁丘賀,字長翁,琅邪諸人也。以能心計,爲武騎。從太中大夫京房受《易》。房出爲齊郡太守,賀更事田王孫。宣帝時,賀爲都司空令,坐事,論免爲庶人。待詔黄門數入説教侍中,師古曰:"爲諸侍中説經爲教授。"以召賀。賀入説,上善之,以賀爲郎。會八月飲酎,行祠孝昭廟。賀以筮有應,繇是近幸,爲大中大夫,給事中,至少府。爲人小心周密,上信重之。年老終官。按《儒林傳》亦取劉向《别録·輯略》中之文而接記其後事。荀悦《漢紀》載劉向典校經傳、考集異同云云,亦取《别録》中之《輯略》,而删節不完,不如《儒林傳》所載詳備,故去彼取此。'又曰:'本《志》叙曰:劉向以中古文《易經》校施、孟、梁丘經,或脱去無咎、悔亡。'"

宋王應麟曰:"今《易·乾卦》至'用九',即古《易》之本文。鄭康成始以《彖》《象》連經文。王輔嗣又以《文言》附《乾》《坤》二卦。至於文辭連屬,不可附卦爻,則仍其舊篇。自康成、輔嗣合《彖》《象》《文言》於經,學者遂不見古本。① 秦漢之際,《易》亡《説卦》。宣帝時,河内女子發老屋得之。後漢荀爽《集解》又得八卦逸象三十有一。東萊吕氏因晁氏書,參考傳記,復定爲十二篇。朱文公曰:'其卦本伏羲所畫,有交易、變易之義,故謂之易。其辭則文王、周公所繫,故繫之周。簡帙重大,故分爲上、下兩篇。經則伏羲之畫,文王、周公之辭也;

---

① "本",原誤作"文",據《漢藝文志考證》改。

並孔子所作之傳，凡十二篇。中間頗爲諸儒所亂。近世晁氏始正其失，未能盡合古文。吕氏又更定著爲經二卷、傳十卷，乃復孔氏之舊。'又曰：'《易》更三聖，制作不同。包羲氏之象、文王之辭，皆以卜筮爲教，①而其法則異；孔子之贊，一以義理爲教，而不專於卜筮。豈其故相反哉？俗之淳漓既異，故爲教爲法不得不異，而道未嘗不同也。'孔穎達云：'十翼，謂《上象》《下象》《上象》《下象》《上繫》《下繫》《文言》《説卦》《序卦》《雜卦》。'"

姚振宗又曰："按，《志》于一篇之中，各有章段，此三家經自爲一段，冠諸篇首。《七略》當分別著録，而各繫以説。《隋志》簿録篇所謂剖析條流，各有其部者是也。班氏立《志》，②力求簡要，故總爲一條。其下《書》《詩》《禮》《春秋》《孝經》並同此例，唯《論語》則仍從《七略》分著三條也。"

易傳周氏二篇 字王孫也。

《補注》王先謙曰："《儒林傳》：'雒陽周王孫、丁寬、齊服生，皆著《易傳》數篇。寬至雒陽，復從王孫受古義，號《周氏易》。③'"

姚振宗曰："本書《儒林傳》：'田何授雒陽周王孫，著《易傳》數篇。'又曰：'丁寬事田何，學成東歸。至雒陽，復從周王孫受古義，號《周氏傳》。'又曰：'秀水朱彝尊《經義考》：胡一桂曰：丁寬師田何，而復師其同門之友，以受古義，可謂見善如不及者矣。'"

姚氏又曰："按《史》《漢・儒林傳》及荀悦《漢紀》所引劉向《别

---

① "以"，《漢藝文志考證》作"依"。
② "氏"，原誤作"志"，據民國《師石山房叢書》本姚振宗《漢書藝文志條理》（以下《漢書藝文志條理》皆據此本，不再注明）改。
③ "周氏易"，《漢書補注》作"周氏傳"。

錄》載,田子莊傳《易》弟子皆以東武王同爲首,周王孫次之。此以周氏列《易傳》之首者,①則以其書皆古義故也。"

服氏二篇

師古曰:"劉向《別錄》云:'服氏,齊人,號服光。'"

《補注》王先謙曰:"《御覽》三百八十五:'《會稽先賢傳》:淳于長通,年十七,説宓氏《易經》。'案,'宓'與'伏'同。見本《志》及《律曆志》。'服'亦與'伏'同。見《文選》陸機《吴王郎中時從梁陳作》詩注。② 故'服''宓''伏'三字互相通假。所稱宓氏《易》,即此服氏也。"服""宓"字通,亦見後《宓子》下。"

周壽昌曰:"顔注引劉向《別錄》:'齊人,號服光。'壽昌案,'光'一字當是名。古名、號、字通稱也。"

楊樹達曰:"按,吴承仕云'服光,《釋文·叙錄》作服先',是也。'先'者,先生之省稱,如《梅福傳》稱叔孫先之比,以係尊稱,故云'號服先'。若'光'是其名,不得云號矣。《儒林傳》稱服生,蓋史家以通語追改之。"

王應麟曰:"《儒林傳》:'田何授王同、周王孫、丁寬、服生,皆著《易傳》數篇。同授楊何。'言《易》者本之田何。太史公受《易》於楊何。晁氏曰:'商瞿受《易》孔子,五傳而至田何。漢之《易》家,蓋自田何始。何而上,未嘗有書。管輅謂《易》安可注者,其得先儒之心歟!《易》家著書自王同始,學官自楊何始。'所謂"《易》楊"者是也。"

姚振宗曰:"劉向《別錄》:'服氏,齊人,號服光。'按,《釋文》引作'服先',猶言服先生也。漢人常有是稱。'光'字蓋寫誤。"

又曰:"本書《儒林傳》:'田何授齊服生,著《易傳》數篇。'"

---

① "列"字原脱,據《漢書藝文志條理》補。
② "作"字原脱,《漢書補注》同,據清嘉慶胡克家重刻宋淳熙本《文選》卷二十六補。

又曰:"後漢應劭《風俗通·姓氏》篇:①'服氏,周内史叔服之後,以字爲氏。'武威張澍輯注曰:'澍按《國策》客有見人于服子。《漢·藝文志》《易》家有服光。光,一作先。'"

楊氏二篇 名何,字叔元,菑川人。

《補注》王應麟曰:"太史公受《易》於楊何。"王先謙曰:"《儒林傳》:'何受《易》王同。'"

姚振宗曰:"《史記·儒林傳》:'田何傳東武人王同,同傳淄川人楊何。何以《易》,元光元年徵,官至中大夫。齊人即墨成以《易》至城陽相。廣川人孟但以《易》爲太子門大夫。魯人周霸、莒人衡胡、臨菑人主父偃,皆以《易》至二千石。然要言《易》者,本於楊何之家。'"

又曰:"本書《儒林傳》:'田何授東武王同。同授淄川楊何,字叔元,元光中徵爲大中大夫。'又《傳》贊曰:'初,唯有《易》楊。'"

又曰:"王氏《考證》:太史公司馬談受《易》於楊何。晁氏曰:'商瞿受《易》孔子,五傳而至田何。漢之《易》家,蓋自田何始。何而上,未嘗有書。管輅謂《易》安可注者,其得先儒之心歟!《易》家著書自王同始,學官自楊何始。'所謂'《易》楊'者是也。"

蔡公二篇 衛人,事周王孫。

《補注》王先謙曰:"李鼎祚《周易集解》上經《謙》卦稱虞翻引彭城蔡景君説,疑即其人,或衛人而官彭城與。"

姚振宗曰:"《經義考》云:'蔡公名字未詳。'"

又曰:"歷城馬國翰《玉函山房》輯本序曰:'李鼎祚《集解》虞翻引彭城蔡景君説,則蔡氏漢人,在翻前。《藝文志》有《蔡公易傳》二篇,注:衛人。意景君即蔡公,殆衛人而官彭城。虞

---

① "後漢"下原衍"書"字,據《漢書藝文志條理》刪。

氏稱其官號，如南郡之稱馬融，長沙之稱賈誼歟？《隋志》不載，書佚已久。《集解》引心一節，朱震《漢上易叢説》推廣其卦變之説，一家法度猶存，並據輯録。'"

姚振宗又曰："按，虞氏稱彭城蔡景君，不云蔡彭城景君。馬氏以此蔡公當之，恐未然。然《史》《漢·儒林傳》皆不載其人，別無可考，姑存其説，又按本書《地理志》《續漢書·郡國志》，高帝置楚國，宣帝時改爲彭城郡。後復爲楚國。後漢章帝時，改楚國爲彭城國，彭城亦其國所治縣也。蔡景君在西漢爲楚國之彭城人，在東漢則彭城國之彭城縣人，斷非官于彭城者。又《經義考·承師》篇、洪氏亮吉《傳經表》皆無蔡公，亦無蔡景君。窮搜極索而失之眉睫，信乎著書之難也。"

周壽昌曰："近時歷城馬國翰《玉函山房輯佚書》有《蔡氏易説》一卷，題云'漢蔡景君撰'。'景君'當是蔡氏之字，名爵未詳。虞翻稱彭城蔡君説。翻生漢季，及引述之，則蔡氏漢人，在翻前。考《漢書·藝文志》有《蔡公》二篇，注蔡公'衛人，事周王孫'。意景君即蔡公，殆衛人而官彭城。虞氏稱其官號，如南郡之稱馬融，長沙之稱賈誼歟？《隋志》不載，書佚已久。壽昌案，馬氏所輯一卷，亦止引李鼎祚《集解》一節，朱震《漢上易叢説》兩條，亦未得爲此書具體也。"

韓氏二篇 名嬰。

《補注》王應麟曰："《韓嬰傳》：以《易》授人，推《易》意而爲之傳，蓋寬饒從受焉。封事引《韓氏易傳》言'五帝官天下，三王家天下'。"沈欽韓曰："《經典·序録》：'子夏《易傳》三卷。'《七略》云：'漢韓嬰傳。'"

按《儒林傳》，寬饒從嬰後涿韓生受《易》，非從嬰受也。

姚振宗曰："本書《儒林傳》：詩家韓嬰，燕人也。孝文時爲博士，景帝時至常山太傅。韓生亦以《易》授人，推《易》意而爲之傳。燕趙間好《詩》,故其《易》微,唯韓氏自傳之。武帝時,嬰常與董仲舒論于上前,其人精悍,處事分明,仲舒不能難也。後其孫商爲博士。孝宣時,涿郡韓生,其後也,以《易》徵,待詔殿中,曰:'所受《易》即先太傅所傳也。嘗受《韓詩》,不如韓氏《易》深,太傅故專傳之。'司隸校尉蓋寬饒本受《易》于孟喜,見涿韓生説《易》而好之,即更從受焉。"

又曰:"後漢王充《論衡·骨相》篇:韓太傅爲諸生時,與相工俱入璧雍之中,相璧雍弟子誰當貴者。相工指倪寬曰:'彼生當貴,秩至三公。'韓生謝遣相工,通刺倪寬,結膠漆之交,盡筋力之敬,徙舍從寬,深自附納之。寬嘗甚病,韓生養視如僕狀,恩深踰于骨肉。後名聞于天下。倪寬位至御史大夫,州郡承旨召請,擢用舉在本朝,遂至太傅。按韓生軼事不概見。《論衡》言擢用至太傅,在倪寬爲御史大夫之後,是武帝元封以後之事,與史言景帝時爲太傅不合,或武帝時又爲常山王傅,史略之歟?"

又曰:"王氏《考證》:韓嬰亦以《易》授人,推《易》意而爲之傳。燕趙間好詩,故其《易》微,唯韓氏自傳之。涿郡韓生,其後也,曰'所受《易》即先太傅所傳也,嘗受《韓詩》,不如韓氏《易》深'。蓋寬饒從受焉。寬饒封事引《韓氏易傳》言'五帝官天下,三王家天下'。"

周壽昌曰:"馬國翰云:其書久佚,惟《蓋寬饒傳》引一節,[①]他無所見。考王儉《七志》引劉向《七略》云:'《易》傳子夏,韓氏嬰也。'則《子夏傳》爲嬰之所脩,與《中經簿録》謂《子夏傳》丁寬所作同。"

臧庸曰:"《釋文·序録》:'子夏《易傳》三卷。'《七略》云:'漢

[①] "寬"字原脱,據清光緒十年周氏思益堂刻本周壽昌《漢書注校補》(以下《漢書注校補》皆據此本,不再注明)補。

興,韓嬰傳。'《文苑英華》:司馬貞云:'王儉《七志》引劉向《七略》云:《易》傳子夏,韓氏嬰也。'又,劉子元云:'《漢書·藝文志》韓《易》有十二篇。'按,《漢志》'韓氏二篇',脫'十'字,當補。王儉、陸德明所引《七略》,可補班書所未備。"

楊樹達曰:"按,姚振宗云:'《韓詩外傳》間有引《易》文者,亦韓氏《易》也。'"

王氏二篇 名同。

《補注》王先謙曰:"《儒林傳》:'東武人,字子中,受《易》田何。'"

姚振宗曰:"本書《儒林傳》:'田何授東武王同子中,著《易傳》數篇。同授淄川楊何。'《史記·儒林傳》云:'田何傳東武人王同子仲。'"

又曰:"王氏《考證》:晁氏曰:'漢《易》家著書自王同始。'"

丁氏八篇 名寬,字子襄,梁人也。

《補注》沈欽韓曰:"《册府元龜》六百四:'開元初,禮部奏議,荀勖《中經簿》:《子夏傳》四卷,或云丁寬所作。'《經典·序錄》同。"王先謙曰:"《儒林傳》:'寬作《易說》三萬言,訓故舉大誼而已,今《小章句》是也。'陸德明《經典釋文·叙錄》:'劉向典校書,考《易》說,以爲諸《易》家說皆祖田何、楊叔元、①丁將軍,大義略同。'"

姚振宗曰:"本書《儒林傳》:'田何授東武王同、雒陽周王孫、丁寬、齊服生,皆著《易傳》數篇。'"

又曰:"丁寬,字子襄,梁人也。初,梁項生從田何受《易》,寬爲項生從者,讀《易》精敏,材過項生,遂事何。學成,何謝寬。寬東歸,何謂門人曰:'《易》以東矣。'景帝時,寬爲梁孝王將

---

① "元"字原脫,《漢書補注》同,據清乾隆嘉慶間嘉善謝氏刻《抱經堂叢書》本陸德明《經典釋文·序錄》(以下《經典釋文》皆據此本,不再注明)補。

軍距吳楚,號丁將軍,作《易說》三萬言,訓故舉大誼而已,今《小章句》是也。"

又曰:"高相,沛人也。治《易》與費公同時,其學亦亡章句,專說陰陽災異,自言出於丁將軍,傳至相。"

又曰:"王氏《考證》:艾軒林氏曰:'先秦之爲《易》者,未有及義理也。自田何而後,章句傳說多矣。'"

又曰:"《經義考》:何喬新曰:'丁寬作《易說》三萬言,而訓詁之學興。'馬氏《玉函山房》有韓氏、丁氏《易傳》輯本各二卷,以子夏《易傳》,《七略》有'韓嬰傳'之文,《中經簿錄》有'丁寬作'之語,于是全抄子夏《易傳》以爲韓氏、丁氏《易傳》。考《七略》言'韓嬰傳'者,謂傳自韓嬰,猶《左氏春秋》傳自張蒼。《中經簿錄》稱'丁寬作'者乃疑似之詞,又有以爲'馯臂子弓作'者,何不又鈔一本,以爲子弓《易傳》乎?此太鑿空,不可據,故置不復錄。"

姚振宗又曰:"按,以傳《易》先後言之,則丁寬當在服生之前。然詳究類例,又似以成書先後爲次。此則非見本書不能定。或《七略》舊第本來如此。又按,自周氏至此凡七家,皆蒙上文'易傳'二字,《志》欲其簡,故省文。舊本文相連屬,如《隋志》之體。明天順五年,括蒼馮讓重修福唐郡庠宋版,①猶存其行款。至嘉靖十六年,廣東崇正書院重修宋本,則唯存《易》《禮》如舊款,蓋此兩頁,猶是宋槧也。餘皆同今本。知今本分條排比,始于正、嘉之時,而又不能逐條釐訂,故多有分析不明之處。聯寫與分條,似乎無大出入,可以互通,而不知各有義例也。如此篇'易傳'二字,唯聯寫可以包下文七家之書,若改爲分條,便不相屬矣。"

---

① "括",《漢書藝文志條理》作"栝"。

古五子十八篇 自甲子至壬子，説《易》陰陽。

《補注》齊召南曰："《易》有先甲、後甲、先庚、後庚、巳日之文。然古人説《易》，未有以甲子配卦爻者，至漢始有。《律曆志》曰：'日有六甲，辰有五子。注云：六甲之中，惟甲寅無子。'然則後世占《易》，以六辰定六爻，亦不自京房始也。'"

沈欽韓曰："《初學記》文部引劉向《別錄》云：'所校讎中《易》傳《古五子書》，除復重，定著十八篇，分六十四卦，著之日辰，自甲子至於壬子，凡五子，故號曰《五子》。'"

姚振宗曰："劉向《別錄》：'所校讎中《易》傳《古五子書》，除復重，定著十八篇，分六十四卦，著之日辰，自甲子至壬子，凡五子，故號曰《五子》。'"

又曰："本書《曆志》：天六地五，數之常也。天有六氣，降生五味。夫五六者，天地之中合，而民所受以生也。故日有六甲，辰有五子。孟康曰：'六甲之中，惟甲寅無子，故有五子。'"

又曰："武英殿校刊考證：臣召南曰：'按《易》有先甲、後甲、先庚、後庚三日之文。然古人説《易》，未有以甲子配卦爻者。至《漢·藝文志》有《古五子》十八篇。自甲子至壬子，説《易》陰陽。然則後世占《易》，以六辰定六爻，亦不自京房始也。'"

又曰："鄞縣全祖望《讀易別錄》曰：'《古五子》十八篇，《漢志》誤入經部。班固曰：説《易》陰陽。案，此即納甲、納辰之例。'"

又曰："馬國翰輯本序曰：《周易古五子傳》，《隋志》不著錄，佚已久。考《漢書·律曆志》引傳曰'日有六甲、辰有五子'之語，下又引《易》九厄，孟康注曰：'《易傳》也。'中言陰九陽九、陰七陽七、陰五陽五、陰三陽三，皆以陰陽之數推歲，以定水旱之災。如淳注積算甲子甚詳，此蓋《古五子傳》之佚文。漢魏人及見而引述之，兹據補錄。又《吳都賦》注引《易》説陽九一事，併采錄之，古帙雖亡，猶可補綴而得其大要云。"

淮南道訓二篇 淮南王安聘明《易》者九人，號九師法。

《補注》王應麟曰："張平子《思玄賦》注引《淮南九師道訓》云：'遯而能飛，吉孰大焉。'曹子建《七啓》注亦引之。"

沈欽韓曰："《初學記》：'劉向《別錄》云：所校讎中《易》傳《淮南九師道訓》^①，除復重，定著十二篇。^②'《御覽》六百九引劉向《別錄》云：'中書署曰《淮南九師書》。'《志》作'二篇'，與總數不合，明脱'十'字。"

王先慎曰："九師不著其名，疑即《淮南》高誘注所稱蘇飛、李尚諸人。朱氏彝尊謂陸氏《釋文》所引稱師者，當即九師本。案《釋文》所引，乃陸氏授經之師，故群經釋文皆稱師説，不得以九師當之。且《道訓》僅見《漢志》，後絶無引之者。《文中子》云：'九師興而《易》道微。'則其書無資於聖經，故其亡獨早耳。"

錢大昭曰："'法'，南雍本、閩本並作'説'。"

王先謙曰："官本'法'作'説'。"

按，景祐本"法"作"説"。^③ 姚範曰："別本'法'作'説'。^④"

姚振宗曰："劉向《別錄》：'所校讎中《易》傳《淮南九師道訓》，除復重，定著十二篇。淮南王聘善爲《易》者九人，從之采獲，故中書署曰《淮南九師書》。'按，此云'十二篇'，或衍'十'字，或本《志》敓'十'字，無以詳知。"

又曰："劉歆《七略》：'《易》傳《淮南九師道訓》者，淮南王安所造也。'"

---

① "易"，原誤作"書"，據古香齋袖珍本《初學記》及上下文意改。

② "十二篇"，原誤作"十三篇"，據清光緒二十六年浙江官書局刻本沈欽韓《漢書疏證》(以下《漢書疏證》皆據此本，不再注明)改。

③ "作"，原誤作"則"，《大陆雜志》本同，據上下文意改。

④ "作"，原誤作"則"，《大陆雜志》本同，據清道光姚瑩刻本《援鶉堂筆記》(以下《援鶉堂筆記》皆據此本，不再注明)及上下文意改。

又曰："王氏《考證》：張平子《思玄賦》'文君爲我端蓍兮,利飛遁以保名'注：'《遁》上九曰：飛遁,無不利。《淮南九師道訓》曰：遁而能飛,吉孰大焉。'曹子建《七啟》'飛遁離俗'注亦引之,並以'肥'爲'飛'。《文中子》謂'九師興而《易》道微'。《隋志》已無其書。"

又曰："《經義考》曰：陸氏《釋文》于《需》《蠱》《遁》《損》諸卦,其所引稱師者,當即九師本。而《鴻烈解》引《易》曰：'《剝》之不可遂盡也,故受之以《復》。'此則《道訓》之《序卦傳》文矣。"

又曰："馬國翰輯本叙曰：'九師,不詳何人。高誘《淮南鴻烈解》序,天下方術之士多往歸焉,于是遂與蘇飛、李尚、左吳、田由、雷被、毛被、伍被、晉昌等八人,及諸儒大山、小山之徒,共講論道德云云。然則《道訓》之九師,亦其流也。陳氏《書錄解題》以荀爽九家當之,誤矣。《隋》《唐志》皆不著錄,佚已久。《經義考》謂《鴻烈解》引《易》即《道訓》。兹據其說,采《淮南》書中諸引《易》語,輯爲一卷,聊存《道訓》之遺。'金谿王謨《漢魏遺書鈔》亦輯存數條,附荀爽《九家易解》之後。"

古雜八十篇　雜災異三十五篇　神輸五篇　圖一

師古曰："劉向《別錄》云：'神輸者,王道失則災害生,得則四海輸之祥瑞。'"

《補注》沈欽韓曰："此即《乾鑿度》《稽覽圖》之類。《後書》張衡歷言《尚書》《詩》《春秋》讖之謬妄,[1]而不及《易》,則《易說》爲古書也。又《乾坤鑿度》'炎帝、黃帝有《易靈緯》。太卜掌三《易》之法,一曰《連山》,二曰《歸藏》'。杜子春云：'《連山》,宓戲；《歸藏》,黃帝。'《禮運》注：'殷陰陽之書,其書存者有《歸藏》。'據鄭注,則漢時二《易》尚存其一也。《隋志》云

---

[1]　"謬",《漢書補注》同,《漢書疏證》作"繆"。

'漢初已亡',蓋見《志》無其目。云《古雜》者,蓋年代汗漫,雖有其書,莫究其用,亦未知是周太卜所掌與否,故存疑云爾。或雜説古帝王卜筮之事,如汲郡師春,但取《左傳》卜筮事爲書耳。《説苑》《鹽鐵論》引《易》,皆本經所無,亦《古雜》之篇也。"

又曰:"《後漢書·郎顗傳》:《易天人應》曰:'君子不思遵利,茲謂無澤,厥災孽火燒其宮。'又曰:'君高臺府,犯陰侵陽,厥災火。'又曰:'上不儉,下不節,災火並作,燒君室。'蓋《雜災異》之流。"

姚振宗曰:"本書《谷永傳》:永對災異曰:'王者躬行道德,承順天地,博愛仁恕,恩及行葦,籍税取民不過常法,宮室車服不踰制度,事節財足,黎庶和睦,則卦氣理效,五徵時序,百姓壽考,庶草蕃滋,符瑞並降,以昭保右。失道妄行,逆天暴物,窮奢極欲,湛湎荒淫,則卦氣悖亂,咎徵著郵,上天震怒,災異屢降。'"

全祖望《讀易別録》曰:"《古雜易》八十篇,《雜災異》三十五篇,《神輸》五篇之類,皆通説陰陽災異及占驗之屬,《漢志》誤入經部。"①姚振宗曰:"按,全氏以《古五子》及此三書皆謂《漢志》誤入經部者,欲借端以詰難《經義考》,其意有在,非爲本《志》而發,置之不論,可也。"

姚振宗又曰:"按,本書《儒林傳》:'孟喜得《易》家候陰陽災變書。'此《雜災異》三十五篇,蓋即其類。漢時傳授有孟喜、焦贛、京房及沛人高相諸家。圖一者,即《神輸圖》,亦即《祥瑞圖》。班固《白雉詩》'啓靈篇兮披瑞圖',蓋即指此。漢人嘗用以爲殿閣圖畫,後漢嘗以勒石,如麒麟、鳳皇碑之類是也。《隋志》五行家有《瑞應圖》《祥瑞圖》各若干卷,其原蓋出

---

① "部",原誤作"類",據清《知不足齋叢書》本《讀易別録》改。

於此。又按，此當以《古雜》八十篇爲一家，《雜災異》三十五篇爲一家，《神輸》五篇、圖一爲一家。舊本文相連屬，乃分條刊刻者，以《淮南道訓》之下有班氏注文，此條之下亦有顏氏引《別錄》文，遂以爲一條。觀下文，亦以有小注間隔者爲一條，而不知此一條實有三家之書，當分爲三條也。刻書之家往往喜改舊本行款，而明人尤甚，此類是已。"

孟氏京房十一篇

《補注》王應麟曰："《釋文·序錄》云：'《孟喜章句》十卷，無上經。《七錄》云："又下經無《旅》至《節》，無《上繫》。"《隋志》："八卷殘缺。"《京房章句》十二卷。'《七錄》："五十卷。"晁氏云：'今其章句亡，乃略見於僧一行及李鼎祚之書。'"王先謙曰："《新唐書·歷志》云：'十二月卦出於《孟喜章句》，其說《易》本於氣，而後以人事明之。'"

災異孟氏京房六十六篇

《補注》沈欽韓曰："《後漢書·郎顗傳》：'臣伏案《飛候》，參察衆政。'李注：'京房作《易飛候》。'《隋志》載《周易占》諸書，並京房撰，其名目重復詭異，不知誰所定也。《儒林傳》：'房受《易》焦延壽。延壽云嘗從孟喜問《易》，會喜死，房以爲延壽《易》即孟氏學。'然則京氏之《易》，託諸孟喜，故《京易》冠以孟氏。《隋志》又有焦贛《易林》十六卷，今見行而《志》不列，殆以焦氏無師法，故不錄，中秘或以京氏包之耳。"王先謙曰："傳稱'喜從田王孫受《易》，得《易》家候陰陽災變書'，云'師且死，獨傳喜'。故言災異，首孟氏。《易林》當在蓍龜家《周易》中。沈說非。"

楊樹達曰："按，《孟氏京房》《災異孟氏京房》，皆京房述孟喜之學者也。下文《京氏段嘉》十二篇，與此例同。見行之《易林》乃後漢崔篆所撰，見《後漢書·崔駰傳》。舊題'焦贛'者，誤也。説詳吾友余嘉錫《四庫提要辨證》子部三，沈、王説並非也。"

五鹿充宗略説三篇

《補注》沈欽韓曰："《朱雲傳》：'充宗爲《梁丘易》。'"

京氏段嘉十二篇

蘇林曰："東海人，爲博士。"晋灼曰："《儒林》不見。"師古曰："蘇説是也。嘉即京房所從受《易》者也。見《儒林傳》及劉向《別錄》。"

《補注》錢大昭曰："傳作'殷嘉'。"沈欽韓曰："京房弟子所撰，故冠以京氏。《史記索隱》引《別錄》：'《易》家有救氏注。救乃段之訛。'"王先謙曰："據傳，當云'從京房受《易》者也'。顏注誤。'蘇林'，官本作'蘇氏'。"

洪頤煊曰："案《儒林·京房傳》：'房授東海殷嘉、河東姚平、河南乘弘，皆爲郎、博士。'段、殷字形相近。"周壽昌曰："顏注'嘉即京房所從受《易》者也。見《儒林傳》'。壽昌案，傳云'房授東海殷嘉'，是'殷'非'段'，或以字近而訛。而云'房授嘉'，則是房弟子，非房所從受學者也。顏注誤。"

姚振宗曰："劉向《別錄》：京房《易説》云：'月與星至陰也，有形無光，日照之乃有光，喻如鏡照日，即有影見。月初，光見西方；望已後，光見東。皆日所照也。'"

又曰："本書《儒林·孟喜傳》：喜好自稱譽，得《易》家候陰陽災變書，詐言師田生且死時枕喜膝，獨傳喜，諸儒以此耀之。同門梁丘賀疏通證明之，曰：'田生絶于施讎手中，時喜歸東海，安得此事？'喜爲丞相掾。博士缺，衆人薦喜。上聞喜改師法，遂不用喜。"

又曰："又《儒林·京房傳》：'房受《易》梁人焦延壽。延壽云嘗從孟喜問《易》。會喜死，房以爲延壽《易》即孟氏學，翟牧、白生不肯,皆曰非也。至成帝時,劉向校書,考《易》説,以爲諸《易》家説皆祖田何、楊叔元、丁將軍,大誼略同,唯京氏爲異,黨焦延壽獨得隱士之説,師古曰:"黨讀曰儻。"託之孟氏,不與相同。① 房以明災異得幸,爲石顯所譖誅,自有傳。'又《傳》贊曰:'至元帝世,復立《京氏易》。'《隋志》云'京房別爲京氏學,嘗立,後罷。後漢施、孟、梁丘、京四家並立'云云。② 似房既被誅,並罷其學也。"

又曰:"又《京房列傳》:'房字君明,東郡頓丘人也。治《易》,事梁人焦延壽。延壽字贛。其説長于災變,分六十四卦,更直日用事,以風雨寒温爲候,各有占驗。房用之尤精。初元四年以孝廉爲郎。數召見,問得失。建昭時,出爲魏郡太守。去月餘,徵下獄,棄市。房本姓李,推律自定爲京氏,死時年四十一。'"

又曰:"又《元帝本紀》:'建昭二年冬十一月,淮陽王舅張博、魏郡太守京房坐窺道諸侯王以邪意,漏泄省中語,博要斬,房棄市。'"

又曰:"《儒林·丘賀傳》:'賀傳子臨,臨代五鹿充宗君孟爲少府。'劉奉世曰:'代當爲授。'"

又曰:"又《京房列傳》:'元帝時,中書令石顯顓權。顯友人五鹿充宗爲尚書令,與房同經。'"

又曰:"《朱雲傳》:雲從白子友受《易》。是時,少府五鹿充宗貴幸,爲《梁丘易》。自宣帝善梁丘氏説,元帝好之,欲考其異同,令充宗與諸《易》家論。充宗乘貴辨口,③ 諸儒莫能與抗,皆稱疾不敢會。有薦雲者,召入,攝齊登堂,抗首而請,音動

---

① "不與相同",《漢書·儒林傳》作"不相與同"。
② "立"下原脱一"云"字,據《漢書藝文志條理》補。
③ "辨",《漢書·朱雲傳》《漢書藝文志條理》皆作"辯"。

左右。既論難,連拄五鹿君,故諸儒爲之語曰:'五鹿岳岳,朱雲折其角。'"

又曰:"又《佞倖・石顯傳》:'顯與充宗結爲黨友。成帝即位數月,顯免官徙歸故郡,道病死。諸所交結,皆廢罷。少府五鹿充宗左遷爲玄菟太守。'《百官公卿表》:'元帝建昭元年,尚書令五鹿充宗爲少府。五年,貶爲玄菟太守。'《釋文・叙錄》曰:'代郡人。'"

又曰:"又《儒林・京房傳》:'房授東海殷嘉、河東姚平、河南乘弘,皆爲郎、博士。繇是《易》有京氏之學。蘇林曰:段嘉,東海人,爲博士。顏氏《集注》曰:嘉即京房所從受《易》者也,見劉向《別錄》。'《釋文・叙錄》曰:'段嘉,《儒林傳》作殷嘉。'"

又曰:"《釋文・叙錄》:'京房《章句》十二卷,《七錄》云十卷,錄一卷,目。'按,此下似敚"一卷"二字。《隋書・經籍志》:'《周易》十卷,漢魏郡太守京房章句。'又云:'梁有《周易錯》八卷,京房撰。'又五行家:'《周易錯卦》七卷,《逆刺》一卷,《周易逆刺占災異》十二卷,《周易占事》十二卷,《周易占》十二卷,《周易妖占》十三卷,《周易飛候》九卷,又一部六卷,《周易飛候六日七分》八卷,《周易四時候》四卷。'又'《宋以來相傳易傳》三卷,《易傳積算法雜占條例》一卷'。按,史志散見京房書凡十五部,重復互見不可究詰,要皆是此《孟氏京房》《災異孟氏京房》《京氏段嘉》八十九篇之散佚也。"

又曰:"王氏《考證》:龜山楊氏曰:'以爻當期,其原出于《繫辭》,而以星日氣候分布諸爻,《易》未有也。其流詳于緯書,世傳《稽覽圖》是也。'"

又曰:"武進張惠言《易義別錄》曰:'《漢志》:《孟氏京房》十一篇,《災異孟氏京房》六十六篇,此京氏注孟也。'按,此説足以發人深省。漢人注釋各自爲書，不連本文，此殆根據孟氏而並其所自得者合爲一編。由此推尋，則《京氏段嘉》亦段注京氏之書，五鹿充宗《略説》亦本其師梁丘臨之書歟？"

又曰："烏程嚴可均校輯序曰：《京氏易》八卷，無錫王保訓輯本也。《漢魏叢書》有《京氏易傳》三卷，王氏于三卷外采録遺文，得四萬許言。尋以病卒于都下。其同年友嚴可均理而董之，正其訛，補其闕，仍分八卷，繕寫而爲之叙曰：'《易》以道陰陽，有陰陽即有五行。孟喜受《易》家陰陽立十二月辟卦，其説本于氣，以準天時明人事，授之焦贛。焦贛又得隱士之説五行消復，授之京房。京房兼而用之，長于災變，布六十四卦于一歲中，卦直六日七分迭更用事，以風雨寒温爲候，各有占驗，獨成一家，孝元立博士。迄東漢末，費直行而京氏衰。晋代猶有傳習者，至隋唐歷宋入明，而《漢志》之八十九篇僅存三卷，蓋京氏學久廢絕矣。今輯《易傳》《易占》《飛候》《五星》《風角》等篇。雖京氏占候不盡此，亦大端具矣。然余爲之深惜者，《京氏章句》亡于唐宋，今輯章句僅寥寥五十五事，曾不如占候之大端具也，所爲望古而悵然者也。'元和惠棟《易漢學》、平湖孫堂《漢魏廿一家易注》及張氏《易義別録》、王氏《漢魏遺書鈔》、馬氏《玉函山房》並有《京氏易章句》輯本。王氏附《飛候》七十條，其《災異占候》則惟嚴氏所訂八卷爲備也。"

姚振宗又曰："按，此當以《孟氏京房》十一篇、《災異孟氏京房》六十六篇爲一家，五鹿充宗《略説》三篇爲一家，《京氏段嘉》十二篇爲一家，分條刊刻者不能釐别，但以前後有注文間隔者爲條，而不知此一條亦有三家之書也。又五鹿充宗爲梁丘家學，雜入京房家内，殊無倫類。《儒林傳》有梁丘臨"專行京房法"之語，乃齊郡太守京房，猶在此京房之前。所謂專行其法者，行彼京房筮占之法耳，觀上文源委可知也。若依舊本行款，連續而書，則此爲孟氏、梁丘氏、京氏三家門徒之書，自然倫貫有叙。改爲一條，別自起迄，乃雜出不倫，全無章法矣。"

又曰："又按，自《古五子》至此凡八家，皆古今雜説陰陽災異占候之書，別爲一類。又此八家皆有《易傳》之名，乃《易傳》之別派，亦統屬上文'易傳'二字，特其中有分别耳。"

章句，施、孟、梁丘氏各二篇

《補注》王先謙曰："《儒林傳》：'丁寬授碭田王孫，王孫授施讎、孟喜、梁丘賀。'《隋志》：'梁丘、施氏亡于西晋，孟氏、京氏有書無師。'案，施、孟説略見《禮·曲禮》《郊特牲》《王制》《詩·干旄》諸疏、《穀梁集解》《經典釋文》、朱震《漢上易》中。"

姚振宗曰："施氏、孟氏、梁丘氏各有經本，始末見前。"

又曰："本書《儒林·施讎傳》：'讎授張禹、琅邪魯伯。禹授淮陽彭宣、沛戴崇。魯伯授泰山毛莫如、琅邪邴丹。此知名者也。繇是施家有張、彭之學。'"

又曰："又《儒林·孟喜傳》：'喜授同郡白光、沛翟牧，皆爲博士。繇是有翟、孟、白之學。'當爲'孟有白、翟之學'，轉寫亂之。"

又曰："又《儒林·梁丘賀傳》：'賀傳子臨。臨代劉奉世曰："'代'當爲'授'。"五鹿充宗、琅邪王駿。充宗授平陵士孫張仲方、沛鄧彭祖、齊衡咸。繇是梁丘有士孫、鄧、衡之學。'又《傳》贊曰：'初，唯有《易》楊。至孝宣世，復立施、孟、梁丘《易》。'"

又曰："《後漢書·章帝本紀》：'建初四年十一月壬戌，詔曰：漢承暴秦，褒顯儒術，建立五經，爲置博士。其後學者精進，雖曰承師，亦别名家。章懷太子注：言雖承一師之業，其後觸類而長，更爲章句，則别爲一家之學。'又《儒林傳》：'施、孟、梁丘、京氏四家皆立博士。'"

又曰:"《隋書·經籍志》:①'初傳《易》者有田何,何授丁寬,寬授田王孫,王孫授施讎、孟喜、梁丘賀。由是有施、孟、梁丘之學。又有東郡京房,别爲京氏學。嘗立,後罷。後漢施、孟、梁丘、京氏凡四家並立,而傳者甚衆。梁丘、施氏,亡于西晉。孟氏、京氏,有書無師。'"

又曰:"《釋文·叙録》:'《孟喜章句》十卷,無上經。《七録》云:又下經無《旅》至《節》,無《上繫》。'《隋志》:'《周易》八卷,漢曲臺長孟喜章句,殘闕。梁十卷。'《唐書·經籍志》:'《周易》十卷,孟喜章句。'《唐書·藝文志》:'《周易孟喜章句》十卷。'"

又曰:"馬國翰輯本序曰:'《施氏章句》,今唯許慎《五經異義》引一節,《釋文》《漢上易》引二事而已。考本傳,讎再傳爲彭宣。《漢書·宣傳》尚有説《鼎卦》一節,蓋述施氏義也。又蔡邕石經《易》用三家經本。《釋文》引石經止一條,凡邕引《易》要是石經本字,並據采輯爲一卷。'"

又曰:②"《孟氏章句》,惟《釋文》及《正義》《集解》間引之。唐《大衍曆議》云十二月卦出于《孟氏章句》,其説《易》本于氣,而後以人事明之,亦引孟説《震》《坎》《離》《兑》四卦義及六十卦用事配七十二候圖。又《説文序》'《易》用孟氏',而所著《五經異義》引孟、京説。又虞翻自言五世傳孟氏《易》,則許、虞二家所引與今《易》異者,皆佚説也。及蔡邕所引《易》,並據輯録,釐爲二卷。"王謨輯本叙録云:"今鈔出《説文》二十五條,《釋文》十一條,《集解》二條,《詩正義》一條,《禮記疏》二條。"又惠氏、張氏、孫氏亦各有輯本。

---

① "書",原誤作"唐",據《漢書藝文志條理》改。
② 此處爲馬國翰輯本序。

又曰：①"《梁丘氏章句》，惟《釋文》'莧陸'引三家音，'先心'引石經外，別無顯證。考王駿從臨受《易》，臨傳五鹿充宗，充宗傳衡咸。咸爲王莽講學大夫。又《後漢·范升傳》：'升上書曰：臣與博士梁恭、山陽太守呂羌俱修梁丘《易》。'兹從《宣元六王傳》得王駿引《易》一節，《王莽傳》引《易》六節，《范升傳》引二節，蔡邕引七節，並據合輯爲一卷。其《易》盛于東漢，張興傳其學，弟子著録萬有餘人。至西晉永嘉之亂，與施氏《易》並亡矣。"

又曰："按，此三家章句又別爲章段。《七略》著録當分別爲三條，而各繫以詞，《志》欲其簡，故合並爲一。"

又曰："又按，此篇凡分四類：其一經，三家；其二傳，七家；其三別傳，八家；其四章句，三家。其初當有限斷，乙于其處，傳久失之。以下三十七篇，並同此例。"

凡《易》十三家，二百九十四篇。

姚振宗曰："按，此言十三家者，即前十三條。然十三條中實有二十一家，其施、孟、梁丘三家經與章句前後兩見，當除去，合並計算。顏氏謂所條家及篇數與總凡不同，則自唐已然。然顏氏所見或不如是之謬。此亦似分條刊刻者，以條數爲家數，妄有所改也。二百九十四篇著，以三家經各十二篇，合三十六篇；三家章句各二篇，合六篇，正如其數。此皆有數可稽，不難釐定。今即據所載家數、條數，當爲一十八家二百九十四篇圖一。"

《易》曰："宓戲氏仰觀象於天，俯觀法於地，②觀鳥獸之文與地之宜，近取諸身，遠取諸物，於是始作八卦，以通神明之德，以類萬物之情。"

師古曰："《下繫》之辭也。鳥獸之文，謂其迹在地者。宓，讀

---

① 此處爲馬國翰輯本序。
② "觀"，原誤作"視"，據《漢書·藝文志》改。

與伏同。"

來知德曰:"法,法象也。天之象,日月星辰也。地之法,山陵川澤也。鳥獸之文,有息者根于天,飛走之類也。地之宜,无息者根于地,草木之類也。如《書》言兗之漆、青之檿、徐之桐是也,非高黍下稻也。伏羲時尚鮮食,安得有此?近取諸身,氣之呼吸、形之頭足之類也。遠取諸物,鱗介羽毛、雌雄牝牡之類也。通者,理之相會合也。① 類者,象之相肖似也。神明之德,不外健順動止八者之德;萬物之情,②不外天地雷風八者之情。德者,陰陽之理。情者,陰陽之迹。德精而難見,故曰通。情粗而易見,故曰類。"

又曰:"包犧氏之王天下也,仰觀俯察,與鳥獸之文,並地之宜,③近取諸身,遠取諸物,見得天地間一對一待,成列於兩間者,不過此陰陽也。一往一來,流行于兩間者,不過此陰陽也。于是畫一奇以象陽,畫一偶以象陰,④因而重之以爲八卦,以通神明之德,以類萬物之情。"

至於殷、周之際,紂在上位,逆天暴物,文王以諸侯順命而行道,天人之占可得而效,於是重《易》六爻,作上下篇。

王應麟曰:"重卦之人有四説:王輔嗣等以爲伏羲;鄭康成之徒以爲神農,淳于俊曰:'包羲因燧皇之圖而制八卦,神農演之爲六十四。'孫盛以爲夏禹;史遷等以爲文王。《淮南子》:'伏羲爲之六十四變,周室增以六爻。'張行成曰:'伏羲先天示《易》之體,故孔子謂之作八卦;⑤文王後天明《易》之用,故

---

① "合"字原脱,據清《文淵閣四庫全書》本來知德《周易集注》(以下《周易集注》皆據此本,不再注明)卷十四補。
② "物",原誤作"德",據《周易集注》卷十四改。
③ "並",《周易集注》卷十四作"與"。
④ "一",原誤作"二",據《周易集注》卷十四改。
⑤ "謂",原誤作"爲",據《漢藝文志考證》改。

子雲謂之重六爻。'楊繪曰：'筮非八卦之可爲，必六十四之，然後爲筮。舜、禹之際曰龜筮協從，則何文王重卦之有乎？八卦成列，象在其中矣。因而重之，爻在其中矣。按是而言，重卦之始，其在上古乎？'京房引夫子曰：'神農重乎八純。'"
《隋書·經籍志》："夏曰《連山》，殷曰《歸藏》，周文王作卦辭，謂之《周易》。周公又作爻辭。"

姚明煇曰："諡法：殘義損善曰紂。逆，反也。暴，虐也。物，萬物也，亦事也。效，猶見也。伏羲所畫，祇有八卦，卦三畫。文王因而重之，成八八六十四卦，卦六畫，是爲六爻，並作卦辭，以其簡帙重大，故分爲上、下兩篇，今爲上、下經，其爻辭則周公所繫也。此言文王重卦而《易》興也。"

孔氏爲之《彖》《象》《繫辭》《文言》《序卦》之屬十篇。

《隋書·經籍志》："孔子爲《彖》《象》《繫辭》《文言》《序卦》①《說卦》《雜卦》，而子夏爲之傳。"沈欽韓曰："孔氏《第六論夫子十翼》云：'數《十翼》亦有多家，既《易經》本分爲上、下兩篇，則區域各別，《彖》《象》釋卦，亦當隨經而分，故一家數《十翼》云：《上彖》一，《下彖》二，《上象》三，《下象》四，《上繫》五，《下繫》六，《文言》七，《說卦》八，《序卦》九，《雜卦》十。鄭學之徒，②並同此説。'"

故曰《易》道深矣，人更三聖，

韋昭曰："伏羲、文王、孔子。"師古曰："更，經也，音工衡反。"

世歷三古。

孟康曰："《易·繫辭》曰：③'《易》之興也，其於中古乎？'然則伏羲爲上古，文王爲中古，孔子爲下古。"

---

① "序卦"二字原脱，據《隋書·經籍志》補。
② "之徒"二字，《漢書補注》同，《漢書疏證》無。
③ "辭"字原脱，據《漢書·藝文志》補。

《補注》沈欽韓曰："《乾鑿度》：'垂皇策者犧，卦道演德者文，成命者孔。'《辨終備》云：'至哉《易》，三聖謀。'注云：'三聖，伏羲、文王、孔子。'則三聖之徵也，班氏以前並如此說。《論衡·正說》篇云：'文王、周公因《彖》十八章，究六爻。'始牽綴周公，馬融之徒因之，孔穎達、陸德明並承俗訛。"

及秦燔書，而《易》爲筮卜之事，傳者不絶。

《補注》葉德輝曰："《秦始皇紀》云：'天下敢有藏《詩》《書》、百家語者，悉詣守尉雜燒之，所不去者，醫藥、卜筮、種樹之書。'"

王應麟曰："吕氏曰：'古者教人之通法，《詩》《書》《禮》《樂》而已，至於《易》，則未嘗躐等與人。是以孔子、孟子之問答，初未嘗及《易》也。若如魏晉祖尚浮虚，談《老》《易》者徧天下，則秦焚之久矣。'朱文公曰：'《易經》本爲卜筮而作，皆因吉凶以示訓戒，故其言雖約而所包甚廣。夫子作傳，亦略舉其一端，以見凡例而已。'薛氏曰：'六經之道，《易》爲之宗。他經亡而《易》傳不殊，①其書之存也。'"

漢興，田和傳之。

《補注》錢大昭曰："'和'當作'何'。"王先謙曰："官本作'何'。"

按，景祐本作"何"。

訖于宣、元，有施、孟、梁丘、京氏列於學官，

《補注》王先謙曰："武帝立五經博士，《易》惟楊何。宣帝立施、孟、梁丘《易》。元帝立京氏《易》。見《儒林傳》贊。"

而民間有費、高二家之説。

《補注》沈欽韓曰："《隋志》：'梁有漢單父長費直注《周易》四

---

① "而"字原脱，據《漢藝文志考證》補。

卷,亡。'《新》《舊唐志》：'《費直章句》四卷。'《隋志》又言：'直傳《易》,其本皆古字,號古文《易》。後漢陳元、鄭衆皆傳費氏之學,馬融又爲其傳,以授鄭玄。玄作《易注》,荀爽又作《易傳》,魏代王肅、王弼並爲之注,自是費氏大興。'案《儒林傳》：'費直長於卦筮,亡章句,徒以《彖》《象》《繫辭》十篇解説上下經。'則費氏無章句,或後師爲之。晁公武云：'凡以《彖》《象》《文言》等参入卦中,皆祖費氏。'《文獻通考》亦云：'《彖》《象》《文言》雜入卦中,自費氏始。'《魏志》：'高貴鄉公問《易》博士淳于俊曰：孔子作《彖》《象》,不與經文相連,而注連之,何也？俊對曰：鄭合《彖》《象》於經者,欲使學者尋省易了也。'則合《彖》《象》等始自鄭氏,不關費氏,或鄭名重,遂專舉之耳。孔穎達又謂輔嗣之意,《象》本釋經,宜相附近,①分爻之《象辭》各附當爻。是漢、魏間注費氏本者,共分析連綴之也。《隋志》：'高氏亡於西晉。'《儒林傳》云：'其學亦亡章句,專説陰陽災異。'"

王應麟曰："費直本皆古字,號'古文《易》',以授王璜,未得立。陳元、鄭衆皆傳費氏《易》。② 建武中,韓歆上疏,欲爲費氏立博士,范升奏非急務。馬融爲傳,授鄭康成,康成作《易注》,荀爽又作《傳》,自是費氏大興。《釋文·序録》："《費直章句》四卷,殘缺。"高相專説陰陽災異,未立學官。後漢費興,高遂微。費直説"十二次度數",見《晉·天文志》。王弼所傳,本費氏。晁氏曰：'先儒謂費直專以《彖》《象》《文言》參解《易》爻。以《彖》《象》《文言》雜入卦中者,自費氏始。其初,費氏不列學官,唯行民間,至漢末陳元方、鄭康成之徒,皆學費氏,古十二篇之《易》遂亡。孔穎達又謂：輔嗣之意,《象》本釋經,宜相附近。分爻之《象》

---

① "宜",原誤作"宣",據《漢書補注》《漢書疏證》改。
② "易",《漢藝文志考證》作"學"。

辭,各附當爻。則費氏初變亂古制時,猶若今《乾》卦,《彖》《象》繫卦之末歟？古經始變於費氏,而卒大亂於王弼。昔韓宣子適魯,見《易》象,是古人以卦爻統名之曰象也。故曰：易者,象也,其意深矣。豈若後之人,卦必以象明,象必以辭顯,紛紛多岐哉！'"

楊樹達曰："按《儒林傳》云：'高相,沛人,治《易》,與費公同時。自言出於丁將軍,傳至相。'"

劉向以中《古文易經》校施、孟、梁丘經,

師古曰："中者,天子之書也。言中以別於外耳。"

王應麟曰："《釋文》引古文,如'彖'作'𦱤','翩'作'偏','介'作'砎','枕'作'沈','蹢躅'作'蹢䠱',①'繻'作'襦'。劉向引《易》曰：'飛龍在天,大人聚也。'與今《易》異。又引《易大傳》曰：'誣神者,殃及三世。'《說苑》引《易》曰：'建其本而萬物理,失之毫釐,差以千里。'司馬遷引《易》曰：'差以毫釐,謬以千里。'東方朔引'正其本,②萬事理,失之毫釐,差以千里'。《經解》引'君子慎始,差若毫釐,謬以千里'③。今《易》無此語。沙隨程氏曰：'此緯書《通卦驗》之文。'《說苑》引'勞而不怨,有功而不德,厚之至也''有一道,大足以守天下,中足以守國家,小足以守其身,謙之謂也。夫天道毀滿而益謙,不損而益之,故損。自損而終,故益'。又云：'天地動而萬物變化。'《坊記》引'不耕穫,不菑畲,凶'。"

又曰："晁氏曰：'文字之傳,始有齊、楚之異音,卒有科斗、籀、篆、隸書之四變,因而訛謬者多矣。劉向嘗以中《古文易經》校施、孟、梁丘經。至蜀李撰又嘗著古文《易》。則今所傳

---

① "蹢",原誤作"蹄",據《漢藝文志考證》改。
② "引"字原脱,據《漢藝文志考證》補。
③ "謬",《漢藝文志考證》作"繆"。

者,皆非古文也。'"

或脱去"無咎""悔亡",

周壽昌曰:"案,'無咎'之'無',應作'无',《易經》中未有'無'字也。又案,《易》'无咎''悔亡'最多,脱去則闕文不少。若《恒》九二'悔亡',《解》初六'无咎'脱去,則爲脱去全文矣。此中秘書之校正,必不可少也。"

按,《説文》"无,奇字無"也。

唯費氏經與古文同。

王應麟曰:"吕氏曰:'漢興,言《易》者六家,獨費氏傳古文《易》,而不立於學官。費氏《易》在漢諸家中最近古,最見排擯。千載之後,巋然獨存,豈非天哉?'晁氏公武曰:'歐陽永叔謂孔子古經已亡,費氏經與古文同,則古經何嘗亡哉?'"

又曰:"《易》文之異者,《漢書》引'嗛嗛''喪其齊斧''日中見昧''其欲濊濊''不如西鄰之禴祭'。《説文》引'夕惕若夤''忼龍有悔''乘馬驙如''再三黷''媞既平''百穀草木麗於地''以往遴''包亢,用馮河''僮牛之告''泣涕漣如''其牛觢''天且劓'①'君子豹變,其文斐也''噬乾朐''明出地上,晉''巽'巽.'艮'艮.'楮恒凶''扐馬,②壯,吉''柅升,大吉''履虎尾,虩虩''豐其屋''日昃之離''需有衣袽''蟄魁''埶紆''夫乾㒲然。天地壹壹。辎牛乘馬。參天网地。重門擊柝。燥萬物者,莫曎于離。雜而不遫。爲駒顙。又引地可觀者,莫可觀於木,井,法也,今《易》所無。《説文序》曰:"稱其《易》孟氏,皆古文也。"《周禮》注引'其刑劓''襦有衣絮''參天兩地而奇數''巽爲宣髮'。《緇衣》引'恒其德,偵'。《深衣》引'直其政,方

---

① "且",原誤作"卑",據清《文淵閣四庫全書》本《說文解字》(以下《說文解字》皆據此本,不再注明)卷四改。

② "扐",原誤作"枛",據《說文解字》卷四改。

其義也'。《史記》引'《乾》稱蚩龍,鴻漸于般''狐涉水,濡其尾'。後漢《劉修碑》'動乎儉中''鬼神富謙'。《魏文帝紀》注太史許芝引'初六履霜,陰始凝也'。《内則》注引'明夷睇於左股'。郎顗引'困而不失其所'。無"亨"字。

又曰:"《史記索隱》劉向《別録》云:'《易》家有救氏注。'"

書

尚書古文經四十六卷　爲五十七篇。

師古曰:"孔安國《書序》云:'凡五十九篇,爲四十六卷。承詔作傳,引序各冠其篇首,定五十八篇。'鄭玄《叙贊》云:'後又亡其一篇,故五十七。'"

《補注》王先謙曰:"四十六卷者,孔安國所得壁中古文,以考伏生二十九篇得多十六篇,共四十五篇,加孔子序一篇,陸德明《釋文》云:"馬、鄭之徒,百篇之序,總爲一卷。"爲四十六篇,故云'四十六卷'也。爲五十七篇者,據《尚書》孔疏云:'伏生二十九篇是計卷,若計篇則三十四。考二十九篇者,《堯典》一、連"慎徽"以下。《皋陶謨》二、連"帝曰來禹"以下。《禹貢》三、《甘誓》四、《湯誓》五、《盤庚》六、案,三篇同卷。《高宗肜日》七、《西伯戡黎》八、《微子》九、《太誓》十、案,三篇同卷。《牧誓》十一、《洪範》十二、《金縢》十三、《大誥》十四、《康誥》十五、《酒誥》十六、《梓材》十七、《召誥》十八、《洛誥》十九、《多士》二十、《無逸》二十一、《君奭》二十二、《多方》二十三、《立政》二十四、《顧命》二十五、連"王出"以下。案,此二篇同卷。《費誓》二十六、《吕刑》二十七、《文侯之命》二十八、《秦誓》二十九也。鄭注於此内分出《盤庚》二篇,《康王之誥》一篇,《泰誓》二篇,爲三十四篇,其得多十六篇者,案,《舜典》一、別有《舜典》,非梅賾所分。《汩作》二、《九共》九篇三、《大禹謨》四、《棄稷》五、別有《棄稷》。《五子之歌》

六、《胤征》七、《湯誥》八、《咸有一德》九、《典寶》十、《伊訓》十一、《肆命》十二、《原命》十三、《武成》十四、《旅獒》十五、《畢命》十六,《九共》九篇出八篇,又爲二十四篇。以二十四篇加三十四,爲五十八篇。'桓譚《新論》所云'《古文尚書》舊有四十五卷爲五十八篇'是也。云四十五篇者,除序言之也,後又亡其一篇,僞《武成》疏引鄭云'《武成》逸書,建武之際亡'是也。桓譚没於世祖時,在建武前,《武成》未亡,故云五十八。班氏作《漢書》在顯宗時,《武成》已亡,故云五十七也。顔引孔安國序,乃梅賾所上僞序,梅氏卷數篇數,①亦非孔壁卷數篇數也。"

姚振宗曰:"劉向《别錄》曰:'五十八篇。'又曰:'《虞》《夏書》古文或誤以見爲典,以陶爲陰,如此類多。'顔師古《集注》曰:'孔安國定五十八篇。鄭玄《叙贊》云:後又亡其一篇,故云五十七。'王氏《考證》:'康成云:《武成》逸書,建武之際亡。'康成所謂亡一篇者即《武成》。"

又曰:"本書《劉歆傳》:'歆移太常博士曰:及魯恭王壞孔子宅,欲以爲宫,而得古文于壞壁之中,《逸書》有十六篇。天漢之後,安國獻之,遭巫蠱倉卒之難,未及施行,藏于秘府,伏而未發。傳聞民間則有膠東庸生之遺學。'《經義考》曰:'或曰:劉歆移書讓太常博士,其文載于《漢書》《文選》,稱天漢之後孔安國獻之。此不足信耶。'曰:'荀悦《漢紀》于孝成帝三年備述劉向典校經傳,考集異同,于《古文尚書》《論語》《孝經》云武帝時孔安國家獻之,會巫蠱事,未列于學官,則知安國已逝,而其家獻之。《漢書》《文選》鋟本流傳脱去家字爾。'"

又曰:"《史記·孔子世家》:'安國爲今皇帝博士,至臨淮太

---

① "篇數"二字原脱,據《漢書補注》補。

守,蚤卒。'"

又曰:"本書《儒林傳》:'孔氏有《古文尚書》,孔安國以今文字讀之,因以起其家《逸書》,得十餘篇,蓋《尚書》茲多于是矣。遭巫蠱,未立于學官。安國爲諫大夫,授都尉朝,而司馬遷亦從安國問故。遷書載《堯典》《禹貢》《洪範》《微子》《金縢》諸篇,多古文説。都尉朝授膠東庸生,庸生授清河胡常,常授虢徐敖,敖授王璜、平陵塗惲,惲授河南桑欽。王莽時,諸學皆立。劉歆爲國師,璜、惲等貴顯。'又《傳》贊曰:'平帝時,又立《古文尚書》。'"

又曰:"本《志》敘曰:'《古文尚書》者,出孔子壁中。武帝末,魯共王壞孔子宅而得《古文尚書》。孔安國者,孔子後也,悉得其書,以考二十九篇,得多十六篇。安國獻之,遭巫蠱事,未列于學官。'"

又曰:"《後漢書·儒林傳》:'又魯人孔安國傳《古文尚書》授都尉朝,朝授膠東庸譚,爲《尚書》古文學,按,此及劉歆書所云,知當日庸生必有《古文尚書》傳。未得立。'又曰:'中興,扶風杜林傳《古文尚書》,林同郡賈逵爲之作訓,馬融作傳,鄭玄注解,由是《古文尚書》遂顯于世。'《四庫提要》曰:'杜林所傳西州古文,實孔氏之本,故馬、鄭等去其無師説者十六篇,正得二十九篇。《經典釋文》所引尚可覆檢。'"又曰:"宗按,東漢傳《古文尚書》者,又有徐州刺史蓋豫一本,見《後漢·儒林·周防傳》。蓋自都尉朝之後,迄于王莽,傳授不絶,而其經本可考見者凡三:一、中秘書,即此所載是也;二、杜林漆書;三、蓋豫。"

又曰:"《經義考》曰:'班固謂遷書載《堯典》《禹貢》《洪範》《微子》《金縢》諸篇,多古文説。考諸《史記》,于《五帝本紀》載《堯典》《舜典》文,于《夏紀》載《禹貢》《皋陶謨》《益稷》《甘誓》文,于《殷本紀》載《湯誓》《高宗肜日》《西伯戡黎》文,于《周本紀》載《牧誓》《甫刑》文,于《魯周公世家》載《金縢》《無逸》《費誓》文,①于《燕召公世家》載《君奭》文,于《宋微子世家》載《微子》《洪範》文,凡此皆從安國問故而傳之者,乃孔壁之真古文也。然其所載不出伏生口授二十八篇,若安國增多二十五篇之書,《史記》未嘗載其片語,唯于《湯誥》載其辭,是則《湯誥》之真古文也;又于《泰誓》載其辭,是則《泰誓》之真古文也。合之安國作傳之書,其文迥別,何以安國作傳與授之史公者各異其辭,宜其滋後儒之疑矣。'又曰:'按,《古文尚書》,晉、唐以來未有疑焉。疑之自吴才老始,而朱子大疑之。其後吴幼清、趙子昂、王與耕輩群疑之。至明而梅氏之《讀書譜》、羅氏之《尚書是正》則排擊亦多術。近山陽閻百詩氏復作《古文尚書疏證》,其吹疵摘謬加密,而蕭山毛大可氏特著《古文尚書冤辭》以雪之。合兩家之説,無異輪攻而墨守也。'"

又曰:"《四庫提要》曰:'考《漢書・藝文志》叙《古文尚書》,但稱安國獻之,遭巫蠱事,未立於學官,不云作傳。而《經典釋文・叙錄》乃稱《藝文志》云:安國獻《尚書傳》,遭巫蠱事,未立于學官,始增一傳字,以證實其事。'又曰:'《史記》《漢書》但有安國上《古文尚書》之説,並無受詔作傳之事。'又曰:'《古文尚書》較今文多十六篇,晉、魏以來絶無師説,故《左氏》所引,杜預皆注曰逸書。東晉之初,其書始出,乃增多二十五篇,初猶與今文並立,自陸德明據以作《釋文》,孔穎達據以作《正義》,遂與伏生二十九篇混合爲一。唐以來雖疑經惑古如劉知幾之流,亦以《尚書》一家列之《史通》,未言古文之

---

① "于魯"二字原脱,據《漢書藝文志條理》補。

偽。自吳棫始有異議，朱子亦稍稍疑之，吳澄諸人本朱子之説，相繼抉摘，其僞益彰。然亦未能條分縷析，以抉其罅漏。明梅鷟始參考諸書，證其剽劓，而見聞較狹，蒐采未周，至國朝閻若璩乃引經據古，一一陳其矛盾之故凡一百二十八條，古文之僞乃大明。'又曰：'梅賾之書行世已久，其文本采掇佚經，排比聯貫，故其旨不悖于聖人，斷無可廢之理，而確非孔氏之原本，則證驗多端。近惠棟、王懋竑等續加考證，其説益明。'"

又曰："吳縣江聲《尚書集注音疏》曰：'《古文尚書》多于今文十六篇：曰《舜典》，曰《汩作》，曰《九共》，曰《大禹謨》，曰《棄稷》，曰《五子之歌》，曰《胤征》，曰《湯誥》，曰《咸有一德》，曰《典寶》，曰《伊訓》，曰《肆命》，曰《原命》，曰《武成》，曰《旅獒》，曰《畢命》。内《九共》分爲九，別出八篇，爲二十四篇。'"

又曰："武進莊述祖《載籍足徵錄》：'古文經者，孔氏《尚書正義》言鄭康成所注《古文尚書》篇目略云：于二十九篇分出《盤庚》二篇，《康王之誥》一篇，又《泰誓》二篇，爲三十四篇。更增益僞書二十四篇，按，唐人誤以此二十四篇爲張霸僞書。爲五十八。所增益二十四篇者，《舜典》一，《汩作》二，《九共》九篇十一，《大禹謨》十二，《益稷》十三，《五子之歌》十四，《允征》十五，《湯誥》十六，《咸有一德》十七，《典寶》十八，《伊訓》十九，《肆命》二十，《原命》廿一，《武成》廿二，《旅獒》廿三，《囧命》廿四。以此二十四爲十六卷，以《九共》九篇共卷，①除八篇，故爲十六。蓋二十九卷增益十六卷，序一卷，凡四十六卷。其五十八篇，建武之際亡《武成》一篇，故四十六卷爲五十七篇。但鄭既不爲二十四篇作注，則其篇目或見于書贊，或見于百

---

① "共"，原誤作"廿八"，據《漢書藝文志條理》及上下文意改。

篇序注,皆不可考。馬融亦云逸十六篇絶無師説。蓋篇目雖存,第相傳爲秘府古文,馬、鄭皆未必實見其書也。'"

姚振宗又曰:"按,《釋文·序録》《隋·經籍志》大抵皆據僞孔安國《書序》、僞《家語》後序、《孔叢子》之文以爲之説,誤以梅賾之書爲真古文經,並誤以其傳爲真古文傳,皆以爲真出孔安國,故今不具載,而節録《經義考》及《提要》諸家考證之文如右,俾知此經與今本《尚書》絶不相涉也。"

經二十九卷。大、小夏侯二家。歐陽經[二][三]十二卷。

師古曰:"此二十九卷,伏生傳授者。"

《補注》王應麟曰:"伏生口傳二十八篇,後得《泰誓》一篇也。"

齊召南曰:"案《泰誓》即僞《泰誓》。凡漢儒所引赤烏、白魚等語皆是也。故併伏生所傳爲二十九卷。"王先謙曰:"大、小夏侯本經與伏生卷同,歐陽分析增多其數。注'二十二',官本、汪本並作'三十二'。①案'三十'是也。下云'《歐陽章句》三十一卷',不應本經卷異,'卷'上'二'字當爲'三'。王氏引之,謂當爲'三十三',於二十九篇中三分《盤庚》及《泰誓》,改《志》文以就己説,非也。伏生二十九篇,非二十八篇,以本《志》及《史記·儒林傳》爲定。王氏《經義述聞》謂'二十九篇,今文有《太誓》,非宣帝時河内女子始得'是也。王、齊説非。"

姚振宗曰:"《史記·儒林傳》言:'《尚書》自濟南伏生。'又曰:'伏生者,濟南人也。張晏曰:"名勝。伏生碑云也。"故爲秦博士。孝文帝時,欲求治《尚書》者,天下無有,乃按,此似"及"之誤。聞伏生能治,欲召之。是時伏生年九十餘,老,不能行。于是乃詔太常使掌故朝錯往受之。秦時焚書,伏生壁藏之,其後兵大

---

① "三十二",原誤作"三十六",據《漢書補注》改。

起，流亡。漢定，伏生求其書，亡數十篇，獨得二十九篇，即以教于齊魯之間。學者由是頗能言《尚書》，諸山東大師無不涉《尚書》以教矣。伏生教濟南張生及歐陽生，歐陽生教千乘兒寬。張生亦爲博士，而伏生孫以治《尚書》徵，不能明也。自此之後，魯周霸、孔安國，雒陽賈嘉，頗能言《尚書》事。'"

又曰："本書《鼂錯傳》：'孝文時，天下亡治《尚書》者，獨聞齊有伏生，故秦博士，治《尚書》，年九十餘，老不可徵，乃詔太常使人受之，太常遣錯受《尚書》伏生所，還，因上書稱說，詔以爲太子舍人，門大夫，遷博士。'"

又曰："劉向《別錄》：'武帝末，民有得《泰誓》書于壁內者，獻之與博士，使讀說之數月，皆起傳以教人。'按，《堯典》正義云：'百篇次第之序，孔、鄭不同。鄭以賈氏所奏《別錄》爲次。是《別錄》中有百篇之序。'"

又曰："劉歆《七略》：'《尚書》直言也。一引作"真言"。始歐陽氏先名之，大夏侯、小夏侯復立于學官，三家之學于今傳之尤爲詳。'"

又曰：'孝武皇帝末，有人得《泰誓》于壁中者，獻之與博士，使讚說之，因傳以教，今《泰誓》篇是也。'又曰：'《尚書》有青絲編目錄。'又移書太常博士曰：'《泰誓》後得，博士集而讀之。'"

又曰："本書列傳：'夏侯始昌，魯人也。族子勝，字長公，別爲東平人。勝少孤，好學，從始昌受《尚書》，徵爲博士、光祿大夫。宣帝立，太后省政，勝用《尚書》授太后。遷長信少府，賜爵關內侯。以議武帝廟樂，劾奏下獄，因大赦，出爲諫大夫給事中。復爲長信少府，遷太子太傅。年九十卒官。勝從父子建字長卿，師事勝，爲議郎博士，至太子少傅。'"

又曰："又《儒林傳》：'夏侯勝，其先夏侯都尉從濟南張生受《尚書》，以傳族子始昌，始昌傳勝，勝傳從兄子建。由是《尚書》有大小夏侯之學。'又曰：'歐陽生，字和伯，千乘人也，事伏生，授兒寬。歐陽、大小夏侯氏學皆出於寬。寬授歐陽生子，世世相傳，由是《尚書》有歐陽氏學。'"

又曰："本《志》叙：'劉向以中古文校歐陽、大小夏侯三家經文，《酒誥》脱簡一，《召誥》脱簡二。率簡二十五字者，脱亦二十五字。簡二十二字者，脱亦二十二字。文字異者七百餘，脱字數十。'又曰：'《書》之所起遠矣，至孔子纂焉，上斷于堯，下訖于秦，凡百篇，而爲之序，言其作意。'《隋志》史部簿録篇：'孔子删《書》，别爲之序，各陳作者所由。《正義》曰：《書序》，鄭玄、馬融、王肅並云孔子所作，依緯文也。百篇凡六十三序。'"

又曰："王充《論衡·正説》篇：'《尚書》本百篇，遭秦用李斯之議，燔燒五經，伏生抱百篇藏于山中。孝景皇帝時，遣鼂錯往從受《尚書》二十八篇。伏生老死，《書》殘不竟。鼂錯傳于倪寬。至孝宣皇帝之時，河内女子發老屋，得逸《易》《禮》《尚書》各一篇，奏之。宣帝下示博士，然後《易》《禮》《尚書》各益一篇，而《尚書》二十九篇始定矣。'《隋·經籍志》亦云：'伏生口傳二十八篇，又河内女子得《泰誓》一篇獻之。'"

又曰："《經義考》：熊朋來曰：'晁錯所受，伏生以漢隸寫之，故曰今文，凡二十八篇。及武帝時，得《泰誓》一篇，故《藝文志》稱二十九篇。'朱彝尊曰：'《今文尚書》，伏生所授止二十八篇，故漢儒以擬二十八宿。然《史記》《漢書》俱稱伏生以二十九篇教于齊魯之間。馬、班，古之良史，不應以非生所授之《泰誓》雜之其中也。① 故王肅云《泰誓》近得，非其本經。竊疑生所教二十九篇，其一篇乃百篇之序，故馬、鄭因之，亦總爲一卷。惟緣《藝文志》云經二十九卷，後儒遂以《泰誓》篇混入爾。'"

---

① "雜之"，原誤倒，據《漢書藝文志條理》乙正。

又曰："江聲《集注音疏》曰：'六藝定于孔子,皆阨而後興,而《尚書》之阨爲尤甚。漢興,伏生以二十八篇教于齊魯之間,後歐陽氏分《盤庚》爲三,爲三十篇。武帝時得《太誓》,以合于伏生之書,共爲博士之業,故《漢志》載《夏侯尚書》二十九篇,《歐陽尚書》三十二篇,其篇目曰：《堯典》一,《皋陶謨》二,《禹貢》三,《甘誓》四,《湯誓》五,《盤庚》六,《高宗肜日》七,《西伯戡黎》八,《微子》九,《牧誓》十,《洪範》十一,《金縢》十二,《大誥》十三,《康誥》十四,《酒誥》十五,《梓材》十六,《召誥》十七,《洛誥》十八,《多士》十九,《無逸》二十,《君奭》二十一,《多方》二十二,《立政》二十三,《顧命》二十四,《費誓》二十五,《呂刑》二十六,《文侯之命》二十七,《泰誓》二十八,合以《盤庚》上中下多出二篇；又《泰誓》一篇,《書序》一篇。'"

姚振宗又曰："按,古文經及此三家經,舊本連屬而書。故此一條,可以蒙上文《尚書》二字。言古文不言今文者,其義自見也。乃分條刊刻者,以此條前後皆有注文間隔,遂又分爲一條,而不知文相屬,①此又連篇不可強改分條之證。"

傳四十一篇

《補注》王鳴盛曰："以《大傳》系《經》下,尊伏生也。"王先謙曰："鄭《叙》云：'張生、歐陽生從伏生學,數子各論所聞,以己意彌縫其闕,別作章句,又特撰大義,因《經》屬指,名之曰《傳》。劉子政校書,得而上之,凡四十一篇。至元始詮次爲八十三篇,今本並《略説》爲四卷。'官本'《經》二十九卷'二句,各自提行。"

姚振宗曰："鄭康成《序》曰：'蓋自伏生也。伏生爲秦博士,至孝文時年且百歲,張生、歐陽生從其學而受之,音聲猶有訛

---

① "文相屬",原誤作"文不相屬",據《漢書藝文志條理》改。

誤,先後猶有差舛,重以篆隸之殊,不能無失。生終後,數子合論所聞,以己意彌縫其闕,而又特撰其大義,因經屬指,名之曰傳。劉向校書,得而上之,凡四十一篇,至康成始詮次爲八十三篇。'按,此據《玉海·藝文》所載,蓋即《中興書目》摘録舊序之文,而後人移而爲今本之序。"

又曰:"《釋文·叙録》:'《尚書大傳》三卷,伏生作。'《隋·經籍志》:'《尚書大傳》三卷,鄭玄注。'《唐·經籍志》:'《尚書暢訓》三卷,伏勝注。'《唐·藝文志》:'伏勝注《大傳》三卷,又《暢訓》一卷。'《宋史·藝文志》:'《伏勝大傳》三卷,鄭玄注。'"

又曰:"《崇文總目》:'《尚書大傳》三卷,漢濟南伏勝撰,後漢大司農鄭玄注。伏生本秦博士,以章句授諸儒,故博引異言授受援經而申證云。'"

又曰:"宋晁公武《郡齋讀書志》曰:'今本四卷,首尾不倫。'"

又曰:"宋陳振孫《直齋書録解題》曰:'凡八十三篇,未必當時本書也。'"

又曰:"《四庫提要》曰:'《尚書大傳》四卷,《補遺》一卷,舊題漢伏勝撰,實則張生、歐陽生等所述,特源出于勝耳,非勝自撰也。其文或説《尚書》,或不説《尚書》,大抵如《詩外傳》《春秋繁露》,與經義在離合之間,而古訓舊典往往而在。第三卷爲《洪範五行傳》,首尾完具,漢代緯候之説實由是起。第四卷題曰《略説》,是其子目。王應麟《玉海》析而二之,非也。惟所傳二十八篇無《泰誓》,而此有《泰誓傳》。又《九共》《帝告》《歸禾》《揜誥》皆逸《書》,而此書亦皆有傳。蓋伏生畢世業《書》,不容二十八篇之外全不記憶,特舉其完篇者傳於世,其零章斷句則偶然附記于傳中,亦事理所有,固不足以爲異矣。'"

又曰："王謨輯本叙錄曰：'近德州盧氏《雅雨堂叢書》有《大傳》四卷，仁和盧學士文弨爲撰《考異》一卷，《補遺》二卷于後。其序有云：雖非隋、唐以來之完書，然闕佚殆亦鮮矣。以謨考之，則自隋、唐後人所編輯之書，蒐採略盡。至于漢、魏諸書中所引《大傳》，殊多遺漏。今惟就盧本更加考正，凡字句有異同詳略，悉分注本文下。其全闕者，又自爲補遺于末。凡鈔出《注疏》八條，《白虎通》二條，《風俗通》二條，《群輔錄》一條，《山海經》注二條，《後漢書》傳一條，《水經注》一條，《史記》注二條，《文選注》二條，《通典》一條，《書鈔》五條，《御覽》二條，《廣韻》一條，《路史》注一條，《困學紀聞》一條。'"

姚振宗又曰："按，此亦以注文間隔而分爲一條。若依舊例連屬而書，則經傳相屬，皆蒙上文'尚書'二字，何等聯貫。"

歐陽章句三十一卷

《補注》沈欽韓曰："章句者，經師指括其文，敷暢其義，以相教授。《左·宣二年傳》疏，服虔載賈逵、鄭衆、或人三説，解'叔牂曰，子之馬然也'，此章句之體。① 解故者，《管子·刑法解》《墨子·經説》《尚書大傳》《毛詩傳》之類。解故不必盡人能爲，章句各師具有，煩簡不同耳。秦恭增師法至百萬言，桓榮受朱普學章句四十萬言，② 榮減爲二十三萬言，其子郁復删省成十二萬言是也。"王先謙曰："鄭《叙》云'歐陽生別作章句'是也。《儒林傳》：'《尚書》世有歐陽氏學。'"

姚範曰："《歐陽章句》三十一卷，③疑歐陽經即此章句矣。蓋大小夏侯篇傳皆二十九，與經不殊，獨此章句異，故注及之耳。三十二與三十一，或有一誤。"

---

① "體"下，《漢書疏證》有"類然"二字。
② "普"，原誤作"善"，據《漢書疏證》改。
③ "三十一卷"，原誤作"三十卷"，據《援鶉堂筆記》改。

姚振宗曰："本書《儒林傳》：'歐陽生事伏生，授兒寬，寬授歐陽生子，世世相傳，至曾孫高子陽，爲博士。高孫地餘長賓以太子中庶子授太子，後爲博士，論石渠。元帝即位，地餘侍中，貴幸，至少府，少子政爲王莽講學大夫。由是《尚書》世有歐陽氏學。濟南林尊事歐陽高，爲博士，授平陵平當、梁陳翁生。由是歐陽有平、陳之學。'又《傳》贊曰：'初，《書》惟有歐陽。'《百官表》：'孝元永光元年，侍中中大夫歐陽餘爲少府，五年卒。'無'地'字，與此互異，未詳孰是。"

又曰："《尚書大傳》序曰：'伏生至孝文時年且百歲，歐陽生、張生從學焉。伏生終後，數子各論所聞，以己意彌縫其闕，而别作《章句》。'"

又曰："莊述祖《載籍足徵録》曰：'《歐陽經》三十二卷，《章句》三十一卷。其一卷無章句，蓋序也。'"

又曰："王謨輯本叙録曰：'《漢志》歐陽生《尚書章句》三十一卷，《説義》二卷，其軼猶時時見于他説，[①]今並鈔出：《書》正義五條，《左傳》疏一條，《周禮》疏二條，《禮記》疏二條，《史記》注七條，《三國志》注一條，《書鈔》一條，《文選注》一條，《困學紀聞》三條，《石經》四條。'馬氏《玉函山房》亦有輯本一卷。"

大、小夏侯章句各二十九卷

《補注》王先謙曰："大夏侯勝，小夏侯建也。《勝傳》云：'從兄子建自師事勝及歐陽高，[②]左右采獲，又從五經諸儒問與《尚書》相出入者，牽引以次章句。'"

大、小夏侯解故二十九篇

《補注》王先謙曰："'故''詁'字同。"

[①] "猶時時見于"，原誤作"時猶時時見于"，據《漢書藝文志條理》改。

[②] "兄"，原誤作"父"，據《漢書疏證》改。

姚範曰："《大》《小夏侯章句》各十九卷，《解故》二十九篇。按，勝受詔撰《尚書》《論語說》，今《志》有《論語說》，而不見《尚書》諸經疏時引《書說》。按，《禮記·祭法》疏引歐陽和伯、夏侯建。今《尚書說》又有《古尚書說》，未知何人撰。又有《尚書略說》，《公羊》元年春王正月疏引，又引注，疑是緯書也。"

姚振宗曰："本書《夏侯勝傳》：勝從夏侯始昌受《尚書》及《洪範五行傳》，說災異。後事簡卿，《儒林傳》云：'簡卿者，兒寬門人也。'又從歐陽氏問。爲學精孰，所問非一師也。善說禮服。爲太子太傅。受詔撰《尚書》《論語說》，賜黄金百斤。勝從父子建自師事勝及歐陽高，左右采獲，又從五經諸儒問與《尚書》相出入者，牽引以次章句，具文飾說。勝非之曰：'建所謂章句小儒，破碎大道。'建亦非勝爲學疏略，難以應敵。建卒自顓門名經。①"

又曰："又《儒林傳》：'周堪、孔霸俱事大夏侯勝。堪授許商，霸傳子光。由是大夏侯有孔、許之學。'又曰：'張山拊事小夏侯建，授李尋、鄭寬中、張無故、秦恭、假倉。由是小夏侯有鄭、張、秦、假、李氏之學。'又《傳》贊曰：'初，《書》唯有歐陽，至孝宣世，復立大小夏侯《尚書》。'"

又曰："又本《志》叙曰：'漢興，伏生得二十九篇，以教齊魯之間。訖孝宣世，有歐陽、大小夏侯氏，立于學官。'"

又曰："《隋書·經籍志》：②'及永嘉之亂，歐陽、大小夏侯《尚書》並亡。'"

又曰："王氏《考證》：'《七錄》曰：三家至西晉並亡，其說間見于義疏。葉氏曰：自漢訖西晉，言《書》惟祖歐陽氏。鄭康成

---

① "卒"，原誤作"即"，據《漢書藝文志條理》改。
② "書"，原誤作"唐"，據《漢書藝文志條理》改。

云：歐陽氏失其本義。《郊祀志》引歐陽、大小夏侯三家説六宗。《後漢·輿服志》永平二年，乘輿服從歐陽氏説，公卿以下從大小夏侯氏説。夏侯勝從歐陽氏問，建師事勝及歐陽高，然則大小夏侯皆歐陽之學。'按馬氏《玉函山房》皆有三家章句輯本，其文並雷同。其所不同者，則旁及平當、楊賜、孔光、劉向、李尋本傳所引《書》語以充卷帙。"

姚振宗又曰："按，《大》《小夏侯章句》各二十九卷，則《解故》亦當有'各'字，或蒙上省文，或傳寫佚敚，或《解故》文簡，本來合並爲一帙，均無由考見矣。"

歐陽説義二篇

《補注》王先謙曰："歐陽、夏侯《書》説，略見近人陳喬樅輯本。"

姚振宗曰："《經義考》曰：'按歐陽氏世傳《書》學，《説義》二篇未經前儒注明，不知作者。'"

劉向 五行傳記十一卷

《補注》王應麟曰："本傳云：'《洪範五行傳論》。'沈約云：'伏生創紀《大傳》，五行之體始詳；劉向廣演《洪範》，休咎之文益備。'"沈欽韓曰："《隋志》：'伏生之傳，惟劉向父子所著《五行傳》，①是其本法，而又多乖戾。'其卷數與此同。《後書》'郎顗奏便宜四事'，引《尚書洪範記》。"

姚振宗曰："本書《楚元王附傳》：'向字子政，本名更生。年十二，以父德任爲輦郎。弱冠，擢爲諫大夫，給事中。元帝即位，爲散騎宗正給事中。中廢十餘年。成帝即位，更生乃復進用，更名向，以故九卿召拜爲中郎，使領護三輔都水。遷光禄大夫。上方進于《詩》《書》，②觀古文，詔向領校中五經秘

---

① "傳"字原脱，據《隋書·經籍志》補。
② "上方"下原衍一"精"字，據《漢書藝文志條理》删。

書。向見《尚書·洪範》，箕子爲武王陳五行陰陽休咎之應。向乃集合上古以來歷春秋六國至秦漢符瑞災異之記，推迹行事，連傳按，此似"傳"字之誤。禍福，著其占驗，比類相從，各有條目，凡十一篇，號曰《洪範五行傳論》，奏之。天子心知向忠精，故爲王鳳兄弟起此論也，然終不能奪王氏權。以向爲中壘校尉。上數欲用向爲九卿，輒不爲王氏居位者及丞相御史所持，故終不遷，居列大夫官前後三十餘年，年七十二卒。卒後十三歲而王氏代漢。'又《傳》贊曰：'仲尼稱才難，不其然歟！自孔子後，綴文之士衆矣，惟孟軻、孫況、董仲舒、司馬遷、劉向、揚雄，此數公者，皆博物洽聞，通達古今，其言有補于世。傳曰，聖人不出，其間必有命世者焉，豈近是乎？劉氏《洪範論》發明《大傳》，著天人之應。'本《志》注曰：'入劉向《稽疑》一篇。'按，《洪範卜稽疑》，蓋即《稽疑論》也，班氏當並入此書十一卷中。"

又曰："《宋書·五行志》序：'伏生創紀《大傳》，五行之體始詳；劉向廣衍《洪範》，休咎之文益備。'"

又曰："《隋書·經籍志》：'《尚書洪範五行傳論》十一卷，漢光禄大夫劉向撰。'又曰：'濟南伏生之傳，唯劉向父子所著《五行傳》，是其本法，而又多乖戾。'《唐·經籍志》：'《尚書洪範五行傳》十一卷，劉向撰。'《唐·藝文志》：'劉向《洪範五行傳論》十一卷。'"

又曰："《經義考》：歐陽修曰：'箕子陳《洪範》，條其事爲九類，別其説爲九章。劉向爲《五行傳》，乃取五事、皇極、庶徵附于五行。'"

又曰："又葉適曰：'劉向爲王氏考災異，著《五行傳》，歸于切劘當世，而學者以是爲格王正事。'"

又曰："又趙樞生曰：'自大小夏侯明五行之後，劉向遂著爲

《洪範五行傳論》，其書不可見，而見于班固《漢書·五行志》者，皆遺法也。'"

又曰："王謨輯本叙錄曰：'《五行志》原本伏生《尚書大傳》，兼采董仲舒、劉向、向子歆及眭孟、夏侯勝、京房、谷永、李尋諸家之説，而劉知幾《史通》乃云班氏《五行志》出劉向《洪範》。趙樞生亦云是其遺法。今從本《志》鈔出向説百四十一條，益以《類聚》《初學記》《書鈔》《御覽》，凡若干條，分爲上下二卷。'按，《五行志》亦有劉向《穀梁説》，王氏並輯入《五行傳》，何不分析别爲《穀梁傳》乎？"

楊樹達曰："《五行志》云'劉向治《穀梁春秋》，數以禍福，傳以《洪範》'，即此書也，《五行志》多采之。"

許商　五行傳記一篇

《補注》王先謙曰："商治《尚書》，善爲算，見《溝洫志》，著《五行論曆》，見《儒林傳》。"

姚振宗曰："本書《儒林傳》：'周堪字少卿，齊人也，與孔霸俱事大夏侯勝。堪授長安許商長伯。由是大夏侯有孔、許之學。商善爲算，著《五行論曆》，四至九卿，號其門人沛唐林爲德行，平陵吳章爲言語，重泉王吉爲政事，齊炔炔，音桂。欽爲文學。王莽時，林、吉爲九卿，自表上師冢，或引作"家"。大夫博士郎吏爲許氏學者，各從門人，會車數百兩，儒者榮之。'"

又曰："又《五行志》：'孝武時，夏侯始昌通五經，善推《五行傳》，以傳族子勝，下及許商，皆以教所賢弟子，其傳與劉向同。'"

姚振宗又曰："按，許氏仕履以《溝洫志》《公卿表》考之：成帝建始時，由博士爲將作大匠。鴻嘉四年，爲河隄都尉。永始三年，由詹事遷少府。後二年，爲侍中光禄大夫。綏和元年，爲大司農，數月，遷爲光禄勳。《表》云'四月遷'，而不見遷何官，疑'遷'爲'卒'字。"

周書七十一篇　周史記。

師古曰："劉向云：'周時誥誓號令也，蓋孔子所論百篇之餘也。'今之存者，四十五篇矣。"

《補注》王先慎曰："顏云'存四十五篇'者，係據孔晁注本。其亡二十五篇，當在唐初。今孔注止四十二篇，是後又亡其三矣。然劉知幾《史通》言《周書》七十一章，上自文武，下終靈景，不言有所闕佚，是劉氏所見別一本。故《唐志》八卷本與十卷本並列。今案自《度訓》至《器服》，凡七十篇，合序爲七十一篇，中亡《程寤》《秦陰》《九政》《九開》《劉法》《文開》《保開》《八繁》《箕子》《考德》《月令》，共十一篇，尚存六十篇。其逸文近儒朱右曾輯，附本書後。《隋志》'繫之《汲冢》'，非是。"

姚振宗曰："顏師古《集注》：'劉向云：周時誥誓號令也，蓋孔子所論百篇之餘也。今之存者，四十五篇矣。'按，此引劉向云當即《別錄》文，'今之存者'云云，則顏氏之語也。'"

又曰："《隋志·雜史》篇：'《周書》十卷。《汲冢書》似仲尼刪削之餘。'《唐·經籍志》：'《周書》八卷，孔晁注。'《唐·藝文志》：'《汲冢周書》十卷。孔晁注《周書》八卷。'《宋志》別史類：'《汲冢周書》十卷。'按，此皆誤以《汲冢書》，詳見下方。"

又曰："唐劉知幾《史通·六家》篇：'又有《周書》者，與《尚書》相類，即孔氏刊約百篇之外，凡爲七十一章。上自文、武，下終靈、景，甚有明允篤誠，典雅高義。時亦有淺末恒説，滓穢相參，殆似後之好事者所增益也。至若《職方》之言，與《周官》無異；《時訓》之説，比《月令》多同。斯百王之正書，五經之別錄者也。'"

又曰："宋黃震《日鈔》曰：'《周書》自《度訓》至《小開解》，凡二十三篇,①皆載文王遇紂事,多類兵書,而文澀難曉。自《文儆》至《五權》二十三篇,載文王薨武王繼之伐商,其文間有明白者,或類《周誥》。自《成開解》至《王會解》十三篇,載武王崩周公相成王事,間亦有明白者,多類《周誥》。自是有《蔡公解》《史記解》,穆王警戒之書也。《職方氏》繼之,與今《周禮》之《職方氏》相類。《芮良夫解》,訓王暨政臣之書也。《玉珮解》亦相類。自《周祝解》至《詮法解》,②不知其所指。終之以《器服解》,而《器服解》之名多不可句。'按,篇名繫以'解'字,蓋晉孔晁所加,猶《淮南》高誘注本皆繫以'訓'字。"

又曰:"元馬端臨《文獻·經籍考》:'陳氏曰:凡七十篇,序一篇在其末。今京口刊本以序散在諸篇,以仿孔安國《尚書》。相傳以爲孔子刪《書》所餘,未必然也。文體與古文不類,似戰國後人放效爲之者。'"

又曰:"又巽岩李氏曰:'《隋》《唐志》皆稱此書得之汲冢,孔鼂注解,或十卷,或八卷,大抵不殊。按,劉向、班固所錄,並著《周書》七十一篇,且謂孔子刪削之餘,而司馬遷記武王克殷事與此合,必班、劉、司馬所見者也。繫之汲冢,失其本矣。書多駁辭,宜孔子所不取,抑戰國處士私相綴緝,託周爲名,孔子亦未必見。'"

又曰:"又後村劉氏曰:'鼂子止謂其紀錄失實,李仁甫謂書多駁辭。按,中間所載武王征四方,俘商寶玉云云,皆荒唐誇誕,不近人情,非止于駁而已。'"

又曰:"王氏《考證》:'今本凡七十篇,始于《度訓》,終于《器服》。晉孔晁注篇目比漢但闕其一。《唐大衍曆議》曰:七十二候原于周公《時訓》,《月令》雖頗有增益,然先後之次則同。

---

① "二十三",原誤作"二十二",據《漢書藝文志條理》改。
② "詮",原誤作"謐",據《漢書藝文志條理》改。

《謚法》則此書第五十四篇也。'"

又曰:"又《玉海·藝文》曰:'按,《晉書·束晳傳》及《左傳正義》引王隱《晉書》並云《竹書》七十五篇,其篇目皆不言《周書》,則繫《周書》于《汲冢》,其誤明矣。'"

又曰:"《經義考》:郭棐曰:'古書自六籍外,傳者蓋少矣。劉向、班固所錄則有《周書》七十一篇,皆文、武、周公及穆、宣、幽、靈之事。《度訓》《武稱》《開武》《祭公》《芮良夫》《玉佩》諸篇,即壁中書,奚加焉?《謚法》則周公之所制,《時訓》《明堂》乃《禮記》所采,《王會》博于鳥獸草木之名,《史記》明于治亂興亡之迹,卓有可觀。他篇多誇詡詭譎。其書出春秋、戰國之前,抑周之野史歟?'"

又曰:"又胡應麟曰:'《周書》多論紀綱制度,叙事之文極少。《克殷》數篇外,唯《王會》《職方》二篇皆典則有法,而《王會》雜以怪誕之文,《職方》叙述嚴整過《王會》,其規模體制足以置之夏商也。'又曰:'《周書》卷首十數篇,① 後序皆以文王作,而本解絕無明據,且語與書體不合,蓋戰國纂集此書者所作,攙入之,冠于篇首也。'"

又曰:"又劉大謨曰:'六經而下,求其文字近古,而有裨于性命道德文武政教者,恐無以踰于此。'"

又曰:"又姜士昌曰:'其事則文武周公,其文詞則東周以後作者不逮也。② 自六藝以下,文詞最質古者,無如是書與《周髀》《穆天子傳》諸篇,而是書深遠矣。'"

又曰:"《四庫提要》曰:'陳振孫稱凡七十篇,③ 叙一篇在其末,則篇數與《漢志》合。舊本載嘉定十五年丁黼跋,反覆考

---

① "卷首"下原衍一"當"字,據《漢書藝文志條理》删。
② "詞"字原脱,據《漢書藝文志條理》補。
③ "七十",原誤作"六十一",據《漢書藝文志條理》改。

證,確以爲不出汲冢,斯定論矣。所云文王受命稱王,武王、周公私計東伐,俘馘殷遺,暴殄原獸,輦括寶玉,動至億萬,三發下車,懸紂首太白,又用之南郊,皆古人必無之事。振孫以爲戰國後人所爲,似非無見。然《左傳》引《周志》引書,其文皆在今書中,則春秋時已有之,特戰國以後又輾轉附益,故其駁雜耳。究厥本始,終爲三代之遺文,不可廢也。近代所行之本,皆闕《程寤》《秦陰》《九政》《九開》《劉法》《文開》《保開》《八繁》《箕子》《耆德》《月令》十一篇,餘亦文多佚敚。李燾跋稱斷爛難讀,則宋本已然矣。"

議奏四十二篇　宣帝時石渠論。

韋昭曰:"閣名也,於此論書。"

《補注》王先謙曰:"詳見《儒林傳》。"

姚振宗曰:"本書《宣帝紀》:'甘露三年三月,詔諸儒講五經同異,太子太傅蕭望之等平奏其議,上親稱制臨決焉。①'"

又曰:"又《儒林傳》:'歐陽生曾孫高,高孫地餘長賓,爲博士,論石渠。'又曰:'周堪,字少卿,齊人也,事大夏侯勝,爲譯官令,論于石渠,經爲最高。'又曰:'張山拊,字長賓,平陵人也,事小夏侯建,爲博士,論石渠。授陳留假倉子驕,以謁者論石渠。'"

姚振宗又曰:"此篇凡分四段,古、今文經爲一段,《傳》及《章句》《解故》《說義》爲一段,《五行》《傳記》兩家爲一段,《周書》及《議奏》爲一段。"

凡書九家,四百一十二篇。入劉向《稽疑》一篇。

師古曰:"此凡言'入'者,謂《七略》之外班氏新入之也。其云'出'者與此同。"

---

① "臨"字原脱,據《漢書藝文志條理》補。

《補注》王先謙曰:"《稽疑》,書目無名,蓋入《五行傳記》中。"
姚振宗曰:"按,所載凡十五家,其歐陽、大小夏侯三家已見經本,其後《章句》《解故》《説義》當除去六家,正合九家之數。其篇數則缺少十篇。今校定當爲九家四百二十二篇。"

《易》曰:"河出《圖》,雒出《書》,聖人則之。"

師古曰:"《上繫》之辭也。"

王應麟曰:"成王之末,《河圖》尚在。邵子曰:'圓者,《河圖》之數;方者,《洛書》之文。'朱文公曰:'《河圖》與《易》之天一至地十者合,而載天地五十有五之數,《易》之所自出也;《洛書》與《洪範》之初一至次九者合,而具九疇之數,《洪範》之所自出也。世傳一至九數者爲《河圖》,一至十數者爲《洛書》,正是反而置之。'朱震、張行成皆以九爲《河圖》,十爲《洛書》。震本劉牧,行成本邵子。鶴山魏氏曰:'戴九履一之圖,其象圓;五行生成之圖,其象方。是九圓而十方也。安知邵子不以九爲圖十爲書乎?朱子雖力攻劉氏,而猶曰《易》《範》之數相表裏爲可疑。又曰:安知圖之不爲書,書之不爲圖?是朱子尚有疑於此也。'《大戴禮‧明堂》篇有'二九四七五三六一八'之語,鄭氏注云:按,《北史》、《大戴禮》乃後魏盧辯注,今本云"鄭氏注",誤也。'法龜文。'則漢人固以九數爲《洛書》矣。蘇氏曰:'《河圖》《洛書》著於《易》,見於《論語》,今學者或疑焉。山川出圖、書,有時而然。魏、晉之間,張掖出石圖,文字粲然,時無聖人,莫識其意爾。'"

故《書》之所起遠矣,至孔子纂焉,上斷於堯,下訖于秦,凡百篇,

孟康曰:"纂,音撰。"

《補注》沈欽韓曰:"《法言‧問神》篇:'昔之説《書》者,序以百。'《論衡‧正説》篇:'孝景帝時,魯恭王壞孔子教授堂以爲殿,得百篇《尚書》於牆壁中。'案,此言得孔子百篇之《書》,所得不必有百篇之數也。"

姚振宗曰:"《史記‧孔子世家》:'孔子之時,周室微而禮樂廢,《詩》《書》缺。追迹三代之禮,序《書傳》,上紀唐虞之際,下至秦繆,編次其事。故《書傳》自孔氏。①'"

而爲之序,言其作意。

《補注》沈欽韓曰:"《史記·孔子世家》云:'追迹三代之禮,序《書傳》,上紀唐、虞之際,下至秦繆,編次其事。'與班意並以爲孔子作序。"

王應麟曰:"《書序》,古文本自爲一篇,在百篇之後。劉歆曰:'孔子修《易》序《書》。'朱文公曰:'《書小序》非孔子作,或頗與經不合。《序》云"《書序》,序所以爲作者之意",未嘗以爲孔子所作。至劉歆、班固,始以爲孔子所作。'五峰胡氏曰:'《康誥》蓋武王命康叔之辭,不得不捨《書序》而從經史。'林氏曰:'《序》乃歷代史官相傳以爲《書》之總目,猶《詩》之有《小序》也。'吳氏曰:'先序者,孔子之序,猶《詩》之《大序》也;再序者,當時之序,猶《詩》之《小序》也。②"

秦燔書禁學,濟南伏生獨壁藏之。漢興,亡失,求得二十九篇,以教齊魯之間。訖孝宣世,有歐陽、大小夏侯氏立於學官。《古文尚書》者,出孔子壁中。

師古曰:"《家語》云:'孔騰字子襄,畏秦法峻急,藏《尚書》《孝經》《論語》於夫子舊堂壁中。'而《漢記·尹敏傳》云'孔鮒所藏'。二説不同,未知孰是。"

《補注》沈欽韓曰:"《孔叢·獨治》篇:陳餘謂子魚曰:'秦將滅先王之籍,而子爲書籍之主,其危矣!'子魚曰:'吾將先藏之。'《家語序》云孔騰子襄,子襄即子魚弟,容得同計也。《隋志》與《釋文》《史通》並作'孔惠'。③"

王應麟曰:"《隋志》云:'武帝時,魯恭王壞孔子宅,得其末孫

---

① "傳"字原脱,據《漢書藝文志條理》補。
② "詩"字原脱,據《漢藝文志考證》補。
③ "史通"二字,《漢書疏證》無。

惠所藏之書,皆古文也。'《史通》亦以爲孔惠所藏。則又非師古所引二人者矣。"

武帝末,魯恭親王壞孔子宅,欲以廣其宮,而得《古文尚書》及《禮記》《論語》《孝經》凡數十篇,皆古字也。共王往入其宅,聞鼓琴瑟鐘磬之音,於是懼,乃止不壞。

《補注》王先謙曰:"《劉歆傳·移讓太常博士書》亦云'武帝末'。《魯恭王傳》:'以孝景前三年徙王魯,好治宮室,二十八年薨。'據表在元光四年。不得至武帝末。《論衡》以爲孝景時,是也。"

周壽昌曰:"案,魯共王以孝景前三年徙王魯,徙二十七年而薨,適當武帝元朔元年,時武帝方即位十三年,安得云武帝末乎?且《共王傳》云王初好治宮室,季年則好音。是其壞孔子宅以廣其宮,當在王魯之初,爲景帝時,非武帝時也。王充《論衡·正說》篇云'孝景帝時,①魯共王壞孔教授堂以爲殿,②得百篇《尚書》於牆壁中'云云,其以爲景帝時,似與傳相合。"

孔安國者,孔子後也,悉得其書,以考二十九篇,得多十六篇。

師古曰:"壁中書多,以考見行世二十九篇之外,更得十六篇。"

姚範曰:"按,前注云爲五十七篇,此云得多十六篇。師古亦不能分明注之,亦前注所云年代久遠,不能詳知者也。疑十六篇者,安國獻書之數。五十八篇,東京儒生相傳分合之本。前係班注,此係劉歆舊文也。孔穎達據十六篇之說,遂謂向、歆、班固不見古文,謬誕之甚,但恐非晚出之古文耳。"

安國獻之。遭巫蠱事,未列於學官。

《補注》沈欽韓曰:"劉歆移書博士,與此《志》所說同。其不列

---

① "帝"字原脱,據《漢書注校補》補。
② "孔"字下原衍一"子"字,據《漢書注校補》删。

學官,自緣俗儒專己妬能,排擯古學,如《毛詩》《左傳》《古禮》,皆不得立。若謂適遭巫蠱,後此宣帝右文之世,胡爲永歇耶?王充云:'武帝取之,秘於中,外不得見。'又非也。《儒林傳》庸生、胡常、徐敖、塗惲、桑欽等,皆古文真傳;王莽又立學官,外人奚爲不得見耶?光武中興,一切反莽所爲,古文既非禄利之途,非高才好古者莫之習,亦莫之授。王充妄談惑人。至僞古文行,而孔穎達等於漢世習古文者,一概末殺,指爲張霸之僞,其禍原於充也。"王先謙曰:"朱彝尊《經義考》云:'司馬遷與都尉朝同受《書》安國。'《世家》稱安國早卒,《自序》則云'予述黄帝以來自太初而訖',是安國卒在太初前,若巫蠱事乃征和二年,距安國没久矣。《志》云'遭巫蠱'云云者,乃追述古文所以不立學之故耳。而僞孔《序》云云,竟出安國口中,不亦刺謬甚乎?"

按,《古文尚書》爲孔安國家所獻,此奪"家"字。朱竹垞據荀悦《漢紀》所校。

劉向以中古文校歐陽、大小夏侯三家經文,《酒誥》脱簡一,

《補注》王應麟曰:"揚子曰:'昔之説《書》者序以百,而《酒誥》之篇俄空焉,今亡夫。伏生《大傳》,《酒誥》曰,王曰封,唯曰若圭璧。'其脱簡之文歟?"沈欽韓曰:"《法言》:'《酒誥》之篇俄空焉。'吴秘注:'空,缺也。'謂此。案,《志》以爲今文脱簡,伏生所引自是别説,王説非也。"

《召誥》脱簡二。率簡二十五字者,脱亦二十五字,簡二十二字者,脱亦二十二字,

《補注》沈欽韓曰:"《左傳序》疏云:'單執一札,謂之爲簡;連篇諸簡,乃名曰策。'鄭注《論語序》引《鉤命決》云:'《春秋》二尺四寸書之,《孝經》一尺二寸書之。'故知六經之策,皆長二尺四寸。案《後漢書·周磐傳》:'編二尺四寸簡,寫《堯典》。'

然則中外寫經，皆用二尺四寸之簡。故以中簡校外簡，知其所脫爲一爲二也。然書名疏密不同，鄭注《尚書》係三十字，服虔注云'《左傳》自篆書，一簡八字'是也。要以一祖本相傳寫，不敢妄有增損。故劉向校中書之簡，外簡脫字二十五，脫字二十二，數多少相符，可知數定也。下云'脫字數十'，則逐簡所遺之字而乘之。"

閻若璩曰："蓋伏生寫此二篇，《酒誥》率以若干字爲一簡，《召誥》以若干字爲一簡，三家因之而不敢易也。向據中古文校外書，①此之所有，即彼之所脫。②竊以上下相承文理言之，則二十五字乃《酒誥》之簡，二十二字乃《召誥》之簡。《酒誥》脫簡一，則中古文多二十五字；《召誥》脫簡二，則中古文多四十四字也。"

文字異者七百有餘，脫字數十。

《補注》沈欽韓曰："《後書》：'杜林於西州得漆書《古文尚書》一卷。'又劉陶推三家《尚書》及古文，是正文字三百餘事，名曰《中文尚書》。王氏《考證》所據《古文尚書》，乃晁公武所云'皇朝呂大防得本於宋次道、王仲至家，較陸德明《釋文》小有異同'者也。此東晉僞古文經，唐明皇所刊落，改爲今字，豈是壁中舊物而據之乎？其偶與《史》《漢》《說文》合，或好事者轉取古書所引以爲比附，非唐以前舊本，而古文竟無一字矣。"

王應麟曰："歐陽、夏侯之學不傳，今無所考。以古文考之，呂大防得古文于宋敏求、王欽臣。如'嬴內'《國語》。'放勛''中䴢''伯鯀''畬絲'《史記》。'斁乃攈'《周禮》注。'大俞''禼''赫''南僞''揖五瑞''林遷''傅納''桼木''沛河''厥棐''惟甾''盟豬'

---

① "據"，原誤作"校"，據清光緒十四年南菁書院刻《皇清經解續編》本《尚書古文疏證》（以下《尚書古文疏證》皆據此本，不再注明）改。

② "此之所有，即彼之所脫"，《尚書古文疏證》作"以此之所有，知彼之所脫"。

'夏狄''瑤瑻''内㢝服''服田力啬''思曰睿''畏用六極'《漢書》。'㒫咎繇''平秩東作''剛而寒''五品不悊''睿昤滄距川''若丹朱傲''竄三苗''鳥獸氄毛'—作犨毛。'遹以記之''草木蘄苞''䍐咨''誰告''惟箘簵枯''嶽山''雝州''坶野''相時憨民''若顛木之有甹枿'—作櫱。'我興受其退''西伯戡𪘏''使百工夐求,得之傅巖''至于嫡婦''上不蕍于凶德'①'我之不辟''無有作斿''曰圛'圛者,色澤光明,古文作"悌",今文作"圛"。賈逵以今文校之,定以爲"圛",鄭以賈氏所奏。'曰貞曰勶''夏氏之民叨㽍''有疾不念''焞見三有俊心''在受德忞''王三宿,三祭,三咤''㭧誓''𪘏𪘏猗無他技''大命不摯''一人冕執銳''維緇有稽''惟其敶丹臄'②'㦿㦿善誩言'③'璪火黺米''旁迷屚功''敎育子',《説文》。皆與古文合。'度西曰柳穀''於蕃時雍''辯秩東作''辯秩南僞''辯秩南訛,敬致日永''寅餞入日''辯秩西成''辯在朔易,日短''宅嵎夷''朞三百有六旬''顧畏于民喦'《説文》:"多言也。"'舜讓于德,不台''朱斨''柏譽''有能俾嬖''惟刑之謐哉''修五禮五樂''黎民祖飢''亡敖佚欲有國''一日二日萬機''五刑五庸哉''茂哉茂哉''禹拜讜言''敬授民時''還瑞於群后''鄙德忝帝位''歌咏言,聲依永''歸假于祖禰,用特''貿遷有無,化居''鮮食根食''天功,人其代之''予欲聞六律、五聲、八音、七始咏'—作"采政忽",—作"來始滑"。'辯章百姓'又作"便"。'知人則悊''五流有度''貪淺納日''毋曠庶官''放勛乃殂''欽明文思晏晏''旁施象刑維明''堋淫于家''沇州''海瀕廣瀉''滎播既都''民降丘宅土''均于江海''二百里仕邦''毋若丹朱敖''天用剿—作"摷"。絶

---

① "上"字下原衍一"下"字,據《漢藝文志考證》删。
② "臄",原誤作"臇",據《漢藝文志考證》改。
③ "㦿"字原脱一,據《漢藝文志考證》補。

其命''予則奴戮女''作女鳩、女房''毋若火始庸庸''若矢之有志''今女懇懇''若藥不瞑眩''說築傅險之野''有蜚雉登鼎耳而雊''自清，人自獻于先王''惟先假王正厥事''天既付命正厥德''庶草繁蕪''卜疑''彝倫攸斁''毋侮矜寡，而畏高明''不黨不偏，王道平平。不偏不黨，王道蕩蕩''旪用五紀''饗用五福''羞用五事''艾用三德''艾，時陽若；悉，時奧若；舒，恒奧若；霧，恒風若''鮌垔洪水''三人議則從二人之言''曰雨曰濟曰圛曰蟊曰剋''西旅獻豪''是有負子之責於天''我舊云孩子''民儀有十夫''惟乃丕顯考文王，克明俊德''克明明德'①''祗祗畏畏顯民''戴璧秉圭''群飲，女無失''不敢僭上帝命''爾不克遠省''在夏后之詞''維丙午蠢''皇天既附中國民''知我國有疵''辨來，來，示予卜，休恒吉''乃女其悉自學功''高宗梁暗，三年不言'一作"涼陰"。'毋逸''以萬民惟正之共''毋淫于酒，毋逸于游田''不禦克奔''乃惟孺子攽''越惟有胥賦小大多政''則克度之，克猶繹之''刱申勸寧王之德''武王惟晑''勿以譣人''文王作孝作敬''公毋困我''哉生霸''恫矜乃身''乃用其婦人之言''尚狟狟''作餽禾''常故、常任''哲民惟刑'一作"悉"。'我嗣事子孫，大不克共上下，遏失前人光，在家不知命不易，天應棐諶，乃亡隊命''用勸相我邦家''天棐諶辭''憑玉几''畢力賞罰''茲道能念予一人''王乃洮沬水''我有截于西''敢翼殷命''作賄息謹之命''王耄荒''度作詳刑，以詰四方''刑罰時輕時重''罰懲非死，佞極于病''報以庶訧''天齊乎人，假我一日''爰制百姓于刑之衷''其審核之''告汝詳刑''惟貨惟求''上刑挾輕，下刑挾重''其罰百率''即我御事，罔克耆壽''迪一人使四方，

---

① "克明明德"四字原脫，據《漢藝文志考證》補。

若卜筮''陳宗赤刀''鮮誓'一作"肸"。① '峙乃餱粮''黃髮之言，則無所愆''維諓諓善靖言''俾君子易怠''善諞言'，以"諞"爲"偏"。漢世諸儒所引異字，此其略也。蔡邕所書石經，'女毋禽侮成人'②'度爾口''安定厥國''興降不永'"崇降弗祥"。'女比猶念以相從''各禽中''勖建大命''厥遺任父母弟不迪''曰陳其五行''毋偏毋黨''有年于兹雒''乃勊乃憲既延'"乃逸乃諺既誕"。'天命自亮，以民祇懼''肆高宗之饗國百年''懷保小人，惠于矜寡''毋勊于游田''毋兄曰今日'"無皇"。'人乃訓，變正刑''則兄曰敬德''且以前人微言''是罔顯哉厥世''鮮光'"耿光"。'繡衣'，"宸"。此殘碑存於今者也。若《左傳》引'聖有暮勳''茂不茂'，引《五子之歌》衍'師彼天常'四字，又引《康誥》曰'父子兄弟，罪不相及'，今無此語。"惟命不于常"，注云《康誥》，今亦無。《禮記》引《兑命》"敬孫務時敏"，"民立而正事，純而祭祀，是爲不敬"。《尹告》"惟尹躬及湯"。《君雅》，"夏日暑雨，小民惟曰怨資；冬祁寒，小民亦惟曰怨資"。又引'《太甲》曰：民非后，無能胥以寧''高宗云三年其惟不言，言乃讙''《甫刑》曰：苗民匪用命''播刑之不迪''《帝典》曰：克明峻德'。又以'割申勸寧王之德'爲'周田觀文王之德'。注："今博士讀爲'厥亂勸寧王之德'，③古文似近之。"引'庶言同'而無'則繹'二字。《尹吉》曰：惟尹躬天見于西邑夏'。《尹吉》亦《尹誥》也。"天"當爲"先"。《國語》引'民可近也，而不可上也''惠于小民，唯政之恭'，又引《湯誓》曰'余一人有罪，無以萬夫'。《孟子》引'天誅造攻自牧宫''有攸不惟臣，

---

① "肸"，原誤作"昐"，據北京圖書館出版社《中華再造善本》影印元至元刻本（以下簡稱"至元本"）、日本中文出版社1977年影印元至正重刊《玉海》附刻本（以下簡稱"至正本"）《漢藝文志考證》改。

② "女"，原誤作"文"，屬前讀，據至元本、至正本及《文淵閣四庫全書》本《漢藝文志考證》改。

③ "爲"字原脱，據《漢藝文志考證》補。

東征，綏厥士女''無畏，寧爾也，非敵百姓也''惟曰其助上帝，寵之四方。有罪無罪，惟我在''凡民罔不憝''自作孽，不可活'。《墨子》引《吕刑》'群后之肆在下，明明不常''三后成功，維假於民'。皆文字之異者。至於《荀子》引《中蘬之言》'諸侯自爲得師者王，得友者霸，得疑者存，自爲謀而莫己若者亡'，又引《康誥》'弘覆乎天''惟文王敬忌，一人以擇'。先儒以爲繆妄。又引《道經》曰：人心之危，道心之微'，"《書》曰：從命而不拂，微諫而不倦。爲上則明，爲下則遜。注以爲《伊訓》，今無此語。又引"舜曰：維予從欲而治"。① 後漢劉陶推三家《尚書》及古文，是正文字七百餘事，名曰《中文尚書》。賈逵撰歐陽、大小夏侯《尚書》古文同異，集爲三卷。"

《書》者，古之號令，號令於衆，其言不立具，則聽受施行者弗曉。

王應麟曰："艾軒林氏曰：'古者，言爲"尚書"，事爲"春秋"，蓋以左、右二史分掌之。秦置尚書於禁中，以通章奏。漢之詔命，② 在尚書。以尚書主王言，故秦、漢因是名官。先儒以爲"上古之書"，則失之。'《七略》曰：'《尚書》，直言也。'"

姚明煇曰："古者左使記言。言爲尚書。凡訓誥誓命之文，皆號令也。其言不立具，號令之辭，要使聽受者曉然明喻，然後施行無訛。不然，言不順，則事不成。"

古文讀應《爾雅》，故解古今語而可知也。

《補注》沈欽韓曰："《大戴·小辨》篇：'《爾雅》以觀於古，足以辨言矣。'《後漢書·賈逵傳》：'逵數爲帝言《古文尚書》，與經傳《爾雅》詁訓相應。詔令撰歐陽大小夏侯《尚書》古文同異，逵集爲三卷。'《詩·載驅》箋：'《古文尚書》以弟爲圛。圛，明也。'疏云：'《洪範稽疑論》：卜兆有五，曰圛。蓋古文

---

① "予"，原誤作"子"，據《漢藝文志考證》改。
② "命"，原誤作"令"，據《漢藝文志考證》改。

作悌,今文作圖。賈逵以今文校之,定以爲圖,故鄭依賈氏所奏從定爲圖,於古文則爲悌。'案《宋微子世家》《洪範》正作'涕',蓋誤'悌'爲'涕'耳。① 此古文之一毛也。"葉德輝曰:"《史記·五帝》《夏》《周紀》載《尚書》文,多以訓詁代經②,即'讀應《爾雅》'也。"

姚範曰:"按,《後書》賈逵數爲肅宗言《古文尚書》與經傳《爾雅》詁訓相應。"

詩

詩經二十八卷,魯、齊、韓三家。

應劭曰:"申公作《魯詩》,后蒼作《齊詩》,韓嬰作《韓詩》。"

《補注》齊召南曰:"應説非是。《后蒼》傳《齊詩》者,非其始也,《齊詩》始於轅固生。"王先謙曰:"此三家全經,並以《序》各冠其篇首,故皆二十八卷。十五《國風》十三卷,《邶》《鄘》《衛》共一卷,《小雅》七十四篇爲七卷,《大雅》三十一篇爲三卷,《周頌》三十一篇爲三卷,《魯》《商頌》各爲一卷,共二十八卷也。"

姚範曰:"按,《齊詩》何以有后蒼? 又何以云'作'?"

王應麟曰:"《儒林傳》:'言《詩》,於魯則申培公,於齊則轅固生,於燕則韓太傅。'齊、魯,以其國所傳,皆衆人之説也;毛、韓,以其姓所傳,乃專門之學也。肅宗令賈逵撰《齊》《魯》《韓詩》與《毛詩》異同。晁氏曰:'齊、魯、韓三家之《詩》,早立博士。以《關雎》《葛覃》《卷耳》《鵲巢》《采蘩》《采蘋》《騶虞》《鹿鳴》《四牡》《皇皇者華》之類,皆爲康王詩,《王風》爲魯詩,《鼓鐘》爲昭王詩,異同不可悉舉。賈誼以《騶虞》爲天子之囿,以《木瓜》爲下之報上。劉向以衛宣夫人作《邶·柏舟》,黎莊公

---

① "誤",《漢書補注》作"訛"。
② "多",原誤作"名",據《漢書補注》改。

夫人作《式微》陳婦道，蔡人之妻作《芣苢》之類，皆三家之説也。揚雄曰"周康之時，《頌聲》作乎下，①《關雎》作乎上，②習治也"，與《毛詩》大不類。如此則其《序》必不同也。今所略見者，《韓詩》之《序》曰《芣苢》傷夫也，《漢廣》悦人也，《汝墳》辭家也，《蝃蝀》刺奔女也，其詳可勝言哉！《韓詩序》又云《黍離》，伯封作也；《賓之初筵》，衛武公飲酒悔過也。又謂《商頌》美宋襄公。歐陽氏曰：'《韓詩》遺説，③往往見於他書。至經文亦不同，如逶迤、郁夷之類。'又曰：'孔子言"《關雎》哀而不傷"，太史公曰"周道缺，詩人本之衽席，《關雎》作"，而三家皆以爲康王政衰之時，謂爲周衰之作者近是矣。'彭俊民曰：'申公得《詩》之約也，轅固得《詩》之直者也。以約窮理，而以直行己，觀其言以察其所行，信有異於毛公、韓嬰之所聞也。'《隋志》：'《齊詩》魏代已亡，《魯詩》亡於西晋，《韓詩》雖存，無傳之者。唯《毛詩》鄭《箋》至今獨立。'詳見《詩考》。"

姚振宗曰："本書《儒林傳》：'漢興，言《詩》，于魯則申培公，于齊則轅固生，燕則韓太傅。'又曰：'申公，魯人也，少與楚元王交，俱事齊人浮丘伯受《詩》。漢興，高祖過魯，申公以弟子從師入見于魯南宮。吕太后時，浮丘伯在長安，楚王遣子郢與申公俱卒學。元王薨，郢嗣立爲楚王，令申公傅太子戊。戊不好學，病申公。及戊立爲王，胥靡申公。申公愧之，歸魯，退居家教授。武帝初即位，使使束帛加璧，安車以蒲輪，駕駟迎申公，以爲太中大夫。④ 病免歸，數年卒。'"

---

① "聲"字原脱，據《漢藝文志考證》補。
② "乎"字原脱，據《漢藝文志考證》補。
③ "韓詩遺説"，原誤作"韓説遺風"，據《文淵閣四庫全書》本《漢藝文志考證》及《四部叢刊》影印宋刻本、《文淵閣四庫全書》本《詩本義》改。
④ "太"字原脱，據《漢書藝文志條理》及《漢書·儒林傳》補。

又曰:"又《楚元王傳》:'元王少時嘗與魯穆生、①白生、申公俱受《詩》于浮丘伯。伯者,孫卿門人也,及秦焚書,各別去。漢六年,既廢楚王信,分其地爲二國,立賈爲荆王,交爲楚王。元王既至楚,以穆生、白生、申公爲大夫。文帝時,聞申公爲《詩》最精,以爲博士。元王薨,郢客嗣,是爲夷王。申公爲博士,失官,隨郢客歸,復以爲中大夫。'"

又曰:"又《儒林傳》:'轅固,齊人也,以治《詩》,孝景時爲博士,拜爲清河太傅,疾免。武帝初即位,復以賢良徵,諸儒多疾毀曰固老,罷歸之。時固已九十餘矣。公孫弘亦徵,仄目而事固。固曰:公孫子,務正學以言,無曲學以阿世。諸齊以《詩》顯貴,皆固之弟子也。'"

又曰:"韓嬰有《易傳》,見前《易》家。本《志》叙曰:'三家皆立于學官。'"

又曰:"《經義考》:朱彝曰:'《魯詩》起于申公,而盛于韋賢。《齊詩》始于轅固,而盛于匡衡。《韓詩》始于韓嬰,而盛于王吉。'"

魯故二十五卷

師古曰:"故者,通其指義也。它皆類此。今流俗《毛詩》改故訓傳爲詁字,失真耳。"

《補注》王先謙曰:"《儒林傳》:'申公獨以《詩經》爲訓故以教,亡傳,疑者則闕弗傳。'是《魯故》即申公作。"

姚振宗曰:"本書《楚元王傳》:'申公始爲《詩傳》,號《魯詩》。'按,《詩傳》即此《魯故》,故又疑別爲一書。本《志》叙曰:'漢興,魯申公爲《詩》訓故。'按,此又例以《毛詩故訓傳》,則《魯故》與《詩傳》實爲一書。"

又曰:"又《儒林傳》:'申公歸魯,退居家教,終身不出門,復

---

① "嘗",原誤作"當",據《漢書藝文志條理》及《漢書·楚元王傳》改。

謝賓客，獨王命召之乃往。弟子自遠方至，受業者千餘人，申公獨以《詩經》爲訓故以教，無傳，①疑者則闕弗傳。蘭陵王臧從申公受《詩》，至郎中令，代趙綰爲御史大夫。弟子爲博士十餘人，孔安國至臨淮太守，周霸膠西内史，夏寬城陽内史，碭魯賜東海太守，蘭陵繆生長沙内史，徐偃膠西中尉，鄒人闕門慶忌膠東内史。其學官弟子行雖不備，而至于大夫、郎、掌故以百數。申公卒以《詩》《春秋》授，而瑕丘江公盡能傳之，徒衆最盛。及魯許生、免中徐公，李奇曰："免中，邑名也。"皆守學教授。韋賢治《詩》，事博士大江公及許生，傳子玄成。由是《魯詩》有韋氏學。王式事免中徐公及許生，授張長安、唐長賓、褚少孫，皆爲博士。由是《魯詩》有張、唐、褚氏之學。'"

又曰："《釋文·叙録》：'《魯詩》不過江東。'《隋·經籍志》：'漢初，魯人申公受《詩》于浮丘伯，作訓詁，是爲《魯詩》。'又曰：'《魯詩》亡于西晉。'"

又曰："王氏《考證》：'《儒林傳》：申公事浮丘伯受《詩》，獨以《詩經》爲訓故以教，亡傳，疑者則闕弗傳。②晁氏曰：《詩》有《魯故》《韓故》《齊后氏故》《孫氏故》《毛詩故訓傳》，《書》有《大》《小夏侯解故》，前人惟故之尚如此。又《後漢書·輿服志》注引《魯訓》。'"

魯説二十八卷

《補注》王先謙曰："《儒林傳》：'《魯詩》有韋、張、唐、褚之學。'此《魯説》，弟子所傳。"

王應麟曰："《荀卿子》、劉向《説苑》《新序》《列女傳》間引《詩》以證其説，與毛義絶異。蓋《魯詩》出於浮丘伯，乃荀卿門人。荀卿之學，《魯詩》之原也。劉向爲楚元王交之孫，交亦受

---

① "無傳"下原衍一"疑"字，據《漢書·儒林傳》刪。
② "弗傳"二字原脱，據《漢書·儒林傳》及《漢藝文志考證》補。

《詩》於浮丘伯。劉向之學,《魯詩》之流也。《魯詩》有韋氏學,後漢《執金吾丞武榮碑》云:'治《魯詩經》韋君章句。'"

姚振宗曰:"《經義考》曰:'按,《詩》之有序,不獨《毛傳》爲然。説《魯詩》者亦有序。楚元王受《詩》于浮丘伯。劉向,元王之孫,按,爲元王四世孫。實爲《魯詩》。其所撰《新序》以《二子乘舟》爲伋之傅母作,《黍離》爲壽閔其兄作;《列女傳》以《芣苢》爲蔡人妻作,《汝墳》爲周南大夫妻作,《行露》爲申人女作,《邶·柏舟》爲衛宣夫人作,《燕燕》爲定姜送婦作,《式微》爲黎莊公夫人及其傅母作,《大車》爲息夫人作,此皆本于《魯詩》之序也。'"

又曰:"王謨輯本叙録曰:'《漢志》申公《魯故》二十五卷,《魯説》二十八卷。謨案,《魯詩》亡于西晉,故《隋》《唐》二志俱不著録。今惟就諸書所引《魯詩》明文,搜輯爲《魯詩説》。凡鈔出《詩正義》一條,《禮記》《儀禮》疏各一條,《公羊傳》注、《爾雅》注各一條,《漢書》注三條,《後漢書》注一條,《白虎通》《説文》各一條,石經殘碑五條。又據王氏《詩考》鈔出劉向《列女傳》九條,《新序》二條,《説苑》三條。又據《經義考》抄出蔡邕《獨斷》三十一條。'"

又曰:"馬國翰輯本序曰:'《藝文志》:《魯故》二十五卷,《魯説》二十八卷。王應麟輯三家佚説爲《詩考》,《魯詩》僅十四條。考《儒林傳》,申公弟子爲博士十餘人,又有韋氏學、張、唐、褚氏之學,今諸人可徵者,孔安國有《書傳》《論語説》《古文孝經傳》,韋玄成《漢書》本傳載其奏議,褚少孫有《補史記》。凡所引《詩》,皆《魯詩》也。又司馬遷從孔安國問《古文尚書》,于申公爲再傳弟子,《史記》引《詩》,亦爲《魯詩》無疑。《困學紀聞》云:《魯詩》出于浮丘伯,以授楚元王交,劉向乃交之孫,按,爲交之玄孫。其説蓋本《魯詩》。《經義考》謂蔡邕石經悉本《魯詩》，今《獨斷》所載《周頌》三十一章，其序與《毛詩》雖繁簡有不同，而其義則一云。案，石經《魯詩》殘碑載洪適《隸續》，王氏《詩考》取入《魯詩》，他書亦當有引石經者。由此推之，邕所撰述，其引用不與《毛詩》同，皆《魯詩》也。臧庸《拜經日記》云《爾雅》是《魯詩》之學，又謂唐人義疏引某氏《爾雅注》即樊光也。其《詩》並與《毛》《韓》不同，蓋本《魯詩》。又謂王叔師《楚辭章句》所引《詩》或與《毛》《韓》不同，與《爾雅》《列女傳》有合，蓋《魯詩》也。並據輯錄，釐爲三卷。'按，馬氏此輯于《魯詩》遺佚搜括略盡，亦可云竭心力而爲之者。然孔安國《書傳》《孝經傳》實非孔氏本真，似欠別擇。"

姚振宗又曰："按，劉歆《移書》云：'孝文時，《詩》始萌芽。武帝時，一人不能獨盡其經，或爲《雅》，或爲《頌》，相合而成。'此《魯説》二十八卷，依經本卷數編次，不著撰人，似即爲《雅》爲《頌》，劉向校定相合而成者歟？其《齊雜記》《韓説》諸不著撰人名氏者，亦此類也。"

元王詩，不著録。

王應麟曰："楚元王交與魯穆生、白生、申公俱受《詩》於浮丘伯。伯者，孫卿門人也。申公始爲《詩傳》，號《魯詩》。元王亦次《詩傳》，號曰《元王詩》，世或有之。劉向《列女傳》稱《詩·芣苢》《柏舟》《大車》之類，與今序《詩》者之説尤乖異。《汝墳》，謂周南大夫妻作；《行露》，謂申女作；①《式微》一篇，謂二人之作；《碩人》之詩，謂莊姜始至，操行衰惰，傅母作之。《新序》謂衛宣公子伋方乘舟時，伋傅母恐其死也，閔而作詩，《二子乘舟》之詩是也；壽閔其兄之且見害，作憂思之詩，《黍離》之詩是也。《黍離》爲《王風》之首，向之言殆未可信。《封事》引'飴我釐

---

① "謂"，原誤作"爲"，據《漢藝文志考證》改。

棻'，《説苑》引'蔽芾甘棠'傳曰：'舍于甘棠之下而聽斷焉。'
'尸鳩在桑'傳曰：'尸鳩之所以養七子者，一心也；君子之所
以理萬物者，一儀也。'向乃元王之孫，必本於《魯詩》。"

齊后氏故二十卷

《補注》王先謙曰："后蒼也，轅固再傳弟子，詳本傳。"

王應麟曰："后蒼事夏侯始昌，授翼奉、蕭望之、匡衡。奉言五
際，流爲災異之說。衡議論最爲近理。伏黯以明《齊詩》，改
定章句，作《解説》九篇。子恭省減浮辭，①定爲二十萬言。"

姚振宗曰："本書《儒林傳》：'諸齊以《詩》顯貴者，皆固之弟
子也。昌邑太傅夏侯始昌最明。后倉字近君，東海郯人也，
事夏侯始昌。始昌通五經，倉亦通《詩》《禮》，爲博士，至少
府，授翼奉、蕭望之、匡衡，衡授琅邪師丹、伏理。由是《齊詩》
有翼、匡、師、伏之學。'"

又曰："《釋文·叙録》：'《齊詩》久亡。'《隋·經籍志》曰：
'《齊詩》魏代已亡。'"

齊孫氏故二十七卷

《補注》王應麟曰："《齊詩》有翼、匡、師、伏之學。孫氏，未詳
其名。"

姚振宗曰："《經義考》：'孫氏（失名）。《齊故》，《漢志》：二十
七卷，佚。'"

齊后氏傳三十九卷

《補注》王先謙曰："蓋后氏弟子從受其學而爲之傳，如《易》周
氏傳，《書》伏生大傳之例。"

姚振宗曰："《經義考》曰：②'按，《詩》之有序，不特《毛傳》爲
然。説《韓詩》《魯詩》者，亦莫不有序。《詩》必有序而後可授

---

① "子"上原衍一"嗣"字，據《漢藝文志考證》刪。
② "考"字原脱，據《漢書藝文志條理》補。

受。《韓》《魯》皆有序,《齊詩》雖亡,度當日經師亦必有序。'"
又曰:"馬國翰輯本序曰:'《漢志》:《齊后氏傳》三十九卷。《隋志》云:《齊詩》,魏代已亡。《文獻通考》云:董逌《藏書目》有《齊詩》六卷,疑後人依託爲之,今其書亦不傳。王應麟《詩考》輯存十六節,並及翼奉、蕭望之、匡衡、伏理、理子湛之説。《漢書·地理志》引子之營兮,自土漆沮,師古以爲《齊詩》者,皆收入《考》。《漢書·叙傳》述其家學,云伯少受《詩》于師丹,固父彪爲伯弟稺之子,固其從孫也。班氏世傳齊學,故《地理志》引用《齊詩》。按,《宋書·志》序云:"朱贛博采《風詩》,班氏因以爲志。"由此推之,凡《漢書》中除紀傳所載詔策疏奏之類各録本文外,表志贊序出于班氏父子手筆,所引皆《齊詩》無疑也。《後漢書·班固傳》云:天子會諸儒講論五經,作《白虎通德論》,令固撰集其事。今《白虎通》引《詩》,有《魯訓》,有《韓内傳》,其引《詩》不言何家者,以《齊》爲本,故不復顯其姓名也。並據輯補,釐爲二卷,引者多稱傳,因總題《齊詩》傳也。①'"
又曰:"長洲何焯《義門讀書記》曰:'《藝文志》叙云齊轅固爲之傳,而《齊詩》止有《后氏》《孫氏》,不及轅固。按《儒林傳》,固傳夏侯始昌,始昌傳后倉,則《后氏故》《傳》,皆本諸轅固也。'"
楊樹達曰:"按,《韓故》及《内》《外傳》皆韓嬰自著,毛公合故訓與傳爲一,其爲一人之作甚明。《魯詩》則申公有故亡傳,故《儒林傳》特記其爲訓故以教,亡傳。由此推論,《齊后氏故》及《后氏傳》並出后倉,王云傳爲弟子從受其學者所爲,非也。"

齊孫氏傳二十八卷

姚振宗曰:"宋鄭樵《通志·藝文略》曰:'按,后、孫之傳,其

---

① "傳"字,原誤作"題",據《漢書藝文志條理》改。

亡已久，必不可得。今存其名，使學者知傳注之門户也。今之學者，專溺毛氏，由其不知有他之故。'"

又曰："馬國翰《齊詩》輯本序曰：'《藝文志》：《齊孫氏故》二十七卷，《孫氏傳》二十八卷。孫氏不知何人。按，《漢志》《齊詩》之有傳説，始于后倉，《孫氏故》《傳》蓋宗后氏也。'"

姚振宗又曰："按，吴陸璣《詩疏》卷後載《四家詩源流》，于《齊詩》中不及孫氏，知《孫氏故》《傳》在三國時已微。《經義考·承師》篇、洪氏《傳經表》亦皆無孫氏。朱、洪二家但依據《儒林傳》而未參考《藝文志》，故有此矣。"

齊雜記十八卷

《補注》王先謙曰："此蓋下所云'采雜説'者。"

姚振宗曰："按，此與《春秋公羊雜記》相類，皆合衆家所記爲一編。劉氏《録》《略》中當必有其姓名，班氏略之，遂不可考。"

韓故三十六卷

《補注》王先謙曰："此韓嬰自爲本經訓故，以別於《内》《外傳》者，故《志》首列之。或以爲弟子作，非也。"

按，馬國翰有《韓詩故輯佚》二卷。

韓内傳四卷

《補注》王先謙曰："《儒林傳》：'嬰推詩人之意而作《内》《外傳》數萬言，其語頗與齊、魯間殊，然歸一也。'則《内》《外傳》皆韓氏依經推演之詞。《隋志》云：'《齊詩》魏代已亡，《魯詩》亡于西晋，沈欽韓云："郭璞《爾雅注》引《魯詩》。璞不應耳食。則《魯詩》亡於永嘉後。"《韓詩》雖存，無傳之者。'至南宋後，《韓詩》亦亡，獨存《外傳》。於是王應麟爲《三家詩考》，近儒宋綿初、范家相、陳喬樅等各爲集説，具見本書，不復廣引，以袪繁雜。"

楊樹達曰："按，王氏謂《内》《外傳》皆韓氏依經推演之詞，是也。至謂《韓詩》獨存《外傳》，則非。愚謂《内傳》四卷實在今本《外傳》之中。班《志》：《内傳》四卷，《外傳》六卷。其合數恰與今本《外傳》十卷相合。今本《外傳》第五卷首章爲'子夏問曰：《關雎》何以爲《國風》始'云云，此實爲原本《外傳》首卷之首章。蓋《内》《外傳》同是依經推演之詞，①故後人爲之合併，而猶留此痕迹耳。《隋志》有《外傳》十卷而無《内傳》，知其合併在隋以前矣。近儒輯《韓詩》者，皆以訓詁之文爲《内傳》，②意爲《内》《外傳》當有別，不知彼乃《韓故》之文，非《内傳》文也。若如其說，同名爲傳者，且當有別，而《内傳》與《故》可無分乎？《後漢書·郎顗傳》引《易内傳》曰：'人君奢侈，多飾宫室，其時旱，其災火。'此是雜說體裁，並非訓詁，然則漢之《内傳》非訓詁體明矣。"

王應麟曰："韓生推《詩》之意，爲《内》《外傳》數萬言，其語頗與齊、魯間殊，然其歸一也。《白虎通》引《韓詩内傳》。《隋志》：'《韓詩》二十二卷，薛氏章句。'《文選注》多引之。後漢薛漢父子以章句著名，杜撫受業於漢，定章句。"

姚振宗曰："韓嬰，見前《易》家。"

又曰："本書《儒林傳》：'嬰推詩人之意而作《内》《外傳》數萬言，其語頗與齊、魯間殊，然歸一也。淮南賁生受之，燕趙間言《詩》由韓生。'又曰：'趙子，河内人也，事燕韓生，授同郡蔡誼，誼授同郡食子公與王吉，吉授淄川長孫順。由是《韓詩》有王、食、長孫之學。'"

又曰："《釋文·叙録》：'《韓詩》雖在，人無傳者。'《隋·經籍志》：'《韓詩》二十二卷，漢常山太傅韓嬰，薛氏章句。'又曰：

---

① "蓋"下，民國十四年上海商務印書館出版楊樹達《漢書補注補正》（以下《漢書補注補正》皆據此本，不再注明）有"正以"二字。

② "爲"，《漢書補注補正》作"屬諸"。

'《韓詩》雖存,無傳之者。'《唐·經籍志》:'《韓詩》二十卷,卜商序,韓嬰傳。'《唐·藝文志》:'《韓詩》,卜商序,韓嬰注,二十二卷。'《四庫提要》:《唐志》稱'《韓詩》卜商序,韓嬰注,二十二卷',是《韓詩》亦有序,其序亦稱出子夏矣。"

又曰:"《經義考》曰:'按,《詩》之有序,不特《毛傳》爲然。説《韓詩》《魯詩》者亦莫不有序,如《關雎》刺時也,《芣苢》傷夫有惡疾也,《漢廣》悦人也,《汝墳》辭家也,《蝃蝀》刺奔女也,《黍離》伯封作也,《雞鳴》讒人也(一作悦人),《雨無極》正大夫刺幽王也,《賓之初筵》衛武公飲酒悔過也。此《韓詩》之序也。'"

又曰:"《韓詩》唯《外傳》僅存,若《白虎通》《風俗通》《三禮義宗》《大戴禮注》《初學記》、杜佑《通典》所引諸條,皆《内傳》文也。"

又曰:"王謨輯本叙錄曰:'《韓詩内傳》至宋已亡,朱子嘗欲寫出《文選注》中《韓詩》章句,未果。王應麟因更爲《韓詩考》,猶多遺漏。謨已别撰《韓詩拾遺》十六卷,以網羅諸《内》《外傳》放失,兹不具錄。衹仍據《毛詩》篇目,略爲詮次。凡鈔出《釋文》一百五十八條,《詩正義》九條,《周禮正義》五條,《禮記正義》七條,《公羊傳》注二條,《孟子音義》一條,《爾雅》注疏四條,《史記》注五條,《漢書》注五條,《後漢書》注十六條,《文選注》九十三條,《水經注》一條,《説文》一條,《玉篇》三條,《廣韻》一條,《白虎通》二條,《類聚》二條,《初學記》六條,《書鈔》一條,《御覽》十一條,《玉海》四條,朱子《詩傳》一條,《董氏詩故》六條。'按,諸事所引亦多有薛方丘父子章句之文。馬氏《玉函山房》輯《韓詩故》二卷,①《韓内傳》一卷,又

---

① "韓"字原脱,據《漢書藝文志條理》補。

《薛氏章句》二卷。"

周壽昌曰:"今書佚無傳,馬氏輯佚説爲一卷,①舊江西王氏《漢魏遺書》内亦輯爲一卷,馬氏蓋由其書加輯者也。繆荃孫云高郵宋綿初有《韓詩内傳徵》,邵晋涵亦有《内傳説》,僅存其名耳。"

韓外傳六卷

《補注》王先謙曰:"《隋志》'《韓詩外傳》十卷',今存。近儒趙懷玉輯佚文附後。②"

姚振宗曰:"本《志》叙:'漢興,魯申公爲《詩》訓故,③而齊轅固、燕韓生皆爲之傳。或取《春秋》,采雜説,咸非其本義。'"

又曰:"《隋書·經籍志》:'《韓詩外傳》十卷。'《唐·經籍志》:'《韓詩外傳》十卷,韓嬰撰。'《唐·藝文志》:'《韓詩》二十二卷,又《外傳》十卷。'《宋·藝文志》:'《韓詩外傳》十卷,漢韓嬰傳。④'"

又曰:"王氏《考證》:《隋志》:'十卷。⑤'《太史公自序》'厥協六經異傳'注'如子夏《易傳》、毛公《詩》及韓嬰《外傳》、伏生《尚書大傳》之流'歐陽子曰:'《外傳》非嬰傳《詩》之詳者,其遺説時見於他書,與毛之義絶異,而人亦不信。⑥'"

又曰:"《文獻·經籍考》:鼂氏曰:'此書稱《外傳》,雖非其解經之深者,然文辭清婉,有先秦風。'"

又曰:"又陳氏曰:'今所存惟《外傳》,而卷多于舊。舊六卷,今十卷。蓋多雜説,不專解《詩》,不知果當時本書否也。'"

---

① "説"字原脱,據《漢書注校補》補。
② "文"字原脱,據《漢書補注》補。
③ "詩"字原脱,據《漢書藝文志條理》補。
④ "傳",原誤作"撰",據《漢書藝文志條理》改。
⑤ "隋志十卷"四字,《漢書藝文志條理》無,《漢藝文志考證》有。
⑥ "歐陽子曰……而人亦不信"一句,《漢書藝文志條理》無,《漢藝文志考證》有。

又曰:"洪氏《隨筆》曰:'第二章載孔子南游適楚,見處子佩瑱而浣,乃令子貢以微詞挑之,以是説《詩·漢廣》游女之章,其謬戾甚矣。他亦無足言。'"

又曰:"《經義考》:王應麟曰:'申、毛之詩皆出荀卿子,而《韓詩外傳》多引荀書。'又曰:'荀卿《非十二子》,《韓詩外傳》引之,止云十子,而無子思、孟子。愚謂荀卿非子思、孟子,蓋其門人如韓非、李斯之流託其師以毁聖賢,當以《韓詩》爲正。'"

又曰:"又王世貞曰:'《韓詩外傳》雜記夫子之緒言與諸春秋戰國之説,大抵引《詩》以證事,而非引事以明《詩》,故多浮泛不切、牽合可笑之語,蓋馳騁勝而説《詩》之旨微矣。'"

又曰:"又董斯張曰:'世所傳《韓詩外傳》,亦非全書。《文選注》《藝文類聚》《太平御覽》、佛典引《外傳》文,今本皆無之。'"

又曰:"《四庫提要》曰:'自《隋志》以後,即較《漢志》多四卷,蓋後人所分也。其書雜引古事古語,證以詩詞,與經義不相比附,故曰《外傳》。所采多與周秦諸子相出入。中間阿谷處女之類,皆非事實。又先後重見,失于簡汰。然其引荀卿《非十二子》,删去子思、孟子,惟存十子。其去取特爲有識,又繭絲雞卵之喻,董仲舒取之爲《繁露》君羣、王往之訓,班固取之爲《白虎通》。精理名言,往往而有,不必盡以訓詁繩也。是書之例,每條必引《詩》詞,而未引《詩》者二十八條。又吾語汝一條,起無所因,均疑有闕文。《文選注》二事,今本皆無之,並疑有脱簡。'"

又曰:"嚴可均《鐵橋漫稿》曰:'《韓詩外傳》引《荀子》以説《詩》者四十餘事,是韓嬰亦荀子私淑弟子也。'"

凌稚隆曰:"韓氏五書,今所存者惟《外傳》,而卷多於舊,蓋多雜説,不專解《詩》。"

章學誠曰:"其文雜記春秋時事,與《詩》意相去甚遠,與虞卿、椒鐸之書相比次可也。"

周壽昌曰:"此書隋唐以來俱著録,今世所行本皆作十卷。繆荃孫云:'《外傳》世行本十卷,然尚有佚文,趙懷玉曾輯之,附本書後。'"

韓説四十一卷

《補注》王先謙曰:"《韓詩》有王、食、長孫之學,此其徒衆所傳。"

姚振宗曰:"馬國翰輯本序曰:'《漢志》:《韓説》四十一卷。《隋》《唐志》不著録。佚已久。今從《漢書·王吉傳》正義、《禮》疏、《釋文》《大戴禮》注、王氏《詩考》諸引《韓詩説》《韓魯説》者,凡若干條,與《韓故》《韓内傳》別録爲卷。'"

姚氏又曰:"按,《蔡義傳》,武帝時詔求能爲《韓詩》者,徵義待詔。上召義説《詩》,甚悦之。按,義之説或當在此四十一卷中。"

周壽昌曰:"班氏無撰者姓名,或謂即漢薛漢撰。案,《後漢書·儒林》有漢傳,云字公子,淮陽人,世習《韓詩》,父子以章句著名,建武初,爲博士。則已在後漢時。惟漢父方字子容,附見本書《鮑宣傳》。又《唐書·宰相世系表》云:'薛方字夫子,廣德曾孫。'又云:'傳《韓詩》以授子漢。'《隋書·經籍志》:'《韓詩》二十二卷,漢常山太傅韓嬰薛氏章句。'未審即《韓説》,抑別有章句也。"

楊樹達曰:"按,《王吉傳》云:'匪風發兮,匪車揭兮,顧瞻周道,中心怛矣。《説》曰:是非古之風也,發發者;是非古之車也,揭揭者。蓋傷之也。'按,吉學《韓詩》,所引《詩説》,殆即此書也。又按,宋張端義《貴耳集》卷中云:'《韓詩》有四十一卷,慶曆中將作簿李用章序之。①'卷數相合,不知即此書否。"

毛詩二十九卷

《補注》王先謙曰:"此蓋《序》別爲一卷,故合全經爲二十九。"

王引之曰:"《毛詩》經文當別爲二十八卷,與齊、魯、韓三家同。其序別爲一卷,則二十九卷矣。"

姚振宗曰:"本書《儒林傳》:'毛公,趙人也,治《詩》,爲河間獻王博士。'"

又曰:"本《志》叙:'又有毛公之學,自謂子夏所傳,而河間獻王好之,未得立。'"

又曰:"又《景十三王傳》:'河間獻王德修學好古,實事求是。其學舉六藝,立毛氏《詩》博士。'"

又曰:"鄭康成《六藝論》曰:'河間獻王好學,其博士毛公善説《詩》,獻王號之曰毛《詩》。'范書《儒林傳》云:'趙人毛萇傳《詩》,是爲《毛詩》。'"

又曰:"唐孔穎達《正義》曰:'漢初爲傳訓者皆與經別行,故石經書《公羊傳》並無經文。毛亨爲故訓,亦與經別。'"

又曰:"王氏《考證》:《正義》云:'毛爲詁訓,與經別二十九卷,不知併何卷。'按,三家經各二十八卷,此多出一卷者,蓋《詩序》也。"

毛詩故訓傳三十卷

《補注》王先謙曰:"古經、傳皆別行,毛作《詩傳》,取二十八卷之經,析《邶》《鄘》《衞風》爲三卷,故爲三十卷也。《隋》《唐志》或作十卷,或二十卷,並非元書卷次。"

姚振宗曰:"本書《儒林傳》:'毛公治《詩》,爲河間獻王博士,授同國貫長卿,長卿授解延年,延年授徐敖,敖授九江陳俠,

---

① "曆",原誤作"歷",據《漢書補注補正》改。

爲王莽講學大夫。由是言《毛詩》者，本之徐敖。'又《傳》贊曰：'平帝時，又立《毛詩》。'"

又曰："鄭康成《詩譜》曰：'魯人大毛公爲《詁訓傳》于其家，河間獻王得而獻之，以小毛公爲博士。'范書《鄭玄傳》注或云大毛公曾爲北海相，《隋志》以小毛公爲河間太守。吳陸璣《詩疏》曰：'孔子删《詩》，授卜商，商爲之序，以授魯人曾申，申授魏人李克，克授魯人孟仲子，仲子授根牟子，根牟子授趙人荀卿，荀卿授魯國毛亨，亨作《訓詁傳》以授趙國毛萇。時人謂亨爲大毛公，萇爲小毛公。以其所傳，故名其《詩》曰《毛詩》。萇爲河間獻王博士。'《釋文·叙録》：'徐整云：子夏授高行子，高行子授薛倉子，薛倉子授帛妙子，帛妙子授河間人大毛公，大毛公爲《詩故訓傳》于家，以授趙人小毛公。一云名萇，爲河間獻王博士，以不在漢朝，故不列于學。'"

又曰："《釋文·叙録》：'孔子録《詩》三百一十一篇，以授子夏，子夏遂作序焉，口以相傳，未有章句。'又曰：'《詩》三百十一篇，毛公爲《故訓》時已亡六篇，故《藝文志》云三百五篇。'又曰：'《毛詩故訓傳》二十卷，鄭氏箋。'《隋書·經籍志》：'漢初，又有趙人毛萇善《詩》，自云子夏所傳，作《詁訓傳》，是爲《毛詩》古學，而未得立。後漢有九江謝曼卿，善《毛詩》。東海衛敬仲受學于曼卿。先儒相承，謂之《毛詩》。序，子夏所創，毛公及敬仲又加潤益。'又曰：'《毛詩》二十卷，漢河間太守毛萇傳，鄭氏箋。'《唐·經籍志》云：'《毛詩》十卷，毛萇撰。'《唐·藝文志》：'毛萇《傳》十卷。'《宋·藝文志》：'《毛詩》二十卷，漢毛萇爲《詁訓傳》，鄭玄箋。'按，此沿《隋志》之誤，並云毛萇作傳，《提要》已辨之詳矣。"

又曰："《經義考》曰：'按，《詩》之有序，不特《毛傳》爲然。說《魯》《齊》《韓詩》者，亦莫不有序，惟《毛詩》之序本乎子夏。

子夏習《詩》而明其義，又能推原國史，明乎得失之故。試稽之《尚書》《儀禮》《左氏》《内》《外傳》《孟子》，其説無不合。《毛詩》出，學者舍《魯》《齊》《韓》三家而從之，以其有子夏之序，不同乎三家也。惟其序作于子夏，子夏授《詩》于高行子，此《緑衣》序有高子之言。又子夏授曾申，申授李克，克授孟仲子，此惟天之命注有孟仲子之言，皆以補師説之所未及，毛公因而存之不廢。若夫《南陔》六詩，有其義而亡其辭，則出自毛公足成之。所謂有其義者，據子夏之序也，而論者多謂序作于衛宏。夫《毛詩》雖後出，亦在漢武時，《詩》必有序而後可授受。《韓》《魯》皆有序，《毛詩》豈獨無序，直至東漢之世俟宏之序以爲序乎？'按，《唐·經籍志》：'《毛詩集序》二卷，卜商撰。'《唐·藝文志》：'《卜商集序》二卷。'其稱'集序'，似即衛宏之書。王氏《考證》云：'鄭氏以爲諸序本自合爲一編，毛公始分以寘諸篇之首。'"

又曰："《四庫提要》曰：'《詩序》之説紛如聚訟，爲説經家第一爭詬之端。今參考諸説，定序首二語，爲毛萇以前經師相傳；以下續申之詞，爲毛萇以下弟子所附。'又曰：'《漢書》但稱毛公，不著其名，《後漢·儒林傳》始云趙人毛長傳《詩》，是爲《毛詩》。其長字不從草，《隋志》始從《詩傳》稱毛萇。然鄭玄《詩譜》云：大毛公爲《訓詁傳》。陸璣《詩疏》云：毛亨作《訓詁傳》。據是二書，則作傳者乃毛亨，非毛萇。故孔氏《正義》亦云大毛公爲其傳，由小毛公而題毛也。《隋志》所云，殊爲舛誤，而流俗沿襲，莫之能更。'今定作傳者爲毛亨，以鄭氏後漢人，陸氏三國吳人，併傳授毛《詩》，淵源有自，所言必不誣也。"

又曰："嚴可均《鐵橋漫稿》曰：'子夏五傳至荀子，荀子傳大毛公，是《毛詩》亦荀子所傳也。'"

姚振宗又曰："按，此篇凡分五段，三家經爲第一段，《魯説》爲第二段，《齊后氏故》《傳》、《孫氏故》《傳》及《雜記》爲第三段，《韓故》《内》《外傳》及《説》爲第四段，《毛詩經》及《故訓傳》爲第五段。"

馬培棠曰："《詩經》，稱曰《毛詩》，以古文《毛詩》獨傳故也。蓋西漢傳《詩》者，除齊、魯、韓三家外，又有魯人毛亨，善治《詩》，作《詩故訓傳》三十卷，人以毛公所傳，因曰《毛詩》，以别於《齊詩》《魯詩》《韓詩》。後今文三家皆廢，獨《毛詩》盛行，今本《詩經注疏》，即以《毛詩》爲底本。"

周壽昌曰："案，《故訓傳》見《詩譜》及《初學記》，蓋即今所傳《毛詩傳》也。考上云《毛詩》二十九卷者，以十五《國風》爲十五卷，《小雅》七十四篇爲七卷，《大雅》三十一篇爲三卷，三《頌》爲三卷，合爲二十八卷，而序别爲一卷，故稱二十九卷。毛公作《故訓傳》時，以《周頌》三十一篇爲三卷，而序分冠篇首，故合爲三十卷也。壽昌案，《釋文·序録》云：'《毛詩故訓傳》二十卷。'《崇文總目》同，皆較此少十卷。"

楊樹達曰："按，《齊詩》有《后氏故》，又有《后氏傳》；《韓詩》有《韓故》，又有《韓内》《外傳》。惟《魯詩》但有《魯故》，無傳。故者，訓詁也，傳則雜説也。《毛詩》有訓故，又有傳，與齊、韓同，而體裁仍異，以齊、韓兩家故與傳各自爲書，而毛則統名爲《故訓傳》，混而一之也。《毛·周南·關雎傳》云：'關關，和聲也。雎鳩，王雎也。'此故訓也。《小雅·魚麗傳》云：'太平而後，微物衆多，取之有時，用之有道。'以下百十餘字。《車攻傳》云：'田者大芟草以爲防。'以下百十餘字。《小弁傳》全録《孟子》'高子曰小弁小人之詩也'全章，凡百六十餘字。《巷伯傳》録顏叔子不納嫠婦事，凡二百餘字。此外尚頗有之，則皆傳也。《志》言齊、韓傳取春秋，采雜説，咸非其本義,如《毛·魚麗》《車攻》《小弁》《巷伯》諸傳所記,正所謂取春秋,采雜說,非其本義者也。故訓每篇皆備,傳則偶而有之,毛不別自爲書,殆以此故耳。"

按,《四庫提要》云:"《漢書·藝文志》:《毛詩》二十九卷,《毛詩故訓傳》三十卷。然但稱毛公,不著其名。《後漢書·儒林傳》始云趙人毛萇傳《詩》,《隋志》載《毛詩》二十卷,漢河間人毛萇傳。然據鄭玄《詩譜》、陸璣《毛詩草木蟲魚疏》,則作傳者乃毛亨,非毛萇也。今參稽衆說,定作傳者爲毛亨。"《毛詩故訓傳》爲現今所存最完整之書,其内容可分下列三項説明之。

一、篇第。分《風》《雅》《頌》三種。計《風》有十五:一,《周南》十一篇。二,《召南》十四篇。三,《邶風》十九篇。四,《鄘風》十篇。五,《衛風》十篇。六,《王風》十篇。七,《鄭風》二十一篇。八,《齊風》十一篇。九,《魏風》七篇。十,《唐風》十二篇。十一,《秦風》十篇。十二,《陳風》十篇。十三,《檜風》四篇。十四,《曹風》四篇。十五,《豳風》七篇。共百六十篇。《雅》有大小,而《小雅》又分:一,《鹿鳴之什》十篇。二,《南有嘉魚之什》十篇。三,《鴻雁之什》十篇。四,《節南山之什》十篇。五,《谷風之什》十篇。六,《甫田之什》十篇。七,《魚藻之什》十四篇。共七十四篇。《大雅》又分:一,《文王之什》十篇。二,《生民之什》十篇。三,《蕩之什》十一篇。共三十一篇。《頌》有《周》《魯》《商》三種。《周頌》:一,《清廟之什》十篇。二,《臣工之什》十篇。三,《閔予小子之什》十一篇。共三十一篇。《魯頌》有四篇。《商頌》有五篇。

二、六義。風、雅、頌、比、興、賦爲六義。前三者爲《詩》之異體,後三者爲《詩》之異詞。風者,出於土風,大概一般勞動人民之言,其意雖遠,其言淺近,故謂之風。雅者,均是出於朝廷士大夫,其言文麗典則,其體抑揚頓挫,故曰雅。頌者,不在諷誦,惟以鋪張勛德爲主,其辭嚴正,其聲有節,以示有所尊頌,故曰頌。比者,言以彼物比此物者。興者,先言他物以引起所咏之辭。賦者,敷陳其事而直言之者。

三、《詩序》。《詩序》有大小之別,其列於各篇之前,説明《詩》中大意者,曰小序。連在首篇小序之後,概論全經者,曰大序。

沈重云:"按,鄭《詩譜》意,大序自子夏作,小序是子夏、毛公合作。卜商意有不盡,毛更足成之。"《隋書·經籍志》云:"先儒相承,謂《詩序》子夏所創,毛公及衛敬仲又加潤益。"董氏曰:"宏固不能及此,或以師授之言論著於書耳。"

凡詩六家,四百一十六卷。

姚振宗曰:"按,六家者,或以《魯詩經》《魯故》《魯説》爲一家,《齊詩經》及《后氏故》《傳》爲一家,《孫氏故》《傳》爲一家,《齊雜記》爲一家,《韓詩經》《韓故》《内》《外傳》及《説》爲一家,《毛詩經》及《故訓傳》爲一家。然恐無是例也。按,所載凡十四條,合以三家經,凡十六條。三家故、傳、説、記或不盡出于申公、轅固、韓嬰、劉、班本意似以條爲家,疑爲十六家,轉寫敚'十'字。又三家經各二十八卷,爲八十四卷,合以四家經、傳、説、記故訓三百三十一卷,此溢出一卷。今校當爲一十六家,四百一十五卷。"

周壽昌曰:"按,六家者,魯、齊、韓、后氏、孫氏、《毛詩》也。然案后氏《故》與《傳》、孫氏《故》與《傳》,仍説《齊詩》也,實止四家。"

《書》曰:①**"詩言志,(哥)〔歌〕咏言。"**

師古曰:"《虞書·舜典》之辭也。在心爲志,發言爲詩。咏者,永也。永,長也,哥所以長言之。"

《補注》錢大昭曰:"'哥',《書》作'歌'。《説文》:'哥,聲也,

---

① "書",原誤作"詩",據《漢書·藝文志》改。

從二可,①古文以爲諨字。'"王先謙曰:"官本'哥'並作'歌'。"
王應麟曰:"唐氏曰:'在心爲志,《詩序》一言而盡作詩之本;以意逆志,孟子一言而盡説詩之道。'"

故哀樂之心感,而哥咏之聲發。誦其言謂之詩,咏其聲謂之哥。故古有采詩之官,

《補注》沈欽韓曰:"《王制》'命太師陳詩以觀民風',注云:'陳詩,謂采其詩而視之。'《公羊傳·宣公十五年》注:'男女有所怨恨,相從而歌。飢者歌其食,勞者歌其事。男年六十、女年五十無子者,官衣食之,使之民間求詩。鄉移於邑,邑移於國,國以聞於天子。'《古文苑·劉歆與揚雄書》云:'詔問三代、周、秦,軒車使者、遒人使者,以歲八月巡路,宋代語、僮謡、歌戲,欲得其最目。'"

王應麟曰:"《食貨志》:'孟春之月,群居者將散,行人振木鐸,徇于路,以采詩獻之,太師比其音律,以聞於天子。'葉氏曰:'《列子》言立我烝民,莫匪爾極者,堯之時所謂詩也;《尚書大傳》言日月光華,弘余一人者,舜之時所謂詩也。古者,天子五載一巡狩,則太師陳詩以觀風俗。二帝之世,工以納言,時而颺之。其施之學校以教士,與禮、樂、書相參,謂之四術,至孔子,始刪取,著以爲經。'"

王者所以觀風俗,知得失,自考正也。孔子純取周詩,上采殷,下取魯,凡三百五篇。

《補注》王先謙曰:"《詩譜序》孔疏:'漢世毛學不行,三家不見《詩序》,不知六篇亡失,謂其惟有三百五篇。'案《史記·孔子世家》云:'古者《詩》本三千餘篇,去其重,取其可施於禮義者三百五篇。'《儒林傳》王式説同。《志》兼收《毛傳》,豈得不

---

① "可",原誤作"哥",據《漢書補注》改。

知毛學,亦云三百五篇? 是漢儒通論如此,蓋不取毛説也。"

王應麟曰:"《孔子世家》:'古者,《詩》三千餘篇。及至孔子,去其重,取可施於禮義,上采契、后稷,中述殷、周之盛,至幽、厲之缺,始於衽席。故曰"《關雎》之亂,以爲《風》始,《鹿鳴》爲《小雅》始,《文王》爲《大雅》始,《清廟》爲《頌》始",三百五篇,孔子皆弦歌之,以求合《韶》《武》《雅》《頌》之音。'今按,《詩》三百十一篇,亡其辭者六篇,考之《儀禮》,皆笙詩也。曰笙、曰樂、曰奏,而不言歌,則有聲而無辭明矣。漢世毛學不行,故云'三百五篇'。王式以三百五篇諫。龔遂曰:"誦《詩》三百五篇,人事浹,王道備。"《詩》有先孔子而亡者,如《新宫》《貍首》之類。"

沈欽韓曰:"《王制》'命太師陳詩以觀民風',注云:'陳詩,謂采其詩而觀之。①'"

姚明煇曰:"六篇,《南陔》《白華》《華黍》《由庚》《崇丘》《由儀》也。毛氏引子夏《詩序》各冠其篇,序三百一十,《詩》三百五,故知亡六篇。三家《詩》無子夏序。"

遭秦而全者,以其諷誦,不獨在竹帛故也。

《補注》沈欽韓曰:"劉歆《移書》云:'《詩》先師起於建元之間,當此之時,一人不能獨盡其經,或爲《雅》,或爲《頌》,相合而成。'則亦幸而得全耳。②"

王應麟曰:"程子曰:'古之人,幼而聞歌、誦之聲,長而識刺、美之意,故人之學由《詩》而興。'艾軒林氏曰:'古書皆以言傳,唯《詩》以聲隸之。列國《風》詩,皆隨時而變。聞其聲,審其邪正,而知其時俗。自訓詁之學起,誦《詩》者泥其辭而不復求其聲。聲之邪正既不可辯,所得於《詩》者,特在言句之間爾。'"

---

① "觀",《漢書疏證》作"視"。
② "得全",《漢書疏證》作"幾於全"。

姚明煇曰："古之學者幼而諷《詩》，皆能背誦，不必藉竹帛而傳也。"

漢興，魯申公爲《詩》訓故，而齊轅固、燕韓生皆爲之傳。

《補注》王先謙曰："荀悅《漢紀》稱轅固爲《詩內外傳》。①"

或取《春秋》，采雜說，咸非其本義。與不得已，魯最爲近之。

師古曰："與不得已者，言皆不得也。三家皆不得其真，②而魯最近之。"

《補注》王先謙曰："與、已，皆語詞，顏說是也。與，辭也，見《周》《晉語》韋昭注。但此謂齊、韓二傳推演之詞，皆非本義，不得其真耳，非併《魯詩》言之。魯最爲近者，言齊、韓訓故，亦各有取，惟魯最優。顏謂三家皆不得，謬矣。既不得其真，何言最近乎？"

楊樹達曰："按，古人凡歷史皆謂之春秋，如《虞氏春秋》《吕氏春秋》皆是。非謂孔子之《春秋經》也。"

王應麟曰："林氏曰：'班固論三家之爲《詩》，寧有取於魯而未始及毛氏也。'杜欽謂'佩玉晏鳴，《關雎》嘆之'；鄭氏注《坊記》，以'先君之思'爲衛夫人定姜之詩，皆《魯詩》也。"

周壽昌曰："顏注與不得已者，言皆不得也。壽昌案，此猶言無以也。與，如也。如不得已而用《詩》，則《魯詩》訓爲近是。"

又有毛公之學，自謂子夏所傳，而河間獻王好之，未得立。

《補注》王先謙曰："此與《儒林傳》稱'孟喜自言師田生，獨傳喜'同意。"

王應麟曰："《序錄》徐整云：'子夏授高行子，高行子授薛倉子，薛倉子授帛妙子，帛妙子授河間大毛公。一云子夏傳曾

---

① "詩"字原脱，據《漢書補注》補。
② "皆"，《漢書補注》作"者"。

申，申傳魏人李克，克傳魯人孟仲子，孟仲子傳根牟子，根牟子傳趙人孫卿子，孫卿子傳魯人大毛公。'今按，《詩序》'高子曰：靈星之尸也。'即高行子。《孟子》：'公孫丑問曰：高子曰：《小弁》，小人之詩也。怨。曰：固哉！高叟之爲《詩》也。'《維天之命》傳孟仲子曰：'大哉！天命之無極，而嘉美周之禮也。'《詩譜》云：'子思論《詩》於穆不已，仲子曰於穆不似。'仲子，子思弟子。"

凌稚隆曰："按，《史記·世家》云：'古《詩》本三千餘篇，孔子去其重，取可施於禮義者，三百五篇。'洪邁曰：'《毛詩》之學，一云子夏授之高行子，四傳而至小毛公。一云子夏傳曾申，五傳而至大毛公。後漢徐防上疏曰：《詩》《書》《禮》《樂》定自孔子，發明章句，始於子夏，斯其證云。'"

姚明煇曰："本書《儒林傳》：'毛公，趙人也，治《詩》，爲河間獻王博士。'鄭康成《詩譜》：'魯人大毛公，爲訓詁，傳於其家，河間獻王得而獻之，以小毛公爲博士。'陸璣《毛詩草木蟲魚鳥獸疏》：'孔子刪《詩》，授卜商，商爲之序，以授魯人曾申，申授魏人李克，克授魯人孟仲子，仲子授根牟子，根牟子授趙人荀卿，荀卿授魯國毛亨，亨作《訓詁傳》，以授趙國毛萇。時人謂亨爲大毛公，萇爲小毛公。'據此，則毛公有二人，作《訓故傳》者爲毛亨，爲河間獻王博士者毛萇也。"

王國維曰："《後漢書·儒林傳》云：'趙人毛萇傳《詩》，是爲《毛詩》。'《隋書·經籍志》亦云：'《毛詩》二十卷，河間太守毛萇傳。'惟鄭氏《詩譜》云：'魯人大毛公爲訓詁，傳於其家，河間獻王得而獻之，以小毛公爲博士。'陸璣《毛詩草木蟲魚鳥獸疏》亦云：'《毛詩》，荀卿授魯國毛亨，毛亨作《詁訓傳》以授趙國毛萇。則以《故訓傳》爲毛亨作。'余謂二説皆是也，蓋《故訓》者大毛公所作，而傳則小毛公所增益也。漢初詩家故與傳皆別行。"

清《四庫全書》經部著録《毛詩正義》四十卷。《提要》云：漢毛亨傳，鄭玄箋，唐孔穎達疏。舊以毛公爲毛萇，以鄭玄《詩譜》考之，題毛萇者誤也。自朱子用鄭樵之説攻擊《詩序》，毛、鄭之學遂微。然迄不能廢其書，録繼《詩序》之次，用昭《詩》學之淵源焉。

楊樹達曰："姚振宗云：'平帝時立《毛詩》博士，以迄王莽之末，此云未得立者，本《七略》舊文，哀帝時之言也。'樹達按，平帝時立《毛詩》，見《儒林傳》贊。"

禮

禮古經五十六卷　經七十篇　后氏、戴氏。

劉敞曰："此'七十'與後'七十'皆當作'十七'，計其篇數則然。"

姚範曰："按，歐陽公《詩本義》取諸此《禮經》七十篇。按，七十篇當從安溪改十七。注云后氏、戴氏，自指《士禮》而言。後人稱《禮記》曰《戴記》，或緣此而誤也。"

姚振宗曰："本《志》叙：'《古禮經》者，出於魯淹中蘇氏曰："里名也。"及孔氏學七十篇，劉敞曰："'學七十篇'當作'與十七篇'。"文相似，多三十九篇。'"

又曰："本書《劉歆傳》：'歆移書太常博士曰：及魯恭王壞孔子宅，欲以爲宮，而得古文于壞壁之中，《逸禮》有三十九篇，皆古文舊書。天漢之后，孔安國獻之。'按，與《古文尚書》同爲孔安國家所獻。此敚"家"字，①竹垞朱氏據荀悦《漢紀》所校。又《儒林傳》贊曰：'平帝時，又立《逸禮》。'"

---

① "字"，原誤作"事"，據《漢書藝文志條理》改。

又曰："《隋書·經籍志》：'又有古經出於淹中，而河間獻王好古愛學，收集餘燼，得而獻之，合五十六篇，並威儀之事。'按，《禮古經》初出于淹中，又出于孔壁，而河間獻王亦得而上之，當時凡三本。《論衡·正説》篇又謂宣帝時，河内女子壞老屋，得《佚禮》一篇。"

又曰："《禮記正義》：'至武帝時，河間獻王得《古禮》五十六篇，獻王獻之。'又《六藝論》云：'後得孔子壁中《古文禮》，凡五十六篇。其十七篇與高堂生所傳同而字多異。其十七篇外，則《逸禮》是也。'《儀禮》疏云：'餘三十九篇絶無師説，秘在于館。'"

又曰："王氏《考證》：'劉歆欲立《逸禮》，移書曰："魯恭王得古文於壞壁，《逸禮》有三十九。"《論衡》謂宣帝時，河内女子壞老屋得《佚禮》。《儀禮》疏曰："高堂生傳十七篇，是今文也。孔子宅得古《儀禮》五十六篇，其字皆篆書，是古文也。古文十七篇，與高堂生所傳者同，而字多不同。餘三十九篇，絶無師説，《七録》云餘篇皆亡。秘在于館。"《志》云："《禮古經》出於魯淹中及孔氏。"劉原父曰："孔氏安國所得壁中書也。"《六藝論》云孔壁得之。今其篇名頗見於他書，若《學禮》《賈誼傳》。《天子巡狩禮》《内宰》注。《朝貢禮》《聘禮》注。《朝事儀》《覲禮》注。《烝嘗禮》《射人》疏。《中霤禮》《月令》注疏、《詩·泉水》疏。《王居明堂禮》《月令》《禮器》注。《古大明堂禮昭穆》篇、蔡邕論。《本命》篇、《通典》。《聘禮志》，《荀子》。又有《奔喪》《投壺》《遷廟》《釁廟》《曲禮》《少儀》《内則》《弟子職》諸篇，見《大》《小戴記》及《管子》。《七録》云：古經，周宗伯所掌，五禮威儀之事。'①以上言《禮古經》五十六卷。又按，《御覽》諸書引《皇覽·逸禮》即此《逸禮》，繆襲等鈔入《皇覽》者也。王仁俊氏

---

① 按，此節内容爲王應麟《漢藝文志考證》原文，並非姚振宗稱引之語。姚氏乃概括言之，與王書出入較大。

輯存十餘條,拘定《皇覽》,于伯厚氏所舉諸篇皆置不入錄,可謂不充其類矣。又桓譚《新論》云'《古秩禮記》有五十六卷',蓋亦稱《古禮記》,本《志》《尚書》叙云'魯恭王壞孔子宅,得《古文尚書》及《禮記》'是也。"

又曰:"《史記·儒林傳》:'諸學者多言《禮》,而魯高堂生最本。《禮》固自孔子時而其經不具,及至秦焚書,書散亡益多,于今獨有《士禮》,高堂生能言之。'賈公彦《序周禮廢興》云:'漢興,至高堂生博士傳十七篇。'則高堂生爲漢初博士。《魏志·高堂隆傳》云:'泰山平陽人,魯高堂生後也。'范書《儒林傳》注云:'高堂生名隆。'蓋因此而誤。王氏《考證》:'《史記正義》謝承云:秦代有魯人高堂伯人。又《七錄》云:博士侍其生得十七篇。'"

又曰:"后氏有《齊詩故》《傳》,見前詩家。本書《儒林傳》:'漢興,言《禮》則魯高堂生。'又曰:'魯高堂生傳《士禮》十七篇,而瑕丘蕭奮以《禮》至淮陽太守。孟卿事蕭奮,以授后倉,倉授梁戴德延君、戴聖次君。德號大戴,爲信都太傅;聖號小戴,以博士論石渠,至九江太守。由是《禮》有大戴、小戴之學。'又《傳》贊曰:'初,《禮》唯有后氏。至孝宣世,復立《大》《小戴禮》。'《隋·經籍志》云:'聖爲德從兄子。'"

又曰:"本《志》叙:'高堂生傳《士禮》十七篇。訖孝宣世,后倉最明,戴德、戴聖、慶普皆其弟子,三家皆立于學官。'按《儒林傳》贊,三家者,謂后氏、二戴氏,慶氏不與焉。"

又曰:"鄭康成《六藝論》曰:'案《漢書·藝文志》《儒林傳》,傳《禮》者十三家,惟高堂生及五傳弟子戴德、戴聖名世也。'熊氏云:'五傳弟子者,則高堂生、蕭奮、孟卿、后倉及戴德、戴聖爲五也。'"

又曰:"劉歆《與揚雄書》云:'三代之書蘊藏于家,直不計耳,顧弗多耶。今有一《周易》而無《連山》《歸藏》，有一《春秋》而無千二百國《寶書》及《不修春秋》，有《鄉禮》二、《士禮》七、《大夫禮》二、《諸侯禮》四、《諸公禮》一，而天子之禮無一傳者，不知其傳孰多于其亡耶。'按，此見王氏《考證》卷末晁説之所引，亦見《玉海》五十二，蓋即劉歆《與揚雄從取方言書》。今本《方言》卷後載劉、揚往還書，無此一節，此蓋其佚文，可補其缺。晁氏在北宋時所見蓋如此。王氏《考證》：'《儒林傳》魯高堂生傳《士禮》十七篇。'《史記正義》謝承云："秦代有魯人高堂伯人。"按今《儀禮》，《仕禮》有《冠》《昏》《相見》《喪》《夕》《虞》《特牲饋食》七篇，他皆天子、諸侯、卿大夫禮。《喪服傳》，子夏所爲，《白虎通》謂之《禮服傳》，鄭康成注以'今''古'二字並之，或從今，或從古，或疊二文，別釋餘義。張淳曰：'漢初未有"儀禮"之名，疑後漢學者見十七篇中有儀有禮，遂合而名之也。'歐陽氏曰：'《大射》之篇，①獨曰儀，蓋射主於容，升降揖遜不可失。'《七錄》云："博士侍其生得十七篇。"②按，王氏謂天子禮者，蓋指《覲禮》第十篇也。劉子駿謂'天子之禮無一傳'者，殆以《覲禮》僅得其一，亡其三，時故不數及歟。"

又曰："鄭康成《三禮目錄》曰：'《特牲》《少牢》《有司徹》，于五禮屬吉禮。《喪服》《士禮》《既夕》《士虞》，屬凶禮。《士相見》《聘禮》《覲禮》，屬賓禮。《冠》《昏》《鄉飲》《鄉射》《燕禮》《公食大夫》《大射》，屬嘉禮。'按，此唯有吉、凶、賓、嘉四禮，略見于十七篇中，若軍禮則未之及。故班氏從《兵權謀》析出《軍禮司馬法》百五十五篇入之禮類，意彌縫其闕也。"

又曰："《經義考》：孫惠蔚曰：'淹中之經，孔安國所得惟有卿

---

① "篇"，原誤作"禮"，據《漢藝文志考證》改。
② 按，此節內容爲王應麟《漢藝文志考證》原文，並非姚振宗稱引之語。姚氏乃簡略言之，與王書出入較大。

大夫士饋食之篇。而天子諸侯享廟之祭、禘祫之禮盡亡。'"
又曰："又崔靈恩曰：'《儀禮》者，周公所制。吉禮唯得三篇，凶禮得四篇，賓禮唯存三篇，軍禮亡失，嘉禮得七篇。'"
又曰："又熊朋來曰：'《儀禮》名爲十七篇，實十五篇而已。《既夕禮》乃《士喪禮》之下篇也，《有司徹》乃《少牢·饋食禮》之下篇也。'"
又曰："《四庫提要》曰：'《儀禮》出殘闕之餘，漢代所傳凡有三本：一曰戴德本，以《冠禮》第一，《昏禮》第二，《相見》第三，《士喪》第四，《既夕》第五，《士虞》第六，《特牲》第七，《少牢》第八，《有司徹》第九，《鄉飲酒》第十，《鄉射》第十一，《燕禮》第十二，《大射》第十三，《聘禮》第十四，《公食》第十五，《覲禮》第十六，《喪服》第十七；一曰戴聖本，亦以《冠禮》第一，《昏禮》第二，《相見》第三，其下則《鄉飲》第四，《鄉射》第五，《燕禮》第六，《大射》第七，《士虞》第八，《喪服》第九，①《特牲》第十，《少牢》第十一，《有司徹》第十二，《士喪》第十三，《既夕》第十四，《聘禮》第十五，《公食》第十六，《覲禮》第十七；一曰劉向《別錄》本，即鄭氏所注。賈公彥疏謂：《別錄》尊卑吉凶，次第倫叙，故鄭用之。二戴尊卑吉凶雜亂，故鄭不從之也。其經文亦有二本：高堂生所傳者，謂之今文；魯恭王壞孔子宅得《古儀禮》五十六篇，其字皆以篆書之，謂之古文。'"
姚振宗又曰："按，班氏注后氏、戴氏，今后氏之經不可考見，意者大戴之本即據后氏所傳，小戴受之，又移易其次第，別爲一本。小戴于經于紀皆不從大戴所訂，別自爲學，故經與紀皆有自訂之本。故注但云后氏、戴氏，不云大、小戴氏。然則注后氏者即大戴本，注戴氏者即小戴本。至劉向典校經籍，以兩家之本編次

---

① "服"，原誤作"禮"，據《漢書藝文志條理》改。

不同，俱未盡善，因重訂一本，附著於《別錄》，《七略》所不具也。"

記百三十一篇　七十子後學者所記也。

《補注》錢大昕曰："鄭康成《六藝論》云：'戴德傳《記》八十五篇，戴聖傳《記》四十九篇。'此云'百三十一篇'者，合大、小戴所傳而言。《小戴記》四十九篇，《曲禮》《檀弓》《雜記》皆以簡策重多，分爲上下，實止四十六篇。合《大戴》之八十五篇，正協百三十一之數。《隋志》謂《月令》《明堂位》《樂記》三篇爲馬融所足。蓋以《明堂陰陽》三十三篇，《樂記》二十三篇，別見《藝文志》，故疑爲東漢人附益，①不知劉向《別錄》已有四十九篇矣。《月令》三篇，小戴入之《禮記》，而《明堂陰陽》與《樂記》仍各自爲書，亦猶《三年問》出於《荀子》，《中庸》《緇衣》出於《子思子》，其本書無妨單行也。《記》本七十子之徒所作，後人通儒，各有損益，河間獻王得之，大、小戴各傳其學。鄭氏《六藝論》言之當矣，謂大戴删《古禮》二百四篇爲八十五篇，小戴又删爲四十九篇，其説始於晉司空長史陳邵，而陸德明引之，《隋志》又附益之。然《漢書》無其事，不足信耶。或謂《漢書》不及《禮記》，考河間獻王所得書，《禮記》居其一，而《郊祀志》引《禮記》'燔柴於太壇，祭天也，瘞埋於太折，祭地也'。又引《禮記》'天子祭天地及山川歲徧'。又引《禮記》'天子藉田千畝以事天墜'。又引《禮記·祀典》即《祭法》也，《律曆志》謂之《祭典》。'功施於民則祀之。天文，日月星辰所昭仰也。地理，山川海澤所生殖也'。又引《禮記》'唯祭宗廟社稷爲越紼而行事'。《梅福傳》引《禮記》'孔子曰，某。殷人也'。《韋玄成傳》亦引《禮記·王制》《禮記·祀典》之文，皆在四十九

---

① "附"，原誤作"所"，據《漢書補注》改。

篇之内,《志》不别出《記》四十九篇者,統於百三十一篇也。"
王鳴盛曰:"《説文自序》,魯恭王壞孔子宅而得壁中書,即有《禮記》。《河間獻王傳》叙王所得書中有《禮》,又有《禮記》。是前漢本有此稱,非始於鄭氏作注之時所題。"
姚振宗曰:"劉向《別録》曰:'古文《記》二百四篇。'按,此百三十一篇,是二百四篇之一。又《隋志》所云實有二百十五篇,篇數與《漢志》相符。此云二百四篇,或其中篇數分合不一,無以詳知。又曰:'《王度記》似齊宣王時淳于髡等所説也。'"
又曰:"《禮記正義》曰:'《曲禮》《王制》《禮器》《少儀》《深衣》,於《別録》屬制度。《檀弓》《禮運》《玉藻》《大傳》《學記》《經解》《哀公問》《仲尼燕居》《孔子閒記》《坊記》《中庸》《表記》《緇衣》《儒行》《大學》,於《別録》屬通論。《曾子問》《喪服小記》《雜記》《喪大記》《奔喪》《問喪》《服問》《閒傳》《三年問》《喪服四制》,於《別録》屬喪服。《郊特牲》《祭法》《祭儀》《祭統》,於《別録》屬祭祀。《文王世子》,於《別録》屬世子法。《内則》,於《別録》屬子法。《投壺》,於《別録》屬吉禮。《冠義》《昏義》《鄉飲酒義》《射義》《燕義》《聘義》,於《別録》屬古事。'以上四十三篇内,《曲禮》《檀弓》《雜記》各分上下篇,爲四十六篇,即《隋志》所謂戴聖删大戴之書爲四十六篇是也。《正義》又云《月令》《明堂位》于《別録》屬明堂陰陽,《樂記》于《別録》屬樂記。按《漢志》,《明堂陰陽》三十三篇,《樂記》二十三篇,在《別録》各爲一書,不在此百三十一篇之内。《隋志》謂'馬融傳小戴之學,又足《月令》一篇,《明堂位》一篇,《樂記》一篇,合四十九篇',此'足'字據《通典》所引,實'定'字之誤。此三篇,大戴取之于兩書,小戴又從而取之,兩書有五十六篇之多。大小戴去取不一,故馬氏又重定其本。《隋志》特分別言之,本不誤,或斥以爲誤者,殆未之詳考。"
又曰:"《隋書·經籍志》:'漢初,河間獻王又得仲尼弟子及後學者所記一百三十一篇獻之，時亦無傳之者。至劉向考校經籍，檢得一百三十篇，按，"一"在"十"之下，寫者亂之。向因第而叙之.'按，此言'第而叙之'者，即《正義》所云《曲禮》屬制度之類是也。其所第叙今可考見者，曰制度，曰通論，曰喪服，曰祭祀，曰世子法，曰子法，曰吉禮，曰吉事，凡八目。"

又曰："王氏《考證》：《隋志》云：'河間獻王得仲尼弟子及後學者所記一百三十一篇獻之。'①今逸篇之名可見者有《三正記》《別名記》《親屬記》《明堂記》《曾子記》《禮運記》《五帝記》見《白虎通》。《王度記》見《禮記》注、《禮記》《周禮》疏，《白虎通》《後漢·輿服志》注。《王霸記》見《夏官》注。《瑞命記》見《論衡》《文選注》。《辨名記》見《春秋》疏。《孔子三朝記》見《史記》《漢書》注。《月令記》《大學志》見蔡邕《論》。《雜記》。失注出處。又有《號諡記》，見《御覽》七十七應劭《風俗通》引。《曾子記》《禮運記》《雜記》已見今《禮記》鄭氏注本中。《明堂記》《月令記》別爲一書，已詳于前。《大學志》當屬《明堂陰陽》。此三記皆不在此百三十一篇中，王氏誤入。《孔子三朝記》，《別錄》自爲一書，入《論語》家，亦不在此百三十一篇中。此之佚篇唯《三正記》《別名記》《親屬記》《五帝記》《王度記》《王霸記》《瑞命記》《辨名記》《號諡記》，餘見《大戴記》所載諸篇，特無以別之。王仁俌氏輯存《王度記》《三正記》佚文數條。"

又曰："嘉定錢大昕《廿二史考異》曰：'或謂《漢書》不及《禮記》。考河間獻王所得書，《禮記》居其一，《志》不別出《記》四十九篇者，統于百三十一篇也。'按，《考異》又云：'百三十一篇合大小戴所傳而言。《小戴記》四十九篇，《曲禮》《檀弓》《雜記》分上下，實止四十六篇，合《大戴》之八十五篇，正協百

---

① 按，此句稱引内容爲王應麟《漢藝文志考證》原文，姚書無此語。

三十一篇之數。'今按,此説非也。大小戴所取,合五種二百十五篇,非僅于百三十一篇內取裁也。《隋志》之言可信,其中唯《樂記》十一篇或亦在百三十一篇中。"

姚振宗又曰:"按,《釋文·叙録》云漢劉向《別録》有四十九篇,其篇次與今《禮記》同。又《樂記正義》云《別録》《禮記》四十九篇,《樂記》第十九,是《別録》中有《小戴》四十九篇篇目審矣。考二戴所取,不出《隋志》所舉五種,曰《記》百三十一篇,曰《明堂陰陽記》三十三篇,曰《孔子三朝記》七篇,曰《王史氏記》二十一篇,曰《樂記》二十三篇。又如《大戴記》載及《孝昭冠辭》,則且兼綜《后倉曲臺記》。二戴與劉中壘同時,《別録》唯載五種原編及曲臺記》本書于《禮》《樂》《論語》三類中。若《大》《小戴記》在當時不過節録之別本,則但附記及之,不明著于録也。"

又曰:"又按,班氏舊例,連屬而書,此'記'字蒙上'禮'字,即'禮記'也,改爲分條,頭緒便不相屬。"

明堂陰陽三十三篇　古明堂之遺事。

《補注》王應麟曰:"隋牛弘曰:'案劉向《別録》及馬宫、蔡邕等所見,當時有《古文明堂禮》《王居明堂禮》《明堂圖》《明堂大圖》《明堂陰陽》《泰山通義》、魏文侯《孝經傳》等,並説古明堂之事,其書皆亡。'《唐會要》引《禮記·明堂陰陽録》。"

劉台拱曰:"今《小戴·月令》《明堂位》於《別録》屬《明堂陰陽》,而《大戴記》之《盛德》,實記古明堂遺事。此三篇其僅存者。"

姚振宗曰:"劉向《別録》曰:'明堂之制:内有太室,象紫宫;南出明堂,象太微。'又曰:'路寢在明堂之西,社稷宗廟在路寢之西。'又曰:'左明堂辟雍,右宗廟社稷。'按,此皆佚文之散見者,故其語不屬。"

又曰:"劉歆《七略》曰:'王者師天地,體天而行,是以明堂之制,内有太室象紫微宫,南出明堂象太微。'"

又曰:"《禮記正義》:'《月令》《明堂位》于《別錄》中屬《明堂陰陽》。'蓋戴德先取此入《大戴記》,戴聖又取此入《小戴記》。此二篇在《別錄》則屬之《明堂陰陽》三十三篇中也。"

又曰:"本書《成帝紀》:'陽朔二年春,詔曰:昔在帝堯,立羲、和之官,命以四時之事,令不失其序。故《書》云:黎民於蕃時雍,明以陰陽為本也。'此書《明堂陰陽》,其義蓋大略如此。"

又曰:"蔡邕《明堂月令論》曰:'《月令》篇名因天時制人事,天子發號施令,祀神受職,每月異禮,故謂之月令。所以順陰陽,奉四時,效氣物,行王政也。成法具備,各從時月,臧之明堂,所以示承祖考神明,明不敢泄黷之義,故以明堂冠月令。《夏小正》,夏之月令也。殷人無文,及周而備,宜周公之所著也。秦相呂不韋著書,取月令為紀號,淮南王亦取以為第四篇,改名曰時則。故偏見之徒,或云《月令》呂不韋作,或曰淮南,皆非也。'《大戴記》盧辨注:'明堂月令者,于明堂之中施十二月之令。'"

又曰:"《隋書·牛弘傳》:弘上議曰:'案劉向《別錄》及馬宮、蔡邕等所見,當時有《古文明堂禮》《王居明堂禮》《明堂圖》《明堂大圖》《明堂陰陽》《泰山通義》《魏文侯孝經傳》等,並説古明堂之事,其書皆亡。'"

又曰:"王氏《考證》:'《唐會要》引《禮記·明堂陰陽錄》,牛弘亦引《明堂陰陽錄》。令《禮記·月令》于《別錄》中屬《明堂陰陽記》,故謂之《明堂月令》。《説文》引《明堂月令》。'"

姚振宗又曰:"按,惠定宇氏因治《易》以知明堂之法,撰集《明堂大道錄》,其篇目曰:《明堂制度》《明堂四門》《明堂門數》《明堂六宗》《明堂二至降神四時迎氣》《明堂建官》《明堂行政》《明堂清廟》《明堂配天》《明堂配食》《明堂助祭》《明堂治曆》《明堂靈臺》《明堂太學四學》《明堂郊射》《明堂設四輔三公》《明堂尊師》《明堂朝覲》《明堂耕耤》《明堂養老》《明堂內治》《明堂天府》《明堂嘗新》《明堂四極》《明堂四面》《明堂四靈》《明堂用四夷之學》《明堂獻俘》,凡二十有八。于班氏言古明堂之遺事率由不越,雖未必盡合三十三篇之舊,然大略可想見矣。"

王史氏二十一篇　七十子後學者。

師古曰:"劉向《別錄》云:'六國時人也。'"

《補注》沈欽韓曰:"《廣韻》:'王史,復姓。漢有新豐令王史音。'"王先謙曰:"案《隋志》作《王氏史氏記》,蓋誤。"

姚振宗曰:"劉向《別錄》曰:'王史氏,六國時人也。'"

又曰:"鄭樵《通志·氏族略》:'《風俗通》周先王太史,號王史氏。《英賢傳》周共王生圉,圉曾孫滿生簡,簡生業,業生宰,世傳史職,因氏焉。《藝文志》有王史氏。'按,此則《隋志》稱'王氏史氏'者,似後人妄加也。"

又曰:"本《志》叙:'《禮古經》多三十九篇,及《明堂陰陽》《王史氏記》所見,多天子諸侯卿大夫之制,雖不能備,猶瘉倉等推《士禮》而致于天子之説。①'"

又曰:"《隋書·經籍志》:'漢初,河間獻王又得仲尼弟子及後學者所記一百三十一篇獻之。至劉向因第而叙之。而又得《明堂陰陽記》三十三篇,《孔子三朝記》七篇,按,見下論語類中。《王氏史氏記》二十一篇,《樂記》二十三篇,按,見下樂類中。凡五種,合二百十四篇。'當爲二百十五篇。"

曲臺后倉九篇

如淳曰:"行禮射於曲臺,后倉爲記,故名曰《曲臺記》。《漢

---

① "士",原誤作"古",據《漢書藝文志條理》改。

官》曰,'大射於曲臺。'"晋灼曰:"天子射宫也。西京無太學,於此行禮也。"

《補注》宋祁曰:"景本'曲臺'下有'至'字。"吴仁傑曰:"太學興於元朔三年。案,《儒林傳》'詔太常議,予博士弟子。太常請因舊官而興焉,爲博士官置弟子員'是也。先是,董仲舒對策'願興太學以養天下之士',史謂立學校之官,自仲舒發之,故《武紀》以是列之贊語,《宣紀》以是載於議尊號詔文,是太學興於武帝時明甚。賈誼云:'學者所學之官也。'韓延壽修治學官,注謂'庠序之舍'。文翁修起學官,招學官弟子,注謂'學之官舍',然則《儒林傳》所云'興舊官及博士官',非太學而何?① 下文'郡國縣官有好文學者,與計偕',故《文翁傳》云'武帝時,令天下郡國皆立學校官'。烏有天下皆立學,而天子之都乃反無太學之理?《紀》於元朔五年書'丞相弘請爲博士置弟子員'。案太常議,本文'爲博士'下有'官'字,《紀》脱之耳。《通鑑》知其誤,故《武紀》書曰'博士官',蓋取《儒林傳》文足之也。且史載何武等習歌詩太學下,博士弟子王成舉幡太學下,孰謂西京無太學也哉?王尊事師郡文學官,此郡文學之官舍如博士官也。顔謂郡有文學官,而尊事之以爲師,豈忘前注耶?'官'當讀作'館',《易》'官有渝',九家作'官',蜀才作'館',古'官''館'通。"王應麟曰:"《七略》云:'宣皇帝時,行射禮,博士后倉爲之辭,至今記之,曰《曲臺記》。'《大戴·公冠》篇載孝昭冠辭,蓋宣帝時《曲臺記》也。"王念孫曰:"后倉下脱'記'字,則文義不明。據如注云:'后倉爲記,故名曰《曲臺記》。'則有'記'字明矣。《儒林傳》云:'后倉説《禮》數萬言,號曰《后氏曲臺記》。'《初學記·居處

---

① "太學",原誤作"大學",據《漢書補注》改。

部》《御覽·居處部》五引此,並作'《曲臺后倉記》'。"

周壽昌曰:"《黃圖》明言太學在長安西北七里,是太學實有其地矣,安得云無?"

楊樹達曰:"按,王說似矣,而實非也。姚振宗曰:'《明堂陰陽》《王史氏》《曲臺后倉》三書皆蒙上文記字。'今按,姚說是也。蓋書之本名無妨爲《曲臺后倉記》,而劉、班皆蒙上省稱之。《隋志》記《明堂陰陽記》三十三篇、《王氏史氏記》二十一篇,"王"下"氏"字衍。知二書本名亦當原有'記'字,而此《志》文但稱《明堂陰陽》《王史氏》,皆無'記'字,由彼例此,知《曲臺后倉》下本省去'記'字,非脱文明矣。"

王觀國曰:"《前漢·儒林傳》曰:'后倉說《禮》數萬言,號曰《后氏曲臺記》。'服虔注曰:'在曲臺校書著記,因以爲名。'顏師古注曰:'曲臺殿在未央宮。'《前漢·藝文志》《禮》家有《曲臺后倉》九篇。如淳注曰:'行禮射於曲臺,后倉爲記,故名曰《曲臺記》。'引《漢官》曰:'大射於曲臺。'晋灼注曰:'天子射宮也,西京無太學,於此行禮也。①'觀國按,《前漢·藝文志》曰:'漢興,高堂生傳《士禮》十七篇,訖孝宣世,后倉最明。戴德、戴聖、慶普皆其弟子,三家立於學官。'以此觀之,則后倉所說《曲臺記》非獨射禮而已也。天子大射雖在曲臺,而后倉著書,則不專爲射也。《前漢·儒林傳》曰:'后倉說《禮》數萬言,號曰《后氏曲臺記》。'授聞人通漢、戴德、戴聖、慶普。普授夏侯欽,又傳族子咸。大戴授徐良,小戴授橋仁、楊子榮。然則《禮》學相傳如此之盛,其書今在者,②《禮記》《儀禮》是也。《曲臺》所記不止乎射禮,亦可知矣。"

---

① "也",原誤作"世",據清《武英殿聚珍版叢書》本王觀國《學林》(以下《學林》皆據此本,不再注明)改。

② "今在",原誤倒,據《學林》乙正。

姚振宗曰："后倉有《齊詩故》《傳》，見前《詩》家。"

又曰："劉歆《七略》曰：'宣皇帝時行射禮，博士后倉爲之辭，至今記之曰《曲臺記》。'"

又曰："本書《儒林傳》：'倉說《禮》數萬言，號曰《曲臺記》。'又《易》家《孟喜傳》：'喜父孟卿善爲《禮》《春秋》，授后倉、疏廣，世所傳后氏《禮》、疏氏《春秋》皆出孟卿。'"

又曰："顏氏《集注》：如淳曰：'行射禮于曲臺，后倉爲記，故名曰《曲臺記》。《漢官》曰：大射于曲臺。'晉灼曰：'天子射宮。西京無太學，于此行禮也。'服虔曰：'在曲臺校書著說，因以爲名。'師古曰：'曲臺殿在未央宮。'"

又曰："《隋書·經籍志》：'宣帝時，后倉最明其業，乃爲《曲臺記》。'"

又曰："王氏《考證》：'按，《大戴·公符》篇載孝昭冠辭，蓋宣帝時《曲臺記》也。'"

又曰："《經義考》：'孫惠蔚曰：曲臺之《記》，戴氏所述，然多載尸灌之義，牲獻之數，而行事之法，備物之體，蔑有具焉。'按，此則《曲臺記》亦大戴氏所記述也。"

姚振宗又曰："按，《明堂陰陽》《王史氏》《曲臺后倉》三書，舊時文相連屬，皆蒙上文'記'字，今改爲分條，文義遂隔越而不相貫。"

周壽昌曰："案，曲臺爲大射之地，如氏與《漢官》此說自有徵。若晉灼謂西京無太學，①殊不然。就本書證之，《武帝本紀》贊：'興太學。'《儒林傳》序：'成帝時，或言太學弟子少，於是增置弟子員。'《鮑宣傳》：'舉旛太學下。'《王襃傳》：'何武歌太學下。'是太學必非虛語。又案，《三輔黃圖》明言太學在長安西北七里。是太學實有其地矣，安得云無？"

---

① "太學"，原誤作"大學"，據《漢書注校補》改。

中庸説二篇

師古曰:"今《禮記》有《中庸》一篇,亦非本禮經,蓋此之流。"《補注》王應麟曰:"《白虎通》謂之《禮·中庸記》。"沈欽韓曰:"鄭《目録》云:'孔子之孫子思伋作之,以昭明聖祖之德。此於《別録》屬通論。'"王先謙曰:"官本自'《記》'以下,各自提行。"姚振宗曰:"《史記·孔子世家》:'孔子生鯉,字伯魚,先孔子死,伯魚生伋,字子思,年六十二,嘗困於宋,子思作《中庸》。'"又曰:"本書《古今人表》,子思列第二等上中仁人。錢塘梁玉繩《考》曰:'子思亦稱孔思,貌無鬚眉,年八十二,葬孔子冢南。'"

又曰:"《孔叢子·居衛》篇:子思年十六適宋,宋大夫樂朔與之言學焉。朔曰:'《尚書·虞》《夏》數四篇,善也。下此以訖于《秦》《費》,效堯、舜之言爾,殊不如也。'子思答曰:'事變有極,正自當耳。假令周公、堯、舜不更時異處,其書同矣。'樂朔曰:'凡書之作,欲以喻民也,簡易爲上,而乃故作難知之辭,不亦繁乎?'子思曰:'《書》之意兼復深奧,訓詁成義,古人所以爲典雅也。昔魯委巷亦有似君之言者。'伋答之曰:'道爲知者傳,苟非其人,道不傳矣。今君何似之甚也。'樂朔不悦而退,曰:'孺子辱我。'其徒曰:'魯雖以宋爲舊,然世有讎焉,請攻之。'遂圍子思。宋君聞之,不待駕而救子思。子思既免,曰:'文王困于牖里作《周易》,祖君屈于陳、蔡作《春秋》,吾困于宋,可無作乎?'于是撰《中庸》之書四十九篇。"

又曰:"鄭氏《三禮目録》曰:'名曰《中庸》者,以其記中和之爲用也。庸,用也。孔子之孫子思伋作之,以昭明聖祖之德也。此于《別録》屬通論。'"

又曰:"王氏《考證》:'孔子之孫子思伋作《中庸》。[①] 程氏曰:

---

① 按,此句稱引内容爲王應麟《漢藝文志考證》原文,姚書無此語。

《中庸》之書是孔門傳授,成於子思,傳於孟子。《白虎通》謂之《禮·中庸記》。《孔叢子》云:子思年十六,撰《中庸》之書四十九篇。東萊呂氏曰:未冠既非著書之時,而《中庸》之書亦不有四十九篇也,此蓋戰國流傳之妄。'按,'十六'或是'六十'之誤。四十九篇,或其原編如此。《孔叢子》記其先世遺文軼事,此等處皆可信。《禮記》自大、小戴、慶氏而後,東京馬、盧、鄭各有其本,各有取去,其《中庸》一篇保無有刪存于其間,未可以諸家輾轉鈔襲之本,信其必是也。"

又曰:"嘉定王鳴盛《蛾術編·説録》曰:'《漢志》,《中庸説》二篇,與上《記》百三十一篇各爲一條,則今之《中庸》乃百三十一篇之一,而《中庸説》二篇,其解詁也,不知何人所作,惜其書不傳。師古乃云:今《禮記》有《中庸》一篇,亦非本《禮經》,蓋此之流。反以《中庸》爲説之流。師古虛浮無當,往往如此。'按,顔注殆以《禮記》之外別有此《中庸》之書,而不知此乃説《中庸》之書也。"

成瓘曰:"《史記》云:'子思困於宋,作《中庸》。'不言篇數。《漢志》禮家有《中庸説》二篇。夫曰説,則是解説之書,蓋《中庸》自漢代已別行,爲諸儒所表章久矣。不第此也,《宋書》戴仲若〈隱逸傳〉其名同廟諱。注《禮記·中庸》篇。《隋志》載《傳》二卷。《梁書·武帝紀》:帝撰《中庸講疏》。《隋志》:"一卷。"又《張緬傳》言緬與朱异、賀琛遞述《制旨禮記中庸義》。《隋志》載私記《制旨中庸義》五卷,即張緬諸人所述也。唐李翱又爲《中庸説》。是表章《中庸》,非始於宋。"

周壽昌曰:"顔注,今《禮》有《中庸》一篇,亦非本禮經,蓋此之流。壽昌案,今《中庸》原在《禮記》中,自宋仁宗以是篇賜新及第王堯臣,高宗復御書《中庸》,遂以專書頒行學官。程朱大儒詳加注訂,至今學者遵之。然考不自宋始也,鄭樵《通志·藝文略》有劉宋散騎常侍戴顒撰《禮記中庸傳》二卷,梁武帝撰《中庸講疏》一卷、《禮記制旨中庸義》一卷,簡文帝有《鄭賚中庸講疏啓》曰'天經地義之宗,出忠入孝之道,實立教之關鍵,德行之指歸',亦其證也。《中庸》之稱爲子思作者,實出《孔叢子》,即孔鮒也。本《志》不著録,以《孔叢》書出最晚,故《志》不列儒家,亦不附論語家後。且以《中庸》内論郊社之禮、宗廟之禮甚詳,故列禮家也。今一卷,此二卷者,編次各異也。"

楊樹達曰:"姚振宗云:'顔注殆以《禮記》之外別有此《中庸》之書,不知此乃説《中庸》之書也。'"

明堂陰陽説五篇

《補注》沈欽韓曰:"《明堂位》正義引《異義》:講學大夫淳于登説曰:'明堂立國之陽,①丙巳之地,三里之外,七里之内。而祀之就陽位,上圓下方,八窗四闥,布政之宫,故稱明堂。明堂,盛貌。周公祀文王於明堂,以配上帝。上帝,五精之神,太微之庭中有五帝坐位。'蓋此類'明堂'説也。講學大夫,在王莽時。明堂,平帝時立。"

姚振宗曰:"按,此不知何人説《明堂陰陽記》之文。或劉中壘哀録諸家之説,以其非一家之言,故不著撰人。"

又曰:"又按,自《曲臺后倉》至此三家,似皆漢人説《禮》之書,猶《禮古記》之支流,故次于《王史氏記》之後。"

周官經六篇　　王莽時,劉歆置博士。

師古曰:"即今之《周官禮》也,亡其《冬官》,以《考工記》充之。"

姚振宗曰:"本書《王莽傳》:'元始四年,是歲,徵天下通一藝

---

① "立",清嘉慶刻本《五經異義疏證》及《漢書疏證》皆作"在"。

及有《逸禮》《古書》《毛詩》《周官》《爾雅》，通知其意者，皆詣公車。又《儒林傳》，《古文尚書》家：王莽時諸學皆立。'"

又曰："馬融《周官傳序》曰：'秦自孝公以下，用商君之法，其政酷烈，與《周官》相反，故始皇禁挾書，特疾惡，欲絕滅之，搜求焚燒之獨悉，是以隱藏百年。孝武帝始除挾書之律，開獻書之路，既出于山巖屋壁，復入于秘府，五家之儒莫能見焉。至孝成皇帝，達才通人劉向、子歆校理秘書，始得列序，著于《錄》《略》。然亡其《冬官》一篇，以《考工記》足之。時衆儒並出共排，以爲非是，唯歆獨識，其年尚幼，務在廣覽博觀，又多銳精于《春秋》。末年乃知其周公致太平之迹，迹具在斯。'"

又曰："荀悦《漢紀》：'劉歆以《周官》十六篇爲《周禮》。王莽時，歆奏以爲經，置博士。'"吳承志曰："舊本上衍十字，據陳氏《璞校記》删。"

又曰："《隋書·經籍志》：'漢時有李氏得《周官》，《周官》蓋周公所制官政之法，上于河間獻王，獨闕《冬官》一篇。獻王購以千金不得，遂取《考工記》以補其處，合成六篇奏之。至王莽時，①劉歆始置博士，以行于世。'"

又曰："王氏《考證》：河間獻王得《周官》，有李氏得而上於獻王，獨缺《冬官》，取《考工記》補之，合成六篇。《禮記》疏云：'孝文時求得此書，不見《冬官》一篇，乃使博士作《考工記》補之。'謂孝文時非也。五峰胡氏曰：'司徒掌邦教，司空掌邦土，《冬官》未嘗缺也。乃劉歆妄以《冬官》事屬之《地官》。'俞庭椿取其説爲《周禮復古編》，謂《司空》之篇雜出於五官之屬，且因《司空》之復，而六官之訛誤亦遂可以類考。程氏曰：'《冬官》之屬才二十八，而五官各有羡數。考冢宰，六屬各六

---

① "至"字原脱，據《漢書藝文志條理》補。

十。今天官六十三,地官七十八,春官七十,夏官六十九,秋官六十六。蓋斷簡失次,名實散亡。取羨數,凡百工之事,歸之冬官,其數乃周。'賈氏疏曰:'劉向未校之前,或在山巖石室,有古文,考校後爲今文。古、今不同,鄭氏據今文注。'朱文公以爲'廣大精密,周家之法度在焉'。齊文惠太子鎮雍州,有發楚王冢獲竹簡書,青絲編簡,廣數分,長二尺。有得十餘簡以示王僧虔,僧虔曰:"是科斗書《考工記》。"然則《考工記》亦先秦書,謂之漢博士作,誤矣。馬融云:'成帝命劉歆考理秘書,始得列序,著于《録》《略》。知其周公致太平之迹。永平初,杜子春年且九十,能通其讀,鄭衆、賈逵往受業焉。'鄭康成序云:'大中大夫鄭少贛名興,及子大司農仲師名衆,故議郎衛次仲,侍中賈景伯,南郡太守馬季長,皆作《周禮解詁》。'"①

鄭玄曰:"周公居攝而作六典之職,謂之《周禮》。營邑於土中。七年,致政成王,以此禮授之,使居雒邑,治天下。"《周禮》注。

朱熹曰:"《周禮》規模,皆是周公做,但其言語是他人做。如今時宰相提舉勅令,豈是宰相一一下筆?有不是處,②周公須與改。至小可處,或未及改,或是周公晚年作此書。某所疑者,但恐周公立下此法,卻不曾行得盡,後世皆以《周禮》非聖人書,其間細碎處雖可疑,其大體直是非聖人做不得。"

鄭樵曰:"漢曰《周官》,江左曰《周官禮》,唐曰《周禮》,推本而言,《周官》則是。"《通志》。又曰:"《周禮》一書,詳周之制度,而不及道化;嚴於職守,而闊略人主之身,所以學者疑其非聖人之書。按,《書傳》曰:'周公一年救亂,二年伐商,三年踐奄,

---

① 按,此節内容爲王應麟《漢藝文志考證》之文,並非姚振宗稱引之語。姚氏乃概括言之,與王書出入較大。

② "是",原誤作"足",據清光緒賀瑞麟校刻本《朱子語類》改。

四年建侯衛，五年營成周，六年制禮作樂，七年致政成王。'則是書在於周公攝政六年之後，周公將復辟於成王，此是書之所由作。故《周禮》六官之首皆云辨方正位者此也。《周官序》云：'成王黜商，滅淮夷，還歸在豐，作《周官》。'按，周公攝政時，淮夷、奄已與管、蔡同亂，成王即政之後，淮夷又叛，成王乃親征之，故云'滅淮夷，還歸在豐，作《周官》'，當是營洛既成之後作《周禮》，還歸在豐之後作《周官》，是《周官》作於《周禮》之後明矣。而鄭衆以《書序》言作《周官》爲《周禮》，則失之矣。鄭康成又以成王作《周官》在攝政三年、周公制禮在攝政六年，愈失矣。殊不知成王作《周官》既成書，然後作誥命之辭以戒臣下。二鄭之誤，皆因不見《古文尚書》。後來求其説而不得，或謂文王治岐之制，或謂成周理財之書，或謂戰國陰謀之書，或謂漢儒附會之説，或謂末世瀆亂不驗之書，紛紜之説，無所折衷。予謂非聖人之智不及此，五等之爵，九畿之服，九州十二境閩蠻夷貊，祭天祀地，朝覲會同之事，皆非文王時政所得及也。以是書而加文王，非愛文王者也。雖其書固詳于理財，然其規畫也似巧，而惠下也甚厚，其經入也若豐，而奉上也甚約，謂爲理財之書，又知深知《周禮》者也。使戰國有如是之法，則戰國爲三代矣，使漢儒有如是之學，尚或爲漢儒乎？惟見其所傳不一，故武帝視爲末世瀆亂不驗之書，而不知好也。而後世孫處又獨爲之説，曰：'《周禮》之作，周公居攝六年之後，書成歸豐，而實未嘗行也。'謂周公居攝六年將致政於成王，故作《周官》以遺之而老焉。及周公卒，成王受其書而歸豐，遂令君陳主其事而訓焉，實未嘗行之也。蓋周公之爲《周禮》，亦猶唐之顯慶開元禮也。唐人預爲之以待他日之用，其實未嘗行也。惟其未經行，故僅述大略，俟其臨事而損益之。故建都之制，不與《召誥》《洛誥》合；封國之制，不與《武成》《孟子》合；設官之制，不與《周官》合；九畿之制，不與《禹貢》合，凡此皆預爲之，未經行也。雖然,此一説也,而不知《周禮》之所以難通者,其規模與他經不類。《周禮》一書,有缺文,《軍司馬》《輿司馬》之類。有省文,《遂人》《匠人》之類。有兼官,三公、三孤不必備,教官無府史胥徒,皆兼官。有預設,凡千里封公四,有侯六,①伯十一之類是也。有不常制,《夏采》《方相氏》之類。有舉其大綱者,"四兩爲卒"之類。②《司馬法》云。有相副貳者,自卿至下士同,各隨才高下而同治此事。有常行者,六官分職,各率其屬,正月之吉,垂法象魏之類是也。有不常行者,二至祀方澤,大裘事上帝,合民誨國遷,③珠盤盟諸侯之類是也。注云圜丘服大裘,芳澤之祀,經無其服。周無遷國事,至平王東遷,盟詛不及三王。以上事皆預爲之,而未經行也。今觀諸經,其措置規模不徒于弼亮天地、和洽人神,而盟詛讎伐,凡所以待衰世者,無不及也。使之維持一世,則一世之人安,使之維持百世,則百世之人安,使之維持千萬世,則千萬世之人安。貽謀燕翼,後世豈無僻王,皆賴前哲以免,則周公之用心也,所謂兼三王、監二代,盡在於是。是書之作於周公,與他經不類,《禮記》就於漢儒,則《王制》所説朝聘爲文、襄時事,《月令》所説官名爲戰國間事,曾未若《周禮》之純乎周典也。惜乎自成帝時,雖著之《七略》,終漢迄唐,寥寥千百歲,靳不置學官博士。王莽立博士,生徒廢。唐有生徒,無博士。文中子居家,未嘗廢《周禮》,太宗嘆《周禮》爲真聖作,其深知《周禮》者歟。若夫後世用《周禮》,王莽敗於前,荆公敗於後,此非《周禮》不可行,而不善用《周禮》者之過也。或謂使《周禮》果出於周,孟子答北宮錡、畢戰井地之問,胡不取之以爲據,④而僅言見其大略,何耶?《周禮辨》。"

洪邁《容齋隨筆》曰:"《周禮》一書,世謂周公所作,而非也。

---

① "有",清康熙十九年通志堂經解本鄭樵《六經奧論》(以下《六經奧論》皆據此本,不再注明)作"封"。
② "四兩爲卒",原誤作"四爲兩卒",據《六經奧論》改。
③ "誨",原誤作"海",據《六經奧論》改。
④ "胡",原誤作"故",據《六經奧論》改。

昔賢以爲戰國陰謀之書，考其實，蓋出於劉歆之手。《漢書·儒林傳》盡載諸經專門師授，此獨無傳。至王莽時，歆爲國師，始建立《周官經》以爲《周禮》，且置博士。而河南杜子春受業於歆，還家以教門徒，好學之士鄭興及其子衆往師之，此書遂行。歆之處心積慮，用以濟莽之惡，莽據以毒痛四海，如五均、六筦，市官、賒貸，諸所興爲皆是也。故當其時公孫禄既已斥歆顛倒六經毁師法矣。歷代以來，唯宇文周依六典以建官，至於治民發政，亦未循故轍。王安石欲變亂祖宗法度，乃尊崇其言，至與《詩》《書》均匹，以作《三經新義》，其《序略》曰：'其人足以任官，其官足以行法，莫盛乎成周之時，其法可施於後世，其文有見於載籍，莫具乎《周官》之書。自周之衰，以至於今，太平之遺迹，掃蕩幾盡，學者所見無復全經。於是時也，乃欲訓而發之，臣知其難也。以訓而發之之難，則又以知夫立政造事追而復之爲難。'則安石所學所行實於此乎出，遂謂'一部之書，理財居其半'。又謂：'泉府，凡國之財用取具焉，歲終，則會其出入而納其餘，則非特摧兼並，救貧陋，因以足國事之財用。夫然，故雖有不庭不虞，民不加賦，而國無乏事。'其後吕嘉問法之而置市易，由中及外，害徧生靈。嗚呼！二王託《周官》之名以爲政，其歸於禍民一也。"
黄震曰："孔子刪《詩》、定《書》、繫《周易》、作《春秋》，此四書正經也。《禮記》雖漢儒所集，而孔門之《中庸》《大學》在焉。《樂記》等篇亦多格言。若《周禮》未知其何如。夾漈鄭氏（樵）嘗謂《周禮》一書詳周之制度而不及道化，嚴於職守而闊略人主之身。後來求其説而不得，或謂文王治岐之制，或謂成周理財之書，或謂戰國陰謀之書，何休云。或謂漢儒附會之説，乃劉歆作。或謂末世瀆亂不驗之書。林孝存作《十論》《七難》以排之。至孫處又獨爲之説曰：'《周禮》之作，周公居攝之後，書成歸豐，而實未嘗行。惟其未行，故建都之制不與《召誥》《洛誥》合，封國之制不與《武成》《孟子》合，設官之制不與《周官》合，九畿之制不與《禹貢》合。凡此皆預爲之，而未嘗行也。'愚恐亦意度之言。按，《周禮》實漢成帝時劉歆始列之《七略》，王莽時始奏置博士爾。《周禮》始用於王莽，大敗；再用於王安石，又大敗。夾漈以爲用《周禮》者之過，非《周禮》之過，是固然矣。然未有用而效者，恐亦未可再以天下輕試也。"

羅碧曰："《禮記》古今議其雜，《周禮》則劉歆列上之時，包周、孟子張、林碩已不信爲周公書。近代司馬溫公、胡致堂、胡五峰、蘇穎濱、晁說之、洪容齋直謂作於劉歆。蓋歆佐王莽，書與莽苛碎之政相表裏。且《漢·儒林傳》敘諸經皆有傳授，禮獨無之。或者見其詳密，謂聖人一事有一制，意其果周公之遺。不知孔子於禮多從周，使周公禮書如此精詳，當不切切於杞宋求夏殷遺禮，與夫逆爲繼周損益之辭。又自衛反魯，删《詩》、定《書》、繫《易》、作《春秋》，獨不能措一辭於《周禮》。即孟子時，周室猶存班爵之制已云不聞其詳，而謂秦火之後，乃《周禮》燦然完備如此耶？兼其中言建國之制與《書·洛誥》《召誥》異，言封國之制與《武成》及《孟子》異，設官之制與書《周官》《六典》異。周之制作，大抵出周公，豈有言之與行，自相矛盾乎！"

毛奇齡曰："《周禮》自非聖經，不特非周公所作，且並非孔、孟以前之書。此與《儀禮》《禮記》皆同時雜出於周、秦之間，此在稍有識者皆能言之。若實指某作，則自坐誣妄，又何足以論此書矣？"《經問》。

周官傳四篇

《補注》王先謙曰："《周官》既置博士，當時必有傳說，蓋東漢初喪失，故杜子春能通其讀以授鄭衆、賈逵。沈氏欽韓謂‘先無傳者，此班氏附益’，非也。下文不云惟‘入《司馬法》一家’乎？”

姚振宗曰：“《後漢書・儒林傳》：‘《禮古經》五十六篇、《周官經》六篇。前世傳其書，未有名家。’按，此傳四篇，自爲一家之學，非名家乎？特不得其主名耳。”

又曰：“《經義考》曰：‘無名氏《周官傳》，《漢志》四篇，佚。按，《漢志》儒家別有《周政》六篇、《周法》九篇、《河間周制》十八篇。注云獻王所述，似與《周官》相表裏，惜乎其皆亡也。’”

姚振宗又曰：“按，西京博士無《周官》之學。若王莽時立博士，博士爲之傳說，則在《七略》奏進之後，無由著錄。此四篇，竹垞先生證以《周政》《周法》《周制》三書，而不言是傳爲何人作，竊意以爲獻王及其國之諸博士作。獻王獻《周官經》並獻其傳，故《七略》亦並載其書。”

王應麟曰：“《詩正義》：‘漢初爲傳訓者皆與經別行，及馬融爲《周禮》注，乃云欲省學者兩讀，故具載本文。然則後漢以來，始就經爲注。’”

周壽昌曰：“書久佚。今馬氏輯《周官傳》一卷，則采馬融佚說而成，非班《志》原書，不足據。”

軍禮司馬法百五十五篇

《補注》王應麟曰：“《周官・縣師》：‘將有軍旅、會同、田役之戒，則受法於司馬，以作其衆庶。’《小司馬》：‘掌事如大司馬之法。’《司兵》：‘授兵，從司馬之法以頒之。’此古者《司馬法》，即周之政典也。《周禮》疏云：‘齊景公時，大夫穰苴作《司馬法》。’《史記・穰苴傳》云：‘齊威王使大夫追論古者《司馬兵法》，而附穰苴於其中，因號曰《司馬穰苴兵法》。’”王先謙曰：“《隋志》云亦河間獻王所得，今存五篇。”

姚振宗曰："《史記·太史公自序》：'自古王者而有《司馬法》，穰苴能申明之。'又曰：'《司馬法》所從來尚矣，太公、孫、吳、王子徐廣曰："王子成甫。"能紹而明之，切近世，極人變。'"

又曰："又列傳：'司馬穰苴者，田完之苗裔也。齊景公尊爲大司馬，田氏日以益尊。已而大夫鮑氏、高、國之屬害之，譖于景公。景公退穰苴，穰苴發疾而死。田乞、田豹之徒由此怨高、國等。其後及田常殺簡公，盡滅高子、國子之族。至常曾孫和，因自立爲齊威王，用兵行威，大放穰苴之法，而諸侯朝齊。齊威王使大夫追論古者《司馬兵法》而附穰苴于其中，因號曰《司馬穰苴兵法》。太史公曰：余讀《司馬兵法》，閎廓深遠，雖三代征伐，未能竟其義，如其文也，亦少襃矣。若夫穰苴，區區爲小國行師，何暇及《司馬兵法》之揖讓乎？'按，此因齊威王附穰苴于《司馬法》書中，故史公起此論。"

又曰："本《志》篇末附注曰：'入《司馬法》一家，百五十五篇。'又《兵權謀》篇末注云：'出《司馬法》入禮也。'又《兵書》篇末注云：'出《司馬法》百五十五篇入禮也。'按《七略》入兵權謀，班氏移入禮類。"

又曰："《隋書·經籍志》：'河間獻王又得《司馬穰苴兵法》一百五十五篇，及《明堂陰陽》之記，並無敢傳之者。'又曰：'梁有《司馬法》三卷，亡。'又子部兵家：'《司馬兵法》三卷，齊將穰苴撰。'《唐·經籍志》兵家：'《司馬法》三卷，田穰苴撰。'《唐·藝文志》：'田穰苴《司馬法》三卷。'《宋史·藝文志》：'《司馬兵法》三卷，齊司馬穰苴撰。'"

又曰："王氏《考證》：《周官·縣師》：'將有軍旅會同田役之戒，則受法于司馬，以作其衆庶。'《小司馬》：'掌事如大司馬之法。'《司兵》：'受兵，從司馬之法以頒之。'此古者《司馬法》，即周之政典也。《周禮》疏云：'齊景公時，大夫附穰苴作

《司馬法》。至齊威王,大夫等追論古法,又作《司馬法》附于穰苴。'又《周禮》注引軍禮大宗伯所掌軍禮之別有五。《孔叢子》有《問軍禮》之篇,今存五篇。"

又曰:"《四庫》兵家提要曰:'《司馬法》,《隋》《唐》諸《志》皆以爲穰苴之所自撰者,非也。其言大抵據道依德,本仁祖義,三代軍政之遺規,猶籍存什一于千百。班固序兵權謀十三家,形勢十一家,陰陽十六家,技巧十三家,獨以此書入禮類,豈非以其説多與《周官》相出入,爲古來五禮之一歟?胡應麟《筆叢》惜其以穰苴所言參伍于仁義禮樂之中,不免懸疣附贅。然要其大旨,終爲近正,與一切權謀術數迥然別矣。'"

又曰:"武威張澍輯本序曰:'案《孫子》注云:《司馬法》者,周大司馬之法也。周武既平殷亂,封太公于齊,故其法傳于齊。晉張華以《司馬法》爲周公所作,當得其實。《漢志》原書百五十五篇,今存五篇。佗書所引,亦有不見五篇中者,皆佚文也。吾鄉階州邢雨民太守曾輯是書,刊之浙中,字多錯訛,仍有闕漏。余爲補而正之,以授學侶。'"

又曰:"王鳴盛《蛾術編·説錄》曰:'《司馬法》,《漢·藝文志》百五十五篇,宋元豐間存五篇,編入《武經七書》内,《仁本》《天子之義》二篇最純。'"

姚振宗又曰:"按,《司馬法》一書,自太公、孫、吳、王子成父皆有所論著,至穰苴又自爲兵法申明之。齊威王又使大夫論述並穰苴所作附入其中,合衆家所著,故有百五十五篇之多。古書多有後人附益增長,此亦其一也。"

古封禪群祀二十二篇

《補注》沈欽韓曰:"《文選注》四十六引《禮記·逸禮》曰:'三皇禪云云,五帝禪亭亭。'《管子》有《封禪》篇,即古封禪禮也。"葉德輝曰:"《史記·封禪書》正義引《五經通義》云:'易姓而王，致太平，有必封泰山，襌梁父。荷天命以爲王，使理群生，告太平于天，報群神之功。'據此，則古有封襌群祀之禮。"

姚振宗曰："《史記·封襌書》：自古受命帝王，曷嘗不封襌？蓋有無其應而用事者矣，未有睹符瑞見而不臻乎泰山者也。每世之隆，則封襌答焉，及衰而息。厥曠遠者千有餘載，近者數百載，故其儀闕然堙滅，其詳不可得而紀聞云。齊桓公既霸，會諸侯于葵丘，而欲封襌。管子曰：'古者封泰山、襌梁父者七十二家，而夷吾所記者，十有二焉。昔無懷氏封泰山，襌云云；虙羲封泰山，襌云云；神農封泰山，襌云云；炎帝封泰山，襌云云；黄帝封泰山，襌亭亭；顓頊封泰山，襌云云；帝嚳封泰山，襌云云；①堯封泰山，襌云云；舜封泰山，襌云云；禹封泰山，襌會稽；湯封泰山，襌云云；周成王封泰山，襌社首：皆受命然後得封襌。'其後百有餘年，而孔子論述六藝、傳略言易姓而王，封泰山、襌乎梁父者，七十餘王矣。其俎豆之禮不章，蓋難言之。秦始皇即帝位三年，東巡郡縣，祠騶嶧山，②頌秦功業。于是徵從齊魯之儒生博士七十人至乎泰山下，諸儒生或議曰：'古者封襌爲蒲車，惡傷山之土石草木；掃地而祭，席用苴稭，言其易遵也。'始皇聞此議各乖異，難施用，由此絀儒生，而遂除車道，上自泰山陽至巔，立石頌德，明其得封。從陰道下，襌于梁父。其禮頗采太祝之祀雍上帝所用，而封藏皆秘之，世不得而記。"

又曰："本書《武帝紀》：'元封元年，登封泰山。'注：'孟康曰：王者功成治定，告成功于天。封，崇也，助天之高也。刻石紀號，有金策石函、金泥玉檢之封焉。'應劭曰：'封者，壇廣十二

---

① "堯封泰山，襌云云"原缺，據《史記》《漢書藝文志條理》補。
② "騶"，原誤作"鄒"，據《史記》《漢書藝文志條理》改。

丈,高二丈,階三等,封于其上,示增高也。刻石,紀績也。立石三丈一尺,其辭曰:事天以禮,立身以義。事親以孝,育民以仁。四守之内,莫不爲郡縣,四夷八蠻,咸來貢職。與天無極。人民蕃息,天禄永得。尚玄酒而俎生魚。下禪梁父,祀地主,示增廣。此古代制也。'殿本《考證》:臣召南按,《後漢書·祭祀志》注引《風俗通》此文共四十五字。此石立山巔,即馬第伯《封禪儀記》所云'封所,始皇立石及闕在南方,漢武在其北,二十餘步'者。"

又曰:"本書《郊祀志》:'周公相成王,制禮作樂。天子曰明堂辟雍,諸侯曰泮宫。郊祀后稷以配天,宗祀文王于明堂以配上帝。四海之内各以其職來助祭。天子祭天下名川大山,懷柔百神,咸秩無文。五岳視三公,四瀆視諸侯,而諸侯祭其疆内名山大川。'"

又曰:"王氏《考證》:梁許懋曰:'燧人之前,世質民淳,安得泥金檢玉?結繩而治,安得鐫文告成?'胡氏曰:'考《舜典》可以知後世封禪之失,稽懋言可以知史遷著書之謬。'《文中子》曰:'封禪之費非古也,徒以夸天下,其秦漢之侈心乎!'孫氏曰:'帝王巡狩,每至方岳,必燔柴以告至,非謂自陳功于天也。'"

姚振宗又曰:"按,此書所載,大抵古之祀典爲多,故曰'群祀'。祀典以封禪爲大,故冠以'封禪'。"

封禪議對十九篇　武帝時也。

《補注》沈欽韓曰:"牛弘所云'《泰山通義》'即此。《兒寬傳》:'議論封禪之事,諸儒對者五十餘人。'"

陳國慶曰:"牛弘,本姓寮,安定鶉觚人,字里仁。隋初爲秘書監,曾上表請開獻書之路,修五禮,立明堂。史稱大雅君子。有文集十二卷。《隋書》有傳。"

漢封禪群祀三十六篇

《補注》王先謙曰:"此如光武帝時馬第伯《封禪儀記》之類。"
姚振宗曰:"本書《兒寬傳》:及議欲放古巡狩封禪之事,諸儒對者五十餘人,未能有所定。先是,司馬相如病死,有遺書,頌功德,言符瑞,足以封泰山。上奇其書,以問寬。寬對曰:'陛下躬發聖德,統楫群元,宗祀天地,薦禮百神,精神所鄉,徵兆必報,天地並應,符瑞昭明。其封泰山,禪梁父,昭姓考瑞,帝王之盛節也。然享薦之義,不著于經,以爲封禪告成,合袪于天地神祇,李奇曰:"袪,開散。合,閉也。開閉于天地也。"祇戒精專,以接神明。總百官之職,各稱事宜而爲之節文。惟聖主所由,制定其當,非群臣之所能列。今將舉大事,優游數年,使群臣得人自盡,終莫能成。唯天下建中和之極,兼總條貫,金聲而玉振之,以順成天慶,垂萬世之基。'上然之,乃自制儀,采儒術以文焉。既成,將用事,拜寬爲御史大夫,從東封泰山,還登明堂。寬奉觴上壽。初,梁相褚大通五經,爲博士,時寬爲弟子。及御史大夫缺,徵褚大,大自以爲御史大夫。① 至雒陽,聞兒寬爲之,褚大笑。及至,與寬議封禪于上前,② 大不能及,退而服曰:'上誠知人。'"

又曰:"又《郊祀志》:'自得寶鼎,上與公卿諸生議封禪。封禪用希曠絶,莫知其儀體,而群儒采封禪《尚書》《周官》《王制》之望祀射牛事。師古曰:"天子有事宗廟,必自射牲,蓋示親殺也。③事見《國語》。"上于是乃令諸儒習射牛,草封禪儀。數年,至且行。天子既聞方士之言,黄帝以上封禪皆致怪物與神通,欲放黄帝以接神人蓬萊,高世比德于九皇,而頗采儒術以文之。群儒

---

① "爲"下原衍一"得"字,據《漢書藝文志條理》刪。
② "與",原誤作"以",據《漢書藝文志條理》改。
③ "示",原誤作"不",據《漢書藝文志條理》改。

既已不能辨明封禪事,又拘于《詩》《書》古文而不敢騁。① 上爲封禪祠器視群儒,群儒或曰不與古同。徐偃又曰太常諸生行禮不如魯善。周霸屬圖封事,于是上黜偃、霸,而盡罷諸儒弗用。三月,乃車幸緱氏,禮登中岳太室。東上泰山,乃令人上石立之泰山巔。遂東巡海上,禮祠八神。四月,還至奉高。上念諸儒及方士言封禪人殊,不經,難施行。天子至梁父,禮祠地主。至乙卯,令侍中儒者皮弁縉紳,射牛行事。封泰山下東方,如郊祠泰一之禮。封廣丈二尺,高九尺,其下則有玉牒書。書秘。禮畢,天子獨與侍中奉車子侯上泰山,亦有封。其事皆禁。明日,下陰道。丙辰,禪泰山下阯東北肅然山,如祭后土禮。天子皆親拜見,衣上黃而盡用樂焉。天子從禪還,坐明堂,群臣更上壽。下詔改元爲元封。'又曰:'諸所興,如薄忌泰一及三一、冥羊、馬行、赤星,五牀。② 寬舒之祠宮以歲時致禮。③ 凡六祠,皆大祝領之。至如八神,諸明年、凡山它名祠,行過則祠,去則已。方士所興祠,各自主,其人終則已,祠官不主。它祠皆如故。甘泉泰一、汾陰后土,三年親郊祠,而泰山五年一修封。武帝凡五修封。'《史記·封禪書》略同。"

又曰:"梁劉勰《文心雕龍·祝盟》篇曰:'漢之群祀,肅其旨禮,既總碩儒之儀,亦參方士之術。所以秘祝移過,異于成湯之心;侲子歐疫,同乎越巫之祝:禮失之漸也。'"

又曰:"宋章如愚《山堂考索前集》曰:'非有《漢群祀》三十六篇、《議對》十九篇,則孟堅《郊祀志》何所考證而作也。'"

姚振宗又曰:"按,范書《張純傳》'純案,孝武太山明堂制度欲

---

① "騁",原誤作"聘",據《漢書藝文志條理》改。
② "牀"字原缺,據《漢書藝文志條理》補。
③ "宮",原誤作"官",據《漢書藝文志條理》改。

具奏之'，太山明堂制度似即在此《漢封禪群祀》三十六篇中。"

議奏三十八篇　石渠。

《補注》錢大昭曰："案《書》《春秋》《論語》'議奏石渠下'皆有'論'字，①疑此脫'論'字。"沈欽韓曰："《石渠禮議》，唐時尚存，引見《通典·禮》三十三、三十七、四十一、四十三、四十九、五十、五十二、五十六、五十九、六十三各卷中。《詩·既醉》疏、《禮·王制》疏亦引《石渠論》。"

姚振宗曰："本書《儒林傳》易家：'梁丘賀傳子臨，爲黃門郎。甘露中，奉使問諸儒于石渠。'又詩家：'韋賢治《詩》又治《禮》，傳子玄成，以淮陽中尉論石渠。'又禮家：'后倉授沛聞人通漢子方、梁戴聖次君。聖號小戴，以博士論石渠。通漢以太子舍人論石渠。'又《韋玄成傳》：'受詔與太子太傅蕭望之論石渠，條奏其對。'"

又曰："《隋書·經籍志》：'《石渠禮論》四卷，戴聖撰。'按，此似漢以來相傳三十八篇之舊，又似別爲一書。"

又曰："《經義考》曰：'按，孔氏《詩》《禮》正義及《後漢書·志》注每引《石渠禮議》，然多係節文。惟杜氏《通典》差具本末。'又曰：'后氏之禮分爲四家，聞人通漢雖未立于學官，而《石渠禮論》，②其議奏獨多。'"

又曰："王謨輯本叙錄曰：'《隋志》：漢戴聖撰《石渠禮論》四卷。今鈔出《通典》十三條，《詩禮正義》三條，《漢志》注一條。'"

又曰："馬國翰輯本序曰：'《漢志》：《議奏》三十八篇。《隋志》載石渠《禮論》四卷，戴聖撰者，即《漢志》之《議奏》。蓋論

---

① 按，《漢書補注》無"議奏"二字。
② "論"字原脫，據《漢書藝文志條理》補。

出諸儒而近君一人所手定也。《唐志》不著錄，時已散佚。《詩》《禮》正義及《後漢書》補志注引之多係節文，杜佑《通典》引十九節，差具本末，排次于前，其他佚句附後。'"

楊樹達曰："按，《隋志》有《石渠禮論》四卷，即此書。清王謨、馬國翰、洪頤煊並有輯本。"

姚振宗又曰："按，此篇凡分七段：《禮古經》及《經》皆古今文經本，爲第一段；《記》及《明堂陰陽》《王史氏》皆《禮古記》之屬也，爲第二段；《曲臺后倉》《中庸説》《明堂陰陽説》皆漢人説禮之記也，爲第三段；《周官經》《傳》別爲一家之學，爲第四段；《軍禮司馬法》本《周官》大司馬之職，而大宗伯亦掌之，班氏以其爲五禮之一，故類從于《周官經》《傳》之後，爲第五段；《古封禪群祀》《封禪議對》《漢封禪群祀》皆古今巡狩方岳之祀典，爲第六段；《議奏》則群儒雜論禮文，爲第七段。"

凡《禮》十三家，五百五十五篇。入《司馬法》一家，百五十五篇。

《補注》沈欽韓曰："《志》所次但本《七略》，不與《別錄》相應知者。《禮記正義》：'鄭《目錄》云：《曲禮》《王制》《禮器》《少儀》《深衣》於《別錄》屬制度；《檀弓》《禮運》《玉藻》《大傳》《學記》《經解》《哀公問》《仲尼燕居》《孔子閒居》《坊記》《中庸》《表記》《緇衣》《儒行》《大學》於《別錄》屬通論；《月令》《明堂位》於《別錄》屬明堂陰陽；《曾子問》《喪服小記》《雜記》《喪大記》《奔喪》《喪服》《間傳》《三年問》於《別錄》屬喪服；《文王世子》《內則》於《別錄》屬世子法；《郊特牲》《祭法》《祭義》《祭統》於《別錄》屬祭祀；《投壺》《冠》《昏》《鄉》《射》《燕》《聘》之義於《別錄》屬吉禮吉事；《樂記》屬樂記。'則彼《禮》目自有五種，使人尋省，與《志》不同。"

章學誠曰："注省者，劉氏本有，而班省去也。注出入者，劉錄於此，而班錄於彼也。如《司馬法》，劉氏不載於《禮》，而班氏入之。"

姚振宗曰:"按,《禮古經》爲一家,《后氏》《戴氏經》爲二家,以下十三條,條爲一家,唯《曲臺后倉》已見于前,當除去一家,則尚缺二家。《經》七十篇當爲'十七',① 兩家經當爲三十四篇,合以其下所載篇數,則尚缺十六篇。今校定當爲一十五家,五百七十一篇。"

《易》曰:"有夫婦父子君臣上下,禮義有所錯。"

師古曰:"《序卦》之辭也。錯,置也。音千故反。"

來知德曰:"有夫婦則生育之功成,而有父子;有父子,則尊卑之分起,而後有君臣;有君臣則貴賤之等立,而後有上下。上下既立,則有拜趨坐立之節,有宮室車馬之等。小而繁纓之微,大而衣裳之垂。其制之必有文,故謂之禮;其處之必得宜,故謂之義。錯者,交錯也,即八卦之相錯也。禮義尚往來,故謂之錯。"

而帝王質文,世有損益,至周,曲爲之防,事爲之制,

師古曰:"委屈防閑,每事爲制也。"

楊樹達曰:"按,《禮記·禮器》云:'曲禮三千。'鄭注云:'曲猶事也。'《中庸》云:'其次致曲。'鄭注云:'曲猶小小之事也。'是'曲'亦訓'事'。此文'曲'與'事'爲互文,顏注非。"

故曰:"禮經三百,威儀三千。"

韋昭曰:"《周禮》三百六十官也。三百,舉成數也。"臣瓚曰:"禮經三百,謂冠、婚、吉、凶。《周禮》三百,是官名也。"師古曰:"禮經三百,韋說是也。威儀三千,乃謂冠、婚、吉、凶,蓋《儀禮》是也。"

王應麟曰:"'經禮三百,曲禮三千',注:'經禮謂《周禮》也。

---

① "十七"下原衍一"篇"字,據《漢書藝文志條理》刪。

《周禮》六篇，其官有三百六十。曲，猶事也。事禮謂今禮也。禮篇多亡，本數未聞，其中事儀三千。'《中庸》曰：'禮儀三百，威儀三千。'《禮樂志》與此《志》同。朱文公曰：'臣瓚曰："禮經謂冠、昏、吉、凶。"蓋以《儀禮》爲經禮也。葉夢得曰："經禮，制之凡；曲禮，文之目。先王之世，二者蓋皆有書藏於有司。祭祀、朝覲、會同，則大史執之以涖事，小史讀之以喻衆，而鄉大夫受之以教萬民，保氏掌之以教國子者，亦此書也。"禮篇之名，《禮器》爲勝；諸儒之説，瓚、葉爲長。'《禮記正義》："《禮説》云：'正經三百，動儀三千。'非謂篇有三千，但事之殊別有三千條。"《儒林·王式傳》：歌《驪駒》。江翁曰：'經何以言之？'式曰：'在《曲禮》。'注：《逸詩》見《大戴禮》，其辭云：'驪駒在門，僕夫具存。驪駒在路，僕夫整駕。'朱文公曰：'《曲禮》，戴氏編《禮》時已亡逸。故特因其首章之幸存者，而雜取諸書，所引與他記相似者，以補續之。'"

按，《中庸》"優優大哉，禮儀三百，威儀三千"。姚景星曰："此節言道之入於至小，指其形於人事者言。禮儀，如冠、婚、喪、祭、朝覲、會同之類，爲大節；威儀，如進退、升降、俯仰、揖遜之類，爲其中之小目。此既以道之入於至小言，而亦以大哉冠之，何也？蓋此章以聖道之大爲言，然不合衆小，則無以成其大。此'三千''三百'，雖指至小者，乃所以形容其大，故亦以大哉發之。"劉光漢曰："古籍以三字形容衆多之詞。其數之最繁者，則擬以三百之數，以見其多。其數之尤繁者，則擬以三千之數，以見其尤多。禮經三百，曲禮三千，禮儀三百，威儀三千，猶言數百數千耳。不必以三爲限，亦不必定以《周禮》《儀禮》詁之也。"

及周之衰，諸侯將踰法度，惡其害己，皆滅去其籍，自孔子時而不具，至秦大壞。漢興，魯高堂生傳《士禮》十七篇。

周壽昌曰："案此即《儀禮》十七篇也。《儀禮》不盡《士禮》，因首篇《冠》《昏》諸禮，俱係《士禮》，故漢儒以《士禮》目之，從其朔也。《史記·儒林傳》云：'秦焚書，獨有《士禮》，高堂生能言之。'即此。《索隱》謝承云：'秦代有魯人高堂伯人。'"

訖孝宣世，后倉最明。戴德、戴聖、慶普皆其弟子，三家立於學官。

《補注》王先謙曰："《儒林傳》：'普，沛人，字孝公。'"

《禮古經》者，出於魯淹中及孔氏學，七十篇文相似，多三十九篇。

淹中，蘇林曰："里名也。"

《補注》劉敞曰："讀當云：'《禮古經》者，出於魯淹中及孔氏。'孔氏則安國所得壁中書也。'學七十篇'，當作'與十七篇文相似'。五十六卷，除十七，正多三十九也。"

王應麟曰："朱文公云：《疏》言'古文十七篇，與高堂生所傳相似'，是唐初時《漢志》猶未誤也。"

沈欽韓曰："古經之出有三説：《後漢書·儒林傳》云：'孔安國所獻。'《論衡·佚文》篇云：'魯恭王發孔子宅，得《禮》三百，上言武帝。武帝遣吏發取。'《隋志》：'古經出於淹中，而河間獻王好古愛學，收集餘燼，得而獻之。合五十六篇，並威儀之事。'案，本傳云：'獻王所得書：《周官》《尚書》《禮》《禮記》。'①'言獻王得者是也。又云'及孔氏'，則《志》亦兩岐其説。范《書》殆因此孔氏，舉可名之孔安國言之。《論衡》又云：'河内女子發老屋，得佚《禮》一篇。'不言何篇，乃充妄説。②"葉德輝曰："按《禮古經》五十六卷，《志》有明文。《釋文》引鄭氏《六藝論》云：'後得孔氏壁中河間獻王古文《禮》五十六篇。'《禮記·大題》正義引同。據此，則鄭氏所見孔壁文

---

① "書"下原脱一"禮"字，據《漢書》及《漢書疏證》補。
② "乃"，《漢書疏證》作"疑"。

與班《志》合。《奔喪》正義'五十七篇'者,誤也。《志》當於'學'字絕句,'七十篇'當依劉説作'十七篇',言淹中古經及孔氏學古經十七篇,文大致相似,多三十九篇。及下《明堂陰陽》云云,別爲一節,言多出之篇及《明堂陰陽》《王史氏記》,所見乃多天子、諸侯、卿大夫之制,則有歧異耳。高堂生所傳十七篇,淹中古經及孔氏學所傳皆有其書,合多之三十九篇,則總五十六篇矣。曰'孔氏學'者,如《公羊》題'何休學'之例,漢注有此名義。"王先謙曰:"'七''十'誤倒,劉説是。'學'屬上讀,葉説是。"

楊樹達曰:"按,此節以有誤字,顔失其讀,以'及孔氏'三字下屬爲文。劉原父訓釋及正讀校誤,字字精核,本無問題,而《補注》又引沈、葉兩家之説,令人目迷五色,真所謂道以多岐而亡羊也。爲恐後生迷誤,聊爲糾正之。《志》文:'《禮古經》者,出於魯淹中及孔氏。'此説古《禮經》之來源,猶上文'書'家云:'《古文尚書》者,出孔子壁中也。'上文又云:'武帝末,魯恭王壞孔子宅,欲以廣其宫,而得《古文尚書》及《禮記》《論語》《孝經》凡數十篇,皆古字也。孔安國者,孔子後也,悉得其書,安國獻之。'此文'古文'二字,不止繫'尚書'二字,乃直貫《禮記》《論語》《孝經》三書,故班又總括之云:'皆古字也。'彼文所謂《古文禮記》者,即此節之'《禮古經》五十六卷'也。特'書'家下云出孔子壁中,此但云出孔氏,立文雖異,而事則同也。《劉歆傳》云:'及魯恭王壞孔子宅而得古文於壞壁之中,《逸禮》有三十九。天漢之後,孔安國獻之。'《逸禮》三十九,即此文之多三十九篇也。以無師説,故稱'逸'也。秦時焚書,儒生好古從事壁藏者不知凡幾,淹中藏之,孔子故宅藏之,河内老屋亦藏之,河間獻王又從人得之。班氏記淹中、孔壁二事,王仲任聞河内老屋一事,分别記之。而沈氏乃謂

《志》文言及孔氏爲兩岐,又以王仲任爲妄説,專主河間獻王得之一事。然則上文'書'家及《劉歆傳》所記'魯恭王壞孔子宅'之説皆不可信乎?好古壁藏之事不止一人,沈氏似欲止限於一人一事,何其固也!且范《書》云孔安國獻之者,即本之《藝文志》及《歆傳》,而乃謂'因此文孔氏舉可名之孔安國言之',抑何誤會乃爾耶?此沈説之謬也。葉以'孔氏學'連讀,舉'《公羊傳》何休學'爲例證。按,《公羊傳釋文》云:'學者,言爲此經之學,即注述之意。'孔安國止獻《禮古經》,並未爲經作注,何得以何休爲例而云'孔氏學'耶?傳十七篇者爲高堂生,何得以屬之孔氏耶?此葉説之疏也。要之劉氏據班《書》記載以'古經者出於魯淹中及孔氏'爲一句,其説確鑿不可易,必如此而後可與《志》文及他傳相通。王氏但贊其校改'七十'爲'十七'之説,而於正顔誤讀無所言,又不從其學爲誤字之説,遂浪引誤説,可謂庸人自擾者矣。"

姚範曰:"按,劉原父曰:'孔氏,即安國所得壁中書。"學七十"當作"與十七"。'然則劉氏《刊誤》,屺瞻未之見耶?然劉云'學'當作'與',非也。蓋此五十六篇之内,有此十七篇,非云五十六篇之文似此十七篇也。按,此所云'孔氏學'者,蓋即魯恭王得於孔氏之宅者也。據本《志》及《河間獻王傳》所謂《禮》,疑即十七篇也。方東樹曰:"按,據此,則本《志》'記'字當衍,不則'禮記'上脱一'禮'字。《河間獻王傳》云:'禮,《禮記》。'師古曰:'禮,禮經。《禮記》者,諸儒記禮之説也。'疑即下所記百三十一篇者也。許慎《説文序》同。"《志》所云十七篇文相似者也。其《儒林傳》及王莽所立《逸禮》,當即《禮記》也。三十九與四十九,多少併合之由,未可詳知。《白虎通·諷諍》篇引《禮·玉藻》《禮·保傅》疑此二篇亦出於《禮古經》,故題曰禮也。按,《釋文》云:'漢劉向《别録》有四十九篇,其篇次與今《禮記》同。名爲他家書,拾撰所取,不可謂之《小戴禮》。'此説不知陸氏何所據而云然。又引陳劭《周禮序》云：'戴德删古禮二百四篇爲八十五篇，謂之《大戴禮》。戴聖删大戴禮爲四十九篇，是爲《小戴禮》。'陳劭，字節良，晉司空長史。此與《隋志》同。《大戴禮》始三十九，終八十一，無八十五也。然則自三十八以前，悉小戴之所取耶？且《哀公問》《投壺》及他篇亦有與《禮記》同者，仍存大戴之書，何也？"

及《明堂陰陽》《王史氏記》所見，多天子諸侯卿大夫之制，雖不能備，猶瘉倉等推士禮而致於天子之説。①

師古曰："'瘉'與'愈'同。愈，勝也。"

《補注》王應麟曰："朱文公云：'《士禮》，特略舉首篇以名之，其曰推而致於天子者，蓋專指冠、昏、喪、祭而言，若燕、射、朝、聘，則士豈有是禮而可推耶？'"

王先謙曰："此謂三十九篇及《明堂陰陽》等記，多君大夫禮，古禮之傳，惟恐不備，班意具見《禮樂志》。后、戴不傳古經，故其説如此。要之，燕、射、朝、聘，士固無是禮，即冠、昏、喪、祭，古經所傳，亦自有出倉等所説外者。沈氏謂今《禮經》本無不備，而詆班氏未讀十七篇之文，斯爲謬矣。"

周壽昌曰："案，王史氏爲七十子後學者。劉向云：'六國時人。'蓋習孔氏家法，讀古禮書，故得知朝廷制度，勝於后倉由士禮上推於公卿至天子，以意爲之也。自是而叔孫通詳定漢儀，綿蕝習禮。其大指詳本傳，遺書究鮮傳流。齊召南曰：'漢叔孫通增損禮制，頗襲秦。賈公彦《周禮疏》乃謂通作漢禮制，取法於周。'不知何據。《陳書》沈文阿云：'叔孫定禮，尤失前憲。奠贄不珪，致享無帛。公王同璧，②鴻臚奏賀。'《禮記》孔疏云：'高祖時，皇太子納妃，叔孫制禮，以爲天子無親迎。'似其書尚有傳者。《後漢書·曹褒傳》云：'章和元年

---

① "瘉"下原衍一"於"字，據《漢書·藝文志》删。
② "公王"，原誤倒，據清乾隆武英殿刻本《陳書》乙正。

正月,召襃詣嘉德門,令小黃門持班固所上漢儀十二篇。'又王充《論衡》'高祖詔叔孫通制作《儀品》十六篇',《通考》載叔孫通《朝儀》一書,皆僅存其目,更無論王孫氏之所記矣。"

姚振宗曰:"王氏《考證》:葉夢得曰:'先王之世皆有書藏于有司,祭祀朝覲會同,則太史執之以蒞事,小史讀之以喻衆,而卿大夫受之以教萬民,保氏掌之以教國子。劉原父云:學當作興,七十當作十七,五十六卷除十七正多三十九也。'朱文公曰:'《疏》云古文十七篇,與高堂生所傳相似,唐初時《漢志》猶未誤也。'又曰:'《士禮》特略舉首篇以名之,其曰推而致于天子者,蓋專指冠、昏、喪、祭而言,若燕、射、朝、聘,則士豈有是禮而可推耶?'又曰:'《儀禮》乃本經,而《禮記·郊特牲》《冠義》等篇乃其義疏。'"

劉光蕡曰:"此説非也。《儀禮》有聘、覲、燕饗,即諸侯卿大夫之事。少牢、饋食,亦爲大夫之祭。冠昏則天子之元子,亦《士儀》文,決不異於士。而喪禮,貴賤皆一。《儀禮》十七篇有何不備而待於推其不備者?無秦以後尊君抑臣之儀文耳。天子之尊自秦始,然則今《戴記》中,其間有天子尊嚴如帝天之禮,①皆倉等所推附於叔孫通之朝儀而爲之,非古禮如是也。"

又曰:"封建之世,天子一位,蓋多虛懸。三代之衰,政不行於天下,即無王者。無王者,即無天子。是指王者之職分,代天以子天下之民,即以天爲父,而爲之子,非尊王者如天也。王者以民爲天,爲天之子,則天子非尊貴之名。由《士禮》推之,正合本義。聖人不預定天子之禮,秦以後始有常尊也。"

又曰:"十七篇中,有覲禮,天子禮也。聘禮、燕禮、食禮、大

---

① "嚴",《前漢書藝文志注》作"儼"。

射、少牢，諸侯、大夫禮也。其餘均可由士推行。竊謂十七篇，孔子手定，其缺略則春秋後所缺。"

樂

樂記二十三篇

《補注》王應麟曰："《禮記正義》云：'《樂記》者，記樂之義，此於《別錄》屬樂記。蓋十一篇合爲一篇，謂有《樂本》，有《樂論》，有《樂施》，有《樂言》，有《樂禮》，有《樂情》，有《樂化》，有《樂象》，有《賓牟賈》，有《師乙》，有《魏文侯》。今雖合此，略有分焉。劉向所校二十三篇，著於《別錄》。今《樂記》所斷，取十一篇，餘十有二篇，其名猶在：《奏樂》第十二，《樂器》第十三，《樂作》第十四，《意始》第十五，《樂穆》第十六，《說律》第十七，《季札》第十八，《樂道》第十九，《樂義》第二十，《昭本》第二十一，《昭頌》第二十二，《竇公》第二十三。'《王禹》二十四卷記無所錄。《周禮·樂師》注云：'《貍首》在《樂記》。'蔡邕《明堂論》引《樂記》曰：'武王伐殷，爲俘馘于京太室。'沈約云：'《樂記》取公孫尼子。'《史記正義》云：'《樂記》，公孫尼子次撰。'"

姚振宗曰："本《志》敘：'漢興，制氏以雅樂聲律，世在樂官，頗能紀其鏗鏘鼓舞而不能言其義。武帝時，河間獻王好儒，與毛生等共采《周官》及諸子言樂事者，以作《樂記》，獻八佾之舞，與制氏不相遠。'"

又曰："劉向《別錄》曰：'《樂本》第一，《樂論》第二，《樂施》第三，《樂言》第四，《樂禮》第五，《樂情》第六，《樂化》第七，《樂象》第八，《賓牟賈》第九，《師乙》第十，《魏文侯》第十一，《奏樂》第十二，《樂器》第十三，《樂作》第十四，《意始》第十五，《樂穆》第十六，《說律》第十七，《季札》第十八，《樂道》第十九,《樂義》第二十,《昭本》第二十一,《昭頌》第二十二,《竇公》第二十三。'按《禮記・樂記》取《樂本》至《魏文侯》十一篇合爲一篇,《正義》引《別錄》補其二十三篇之目如此。嚴可均《別錄》輯本校語曰:'案,《史記・樂書》正義云:劉向《別錄》篇次與鄭目錄同,而《樂記》篇次又不依鄭目。《樂記》正義云:依《別錄》所次,有《賓牟賈》,有《師乙》,有《魏文侯》。今此《樂記・魏文侯》乃次《賓牟賈》《師乙》爲末,則是今之《樂記》與《別錄》不同。'"

姚振宗又曰:"按,《樂記》漢時有兩本。其爲大、小戴、馬、盧、鄭所取者,乃公孫尼子所撰次,止於十一篇,當在《禮古記》百三十一篇中。此二十三篇爲河間獻王與毛生諸儒所論次,故其前十一篇之次第與《禮記》微有不同。"

王禹記二十四篇

《補注》王應麟曰:"《樂記》疏云:'《王禹》二十四卷,記無所錄。'"

楊樹達曰:"按,王氏《考證》全錄《樂記》疏文,今按疏云:'劉向校書,得《樂記》二十三篇,與禹不同,其道寖以益微。此四句用班《志》文。故劉向所校二十三篇著於《別錄》,今《樂記》所斷取十一篇,餘有十二篇,其名猶在。二十四卷記,無所錄也。'按,文謂今《小戴記》中之《樂記》,乃采取古《樂記》二十三篇中之十一篇爲之,其《小戴》未采之十二篇,《別錄》猶存其名,即《奏樂》第十二以下云云是也。王禹二十四卷之記,《別錄》未記其目也。今《補注》刪削上文,但存一語,令人不知其爲何語矣。"

姚振宗曰:"本《志》叙:'河間獻王作《樂記》,其內史丞王定傳之,以授常山王禹。禹,成帝時爲謁者,數言其義,獻二十四卷記。劉向校書,得《樂記》二十三篇,與禹不同。'"

又曰："本書《禮樂志》：'河間獻王有雅材，亦以爲治道非禮樂不成，因獻所集雅樂。天子下大樂官，常存肄之，歲時以備數，然不常御，常御及郊廟皆非雅聲。至成帝時，謁者常山王禹，世受河間樂，能説其義，其弟子宋曅上書言之，下大夫博士平當等考試。當以爲河間獻王聘求幽隱，修興雅樂以助化。時大儒公孫弘、董仲舒等皆以爲音中正雅，立之大樂。春秋鄉射，作于學官，希闊不講。故自公卿大夫觀聽者，但聞鏗鎗，不曉其意，而欲以風諭衆庶，其道無由。是以行之百有餘年，德化至今未成。今于曅等守習孤學，大指歸于興助教化。衰微之學，興廢在人。宜領屬雅樂，以繼絶表微。河間區區小國藩臣，以好學修古，能有所存，民到于今稱之，況于聖主廣被之資，修起舊文，放鄭近雅，于以風示海內，揚名後世，誠非小功小美也。事下公卿，以爲久遠難分明，當議復寢。'"

又曰："《禮·樂記》正義曰：'案，《藝文志》云常山王禹獻二十四卷《樂記》，劉向所校二十三篇著于《別錄》，篇名猶在。二十四卷記，無所錄也。'按，此則《別錄》中亦不著其篇名。"

雅歌詩四篇

《補注》王應麟曰："《文選注》，《七略》云：'漢興，魯人虞公善雅歌，發聲盡動梁上塵。'《晉志》：'杜夔傳舊雅樂四曲，一曰《鹿鳴》，二曰《騶虞》，三曰《伐檀》，四曰《文王》，皆古聲辭。'此四篇，豈即四曲歟？當考"。

周壽昌曰："《隋書·音樂志》：'《樂歌詩》四篇。'"

姚振宗曰："劉向《別錄》曰：'漢興以來，善雅歌者，魯人虞公，發聲清哀，遠動梁塵，受學者莫能及也。'"

又曰："劉歆《七略》曰：'漢興，善歌者，魯人虞公，發聲動梁上塵。'"

又曰："王氏《考證》：'《晉志》：杜夔傳舊雅樂四曲：一曰《鹿

鳴》，二曰《騶虞》，三曰《伐檀》，四曰《文王》，皆古聲辭。此四篇，豈即四曲歟，當考。'"

姚振宗又曰："按，史言河間獻王獻雅樂，此四篇似即河間雅樂之歌詩歟？"

雅琴趙氏七篇　名定，勃海人，宣帝時丞相魏相所奏。

《補注》王應麟曰："劉向《別錄》：'宣帝元康、神爵間，丞相奏能鼓琴者，勃海趙定、梁國龍德皆召入見溫室，使鼓琴，待詔。定爲人尚清淨，少言語，善鼓琴，時間燕爲散操。'向有《雅琴賦》，見《文選注》。"沈欽韓曰："《長門賦》注引《七略》曰：'雅琴，琴之言禁也，雅之言正也，君子守正以自禁也。'"

楊樹達曰："《補注》引王應麟所引《別錄》文至'時間燕爲散操'句止。然嚴可均、洪頤煊所輯《別錄》，'散操'下尚有'多爲之涕泣者'六字，必有此文義乃完。"

周壽昌曰："《隋書·音樂志》作'《趙氏雅琴》七篇'。案，《七略》《別錄》云：'君子因雅琴之適，故從容以致思焉。其道閑邪悲愁，而作者名其曲曰操，言遇災害，不失其操也。'《後漢書·曹褒傳》章懷太子注。雅琴之意，事皆出於龍德《諸琴雜事》中。趙氏者，渤海人趙定也。宣帝時，元康、神爵間，丞相奏能鼓琴者渤海趙定、梁國龍德，皆召入溫室使鼓琴。時閑燕爲散操，多爲之涕泣者。《藝文類聚》卷四十四、《太平御覽》卷五百七十九。"

雅琴師氏八篇　名中，東海人，傳言師曠後。

《補注》周壽昌曰："《隋志·音樂志》作'《師氏雅琴》八篇'。《北堂書鈔》卷一百九引《七略》《別錄》云：'師氏雅琴者，名忠，東海下邳人，言師曠後。至今邳俗多好琴也。'"

雅琴龍氏九十九篇　名德，梁人。

師古曰："劉向《別錄》云亦魏相所奏也。與趙定俱召見待詔，後拜爲侍郎。"

《補注》周壽昌曰："《隋志》：'沈約奏云：《龍氏雅琴》百六篇。'《文選》五十九李善注亦引作'九十九篇'，則唐人本與今本合，沈氏或別有所據也。① 《後漢書·儒林傳》注引劉向《別錄》云：'雅琴之意，事皆出龍德《諸琴雜事》中。②'然則《雜事》乃龍氏《雅琴》中之一篇也。"王先謙曰："《王襃傳》作'龔德'。"

楊樹達曰："姚振宗云：'當從《別錄》《藝文志》作"龍德"。宋鄧名世《古今姓名書辨證》云："龍德乃論治地龍子之後。"'樹達按，'龍子'見《孟子》。"

姚振宗曰："劉向《別錄》：'趙氏者，勃海人趙定也。宣帝時，元康、神爵間，丞相奏能鼓琴者勃海趙定、梁國龍德，皆召入見溫室，使鼓琴待詔。定爲人尚清靜，少言語，善鼓琴。時閒燕爲散操，多爲之涕泣者。'又曰：'師氏雅琴者，名志，東海下邳人。傳云，言師曠之後，至今邳俗猶多好琴也。'按，班氏云'名中'，此云'名志'，未詳孰是。又曰：'雅琴龍氏，亦魏相所奏也，與趙定俱召見待詔，後拜爲侍郎。'又曰：'雅琴之意，事皆出龍德《諸琴雜事》中。'又曰：'君子因雅琴之適，故從容以致思焉。其道閉塞悲愁，而作者名其曲曰操，言遇災害，不失其操也。'"

又曰："劉歆《七略》曰：'雅琴，琴之言禁也，雅之言正也。君子守正以自禁也。'又曰：'有莊春言琴。'又曰：'《雅暢》第十七。'按，此三條散見《文選·長門賦》《洞簫賦》《琴賦》注，大抵皆言雅琴事。其云《雅暢》第十七者，亦三家書中之篇目。"

---

① 按，"沈氏或別有所據也"一句爲周壽昌《漢書注校補》原文，王先謙《漢書補注》引作"疑沈誤也"。

② 按，首"事"字，周壽昌《漢書注校補》原文有，王先謙《漢書補注》所引無。

又曰:"本書《王褒傳》:'神爵、五鳳之間,天下殷富,數有嘉應。上頗作歌詩,欲興協律之事。丞相魏相奏言知音善鼓雅琴者勃海趙定、梁國龔德,皆召見待詔。'按,此作'龔德',當從《別録》《藝文志》。宋鄧名世《古今姓氏書辯證》:'《漢·藝文志》有梁人龍德著《雅琴》九十九篇,乃論治地龍子之後。'"

又曰:"《隋書·音樂志》:'劉向《別録》有《趙氏雅琴》七篇,《師氏雅琴》八篇,《龔氏雅琴》百六篇。'按,此言'百六篇'者,當是合淮南劉向等《琴頌》七篇在内也。"

姚振宗又曰:"按,是篇凡分三段:《樂記》《王禹記》爲第一段,《雅歌詩》爲第二段,《雅琴趙氏》《師氏》《龍氏》爲第三段。"

凡樂六家,百六十五篇。出淮南劉向等《琴頌》七篇。

王應麟曰:"《樂經》,《樂元語》,不著録。考元始四年,立《樂經》。王充《論衡》云:'陽成子長作《樂經》,非庶幾之才,不能成也。'然則漢儒所作歟?《食貨志》'《樂語》有五均',鄧展曰:'《樂元語》,河間獻王所傳,道五均事。'"

周壽昌曰:"案,班自注云:'出淮南劉向等《琴頌》七篇,蓋以止頌琴而無與於樂故出之也。'"

姚振宗曰:"按,此篇家數、篇數並不誤。此言'出'者,當是復見在《詩賦略》中。"

《易》曰:"先王作樂崇德,殷薦之上帝,以享祖考。"故自黄帝下至三代,樂各有名。

師古曰:"此《豫卦》象辭也。殷,盛大也。上帝,天也。言王者作樂,崇表其德,大薦於天,而以祖考配饗之也。"

王應麟曰:"《通典》:'伏羲樂名《扶來》,亦曰《立本》。神農樂名《扶持》,亦曰《下謀》。黄帝作《咸池》,少皞作《大淵》,顓頊作《六莖》,帝嚳作《五英》,堯作《大章》,舜作《大韶》,禹作

《大夏》,湯作《大濩》,周武王作《大武》,周公作《勺》。'《大司樂》:'周所存六代之樂,黃帝《雲門》《大卷》,堯《大咸》,舜《大磬》,禹《大夏》,湯《大濩》,武王《大武》。'"

孔子曰:"安上治民,莫善於禮;移風易俗,莫善於樂。"二者相與並行。①

師古曰:"《孝經》載孔子之言也。"

姚明煇曰:"此引孔子之言,以明樂與禮相輔而行也。唐玄宗曰:'禮所以正君臣父子之別,男女長幼之序,故可以安上化下也。'風俗移易,先入樂聲,變隨人心,正由君德,正之爲變,因樂而彰。故曰'莫善於樂'。"

周衰俱壞,樂尤微眇,以音律爲節,又爲鄭、衛所亂,故無遺法。

師古曰:"眇,細也。言其道精微,節在音律,不可具於書。眇亦讀曰妙。"

姚明煇曰:"《禮·樂記》:'鄭衛之音,亂世之音也。'孔穎達曰:'鄭國之音,好濫志淫;衛國之音,促速煩志,並亂世之音也。'按,雅樂樸素,而鄭、衛婉美,魏文侯端冕而聽古樂,則唯恐卧,聽鄭、衛之音,則不知倦也。鄭、衛之足以亂雅樂也如此。遺法,雅樂之遺法也。"

漢興,制氏以雅樂聲律,世在樂官,頗能紀其鏗鏘鼓舞,而不能言其義。

《四庫全書》樂類總說曰:"沈約曰:《樂經》亡於秦。考諸古籍,惟《禮記》經解有樂教之文。伏生《尚書大傳》引'辟雍舟張'四語,亦謂之《樂》。然他書均不云有《樂經》。大抵《樂》之綱目具於《禮》,其歌詞具於《詩》,其鏗鏘鼓舞則傳在伶官。漢初制氏所記,蓋其遺譜,非別有一經爲聖人手

---

① "二者相與並行"原脱,據《漢書·藝文志》補。

定也。"

姚明煇曰:"言制氏知雅樂之聲律,世在太樂官,爲樂官之職。紀,識也。鏗鏘,金石之聲。鼓舞,行動其神。制氏能紀鏗鏘鼓舞之節,而不能言其義理。"

六國之君,魏文侯最爲好古,孝文時得其樂人竇公,獻其書,乃《周官·大宗伯》之《大司樂》章也。①

師古曰:"桓譚《新論》云,竇公年百八十歲,兩目皆盲。文帝奇之,問曰:'何因至此?'對曰:'臣年十三失明,父母哀其不及衆技,教鼓琴。臣導引,無所服餌。'"

齊召南曰:"案,竇公事見正史,必得其實,但桓譚言'百八十歲'則可疑也。魏文侯在位三十八年而卒,時爲周安王十五年,自安王十五年計,至秦二世三年,即已一百八十一年矣。又加高祖十二年,惠帝七年,高后八年,而孝文始即帝位,則是二百零八年也。竇公在魏文侯時已爲樂工,則其年必非甚幼,至見文帝,又未必即在元年,則其壽蓋二百三四十歲矣,謂之'百八十歲',可乎?"

武帝時,河間獻王好儒,與毛生等共采《周官》及諸子言樂事者,以作《樂記》,獻八佾之舞,與制氏不相遠。

王應麟曰:"本傳:'武帝時,獻王來朝,獻雅樂。'《大事記》在元光五年冬十月。《禮樂志》:'河間獻王有雅材,亦以爲治道非禮樂不成,因獻所集雅樂。天子下大樂官,常存肄之,歲時以備數。然不常御,常御及郊廟皆非雅聲。至成帝時,謁者常山王禹世受河間樂,②能説其義。其弟子宋晷等上書言之,下大夫博士平當等考試。當以爲"河間獻王聘求幽隱,修興雅樂以助教化。時大儒公孫弘、董仲舒等皆以爲音中正雅,

---

① "也"字原脱,據《漢書·藝文志》補。
② "謁者"二字原脱,據《漢藝文志考證》補。

立之大樂,春秋鄉射,作於學官,希闊不講。今晷等守習孤學,大指歸於興助教化。宜領屬雅樂,以繼絕表微"。事下公卿,以爲久遠難分明,當議復寢。'」

其内史丞王定傳之,以授常山王禹。禹,成帝時爲謁者,數言其義,獻二十四卷記。劉向校書,得《樂記》二十三篇,與禹不同,其道寖以益微。①

姚振宗曰:"《禮樂志》:'《易》曰:先王以作樂崇德,殷薦之上帝,以配祖考。昔黃帝作《咸池》,顓頊作《六莖》,帝嚳作《五英》,堯作《大章》,舜作《招》,禹作《夏》,湯作《濩》,武王作《武》,周公作《勺》。《勺》,言能勺先祖之道也。《武》,言以武定天下也。《濩》,言救民也。《夏》,大承二帝。《招》,繼堯也。《大章》,章之也。《五英》,英華茂也。《六莖》,及根莖也。《咸池》,備矣。自夏以往,其流不可聞已。《殷頌》猶有存者,《周詩》既備,而其器用張陳,《周官》具焉。'師古曰:'招讀曰韶。濩音護。勺讀曰酌。酌,取也。'王氏《考證》:'《大司樂》,周所存六代之樂:黃帝《雲門》《大卷》,堯《大咸》,舜《大磬》,禹《大夏》,湯《大濩》,武王《大武》。'《隋書·音樂志》:劉向《別錄》有《樂歌詩》,梁沈約奏曰四篇,《趙氏雅琴》七篇,《師氏雅琴》八篇,《龍氏雅琴》百六篇,惟此而已。《晉中經簿》無復樂書,《別錄》所載,已復亡逸。"

張宣猷曰:"秦焚六經,《樂書》遂缺。漢興有制氏,紀其鏗鏘,叔孫定其容與。頗襲秦舊。至武帝時,河間獻王好博古,與諸生等共采《周官》及諸子言樂事者,以作《樂記》二十四卷。傳於王禹,禹後獻之成帝。劉向校書所得二十三篇,文與禹不同。今《禮經》中《樂記》所載有《樂本》《樂論》《樂施》《樂

---

① "寖",原誤作"寔",據《漢書·藝文志》改。

言《樂禮》《樂情》《樂化》《樂象》，又有《賓牟賈》《師乙》《魏文侯》共十一篇，合爲一篇。餘十二篇載於《別錄》者，《秦樂》第十二，《樂器》第十三，《樂作》第十四，《意始》第十五，《樂穆》第十六，《説律》第十七，《季札》第十八，《樂道》第十九，《樂義》第二十，《昭本》第二十一，《昭頌》第二十二，《竇公》第二十三。其名雖存，亦僅如《書》之《藁飫》，《詩》之《南陔》，同其缺逸。《樂》無全書，古今同嘆。"

春　秋

春秋古經十二篇

《補注》錢大昕曰："謂左氏經也。《劉歆傳》：'歆校秘書，見《古文春秋左氏傳》。'又云：'《左氏傳》多古字古言。'許慎《五經異義》言'今《春秋公羊》説''古《春秋左氏》説'。"

經十一卷　公羊、穀梁二家。

《補注》錢大昕曰："漢儒傳《春秋》者，以《左氏》爲古文，《公羊》《穀梁》爲今文。稱古經，則共知其爲《左氏》矣。《左氏》經、傳，本各單行，故別有《左氏傳》。《尚書古文經》四十六卷，不注孔氏，而別出《經》二十九卷，注大、小夏侯二家，與此同。"沈欽韓曰："二家合《閔公》於《莊公》，故十一卷。彼師當緣《閔公》事短，不足成卷，並合之耳。何休乃云：'繫《閔公》篇於《莊公》下者，子未三年，無改於父之道。'其先俗師未見古文，或分或合，猶可言也，休已見古文，不當爲此言。"

姚振宗曰："《史記·孔子世家》：子曰：'弗乎弗乎！君子病歿世而名不稱焉。吾道不行矣，吾何以自見於後世哉？'乃因史記作《春秋》，上至隱公，下訖哀公十四年，十二公。據魯，親周，故殷，運之三代。約其文辭而旨博，故吳楚之君自稱王，而《春秋》貶之曰'子'；踐土之會實召周天子，而《春秋》諱之曰'天王狩于河陽'：推此類以繩當世。貶損之義，後有王者舉而開之。《春秋》之義行，則天下亂臣賊子懼焉。孔子在位聽訟，文辭有可與人共者，弗獨有也。至于爲《春秋》，筆則筆，削則削，子夏之徒不能贊一辭。弟子受《春秋》，孔子曰：'後世知丘者以《春秋》，而罪丘者亦以《春秋》。'"

又曰："《周禮·小宗伯》疏：'《古文春秋》者，《藝文志》云《春秋古經》十二卷，是此古文經所藏之書。文帝除挾書之律，此本然後行于世，故稱古文。'"

又曰："王氏《考證》：'《史記·吳世家》：余讀《春秋》古文，服虔注《左氏》云：古文篆書，一簡八字。'又曰：'《詩正義》，漢初爲傳訓者皆與經別行。三傳之文不與經連，故石經書《公羊傳》皆無經文。'"

又曰："《經義考》：王觀國曰：'《前漢·藝文志》：《春秋古經》十二篇，《經》十一卷，《左氏傳》三十卷。蓋古本《春秋經》自爲一帙，至左氏作《傳》，三十卷自爲一帙。杜預作《春秋經傳集解》乃分經之年而居傳之首，于是不復有《古經春秋》矣。'"

又曰："《四庫全書》曰：'《漢志》載《春秋古經》十二篇，經十一卷。注曰：公羊、穀梁二家。考《公》《穀》二傳皆十一卷，與《經》十一卷相配，知十一卷爲二傳之經，故有是注。徐彥《公羊疏》曰：左氏先著竹帛，故漢儒謂之古學。則所謂《古經》十二篇，即《左傳》之經，故謂之古。刻《漢書》者誤連二條爲一耳。'按，《提要》之意當分爲二條，論行款固當如此，然舊例連屬而書改爲分條，總有割裂牽強之處，不若仍循其舊爲得體也。"

又曰："錢大昕《三史拾遺》曰：'《春秋古經》十二篇，此左氏經也。下云《經》十一卷，則公、穀二家之經也。漢儒傳《春秋》者以《左氏》爲古文,《公羊》《穀梁》爲今文,稱古經則共知其爲《左氏》矣。《左氏經》《傳》本各單行,故別有《左氏傳》。'"

又曰:"王鳴盛《蛾術編·説録》曰:'《左氏經》舉《公羊》《穀梁經》不同。《漢·藝文志》:《春秋古經》十二篇,此左氏之《經》也。其下又云:《經》十一卷,小字夾注云公羊、穀梁二家,則《公》《穀》之經同也。如《左氏》君氏卒,《公》《穀》並作尹氏,可見《左氏經》獨言古者。孔子之《經》、左氏之《傳》,皆用古文,而孔壁所得又有《古文左傳》,故《左氏經》獨稱《古經》。'"

楊樹達曰:"按,王觀國云:'《志》文《春秋古經》十二篇、《左氏傳》三十卷,蓋古本《春秋經》自爲一帙,至左氏作傳三十卷,自爲一帙,杜預作《春秋經傳集解》,乃分經之年而居傳之首,於是不復有古經春秋矣。'樹達按,襄公十七年邾子牼卒,《左氏經》作'牼',《公羊》《穀梁》二家經皆作'瞷'。又襄公十三年取邿,《左氏經》作'邿',而《公羊經》作'詩'。考彝器有《邾公牼鐘》及《邿伯鼎》,字作'牼'作'邿',與《左氏經》合,知古經可信勝於今文經也。《古經》:莊公元年夏,單伯送王姬,杜注謂單伯爲天子卿。《公》《穀》二家經作'逆王姬',二傳謂單伯爲魯大夫。今按,魯國卿大夫絶無以單爲氏者,而周則屢見,彝銘《揚𣪘》有司徒單伯,亦明是周卿士,此又古經優勝之一證也。"

陳直曰:"按,清代學者説三傳,①皆言在晉以前,經與傳分。以余考之,有分有連。經與傳分者,熹平石經、正始石經是也。經與傳連者,元和公羊草隸磚是也。此磚民國十四年西

---

① "説三傳"三字原脱,據陳直《漢書新證》補。

安西南鄉出土。第一行云：'元年春王正月。元年者何，君之始年也。'第一句是《春秋經》，以下是《公羊傳》。見《關中秦漢陶録續録》。可證分連並無定式。"

左氏傳三十卷　　左丘明，魯太史。

《補注》段玉裁曰："《春秋古經》及《左氏傳》，班《志》不言出誰氏。據《説文叙》云：'北平侯張蒼獻《春秋左氏傳》。'意經、傳皆其所獻也。《論衡》説《左傳》卅篇出恭王壁中，恐非事實。"沈欽韓曰："《史記·吳世家》贊：'余讀《春秋》古文，乃知中國之虞與荆蠻、句吳兄弟也。'此謂《左氏傳》也。桓譚云：'遭戰國寢藏。'本《志》亦云：'其事實皆形於《傳》，故隱其書而不宣，所以免時難也。'然戰國諸子，又嘗覩《春秋傳》而成書，如《韓非·奸劫弑臣》篇：《春秋》記之曰'楚王子圍將聘於鄭，未出境，聞王病而反'云云。此全依《左氏傳》也。故《十二諸侯年表序》云：'鐸椒、虞卿、吕不韋之徒，各捃摭《春秋》之文以著書。'是先秦、周末並鑽研窺望其學，獨屈抑於漢耳。《御覽》六百十引桓譚《新論》曰：'《左氏》經之與傳，猶衣之表裏，相待而成。有經而無傳，使聖人閉門思之，十年不能知也。'"姚振宗曰："《史記·十二諸侯年表》：'孔子明王道，干七十餘君，莫能用。故西觀周室，論史記舊聞，興於魯而次《春秋》，上記隱，下至哀之獲麟，約其辭文，去其煩重，以制義法，王道備，人事浹。七十子之徒口受其傳指，爲有所刺譏褒諱挹損之文辭不可以書見也。①魯君子左丘明懼弟子人人異端，各安其意，失其真，故因孔子史記具論其語，成《左氏春秋》。'"

又曰："劉歆《七略》曰：'《春秋》兩家文或具四時，或不於。

---

① "刺"字原脱，據《漢書藝文志條理》補。

古文無事不必具四時。'按,古文謂《左氏》也,此似以《公》《穀》兩家文方《左氏》者。"

又曰:"本《志》叙:'仲尼思存前聖之業,以魯周公之國,禮文備物,史官有法,故與左丘明觀其史記,據行事,仍人道,因興以立功,就敗以成罰,①假日月以定曆數,藉朝聘以正禮樂。有所褒諱貶損,不可書見,口授弟子,弟子退而異言。丘明恐弟子各安其意,以失其真,故論本事而作傳,明夫子不以空言說經也。《春秋》所貶損大人當世君臣,有威權勢力,其事實皆形于傳,是以隱其書而不宣,所以免時難也。'"

又曰:"本書《儒林傳》:'漢興,北平侯張蒼及梁太傅賈誼、京兆尹張敞、大中大夫劉公子皆修《春秋左氏傳》。誼爲《左氏傳》訓故,授趙人貫公,爲河間獻王博士。'按,《河間王》本傳云:'其學舉六藝,立《毛氏詩》《左氏春秋》博士。'許氏《說文解字叙》曰:'北平侯張蒼獻《春秋左氏傳》。'段玉裁曰:'孝惠三年乃除挾書之律,張蒼當于三年後獻之。然則漢之獻書,張蒼最先。漢之得書,首《春秋左傳》。'"

又曰:"《儒林傳》:'房鳳字子元,不其人也,爲五官中郎將。時光禄勋王龔以外屬内卿,如淳曰:"邛成太后親也,内卿光禄勋治宫中。"②與奉車都尉劉歆共校書,三人皆侍中。歆白《左氏春秋》可立,哀帝納之,以問諸儒,皆不對。歆于是數見丞相孔光,爲言《左氏》以求助,光卒不肯。唯鳳、龔許歆,遂共移書責讓太常博士,語在《歆傳》。'又《傳》贊曰:'平帝時,又立《左氏春秋》《毛詩》《逸禮》《古文尚書》。'"

又曰:"又《劉歆傳》:'歆校秘書,見古文《春秋左氏傳》,歆大好之。以爲左丘明好惡與聖人同,親見夫子,而公羊、穀梁在

---

① "就"字,《漢書藝文志條理》無。
② "勋"字原脱,據《漢書藝文志條理》補。

七十子後，傳聞之與親見之，其詳略不同。歆數以難向，向不能非間也。及歆親近，欲建立《左氏春秋》及《毛詩》《逸禮》《古文尚書》，皆列于學官。哀帝令歆與五經博士講論其義，諸博士或不肯置對，歆因移書太常博士，責讓之曰：魯恭王得古文於壞壁之中，《逸禮》有三十九，《書》十六篇。及《春秋》左氏丘明所修，皆古文舊書，多者二十餘通，臧於秘府，伏而未發，往者綴學之士不考情實，雷同相從，隨聲是非，抑此三學，謂左氏爲不傳《春秋》，豈不哀哉！'"

又曰："《釋文·叙錄》：'左丘明作傳以授曾申，申傳衛人吳起，起傳其子期，期傳楚人鐸椒，椒傳趙人虞卿，卿傳同郡荀卿名況，況傳武威張蒼，蒼傳洛陽賈誼，誼傳其孫嘉，嘉傳趙人貫公。'《漢書》云：'賈誼授貫公，爲河間獻王博士。'"

又曰："《隋書·經籍志》：'《左氏》：漢初出于張蒼之家，本無傳者。至文帝時，梁太傅賈誼爲訓詁，授趙人貫公。'《玉海·藝文》云：'正義：漢武帝時河間獻王獻《左氏》及《古文周官》。'"

又曰："《史通·申左》篇曰：'《周禮》之故事，魯國之遺文，夫子因而修之，亦存舊制而已。至于實錄，付之丘明，用使善惡畢彰，真僞盡露。向使孔經獨用，《左傳》不作，則當代行事，安得而詳者哉？蓋語曰：仲尼修《春秋》，逆臣賊子懼。'又曰：'《春秋》之義也，欲蓋而彰，求名而亡，善人勸焉，淫人懼焉。《左傳》所錄，無媿斯言。此則傳之與經，其猶一體，廢一不可，相須而成。如曰不然，則何者稱爲勸戒者哉？'"

又曰："《四庫提要》曰：'自劉向、劉歆、桓譚、班固，皆以《春秋傳》出左丘明，左丘明受經于孔子。魏晉以來儒者更無異議。至唐趙匡，始謂《左氏》非丘明。蓋欲攻傳之不合經，必先攻作傳之人非受經于孔子，與王柏欲攻《毛詩》，先攻《毛詩》不傳于子夏,其智一也。葉夢得爲紀事終于智伯,當爲六國時人,似爲近理。然經止獲麟,而弟子續至孔子卒,傳載智伯之亡,殆亦後人所續。《史記・司馬相如傳》中有揚雄之語,不能執是一事指司馬遷爲後漢人也,則載及智伯之説不足疑也。今仍定爲左丘明作,以祛衆惑。至其作傳之由,則劉知幾躬爲國史之言,最爲確論。疏稱大事書于策者,經之所書;小事書于簡者,傳之所載。觀晉史之書趙盾,齊史之書崔杼,及寧殖所謂載在諸侯之籍者,其文體皆與經合。《墨子》稱《周春秋》載杜伯,《燕春秋》載莊子儀,《宋春秋》載祒觀辜,《齊春秋》載王里國、中里氋,其文體皆與傳合。經傳同因國史而修,斯爲顯證。知説經去傳爲舍近而求諸遠矣。今以《左傳》經文與二傳校勘,皆《左氏》義長,知手録之本確于口授之本也。'"

公羊傳十一卷　公羊子,齊人。

師古曰:"名高。"

王應麟曰:"戴宏序云:'子夏傳與公羊高,高傳與子平,平傳與子地,地傳與子敢,敢傳與子壽。至漢景帝時,壽乃共弟子齊人胡母子都著於竹帛。'《儒林傳》:胡母生爲景帝博士,與董仲舒同業,齊之言《春秋》者宗事之。公孫弘亦頗受焉,武帝因尊《公羊》家。何休自謂本胡母生條例。劉氏曰:'《公羊》異二傳者,大指有三:一曰據百二十國寶書而作,二曰張三世,三曰新周、故宋、以春秋當新王。三者皆非也。'《隋志》:'《春秋公羊傳》十二卷,嚴彭祖撰。'荀崧謂《公羊》'辭義清俊,斷決明審'。晁氏曰:'既曰一家之傳,而特書"子公羊子"者,孰謂謂高歟?又載魯子、高子之辭,何耶?而又復有子沈子、子女子、子北宫子者,高之所子歟?抑平、地、敢、壽之所子歟?'石林葉氏曰:'公羊、穀梁受學於子夏,此出於識緯之書所謂《說題辭》者，①其言不經見。'劉知幾《史通》曰：'《左氏》之義有三長，二傳之義有五短。'吳兢《書目》云高乃子夏弟子。"

姚振宗曰："本書《人表》：'公羊子列第四等中上。'梁玉繩《考》曰：'公羊子，始見《公羊·桓六》。名高，齊人，子夏弟子。宋大中祥符二年封臨淄伯。'"

又曰："後漢戴宏《春秋解疑論》曰：'子夏傳與公羊高。高傳與其子平，平傳與其子地，地傳與其子敢，敢傳與其子壽。至漢景帝時，壽乃共弟子胡母子都著于竹帛。'"

又曰："本書《儒林傳》：'漢興，言《春秋》，于齊則胡母生，于趙則董仲舒。'又曰：'瑕丘江公授《穀梁春秋》及《詩》于魯申公，傳子至孫爲博士。武帝時，江公與董仲舒並。仲舒通五經，能持論，善屬文。江公吶于口，上使與仲舒議，不如仲舒。而丞相公孫弘本爲《公羊》學，比輯其義，卒用董生。于是上因尊《公羊》家，詔太子受《公羊春秋》。由是《公羊》大興。'又《傳》贊曰：'初，《書》唯有歐陽，《禮》后，《易》楊，《春秋》公羊而已。'"

又曰："《四庫提要》曰：'《公羊傳》中有子沈子曰、子司馬子曰、子女子曰、子北宮子曰，又有高子曰、魯子曰，蓋皆傳授之經師，不盡出于公羊。《定公元年傳》正棺于兩楹之間二句，《穀梁傳》引之直稱沈子，不稱公羊，是併其不著姓氏者，亦不盡出公羊子。且併有子公羊子曰，尤不出于高之明證。知傳確爲壽撰，而胡母子都助成之。舊本首署高名，蓋未審也。'按《公羊傳》又有公扈子，見《昭三十一年》。公扈子亦見《人表》第五等。梁玉繩曰：'《說苑·建本》篇述其言云：有國者

---

① "說題辭"，原誤作"說顯事"，據《玉海·藝文》改。"說題辭"即緯書《春秋說題辭》。

不可不學《春秋》,則公扈子固善《春秋》者也。'"
周壽昌曰:"案,《隋書·經籍志》:'《春秋公羊傳》十二卷,嚴彭祖撰。'《唐志》:'五卷,嚴彭祖述。'此書久佚。"
楊樹達曰:"按,王應麟云:'戴宏序云:子夏傳與公羊高,高傳與子平,平傳與子地,地傳與子敢,敢傳與子壽。至漢景帝時,壽乃共弟子胡母子都著於竹帛。'姚振宗云:'《四庫提要》云:傳中有子公羊子曰,此傳不出於高之明證。知傳確爲壽撰,而胡母子都助成之。舊本首署高名,蓋未審也。'"
按,《公羊傳序》疏:"鄭玄《六藝論》云:'治公羊者有胡母生、董仲舒、仲舒弟子嬴公、嬴公弟子眭孟、眭孟弟子莊彭祖及顏安樂、安樂弟子陰豐、劉向、王彥。'"

穀梁傳十一卷　穀梁子,魯人。

師古曰:"名喜。"

《補注》錢大昭曰:"'喜',閩本作'嘉'。"朱一新曰:"汪本作'嘉'。"周壽昌曰:"桓譚《新論》:'魯穀梁赤爲《春秋》,殘略多所遺失。'是穀梁名赤。應劭《風俗通》、蔡邕《正交論》同。《論衡·案書》篇作'穀梁寘'。阮孝緒《七錄》云:'名俶,字元始。'楊士勛《穀梁疏》引作'淑',則'俶'字之誤。皆與顏氏'名喜'之說異。"葉德輝曰:"《釋文·叙錄》引麋信云:'穀梁赤與秦孝公同時。'《元和姓纂》一屋'穀梁'姓下引《尸子》云:'穀梁俶傳《春秋》十五卷。'按尸子爲六國時人,見聞較塙,則以爲名'俶'者是也。"

王應麟曰:"韋賢、夏侯勝言穀梁子本魯學,公羊氏乃齊學也。吳兢《書目》云秦孝公時人。楊士勛《疏》云:'穀梁子名俶,字元始,魯人,一名赤。顏師古曰:"名喜。"受經于子夏,爲經作傳,傳孫卿,卿傳魯人申公,申公傳博士江翁。其後魯人榮廣大善《穀梁》,又傳蔡千秋。漢宣帝好《穀梁》,擢千秋爲郎,由是行於世。'《隋志》：'梁有《春秋穀梁傳》十五卷，漢諫大夫尹更始撰。'劉歆曰孝宣立《穀梁》。後漢賈逵兼通五家《穀梁》之説。晁氏曰：'《穀梁》晚出於漢，因得監省《左氏》《公羊》之違畔而正之，其精深遠大者，真得子夏之所傳。《左氏》之失專而縱，《公羊》之失雜而拘，《穀梁》司典刑而不縱，崇信義而不拘，有意乎蹈道而知變通矣。不免失之隨也。'石林葉氏曰：'《左氏》傳事不傳義，是以詳於史，而事未必實，以不知經故也。《公羊》《穀梁》傳義不傳事，是以詳於經而義未必當，以不知史故也。'又曰：'《穀梁》或記尸子、沈子，其所從來亦不一。'鄭康成曰：'《左氏》善於禮，《公羊》善於讖，《穀梁》善於經。'荀崧謂《穀梁》'文清義約'。啖氏曰：'二傳傳經，密於《左氏》，《穀梁》意精，《公羊》詞辯。但守文堅滯，或至矛楯，不近聖人夷曠之體。'"

姚振宗曰："本書《人表》：'穀梁子列第四等中上。'梁玉繩《考》曰：'穀梁子，始見《穀梁・隱五》。魯人，名淑，字元始。一名赤，又名寘，又名喜。子夏門人，與秦孝公同時。宋真宗封龔丘伯，徽宗政和元年改睢陵伯。'"

又曰："《穀梁疏》曰：'穀梁子名淑，字元始，魯人。一名赤。受經于子夏，爲經作傳。傳孫卿，卿傳魯人申公，申公傳博士江翁。'"

又曰："《通志・氏族略》：'穀梁氏，不知其本。魯有穀梁赤，傳《春秋》。'《尸子》云：'穀梁淑，字元始，魯人，亦傳《春秋》十五篇。望出下邳。'《姓纂》云：'今下邳，有穀梁氏。'"

又曰："本書《儒林傳》：'武帝詔太子受《公羊》。太子既通，復私問《穀梁》而善之。其後浸微，唯魯榮廣王孫、皓星公二人受焉。廣高材捷敏，與《公羊》大師眭孟等論，數困之，故好學者頗復受《穀梁》。宣帝即位，聞衛太子好《穀梁春秋》，以問丞相韋賢，長信少府夏侯勝及侍中史高，皆魯人也。言穀梁子本魯學，公羊氏乃齊學也，宜興《穀梁》。時沛蔡千秋爲郎，爲學最篤，召見，與《公羊》家並説，上善《穀梁》説。至甘露元年，召五經名儒大議殿中，多從《穀梁》。由是《穀梁》之學大盛。'又《傳》贊曰：'初，唯有《春秋》公羊，至孝宣世，復立《穀梁春秋》。'"

又曰："《四庫提要》曰：'楊世勛《疏》稱穀梁子受經于子夏，爲經作傳，則當爲穀梁子所自作。徐彥《公羊疏》又稱公羊高五世相授，至胡母生乃著竹帛，題其親師，故曰《公羊傳》。穀梁亦是著竹帛者題其親師，故曰《穀梁傳》，則當爲傳其學者所作。案，《公羊傳》定公即位一條引子沈子曰，何休《解詁》以爲後師。此傳定公即位一條亦稱沈子曰，公子羊、穀梁既同師子夏，不應及見後師。又初獻六羽一條稱穀梁子曰，傳既穀梁自作，不應自引己説。且此條又引尸子曰，尸佼爲商鞅之師，其人在穀梁後，不應預爲引據。疑徐彥之言爲得其實，但誰著于竹帛，則不可考耳。'按，《儒林傳》：'申公卒以《詩》《春秋》授，而瑕丘江公盡能傳之，徒衆最盛。'又曰：'瑕丘江公受《穀梁春秋》及《詩》于魯申公，傳子至孫爲博士。'又《後漢書·儒林傳》：'瑕丘江公傳《穀梁春秋》。似《穀梁傳》著于竹帛者，瑕丘江公也。'"

鄒氏傳十一卷

《補注》沈欽韓曰："齊有三騶子，莫知爲誰。"

夾氏傳十一卷　有録無書。

師古曰："夾，音頰。"

《補注》王先謙曰："有録者，見於二劉著録。"

王應麟曰："《七録》云：'建武中，鄒、夾氏皆絶。'王吉能爲《騶氏春秋》。《隋志》：'王莽之亂，鄒氏無師，夾氏亡。'范升奏曰:'《春秋》之家又有《騶》《夾》。'"

楊樹達曰:"按,王應麟云:'《七錄》云:建武中,鄒、夾氏皆絶。'姚振宗云:'《王吉傳》:吉兼通五經,能爲《鄒氏春秋》。'又按,見於二劉著録,不得云'有録'。且班《志》本之劉歆《七略》,班自注'有録無書',亦當是《七略》原文。而云'見於二劉著録',何可通乎?今以下文'《太史公》百三十篇,十篇有録無書'推之,當爲有目録而無書耳。《太史公自序》作《五帝本紀》云云,即太史公之録也。其文有作《孝景本紀》第十一,作《今上本紀》第十二,而史公此兩紀原文不傳,即《魏志·王肅傳》所謂'於今此兩紀有録無書'者也。劉向校《戰國策》《列子》《荀子》《晏子》,校上序皆次於目録之後,文末往往云'謹第録'。第録者,謂具其次第與目録也。又文後必有結題,稱'護都水使者光禄大夫臣向所校某書録'。所謂'某書録'者,亦謂某書之目録也。則'有録'爲'有目録'無疑。《隋志》儒家'《魯仲連子》五卷,録一卷',雜家'《尉繚子》五卷,梁並録六卷'。亦皆謂目録也。王説殊誤。"

姚振宗曰:"本《志》總叙曰:'《春秋》分爲五。'韋昭曰:'謂左氏、公羊、穀梁、鄒氏、夾氏也。'"

又曰:"又篇叙曰:'及末世口説流行,故有《公羊》《穀梁》《鄒》《夾》之傳。四家之中,《公羊》《穀梁》立于學官,鄒氏無師,夾氏未有書。'"

又曰:"本書《王吉傳》:'吉字子陽,琅邪皋虞人也。兼通五經,能爲《鄒氏春秋》。'"

又曰:"《隋書·經籍志》:'漢初,公羊、穀梁、鄒氏、夾氏,四家並行。王莽之亂,鄒氏無師,夾氏亡。'"

又曰:"《公羊疏》曰:'五家之傳,鄒氏、夾氏口説無文,師既不傳,道亦尋廢。'"

又曰："王氏《考證》：'范升奏曰：《春秋》之家又有《鄒》《夾》。《七錄》云：建武中，鄒、夾氏皆絶。'又曰：'《夾氏傳》十一卷，有録無書。然則録存而書亡也。'又云：'有書，當考。'"

又曰："《經義考》曰：'按《夾氏傳》，《漢志》注云有録無書，而《宋史·藝文志》載有《春秋夾氏》三十卷，不知何人擬作，其書今亦無存。'按，王氏《考證》謂夾氏'有書當考'，其即此《夾氏傳》欲取以旁證者。"

又曰："錢大昕《三史拾遺》曰：'《人表》中中軋子、焣子，此二人未詳，竊意當即治《春秋》之夾氏、鄒氏也。軋與夾音相近，焣即聚字，鄒與聚聲亦不遠。'按，《人表》第五等此二子之後，即次以沈子，北宮子、魯子、公扈子、尸子，皆《春秋》家爲《公》《穀》二傳所引者，錢宫詹之言尤近似也。"

左氏微二篇

師古曰："微謂釋其微指。"

《補注》沈欽韓曰："微者，《春秋》之支别，與《鐸氏微》同義。顔解非。"

姚振宗曰："《經義考》：'亡名氏《左氏微》，《漢志》二篇，佚。'"

姚氏又曰："按，此列《鐸氏微》之前，則六國時爲《左氏》學者也。其書大抵亦如鐸氏、虞氏之鈔撮成編者。"

鐸氏微三篇　楚太傅鐸椒也。

《補注》沈欽韓曰："《十二諸侯年表》：'鐸椒爲楚威王傅，爲王不能盡觀《春秋》，采取成敗，卒四十章，爲《鐸氏微》。'《序録》：'椒爲左丘明四傳弟子。'"

姚振宗曰："《史記·十二諸侯年表》：'鐸椒爲楚威王傅，爲王不能盡觀《春秋》，采取成敗，卒四十章，爲《鐸氏微》。'"

又曰："劉向《别録》曰：'左丘明授曾申，申授吴起，起授其子期,期授楚人鐸椒。鐸椒作《鈔撮》八卷,授虞卿。'"

又曰:"王氏《考證》:太史公曰:'鐸椒爲楚威王傅,爲王不能盡觀《春秋》,采取成敗,卒四十章,爲《鐸氏微》。'劉向《别録》云:'左丘明授曾申,申授吳起,起授其子期,期授楚人鐸椒。鐸椒作《抄撮》八卷,授虞卿。'①《説苑》:'魏武侯問元年於吳子,吳子對曰:言國君必謹始也。謹始奈何?曰:正之。正之奈何?曰:明智。'吳起學《春秋》見於此。"

又曰:"本書《人表》:'鐸椒列第四等中上。'梁玉繩《考》曰:'鐸椒始見《史記·十二侯表》。楚人,爲楚威王太傅。吳起之子期以《左傳》傳鐸椒,椒采取爲《鐸氏微》。'"

姚振宗又曰:"按,《别録》云:'《鈔撮》八卷。'《漢志》本《七略》云:'《微》三篇。'似《别録》後文尚有'今定著三篇'云云,抑《鈔撮》别爲一書也?"

周壽昌曰:"太史公曰:'鐸椒爲楚威王傅,爲王不能盡觀春秋,采取成敗,卒四十卷爲《鐸氏微》。'②似不止於三篇。劉向《别録》云:'左丘明授曾申,申授吳起,起授其子期,期授楚人鐸椒。椒作《抄撮》八卷授虞卿。'是左氏之學,以鐸氏爲嫡派也。"

張氏微十篇

《補注》沈欽韓曰:"疑張蒼。"

姚振宗曰:"《經義考》:'《張氏失名。春秋微》,《漢志》十篇,佚。'"

姚氏又曰:"按,張氏疑即張蒼。蒼爲鐸氏三傳弟子,容有是作。或鐸氏之後别有張氏,佚其名字。"

虞氏微傳二篇　趙相虞卿。

《補注》王應麟曰:"劉向《别録》云:'虞卿作《鈔撮》九卷,授

---

① 按,此節内容爲王應麟《漢藝文志考證》之文,姚振宗未稱引此語。
② "卷",《史記·十二諸侯年表》作"章"。

荀卿，卿授張蒼。'"葉德輝曰："《釋文·叙錄》云：'鐸椒授虞卿。'"

姚振宗曰："《史記》列傳：'虞卿者，游説之士也，躡蹻擔簦，説趙孝成王，一見，賜黄金百鎰，白璧一雙；再見，爲趙上卿，故號爲虞卿。封以一城。以魏齊之故，不重萬户侯卿相之印，與魏齊閒行，卒去趙，困于梁。魏齊已死，不得意，乃著書。'《索隱》曰：'魏齊，魏相，與應侯有仇，秦求之急，乃抵虞卿。虞卿棄相印，乃與齊閒行亡歸梁，以託信陵君。信陵君疑未決，齊自殺。故虞卿失相，乃窮愁而著書也。'按，魏齊事亦見《范雎列傳》。"

又曰："劉向《别錄》曰：'鐸椒作《鈔撮》八卷，授虞卿。虞卿作《鈔撮》九卷，授荀卿。荀卿授張蒼。'"

又曰："本書《人表》：'虞卿列第三等上下。'梁玉繩《考》曰：'虞卿始見《趙》《魏》《楚策》。趙孝成王以爲上卿，失其名，虞乃氏也。《史》集解引譙周謂食邑于虞，非。'按，梁氏似以《史記》稱《虞氏春秋》，故證以爲非食邑。"

又曰："《黄氏日抄》曰：'秦攻長平，虞卿勸趙附楚、魏以和秦，而後秦可和。趙不聽，故大敗。其後，趙將割六城事秦。虞卿使于齊以謀秦，而秦反和趙及魏，欲與趙約從，則卿亟勸成之。卿無言不效，無謀不忠，大要歸於結和鄰國以自重，而使秦反輕，此至當不易之説也，與一時東西捭闔之士異矣。'

又曰：'爲卿而食采于虞，史不載其姓氏、州里。'"

姚振宗又曰："按，虞卿爲鐸氏弟子。此《微傳》二篇似傳注之流，爲《鐸氏微》而作歟？《别錄》言作《鈔撮》九卷者，似謂儒家之《虞氏春秋》，非謂此書。史言《虞氏春秋》八篇，加以錄一篇，正合九卷之數。"

周壽昌曰："劉向《别錄》云：'虞卿作《抄撮》九卷以授荀卿。'

是虞氏亦專爲左氏學。"

吳承志曰:"《春秋左氏傳》三十卷、《左氏微》二篇、《鐸氏微》三篇、《張氏微》十篇、《虞氏微傳》二篇。孔穎達《左傳正義》引劉向《別錄》云:'左丘明授曾申,申授吳起,起授其子期,期授楚人鐸椒。椒作《鈔撮》八卷授虞卿。虞卿作《鈔撮》九卷授荀卿。荀卿授張蒼。'按,鈔撮,謂鈔傳文而撮其要,非自爲書,故存卷數於録而不列目。"

公羊外傳五十篇

《補注》錢大昕曰:"漢時,公、穀二家,皆有外傳。其書不傳,大約似《韓詩外傳》。今人稱《國語》爲外傳,《漢志》卻無此名目。"沈欽韓曰:"《公羊外傳》,其董仲舒《玉杯》《蕃露》《清明》《竹林》之類與?"

穀梁外傳二十篇

姚振宗曰:"《經義考》:'《公羊外傳》,《漢志》五十篇,佚。《穀梁外傳》,《漢志》二十篇,佚。'"

又曰:"錢大昕《三史拾遺》曰:'漢時,《公》《穀》二家皆有外傳,其書不傳,大約似《韓詩外傳》。今人稱《國語》爲外傳,《漢志》卻無此名目。'"

又曰:"上黨馮班《鈍吟雜録》曰:'或曰:《史記》叙下宫之難,不取《左氏》,豈非好奇乎?余曰:不然也。趙亡去漢興未遠,此國之大事,趙氏所由存亡。雖秦火之後,其文獻必猶有可徵者。漢時,有《公羊》《穀梁外傳》,今皆不知所言何事,太史公當時豈《左傳》之外便無所據乎?'"

姚振宗又曰:"按,《左氏外傳》爲《國語》,皆左丘明一家之言。《公》《穀》則口説流傳,至漢初始著竹帛,而《穀梁》至宣帝時始盛。此兩家《外傳》大抵皆漢人爲之,不出于高與赤也可知已。"

公羊章句三十八篇

《補注》沈欽韓曰:"《公羊疏》:'顏安樂等解此《公羊》,苟取頑嚚之詞。'又'莊、顏之徒,以周王爲天囚'。何休序云:'講誦師言至於百萬,猶有不解。'《後書》:'張霸減定《嚴氏春秋》爲二十萬言,①更名《張氏學》。'皆章句也。"

姚振宗曰:"本書《儒林傳》:'胡母生與董仲舒同業。董生弟子遂之者,蘭陵褚大,東平嬴公,廣川段仲,溫呂步舒。大至梁相,步舒丞相長史,唯嬴公守學不失師法,爲昭帝諫大夫,授東海孟卿、魯眭孟。孟爲符節令。'又曰:'嚴彭祖與顏安樂俱事眭孟。孟死,彭祖、安樂各顓門教授。由是《公羊春秋》有顏、嚴之學。②'"

姚振宗又曰:"按,《儒林傳》又云:'瑕丘江公受《穀梁春秋》于魯申公。武帝時,使與仲舒議,不如仲舒。而丞相公孫弘本爲《公羊》學,比輯其議,卒用董生。'則此章句似董生爲之也,不即其弟子嬴公下及嚴、顏諸人所作,以其出自衆人,故不著名氏。《隋志》有嚴彭祖《公羊傳》十二卷,恐非此書。又後漢李固言胡母生有《春秋章句》,當時匿書自藏,則又非此書矣。詳見《拾補》春秋家。"

唐本《文館詞林》:"見近刻《古佚叢書》。後漢李固祀胡母先生教曰,自宣尼没,七十子亡,經義乖散,秦復火之。然胡母子都,稟天淳和,沈淪大道,深演聖人之旨,始爲《春秋》,制造章句,是故嚴、顏有所祖述徵微,後生得以光啓,斯所謂法施於人者也。故宣尼豫表之日,胡母生知事情,匿書自藏,不敢有聲。"③

---

① "定""爲"二字原脱,據百衲本影印宋紹熙刻本《後漢書·張霸傳》(以下《後漢書》皆據此本,不再注明)、《漢書疏證》補。
② "春秋"二字原脱,據《漢書藝文志條理》補。
③ 按,此節爲姚振宗所引之語。

穀梁章句三十三篇

《補注》沈欽韓曰：“范寧序云：‘釋者近十家。’疏云：‘尹更始，則漢時始爲章句者也。’《釋文·叙録》：‘尹更始《穀梁章句》十五卷。’”

楊樹達曰：“按，《儒林傳》云：‘尹更始又受《左氏傳》，取其變理合者以爲《章句》。’《文選·魏都賦》注引‘天子以千里爲寰’一條，楊《疏》引‘所者俠之氏’一條。”

姚振宗曰：“本書《儒林傳》：‘瑕丘江公受《穀梁春秋》于魯申公，其後浸微，唯魯榮廣王孫、皓星公二人受焉。沛蔡千秋少君、梁周慶幼君、丁姓子孫師古曰：“姓丁，名姓，字子孫。”①皆從廣受。千秋又事皓星公，爲學最篤。宣帝愍其學且絶，選郎十人從千秋受。汝南尹更始翁君本自事千秋，會千秋病死，徵江公孫爲博士。劉向以故諫大夫通達待詔，受《穀梁》。甘露元年，大議殿中，由是《穀梁》之學大盛。慶、姓皆爲博士。姓授楚申章昌曼君，李奇曰：“姓申章，名昌，字曼君。”②爲博士。尹更始爲諫大夫，又受《左氏傳》，取其變理合者以爲章句，傳子咸及翟方進、琅邪房鳳。’又曰：‘始江博士授胡常。由是《穀梁春秋》有尹、胡、申章、房氏之學。’”

姚振宗又曰：“按，《穀梁》之學傳自申公，其後名家則江公、榮廣、皓星公、蔡千秋、周慶、丁姓、尹更始、劉向、江公孫，凡九人，稍後又有胡常、申章昌、房鳳三人，此章句大抵皆出此諸人。當宣帝立《穀梁》，劉向身親其事，其後校書，乃定著爲是帙，亦以出自衆人，不名一家，胡不著姓名。史言尹更始爲章句，《釋文·叙録》亦有尹更始《穀梁章句》十五卷，則此書似尹氏所作。然尹氏兼取《左氏》，非《穀梁》顓門之業，且本《志》不著撰人，未必全出尹氏也。”

---

① 按，姚振宗《漢書藝文志條理》無顏師古此語。
② 按，姚振宗《漢書藝文志條理》無李奇此語。

公羊雜記八十三篇

《補注》沈欽韓曰:"《公孫弘傳》:'弘學《春秋》雜說。'疑是此也。"

姚振宗曰:"《經義考》:'《公羊雜記》,《漢志》八十三篇,佚。按,《漢書·公孫弘傳》學《春秋雜說》,度即《公羊雜記》也。'"

姚氏又曰:"按,《儒林傳》云:'胡母生歸教于齊,齊之言《春秋》者宗事之,公孫弘亦頗受焉。'又本傳云:'弘年四十餘,乃學《春秋雜說》。'朱氏以爲即此《公羊雜記》。若是,則是書漢初已有之,由來舊矣。《藝文志》詩家云:'齊轅固、燕韓生皆爲之傳,或取《春秋》,采雜說,咸非其本意。'似亦即此《雜記》也。賈景伯曰:'《公羊》多任于權變。'權變之說無窮,故其《雜記》多至八十三篇。"

公羊顏氏記十一篇

《補注》沈欽韓曰:"顏安樂也。《熹平石經·公羊碑》有《顏氏說》。"

周壽昌曰:"本書《儒林傳》:顏安樂,字公孫,魯國薛人。官至齊郡太守丞。顏學始傳冷豐任公,繼傳筦路冥都。鄭康成曰:'安樂弟子有冷豐、劉安、王彥。'又徐彥曰:何休序謂'說者倍《經》任意,反《傳》違戾'。案,《演孔圖》云:'文、宣、成、襄所聞之世也,而顏氏以爲從襄二十一年之後,孔子生訖即爲所見之世,分張一公而使兩屬,是任意也。宣十七年六月癸卯,日有食之。日食之道,不過晦朔與二日,言日不言朔者,是二日明矣。而顏氏以爲十四日日食,是反《傳》違戾也。'又曰:'顏氏以襄公二十三年邾婁鼻我來奔。《傳》云:邾婁無大夫,此何以書?以近書也。又昭公二十七年,邾婁快來奔。《傳》云:邾婁無大夫,此何以書?以近書也。二文不異,同宜一世,若分兩屬,理似不便。'壽昌案,《顏氏記》十一篇久佚，《隋》《唐志》皆無之。今徐氏所引尚有此三條，故備錄之，以存片羽。"

王應麟曰："顏安樂事眭孟。《六藝論》云：'治《公羊》者，胡母生、董仲舒、仲舒弟子嬴公、公弟子眭孟、孟弟子嚴彭祖及顏安樂。'彭祖爲嚴氏學，安樂爲顏氏學，皆立博士。後漢張霸減定嚴氏《春秋》爲二十萬言。"

姚振宗曰："本書《儒林傳》：'董仲舒弟子嬴公，嬴公授魯眭孟。嚴彭祖與顏安樂俱事眭孟。孟弟子百餘人，唯彭祖、安樂爲明，質問疑誼，各持所見。'孟曰：'《春秋》之意，在二子矣。'孟死，彭祖、安樂各顓門教授。由是《公羊春秋》有嚴、顏之學。'又曰：'顏安樂，字公孫，魯國薛人，眭孟姊子也。家貧，爲學精力，官至齊郡太守丞，後爲仇家所殺。安樂授淮陽泠豐、淄川任公，由是顏家有泠、任之學。又琅邪筦路、泰山冥都，都與路又事顏安樂，故顏氏復有筦、冥之學。'"

又曰："《後漢書·儒林傳》：'齊胡母子都傳《公羊春秋》，授東平嬴公，嬴公授東海孟卿，孟卿授魯人眭孟，眭孟授東海嚴彭祖、魯人顏安樂。彭祖爲《春秋》嚴氏學，安樂爲《春秋》顏氏學，又瑕丘江公傳《穀梁春秋》，三家皆立博士。'"

又曰："馬國翰輯本序曰：'《公羊顏氏記》：《隋》《唐志》不著錄，佚已久。從徐彥《疏》及洪适《隸續》載《石經公羊》裒輯七節，附錄本傳爲卷。'"

姚振宗又曰："按，《六藝論》言顏氏弟子有劉向，爲《漢書》所未言，蓋其初爲《公羊》學，故惠定宇氏謂向封事多《公羊》說。然則《七略》錄《顏氏記》者，以其師説也；不及《嚴氏春秋》者，有所略也。"

公羊董仲舒治獄十六篇

《補注》錢大昭曰："《後漢書·應劭傳》：'故膠西董仲舒老病

致仕，朝廷每有政議，數遣廷尉張湯親至陋巷問得失，於是作《春秋决獄》二百三十二事，動以經對，言之詳矣。'"沈欽韓曰："《隋志》：'董仲舒《春秋决事》十卷。'《崇文總目》云：'至吴，太史令吴汝南丁季、江夏黄復平正得失。今頗殘逸，只有七十八事。①'《通典》載東晋成帝咸和五年，散騎侍郎賀峻妻于氏上表云：'董仲舒時，有疑獄，曰：甲無子，拾道旁棄兒乙，養之以爲子。及乙長，有罪殺人，以狀語甲，甲藏匿乙。②甲當何論？仲舒斷曰：甲無子，振活養乙，雖非所生，誰與易之？《詩》云：螟蛉有子，蜾蠃負之。《春秋》之義，父爲子隱。甲宜匿乙，詔不當坐。'又一事曰：'甲有子乙以乞丙，乙後長大，而丙所成育，甲因酒色，有酒態也。謂乙曰：汝是吾子。乙怒，杖甲二十。甲以乙本是其子，不勝其忿，③自告縣官。仲舒斷之曰：甲能生乙，不能長育以乞丙，於義已絶矣。雖杖甲，不應坐。'《御覽》六百四十《董仲舒决獄》曰：'甲父乙與丙争言相鬥，丙以佩刀刺乙，甲即以杖擊丙，誤傷乙，甲當何論？或曰：毆父也，當梟首。論曰：臣愚以父子至親也，聞其鬥，莫不有怵惕之心，扶伏而救之。《春秋》之義，許止父病，進藥於其父而卒。君子原心，赦而不誅。甲非律所謂毆父，不當坐。'又曰：'甲夫乙將船，會海盛風，船没，溺流尸亡不得葬。四月，甲母丙即嫁甲，欲皆何論？④或曰：甲夫死未葬，法無許嫁，以私爲人妻，當棄市。議曰：臣愚以爲《春秋》之義，言夫人歸于齊，言夫死無男，有更嫁之，道也。婦人無專制擅恣之行，聽從爲順，嫁之者，歸也。甲又尊者所嫁，無淫之心，非私

---

① "只"，《文淵閣四庫全書》本《崇文總目》及《漢書疏證》皆作"止"。
② "甲"字原脱，據清乾隆武英殿刻本《通典》（以下《通典》皆據此本，不再注明）、《漢書疏證》補。
③ "勝"，原誤作"伸"，據《通典》《漢書疏證》改。
④ "皆"，《太平御覽》作"當"。

爲人妻也，不當坐。'"

姚振宗曰："《史記·儒林傳》：'董仲舒，廣川人也。按，廣川國之廣川縣人。又廣川國宣帝時爲信都國。以治《春秋》，孝景時爲博士。今上即位，爲江都相。中廢爲中大夫。下吏，當死，詔赦之。使相膠西王。疾免居家。至卒，終不治產業，以修學著書爲事。故漢興至于五世之閒，唯董仲舒名爲明于《春秋》，其傳公羊氏也。'"

又曰："本書列傳：'仲舒在家，朝廷如有大議，使使者及廷尉張湯就其家而問之，其對皆有明法。年老，以壽終于家。家徙茂陵，子及孫皆以學至大官。'"

又曰："又傳贊曰：'劉歆以爲仲舒遭漢承秦滅學之後，六經離析，下帷發憤，潛心大業，令後學者有所統壹，爲群儒首。'"

又曰："《後漢書·應劭傳》：'劭删定律令爲《漢儀》，建安元年乃奏之。曰：故膠西相董仲舒老病致仕，①朝廷每有政議，數遣廷尉張湯親至陋巷，問其得失。于是作《春秋決獄》二百三十二事，動以經對，言之詳矣。'"

又曰："《隋書·經籍志》：'《春秋決事》十卷，董仲舒撰。'《唐書·經籍志》法家：'《春秋決獄》十卷，董仲舒撰。'《藝文志》法家：'董仲舒《春秋決獄》十卷。'"

又曰："《崇文總目》：'《春秋決事比》十卷，漢董仲舒撰，丁氏平，黃氏正。初，仲舒既老病致仕，朝廷每有政議，武帝數遣廷尉張湯問其得失，于是作《春秋決疑》二百三十二事，動以經對。至吳太史令吳、按，此下似脫"範"字。汝南丁季、按，"季"或是"孚"之訛。江夏黃復平正得失。今頗殘缺，止有七十八事。'"

又曰："《經義考》曰：'《漢志》《公羊治獄》，《隋志》作《春秋決

---

① "膠西相"，《後漢書·應劭傳》同，《漢書藝文志條理》作"膠東相"。

事》,《七録》作《春秋斷獄》,《新》《舊唐書》作《春秋決獄》,《崇文總目》作《春秋決事比》。《漢志》十六篇,《七録》五卷,《隋》《唐志》、《崇文總目》,十卷。王充曰:仲舒表《春秋》之義,稽合于律,無乖異者。桓寬曰:《春秋治獄》論心定罪,志善而違于法者免,志惡而合于法者誅。王應麟曰:仲舒《春秋決獄》,其書今不見。《太平御覽》載二事,其一引《春秋》許止進藥,其一引夫人歸于齊。《通典》載一事,引《春秋》之義,父爲子隱。應劭謂二百三十二事,今僅見三事而已。按,《藝文類聚》有引用《決獄》君獵得麑一事。'"

又曰:"馬國翰輯本序曰:'董氏傳《春秋》公羊學,既撰《繁露》,悉究天人之奧。復撰此書,引經斷獄,當代取式焉。今佚。從《禮記正義》《通典》《白帖》《藝文類聚》《御覽》諸書輯得八節。其論衡情準理,頗持其平。妻甲見夫乙毆母而殺乙,比于武王誅紂。雖康成議其過,大誼要自可通也。'又王謨《漢魏遺書鈔》亦輯存六條。"

楊樹達曰:"按,王謨、馬國翰、洪頤煊並有輯本。"

議奏三十九篇　石渠論。

姚振宗曰:"本書《儒林傳》:'宣帝聞衛太子好《穀梁春秋》,韋賢、夏侯勝、史高言宜興《穀梁》。上善《穀梁》說。劉向以故諫大夫通達待詔,受《穀梁》,欲令助之。自元康中始講,至甘露元年,積十餘歲,皆明習。乃召五經名儒太子太傅蕭望之等大議殿中,平《公羊》《穀梁》同異,各以經處是非。時《公羊》博士嚴彭祖、侍郎申輓、伊推、①宋顯,《穀梁》議郎尹更始、待詔劉向、周慶、丁姓並論。《公羊》家多不見從,願請内侍郎許廣,使者亦並内《穀梁》家中郎王亥,師古曰:"使者,請當時詔遣監

---

① "伊",原誤作"尹",據《漢書藝文志條理》改。

講者也。内，謂引入議所也。《公羊》家既請内許廣，而使者因並内王亥也。"①各五人，議三十餘事。望之等十一人各以經誼對，多從《穀梁》。由是《穀梁》之學大盛。慶、姓師古曰："周慶，丁姓二人也。"②皆爲博士。'按，《本紀》此事在甘露三年。"

又曰："《後漢·陳元傳》：'元詣闕上疏曰：往者，孝武皇帝好《公羊》，衛太子好《穀梁》，有詔詔太子受《公羊》，不得受《穀梁》。孝宣皇帝在人間時，聞衛太子好《穀梁》，于是獨學之。及即位，爲石渠論而《穀梁氏》興，至今與《公羊》並存。章懷太子曰：宣帝甘露三年，詔諸儒韋玄成、梁丘賀等講論五經于石渠閣也。'按，梁丘臨奉使問石渠，此注稱梁丘賀，非也。"

又曰："《穀梁傳》疏曰：'景帝好《公羊》，胡母之學興，仲舒之義立。宣帝善《穀梁》，千秋之學起，劉向之意存。'按，'景帝'似當爲'武帝'。"

姚振宗又曰："按，《禮運》疏'許慎謹案，公議郎尹更始、待詔劉更生等議石渠，以爲吉凶不並，瑞災不兼'云云，其即三十餘事中佚文見于許氏《五經異義》者，亦見《左氏經·哀十四年》西狩獲麟疏，許稱'議石渠'，知大議殿中亦即石渠議奏也。"

楊樹達曰："按，《儒林傳》云：'宣帝好《穀梁》說，召五經名儒蕭望之等大議殿中，平《公羊》《穀梁》同異，各以經處是非，議三十餘事，多從《穀梁》，由是《穀梁》之學大盛。'此《後漢書·陳元傳》所謂'宣帝爲石渠論而穀梁興'也。按，議三十餘事，③事爲一篇，故爲三十九篇也。"

---

① 按，姚振宗《漢書藝文志條理》無顏師古此語。
② 按，姚振宗《漢書藝文志條理》無顏師古此語。
③ "議"字原脱，據《漢書補注補正》補。

國語二十一篇　左丘明著。

《補注》王應麟曰："《司馬遷傳》贊：左丘明爲《傳》，又纂異同爲《國語》。'《史通》云：'左丘明既爲《春秋内傳》，又稽逸文，纂別說，分周、魯、齊、晉、鄭、楚、吳、越八國事，起周穆王，終魯悼公，爲《外傳國語》。六經之流，三傳之亞也。'陸淳謂與《左傳》文體不倫，定非一人所爲。太史公曰：'左丘失明，厥有《國語》。'石林葉氏曰：'按，《姓氏譜》有左氏，有左丘氏，則豈一家之言乎？唐啖趙之徒頗知之，然未有以傳其説也。'宋氏曰：'自魏、晉以後，書録所題皆曰《春秋外傳國語》。是別《左傳》爲内，《國語》爲外，二書相副，以成大業。'《説文》引《國語》'侊飯不及一食''於其心佚然''兵不解医'，其字多異。"

姚振宗曰："本書《司馬遷傳》贊曰：'及孔子因魯史記而作《春秋》，而左丘明論輯其本事以爲之傳，又纂異同爲《國語》。故司馬遷據《左氏》《國語》。'"

又曰："吳韋昭《國語解》序曰：①'昔孔子發憤于舊史、垂法于素王，左丘明因聖言以攄意，託王義以疏藻，其淵源深大，沈懿雅麗，可謂命世之才，博物善作者也。其明識高遠，雅思未盡，故復采録前世穆王以來，下訖魯悼、智伯之誅，邦國成敗，嘉言善謀，②陰陽律呂，天時人事，逆順之數，以爲《國語》。其文不主于經，故號曰外傳。所以包羅天地，探測禍福，發起幽微，章表善惡者，昭然甚明，實與經藝並陳，非特諸子之倫也。遭秦之亂，幽而復光，賈生、史遷頗綜述焉。及劉光禄于漢成世始更考校，是正疑謬。至于章帝，鄭大司農爲之訓注。侍

---

① "昭"，原作"曜"，係延續舊諱，兹回改，下同。
② "謀"，原誤作"語"，據《漢書藝文志條理》改。

中賈君。① 故侍御史會稽虞君、尚書僕射丹陽唐君,因賈爲主而損益之。竊不自料,復爲之解云云。'"

又曰:"《史通·六家》篇:'《國語》家者,其先亦出于左丘明。既爲《春秋内傳》,又稽其佚文,纂其别說,分周、魯、齊、晉、鄭、楚、吳、越八國事,起自周穆王,終于魯悼公,別爲《春秋外傳國語》,合爲二十一篇。其文以方《内傳》,或重出而小異。然自古名儒賈逵、王肅、虞翻、韋昭之徒,並申以注釋,治其章句;此亦六經之流,三傳之亞也。'"

又曰:"宋宋庠《國語補音》序曰:'當漢出《左傳》,秘而未行,又不立學官,故此書亦勿顯。惟上賢達識之士,好而尊之,俗儒勿識也。逮東漢,《左傳》漸布,《國語》亦從而大行。自鄭衆、賈逵、王肅、虞翻、唐固、韋昭之徒,並治其章句,申之注釋,爲六經流亞,非復諸子之倫。自餘名儒碩士好是學者,不可勝紀。今惟韋氏所解傳于世,諸家章句遂無存焉。'"

又曰:"《四庫提要》曰:'《國語》出自何人,說者不一,然終以漢人所說爲近古。所記之事與《左傳》俱迄智伯之亡,時代亦復相合。中有與《左傳》未符者,猶《新序》《說苑》同出劉向,而時復牴牾。蓋古人著書,各據所見之舊文,疑以存疑,不似後人輕改也。'又曰:'《國語》二十一篇,《漢志》雖載《春秋》後,然無《春秋外傳》之名也。《漢書·律曆志》始稱《春秋外傳》。王充《論衡》云:《國語》,左氏之外傳也。《左氏》傳經,詞語尚略,故復選錄《國語》之詞以實之。《史通》六家,《國語》居一,實古左史之遺云。'"

新國語五十四篇　劉向分國語。

姚振宗曰:"《經義考·擬經》篇:'劉氏向《新國語》,《漢志》

---

① "賈君"下,《四部叢刊》本《國語》有"敷而衍之,其所發明,大義略舉,爲已憾矣,然於文間,時有遺忘。建安黃武之間"三十字。

五十四篇，佚。《漢書志》注云：①劉向分《國語》。'按，此殆以類分，如呂東萊《〈左傳〉〈國語〉類編》、程伯剛《春秋分紀》之體。並詳見《書錄解題》。東漢之初，《左氏》盛行，而《國語》亦大顯于世。自鄭、賈解注皆用古本，諸家轉相祖述，傳至于今。此爲《國語》之別本，故爲講古學者所不取，而其後遂微，諸書亦罕有言及者。"

世本十五篇　　古史官記黃帝以來訖春秋時諸侯大夫。

《補注》王應麟曰："《周官·瞽矇》：'世奠繫。'注謂："世之而定其繫，謂書於《世本》也。"《小史》：'定繫世，辨昭穆。'注謂："《帝繫》《世本》之屬。"天子曰《帝繫》，諸侯曰《世本》。《司馬遷傳》贊：'《世本》錄黃帝以來至春秋時，帝王、公侯、卿大夫祖世所出。司馬遷采《世本》。'劉向曰：'《世本》，古史官明於古事者，所記錄黃帝以來帝王、諸侯及卿大夫系、諡、名、號，凡十五篇。'《隋志》'《世本王侯大夫譜》二卷'，又'《世本》二卷，劉向撰'，又'四卷，宋衷撰'，又云：'漢初得《世本》，叙黃帝以來祖世所出。'《春秋正義》云：'今之《世本》，與司馬遷言不同，《世本》多誤，不足依憑。'顏之推曰：'《世本》，左丘明所書，此説出皇甫謐《帝王世紀》。而有燕王喜、漢高祖，非本文也。'"

姚振宗曰："劉向《別錄》曰：'《世本》，古史官明于古事者之所記也，錄黃帝以來帝王、諸侯及卿大夫系諡名號，凡十五篇，與《左氏》合也。'"

又曰："《司馬遷傳》贊：'孔子作《春秋》，左丘明爲之《傳》，又篡異同爲《國語》。又有《世本》錄黃帝以來至春秋時帝王、公侯、卿大夫祖世所出。故司馬遷據《左氏》《國語》，采《世本》。'"

---

① "志"字原脱，據《漢書藝文志條理》補。

又曰:"《顏氏家訓·書證》篇:'《世本》出左丘明所書,原注此說出皇甫謐《帝王世紀》。而有燕王喜、漢高祖,皆由後人所羼,非本文也。'按,顏氏所見似即《史通》所謂楚漢之際好事者所錄別本,與此劉中壘所錄訖于春秋時者各不相同。"

又曰:"《隋書·經籍志》:'《世本》二卷,劉向撰。'又曰:'氏姓之書,其所由來遠矣。《書》稱:別生分類。傳曰:天子建德,因生以賜姓。周家小史定系世,辨昭穆,則亦史之職也。秦兼天下,刬除舊迹,公侯子孫,失其本繫。漢初,得《世本》,叙黄帝已來祖世所出。'按,兩《唐志》有宋衷①、宋均注《世本》,亦似楚漢之際好事者所錄別本也。"

又曰:"王謨輯本叙錄曰:'此書本極斷爛,易致混淆,轉寫多誤,尤難釐正。今所鈔輯率據《史記》,與《正義》《索隱》參互考訂,略仿原書體例,編爲二卷,而以《帝王》《諸侯》《卿大夫世系》爲上卷,《氏姓》篇、《居》篇、《作》篇爲下卷。'"

又曰:"張澍《世本集注》序曰:'《春秋正義》云今之世本,與司馬遷言不同。《唐書·柳沖傳》載柳芳言亦然。按,唐人所見亦似楚漢之際好事者所錄別本,故與史公所引之本不同。顏之推據皇甫謐說爲左丘明所篹。劉恕《通鑑外紀》以爲《世本》經秦漢儒者改易。《尚書正義》以《世本》經暴秦爲儒者所亂,要之,係秦漢以前書。中壘、孟堅以爲出古史官者近之。《王侯大夫譜》云趙孝成王丹生悼襄王偃,偃生今王遷,是作者猶值趙王遷時。其書自宋時已不傳,余繙閱緗帙有引用者,輒著錄之,乃集得《作》篇、《居》篇、《氏姓》篇、《帝繫》篇、《王侯大夫譜》篇共五篇,聊以管穴,裨益宋注。'"

又曰:"江都秦嘉謨《世本輯補》序曰:'古來述《世本》者,莫

---

① "衷",原誤作"哀",據《漢書藝文志條理》改。

如司馬遷、韋昭、杜預。今以《史記》及《國語》韋注、《左傳》杜解三書爲本，復得孫氏星衍所藏澹生堂鈔輯《世本》二卷，洪氏飴孫所編《世本》四卷，詳加增校、①補輯成編。曰《帝繫編》，曰《紀》，曰《王侯譜》，曰《世家》，曰《大夫譜》，曰《傳》，曰《氏姓》，曰《居》篇，曰《作》篇，曰《謚法》，凡十篇云。'又有昭、孫氏馮翼合輯本，在《問經堂叢書》中。又高郵茆泮林輯本，在茆輯《十種古逸書》中。"

楊樹達曰："按，清代王謨、張澍、秦嘉謨、洪飴孫、茆泮林並有輯本，又有錢大昭、孫馮翼合輯本。"

戰國策三十三篇　記春秋後。

《補注》王應麟曰："劉向《校書録序》云：'中書本號，或曰《國策》，或曰《國事》，或曰《短長》，或曰《事語》，或曰《長書》，或曰《脩書》。臣向以爲戰國時游士輔所用之國，爲之筴謀，宜爲《戰國策》。'又曰：'姚氏校定，總四百八十餘條。太史公所采，九十餘條，其事異者，止五六條。'"朱一新曰："今高誘、姚宏注本，雖分三十三卷，實已缺一篇，蓋後人分析，以求合三十三篇之數也。"

姚振宗曰："《七略》《别録》：'護左都水使者光禄大夫臣向言：所校中《戰國策》書，中書餘卷，錯亂相糅莒。又有國别者八篇，少不足。臣向因國别者，略以時次之，分别不以序者以相補，除復重，得三十三篇。本字多誤脱爲半字，以趙爲肖，以齊爲立，如此字"字"，一本作"類"。者多。中書本號，或曰《國策》，或曰《國事》，或曰《短長》，或曰《事語》，或曰《長書》，或曰《脩書》。臣向以爲戰國時，游士輔所用之國，爲之筴謀，宜爲《戰國策》。其事繼春秋以後，訖楚漢之起，二百四十五年

---

① "詳"，原誤作"增"，據《漢書藝文志條理》改。

間之事,皆定以殺青,書可繕寫。叙曰:"曰"下一本有"夫"字。周室自文、武始興,崇道德,隆禮義,設辟雍泮宫庠序之教,陳禮樂弦歌移風之化。叙人倫,正夫婦,天下莫不曉然。論孝悌之義,惇篤之行,故仁義之道滿乎天下,卒致之刑錯四十餘年。遠方慕義,莫不賓服,雅頌歌咏,以思其德。下及康、昭之後,雖有衰德,其綱紀尚明。及春秋時,已四五百載矣,然其餘業遺烈,流而未滅。五伯之起,尊事周室。五伯之後,時君雖無德,人臣輔其君者,若鄭之子産,晋之叔向,齊之晏嬰,挾君輔政,以並立于中國,猶以義相支持,歌説以相感,聘覲以相交,期會—作"朝會"。以相一,盟誓以相救。天子之命,猶有所行。會享之國,猶有所恥。小國得有所依,百姓得有所息。故孔子曰:能以禮讓爲國乎何有?周之流化豈不大哉!及春秋之後,衆賢輔國者既没,而禮義衰矣。孔子雖論《詩》《書》,定《禮》《樂》,王道粲然分明,以匹夫無勢,化之者七十二人而已,皆天下之俊也,時君莫尚之。是以王道遂用不興。故曰:非威不立,非勢不行。仲尼既没之後,田氏取齊,六卿分晋,道德大廢,上下失序。至秦孝公,捐禮讓而貴戰爭,棄仁義而用詐譎,苟以取強而已矣。夫篡盜之人,列爲侯王;詐譎之國,興立—作"兵"。爲強。是以傳—作"轉"。相放效,後生師之,遂相吞滅,並大兼小,暴師經歲,流血滿野,父子不相親,兄弟不相安,夫婦離散,莫保其命,湣然道德絶矣。晚世益甚,萬乘之國七,千乘之國五,敵侔爭權,蓋爲戰國。貪饕無恥,競進無厭;國異政教,各自制斷;上無天子,下無方伯;力功爭強,勝者爲右,兵革不休,詐偽並起。當此之時,雖有道德,不得施謀;有設之強,負阻而恃固;連與交質,重約結誓,以守其國。故孟子、孫卿儒術之士,棄捐於世;而游説權謀之徒,見貴於俗。是以蘇秦、張儀、公孫衍、陳軫、代、厲之屬,生從橫短長之説,左右傾側。蘇秦爲從,張儀爲橫;橫則秦帝,從則楚王;所在國重,所去國輕。然當此之時,秦國最雄,諸侯方弱,蘇秦結從之,時六國爲一,以儐背秦。秦人恐懼,不敢闚兵於關中,天下不交兵者,二十有九年。然秦國勢便形利,權謀之士,咸先馳之。蘇秦初欲橫,秦弗用,故東合從。及蘇秦死後,張儀連橫,諸侯聽之,西向事秦。是故始皇因四塞之固,據崤、函之阻,跨隴、蜀之饒,聽衆人之策,乘六世之烈,以蠶食六國,兼諸侯,並有天下。杖於謀詐之弊,終於信篤之誠,無道德之教,仁義之化,以綴天下之心。任刑罰以爲治,信小術以爲道,遂燔燒《詩》《書》,阬殺儒士,上小堯、舜,下邈三王。二世愈甚,惠不下施,情不上達;君臣相疑,骨肉相疏;化道淺薄,綱紀壞敗;民不見義,而懸於不寧。撫天下十四歲,天下大潰,詐僞之弊也。其比王德,豈不遠哉!孔子曰:道之以政,齊之以刑,民免而無恥;道之以德,齊之以禮,有恥且格。夫使天下有所恥,故化可致也。苟以詐僞偷活取容,自上爲之,何以率下?秦之敗也,不亦宜乎!戰國之時,君德淺薄,爲之謀策者,不得不因勢而爲資,據時而爲。脫字。故其謀,扶急持傾,爲一切之權,雖不可以臨國教化,兵革亦救急之勢也。皆高才秀士,度時君之所能行,出奇策異智,轉危爲安,運亡爲存,亦可喜,皆可觀。護左都水使者光祿大夫臣向所校《戰國策書錄》。'按,漢初如蒯通、主父偃皆學長短從橫術。自武帝罷斥百家,表章六經,而學其稍熄。中壘既校上是書,而恐時君亦好尚之也,于是不憚煩言,申明詐僞之弊如此。"

又曰:"《司馬遷傳》贊:'春秋之後,七國並爭,秦兼諸侯,有《戰國策》。故司馬遷據《左氏》《國語》,采《世本》《戰國策》。'"

又曰:"《隋志》史部雜史篇:'《戰國策》三十二卷,劉向錄。'

又曰：'自秦撥去古文，篇籍遺散。漢初，得《戰國策》，蓋戰國游士記其策謀。'《唐·經籍志》：'《戰國策》三十二卷，劉向撰。'《唐·藝文志》：'劉向《戰國策》三十二卷。'《宋志》子部縱橫家：'高誘注《戰國策》三十三卷。'"

又曰："《史通·六家》篇：'暨縱橫互起，力戰爭雄，秦兼天下，而著《戰國策》。其篇有東西二周、秦、齊、燕、楚、三晉、宋、衛、中山，合十二國，分爲三十三卷。夫謂之策者，蓋錄而不序，故即簡以爲名。或云，漢代劉向以戰國游士爲之策謀，因謂之《戰國策》。'"

又曰："王氏《考證》：'邊通學《短長》，蒯通善爲短長説，主父偃學長短從橫術。姚氏宏校定，綜四百八十六條。太史公所采九十餘條，其事異者止五六條。'《四庫提要》儒家陸賈《新語》條云：'司馬遷作《史記》，取《戰國策》九十三事，皆與今本合。'"

又曰："《四庫提要》曰：'向序稱中書餘卷，錯亂相糅莒，按，"莒"字未詳，今姑仍原本錄之。又有國別者八篇，少不足。臣向因國別者，略以時次之，分別不以序者以相補，除重復，得三十三篇。又稱中書本號，或曰《國策》，或曰《國事》云云。則向編此書，本裒合諸家之記，删併重復，排比成帙，所謂三十三篇者，實非其本來次第也。'"

楊樹達曰："按，邊通學短長，蒯通善爲短長説，主父偃學長短縱橫術，漢初此學盛行如此。"

奏事二十篇　秦時大臣奏事及刻石名山文也。

《補注》王應麟曰："七國未變古式，言事於王，皆稱'上書'。秦初改'書'曰'奏'。秦刻石者四：嶧山、琅邪臺、之罘、會稽。①"沈欽韓曰："泰山刻石一，琅邪刻石二，之罘刻石三，東

---

① 按，"秦刻石者四"一句爲王應麟《漢藝文志考證》之文，《補注》未稱引此語。

觀刻石四,刻碣石門五,會稽刻石六。二世元年,東行郡縣到碣石,南至會稽,而盡刻始皇所立刻石,石旁著大臣從者名,[①]以章先帝成功盛德焉。丞相斯請具刻詔書,刻石凡七也。《本紀》:'二十八年,上鄒嶧山,立石。'不載其辭。"

姚振宗曰:"《文心雕龍·章表》篇:'降及七國,未變古式,言事于王,皆稱上書。秦初定制,改書曰奏。'《奏啓》篇云:'昔唐虞之臣,敷奏以言;秦漢之輔,上書稱奏。陳政事,獻典儀,上急變,劾愆謬,總謂之奏。奏者,進也,言敷于下,情進于上也。秦始立奏,而法家少文。觀王綰之奏勳德,辭質而義近;李斯之奏驪山,事略而意逕;政無膏潤,形于篇章矣。'"

又曰:"《史·秦始皇本紀》:'二十八年,始皇東行郡縣,上鄒嶧山。立石,與魯諸生議,刻石頌秦德,議封禪望祭山川之事。乃遂上泰山,立石,封,祠祀。禪梁父。刻所立石,其辭曰云云。登之罘,立石頌秦德。南登琅邪,作琅邪臺,立石刻,頌秦德,明德意,曰云云。二十九年,始皇游。登之罘,刻石。其辭曰云云。其東觀曰云云。三十二年,始皇之碣石,刻碣石門,其辭曰云云。三十七年,始皇出游,至錢唐,臨浙江,上會稽,祭大禹,望于南海,而立石刻頌秦德,其文曰云云。二世皇帝元年春,東行郡縣,到碣石,並海,南至會稽,而盡刻始皇所立刻石,石旁著大臣從者名,以章先帝成功盛德焉。'"

又曰:"按,嚴氏可均輯《全秦文》,王綰有《議帝號》《議封建》二篇。李斯有《上書諫逐客》《上書言治驪山陵》《議廢封建》《議刻金石》《議燒詩書百家語》《上書對二世》《上書言趙高》《獄中上書》八篇。又公子高,秦之諸公子也,有《上書請從

---

① "石"字,《漢書補注》無。

死》一篇。又僕射周青臣《進頌》一篇，博士淳于越《議封建》一篇，《諸儒生議封禪》一篇，《群臣議尊始皇廟》一篇。李斯《獄中上書》云'更剋畫平斗斛度量，文章布之天下，以樹秦之名'，則刻石名山文皆斯手筆也。有嶧山刻石，泰山刻石，琅邪臺刻石，之罘刻石，之罘東觀刻石、碣石門刻石、會稽刻石、刻始皇所立刻石。惟嶧山刻石《始皇本紀》不載，凡刻石文八。王氏《考證》謂秦刻石者四，非也。又有《句曲山白璧刻文》《玉璽文》《金狄銘》《秦權文》四篇，凡是類皆當在此二十卷中。《隋志》小學家有《秦皇東巡會稽刻石文》一卷，則但搨本一種，非其全也。"

周壽昌曰："本注：秦時大臣奏事及刻石名山文也。壽昌案，《史記·秦始皇本紀》所載嶧山、會稽諸刻石碑文，當本於此。"

楊樹達曰："姚振宗云：'嚴可均輯《全秦文》有王綰、李斯、公子高、周青臣、淳于越及諸儒生群臣議凡十五篇。李斯獄中上書云"更剋畫，平斗斛度量，文章布之天下以樹秦之名"，則刻石名山文皆斯手筆也。'"

楚漢春秋九篇　陸賈所記。

《補注》沈欽韓曰："《隋志》'九卷'，《唐志》'二十卷'，《御覽》引之，《經籍考》不載，蓋亡於南宋。《容齋隨筆》曰：'陸賈書當時事，而所言多與史不合。若高祖之臣，別有絳、灌、南宮侯張耳、淮陰舍人謝公。'案，余嘗見明楊忠愍所書《十八侯贊》，其名姓略與洪氏所指同。《史記索隱》云：'十八侯位次，《楚漢春秋》不同者，陸賈記事，高祖、惠帝時，《漢書》是後定功臣等列。'然如張耳、韓信皆在高祖初年，陸賈豈猶未及覩聞耶？莫曉其參差之故。"王先謙曰："《後漢書·班彪傳》云：'漢興，定天下，大中大夫陸賈記錄時功，作《楚漢春秋》九篇。'案,賈叙述時輩,不容多有牴牾。就其乖舛之迹而言,知唐世所傳,已非元書。"

姚振宗曰:"本書列傳:'陸賈,楚人也。以客從高祖定天下,名有口辨,居左右,常使諸侯。中國初定,尉佗平南越,因王之。高祖使賈賜佗印爲南越王。賈卒拜佗爲王,令稱臣奉漢約。歸報,高帝大説,拜賈爲太中大夫。孝惠時,吕太后用事,欲王諸吕,畏大臣及有口者。賈自度不能爭之,乃病免。以好畤田地善,往家焉。吕太后時,爲陳平畫吕氏數事。游漢廷公卿間,名聲藉甚。及誅吕氏,立孝文,賈頗有力。孝文即位,欲使人之南越,丞相平乃言賈爲太中大夫,往使尉佗,去黄屋稱制,令比諸侯,皆如意指。陸生竟以壽終。'又傳贊曰:'陸賈位止大夫,致仕諸吕,不受憂責,從容平、勃之間,附會將相以彊社稷,身名俱榮,其最優乎!'"

又曰:"《司馬遷傳》贊曰:'漢興伐秦定天下,有《楚漢春秋》。故司馬遷據《左氏》《國語》,采《世本》《戰國策》,述《楚漢春秋》,接其後事,迄于天漢。'"

又曰:"《後漢書·班彪傳》彪論前史得失曰:①'漢興定天下,太中大夫陸賈記錄時功,作《楚漢春秋》九篇。'"

又曰:"《史記集解》序索隱曰:'《楚漢春秋》,漢太中大夫楚人陸賈所撰,記項氏與漢高祖初起及説惠文間事。'"

又曰:"《隋志》史部雜史篇:'《楚漢春秋》九卷,陸賈撰。'又曰:'陸賈作《楚漢春秋》,以述誅鋤秦項之事。'《唐·經籍志》:'《楚漢春秋》九卷,陸賈撰。'《唐·藝文志》:'陸賈《楚漢春秋》九卷。'"

又曰:"《史通·六家》篇:'晏子、虞卿、吕氏、陸賈,其書篇

---

① 後一"彪"字原脱,據《漢書藝文志條理》補。

第，本無年月，而亦謂之春秋。'又《題目》篇云：'案，呂、陸二氏，各著一書，唯次篇章，不繫時月。此乃子書雜記，而皆號曰春秋。考名責實，奚其爽歟！'又《雜述》篇云：'史氏流別，殊途並騖，權而爲論，其流有十。一曰偏記。夫皇王受命，有始有卒，作者著述，詳略難均。有權記當時，不終一代，若陸賈《楚漢春秋》，此之謂偏記者也。'又《雜記》篇云：'案，劉氏初興，書唯陸賈而已。子長述楚、漢之事，專據此書。然觀遷之所載，往往與舊不同。如酈生之初謁沛公，高祖之長歌鴻鵠，非唯文句有別，遂乃事理皆殊。'"

又曰："王氏《考證》：陸賈記項氏與漢高初起及惠、文間事。《隋志》：'九卷。'《史通》云：'晏子、虞卿、呂氏、陸賈，其書篇第，本無年月，而亦謂"春秋"。'《司馬遷傳》贊：'漢興，伐秦定天下，有《楚漢春秋》。'劉氏曰：'歷代國史，其流出於《春秋》。劉歆叙《七略》，王儉撰《七志》，《史記》以下皆附《春秋》。荀勖分四部，史記、舊事入丙部。阮孝緒《七錄·記傳錄》紀史傳，由是經與史分。'①

洪氏曰：'陸賈書記當時事，而所言多與史不合，顏師古屢辨之。若高祖之臣，別有絳、灌、南宮侯張耳、淮陰舍人謝公。'"

又曰："《經義考》：'案，《楚漢春秋》，顏師古《漢書注》、李善《文選注》皆引之，則唐時尚存。又《太平御覽》亦引之，則宋初猶未亡也。'"

又曰："高郵茆泮林輯本序曰：'《楚漢春秋》今散佚不可復得，彙刻叢書中亦未見輯本。泮林因其書與《左傳》《國語》《世本》《國策》均爲龍門作史屬稿所據，惟《世本》及陸書無傳，故既輯《世本》成帙，復於此書留意焉。'"

楊樹達曰："按，茆泮林、洪頤煊並有輯本。"

---

① 按，"陸賈記"至"經與史分"一段，爲王應麟《漢藝文志考證》之文，姚振宗未稱引此語。

太史公百三十篇　十篇有録無書。

《補注》王先謙曰:"《隋志》題'《史記》',蓋晋後著録,改從今名。王應麟《考證》載呂氏祖謙說,以張晏所列亡篇之目校之:一《景紀》,篇在。二《武紀》,亡。三《漢興以來將相年表》,書在,闕叙。四《禮書》,自'禮由人起'以下,草具未成。五《樂書》,自'凡音之成'而下,草具未成。六《律書》,自'書曰,七正二十八舍'以下,草具未成。七《三王世家》,所載惟奏請及策書,或如《五宗世家》略叙自出,亦未可知。八《傅靳蒯成傳》,篇在,非褚先生補。九《日者傳》,自'余志而著之'以上,皆史公本書。十《龜筴傳》,自'褚先生曰'以下,乃所補也。則班言無書,特在中秘所藏言之耳。"

梁玉繩曰:"史公作書,不名《史記》。《史記》之名,當起叔皮<small>班彪</small>父子。觀《漢書·五行志》及《後漢書·班彪傳》可見。蓋取古史記之名以名遷之書,尊之也。"

姚振宗曰:"《太史公自序》曰:'太史公有子曰遷。遷生龍門,仕為郎中,奉使西征巴蜀以南,略邛、筰、昆明,還報命。是歲天子始建漢家之封,而太史公留滯周南,不得與從事,發憤且卒。執遷手而泣曰:余先周室之太史也,自上世常顯功名于虞夏,典天官事。今史記放絶。余為太史而弗論載,廢天下之史文,余甚懼焉,汝其念哉!遷俯首流涕曰:小子不敏,請悉論先人所次舊聞,弗敢闕。卒三歲而遷為太史令,紬史記石室金匱之書。五年而當太初元年,十一月朔旦冬至,天曆始改,建于明堂,諸神受紀。于是論次其文。七年而遭李陵之禍,幽于縲絏,乃喟然而嘆曰:是余之罪也夫!身毀不用矣。退而深惟曰:夫《詩》《書》隱約者,欲遂其志之思也。卒述陶唐以來,至于麟止,自黃帝始。'"

又曰:"本書列傳曰:'網羅天下放失舊聞,著十二《本紀》,作十《表》、八《書》、三十《世家》、七十《列傳》,凡百三十篇,五十二萬六千五百字,爲《太史公書》,藏之名山,副在京師。遷之自序云爾。而十篇缺,有錄無書。遷既被刑之後,爲中書令,尊寵任職。遷既死後,其書稍出。宣帝時,遷外孫平通侯楊惲祖述其書,遂宣布焉。'又傳贊曰:'劉向、揚雄博極群書,皆稱遷有良史之才,服其善序事理,辨而不華,質而不俚,其文直,其事核,不虛美,不隱善,故謂之實錄。'"

又曰:"《後漢書·班彪傳》:彪既才高而好述作,遂專心史籍之間。因斟酌前史而譏正其得失。其略論曰:'孝武之世,太史令司馬遷采《左氏》《國語》,刪《世本》《戰國策》,據楚、漢列國時事,上自黃帝,下訖獲麟,作《本紀》《世家》《列傳》《書》《表》,凡百三十卷,而十篇缺焉。夫百家之書,猶可法也,若《左氏》《國語》《世本》《戰國策》《楚漢春秋》《太史公書》,今之所以知古,後之所由觀前,聖人之耳目也。'"

又曰:"《史通·六家》篇:'《史記》家者,其先出于司馬遷。自五經間行,百家競列,事迹錯糅,前後乖舛。至遷乃鳩集國史,采訪家人,上起黃帝,下窮漢武;紀傳以統君臣,書、表以譜年爵,合百三十卷。因魯史舊名,目之曰《史記》。自是漢世史官所續,皆以《史記》爲名。'又《正史》篇云:'孝武之世,太史公司馬談欲錯綜古今,勒成一史,其意未就而卒。子遷乃述父遺志,作十二《本紀》、十《表》、八《書》、三十《世家》、七十《列傳》,凡百三十篇,而十篇未成,有錄而已。'張晏《漢書注》云:'十篇,遷歿後亡失。'此説非也。"

又曰:"東萊吕氏曰:'以張晏所列亡篇之目校之《史記》,或其篇具在,或草具而未成,非皆無書也''其一曰《景紀》,此其篇具在者也,所載間有班《書》所無者。其二曰《武紀》十篇,唯此篇亡。衛宏《漢書儀注》曰司馬遷作本紀,極言景帝之短及武帝之過，武帝怒而削去之。衛宏與班固同時，是時兩紀俱亡，今《景紀》所以復出者，武帝特能毀其副在京師者耳，藏之名山固自有他本也。《武紀》終不見者，豈非指切尤甚，雖民間亦畏禍，而不敢藏乎？其三曰《漢興以來將相年表》，其書具在，但前闕叙。其四曰《禮書》，其叙具在，自"禮由人起"以下則草具而未成者也。其五曰《樂書》，其叙具在，自"凡音之起"而下則草具而未成者也。其六曰《律書》，其叙具在，自書曰"七正，二十八舍"以下則草具而未成者也。其七曰《三王世家》，其書雖亡，然叙傳云"三子之王，文辭可觀，作《三王世家》"，則其所載不過奏請及策書。或如《五宗世家》，其首略叙，其所自出亦未可知也。贊乃真太史公語也。其八曰《傅靳蒯成列傳》，此其篇具在，而無刓缺者也。張晏乃謂褚先生所補，褚先生論著附見《史記》者甚多，試取一二條與此傳並觀之，則雅俗工拙，自可了矣。其九曰《日者列傳》，自"余志而著之"以上皆太史公本書。其十曰《龜策列傳》，其叙具在，自"褚先生曰"以下乃其所補爾。方班固時，東觀、蘭臺所藏十篇，雖有錄無書，正如《古文尚書》，兩漢諸儒皆未嘗見，至江左始盛行，固不可以其晚出，遂疑以爲僞也。"①

又曰："錢大昕《史記考異》曰：'子長述先人之業作書，繼《春秋》之後，成一家言，故曰《太史公書》。以官名之者，承父志也。以虞卿、呂不韋著書之例言之，當云《太史公春秋》。不稱春秋者，謙也。《藝文志》《太史公》百三十篇，馮商所續《太史公》七篇，俱入《春秋》家。而班叔皮亦稱爲《太史公書》，蓋子長未嘗名其書曰《史記》。桓譚云遷著書成，以示東方朔，朔皆署曰《太史公》。署之者，名其書也。或者不察，以公爲

① 按，此爲吕祖謙之語，姚書未見稱引。

朔尊遷之稱，失之遠矣。《周本紀》《陳杞世家》《儒林列傳》《十二諸侯年表》《老子列傳》《天官書》《太史公自序》諸所稱史記，皆指前代之史而言。班史《五行志》所記史記，亦非《太史公書》。《楊惲傳》，惲始讀外祖《太史公記》，初不云《史記》。考《前》《後漢書》，多云《太史公書》，皆不云《史記》。《史記》之名，疑出魏晉以後，非子長著書之意也。《後漢書·班彪傳》有司馬遷著《史記》之語，此范蔚宗增益，非東觀原文。"

姚振宗又曰："按，史志著錄《太史公》者，惟見是《志》。其後，《隋》《唐志》所載諸家解注皆稱《史記》，無復稱《太史公書》者矣。①"

馮商所續太史公七篇

韋昭曰："馮商受詔續《太史公》十餘篇，在班彪《別錄》。商字子高。"師古曰："《七略》云：'商，陽陵人，治《易》，事五鹿充宗，後事劉向，能屬文，博通強記，後與孟柳同待詔，頗序列傳，未卒，會病死。'"

《補注》王應麟曰："《張湯傳》贊：'馮商稱張湯之先，與留侯同祖。'②《史通》云：'《史記》所書年止漢武，太初已後，闕而不錄。其後劉向、向子歆及諸侯好事者，若馮商、衛衡、揚雄、史岑、梁審、肆仁、晉馮、段肅、金丹、馮衍、韋融、蕭奮、劉恂等，相次撰續，迄于哀平間，猶名《史記》。至建武中，司徒掾班彪以爲其言鄙俗，不足以踵前史。又雄、歆僞褒新室、誤後惑衆，不當垂之後代。於是採其舊事，傍貫異聞，作《後傳》六十五篇，其子固爲《漢書》。'《論語》曰揚子雲錄宣帝以至哀、平，陳平仲紀光武。"③陶憲曾曰："商語亦見《趙廣漢傳》贊。"

---

① "書"字原脱，據《漢書藝文志條理》補。
② 按，此句爲王應麟《漢藝文志考證》之文，姚振宗未稱引此語。
③ 按，"至建武中"至"陳平仲紀光武"一段，爲王應麟《漢藝文志考證》之文，姚振宗未稱引此語。

姚振宗："本書《張湯傳》贊曰：'馮商稱張湯之先與留侯同祖，而司馬遷不言，故闕焉。'如淳曰：'班固《目錄》：馮商，長安人，成帝時以能屬書待詔金馬門，受詔續《太史公書》十餘篇。'按，《張湯傳》班氏亦采馮商所續書。"

又曰："《史通·正史》篇：'《史記》所書，年止漢武。太初已後，闕而不錄。其後劉向、向子歆及諸好事者，若馮商、衛衡、揚雄、史岑、梁審、肆仁、晉馮、段肅、金丹、馮衍、韋融、蕭奮、劉恂等相次撰續，迄哀、平間，猶名《史記》。'"

姚振宗又曰："按，本《志》是篇都凡之下注云'省《太史公》四篇'，當是馮氏續書。馮所續著錄七篇，省四篇，蓋十一篇，故班氏、韋氏並云十餘篇。"

洪頤煊曰："案，《張湯傳》贊：'馮商稱張湯之先與留侯同祖。'如淳曰：'班固《目錄》：馮商，長安人。成帝時以能屬書待詔金馬門，受詔續《太史公書》十餘篇。'《趙廣漢傳》贊：'馮商傳王尊。'張晏曰：'劉向作《新序》不道王尊，馮商續《史記》為作傳。'商書所見僅此，班彪《別錄》、班固《目錄》疑是一書。或疑《別錄》是劉向《別錄》之訛，非是。"

楊樹達曰："按，韋引班彪《別錄》及《張湯傳》如淳注引班固《目錄》並云商續十餘篇，而《志》文只七篇者，姚振宗謂商書本十一篇，班氏省去四篇，故為七篇，其説是也。班省見下文。樹達又按，《張湯傳》贊云：'馮商稱張湯之先與留侯同祖。'《趙尹韓張兩王傳》贊云：'馮商傳王尊。'知商所續書中有張湯、王尊二傳也。《馮奉世傳》篇首有叙馮氏世系百餘言，錢大昕疑為商《自序》原文。余謂續《史記》者有馮衍，衍為奉世後人，則《奉世傳》當采自衍，非出於商，錢説非也。"

太古以來年紀二篇

《補注》王應麟曰："《六藝論》云：'燧人至伏羲一百八十七

代。'"又曰:"《春秋緯》云:'開闢至獲麟二百七十六萬歲,分爲十紀,大率一紀二十七萬六千年。'"

姚振宗曰:"《禮記正義》序曰:'伏犧之前及伏犧之後,年代參差,所説不一,緯候紛紜,各相乖背,且復煩而無用。'"

又曰:"王氏《考證》:李德林曰:'史者,編年也,故魯號紀年。《墨子》又云吾見百國春秋。'《春秋緯》曰:'開闢至獲麟二百七十六萬歲,分爲十紀,大率一紀二十七萬六千年。'艾軒林氏曰:'伏羲氏元年辛巳,或以爲甲寅。陶唐氏元年戊辰,或以爲辛卯,或以爲甲辰。舜之年月以孟子、司馬遷之言求之,《虞書》似亦有不合者。'《六藝論》云:'燧人至伏羲一百八十七代。'"①

漢著記百九十卷

師古曰:"若今之起居注。"

《補注》何焯曰:"《後漢書·皇后紀》:平望侯劉毅云:'古之帝王,左右置史,漢之舊典,世有注記。''著'疑作'注'。"沈欽韓曰:"魏相奏云:'觀高皇帝所述書《天子所服第八》。'②《隋志》起居注篇'漢武帝有《禁中起居注》'。《抱樸子·論仙》篇案'《漢禁中起居注》'云云。此著記之類。'著'與'注'同。"周壽昌曰:"《律曆志》言'著記'者十四,《五行志》亦言'凡漢著記'。《谷永傳》:'八世著記,久不塞除。'注:'高祖以來至元帝,著記災異,未塞除也。'是'著記'名書已久,不能改'著'爲'注'。"

姚範曰:"按,《後漢書·皇后紀》:明德馬皇后自撰《顯宗起居注》。又平望侯劉毅云:'古之帝王,左右置史。漢之舊典,世有注記。'此'著'字,疑作'注'。《劉向傳》論'星孛東井'之奏,有'著於漢紀'語,豈即此著記類耶?"

---

① 按,考姚振宗《漢書藝文志條理》,姚氏所引王應麟《漢藝文志考證》僅爲小字部分。
② "第",原誤作"十",據《漢書·魏相傳》及《漢書疏證》改。

姚振宗曰："本書《劉向傳》：向上奏曰：'及項籍之敗，星孛大角。漢之入秦，五星聚于東井，得天下之象也。孝惠時，有雨血，日食于衝，滅光星見之異。<small>孟康曰："日月行交道之衝也。相薄而既也，京房所謂陰氣盛，薄奪日光者也。"</small>孝昭時，有泰山臥石自立，上林僵柳復起，大星如月西行，衆星隨之，此爲特異。孝宣興起之表，天狗夾漢而西，<small>李奇曰："流星也。下墮地爲天狗，皆祆星。"</small>久陰不雨者二十餘日，昌邑不終之異，皆著于《漢紀》云。'"

又曰："又《五行志》云：'凡漢著紀十二世二百一十二年，日食五十三，朔十四，晦三十六，先晦一日三。'按，此則《漢著記》百九十卷當訖于平帝元始五年，其哀、平兩朝著記，《七略》所未及，當是後人續成之。"

又曰："又《曆志》：'《三統曆譜》曰：漢高祖皇帝，著《紀》，伐秦繼周。木生火，故爲火德。天下號曰漢。著《記》，高帝即位十二年。惠帝，著《紀》即位七年。高后，著《紀》即位八年。文帝，前十六年，後七年，著《紀》即位二十三年。景帝，前七年，中六年，後三年，著《紀》即位十六年。武帝建元、元光、元朔各六年，元狩、元鼎、元封各六年，太初、天漢、太始、征和各四年，後二年，著《紀》即位五十四年。昭帝始元、元鳳各六年，元平一年，著《紀》即位十三年。宣帝本始、地節、元康、神爵、五鳳、甘露各四年，黄龍一年，著《紀》即位二十五年。元帝初元、永光、建昭各五年，竟寧一年，著《紀》即位十六年。成帝建始、河平、陽朔、鴻嘉、永始、元延各四年，綏和二年，著《紀》即位二十六年。哀帝建平四年、元壽二年，著《紀》即位六年。平帝，著《紀》即位元始五年，以宣帝玄孫嬰爲嗣，謂之孺子。著《紀》新都侯王莽居攝三年，[①]王莽居攝，盜襲帝位，

[①] "著紀"上原衍"孺子"二字，據《漢書藝文志條理》删。

竊號曰新室。始建國五年、天鳳六年,地皇三年,著《紀》盜位十四年。更始帝,著《紀》以漢宗室滅王莽,即位二年。赤眉賊立宗室劉盆子,滅更始帝。自漢元年訖更始二年,凡二百三十載。光武皇帝,著《紀》以景帝後高祖九世孫受命中興復漢,改元曰建武,三十一年,中元二年,即位三十三年。'按,此《漢著紀》百九十卷,或即如此《志》所載至光武帝而止,未可知也。若《七略》原編當至成帝止,其下皆後人所續。"

又曰:"王氏《考證》:劉毅曰:'漢之舊典,世有《注》《記》。'荀悅《申鑑》曰:'先帝故事有《起居注》,動靜之節必書焉。'《通典》曰:'漢武帝有《禁中起居注》,馬后撰《明帝起居注》,則漢起居似在宮中,爲女史之任。'谷永言災異有'八世著《紀》,久不塞除'之語。"

朱一新曰:"《律曆志》言漢諸帝著《記》。又《史記·孝武記》正義引漢帝起居言李少君事。"

金毓黻曰:"考《漢書·五行志》曾舉'漢著記'之名,自高祖至孝平,凡十二世。《律曆志》亦屢稱'著紀'。所記悉爲年世,或曰食朔晦之數。《後漢書》則作'注記',見《和熹鄧皇后紀》及《馬嚴傳》。《漢志考證》引劉毅語云:'漢之舊典,世有《注》《記》。'是'紀'又作'記','著'又作'注'。據《五行志》所載十二著紀之文,多屬五行曆數天人相應之事,蓋太史令之所掌也。則是《漢著紀》未必屬於《起居注》,顏注所説,未爲得實。"

章學誠曰:"鄭樵譏《漢志》以《世本》《戰國策》《秦大臣奏事》《漢著記》爲《春秋》類,是鄭樵未嘗知《春秋》之家學也。《漢志》不立史部,以史家之言,皆得《春秋》之一體,故四書從而附入也。"

漢大年紀五篇

《補注》王應麟曰:"《高》《文》《武紀》瓚注引《漢帝年紀》,蓋即此書。"

姚振宗曰："本書《高祖本紀》注：'臣瓚曰：帝年四十二即位，即位十二年，壽五十三。'《惠帝本紀》注：'帝年十七即位，即位七年，壽二十四。'《文帝本紀》注：'帝年二十二即位，即位二十三年，壽四十六。'《景帝本紀》注：'帝年三十二即位，即位十六年，壽四十八。'《武帝本紀》注：'帝年十七即位，即位五十四年，壽七十一。'《昭帝本紀》注：'帝年九歲即位，即位十三年，壽二十二。'師古曰："帝年八歲即位，明年改元，改元之後凡十三年，年二十一。"《宣帝本紀》注：'帝年十八即位，即位二十五年，壽四十三。'《元帝本紀》注：'帝年二十七即位，即位十六年，壽四十三。'《成帝本紀》注：'帝年二十即位，即位二十六年，壽四十五。'師古曰："即位明年乃改元耳，壽四十六。"《哀帝本紀》注：'帝年二十即位，即位六年，壽二十五。'師古曰："即位明年乃改元，壽二十六。"《平帝本紀》注：'帝年九歲即位，即位五年，壽十四。'師古曰："《漢注》云帝春秋益壯，以母衛太后故怨不悦。莽自知益疏，篡弑之謀由是生，因到臘日上椒酒，置藥酒中。故翟義移書云'莽鴆殺孝平皇帝'。""

又曰："章如愚《山堂考索前集》曰：'非有《漢著記》百九十卷，《漢大年紀》五篇，則孟堅十二帝紀何所考證而作也？'"

又曰："《玉海·藝文·編年類》：'《漢大年紀》，《漢志》春秋家五篇，《高祖》《文帝》《武帝紀》臣瓚注引《漢帝年紀》蓋即此書。'"

姚振宗又曰："按，此似大事記之類，而臣瓚所注《漢帝年紀》亦在其中，惟《高后紀》無瓚注，《外戚傳》亦不言其年壽，但知其臨朝八年耳。又按，以上兩書疑《七略》皆無卷數，至班氏始據當時成書而著錄于此。"

又曰："又按，此篇凡分兩章：自《春秋古經》至《議奏》十八條爲一章，皆經傳之屬也；自《國語》至《漢大年紀》十一條爲一章，皆古今史傳附著于此篇者也。其經傳之中分爲七段：《春秋古經》、公、穀二家《經》，古今文經本也，是爲第一段；《左氏》《公羊》《穀梁》《鄒氏》《夾氏傳》，所謂《春秋》分爲五，自昔相傳者也，爲第二段；《左氏微》《鐸氏微》《張氏微》《虞氏微傳》，抄撮成編，別爲一體，後世史鈔之流權輿于此，爲第三段；《公羊外傳》《穀梁外傳》爲第四段；《公羊章句》《穀梁章句》爲第五段；《公羊雜記》《顏氏記》《董仲舒治獄》爲第六段，顏氏遠在董氏之後而列于其前者，以其書與《雜記》相類從，而《治獄》在春秋家自爲體裁，故次于後，此三家皆《公羊》學，故別爲一段，次章句之後；考之尚書家、禮家，皆以《石渠議奏》置諸末簡，此循其例，故以《議奏》爲第七段終焉。其所附古今史傳亦分四段：《國語》《新國語》爲一段，《世本》《戰國策》《奏事》《楚漢春秋》爲一段，《太史公》、馮商《續太史公》爲一段，《太史以來年紀》《漢著紀》《漢大年紀》爲一段。是篇所分章段如此，或詆爲無義例、無倫類者，不自知其妄也。"

凡春秋二十三家，九百四十八篇。　省太史公四篇。

章學誠曰："注'省'者，劉氏本有而班省去也。"又曰："注'省《太史公》四篇'，其篇名既不可知。按，《太史公》百三十篇本隸《春秋》之部，豈同歸爲一略之中，猶有重復著錄及裁篇別出之例耶？'"

周壽昌曰："案，《鄒氏傳》無師，《夾氏傳》無書，而存之者，存此兩家也。注云省《太史公》四篇，不知所省何篇，無考。"

姚振宗曰："按，以《春秋古經》合《左氏傳》爲一家，《公羊》《穀梁經》合《內》《外傳》《章句》《雜記》爲二家，餘二十條，條爲一家，正合二十三家之數。然恐無是例也。據所載有二十九條，首一條古今文經誤連二條爲一條，則有三十條，條爲一家。又公、穀二家《經》當爲二家，實有三十一家。其篇數則公、穀二家《經》各十一卷，合爲廿二卷，實止于九百一篇。凡缺少八家,溢出四十七篇。今校定當爲三十一家、九百一篇。王氏《考證》卷末《決疑》曰:'自六經以至陰陽之家,其數或多或少。《春秋》九百四十八篇,而其數之不及者七十有一。'按,此言不及者,以多出言之,則爲八百七十七篇;以缺少言之,則爲一千一十九篇。其數皆未合,不知云何?此《決疑》而轉以致疑也。"

古之王者,世有史官,君舉必書,所以慎言行,昭法式也。

《補注》王念孫曰:"案,'式'本作'戒',字之誤也。言行之是者可以爲法,非者可以爲戒,故曰'慎言行,昭法戒'。《劉向傳》云'言得失,陳法戒'是也。若作'法式',則非其旨矣。《太平御覽·職官部》三十三引作'式',則宋時本已然。舊本《北堂書鈔·設官部》七作'戝','戝'亦'戒'之誤。陳禹謨不知"戝"爲"戒"之誤,遂依俗本《漢書》改爲"式"。《左傳序》正義引此,正作'戒'。"

姚明煇曰:"古之史官,如黄帝之史倉頡是。《周官·大宗伯》有太史、小史、内史、外史、御史之職。舉,動也。書,書于策。"

左史記言,右史記事,

《補注》王應麟曰:"《玉藻》曰:'動則左史書之,言則右史書之。'與此不同。"

東萊吕氏曰:"《玉藻》云云,説者遂以《尚書》爲右史所書,殊不知三《典》兼載言動,如《禹貢》一篇皆紀事,未嘗有禹之言也。"

事爲《春秋》,言爲《尚書》,帝王靡不同之。

《補注》葉德輝曰:"《史通》言:'史有六家:一曰《尚書》家,二曰《春秋》家。《尚書》家者,其先出於太古,至孔子觀書于周室,得虞、夏、商、周四代之典,乃删其善者,定爲《尚書》百篇。

《春秋》家者,其先出于三代。'案,《汲冢瑣語》記太丁時事,目爲《夏殷春秋》。《國語》曰:'晋羊舌肸習于《春秋》。'《左傳·昭二年》:'晋韓宣子來聘,見《魯春秋》。'斯則'春秋'之目,事匪一家。故墨子曰:'吾見百國春秋。'蓋指此也。"

劉光蕡曰:"孔子以前,《書》與《春秋》爲一。"

周室既微,載籍殘缺,仲尼思存前聖之業,

按,《春秋左氏傳序》疏:《説文》云:"籍,薄書也。"張衡《東京賦》曰:"多識前世之載。"載,亦書也。《文選·任彥昇王文憲集序》注:吕言濟曰:"載籍,經典也。"

劉光蕡曰:"孔子删《書》作《春秋》,則《書》言治之大綱,與《禮》言治之細目相爲體用。而《春秋》言人事,與《易》言天道相爲表裏矣。"

乃稱曰:"夏禮吾能言之,杞不足徵也;殷禮吾能言之,宋不足徵也。文獻不足故也,足,則吾能徵之矣。"

師古曰:"《論語》載孔子之言也。徵,成也。獻,賢也。孔子自謂能言夏、殷之禮,而杞、宋之君,文章賢材不足以成之,故我不得成此禮也。"

劉光蕡曰:"上文言《書》與《春秋》並提,而此以《書》與《禮》伴説。杞、宋不足徵夏、殷之禮。《春秋》無夏、殷事,見孔子所修之《春秋》,不可以古記事記言之法求也。"

以魯周公之國,禮文備物,史官有法,故與左丘明觀其史記,據行事,仍人道,因興以立功,就敗以成罰,假日月以定曆數,藉朝聘以正禮樂。有所褎諱貶損,不可書見,口授弟子,弟子退而異言。丘明恐弟子各安其意,以失其真,故論本事而作傳,明夫子不以空言説經也。

師古曰:"仍亦因也。謂人執所見,各不同也。"

姚明煇曰:"本書《地理志》:周興,以少皞之虚曲阜封周公子伯禽爲魯侯，以爲周公主。其民有聖人之教化。故孔子曰：'齊一變至於魯，魯一變至於道。'言近正也。左丘明，魯太史。昭二年《左傳》：韓宣子來聘，觀書於太史氏，見《易象》與《魯春秋》，曰：'周禮盡在魯矣，吾今乃知周公之德與周之所以王也。'又曰：'魯君子左丘明懼弟子人人異端，各安其意，失其真。故因孔子史記具論其語，成《左氏春秋》。'按，立功因興，成罰因敗，定曆數，假日月，正禮樂，藉朝聘，即所謂不以空言說經。左氏所論本事，即孔子所因所假所藉也。"

《春秋》所貶損大人當世君臣，有威權勢力，其事實皆形於傳，是以隱其書而不宣，所以免時難也。及末世口説流行，故有《公羊》《穀梁》《鄒》《夾》之傳。四家之中，《公羊》《穀梁》立於學官，鄒氏無師，

《補注》周壽昌曰："《王吉傳》云：'能爲《騶氏春秋》。'壽昌按，據此，當時應有師授，或因未立學官，失其傳耳。"王先謙曰："鄒氏有書無師，蓋據班氏時言之。"

按，《穀梁傳序》疏："鄭玄《六藝論》云：'《左氏》善于禮，《公羊》善于讖，《穀梁》善於經。'"

夾氏未有書。

《補注》王先謙曰："口説流傳，未著竹帛也。《後書·范升傳》云：'《春秋》之家，有《騶》《夾》，如令《左氏》得置博士，《騶》《夾》並復求立。'是後漢時《騶》《夾》私學猶存，其後乃盡亡耳。"

周壽昌曰："案，《志》稱《夾氏傳》十一卷，有錄無書。是夾氏書在漢時已亡。壽昌案，既云'有錄'，其初必有書也。《宋史·藝文志》載有《春秋夾氏》三十卷，必後人擬作也，今書亦無存。王先謙曰：'口説流傳，未著竹帛也。《後書·范升傳》云《春秋》之家，有《騶》《夾》，如令《左氏》得置博士，《騶》《夾》並復求立。是後漢時《騶》《夾》私學猶存,其後乃盡亡耳。'"
姚明煇曰:"'事實',即上文'本事',左氏論之而形於傳也。
許慎曰:'北平侯張蒼獻《春秋左氏傳》'。《隋志》言《左氏》漢初出於張蒼之家,本無傳者,至平帝時始立博士也。按,漢初諸儒治《春秋》者,其始皆宗《公》《穀》,《志》言《左氏》所以無師,以當時欲免時難,隱其書而不宣之故也。"
劉光蕡曰:"此叙以左氏爲《春秋》正傳,而《公》《穀》爲後出之傳。先出不聞左氏,及至劉歆,左氏始出,欲立博士,師丹不肯,則歆以前世無左氏也。劉向先習《公羊》,宣帝以衛太子好《穀梁》,命改習《穀梁》。歆違棄世守之《公》《穀》,而以左氏駕於其上,不忠不孝,罪無可逭。而此段叙述與《易》《詩》《書》《禮》《樂》均不類,不叙傳授之人,不叙經所從出,不叙漢初家法,其以《春秋》爲當世所罪而諱之與?抑劉歆僞傳左氏,無師承傳授,故並二家傳授源流去之,以相亂耶?向習《公羊》,奉詔改習《穀梁》,此其傳授之顯然無可諱者而亦去之,則非向不叙錄,而爲歆去之也明矣。"

論　　語

論語古二十一篇　　出孔子壁中,兩《子張》。

如淳曰:"分《堯曰》篇後子張問'何如可以從政'已下爲篇,名曰《從政》。"

《補注》王應麟曰:"何晏序云:'《古論》惟博士孔安國爲之訓解,而世不傳。'《新論》云:'文異者四百餘字。'《春秋正義》引'哀公問主於宰我'。案,《古論語》及孔、鄭皆以爲'社主',張、包、周等並爲'廟主'。《說文》引《論語》皆古文。"

姚振宗曰:"顏氏《集注》:如淳曰:'分《堯曰》篇後子張問何如可以從政已下爲篇,名曰《從政》。'"

又曰:"劉向《別録》曰:'古壁所傳,謂之《古論》。'"

又曰:"桓譚《新論》曰:'《古論語》二十一篇,文異者四百餘字。'"

又曰:"《論衡·正説》篇:'説《論語》者皆知説文解語而已,不知《論語》本幾何篇;但周以八寸爲尺,不知《論語》所獨一尺之意。夫《論語》者,弟子共紀孔子之言行,勑已之時甚多,數十百篇,以八寸爲尺,紀之約省,懷持之便也。以其遺非經,傳文紀識恐忘,故但以八寸尺,不二尺四寸也。漢興失亡。至武帝發取孔子壁中古文,得二十一篇,齊、魯二,河間九篇,本三十篇。至昭帝女讀二十一篇。宣帝下太常博士,時尚稱書難曉,名之曰傳;後更隸寫以傳誦。初,孔安國以教魯人扶卿,官至荆州刺史,始曰《論語》。今時稱《論語》二十篇,又失齊、魯、河間九篇。本三十篇,分布亡失;或二十一篇。目或多或失,文讚或是或誤。説《論語》者,但知以剥解之間,以纖微之難,不知存問本根篇數章目。温故知新,可以爲師,今不知古,稱師如何?'按,此文似有攷誤。大致謂其初有河間獻王所獻九篇,孔壁所得二十一篇。其後魯人、齊人删並復重,定爲《魯論》二十篇,《齊論》二十二篇,而河間之本即在其中,故其本遂不復傳。"

又曰:"鄭康成《六藝論》曰:'《論語》,仲弓、子游、子夏等所撰。定《易》《詩》《書》《禮》《樂》《春秋》策皆二尺四寸。《孝經》,尺二寸,謙,半之。《論語》八寸策者,三分居一,又謙焉。'《經義考》曰:'按,《論語》出于子夏等六十四人撰。'"

又曰:"後漢趙岐《孟子題辭》曰:'漢興,除秦虐禁,開延道德。孝文皇帝欲廣游學之路,《論語》《孝經》《孟子》《爾雅》皆置博士。後罷傳記博士,獨立五經而已。'按,劉歆《移書太常博士》云'至孝文皇帝,天下衆書往往頗出,皆諸子傳説,猶廣立于學官,爲置博士'云云,與趙氏言相印合。"

又曰:"《釋文·叙録》:'《論語》者,孔子應答弟子及時人所言,或弟子相與言而接聞于夫子之語也。當時弟子各有所記。夫子既終,微言已絶,弟子恐離居已後,各生異見,而聖言永滅,故相與論撰,因輯時賢及古明王之語,合成一法,謂之《論語》。鄭康成云仲弓、子夏等所撰定。漢興,傳者則有三家:《古論語》者,出自孔氏壁中,凡二十一篇,有兩《子張》,篇次不與《齊》《魯論》同。'《新論》云:'文異者四百餘字。'"

又曰:"《隋書·經籍志》:'《論語》者,孔子弟子所録。孔子既叙六經,講于洙、泗之上,門徒三千,達者七十。其與夫子應答及私相講肄,言合于道,或書之于紳,或事之舞厭。仲尼既没,遂緝而論之,謂之《論語》。《古論語》與《古文尚書》同出,章句煩省,與《魯論》不異,唯分兩《子張》爲二篇,故有二十一篇。'馬氏《玉函山房》有《古論語》輯本六卷。"

齊二十二篇　多《問王》《知道》。

如淳曰:"《問王》《知道》,皆篇名也。"

《補注》王應麟曰:"《説文》《初學記》等書引《逸論語》言玉事,愚謂'問王'疑即'問玉'也,篆文相似。"沈欽韓曰:"《別録》云:'齊人所學,謂之《齊論》。'何晏序:'《齊論語》二十二篇,其二十篇中章句頗多於《魯論》。'"王先謙曰:"《隋志》:'張禹本授《魯論》,晚講《齊論》,後遂合而考之,删其煩惑,除去《齊論·問王》《知道》二篇,從《魯論》二十篇爲定,號《張侯論》。漢末鄭玄以《張侯論》爲主,參考《齊論》《古論》,而爲之注,魏陳群等爲義説,何晏又爲集解,是後諸儒多爲之注,《齊論》遂亡。'官本注'曰'下有'多'字。"

王應麟曰:"晁氏公武曰:'齊論有《問王》《知道》兩篇。詳其名,是必論内聖之道、外王之業,未必非夫子之最致意者,不知何説而張禹獨遺之。禹身不知王鳳之邪正,其不知此固宜。然勢位足以軒輊一世,使斯文遂喪,惜哉!'何晏序云:'鄭玄就《魯論》篇章,考之《齊》《古》爲之注。'艾軒林氏曰:'康成溺於章句,其竄定未必審也。許氏《説文》有所謂《逸論語》,是康成之説未行,而《論語》散逸,已有不傳者。'《説文》:《逸論語》曰"玉粲之瑟兮,其璱猛也","如玉之瑩"。又曰:"璵璠,魯之寶玉也。孔子曰:美哉璵璠,遠而望之奐若也,近而視之瑟若也。① 一則理勝,二則孚勝。"《初學記》亦謂《逸論語》之文。愚謂"問王"疑即"問玉"也,篆文相似。《季氏》篇,洪氏曰:'或以爲《齊論》。'《正義》曰:'《齊論》者,齊人所傳。'"姚振宗曰:"劉向《別録》曰:'齊人所學,謂之《齊語》。'"

又曰:"《釋文·叙録》:'《齊論語》者,齊人所傳。別有《問王》《知道》二篇,凡二十二篇,其二十篇中,章句頗多于《魯論》。'"

又曰:"《隋書·經籍志》:'齊人傳者,二十二篇。漢末,鄭玄以《張侯論》爲本,參考《齊論》《古論》而爲之注。魏陳群、王肅、周生烈,皆爲義説。何晏又爲集解。是後諸儒多爲之注,《齊論》遂亡。'"

又曰:"《經義考》:'洪适曰:《季氏》篇或以爲《齊論》。又曰:説者謂《問王》《知道》是内聖外王之業,此傅會也。語出晁氏,詳後《張侯論》條下。《論語》二十篇,皆就首章字義名篇,非有包括全篇之義。今《逸論語》見于《説文》《初學記》《文選注》《太平御覽》等書,其詮玉之屬特詳。竊疑《齊論》所逸二篇,其一乃《問玉》,非《問王》也。考之篆法,三畫正均者爲玉,中畫近上者爲王,初無大異,因訛玉爲王耳。王伯厚亦云《問王》疑即《問玉》,亶其然乎!'馬氏《玉函山房》有《齊論語》輯本一卷。"姚振宗又曰:"按,舊例文相聯貫,此《齊》二十二篇者蒙上文

---

① "視",原誤作"迹",據《説文解字》改。

'論語'二字,刻書者以其前有注文,遂強分爲一條。"

周壽昌曰:"案,《隋》《唐志》不著録,佚已久。馬國翰云:'考《漢書·王吉傳》用《論語》二事,《貢禹傳》引一事,此齊學之底本。'又陸德明《經典釋文·叙録》云:'《齊論語》,齊人所傳。董仲舒,廣川人,地屬齊。《漢書》本傳對策及所著《春秋繁露》多引《論語》,與《魯》《古》不同,而與王吉所引有合,確爲《齊論語》。'又《釋文》云:'案,鄭校周之本,以《齊》《古》讀正凡五十事。陸氏載鄭從亡者十餘條,他引鄭本,不言所從,鄭以《齊》《古》注《魯》,其學古不同者爲《魯》,而與《魯》不同者,皆《齊》同爲《古》也。'又《説文》《初學記》等書引《逸論語》詳言玉事。① 王應麟謂'問王'疑即'問玉'。朱氏《經義考》定爲《問玉》篇。是唯《知道》篇全佚耳。"

魯二十篇,傳十九篇

師古曰:"解釋《論語》意者。"

《補注》王應麟曰:"《正義》云:'《魯論》者,魯人所傳,即今所行篇次是也。'"

姚振宗曰:"劉向《别録》曰:'《魯論語》二十篇皆孔子弟子記諸善言也。'又曰:'魯人所學,謂之《魯論》。'"

又曰:"本《志》叙傳:'《魯論語》者,常山都尉龔奮、長信少府夏侯勝、丞相韋賢、魯扶卿、前將軍蕭望之、安昌侯張禹,皆名家。'蕭望之本傳云從夏侯勝問《論語》、禮服。"

又曰:"《釋文·叙録》:'《魯論語》者,魯人所傳,即今所行篇次是也。常山都尉龔奮、長信少府夏侯勝、丞相韋賢及子玄成、魯扶卿、鄭云扶先,或説"先",先生。太子少傅夏侯建、前將軍蕭望之並傳之,各自名家。'按,此所叙名家又有韋玄成、夏侯建

---

① "言"字原脱,據《漢書注校補》補。

二人，與《漢志》不同。而《張禹傳》有韋玄成，《隋·經籍志》亦有韋丞相節侯父子，無小夏侯建。"

又曰："《經義考》曰：'按，《魯論語·堯曰》篇無不知命一章，《齊論語》則有之，蓋後儒參入。其字義異讀者傳不習乎，讀傳爲專之類，凡一十七條。'"

姚振宗又曰："按，舊例文相聯貫，此條與前一條皆蒙上文'論語'二字，猶言《論語》齊二十二篇，《論語》魯二十篇也。其曰《傳》十九篇，又蒙本條上文'魯'字，言《魯傳》十九篇也。刻書者皆以注文間隔誤分爲條。"

馬培棠曰："《論語》之名，雖早見於《禮記·坊記》，而兩漢時代，稱謂並不一致。或單稱《論》，或單稱《語》，或別稱《傳》，或別稱《記》，或詳稱《論語說》。直至漢後，《論語》之稱方告確定，其内容强半皆孔子之言，故曰《論語》。"

齊説二十九篇

《補注》王先謙曰："下云傳《齊論》者，惟王吉名家。《吉傳》云：'王陽説《論語》。'即此《齊説》也。"

姚振宗曰："劉歆《七略》曰：'《論語》家，近琅邪王卿不審名，及膠東庸生皆以教。'"

又曰："本《志》叙：'漢興，有齊、魯之説。傳《齊論》者，昌邑中尉王吉、少府宋畸、御史大夫貢禹、尚書令五鹿充宗、膠東庸生，唯王陽名家。'師古曰：'王吉字子陽，故謂之王陽。'"

又曰："魏何晏《集解》序：'《齊論語》二十二篇，琅邪王卿及膠東庸生、昌邑中尉王吉皆以教授。'宋邢昺《疏》曰：'王卿，天漢元年由濟南太守爲御史大夫。庸生，名譚。王吉，字子陽。三人皆以《齊論語》教授于人。'按，《釋文·叙録》亦有琅邪王卿，與《七略》同，而本《志》不之及。按，《百官表》天漢元年，濟南太守琅邪王卿爲御史大夫。二年，有罪自殺。亦見《武帝本紀》。何晏叙首稱'漢中壘校對光禄大夫劉向言'云云,疑此一段文字皆采之《別録》。"

魯夏侯説二十一篇

《補注》錢大昭曰:"《夏侯勝傳》:'受詔撰《論語》説。'"

姚振宗曰:"夏侯勝始末見前《尚書》家。"

又曰:"本傳:'勝復爲長信少府,遷太子太傅,受詔撰《尚書》《論語説》,賜黄金百斤。'師古曰:'解説其意,若今義疏也。'"

魯安昌侯説二十一篇

師古曰:"張禹也。"

《補注》王先謙曰:"事詳《禹傳》。"

姚振宗曰:"本傳:'張禹字子文,河内軹人也。至禹父徙家蓮勺。禹至長安,從沛郡施讎受《易》,按,《儒林》《易》家《施讎傳》"及梁丘賀爲少府,事多,乃遣專臨分將門人張禹等從讎問。讎授張禹,至丞相,自有傳"。琅邪王陽、膠東庸生問《論語》,既皆明習,有徒衆,舉爲郡文學。甘露中,諸儒薦禹,有詔太子太傅蕭望之問。禹對《易》及《論語》大義,望之善焉,奏禹經學精習,有師法,可試事。奏寢,罷歸故官。久之,試爲博士。初元中,立皇太子,而博士鄭寬中以《尚書》授太子,薦言禹善《論語》。詔令禹授太子《論語》,由是遷光禄大夫。數歲,出爲東平内史。成帝即位,徵禹,以師賜爵關内侯。拜爲諸吏光禄大夫,秩中二千石,給事中,領尚書事。河平四年代王商爲丞相,封安昌侯。爲相六歲,鴻嘉元年以老病乞骸骨。罷就第,以列侯朝朔望,位特進。成帝崩,禹及事哀帝,建平二年薨,謚曰節侯。初,禹爲師,以上難數對己問經,按《經義考》引云"以上好《論語》,難數對己問經",此似有敓文。爲《論語章句》獻之。始魯扶卿及夏侯勝、王陽、蕭望之、韋玄成皆説《論語》,篇第或異。禹先事王陽,後從庸生,采獲所安,最後出而尊貴。諸儒謂之語曰:欲爲《論》,念張文。由是學者多從張氏,餘家寖廢。'按,禹後劉向卒一年。"按,向卒於成帝綏和元年。禹,哀帝建平二年薨。是禹後劉向卒二年,非一年也。姚説非。

魯王駿説二十篇

師古曰:"王吉子。"

姚振宗曰:"本書《王吉傳》:'吉字子陽,琅邪皋虞人也。少好學明經,爲昌邑中尉、博士、諫大夫。謝病歸。元帝初即位,徵吉。吉年老,道病卒。初,吉兼通五經,能爲《騶氏春秋》,以《詩》《論語》教授,好梁丘賀説《易》,令子駿受焉。駿以孝廉爲郎。遷諫大夫、趙内史。道病,免官歸。起家復爲幽州刺史,遷司隸校尉、少府、京兆尹。代薛宣爲御史大夫。居位六歲病卒。①'"

又曰:"又《儒林·梁丘賀傳》:'賀傳子臨。臨學精熟,專行京房法。琅邪王吉通五經,聞臨説,善之。時宣帝選高材郎十人從臨講,吉乃使其子郎中駿上疏從臨受《易》。'"

又曰:"《世系》:'吉字子陽,漢諫大夫。始家皋虞,後徙臨沂都鄉南仁里。生駿,字偉山,御史大夫。'按,'駿'字史不具,唯見于此。"

姚振宗又曰:"按,史傳但言王陽名家,不及王駿,蓋傳其父學。然王陽傳《齊論》,而其子乃爲《魯説》,則又别自名學,與其父異,猶劉向治《穀梁》,子歆治《左氏》也。"

燕傳説三卷

姚振宗:"《經義考》曰:'無名氏《燕傳説》,《漢志》三卷,佚。'"

姚氏又曰:"按,此殆燕人相傳之説,或疑爲'傳'字,謂燕人傅會其説,不得而詳已。"

---

① "六",原誤作"五",據《漢書藝文志條理》《漢書·王吉傳》改。

議奏十八篇　　石渠論。

姚振宗曰："《經義考》曰：'《論語石渠議奏》，漢志十八篇，佚。'"

姚氏又曰："按，《論語》家與石渠者唯淮陽中尉韋玄成、太子太傅蕭望之，二人皆治《魯論語》者也。時黃門郎梁丘臨奉使問諸儒，蕭望之則平奏其議，可考見者唯此三人而已。"

又曰："又按，《韋玄成傳》：'玄成與蕭望之及五經諸儒雜論同異于石渠閣。'考五經諸儒中，唯琅邪王吉兼通《齊論》。意此《議奏》當有王吉一家在內。而《齊論·問王》《知道》二篇當日所以去留之故，亦必在此十八篇中，惜無由考見矣。"

孔子家語二十七卷

師古曰："非今所有《家語》。"

《補注》沈欽韓曰："《隋志》：'二十一卷，王肅解。'有孔安國《後序》，即出肅手，並私定《家語》，以難鄭學。晉代為鄭學者，馬昭、張融並不之信。張融云：'《春秋》迎夫人，四時通用。《家語》限以冬，不符《春秋》，非孔子之言也。'又同母異父之昆弟死，《家語》'孔子以為從繼父而服'。馬昭云：'異父昆弟，恩繫於母，不於繼父。'見《通典》。《王制》疏：'《家語》，先儒以為肅之所作，未足可信。'案，肅惟取婚姻、喪祭、郊禘、廟祧，與鄭不同者，屢入《家語》，以矯誣聖人，其他固已有之，未可竟謂肅所造也。"

姚振宗曰："顏氏《集注》曰：'非今所有《家語》。'"

又曰："《禮·樂記》正義引魏博士馬昭曰：'《家語》王肅所增加，非鄭所見。'又曰：'肅私定以難鄭玄。'按，馬昭所見已非此二十七卷之本矣。"

又曰："《經義考》：《孔子家語》，《漢志》二十七卷，佚，別本存。郎瑛曰：'王文憲公柏《家語考》一編，以四十四篇之《家語》乃王肅自取《左傳》《國語》《荀》《孟》、二戴《記》割裂織成之，孔衍之序亦王肅自為也。'按，孔安國《家語後序》亦為人僞撰。"

又曰:"《四庫簡明錄》曰:'《孔子家語》十卷,魏王肅注。《家語》雖名見《漢志》,而書則久佚。今本蓋即王肅所依託,以攻駁鄭學,馬昭諸儒已論之詳矣。'按,《隋》《唐》《宋史·志》所載《孔子家語》皆非本《志》本書,故不具。"

姚際恒曰:"《漢志》:'《家語》二十七卷。'顏師古曰:'非今所有《家語》也。'案,《唐志》有王肅注《家語》十卷,此即肅掇拾諸傳記爲之,託名孔安國作序,即師古所謂'今之《家語》'是也。今世所傳《家語》,又非師古所謂'今之《家語》'也。司馬貞與師古同爲唐人,貞作《史記索隱》所引《家語》,今本或無,可驗也。元王廣謀有《家語注》。明何孟春亦注《家語》,其言曰:'未必非廣謀之庸妄,有所刪除而致然。'此言良是。然則今世《家語》,殆元王廣謀本也。"

孔子三朝七篇

師古曰:"今《大戴禮》有其一篇,蓋孔子對哀公語也。三朝見公,故曰三朝。"

《補注》沈欽韓曰:"今《大戴記·千乘》第六十七。《四代》六十八。《虞戴德》六十九。《誥志》第七十。《小辨》①七十四。《用兵》七十五。《少間》。②七十六。《別錄》云:'孔子三見哀公,作《三朝記》七篇。'今在《大戴記》是也。顏云'一篇',誤。"朱一新曰:"汪本'哀公'上有'魯'字。"王先謙曰:"官本注有'魯'字。"

按,景祐本,注有"魯"字。

姚振宗曰:"劉向《別錄》曰:'孔子見魯哀公問政比三朝,退而爲此記,故曰《三朝》,凡七篇。'"

又曰:"《三國·蜀志·秦宓傳》:宓曰:'昔孔子三見哀公,言

---

① "辨",《漢書疏證》同,《漢書補注》作"辯"。
② "少間"下原衍"七篇"二字,據《漢書補注》《漢書疏證》刪。

成七卷,事蓋有不可嘿嘿也。'注引劉向《七略》曰:'孔子三見哀公,作《三朝記》七篇,今在《大戴禮》。臣松之案《中經簿》有《孔子三朝》八卷,一卷目錄,餘者所謂七篇。'"

又曰:"王氏《考證》:'七篇者,今考《大戴禮》,《千乘》《四代》《虞戴德》《誥志》《小辨》《用兵》《少閒》。《史記》《漢書》《文選注》所引謂之《三朝記》,《爾雅疏》張揖引《三朝記》皆此書也。'"

又曰:"今人《書目答問》:'《孔子三朝記》七卷,目錄一卷,臨海洪頤煊校錄傳經堂本。'"

孔子徒人圖法二卷

《補注》沈欽韓曰:"《隋志》'《孝經內事星宿講堂七十二弟子圖》一卷',蓋本諸此,而別標詭異之名。《史記·仲尼弟子傳》贊云:'《弟子籍》,出孔氏古文,近是。'《文翁石室圖》,七十二弟子舊有圖法,皆出壁中者也。"葉德輝曰:"今漢武梁祠石刻畫像,有曾子母投杼,閔子御後母車,及子路雄冠佩劍事,冠作雉形,可想其遺法。"

姚振宗曰:"《史記·仲尼弟子列傳》:'孔子曰受業身通者七十有七人,皆異能之士也。'列傳又曰:'公孫龍字子石,少孔子五十三歲,自子石以右三十五人,顯有年名及受業聞見于書傳。其四十有二人,無年及不見書傳者紀于左。'《索隱》曰:'《孔子家語》亦有七十七人,唯《文翁孔廟圖》作七十二人。'又曰:'如《文翁圖》所記,又有林放、蘧伯玉、申棖、申堂,俱是後人以所見增益,今殆不可考。'"

又曰:"梁元帝《金樓子·著書》篇:《職貢圖》序曰:'尼丘乃聖,猶有圖人之法。'"

又曰:"《經義考》:'《孔子徒人圖法》,《漢志》二卷,佚。按,《徒人圖法》,《藝文志》在《論語》部,殆即《家語》所云《弟解》,《史記》所云《弟子籍》是也。'"

又曰:"又《承師》篇云:'《藝文志》有《孔子徒人圖法》,《隋志》有鄭康成《論語孔子弟子目錄》,《唐志》作《論語篇目弟子》,惜俱失傳。議《禮》者止以《家語》爲憑,至斥《史記》爲傅會,若《文翁禮殿圖》,置之不復參詳矣。'"

姚振宗又曰:"按,此是《弟子圖》,猶蜀守《文翁學堂圖》,不知何人所圖。圖凡若干人,皆不可考。《史記》稱《弟子籍》出孔氏古文近是。史公據以作《弟子列傳》者,似與此別爲一書。"

又曰:"又按,此篇凡分三段,附著一段:《論語古》二十一篇,《齊》二十二篇,《魯》二十篇,皆本經也,第一段。《魯傳》《齊說》《魯夏侯説》《安昌侯説》《王駿説》《燕傳説》六家,皆傳注解釋之屬,爲第二段。《議奏》則雜論同異,爲第三段。以下《家語》《三朝記》《徒人圖法》則附著于是篇,猶《春秋》家《議奏》之後附著《國語》《世本》等十一家之例也。"

凡《論語》十二家,二百二十九篇。

姚振宗曰:"按,所載凡十二條,條爲一家,則十二家不誤。然《魯論語》與《魯傳》誤合爲一條,當別出各爲一家,則尚缺一家。其篇數亦缺一篇。今校定當爲一十三家,二百三十篇。"

《論語》者,孔子應答弟子、時人及弟子相與言而接聞於夫子之語也。當時弟子各有所記。夫子既卒,門人相與輯而論篹,故謂之《論語》。

師古曰:"'輯'與'集'同,篹與撰同。"

《補注》王先慎曰:"案,《檀弓》鄭注:'門人,弟子也。'《釋文》引鄭注:'《論語》,仲弓、子夏等所撰定。'劉恭冕《論語序》正義謂夫子與弟子、時人各有討論之語,非謂夫子弟子之語,門人始論之,以駁《漢志》,非也。皇、邢二疏並云:'論,撰也。'

群賢集定,故曰撰。鄭注《周禮》云:'答述曰語。'以此書所載,皆仲尼應答弟子及時人之辭,故曰語。而在'論'下者,必經論撰,然後載之,以示非妄語也。"

王應麟曰:"程子曰:'成於有子、曾子之門人,故其書獨二子以子稱。'又曰:'朱文公曰:'門弟子所集,故言語時有長短不類。'"

劉光蕡曰:"《論語》於六經,如《禮記》之於《禮》,《韓詩外傳》之於《詩》,不主一經,因人因事而發,故淺深互見,精粗不同,是教人通六經之法語異言,非六經之蘊,遂盡於《論語》也。自程、朱道學家專重語錄,故進《論語》而後六經,是以弟子所記者駕於聖人手訂之書之上,非聖人以六經傳道之意,亦非漢儒以《論語》附六經後之意矣。"

漢興,有齊、魯之說。傳《齊論》者,昌邑中尉王吉、少府宋畸、御史大夫貢禹、尚書令五鹿充宗、膠東庸生。唯王陽名家。傳《魯論語》者,常山都尉龔奮、長信少府夏侯勝、丞相韋賢、魯扶卿、前將軍蕭望之、安昌侯張禹,皆名家。張氏最後而行於世。

師古曰:"王吉字子陽,故謂之王陽。"

姚範曰:"傳《齊論》者,少府宋畸。按,《隋志》作'宗畸'。又按,《表》本始四年,宋畸為少府。姓名,《表》《志》未詳孰是。"

又曰:"傳《魯論》者,安昌侯張禹。按,《禹傳》云禹先事王陽,後事庸生,采獲所安,則亦傳《齊論》。"

王念孫曰:"'傳《魯論語》者',念孫案,'語'字涉上文而衍。'論'下無'語'字者,省文也。上文'傳《齊論》者',亦無'語'字。皇侃《論語疏》叙引劉向《別錄》云:'魯人所學,謂之《魯論》。齊人所學,謂之《齊論》。孔壁所得,謂之《古論》。'皆其證也。舊本《北堂書鈔》藝文部二引此正作'傳《魯論》者',無'語'字。陳《禹謨》依俗本《漢書》,增'語'字。"

姚振宗曰："按，《釋文·叙録》，傳《齊論》者，少府宋畸之下，又有琅邪王卿。傳《魯論》者，丞相韋賢之下有其子玄成，魯扶卿之下有太子少傅夏侯建。"

又曰："本書《百官公卿表》孝宣本始二年，詹事東海宋疇、翁壹爲大鴻臚，徙左馮翊。四年，左馮翊宋疇爲少府。六年坐議鳳皇下彭城未至京師不足美，貶爲泗水太傅，蓋即此宋畸，而《表》書爲疇。按，《蕭望之傳》云地節三年夏，京師雨雹，望之因是上疏。宣帝自在民間聞望之名，曰：'此東海蕭生耶？下少府宋畸問狀。'考地節三年即《表》所載宋疇爲少府六年中之第四年也。及疇貶官時，蕭望之爲平原太守，代疇爲少府。宋畸始末略可考見如此。"

孝　經

孝經古孔氏一篇　二十二章。

師古曰："劉向云古文字也。《庶人章》分爲二也，《曾子敢問章》爲三，又多一章，凡二十二章。"

《補注》王應麟曰："許沖上父《説文》云：'《古文孝經》者，昭帝時魯國三老所獻，建武時給事中、議郎衛宏所校。'案，《志》云'孔氏壁中古文'，則與《尚書》同出也。蓋始出於武帝時，至昭帝時乃獻之。"沈欽韓曰："《隋志》：'《古文孝經》一卷。孔安國傳。梁末亡逸，今疑非古文。'又云：'《古文孝經》與《古文尚書》同出，而長孫有《閨門》一章。其餘經文大較相似，①篇簡缺解，又有衍出三章，並前合爲二十二章，孔安國爲之傳。至劉向典校經籍，②除其繁惑，以十八章爲定。鄭衆、馬融並爲之注。梁代，安國及鄭氏二家，並立國學。而安國

---

① "文"字原脱，據《隋書·經籍志》補。
② "籍"下，《隋書·經籍志》有"以顏本比古文"六字。

之本,亡於梁亂。陳及周、齊惟傳鄭氏。至隋,秘書監王劭於京師訪得《孔傳》,送至河間劉炫。炫因序其得喪,述其義疏,講於人間,漸聞朝廷,後遂著令,與鄭氏並立。儒者諠諠,皆云炫自作之。'《通考》:'《崇文總目》云:今孔注不存,而隸古文與章數存焉。《中興藝文志》云:自唐明皇時,議者排毁古文,以《閨門》一章爲鄙俗,而古文遂廢。'"朱一新曰:"近日本人有作僞《孔傳》者,流入中國,《四庫提要》闢之。宋《黃氏日抄》謂:古文分《三才》章'先王見教之可以化民也'以下爲一章,與此注云《庶人》章分爲二者不合,又多一章。案,即《閨門》章也,凡二十二字,曰:'閨門之内,具禮矣乎!嚴父嚴兄,妻子臣妾,猶百姓徒役也。'"

姚振宗曰:"劉向《別録》曰:'《孝經古孔氏》者,古文字也,《庶人》章分爲二也,《曾子敢問》章爲三,又多一章。凡二十二章。'"

又曰:"本《志》叙:'經文唯孔氏壁中古文爲異。父母生之,續莫大焉,故親生之膝下,諸家説不安處,古文字讀皆異。臣瓚曰:《孝經》云續莫大焉,而諸家之説各不安處之也。'"

又曰:"桓譚《新論》云:'《古孝經》二十章,①千八百七十二字,今異者四百餘字。'"

又曰:"後漢召陵萬歲里公乘許沖《上説文解字書》曰:'臣父慎又學《孝經孔氏古文》説。《古文孝經》者,孝昭帝時魯國三老所獻,建武時給事中議郎衛宏所校。'"

又曰:"《釋文·叙録》:'又有古文,出于孔氏壁中。別有《閨門》一章,自餘分析十八章,總爲二十二章。'"

又曰:"《隋書·經籍志》:'又有《古文孝經》,與《古文尚書》

---

① "二十章"三字,《漢書藝文志條理》無,清嘉慶《問經堂叢書》刻本桓譚《新論》有。

同出,而長孫氏有《閨門》一章,其餘經文,大較相似,篇簡缺解,又有衍出三章,並前合爲二十二章。'"

又曰:"王氏《考證》:'《孝經古孔氏》二十二章,孔惠所藏。許沖上父《説文》云《古文孝經》昭帝時魯國三老所獻。按,《志》云孔氏壁中古文,則與《尚書》同出也。蓋始出於武帝時,至昭帝時乃獻之。'又曰:①'孔惠所藏與顏芝十八章大較相似,而析出三章。校今文分《庶人》章爲二,《曾子敢問》章爲三。又有《閨門》一章,不同者四百餘字。司馬公曰:古文排擯,不得列於學官,獨孔安國及馬融爲之傳。隋開皇中,秘書學士王孝逸於陳人處得之。劉炫爲之作《稽疑》一篇,將以興墜起廢,②而時人已多譏笑之者。唐開元中,劉知幾以爲宜行孔廢鄭,諸儒爭難蠭起,③卒行鄭學。許沖上父《説文》云:《古文孝經》,昭帝時魯國三老所獻,建武時議郎衛宏所校。按,《志》云孔氏壁中古文,則與《尚書》同出也。蓋始出於武帝時,至昭帝時乃獻之。《隋志》云:安國之本,亡於梁亂。儒者皆云劉炫自作之,非孔舊本。《家語後序》:安國爲《孝經傳》二篇。今有經無傳,司馬公爲《指解》並音。'"

姚範曰:"按,許沖《上説文解字表》云:'《古文孝經》者,孝昭帝時魯國三老所獻。'不考《漢志》也。或出於孔壁而獻之者,魯國三老與未可定。《隋志》云:'河間顏芝遭秦焚書藏《孝經》,漢初芝子貞出之,凡十八章。又有孔氏壁中古文。'"方東樹曰:"按,河間獻王所得書,皆古文先秦舊書,不云得自孔壁,亦不言《孝經》。"

---

① 按,此下爲王應麟《漢藝文志考證》內容,姚振宗《漢書藝文志條理》未稱引。
② "將",原誤作"時",據《四部叢刊》影印宋刻本《溫國文正司馬公文集》(以下《溫國文正司馬公文集》皆據此本,不再注明)改。
③ "難",原誤作"雖",據《溫國文正司馬公文集》改。

孝經一篇　十八章。長孫氏、江氏、后氏、翼氏四家。

《補注》王應麟曰："《隋志》：①'河間顏芝所藏。漢初，芝子貞出之，凡十八章，一千八百七十二字。劉向以顏本比古文，除其繁惑，以十八章爲定。'"

楊樹達曰："按，《玉海》四十一云：'《隋志》：秦焚書，爲河間顏芝所藏。'《補注》所引，乃王氏《藝文志考證》文，見《考證》卷四。王引'隋'字下脫去'志'字。"

姚振宗曰："本《志》叙曰：'漢興，長孫氏、博士江翁、少府后倉、諫大夫翼奉、安昌侯張禹傳之，各自名家。'"

又曰："《釋文·叙錄》：'《孝經》亦遭焚燼，河間人顏芝爲秦禁，藏之。漢氏尊學，芝子貞出之，是爲今文，凡十八章。又有古文二十二章，劉向校書，定爲十八。'"

又曰："《隋書·經籍志》：'遭秦焚書，爲河間人顏芝所藏。漢初，芝子貞出之，凡十八章。至劉向典校經籍，以顏本比古文，除其繁惑，以十八章爲定。'"

又曰："《經義考》：荀爽曰：'漢制，使天下誦《孝經》。'孫本曰：'顏芝今文，非有斷章錯簡，乃孔，曾全經也。文、景置博士，且令衛士通習矣。昭帝時，魯三老復獻古文。而成帝命劉向典校經籍，除其繁惑。夫既經向校定，則世所傳者，乃劉向之今文，而非顏芝今文矣。'"

長孫氏説二篇

《補注》王先謙曰："長孫氏無考。惟《隋志》云長孫有《閨門》一章，互見上。"

姚振宗曰："《隋書·經籍志》：'而長孫氏有《閨門》一章。'"

又曰："《經義考》：孫本曰：'《閨門》章，漢初長孫氏傳，今文

---

① "志"字原脱，據《漢藝文志考證》補。

即有之。劉向以顏本考定，雖云除其繁惑，然謂經文大較相同，則《閨門》章未嘗削矣。'"

又曰："馬國翰曰：'長孫氏名字爵里俱無考。漢興，傳《孝經》。《漢志》《長孫氏說》二篇。《隋》《唐志》不著錄，佚已久。《隋志》謂長孫有《閨門》一章。據孔安國古文傳本錄出，表漢初大師傳經之首功，惜其說不可得而覩矣。'"

姚振宗又曰："按，長孫氏始末未詳。《儒林傳》《韓詩》家有淄川長孫順爲博士，宣、元時人，爲韓太傅四傳弟子，或其後歟？"

周壽昌曰："長孫，名字、爵里俱無考。《隋》《唐志》不著錄。惟《隋志》云長孫有《閨門》一章。孔安國《古文孝經》載二十二字，《黃震日鈔》亦載入云。今文全無之，而古文自爲一章。"

陳直曰："按，漢《孟璇碑》云：'通《韓詩》，兼《孝經》二卷。'當即《長孫氏說》。"

江氏說一篇

《補注》王先謙曰："《儒林傳》：'博士江公著《孝經說》。'"

姚振宗曰："本書《儒林傳》：'魯申公卒以《詩》《春秋》授，而瑕丘江公盡能傳之。'又曰：'瑕丘江公授《穀梁春秋》及《詩》於魯申公，傳子至孫爲博士。'又曰：'博士江公世爲《魯詩》宗，至江公著《孝經說》。'又曰：'宣帝即位，求能爲《穀梁》者，莫及蔡千秋。會千秋病死，徵江公孫爲博士。江博士復死。'"

姚氏又曰："按，此江氏蓋即宣帝時博士瑕丘江公之孫，世傳《魯詩》《穀梁春秋》，又以《孝經》名其家。史失其名字。"

翼氏說一篇

姚振宗曰："本傳：'翼奉字少君，東海下邳人也。治《齊詩》，與蕭望之、匡衡同師。按,《儒林傳》同師于后倉。三人經術皆明,衡爲後進,望之施之政事,而奉惇學不仕,好律曆陰陽之占。元帝初即位,諸儒薦之,徵待詔宦者署,數言事宴見,天子敬焉。以爲中郎、博士、諫大夫。年老以壽終。子及孫,皆以學在儒官。'"

姚氏又曰:"按,奉爲后氏弟子,其《孝經》之學亦受之后氏可知。"

后氏說一篇

《補注》王先謙曰:"翼奉、后倉,並見下。"

姚振宗曰:"后倉有《齊詩故》,見前《詩》家。"

又曰:"馬國翰輯本序曰:'考《漢書·匡衡傳》引稱《孝經》。衡爲倉之弟子,漢人説經皆本師法,則所稱述信爲后氏遺說,采列一家,其引經字句與今本不同,足資參考,訓辭尤莊雅可誦云。'"

姚氏又曰:"按,后氏爲翼氏之師,本《志》篇叙亦叙后倉于翼奉之前,而其書乃列翼氏之後,或后氏之弟子所錄,成書在翼氏之後,或轉寫顛倒之誤,無以詳知。"

雜傳四篇

《補注》王應麟曰:"蔡邕《明堂論》引魏文侯《孝經傳》,蓋《雜傳》之一也。"

姚振宗曰:"王氏《考證》:'蔡邕《明堂論》引《魏文侯孝經傳》,蓋《雜傳》之一也。'"

又曰:"《經義考》:蔡邕引《魏文侯孝經傳》曰:'大學者,中庸明堂之位也。'賈氏《齊民要術·耕田》篇引文侯之言云'民春以力耕,夏以鋤耘,秋以收斂',當是《孝經》'用天之道分地之利'注也。"

姚振宗又曰:"按,《春秋繁露·五行對》引河間獻王問《孝經》

天經地義之説于溫城董君,董君似獻王官屬。此篇或亦在《雜傳》中。雜傳者,不主一家。劉中壘裒錄諸家之説,題以此名,其人皆在安昌侯張禹之前,故次之于此。"

安昌侯説一篇

姚振宗曰:"安昌侯張禹有《魯論語説》,見前《論語》家。"

又曰:"馬國翰輯本序曰:'邢昺《正義》引劉瓛述張禹之義僅一節。他或引稱舊説。考《孝經》以説名者,《漢志》四家,長孫氏、江氏、翼氏、后氏,俱無傳述。張禹之義既見劉瓛所引,則佚説六朝時尚存,《正義》取裁齊、梁諸疏,故得據而述之,合輯六節云。'"

姚振宗又曰:"按,自長孫氏至此六家,皆蒙上文'孝經'二字。舊文聯屬成篇,自然一氣貫串,今改爲分條,遂隔越不相統壹,而翼氏、后氏之叙次先後,亦未必不因分條而誤。"

五經雜議十八篇　石渠論。

《補注》王先謙曰:"此經總論也。《爾雅》《小爾雅》《諸經通訓》《古今字》《經字異同》,皆附焉。"

姚振宗曰:"本書《韋玄成傳》:'宣帝召拜玄成爲淮陽中尉。是時王未就國,玄成受詔,與太子太傅蕭望之及五經諸儒雜論同異于石渠閣,條奏其對。'"

又曰:"又《劉向傳》:'向本名更生。會初立《穀梁春秋》,徵更生受《穀梁》,講論五經于石渠。'"

又曰:"又《儒林・施讎傳》:'詔拜讎爲博士。甘露中,與五經諸儒雜論同異于石渠閣。'"

又曰:"《隋・經籍志》論語篇:'《五經義》六卷,梁七卷。'不著撰人,證以《唐志》,蓋即此書。《唐・經籍志》經解類:'《五經雜義》七卷,劉向撰。'《藝文志》:'劉向《五經雜義》七卷。'"

又曰:"《玉海・藝文》曰:'《宣紀》甘露三年三月,詔諸儒講論五經同異。《易》則施讎、梁丘臨,《書》則周堪、張山拊、林尊、歐陽地餘、假倉,《詩》則韋玄成、張生、薛廣德,《禮》則戴勝、韋玄成、聞人通漢,《穀梁》則蕭望之、劉向、尹更始。'"

又曰:"《經義考》曰:'按,徐天麟《西漢會要》彙載雜議群儒姓名:蕭望之、韋玄成、施讎、梁丘臨、歐陽地餘、林尊、周堪、孔霸、張山拊、張生、薛廣德、戴德、戴聖、聞人通漢、劉向,凡十有五人。考假倉以小夏侯學爲謁者,論石渠,而徐氏失載。又大戴未聞其議石渠,意誤讀《孟卿傳》也。'"

又曰:"《四庫提要》曰:'宣帝有《石渠五經雜議》十八篇,《漢志》無類可隸,遂雜置之《孝經》類中。'"

姚振宗又曰:"按,石渠群儒姓名,《玉海》及《經議考》所舉各有所遺。今詳考《儒林傳》列傳,綜彙于此。《易》家有施讎、梁丘臨。《尚書》家有歐陽地餘、林尊、周堪、張山拊、假倉。《詩》家有韋玄成、張長安、薛廣德。《禮》家則戴聖、聞人通漢。《春秋》《公羊》家,則嚴彭祖、申輓、伊推、宋顯、許廣,《穀梁》家則尹更始、劉向、周慶、丁姓、王亥。而蕭望之以五經名家與韋玄成條奏其議,梁丘臨奉使問難。可考見者凡二十有三人。《玉海》以蕭望之專屬《穀梁》家,非是。又《會要》有孔霸,今參考《孔光傳》,皆不言其論石渠,亦似誤讀《儒林·周堪傳》也。王亥,鄭氏《六藝論》作'王彥'。"

又曰:"又按,《玉海》云《書議奏》四十二篇,《禮議奏》三十八篇,《春秋議奏》三十九篇,《論語議奏》十八篇,《五經雜議》十八篇,凡百五十五篇。宗按,《易》《詩》《孝經》無議奏者,殆以所議不多,彙于《五經雜議》中。"

爾雅三卷二十篇

張晏曰:"爾,近也。雅,正也。"

《補注》王應麟曰:"《釋文·叙錄》云:'《釋詁》一篇,蓋周公所作。《釋言》以下,或言仲尼所增,子夏所足,①叔孫通所益,梁文所補。'"葉德輝曰:"今本三卷十九篇,《漢志》蓋合《序篇》言之。《詩正義》引《爾雅·序篇》云:'《釋詁》《釋言》,通古今之字,古與今異言也。《釋訓》,言形貌也。'此《爾雅》有《序篇》之明證。《釋文·叙錄》列犍爲文學、李巡、孫炎注,皆三卷,惟樊光本六卷,此每卷分上下也。《孝經序》疏引鄭氏《六藝論》云:'孔子以六藝題目不同,指意殊別,恐道離散,莫知根源,故作《孝經》以總會之。'又《大宗伯》疏引鄭氏《駁五經異義》云:'《爾雅》者,孔子門人所以釋六藝之文。'言蓋不誤也。② 然則《爾雅》與《孝經》同爲釋經總會之書,故列入《孝經》家,《隋志》析入《論語》,非也。"
姚振宗曰:"《大戴記·孔子三朝記》:公曰:'寡人欲學小辨以觀于政,其可乎?'孔子曰:'《爾雅》以觀于古,足以辨言矣。'"
又曰:"《西京雜記》:劉歆曰:'郭威字文偉,茂陵人也。好讀書,以爲《爾雅》周公所制,而有張仲孝友,非周公之制,明矣。余嘗以問揚子雲。子雲曰:孔子門徒游、夏之儔所記,以解釋六藝者也。家君以爲《外戚傳》稱史佚教其子以《爾雅》,又記言魯哀公,孔子教學《爾雅》。《爾雅》之出遠矣。舊傳學者,皆云周公所記也。張仲孝友之類,後人所足耳。'"
又曰:"鄭康成《駁五經異義》曰:'某之聞也,《爾雅》者,孔子門人所作以釋六藝之旨,蓋不誤也。'又《鄭志》答張逸曰:'《爾雅》之文雜,非一家之著,則孔子門人所作亦非一人。'"
又曰:"魏張揖《進廣雅表》曰:'昔在周公,纘述唐虞,宗翼文武,克定四海,勤相成王,六年制禮,以導天下,著《爾雅》一篇,以釋其義。今俗所傳三篇,或言仲尼所增,或言子夏所

---

① "足",原誤作"定",據《經典釋文》改。
② "言"字原脱,據《漢書補注》補。

益,或言叔孫通所補,或言沛郡梁文所考,皆解家所說,先師口傳,疑莫能明也。'"

又曰:"王氏《考證》:舊說此書始于周公以教成王。晁氏曰:'《爾雅》,小學之類,附《孝經》,非是。'"

又曰:"《四庫提要》曰:'《三朝記》稱孔子教魯哀公學《爾雅》,則《爾雅》之來遠矣,然不云爲誰作。張揖《進廣雅表》,于作書之人亦無確指。其餘諸家所說,小異大同。今參互考之,曹粹中《放齋詩說》云《爾雅》毛公以前其文猶略,至鄭康成時則加詳。大抵小學家綴輯舊文,遞相增益。周公、孔子皆依託之詞。觀《釋地》有鶼鶼,《釋鳥》又有鶼鶼,同文復出,知非纂自一手。其中釋《詩》者不及十之一,非專爲《詩》作。釋五經者不及十之三四,更非專爲五經作。今觀其文,大抵采諸書訓詁名物之同異,以廣見聞,實自爲一書,不附經義。其取《楚辭》《莊子》《列子》《穆天子傳》《管子》《呂氏春秋》《山海經》《尸子》《國語》之文,蓋亦《方言》《急就》之流,特說經之家多資以證古義,故從其所重,列之經部耳。'"

又曰:"孫星衍《尸子輯本》序曰:'《尸子》出周秦之間遺文佚說,時足證左經傳。其引《爾雅》天帝后皇之屬十有餘名,可證叔孫通、梁文增補之誤。'"

又曰:"王鳴盛《蛾術編·說錄》曰:'《漢·藝文志》,《爾雅》三卷二十篇。三卷者,卷帙繁多,分爲上、中、下。二十篇者,自《釋詁》至《釋畜》凡十九篇,別有《序篇》一篇。郭璞序云:聖賢間作,訓詁遞陳,周公倡之于前,子夏和之于後。疏云:《釋詁》一篇蓋周公所作,《釋言》以下或言仲尼所增,子夏所足。今《序篇》不知是周公作乎?仲尼子夏作乎?顧廣圻云:《毛詩》疏引《爾雅·序篇》云:《釋詁》《釋言》,通古今之字,古與今異言也。《釋訓》言形貌也。郭璞既作注,則《序篇》亦當有注，而今亡之。'"

又曰："南康謝啓昆《小學考》：'《爾雅》，《漢志》三卷二十篇。今本十九篇存。'"

姚際恒曰："《漢志》附于《孝經》後，《隋志》附于《論語》後，皆不著撰人名。唐陸德明《釋文》謂《釋詁》爲周公作，蓋本于魏張揖所上《廣雅表》言周公制禮以安天下，著《爾雅》一篇以釋其義。此等之説，固不待人舉張仲孝友而後知其誣妄矣。鄭漁仲注《後序》曰：'《離騷》云使涷雨兮灑塵，故《釋風雨》曰暴雨謂之涷。此句專爲《離騷》釋，故知《爾雅》在《離騷》後。'案，奚止《離騷》後？古年不係干支，此係干支，殆是漢世。又案，此書釋經者也，後世列之爲經，亦非是。"

小爾雅一篇，古今字一卷

《補注》沈欽韓曰："陳振孫云：'《漢志》不著名氏，《唐志》有《李軌解》一卷，今《館閣書目》云孔鮒撰。蓋即《孔叢》第十一篇，當是好事者鈔出別行。'案，班氏時《孔叢》未著，已有《小爾雅》，亦孔氏壁中文，不當謂其從《孔叢》鈔出也。"王先謙曰："官本無'爾'字，引宋祁曰，'小'字下，邵本有'爾'字。"錢大昕云："李善《文選注》引《小爾雅》，皆作《小雅》。此書依附《爾雅》而作，本名《小雅》，後人僞造《孔叢》，以此篇竄入，因有《小爾雅》之名，失其舊矣。宋景文所引邵本，亦俗儒增入。不可據。"

姚振宗曰："晁氏《讀書志》：'《小爾雅》，孔子古文也，見于孔鮒書。'"

又曰："陳氏《書錄解題》曰：'《漢志》有此書，亦不著名氏。今《館閣書目》云孔鮒撰，蓋即《孔叢子》第十一篇也。曰《廣詁》《廣言》《廣訓》《廣義》《廣名》《廣服》《廣器》《廣物》《廣鳥》《廣獸》，凡十章。又《度量衡》爲十三章，當是好事者析出别行。'"

又曰:"王氏《考證》:'《小爾雅》一篇,孔鮒撰,十三章,申衍詁訓,見《孔叢子》李軌解一卷。'"

又曰:"《四庫提要存目》曰:'《漢書·藝文志》有《小雅》一篇,無撰人名氏。《隋》《唐志》並載李軌注《小爾雅》一卷,其書久佚。今所傳本則《孔叢子》第十一篇鈔出別行者也,分十三章,頗可以資考據。然亦時有舛迕,非《漢志》所稱之舊本。'"

又曰:"謝啓昆《小學考》曰:'《小爾雅》非《漢志》之《小雅》,戴氏震論之詳矣。錢君東垣頗信其書,爲校證之,其所校乃宋咸注本也。'"

又曰:"錢大昕《三史拾遺》曰:'李善《文選注》引《小爾雅》皆作《小雅》。此書依附《爾雅》而作,本名《小雅》,後人偽造《孔叢》,以此篇竄入,因有《小爾雅》之名,失其舊矣。宋景文所引邵本亦俗儒增入,不可據。'"

又曰:"上虞王煦《疏》曰:'謂之小者,蓋廣《爾雅》之未備,附《爾雅》而行,故稱名小也。《漢書·藝文志》,《小爾雅》一篇,不著撰人名氏。《館閣書目》云孔鮒撰,蓋即《孔叢子》第十一篇也。'又曰:'《小爾雅》爲先秦古書,漢成、哀間劉向、劉歆編入《録》《略》,後漢班固列于《藝文志》。自漢迄唐,傳注家皆取以訓釋經義,罔有異詞。而近世東原戴震從而訾之,曰《小爾雅》乃後人皮傅掇拾而成,非古小學遺書。今按《小爾雅》本文,證以漢魏諸儒傳注之義,知東原之説非也。今悉爲辨正,大愾曉然,其有餘義各詳本疏。庶後之讀是書者,不詿誤于不根之説也。'又曰:'漢唐諸儒釋經,凡引《小爾雅》之文,多通稱《爾雅》,亦有稱《小雅》者,一見于陸氏《周頌·潛》釋文,至李善注《文選》則統稱《小雅》,蓋省文也。亦有《小爾雅》所無而見引于他書者,如《易》釋文、《考工記》《莊子》釋文、玄應《一切經音義》、酈道元《水經注》,或本書佚文,或傳寫之誤。'"

又曰:"章學誠《校讐通義》曰:'《孝經》部《古今字》與《小爾雅》為一類。按,《爾雅》訓詁類也,主于義理;《古今字》篆隸類也,主于形體。則古今字必當依《史籀》《倉頡》諸篇為類,而不當與《爾雅》為類矣。又二書亦不當入於《孝經》。'按,《古今字》分別古今言其同異耳。《毛詩》疏引《爾雅·序篇》云'《釋詁》《釋言》通古今之字,古與今異言也。《釋訓》言形貌也'。則《古今字》與《爾雅》《小雅》一類之學,相為表裏者也,故附于其後。又《爾雅》《小雅》《古今字》三書,漢時皆不以為小學,故附于《五經雜議》之後。"

姚振宗又曰:"按,《小雅》錢宮詹以為後人竄入《孔叢子》,最為切理厭心之論,猶《夏小正》《三朝記》,《大戴》竄入八十五篇中也,未必確是孔鮒,故不具其始末。"

又曰:"又按,本《志》《尚書》家篇敘曰:'《古文尚書》讀應《爾雅》,故解古今語而可知也。'此《古今字》即解古今語之書。"

又曰:"又按,《古今字》一卷,謝氏《小學考》失載。今考唐釋玄應《一切經音義》引魏張揖《古今字詁》曰:'古文愍,今作閔,同眉殞反。愍,憐也。古文捷,今作接,同子葉反。古文針、箴二形,今作鍼,同支淫反。古文衺、㮴二形,今作阿,同烏可反。'其言古今字形相同者,意即此《古今字》。其下反音及訓釋,則張揖之詁。揖書三卷,今不可見。此雖非確證,然亦相去不遠。"

又曰:"又按,此條亦是刻書者分析不明,誤連兩書為一條,與《易》家《古雜》一條《孟氏京房》一條相類。"

弟子職一篇

應劭曰:"管仲所作,在《管子》書。"

《補注》沈欽韓曰:"今爲《管子》第五十九篇。鄭《曲禮》注引之,蓋漢時單行。"

楊樹遠曰:"按,明人朱長春云:'《弟子職》韻格相叶,便於兒童誦讀。子游示灑掃應對進退,此略具格式矣。'莊述祖云:'《弟子職》是古家塾教弟子之法,記弟子事師之儀節,受業之次叙,亦《曲禮》《少儀》之支流餘裔也。'"

説三篇

《補注》王先謙曰:"此《弟子職説》,王氏應麟以爲《孝經説》,非。各本誤提行。"

姚振宗曰:"王氏《考證》:《管子·雜篇》第五十九有學則、蚤作、受業、饌饋、乃食、灑掃、執燭、請袵、退習等章,朱文公曰:'竊疑作内政時,士之子常爲士,因作此以教之。'"

又曰:"明朱長春《管子評》曰:'《弟子職》是古左塾師學規以養蒙求者,故韻格相叶,便於童兒課讀。不知何代何師所著,其文詞近二禮中祝銘之體。意成周設鄉學,頒定教儀,《管子》書中存之,以教五鄉之士之子耳。《少儀》、小學雜述禮節,而此專屬書堂教條,子游示灑掃應對進退,此足略具格式矣。'"

又曰:"莊述祖《集解》序曰:'《弟子職》在《管子》書,古者家塾教弟子之法。《漢·藝文志》附石渠論、《爾雅》後,蓋以禮家未之采録,故特著之六藝。有《説》三篇,今佚。案,《別録》有子法、世子法,《弟子職》記弟子事師之儀節,受業之次叙,亦《曲禮》《少儀》支流餘裔也。漢建初論五經引《弟子職》,鄭康成每據以説《禮》,當時尤重之,與六藝同。注《管子》者,或云房玄齡,或云尹知章,要是唐人舊注,猶不失訓詁之恉。朱子《儀禮經傳通解》載《弟子職》亦采舊注，間有與世所傳劉績《補注》同者，不能復爲別出。近洪北江編脩所撰《弟子職箋釋》徵引尤博，今並録之，稍有所增演，名曰《集解》。'章學誠《校讎通義》曰：'《弟子職》必非管子所撰，或古人流傳成法，輯《管子》者采入其書，前人著作此類甚多。'"

姚振宗又曰："按，此《説》三篇，王氏《考證》以爲《孝經説》。此次于《弟子職》之後，舊本行款文相聊屬，明是《弟子職》之説，莊氏之言是也。"

又曰："又按，此篇凡分二段附著一段：《古孔氏經》及長孫氏、江氏、后氏、翼氏四家《經》爲一段，皆古今文本經也；四家《説》及《雜傳》《安昌侯説》爲一段，皆傳注之屬也；《孝經》居六藝之末，故凡六藝流亞如《五經雜議》以下六家，並附著于此篇。"

凡《孝經》十一家，五十九篇。

姚振宗曰："按，所載有十七家，内四家《經》及《説》前後兩見，當除去，合並計算則猶有十三家。其篇數，若以《爾雅》三卷二十篇合爲二十三篇，①則五十九篇，正如其數。然以一書既計其卷數，又計其篇數，必無是例。此二十三篇在班書本是注本，不入算數，其爲刻書者率意改竄可知。今校定當爲一十三家，三十九篇。又按，四家之經，本《志》言經文皆同，未必如《易》家之施、孟、梁丘，《書》家之歐陽、大小夏侯，《詩》家之魯、齊、韓，《禮》家之后氏、戴氏，《春秋》家之公羊、穀梁，《論語》家之齊、魯，各爲一本，故但以一卷計算也。"

《孝經》者，孔子爲曾子陳孝道也。

《補注》王應麟曰："致堂胡氏曰：'曾子門人纘所聞而成

---

① "以"字原脱，據《漢書藝文志條理》補。

之.'①晁氏曰：何休稱'子曰：吾志在《春秋》,行在《孝經》'.《孝經鉤命決》云。信斯言也,則《孝經》乃孔子自著。今首章云'仲尼居,曾子侍',則非孔子所著明矣。詳其文義,當是曾子弟子所爲書。"

按,《史記·仲尼弟子列傳》："曾參,南武城人,字子輿,少孔子四十六歲。孔子以爲能通孝道,故授之業,作《孝經》。"

夫孝,天之經,地之義,民之行也。舉大者言,故曰《孝經》。

杜預注曰："經者,道之常。義者,利之宜。行者,人所履行。"孔穎達疏曰："覆而無外,高而在上,運行不息,日月星辰,溫涼寒暑,皆是天之道也。訓經爲常,故言道之常也。載而無棄,物無不殖,山川原隰,剛柔高下,皆是地之利也。訓義爲宜,故云利之宜也。杜以今文《孝經》云用天之道,分地之利,故天以道言之,地以利言之。天無形,言其有道理也。地有質,言其有利益也。民之所行,法象天地。象天而爲之者,皆是天之常也。象地而爲之者,皆是地之宜也。故禮爲天之經、地之義也。《孝經》以孝爲天之經、地之義者,孝是禮之本,禮爲孝之末。本末別名,理實不異,故取法天地,其事同也。"又曰："民,謂人也。人稟天地之性而生,動作皆象天地,其踐履謂之爲行。但人有賢與不肖,行有過與不及。聖人制爲中法,②名之曰禮,故禮是民之行也,行者人之所履也。《易》及《爾雅》並訓'履'爲'禮',是禮名由踐履而生也。人之本性自然,法象天地,聖人還復法象天地而制禮教之,是禮由天地而來。故仲尼說孝、子產論禮,皆天、地、民三者並言之。"

---

① 按,此句爲王應麟《漢藝文志考證》之文,姚振宗未稱引此語。
② "聖"上原衍一"及"字,據清嘉慶二十年南昌學府重刊宋本《十三經注疏》本《春秋左傳正義》刪。

姚際恒曰："是書來歷出於漢儒，不惟非孔子作，併非周秦之言也。其《三才》章'夫孝，天之經'至'因地之義'襲《左傳》子太叔述子産之言，惟易'禮'字爲'孝'字。《聖治》章'以順則逆'至'凶德'襲《左傳》季文子對魯宣公之言，'君子則不然'以下襲《左傳》北宫文子論儀之言。《事君》章'進思''盡忠'二語，襲《左傳》士貞子諫晉景公之言。《左傳》自張禹所傳後始漸行於世，則《孝經》者蓋其時人之所爲也。勘其文義，絕類《戴記》中諸篇，如《曾子問》《哀公問》《仲尼燕居》《孔子閒居》之類，同爲漢儒之作。後儒以其言孝，特爲撮出，因名以孝經耳。案，諸經古不係以'經'字，惟曰《易》、曰《詩》、曰《書》，其'經'字，乃俗所加也。此名《孝經》，自可知非古。若去'經'字，又非如《易》《詩》《書》之可以一字名者矣。班固似亦知之，曰：'夫孝，天之經，地之義，民之行也。舉大者言，故曰《孝經》。'此曲説也。安有取天之經，'經'字配'孝'字以名書而遺去'天'字？且遺去'地之義'諸句之字者乎？書名取章首'之'字或有'之'，況此又爲第七章中語耶。至謂孔子所作，本必不辯，今姑以數端言之。篇首云'仲尼居'，便非自作矣。又《論語》，曾子曰'吾聞諸夫子，人未有自致者也，必也親喪乎'。向稱曾子志存孝道，故孔子授以《孝經》。則此二語，曾子親述，其聞者何以反見遺乎？又孔子曰'事父母幾諫，見志不從，又敬不違，勞而不怨'，多少低徊曲折！今《諫爭》章云'父有爭子，故當不義，子不可不爭於父。從父之令，焉得爲孝'，又何其俓直而且傷於激也。其言絕不倫類。《孟子》曰：'父子之間不責善。'此深合天理人情之言，使此爲孔子言，孟子豈與之相異如是耶？朱仲晦亦嘗疑之而作《孝經刊誤》。然疑信相參，妄以意分經傳，皆附會牽合。其不能牽合者，則曰此不解經，別發一義，可笑也。其論文義，如謂《三才》章用《左傳》,易'禮'爲'孝',文勢反不若彼之貫通,條目反不若彼之完備,明是此襲彼,非彼襲此也。又謂先王見教之可以化民,與上文不相屬,故溫公改'教'爲'孝',乃得粗通。然謂聖人見孝可以化民而後以身先之,於理又已悖矣。況先之以博愛,亦非立愛惟親之序,若之,何能使民不遺其親耶?此數處辯駁皆是,可以參觀。至於移易其文,實以本文原自重復及不連接,非脱誤也。又據稱衡山胡侍郎疑《孝經》引《詩》非經本文,所引實本文也。玉山汪端明亦以此書多出後人附會。是胡也,汪也,朱也,固嘗疑之若此矣,非自予始也。予著《通論》止九經,其別僞類不及《孝經》,故特著於是焉。"
周壽昌曰:"姚際恒《古今僞書考》'襲朱子《孝經刊誤》'之說,夷《孝經》於僞書,且駁班《志》此言云:'此曲說也,安有取天之經,經字配孝字以名書,而遺去地之義諸句之字者乎?書名取章首之字或有之,況此爲第七章中語耶。'壽昌案,姚氏未細繹《志》語也。《志》云'舉大者言,謂道莫大於孝,故曰經。經如《易》《詩》《書》之名經,非必取義於天之經也',此《志》截引《孝經》語,玩文義自明,不能摘一字以詆班也。姚氏謂《孝經》是後儒撮取爲名,班以此言成之者。考《昭帝紀》,通《孝經》《論語》《尚書》;《宣帝紀》,師受《論語》《孝經》;《平帝紀》,序庠置《孝經》師一人;《王式傳》,博士江公著《孝經說》;《後漢書·荀爽傳》,漢制使天下誦《孝經》;《儒林傳》,明帝時,自期門羽林之士,悉令通《孝經》章句;許沖進《說文解字》,上書有云,慎又學《孝經》古文,說《古文孝經》者,孝昭時,魯國三老所獻,建武時,給事中議郎衛宏所校。是《孝經》名書已久,皆在班氏前。試問當日不名爲《孝經》,豈單名爲'孝'乎?姚氏又謂'書名取章首字或有之',壽昌謂此後世作詩制題法,若經則無此例。《易》《詩》《書經》章首有

'易''詩''書'等字乎？以責班氏，多見其不知量也。《續志補注》引《明堂》《月令》説魏文侯《孝經傳》曰：'太學者，中學明堂之位也。'《吕氏春秋·先識覽·察微》篇引《孝經》曰：'高而不危，所以長守貴也；滿而不溢，所以長守富也。富貴不離其身，然後能保其社稷，而和其民人。'是魏文侯且爲《孝經》作傳，《吕覽》復引之。《孝經》早行於周秦間，不始自漢矣。何休引夫子曰：'吾志在《春秋》，行在《孝經》。'《孝經》之稱，自出夫子，姚際恒之論不獨非孝無親，亦不考古之甚矣。謹案，王儉《七志》以《孝經》爲首。衍齡謹附識。"

黄震曰："漢興，河間人顏芝之子得《孝經》十八章，是爲今文《孝經》。魯恭王壞孔子屋壁，得《孝經》二十二章，是爲古文《孝經》。鄭康成諸儒主今文，孔安國、馬融主古文，而今文獨行。唐明皇詔議二家孰從？劉知幾謂宜行古文。諸儒爭之，卒亦行今文。明皇自注《孝經》，遂用今文十八章爲定本。我朝司馬温公在秘閣，始專主古文《孝經》，作爲指解而上之。至以世俗信僞疑真爲言。① 愚按，《孝經》一耳，古文、今文特所傳，微有不同。如首章今文云'仲尼居，曾子侍'，古文則云'仲尼閒居，曾子侍坐'；今文云'子曰：先生有至德要道'，古文則云'子曰：參先王有至德要道'；今文云'夫孝，德之本也，教之所由生也'，古文則云'夫孝，德之本，教之所由生'。文之或增或減，不過如此，於大義固無不同。至於分章之多寡。今文《三才》章'其政不嚴而治'，與'先王見教之可以化民'通爲一章，古文則分爲二章。今文《聖治》章第九'其所因者本也'，與'父子之道天性'通爲一章，古文亦分爲二章。'不愛其親而愛他人者'，古文又分爲一章。章句之分合率不

---

① "僞"，原誤作"爲"，據明正德十四年明實堂本及文津閣本黄震《黄氏日抄》改。

過如此，於大義亦無不同。古文又云：'閨門之内具禮矣乎！嚴父、嚴兄、妻子、臣妾猶百姓徒役也。'此二十二字，今文全無之，而古文自爲一章，與前之分章者三，共增爲二十二。所異者又不過如此。非今文與古文各爲一書也。若以今文爲僞，而必以古文爲真，恐未必然。至晦庵朱先生因衡山胡侍郎及玉山汪端明之言，就古文《孝經》作《孝經刊誤》，以《天子》至《庶人》五章皆去'子曰'與引《詩》云之語，而併五章爲一章，云：'疑所謂《孝經》者，本文止如此。'而指此爲'經'，其餘則移置次第，而名之爲'傳'並刊。其用他書竄入者，如'孝，天之經，地之義'至'因地之義'爲《春秋左氏傳》載子太叔爲趙簡子道子產之言。如'以順則逆'以下爲《左氏傳》所載季文子、北宮文子之言。如'進思盡忠，退思補過'亦《左傳》所載士貞子之言。遂以《孝經》爲出於漢初《左氏傳》未盛行之前。且云'不知何世何人爲之'。凡係先儒考《孝經》之異同如此。愚按，《孝經》視《論語》，雖有衍文，其每章引《詩》爲斷，雖與劉向《説苑》《新序》《列女傳》文法相類。而孝爲百行之本，孔門發明孝之爲義，自是萬世學者所當拳拳服膺。他皆文義之細而不容不考，至晦菴疏剔瞭然矣。《嚴父配天》一章，晦菴謂孝之所以爲大者，本自有親切處，使爲人臣子者皆有，今將之心反陷於大不孝。此非天下通訓，而戒學者詳之，其義爲尤精。愚按，《中庸》以追王大王、王季爲達孝，亦與此章《嚴父配天》之孝同旨。古人發言，義各有主，學者宜審所躬行焉。若夫推其事之至極，至於非其分之當言，如晦菴所云者，則不可不知也。'今將'事，見《公羊傳·昭元年》。"

姚振宗曰："《四庫提要》曰：'《孝經》授受無緒，故陳駧、汪應辰皆疑其僞。今觀其文，去二戴所錄爲近，要爲七十子徒之遺書。使河間獻王采入一百三十一篇中，則亦《禮記》之一篇,與《儒行》《緇衣》轉從其類。惟其各出別行,稱孔子所作,傳錄者又分章標目,自名一經,後儒遂以不類《繫辭》《論語》繩之,亦有由矣。中間孔、鄭兩本互相勝負:始以開元御注用今文,遵制者從鄭;後以朱子《刊誤》用古文,講學者又轉而從孔。要其文句小異,義理不殊,當以黃震之言爲定論。'"

漢興,長孫氏、博士江翁、少府后倉、諫大夫翼奉、安昌侯張禹傳之,各自名家。

姚振宗曰:"按,《提要》謂'授受無緒'者,如后倉史但言其通《詩》《禮》,不言其説《孝經》;張禹亦但言其從施讎問《易》,王吉、庸生問《論語》,亦不言其從誰受《孝經》;而最初之長孫氏,其師授亦不可考,此類是已。黃震之言見《黃氏日抄》中。"

經文皆同,唯孔氏壁中古文爲異。"父母生之,續莫大焉"

《補注》沈欽韓曰:"'續',日本古文作'績'。《孔傳》云:'績,功也。'陸氏《釋文》從鄭本作'續莫大焉'。案,此言嗣續之事,無大於此,作'續'是。"

按,《孝經·聖治》章:"父母生之,續莫大焉。"唐玄宗注:"父母生子,傳體相續,人倫之道,莫大於斯。"邢昺疏:"案,《説文》云:'續,連也。'言子繼於父母,相連不絶也。《易》稱生生之謂易,言後生次於前也,此則傳續之義也。"

"故親生之膝下",

《補注》沈欽韓曰:"宋本古文與《志》同。言始生在膝下,故親愛,長而異宮,有嚴君之義也。日本古文作'親生毓之',無'膝下'二字,[①]非。"

---

① "二字"原脱,據《漢藝文志考證》補。

按,《孝經·聖治》章:"故親,生之膝下。"唐玄宗注:"親,猶愛也。膝下,謂孩幼之時也。言親愛之心,生於孩幼。"邢昺疏云:"'親,猶愛也'者,嫌以親爲父母,故云'親,猶愛也'。云'膝下,謂孩幼之時也'者,案,《內則》云:'子生三月,妻以子見於父。父執子之右手,孩而名之。'案,《說文》云:'孩,小兒笑也。'謂指其頤下,令之笑而爲之名,故知'膝下,謂孩幼之時也'。云'親愛之心,生於孩幼之時'也者,言孩幼之時,已有親愛父母之心生也。"

諸家說不安處,古文字讀皆異。

臣瓚曰:"《孝經》云'續莫大焉',而諸家之說各不安處之也。"

師古曰:"桓譚《新論》云:'《古孝經》千八百七十一字,今異者四百餘字。'"

《補注》朱一新曰:"案,《孝經正義》、王氏《考證》引《新論》皆作'千八百七十二字',汪本亦作'二'。"王先謙曰:"官本作'二'。"

按,景祐本作"二"。

小　　學

史籀十五篇　周宣王太史作大篆十五篇,建武時亡六篇矣。

師古曰:"籀,音胄。"

《補注》王鳴盛曰:"《說文》謂之《史篇》。皕部云'燕召公名奭,《史篇》名醜'。徐鍇云:'《史篇》,史籀所作,《倉頡》十五篇也。'案,史籀作《大篆》十五篇,李斯作《倉頡篇》。鍇誤。今《說文》九千三百五十三字,其數與此《志》'籀書九千字以上'相合,但《說文》或取古文,或取大篆,或取小篆,以意參酌定之,非專取《史籀》。建武亡六篇,當許氏時,已無全本,許氏固不能盡遵用之也。"沈欽韓曰:"《說文敘》:'《大篆》十五篇,與古文或異。'張懷瓘《書斷》云:'以史官制之,用以教授,謂之史書,凡九千字。'唐玄度《十體書》

曰：'逮王莽亂，此篇亡失。建武中，獲九篇。章帝時，王育爲作解説，所不通者十有二三。'"

楊樹達曰："王國維云：'《説文》云：籀，讀也。'又云：'讀，籀書也。'古'籀''讀'二字同聲同義。古者讀書皆史事。《周禮·春官》：'大史讀禮書，讀誄。小史讀禮法，讀誄。内史讀四方之命書。'《聘禮》：'史讀書。'《喪禮》：'主人之史讀賵，公史讀遣。'是古之書皆史讀之。《逸周書·世俘解》：'乃俾史佚繇書于天號。'《嘗麥解》：'作筴許諾，乃北向繇書于兩楹之間。'繇即籀字，《左傳》之'卜繇'，《説文》引作'卜籀'，知《左氏》古文'繇'本作'籀'，《逸周書》之'繇書'亦當作'籀書'矣。① 籀書爲史之專職，昔人作字書者，其首句蓋云'大史籀書'，以目下文，後人因取句中'史籀'二字以名其篇，古字書皆以首二字名篇，存舍有《急就篇》，可證。大史籀書猶言大史讀書。漢人不審，乃以史籀爲著此書之人，其官名爲大史，其生當宣王之世，非也。樹達按，王説甚核。王氏有《史籀篇疏證》。②"

姚振宗曰："本《志》叙：'《史籀篇》者，周時史官教學童書也，與孔氏壁中古文異體。'"

又曰："許慎《説文解字叙》曰：'及宣王大史籀著《大篆》十五篇，與古文或異。至孔子書六經，左丘明述《春秋傳》，皆以古文，厥意可得而説。'金壇段玉裁注曰：'大史，官名。籀，人名也。省言之曰史籀。其姓不詳，記傳中凡史官多言史某。而應劭、張懷瓘、顔師古、封演、郭忠恕引《説文》皆作大史史籀。或疑大史而史姓，恐未足據。《大篆》十五篇亦曰《史籀篇》，亦曰《史篇》。《王莽傳》徵天下《史篇》文字，孟康云史籀所作十五篇古文書也。此古文二字，當易爲大篆。大篆與倉頡古

---

① "繇書"之"書"字原脱，據《漢書補注補正》及上下文意補。
② "疏"字原脱，據《漢書補注補正》補。

文或異,見于許書十四篇中者備矣,凡云籀文作某者是也。或之云者,不必盡異也,蓋多不改古文者矣。籀文字數不可知。尉律:諷籀書九千字,乃得爲史。此籀字訓讀書,與宣王太史籀非可牽合。或因之謂籀文九千字,誤矣。大篆之名,上別乎古文,下別乎小篆。而爲言曰《史篇》者,以官名之。曰《籀篇》《籀文》者,以人名之。而張懷瓘《書斷》乃分大篆及籀文爲體,尤爲非是。又謂籀文亦名史書,尤非。"

又曰:"《晋書·衛恒傳》:恒作《四體書勢》,曰:'大篆或與古同,或與古異,世謂之籀書者也。'"

又曰:"唐唐元度《論十體書》曰:'秦焚《詩》《書》,惟《易》與《史篇》得全。王莽之亂,此篇亡失。建武中,獲九篇。章帝時,王育爲之解說,所不通者十有二三。晋世此篇廢,今略傳字體而已。'"

又曰:"宋翟耆年《籀史》曰:'史籀變倉頡之法作大篆,總天下字一以會意。會意爲書之壞自籀始。①'"

又曰:"王氏《考證》:'科斗之書始于倉頡,其文至三代不改。周宣王時,雖史籀有《大篆》十五篇,猶與科斗並行。故終三代所用者,惟篆與倉頡二體。盧植曰古文科斗,近于爲實,而厭抑流俗,降在小學。'又曰:'歐陽公指石鼓爲籀書,以前乎籀書,則古文科斗也。'"

又曰:"謝啓昆《小學考》曰:'按,今所傳石鼓文,相承以爲史籀作,《史篇》亡而文廑有存者。許君《說文解字叙》曰:今叙篆文合以古籀,如首文从篆,則重文載古作某,籀作某;若重文載古作某,篆作某,則首文即从籀可知也。'"

又曰:"馬國翰輯本叙曰:'《史籀篇》,許氏《說文》每引之。

---

① "始",原誤作"書",據《漢書藝文志條理》改。

又《玉篇》所引籀文皆本許書，間有《說文》所遺者凡十三字，共輯得二百三十二字，錄爲一卷。石鼓文亦史籀作，世有傳本，不復具錄。'"

周壽昌曰："注：周宣王大史作《大篆》十五篇，建武時亡六篇矣。壽昌案，據注言，則在東漢初已亡三分之一有餘，計所存不足六千字。唐元度曰：'秦焚《詩》《書》，惟《易》與《史篇》即《史籀》。得全。王莽亂，此篇亡失。建武中，獲九篇。章帝時，王育爲作解說，所不通者十有二三。'考王育不見范《史》，而《說文解字》引王育說，則許取籀文，或本於此。後儒叙《說文》者，謂許不妄作。其《說文》九千三百五十三字，即《史籀》九千字。不知籀文本無字數，張懷瓘取《志》所云學童諷書九千字以定籀文，並謂籀文爲史書，皆不可據也。惟育在章帝時，籀文已亡過半，許在安帝時，又取諸育，安能得其全耶？"

八體六技

韋昭曰："八體，一曰大篆，二曰小篆，三曰刻符，四曰蟲書，五曰摹印，六曰署書，七曰殳書，八曰隸書。"

《補注》王應麟曰："所謂'六技'者，疑即亡新六書。"沈欽韓曰："《說文繫傳》云：'臣鍇案，蕭子良以刻符、摹印合爲一體。臣以爲符者，內外之信，若晉鄟奪魏王兵符。'案，當云"魏公子奪魏王兵符"。① 又云：'借符以罵宋，然則符者，書竹而中剖，字形半分。摹印屈曲填密，秦璽文是。子良誤合之。署書者，蕭子良云：漢高六年，蕭何所定，以題蒼龍、白虎二闕。羊欣云：蕭何覃思累月，然後題之。殳書者，殳體八觚，隨其勢而書之。'"李賡芸曰："'六技'當是'八篇'之譌，下總云《小學》四十五篇，併此八篇，正合四十五篇之數。"王先謙曰："六

---

① "奪"，《漢書疏證》作"竊"。

技,王説是,李説非也。莽改六書,有古文、奇字、篆書、隸書、繆篆、蟲書六種,下文亦云'六體'是也。八體是否八篇,書無明證,又刪去'六技',下文不可通矣。官本'署'下無'書'字,引宋祁曰,注文'署'下當有'書'字。"

姚振宗曰:"本《志》叙:漢興,蕭何草律,亦著其法,曰'大史試學童,能諷書九千字以上,乃得爲史。又以六體試之,課最者以爲尚書御史史書令史。吏民上書,字或不正,輒舉劾'。六體者,古文、奇字、篆書、隸書、繆篆、蟲書,皆所以通知古今文字,摹印章,書幡信也。'"

又曰:"許氏《説文叙》曰:'秦書有八體:一曰大篆,二曰小篆,三曰刻符,四曰蟲書,五曰摹印,六曰署書,七曰殳書,八曰隸書。'又曰:'及亡新居攝,使大司空甄豐等校文書之部。自以爲應制作,頗改定古文。時有六書:一曰古文,孔子壁中書也;二曰奇字,即古文而異者也;三曰篆書,即小篆,秦始皇帝使下杜人程邈所作也;段玉裁曰:"此十三字當在下文'左書即秦隸書'之下。"四曰左書,即秦隸書;五曰繆篆,所以摹印也;六曰鳥蟲書,所以書幡信也。'"

又曰:"《文心雕龍·練字》篇曰:'漢初草律,明著厥法。太史學童,教試六體。'"

又曰:"《隋書·經籍志》:'秦世既廢古文,始用八體,有大篆、小篆、刻符、摹印、蟲書、署書、殳書、隸書。漢時以六體教學童,有古文、奇字、篆書、隸書、繆篆、蟲鳥。'"

又曰:"王氏《考證》:《尚書正義》云:'秦有八體,亡新六書。'去大篆、刻符、殳書、署書,加古文、奇字。六體乃新莽之制。所謂六技者,疑即亡新六書。《墨藪》:'秦始皇以祈禱名山,作刻符書,題印璽。蕭何作署書,題蒼龍、白虎二闕。'"

又曰:"謝啓昆《小學考》:'按,八體六技當是漢興所試之八體,合以亡新改定之六書。技字似誤。蓋以古文、奇字易大篆、刻符、署書、殳書。其篆書即小篆,左書即隸書,繆篆即摹印,鳥蟲書即蟲書。漢興,所試用秦八體,不止六體,許氏《說文叙》甚明。故江式《論書表》、孔穎達《書正義》俱從之。班氏《藝文志》既用《七略》載八體六技之目,而叙論以八體爲六體,深所未諭,《隋志》亦沿其失。'"

又曰:"錢大昕《三史拾遺》曰:'李賡芸曰:六技當是八篇之訛。小學四十五篇,併此八篇,正合四十五篇之數。'又曰:'六體亦八體之誤。據《說文叙》言王莽時甄豐改定古文時有六體,蕭何時止有八體,無六體也。'"

姚振宗又曰:"按,謝氏以六技爲六書之誤,李氏又以六技爲八體之誤,又謂《志》叙六體亦八體之誤。按,許氏稱六書者,蓋偶然異文,未可偏執以證班書。此六技爲六書之説不足據。《漢志》每類所條篇卷總數,自唐以來舛訛不一。且書籍相傳亦有無卷數者,安見八體之書必有篇數乎?此六技爲八篇之説亦不足據。班氏叙此一節,大抵皆據《別錄》《七略》,先言六體課試,次言六體篇目,文相接承,一氣貫注,斷不致誤。此六體爲八體之説更不足據。又諸家以《説文叙》謂新莽時始有六體。竊謂莽之前已有六體,故劉光祿父子得以著于《錄》《略》。若在新莽之時,則《錄》《略》不及著錄,是尤顯而易見者。至《文心雕龍》《隋·經籍志》之所紀載,並與《漢志》相同,證驗確鑿,又其已事矣。"

蒼頡一篇 上七章,秦丞相李斯作;《爰歷》六章,車府令趙高作;《博學》七章,太史令胡母敬作。

《補注》王先謙曰:"此下文所云'閭里書師'合並者也。近儒馬國翰有輯本。"

楊樹達曰:"按,輯此書者尚有任大椿、孫星衍、梁章鉅、陳其榮、陶方琦、王國維諸家。"

陳直曰:"按,《蒼頡篇》,清代孫星衍、任大椿等皆有輯本。居延木簡中曾發現有十四簡,均見《居延漢簡釋文》卷四十九至二十頁。敦煌木簡中亦有比較完整者三簡。《説文序》所引之'幼子承詔',諸家輯本排在前列,是正確者。而《顏氏家訓·證書》篇所引'漢兼天下,海内並厠,豨黥韓覆,叛討殘滅'等句,現以木簡考之,則在第五章。"

姚振宗曰:"《史記》列傳:'李斯者,楚上蔡人也。鄭樵《通志》云斯字通古。從荀卿學帝王之術。學成,西入秦,爲文信侯呂不韋舍人,任以爲郎。拜客卿,至廷尉。始皇並天下,以爲丞相。二世二年七月,具斯五刑,論腰斬咸陽市,夷三族。'"

又曰:"又《秦始皇本紀》:'趙高故嘗教胡亥書及獄律令法事,胡亥私幸之。始皇時爲中車府令,兼行符璽令事。二世立,以爲郎中令,常侍中用事。李斯已死,拜爲中丞相。二世齋于望夷宮,高使其壻閻樂等麾兵進,二世自殺。立二世兄子公子嬰爲秦王,嬰刺殺高,夷其三族。'"

又曰:"唐張懷瓘《書斷》曰:'趙高善史書,教始皇少子胡亥書。'又曰:'胡母敬本櫟陽獄吏,爲太史令,博識古今文字,與程邈、李斯省改大篆。'"

又曰:"本《志》叙:'《蒼頡》七章者,秦丞相李斯所作也。《爰歷》六章者,車府令趙高所作也。《博學》七章者,太史令胡母敬所作也。文字皆取《史籀篇》,而篆體復頗異,所謂秦篆者也。是時始有隸書矣,起於官獄多事,苟趨省易,施之于徒隸也。漢興,閭里書師合《蒼頡》《爰歷》《博學》三篇,斷六十字以爲一章,凡五十五章,並爲《蒼頡篇》。'"

又曰:"許氏《説文序》曰:'七國文字異形,秦始皇帝初兼天下,丞相李斯乃奏同之,罷其不與秦文合者。斯作《倉頡篇》,

趙高作《爰歷篇》，胡母敬作《博學篇》，皆取《史籀》、大篆，或頗省改，所謂小篆者也。是時，秦燒滅經書，滌除舊典，大發吏卒，興戍役，官獄職務繁，初有隸書，以趣約易，而古文由此絶矣。'段玉裁曰：'按，小篆既省改古文大篆，隸書又爲小篆之省。秦時二書兼行，而古文大篆遂不行，故曰古文由此絶。秦時刻石皆用小篆，漢初不識科斗，其證也。'"

又曰："謝啓昆《小學考》曰：'按，李斯作《蒼頡篇》，首有蒼頡句，遂以名篇，猶史游之《急就》也。《爰歷》《博學》等名篇放此。鄭注《周禮》引《倉頡・鞄䩵》篇，又引《柯欘》，《説文叙》稱幼子承詔，此其篇目之可考也。郭注《爾雅》引《蒼頡篇》曰考妣延年，《顏氏家訓・書證》篇引《蒼頡篇》曰漢兼天下，海內並厠，豨黥韓覆，叛討殘滅。此其語句之可考也。'"

又曰："馬國翰輯本序曰：'《蒼頡篇》成文句者，僅考妣延年、幼子承詔等七句，餘則兩字、一字而已。兹據合輯，以成文句者列前，兩字者次之，一字者又次之。'按，《蒼頡篇》輯本尚有任氏大椿、孫氏星衍、陶氏方琦諸家，大抵皆從諸書所引郭璞《三倉解詁》中録出，故兼及訓詁反音，其本文則兩字、一字爲多，其成句者，謝氏所舉數條外，不概見焉。"

俞樾《茶香室叢鈔》卷九：明焦竑《筆乘續集》云："蒼頡石室記有二十八字，在蒼頡北海墓中，土人呼爲藏書室。周時無人識，秦李斯始識八字，曰'上天作命，皇辟迭王'。漢叔孫通識十二字。"

凡將一篇　司馬相如作。

《補注》王應麟曰："《文選・蜀都賦》注引《凡將篇》曰：'黃潤纖美宜制襌。'①《藝文類聚》引《凡將篇》曰：'鐘磬竽笙筑坎

---

① "襌"，《四部叢刊》影印宋本《六臣注文選》及《漢藝文志考證》皆作"禪"。

侯。'《唐志》猶有此書，今闕。《說文》引相如說。"葉德輝曰："唐陸羽《茶經》下引《凡將篇》有烏喙、桔梗、芫華、款冬、貝母之類，皆藥名也。"

姚振宗曰："本書列傳：'司馬相如字長卿，蜀郡成都人也。以訾爲郎，事孝景帝，爲武騎常侍。病免。客游梁，數歲，歸居。久之，得召問，奏《上林賦》，天子以爲郎。奉使巴蜀，拜中郎將。後失官。居歲餘，復召爲郎。拜爲孝文園令。病免。家居茂陵。死。'"

又曰："本《志》叙：'武帝時，司馬相如作《凡將篇》，無復字。史游作《急就篇》，李長《元尚篇》，皆《倉頡》中正字也，《凡將》則頗有出矣。'謂《凡將篇》之字有出于五十五章三千三百字之外者。"

又曰："《隋書·經籍志》有司馬相如《凡將篇》一卷，亡。《唐·經籍志》：'《凡將篇》一卷，司馬相如撰。'《唐·藝文志》：'司馬相如《凡將篇》一卷。'"

又曰："宋程大昌《演繁露》曰：'漢小學家司馬相如作《凡將篇》，其後史游又作《急就篇》。《凡將》今不可見，《藝文類聚》載《凡將》一語曰：鍾磬竽笙筑坎侯，與《急就》記樂之言所謂竽瑟空篌琴筑箏者，其語度規制全同，率皆立語總事以便小學。《急就》也者，正規模《凡將》也。'"

又曰："王氏《考證》：《文選·蜀都賦》注引司馬相如《凡將篇》曰：'黃潤纖美宜制禪。'《藝文類聚》引《凡將篇》曰：'鍾磬竽笙筑坎侯。'《唐志》猶有此書。《說文》引相如說。"

又曰："謝啓昆《小學考》曰：'按《說文·口部》引司馬相如說淮南宋蔡舞嚇喻，當即《凡將篇》句。《文選·蜀都賦》注引云：黃潤纖美宜制禪。《藝文類聚·樂部》引云：鍾磬笙竽筑坎侯。陸羽《茶經》引云：烏喙桔梗芫華，款冬貝母木蘗蔞，芩草芍藥桂漏蘆,蜚廉雚菌荈詫,白歛白芷菖蒲,芒消莞椒茱萸;皆六字或七字爲句,體同《急就》。惟所云白歛白芷,與班《志》云《凡將篇》無復字不合。至《說文·禾部》稟字引司馬相如曰稟,一莖六穗,乃其封禪書語也。'"

又曰:"張澍《蜀典》曰:'王愔《文字志》云:司馬相如采日蟲之禽,屈伸其體,升降其勢,以象四時之氣,爲《氣候值時書》。按,《書史》云:相如作《凡將篇》,抄辨六律,測尋二氣,采日蟲之禽,屈伸其體,升伏其勢,象四時之氣,爲之興降,曰《氣候值時書》。《酉陽雜俎》云:南中有蟲名避役,一曰十二辰蟲,狀似蛇醫,脚長,色青,赤肉鬣,暑月常見于籬壁間,俗云見者多稱意,其首倏忽更變爲十二辰狀。是相如之爲《氣候值時書》,即取十二辰蟲之善變也。許慎《說文》于干支諸字必有曲說陰陽之氣,可見當時好立此義久矣。'按,此則《說文》卷末說十二支字,或取之《凡將篇》。"

又曰:"馬國翰輯本序曰:'《凡將篇》,《文選注》《藝文類聚》、陸羽《茶經》、段公路《北户錄》皆引之,許氏《說文》亦引其說,並據輯錄,詳載《說文》及《集韻》于各字之下,以備參考,且代訓釋焉,凡十五條。'"

急就一篇　成帝時,黄門令史游作。

《補注》錢大昭曰:"成帝當作元帝。"沈欽韓曰:"晁公武云:'凡三十二章,雜記姓名、諸物、五官等字,以教童蒙。急就者,謂字之難知者,緩急可就而求焉。'"王先謙曰:"官本'成'作'元'。《考證》云:'《隋志》作《急就章》一卷。'"

按,景祐本"成"作"元"。

陳直曰:"按,《急就篇》在西漢末期即已傳播,至東漢尤爲盛行。《居延漢簡釋文》卷四十九頁有《急就篇》七簡,七簡中寫開首數句者占有四簡。《流沙墜簡考·釋小學類》三頁有《急就篇》六簡。《漢晉西陲木簡彙編》二編三十八頁至四十頁有《急就篇》三簡。又杭州鄒氏藏有《急就篇》草隸磚僅寫第一章四句，見專門名家第二集。"

姚振宗曰："本《志》叙曰：'元帝時，黃門令史游作《急就篇》，皆《蒼頡》中正字也。'"

又曰："《後漢書·宦者列傳》序曰：'至元帝之世，史游爲黃門令，勤心納忠，有所補益。其後弘恭、石顯以佞險自進，卒有蕭、周之禍，損穢帝德焉。'"

又曰："《隋書·經籍志》：'《急就章》一卷，漢黃門令史游撰。'《唐·經籍志》：'《急就章》一卷，史游傳。'《唐·藝文志》：'史游《急就章》一卷。'《宋史·藝文志》同。"

又曰："張懷瓘《書斷》曰：'章草者，漢黃門令史游所作也。王愔云：漢元帝時，史游作《急就章》，解散隸體，粗書之，漢俗簡惰，漸以行之。'又曰：'章草之書，字字區別。張芝變爲今草，加其流速，上下牽連，或借上字之終而爲下字之始，呼史游草爲章，因張伯英草而謂也。'"

又曰："顔師古注本序曰：'司馬相如作《凡將篇》，史游景慕，擬而廣之，元成之間列于秘府。雖復文非清靡，義闕經綸，至于包括品類，錯綜古今，詳其意趣，實有可觀者焉。'"

又曰："宋黃伯思跋曰：'《倉頡篇》《爰歷篇》《博學篇》《凡將篇》，不可復見，特《急就》存焉者，以昔賢多喜書之故也。其文雖出小學家，而亦西京文氣未衰之際，詞致雅馴，故顔籀賞其清靡。'"

又曰："陳振孫《書錄解題》曰：'其文多古語古字古韻，有足觀者。'"

又曰："王氏《考證》：'《隋》《唐志》謂之《急就章》，國朝太宗皇帝嘗書此篇。又于顔本外多《齊國》《山陽》兩章，凡爲章三十有四。此兩章蓋起于東漢。按《急就篇》末說長安中涇渭街術,故此篇亦言洛陽人物之盛以相當,而鄗縣以世祖即位之地,升其名爲高邑,與先漢所改真定、常山並列,此爲後漢人所續不疑。'"

又曰:"《四庫提要》曰:'《藝文志》稱游爲元帝時黃門令,蓋宦官也。其始末不可考。其書自始至終無一復字,文字奧雅,亦非蒙求諸書所可及。舊有曹壽、崔浩、劉芳、顏之推注,今皆不傳。惟顏歸古注一卷存。王應麟又補注之,釐爲四卷云。'"

又曰:"孫星衍《急就篇考異》序曰:'歷代傳摹《急就》,漢有張芝、崔瑗,魏有鍾繇,吳有皇象,晉有衛夫人、王羲之、索靖,後魏有崔浩,唐有陸柬之。時人又多臨本,宋有太宗御書,黃庭堅、李仁甫、朱文公皆有刻本,元有鄧文原,明有仲溫、俞和。注之者,後漢有曹壽、魏劉芳、周豆盧氏、齊顏之推。今所見法帖有紹聖三年勒石本,所存注解唯顏師古及王應麟本,餘無存焉。或疑史游以元帝時爲《急就章》,而史稱元帝善史書,即爲見其書而善之,是以帝能爲章草,亦或然也。'按《小學考》又有元戴表元《注釋補遺》、明李孝謙《解》、國朝萬光泰《補注》三家。又江都陳本禮作《急就篇探奇》,大旨謂史游勤心納忠,有所補益,所作《急就篇》可當漢元一代詩史,爲之遂章箋釋,訂爲《姓名》八章、《諸物》十八章、《五官》六章、《續編》二章。首爲《綱目摘略》一篇,摘出漢元一代敝政,以爲知人論世,見史游作書之旨。末附《姓氏考原》一篇,錄篇中姓氏一百三十有八,亦各爲疏其所出。"

元尚一篇　成帝時將作大匠李長作。

姚振宗曰:"本《志》叙曰:'成帝時將作大匠李長《元尚篇》,皆《蒼頡》中正字也。'宋祁曰:'李長下當有作字。'"

姚氏又曰:"按,李長始末未詳。諸書亦罕有徵引《元尚篇》

者,故其遺文佚句無得而傳,但知其篇首有'元尚'二字耳。按,《急就》規仿《凡將》,①此大抵又仿《急就》,其字則兩家皆取《蒼頡》五十五章,就三千三百字之内而各纂其辭,猶揚雄易《蒼頡》中重復之字,而别爲《蒼頡訓纂》也。"

訓纂一篇　揚雄作。

《補注》王應麟曰:"《揚雄傳》:'史篇莫大於《倉頡》,作《訓纂》。'《隋志》:'《三蒼》三卷,李斯作《倉頡篇》,②揚雄作《訓纂篇》,後漢郎中賈魴作《滂喜篇》,故曰《三蒼》。'《説文繫傳》以《蒼頡》《爰歷》《博學》爲《三蒼》。"王先謙曰:"此下文所謂'作《訓纂》,順續《蒼頡》'也。"

姚振宗曰:"本傳:'雄字子雲,蜀郡成都人也。年四十餘來游京師,大司馬車騎將軍王音召以爲門下史,薦雄待詔,歲餘,奏《羽獵賦》,除爲郎,給事黄門,與王莽、劉歆並。哀帝之初,又與董賢同官。當成、哀、平間,莽、賢皆爲三公,權傾人主,所薦莫不拔擢,而雄三世不徙官。及莽篡位,談説之士用符命稱功德獲封爵者甚衆,雄復不侯,以耆老久次轉爲大夫,恬于勢利乃如是。實好古而樂道,其意欲求文章成名于後世,以爲經莫大于《易》,故作《太玄》;傳莫大于《論語》,作《法言》;史篇莫善于《蒼頡》,作《訓纂》。年七十一,天鳳五年卒。'段氏《説文注》曰:'《揚雄傳》云史篇莫書于《蒼頡》,是則凡小學之書皆得稱史篇。'"

又曰:"本《志》叙曰:'元始中,徵天下通小學者以百數,各令記字于庭中。揚雄取其有用者以作《訓纂篇》,順續《蒼頡》。'按《平帝本紀》元始五年,徵天下知逸經、古記、小學、史篇者,遺詣京師。《王莽傳》云'徵天下有《逸禮》《古書》、史篇文字,

---

① "仿",原誤作"方",據《漢書藝文志條理》改。
② "倉頡篇"三字原脱,據《漢書補注》補。

通知其意者,詣公車。皆令記説廷中,將令正乖繆,臺異説云'。"

又曰:"許氏《説文叙》曰:'孝宣皇帝時,召通《蒼頡》讀者,張敞從受之。涼州刺史杜業、沛人爰禮、講學大夫秦近,亦能言之。孝平皇帝時,徵禮等百餘人,令説文字未央廷中,以禮爲小學元士。黄門侍郎揚雄采以作《訓纂篇》。'"

又曰:"梁庾元威《論書表》曰:'李斯造《蒼頡》七章,趙高造《爰歷》六章,胡母敬造《博學》七章,後人分五十五章,以爲《三倉》上卷。至哀帝元壽中揚子雲作《訓纂》,記_{按,當爲"訖"}《滂熹》,爲《三倉》中卷。'按,哀帝元壽中,當爲平帝元始中。或初創于元壽中,成就于元始中也。"

又曰:"張懷瓘《書斷》曰:'揚雄作《訓纂篇》三十四章以纂續《蒼頡》。和帝永初中,賈魴又撰異字,用《訓纂》之末字以爲篇,故曰《滂熹篇》。'又曰:'和帝時,賈魴撰《滂熹篇》,以《蒼頡》爲上篇,《訓纂》爲中篇,《滂熹》爲下篇,所謂《三蒼》也。'"

又曰:"《文心雕龍・練字》篇:'及宣成二帝,徵集小學,張敞以正讀傳業,揚雄以奇字纂訓,並貫練雅頌,總閲音義。'按,此則揚雄取奇字爲《訓纂》以續《蒼頡》,可知雄本傳云'劉歆子棻從雄學奇字',奇字即異字。《書斷》云:'和帝時,賈魴又取異字爲《滂熹篇》。'棻學奇字即指此《纂訓》。訓纂者,纂次成文,即又爲之訓釋歟。"

又曰:"《隋書・經籍志》:'《三蒼》三卷,郭璞注。秦相李斯作《蒼頡篇》,漢揚雄作《訓纂篇》,後漢賈魴作《滂熹篇》,故曰《三蒼》。'《唐・經籍志》:'《三蒼》三卷,郭璞解。'按,《隋志》所載《訓纂》一篇皆編入《三蒼》中卷也。"

姚振宗又曰:"按,《訓纂》成于元始、居攝之間,爲《七略》所不及載。此條蓋班氏所入,而必列之于此,不與後三條《蒼頡訓纂》相類從者,則以其前《凡將》《急就》《元尚》三篇皆取于《蒼頡》篇中之字,而此則順續《蒼頡》,故連綴于後。明一類之學,猶禮家入《軍禮司馬法》于《周官經》《傳》之後也。"

別字十三篇

《補注》錢大昕曰:"即揚雄所撰《方言》十三卷也。本名《輶軒使者絕代語釋別國方言》,或稱《別字》,或稱《方言》,皆省文。"

姚振宗曰:"昆山顧炎武《日知錄》曰:'《後漢書·儒林傳》讖書非聖人所作,其中多近鄙別字。近鄙者,猶今俗用之字。別字者,本當爲此字而誤爲彼字也。今人謂之白字,乃別音之字轉。'"

又曰:"錢大昕《三史拾遺》曰:'《別字》十三篇即揚雄所撰《方言》十三卷也。本名《輶軒使者絕代語釋別國方言》,或稱《別字》,或稱《方言》,皆省文。'"

又曰:"元和惠棟《後漢書補注》曰:'《東平王蒼傳》:蒼所作書、記、賦、頌、七言、別字。《續漢志》曰:凡別字之體,皆從上起,左右離合。《藝文志》小學家有《別字》十三篇,或曰別字辨俗字,尹敏曰讖書多非聖人所作,其中多近鄙別字是也,未知孰是。'"

姚振宗又曰:"按《續漢·五行志》卷一:'獻帝踐阼之初,京師童謠曰:千里草,何青青;十日卜,不得生。案,千里草爲董,十日卜爲卓。凡別字之體,皆从上起,左右離合,無有从下發端者也。今二字如此者,天意若曰:卓自下摩上,以臣陵君也。青青者,暴盛之皃也。不得生者,亦旋破亡。'按,司馬彪取董巴、應劭、譙周三家之説以爲《五行志》,此事蓋亦得之三家者,其言別字之體如此。惠氏取以證東平王別字,又證以《漢志》之《別字》,要以亭林氏所言爲得其實,錢氏以爲即是《方言》,《提要》於《方言》條下亦有是説,謝氏《小學考》遂歸之揚雄,皆非也。"

蒼頡傳一篇

姚振宗曰:"謝啓昆《小學考》:揚雄《別字》,《漢志》十三篇,佚。揚氏雄《蒼頡傳》,《漢志》一篇,佚。"

姚氏又曰:"按,此兩家書,《七略》以之殿末,皆不著撰人,《漢志》因之。而謝氏皆以爲揚雄書,其意蓋以此兩書在揚雄《訓纂》下,是蒙上省文。然考揚雄之書,《志》序言之甚明。此兩書不置一詞,明是別家之書。且小學十家,按魏晉六朝人及唐人所見皆云小學十家,必不致誤。並此兩家方如其數。若實爲揚雄書,則止于八家,此尤顯見者也。《志》云:'《蒼頡》多古字,俗師失其讀,宣帝時徵齊人能正讀者,張敞從受之。'《説文叙》又云:'涼州刺史杜業、沛人爰禮、講學大夫秦近亦能言之。'又《杜鄴傳》張敞子吉、吉子竦並長小學,鄴子林正文字過于鄴、竦,是宣帝以後能正其讀、言其義有齊人、史失其名。張敞、杜鄴、爰禮、秦近、張吉、竦、杜林等,疑此傳出此數人之手,以其非一家之言,故不著撰人。《説文·亏部》'平'字下引爰禮説,似出此書。"

揚雄　蒼頡訓纂一篇

《補注》王先謙曰:"此合《蒼頡》《訓纂》爲一,下文所云'又易《蒼頡》中重復之字,凡八十九章'也。"

姚振宗曰:"本《志》叙:'揚雄作《訓纂篇》,順續《蒼頡》,又易《蒼頡》中重復之字,凡八十九章。'此猶作《反離騷》,又旁《離騷》作重一篇,曰《廣騷》。旁,依也,所謂斟酌其本相與放依而馳騁者也。"

又曰:"謝啓昆《小學考》曰:'揚雄《蒼頡訓纂》,《隋志》已不列其目,蓋其亡久矣。《説文解字·肉部》臘肺㙸,《舛部》舜,

《晶部》曡，《系部》綷，《手部》重文拜，《黽部》黽並引揚雄説，即《訓纂》也。又《山部》岬引杜林以爲竹筥，揚雄以爲蒲器，《斗部》斡，揚雄、杜林説皆以爲輻車輪斡。揚與杜並有《蒼頡訓纂》，故許君亦兼引之也。'按，此所引與前《訓纂》一篇之文無由識別矣。"

又曰："馬國翰輯本叙曰：'《訓纂》視《凡將》尤爲僅見。唐釋玄應《一切經音義》引鱓蛇魚句，許氏《説文》引揚雄説十二條，亦《訓纂》文也，凡十四條。'"

姚振宗又曰："按，《志》叙云'作《訓纂篇》，順續《蒼頡》'，謂前《訓纂》一篇三十四章也。又云'易《蒼頡》中重復之字，凡八十九章'，則取閭里書師所並五十五章之舊本，易其復字而別纂成文，加以訓詁，即此《蒼頡訓纂》一篇，皆《七略》所無，班氏所入也。"

又曰："又按，《志》叙云'臣復續揚雄作十三章，凡一百三章，無復字，六藝群書所載略備矣'。韋昭曰：'臣，班固自謂也。'按，班氏所續十三章不在此《志》，別詳舊輯《後漢藝文志》中。"

杜林　蒼頡訓纂一篇

《補注》王先謙曰："此蓋於揚雄所作外，別有增益，故各自爲書。《説文》引杜林説。"

周壽昌曰："《隋志》云：'梁有《蒼頡》二卷，後漢司空杜林注：亡。'《唐志》復有杜林《蒼頡訓詁》二卷今佚。"

杜林　蒼頡訓故一篇

《補注》王先謙曰："此下文所云'杜林爲作訓故'也。《隋志》：'梁有《蒼頡》二卷，杜林注，亡。'"

姚振宗曰："本書《杜鄴傳》：'鄴字子夏，本魏郡繁陽人也。祖及父積功勞，皆至郡守，武帝時徙茂陵。鄴少孤，其母張敞女。鄴壯,從敞子吉學問,①得其家書。哀帝時,爲涼州刺史,病免。元壽元年,舉方正,未拜,病卒。初,鄴從張吉學,吉子竦又幼孤,從鄴學問,亦著于世,尤長小學。鄴子林,清靜好古,亦有雅材。建武中,歷位列卿,至大司空。其正文字過于鄴、竦。故世言小學者由杜公。'"

又曰:"《後漢書》本傳:'林字伯山,扶風茂陵人也。父鄴,成哀間爲涼州刺史。林少好學沈深,家既多書,又外氏張竦父子喜文采,林從竦受學,博洽多聞,時稱通儒。初爲郡吏。王莽敗,客河西。建武六年,徵拜侍御史。代王良爲大司徒司直。十一年,司直官罷,代郭憲爲光祿勳。後皇太子彊求乞自退,封東海王,重選官屬,以林爲王傅。明年,代丁恭爲少府。二十二年,復爲光祿勳。頃之,代朱浮爲大司空。博雅多通,稱爲任職相。明年薨。'"

又曰:"本《志》叙:'《蒼頡》多古字,俗師失其讀,宣帝時徵齊人能正讀者,張敞從受之,傳至外孫之子杜林,爲作訓故,並列焉。'"

又曰:"《隋書·經籍志》:'梁有《蒼頡》二卷,後漢司空杜林注,亡。'按,杜林卒時,三府猶未去"大"字,此當云大司空。《唐·經籍志》:'《蒼頡訓詁》二卷,杜林撰。'《唐·藝文志》:'杜林《蒼頡訓故》三卷。'"

又曰:"謝啓昆《小學考》曰:'按《說文解字》《艸部》董芎薄朮,《巢部》𦯧,《而部》耐,《水部》渭,《耳部》耿,《女部》媆媁嫇,《甾部》𤮭,《黽部》鼀,《斗部》斡,並引杜林說,《史記索隱》引杜林云豺似貐,白色,皆《蒼頡故》之文也。'"

又曰:"馬國翰輯本序曰:'杜伯山《蒼頡訓故》,今惟許氏

---

① "從",原誤作"得",據《漢書藝文志條理》及《漢書·杜鄴傳》改。

《説文》引其説，他書亦間有引者，合輯爲帙。'又孫氏星衍、任氏大椿並輯入《蒼頡篇》，見《岱南閣叢書》及《小學鉤沈》中。"

姚振宗又曰："按《隋志》引《七錄》但云《蒼頡》二卷，杜林注。兩《唐志》作《訓詁》，亦並二卷。卷數與本志相符。蓋合《訓纂》及《故》而一之。其書似取《蒼頡》五十五篇別爲纂次成文，而又爲故訓于後，猶千字文始于梁周興嗣，而諸家多有重次其文而爲之注釋，見于《隋》《唐志》也。林實後漢人，班氏修志時其人已蚤卒，書已行世，因並附入，非通例也。"

又曰："又按，此篇凡分二段：《史籀》至《訓纂》七家，皆古今字書之屬，爲一段；《別字》以下五書，皆解釋古今字體字義之類爲一段。"

凡小學十家，四十五篇。入揚雄、杜林二家二篇。

《補注》王先謙曰："官本作'三篇'。"

按，景祐本"四十五篇"作"三十五篇"。"二篇"亦作"二篇"。

姚振宗曰："按，所載凡十二條，內揚雄、杜林各重出一條，當爲十條，條爲一家。此云十家，其數相符。其篇數除《八體六技》無篇卷外，①則止于三十七篇，溢出八篇，故李氏賡芸欲以《八體》八篇就其數，實不然也。今校定當爲十家，內一家無篇數，三十七篇。又按，班氏注入揚雄、杜林二家三篇。此三篇當爲四篇，刻書者以最後三條明著揚雄、杜林字，以爲即此二家三篇，因妄改爲'三'，不知其前尚有揚雄《訓纂》一篇也。揚雄至王莽天鳳中始卒，當哀帝時劉歆奏進《七略》，其人猶在，例不錄生存人，故《七略》于雄所作惟載其賦四篇，因成帝

---

① "體"，原誤作"篇"，據《漢書藝文志條理》改。

時奏御，又爲劉向所論定者，故載及之。餘書概不之及，皆班氏所續入，如《詩賦略》入賦八篇，儒家入《太玄》等三十八篇，而于此小學家則入《訓纂》《蒼頡訓纂》各一篇也。"

《易》曰："上古結繩以治，後世聖人易之以書契，百官以治，萬民以察，蓋取諸《夬》。""夬，揚於王庭"，言其宣揚於王者朝廷，其用最大也。

師古曰："《下繫》之辭。"又曰："《夬卦》之辭。"

王弼曰："夬，決也。書契所以決斷萬事也。"孔穎達曰："夬者，決也。造立書契，所以決斷萬事，故取諸夬也。""結繩"者，鄭康成注云："事大大結其繩，事小小結其繩，義或然也。"來知德曰："結繩者，以繩兩頭，中割斷之，各持其一，以爲他日之對驗也。結繩而治，非君結繩而治也，言當此百姓結繩之時，爲君者于此時而治也。書，文字也，言有不能記者，書識之。契，合約也，事有不能信者，契驗之。百官以此書契而察萬民不敢欺。取夬者有書契，則考核精詳，稽驗明白，亦猶君子之決小人，小人不得以欺矣。"姚明煇曰："鄭康成曰：'結繩者，大事大結其繩，小事小結其繩。以書書木邊，言其事，刻其木，謂之書契。各持其一，後以相考合。'"

按，《說文叙》曰："古者庖犧氏之王天下也，始作《易》八卦，以垂憲象。及神農氏結繩爲治而統其事。"段玉裁曰："謂自庖犧以前，及庖犧及神農，皆結繩爲治而統其事也。《繫辭》曰：'《易》之興也，其於中古乎？'虞曰：'興《易》者，謂庖犧也。庖犧爲中古，則庖犧以前爲上古，黃帝、堯、禹爲後世聖人。'按，依《虞》說，則傳云'上古結繩而治'者，神農以前皆是。云'後世聖人易之以書契'者，謂黃帝。"《孝經·援神契》云："三皇初造書契。"高誘注《吕覽》曰："蒼頡生而知書，寫仿鳥迹，以造文章。"

古者八歲入小學,故《周官》保氏掌養國子,教之六書,謂象形、象事、象意、象聲、轉注、假借,造字之本也。

師古曰:"保氏,地官之屬也。保,安也。"又曰:"象形,謂畫成其物,隨體詰屈,日、月是也。象事,即指事也,謂視而可識,察而見意,上、下是也。象意,即會意也,謂比類合誼,以見指撝,武、信是也。象聲,即形聲,謂以事爲名,取譬相成,江、河是也。轉注,謂建類一首,同意相受,考、老是也。假借,謂本無其字,依聲託事,令、長是也。文字之義,總歸六書,故曰立字之本也。"

《補注》錢大昭曰:"《説文》六書作指事、象形、形聲、會意,餘同。至六書之次第,許慎《説文解字》、衛恒《書勢》、江式《論書表》、孔穎達《書正義》、封演《聞見記》皆同。而鄭衆《周禮注》《漢書·藝文志》《隋書·經籍志》、韋續《五十六種書》其次第又各不同。"朱一新曰:"汪本注末'也'作'焉'。"王先謙曰:"官本作'焉'。"

姚範曰:"按,《周禮》鄭司農注云:'六書:象形、會意、轉注、處事、假借、諧聲。'《說文叙》云:'指事、象形、形聲、會意、轉注、假借。'"

漢興,蕭何草律,亦著其法。曰:"太史試學童,能諷書九千字以上,乃得爲史。

《補注》王鳴盛曰:"即史籀大篆也。'諷書'許《自序》作'諷籀書','乃得爲史'作'乃得爲吏'。《賈子新書》云:'胡以孝弟循順,爲善書而爲吏耳。'亦以作'吏'爲是。《志》下文云:'《史籀篇》者,周時史官教學童也,與孔氏壁中古文異。'《説文序》云:'宣王太史籀著大篆十五篇,與古文或異。至孔子書六經,左丘明述《春秋傳》,皆以古文。'所謂古文者,黃帝史官倉頡所作,乃書之本文也。史籀所作,即是周代之通俗文字,與古文並行。彼時書即自有兩體,但《志》直云與古文異體,而《説文序》云'或異',蓋雖變古不全異也。《志》又云:'《蒼頡篇》多古字。'李斯等所作尚然,況史籀乎?"蘇輿曰:"案,《江式傳》亦作'史'。近段氏注《説文》,轉據以改'吏'爲'史',注云:'得爲史,得爲郡縣史也。'《周禮》'史十有二人',注云:'史掌書者。'又'史掌官書以贊治',注云:'贊治,若今起文書草也。'《後漢書·百官志》:'郡太守、郡丞、縣令、若長、縣丞、縣尉,①各置諸曹掾史。'案,'史'字於義尤長。"

楊樹達曰:"按,段玉裁云:'籀文字不可知。《尉律》:'諷籀書九千字乃得爲史。'此'籀'字訓'讀書',或因之謂籀文九千字,誤矣。'樹達按,段説是也。"

又以六體試之,

《補注》李廣芸曰:"《説文叙》云:'學僮十七以上始試,諷籀書九千字乃得爲吏。又以八體試之。'此'六'乃'八'之誤。據《説文叙》言,王莽時,甄豐改定古文,有六體。蕭何時,止有八體,無六體也。"王先謙曰:"'六'當爲'八',李説是也。上文明言八體,是班氏非不知有八體者,且此數語與《説文序》吻合,不應事實岐異,淺人見下'六體'字而妄改耳。"

楊樹達曰:"按,姚振宗云:'班《書》皆據《別録》《七略》,此文先言"六體課試",次言"六體之目",文一氣貫注,斷不致誤。諸家以《説文叙》謂新莽時始有六體,竊謂莽之前已有六體,故劉光禄父子得以著于《録》《略》。若事在新莽之時始有,則《録》《略》不及著録,此尤顯而易見者。《文心雕龍·練字》篇、《隋書·經籍志》並作"六體",與《漢志》相同,證據確鑿,李廣芸説"六體"爲"八體"之説不足信明矣。'"

---

① "尉"字,原位於"縣令"下,據《後漢書·百官志》及上下文意改。

課最者以爲尚書御史史書令史。

韋昭曰:"若今尚書蘭臺令史也。"臣瓚曰:"史書,今之太史書。"

《補注》劉奉世曰:"史與書令史二名,今有書令史。"吳仁傑曰:"太史課試,善史書者,以補史書令史,而分隸尚書及御史也。尚書、御史皆在禁中,受公卿奏事。故下文云'吏民上書,字或不正,輒舉劾',則所謂史書令史者,①正以其通知六體書,故以補此吏員耳。《百官表》於尚書、御史不載令史,而《後書》有之,曰'尚書六曹',有令史三人,主書;御史中丞有蘭臺令史,掌奏。則所謂'史書令史',即主書及掌奏者是已。故《通典》引《漢官儀》云:'能通《倉頡》《史籀篇》,補蘭臺令史,滿歲爲尚書郎。'蓋當時奏牘皆當用史書。《嚴延年傳》:'稱其善史書,所欲誅殺,奏成於手中。'《貢禹傳》亦言:'郡國擇便巧史書者,以爲右職。'又《王尊傳》'司隸遣假佐',蘇林謂'取內郡善史書佐給諸府'。則外之郡國,內之諸府,皆有史書吏以備剡奏也。令史專以史書爲職,恐不可爲二名。"王先謙曰:"吳說是。"

周壽昌曰:"劉奉世曰:'史與書令史二名,今有書令史。'壽昌案,《後漢書·百官志》:'尚書屬令史十八人,二百石。'注引《古今注》曰:'永平三年七月,增尚書令史員。'又班固、傅毅皆爲蘭臺令史,見本傳。韋昭說是也。若書令史兩漢皆無此秩,劉氏之所謂'今'是宋時,何可以釋漢制?"

段玉裁曰:"《藝文志》曰:'以爲尚書御史、史書令史。'云'史書令史'者,謂能史書之令史也。漢人謂隸書爲史書,故孝元帝、孝成許皇后、王尊、嚴延年、楚王侍者馮嫽、後漢孝和帝、

---

① "史書",原誤倒,據《漢書補注》及上下文乙正。

和熹鄧皇后、順烈梁皇后、北海敬王睦、樂成靖王黨、安帝生母左姬、魏胡昭，史皆云善史書。大致皆謂適於時用，如《貢禹傳》云：'郡國擇便巧史書者，以爲右職。'又蘇林引胡公云：'《漢官》：假佐，取內郡善史書者給佐諸府也。'是可以知'史書'之必爲隸書，向來注家釋史書爲大篆，其繆可知矣。石建自詭馬不足一，馬援糾繆皋爲四羊，其可證也。蓋承秦後，切於時用，莫若小篆、隸書也。《志》兼言御史、令史。御史之令史，即《百官志》之蘭臺令史。許不及之者，以下文云，字或不正，輒舉劾之，乃尚書所職，非御史所職也。"

吏民上書，字或不正，輒舉劾。"

《補注》何焯曰："今詑字必飭行，蓋其遺意。"葉德輝曰："《史記·萬石君傳》：建爲郎中令，奏書事，事下，建讀之，曰：'誤書，馬字與尾當五，今乃四，不足一，上譴死矣！'甚惶恐。《東觀漢記·馬援傳》：'援上言，臣所假伏波將軍印，伏字犬外嚮，成皋令印皋字爲白下羊，丞印四下羊，尉印白下人，人下羊。一縣長吏，印文不同，恐天下不正者多，所宜齊同。薦曉古文字者，事下大司空，正郡國印章。奏可。'據此，則兩漢正書之嚴可見。"

段玉裁曰："劾者，用法以糾有罪也。《百官志》曰：'民曹尚書，主凡吏民上書事。然則吏民上書，字或不正，輒舉劾，正民曹尚書事，而令史實佐之者也。'"

姚振宗曰："按，以上皆班氏所引尉律之文，《百官公卿表》云御史中丞內領侍御史員十五人，受公卿奏事舉劾按章。"

六體者，古文、奇字、篆書、隸書、繆篆、蟲書，皆所以通知古今文字，摹印章，書幡信也。

師古曰："古文，謂孔子壁中書。奇字，即古文而異者也。篆書，謂小篆，蓋秦始皇使程邈所作也。隸書，亦程邈所獻，主於徒隸,從簡易也。繆篆,謂其文屈曲纏繞,所以摹印章也。蟲書,謂爲蟲鳥之形,所以書幡信也。"

《補注》朱一新曰:"《説文》几下、九下,引奇字凡二見。徐鍇《叙》引蕭子良云:'籀書即大篆,新臣甄豐謂之奇字,史籀增古文爲之,故與古文異也。'"王先謙曰:"此方釋亡新所定六體,上所云六技也。下文'皆所以'云云,總上言之。"

楊樹達曰:"按,王氏誤信李賡芸之説,改上文六體爲八體,而無以處此文六體之目,因強以亡新之六體當之。然《志》文絶不及亡新之事,何當於此唐突之言乎?《志》引《律》文,與《説文叙》所引互有詳略,段氏注《説文》,但評優劣,不作更張,其通識過李、王遠矣。"

按,《説文叙》"一曰古文,孔子壁中書也",段玉裁云:"秦有小篆、隸書而古文由此絶,故惟孔子壁中書爲古文,故六書首此。"又《説文叙》"二曰奇字,即古文而異者也",段云:"分古文爲二。'儿'下云古文奇字人也。'无'下云奇字無也。許書二見,蓋其所記古文中時有之,不獨此二字矣。《揚雄傳》云:'劉歆之子棻嘗從雄學奇字。'按,不言大篆者,大篆即包於古文奇字二者中矣。張懷瓘謂奇字是籀文,其迹有石鼓文存,非是。"又《説文叙》"三曰篆書,即小篆,上文所謂小篆,秦始皇使下杜人程邈所作也",段云:"按,此十三字當在下文左書即隸書之下。上文明言李斯、趙高、胡母敬皆取《史籀》大篆省改所謂小篆,則作小篆之人既顯白矣,何容贅此自相矛盾耶?況蔡邕《聖皇》篇云程邈刪古立隸文,而蔡剡、衛恒、羊欣、江式、庾肩吾、王僧虔、酈道元、顏師古亦皆同辭,惟傳聞不一。或晋時許書已訛,是以衛巨山疑而未定耳。下杜人程邈爲衙獄吏,得罪,幽繫雲陽,增減大篆體,去其繁復。始皇善之,出爲御史,名書曰隸書。下杜,江式、張懷瓘皆作'下邨'，庾肩吾《書品》作'下邳'。邈，《説文》無此字，蓋古祇作'藐'。"又《説文叙》"四曰左書，即秦隸書"，段云："左，今之'佐'字。小徐本作'左'，而後大叔佐夏不畫一。①蓋許叙從俗作'佐'，後人或以古字改之，而又不盡改也。左書，謂其法便捷，可以佐助篆所不逮。上文云初有隸書，以趣約易。不言誰作，故此補之曰秦始皇使下杜人程邈所作也。"又《説文叙》"五曰繆篆，所以摹印也"，段云："摹，規也。規度印之大小、字之多少而刻之。繆，讀綢繆之繆。上文秦文八體，五曰摹印。"又《説文叙》"六曰鳥蟲書，所以書幡信也"，段云："幡，當作'旛'。漢人俗字以'幡'爲之。書旛，謂書旗幟。書信，謂書符卪。上文四曰蟲書，此曰鳥蟲書，謂其或像鳥，或像蟲。鳥亦稱羽蟲也。按，秦文八體，尚有刻符、署書、殳書。此不及之者，三書之體，不離乎摹印書旛之體，故舉二以包三，古文則析爲二以包大篆。莽意在復古應制作，故不欲襲秦制也。"

陳直曰："按，《十鐘山房印舉》舉六八頁，有'侯志'玉印，是繆篆書體。《秦漢瓦當文字》卷一四十三頁，有'永受嘉福'瓦，是蟲書體。與《志》文正合。又按，西漢時另盛行一種龜蛇書體，余所見者，有'與天毋極'瓦，'毋'字作龜蛇體。有'西鄉'印，有'西神'瓦筒題字，'西'字皆作龜蛇體。以上均拓本。在《藝文志》所云六體之外，類於後代之美術書體。"

古制，書必同文，不知則闕，問諸故老，至於衰世，是非無正，人用其私。

師古曰："各任私意而爲字。"

《補注》葉德輝曰："如《説文叙》所云'馬頭人爲長，人持十爲

---

① "叔"，清道光九年廣東學海堂刻咸豐十一年補刻本段玉裁《説文解字》作"岳"。

斗,虫者屈中'及《後漢書·光武紀》贊以'泉貨'爲'白水真人'之類皆是。"

故孔子曰:"吾猶史之闕文也,今亡矣夫!"

師古曰:"《論語》載孔子之書,① 謂文字有疑,則當闕而不説。孔子自言,我初涉學,尚見闕文,今則皆無,任意改治也。②"

《補注》周壽昌曰:"《論語》包注云:'古之良史,於書字有疑則闕之。'史謂古籀諸書,文即字也。《説文叙》云:《書》曰:'予欲觀古人之象。'言必遵修舊文而不穿鑿。孔子曰:'吾猶及史之闕文,今亡矣夫。'與班《志》引經同恉,蓋漢以前説《論語》古義也。"朱一新曰:"'治',汪本作'作'。"王先謙曰:"官本'書'作'言','治'作'作',是。'自'作'曰'。"

蓋傷其寖不正。

師古曰:"寖,漸也。"

《補注》周壽昌曰:"《説文叙》云:'詭更正文,鄉壁虛造不可知之書,變亂常行,以燿於世,皆不合孔氏古文,謬於《史籀》。'"

周壽昌曰:"顔注謂文字有疑,則當闕而不説。壽昌案,《論語》包注曰:'古之良史,於書字有疑則闕之。'《志》又云:'蓋傷其寖不正。'是謂史即《史籀》大篆諸書。③ 文,即字也。不正,即上所云'字或不正,則舉劾也'。許慎《説文解字叙》有云:'詭更正文,鄉壁虛造不可知之書,變亂常行,以燿於世。'又云:'皆不合孔氏古文,謬於《史籀》。俗儒啚夫,翫其所習,蔽所希聞。'又云:'《書》曰:予欲觀古人之象,言必遵修舊文,而不穿鑿。孔子曰:吾猶及史之闕文,今亡矣夫。'是與班

---

① "書"下原衍一"言"字,據《漢書補注》刪。
② "治"下原衍一"作"字,據《漢書補注》刪。
③ "史即"二字原脱,據《漢書注校補》補。

《志》引經同佁,蓋漢以前説《論語》古義也。"

《史籀篇》者,周時史官教學童書也,與孔氏壁中古文異體。《蒼頡》七章者,秦丞相李斯所作也;

《補注》何焯曰:"梁庾元威云:'漢、晉正史及古今字書,並云《蒼頡》九篇是李斯所作,今竊尋思,必不如是。其第九章論豨、信、京劉等。郭景純云:"豨、信是陳豨、韓信,京劉是大漢,西土是長安。"豈有秦時朝宰談漢家人物,先達何以安之?'今案此《志》止言七章,則自八以下或後人所附益,元威、景純皆未覈論至此。"

《爰歷》六章者,車府令趙高所作也;《博學》七章者,太史令胡母敬所作也;文字多取《史籀篇》,而篆體復頗異,所謂秦篆者也。

《補注》朱一新曰:"案,即小篆。"

是時始造隸書矣。

《補注》葉德輝曰:"唐張懷瓘《書斷》云:'隸書者,秦下邳人程邈所作也。邈字元岑,始爲縣獄吏,得罪始皇,幽繫雲陽獄中,覃思十年,益小篆方圓而爲隸書三千字,奏之。始皇善之,用爲御史。以奏事煩多,篆字難成,乃用隸書。爲隸人佐書,故以隸書。'唐張彥遠《法書要錄》七引蔡邕《聖皇篇》云:'程邈删古,立隸文。'"王先謙曰:"官本'造'作'建',引宋祁曰,'建'當作'造'。"

按,景祐本作"造"。

起於官獄多事,苟趨省易,施之於徒隸也。

師古曰:"趨,讀曰趣,謂趣向之也。① 易,音弋豉反。"

唐張懷瓘曰:"秦造隸書,以赴急速,爲官司邢獄用之,餘尚用小篆焉。"

---

① "謂趣"二字原脱,據《漢書·藝文志》及《漢書補注》補。

漢興，閭里書師合《蒼頡》《爰歷》《博學》三篇，斷六十字以爲一章，凡五十五章，並爲《蒼頡篇》。

師古曰："並，合也。總合以爲《蒼頡篇》也。"

段玉裁曰："《藝文志》曰：'漢時，閭里書師合《蒼頡》《爰歷》《博學》三篇，斷六十字以爲一章，凡五十五章。'此謂漢初《蒼頡篇》祇有三千三百字也。"

武帝時，司馬相如作《凡將篇》，無復字。

師古曰："復，重也，音扶目反。後皆類此。"

元帝時，黃門令史游作《急就篇》，成帝時，將作大匠李長作《元尚篇》，皆《倉頡》中正字也。

《補注》王先謙曰："官本'長'下無'作'字，引宋祁曰，'李長'下當有'作'字，又'倉'作'蒼'。"

按，景祐本長下有"作"字。

《凡將》則頗有出矣。

《補注》王先謙曰："謂增出於《倉頡篇》之外。"

段玉裁曰："《志》又曰：'武帝時，司馬相如作《凡將篇》，無復字；元帝時，黃門令史游作《急就篇》；成帝時，將作大匠李長作《元尚篇》，皆《蒼頡》中正字也，《凡將》則頗有出矣。'此謂三家所作，惟《凡將》之字，有出《蒼頡篇》外者也。"

姚明煇曰："《急就》《元尚》，字皆在《蒼頡》三千三百字之中，《凡將》則頗有增多《蒼頡》者。"

至元始中，徵天下通小學者以百數，各令記字於庭中。

《補注》沈欽韓曰："《說文敘》：'孝平皇帝時，徵沛人爰禮等百餘人，令說文字未央庭中，以禮爲小學元士。'"

揚雄取其有用者以作《訓纂篇》，順續《蒼頡》，又易《蒼頡》中重復之字，凡八十九章。臣復續揚雄作十二章，凡一百三章，無復字。

韋昭曰："臣，班固自謂也。作十三章，後人不別，疑在《蒼頡》

下篇三十四章中。"

《補注》王應麟曰:"《隋》《唐志》:'班固《太甲篇》《在昔篇》各一卷。'"錢大昭曰:"'二',閩本作'三',以十三章併八十九章,正一百二章。"王先謙曰:"《説文》陞下亦引班説。官本'二'作'三',是。"

段玉裁曰:"《志》又云:'至元始中,徵天下通小學者以百數,各令記字於庭中。揚雄取其有用者,以作《訓纂篇》,順續《倉頡》,又易《倉頡》中重復之字,凡八十九章。'此謂揚雄所作《訓纂》,凡三十四章二千四十字,合五十五章三千三百字,凡八十九章五千三百四十字也。"

姚明煇曰:"《倉頡》先時爲五十五章,揚雄續易爲八十九章,增多三十四章也。以《倉頡》章六十字例之,當爲二千四十字。合《倉頡》三千三百字,爲五千三百四十字。故許慎《叙》曰:'黄門侍郎揚雄以作《訓纂篇》,凡五千三百四十字也。'八十九章增十三,爲一百二章,加《凡將》一章,一百三章,當七千八百字。六藝羣書,所載略備矣。"

姚振宗曰:"韋昭曰:'臣,班固自謂也。作十三章,後人不别,疑在《倉頡》下篇三十四章中。'按《倉頡》下篇謂《三倉》下篇也。張懷瓘《書斷》曰:'和帝時,賈魴取固所續章而廣之,爲三十四章,用《訓纂》之末字以爲篇目,故曰《滂熹篇》。'又按,五十五章加三十四章,又加十三章,當爲一百二章。此云一百三章,'三'當爲'二'。"

《倉頡》多古字,俗師失其讀。宣帝時,徵齊人能正讀者,張敞從受之,傳至外孫之子杜林,爲作訓故,並列焉。

《補注》王先謙曰:"事亦見《杜鄴傳》。"

楊樹達曰:"按,《郊祀志》記敞辨識美陽鼎刻書,《顔氏家訓·書證》篇記敞造緵字,與此文記敞從受《倉頡》正讀,皆敞篤志古文之事也。"

姚明煇曰:"《蒼頡》,指五十五章也。讀,兼音義而言。徵能是正《蒼頡》讀者,齊人,失其名也。張敞從此人學,數傳至其外孫之子杜林,爲《蒼頡》作訓故,孟堅乃與《訓纂》並列於目錄也。言此者,以《七略》不列揚雄、杜林二家,《志》新入也。"

劉光蕡曰:"以字爲小學,列於六藝後,此見頗是。然小學不僅識字,今專以字爲小學,則孝弟、謹信之行不講,洒掃、進退之儀不修,而專尚文詞,失蒙以養正之聖功,自元、成時始。細玩前後,此類非劉子政所錄,乃歆竄入其父書中者。前《孝經》類已有《古今字》一卷,在《爾雅》三卷、《小爾雅》一篇後,《弟子職》一篇、《說》三卷前。《爾雅》《小爾雅》爲字之故訓,《古今字》必爲字之形聲,《弟子職》則洒掃、應對、進退之節也,而皆附之《孝經》。《孝經》,出入、孝弟、愛衆、親仁也。《弟子職》,謹信也。《爾雅》《小爾雅》《古今字》,餘力學文也。則知古小學内外交修,本末兼備,西漢時猶未亡也。劉歆創爲古文奇字,欲駕於十四博士所傳經學之上,變亂父師之說,特别立文字一類,而不知其父列《古今字》於《孝經》類,即爲小學,而無容復贅也。此叙各字均以篇計,而《古今字》則以卷計。以《爾雅》三卷二十篇推之,《古今字》一卷能該《史籀》九篇及李斯、趙高、胡母敬、司馬相如、李長、史游、揚子雲等作。蓋曰《古今字》,則統古籀、篆、隸之形胥備其中,則此篇所收皆於前爲復也。歆欲表章古文之學,背父師以疑誤後世,真經中之蠹賊矣!"又曰:"此篇叙錄與前後均不類。六經、《論語》《孝經》類皆述其學之所自始,經之所由傳。其篇章則列於目中,而叙錄不見。今既見於目中,又重見於叙錄,其僞顯然。"又曰:"孔子述六經,六經存,文字自附六經而存,故别無訂正文字之書。蓋六經之理,萬事無可變者也。文字之形聲苟足以達辭行遠而傳後，無妨於變者也。以文字爲小學附六經後，此未爲失，然當統之《孝經》。《孝經》類有《古今字》一卷，此當爲子政原本。《爾雅》是字之訓詁，《古今字》當即字之形聲。《孝經》類既入《古今字》，又何必爲別《史籀》以下十家爲小學？又《五經雜議》當即論五經之名物器制；《弟子職》則小學灑掃、進退之節，少事長之文也，則射御、算術均宜與文字同列，而歆不能。蓋歆獨好古文，於夫子傳經大義毫無所見，即其父書亦未虛心研究，知文字爲小學，別立一門；而不顧小學之不獨文字，其父已列文字於《孝經》也。此篇當統爲劉歆所爲，故詞筆較各類爲冗。"

凡六藝一百三家，三千一百二十三篇。入三家一百五十九篇，出重十一篇。

姚振宗曰："按，此所載家數、篇數，以上九種都凡之數覈之，並相符合。然皆非其實也。今詳加審定，當爲一百三十一家，内一家無篇數，三千七十四篇，圖一，缺二十八家，溢出四十八篇，然亦未敢信其必是也。"又曰："入三家，一百五十九篇者，尚書家入劉向《稽疑》一篇，禮家入《軍禮司馬法》百五十五篇，小學家入揚雄、杜林二家四篇。尚書家本有劉向《五行傳》一家當除去，故但《司馬法》、揚雄、杜林三家計之，而小學家所入四篇後人妄改爲三篇，此當云入三家，一百六十篇。"

又曰："出重十一篇者，樂家出淮南劉向等《琴頌》七篇，春秋家省《太史公》四篇也。"

六藝之文，《樂》以和神，仁之表也；《詩》以正言，義之用也；《禮》以明體，明者著見，故無訓也；《書》以廣聽，知之術也；《春秋》以斷事，信之符也。五者，蓋五常之道，相須而備，

《補注》王應麟曰："《白虎通》云：'經，常也。有五常之道，故曰五經，《樂》，仁；《書》，義；《禮》，禮；《易》，智；《詩》，信也。'與此不同。"

西山真氏曰："六經於五常之道，無不包者。今以五常分屬於六藝，是《樂》有仁而無義，《詩》有義而無仁也，可乎哉？"

而《易》爲之原。故曰"《易》不可見，則乾坤或幾乎息矣"，

蘇林曰："不能見《易》意，則乾坤近於滅息也。"師古曰："此《上繫》之辭也。幾，近也，音鉅依反。"

劉光蕡曰："《詩》《書》《禮》《樂》之用，如春夏秋冬；《易》《春秋》如天地，天地以四時爲用。故《詩》《禮》《書》《樂》之用較《易》象、《春秋》爲多。《春秋》爲信，信土也，寄旺於四時而季夏爲本位，故韓宣子謂《春秋》爲《周禮》。仁、義、智、信皆有義無形質，以義爲形質，故曰禮以明體，即形質也。如仁民之仁，其本在心，無形質可見，達此心於民，必以《周官》之法度，即禮也。義、智、信皆然。"

言與天地爲終始也。至於五學，世有變改，猶五行之更用事焉。

師古曰："更，互也。音工衡反。"

古之學者耕且養。

《補注》錢大昭曰："《詩·甫田》疏引作'且耕且養'。"

三年而通一藝，存其大體，玩經文而已，是故用日少而畜德多，

師古曰："畜，讀曰蓄。蓄，聚也。《易·大畜卦》象辭曰：'君子以多識前言往行以畜其德。'"

劉光蕡曰："大體，即經文之大指。"又曰："上言王者用經爲治，經以經世，乃六經之本義。此言學人通經之法，以六經傳道來世，經之又一義也。此法最宜講求，最切今日之弊。"

三十而五經立也。

《補注》錢大昭曰："三年通一藝，故孔子十五志學，三十而立。"

陳直曰："按，《專門名家》第二集有漢建初墓磚曰'□入大學受《禮》,十六受《詩》,十七受''十九受《春秋》,以建初元年孟夏''□昧爽平□□六月廿六日□',此磚雖殘缺,然甚關重要。係每年通一經,由《禮經》開始,《春秋》在最後,與班氏三年而通一藝之説不同。"

後世經傳既已乖離,
　　劉光蕡曰:"不傳經本旨,即爲乖離。"
博學者又不思多聞闕疑之義,
　　師古曰:"《論語》稱孔子曰'多聞闕疑,慎言其餘,則寡尤'。言爲學之道,務在多聞,疑則闕之,慎於言語,則少過也,故《志》引之。"
　　《補注》王先謙曰:"官本'在'下重'在'字。"
　　劉光蕡曰:"此訓詁家説經之弊。以訓詁説經,弊必至於專講文字之聲音點畫。"
而務碎義逃難,便辭巧説,破壞形體,
　　師古曰:"苟爲僻碎之義,以避它人之攻難者,故爲便辭巧説,以析破文字之形體也。"王先謙曰:"官本注'它'作'佗'。"
　　劉光蕡曰:"今日訓詁考據之弊,亦是如此。"
説五字之文,至於二三萬言。
　　師古曰:"言其煩妄也。桓譚《新論》云:秦近君能説《堯典》,篇目兩字之義至十餘萬言,但説'曰若稽古'三萬言。"
　　《補注》王應麟曰:"《儒林傳》'秦恭延君增師法至百萬言'注秦近君,'近'字誤。"①
　　姚明煇曰:"説五字之文至於二三萬言,乃便辭巧説破壞形體者之所爲。此西漢末承學者務碎義逃難以干禄,與存大體玩經文者相反矣。"

---

　　① 按,此句爲王應麟《漢藝文志考證》之文,《漢書補注》稱引作"《儒林傳》作'秦延君',注'近'字誤"。

後進彌以馳逐，故幼童而守一藝，白首而後能言；安其所習，毀所不見，

師古曰："已所常習則保安之，未嘗所見者則妄毀誹。"

《補注》王先謙曰："'未嘗所見'當作'所未嘗見'，蓋誤倒。"

劉光蕡曰："經學不能作事，何貴窮經？記誦、詞章、訓詁、考據皆不得爲經學。"

終以自蔽。此學者之大患也。

劉光蕡曰："總結。"

序六藝爲九種。

《補注》錢大昭曰："此句當與上文相屬。"王先謙曰："官本與上連文。案，序六藝兼及《論語》以下書者，別《論語》於儒家，尊孔子也。儕《孝經》於六藝，尊其書也。《弟子職》，緣《孝經》而入者也。《爾雅》《古今字》，所以通知經義、經字，故與《五經雜義》並附於此。"

劉光蕡曰："訓詁之弊即已如此，加以記誦、詞章，宜六經之空存於世，而孔子之道無一人能知也。六藝是聖道之質幹，《論語》其講論之迹，《孝經》其入手處。大道以孔子爲宗，以後各家皆其羽翼，爲六經中之一端，非與六經違背爲異端也。自儒至小說十家及兵書、數術、方技，皆王者治天下所不能廢，則六經所能包括而爲吾孔子之道。太史公叙六家要旨，以道家爲歸，以孔子爲道也。此叙藝以儒家爲首，以孔子爲儒家也。其實孔子之道具於六經，儒家傳其法，道家傳其心。傳心是尊德性，傳法是道問學，二者是合內外之道，不容偏廢。以各家取類六經，道家如《易》象，儒家如《春秋》也。"

二十五史藝文經籍志考補萃編續刊 第五卷（下）

王承略 劉心明 主編

漢書藝文志集釋

施之勉 著
林 相 整理

清華大學出版社
北京

諸　　子

儒

晏子八篇　名嬰，謐平仲，相齊景公，孔子稱善與人交，有《列傳》。

師古曰："有《列傳》者，謂《太史公書》。"

《補注》王應麟曰："《隋》《唐志》：'《晏子春秋》七卷，著其行事及諫諍之言。'《崇文總目》：'十二卷。'或以爲後人采嬰行事爲書，故卷頗多於前志。"沈欽韓曰："劉向上奏：'臣向所校中書《晏子》十一篇。臣向謹與長社尉臣參校讎，太史書五篇、臣向書一篇、參書十三篇。凡中外書三十篇，爲八百三十八章。除復重二十二篇六百二十八章，①定著八篇二百一十五章。其書六篇，皆合六經之義。又有復重，文辭頗異，不敢遺失，②復列以爲一篇。又有頗不合經術，似非晏子言，疑後世辯士所爲者，故亦不敢失，復以爲一篇。'"

周壽昌曰："案。'平仲'爲諡，《史記》列傳未書明，世故疑爲字也。然'平'字固是諡法。《隋·經籍志》：'《晏子春秋》七卷。'"

楊樹達曰："按，劉向《叙錄》稱晏子書義理可法，皆合六經之義，其入之儒家以此。《隋》《唐志》皆同《漢志》。至宋晁公武始從柳子厚之説，改入墨家。清《四庫書目》以其書皆述晏嬰遺事，非嬰自著書立説，改隸史部傳記類，於理爲協矣。"

---

①　"六百二十八"，民國十九年影印清光緒二十年黃岡王氏刻本《全上古三代秦漢三國六朝文·全漢文》作"六百三十八"。

②　"敢"，原誤作"復"，據《四部叢刊》影印明活字本《晏子春秋》及上下文意改。

姚際恒曰："陳直齋曰：'《漢志》八篇，但曰《晏子》。《隋》《唐》七卷，始號《晏子春秋》。今卷數不同，未知果本書否。'《崇文總目》曰：'《晏子》八篇，今亡。此書蓋後人採嬰行事爲之。'孫星衍校《晏子春秋序》：'《晏子》八篇，見《藝文志》。後人以篇爲卷，又合雜上下二篇爲一，則爲七卷。見《七略》及《隋》《唐志》。宋時析爲十四卷，見《崇文總目》，實是劉向校本，非僞書也。《晏子》文最古質，疑出於齊之《春秋》，即《墨子·明鬼》篇所引，嬰死，其賓客哀之，集其行事成書。雖無年月，尚仍舊名。書成在戰國之後。凡稱子書，多非自著，無足怪者。柳宗元文人無學，謂墨氏之徒爲之。《郡齋讀書志》《文獻通考》承其誤，可謂無識。'"

姚振宗曰："《史記·管晏列傳》：'晏平仲嬰者，萊之夷維人也。事齊靈公、莊公、景公，以節儉力行重于齊。三世顯名于諸侯。太史公曰：吾讀《晏子春秋》，詳哉其言之也。即見其著書，欲觀其行事，故次其傳。至其書，世多有之，是以不論，論其軼事。方晏子伏莊公尸哭之，成禮然後去，豈所謂見義不爲無勇者耶？至其諫說，犯君之顏，此所謂進思盡忠，退思補過者哉！假令晏子而在，余雖爲之執鞭，所忻慕焉。'按，傳贊正義引《七略》云《晏子春秋》七篇，蓋《七錄》之誤。正義所引多是《七錄》，今本往往誤爲《七略》也。"

又曰："《七略》《別錄》：'護左都水使者光禄大夫臣向言：所校中書《晏子》十一篇，臣向謹與長社尉臣參校讎太史書五篇，臣向書一篇，參書十三篇。凡中外書三十篇，爲八百三十八章。除復重二十二篇，六百三十八章，定著八篇，二百一十五章，外書無有三十六章，中書無有七十一章，中外皆有以相定，中書以夭爲芳，又爲備，先爲牛，章爲長，如此類者，多謹頗略榆，皆已定，以殺青，書可繕寫。晏子名嬰，謐平仲，萊人。萊者,今東萊地也。晏子博聞強記,通于古今,事齊靈公、莊公、景公,以節儉力行,盡忠極諫,道齊國,君得以正行,百姓得以附親,不用則退耕于野,用則必不訕。義不可脅以邪,白刃雖交胸,終不受崔杼之劫。諫齊君縣而至,順而刻,及使諸侯,莫能訕其辭,其博通如此,蓋次管仲。内能親親,外能厚賢,居相國之位,受萬鍾之禄,故親戚待其禄而衣食五百餘家,處士待而舉火者亦甚衆,晏子衣苴布之衣、麛鹿之裘,駕敝車疲馬,盡以禄給親戚朋友,齊人以此重之。晏子蓋短,其書六篇,皆忠諫其君,文章可觀,義理可法,皆合六經之義。又有復重,文辭頗異,不敢遺失,復列以爲一篇。又有頗不合經術,似非晏子言,疑後世辨士所爲者,故亦不敢失,復以爲一篇,凡八篇。其六篇,可常置旁御觀。謹第錄,臣向昧死上。'"

又曰:"《隋志》子部儒家:'《晏子春秋》七卷,齊大夫晏嬰撰。'《唐·經籍志》:'《晏子春秋》七卷,晏嬰撰。'《藝文志》同。《宋史·藝文志》:'《晏子春秋》十二卷。'按,《隋》《唐志》七卷是《七錄》本,《宋志》十二卷是别本。今傳八卷,乃劉向《别錄》本。"

又曰:"《崇文總目》:'《晏子春秋》十二卷,晏嬰撰。《晏子》八篇,今亡。此書蓋後人采嬰行事爲之,以爲嬰撰,則非也。'"

又曰:"晁氏《讀書志》墨家:《晏子春秋》十二卷,齊晏嬰也。嬰相景公,此書著其行事及諫諍之言。昔司馬遷讀而高之,而莫知其所爲書。或曰:晏子爲之,而人接焉。或曰:晏子之後爲之。唐柳宗元謂遷之言不然,以爲墨子之徒有齊人者爲之,墨好儉,晏子以儉名于世,故墨子之徒尊著其事以增高爲己術者,且其旨多尚同、兼愛、非樂、節用、非厚葬久喪、非儒、明鬼,皆出《墨子》。又往往言墨子聞其道而稱之,此甚顯白。自向、歆、彪、固皆録之儒家,非是。按,班彪但爲《後傳》,未有志表等篇,此横插入彪,乃柳氏行文失考之誤。後宜列之墨家,今從宗元之説。"

又曰:"《玉海·藝文》:《中興書目》曰:'《晏子春秋》十二卷,或以爲後人采嬰行事爲書,故卷多于前志。'"

又曰:"陳氏《書録解題》曰:'《晏子春秋》十二卷,齊大夫平仲晏嬰撰。《漢志》八卷,但曰《晏子》。《隋》《唐》七卷,始號《晏子春秋》。今卷數不同,未知果本書否。'按太史公已稱《晏子春秋》,在二劉《録》《略》之前,非始于《隋》《唐志》也。"

又曰:"《四庫提要》曰:'劉向、班固俱列之儒家,惟柳宗元以爲墨子之徒有齊人者爲之。薛季宣《浪語集》又以爲《孔叢子》詰墨諸條今皆見《晏子》書中,則嬰之學實出于墨。蓋嬰雖略在墨翟之前,而史角止魯實在惠公之時,見《吕氏春秋·仲春紀·當染》篇,故嬰能先宗其説也。《漢志》《隋志》皆八篇,按《隋志》衹七卷。陳氏、晁氏書目乃皆十二卷,蓋篇帙已多有更改矣。此爲明李氏綿眇閣刻木,内篇分《諫上》《諫下》《問上》《問下》《雜上》《雜下》六篇,外篇分上下二篇,與《漢志》八篇之數相合,猶略近古焉。'"

又曰:"《四庫簡明目録》曰:'《晏子春秋》八卷,撰人名氏無考,舊題晏嬰撰者,誤也。書中皆述嬰遺事,實魏徵《諫録》、李絳《論事集》之流,與著書立説者迴别。列之儒家,于宗旨固非;列之墨家,于體裁亦未允。改隸傳記,庶得其真。'"

又曰:"元和顧廣圻《後序》曰:'嘗謂古書無唐以前人注者易多脱誤,《晏子春秋》其一也。孫伯淵觀察始校定,爲撰《音義》)。盧抱經先生《群書拾補》中《晏子》即據其本,引伸觸類,頗復增益。最後觀察得元刻本,以贈吴山尊學士,于是學士屬廣圻重刻于揚州。《別錄》前有都凡,每篇有章次題目,外篇每章有定著之故,悉復劉向之舊,洵爲是書傳一善本已。'"

子思二十三篇　　名伋,孔子孫,爲魯繆公師。

《補注》王應麟曰:"《隋》《唐志》:'《子思子》七卷。'沈約謂《禮記·中庸》《表記》《坊記》《緇衣》皆取《子思子》。"沈欽韓曰:"《御覽》四百三引《子思子》曰:'天下有道,則行有枝葉;天下無道,則言有枝葉。'即《表記》語。《初學記》引《子思子》曰:'東户季子之時,道上雁行而不拾遺,耕耨餘糧,宿諸畝首。'《孔叢·雜訓》篇載'孟軻問:牧民之道何先?子思曰:先利之'云云,溫公采之,著於《通鑑》。是二十三篇,大約《戴記》《説苑》《孔叢》盡之矣。《御覽》三百八十六引《子思子》曰:'中行穆伯手捕虎。'五百六十五引《子思子》曰:'繁於樂者重於憂,厚於味者薄於行。君子同則有樂,異則有禮。'"

成瓘曰:"《志》載《曾子》十八篇、《子思子》二十三篇、《漆雕子》十三篇、《宓子》十六篇、《景子》三篇、《世子》二十一篇、《李克》七篇、《公孫尼子》二十八篇、《芈子》十八篇。按,《韓非子·顯學》篇云:'自孔子之没也,有子張之儒,有子思之儒,有顏氏之儒,有孟氏之儒,有漆雕氏之儒,有仲梁氏之儒,有孫氏之儒,有樂正氏之儒。'韓非子是當時人,既言儒分爲八,其説定不誤。《漢志》所載,則有不能盡析其爲何儒之派矣。"

姚振宗曰:"子思子始末具《六藝》禮家。"

又曰:"《隋書·音樂志》:梁武天監元年,散騎常侍、尚書僕射沈約奏曰:'漢初典章滅絶,諸儒捃拾溝渠牆壁之間,得片簡遺文,與禮事相關者,即編次以爲禮,皆非聖人之言。《中庸》《表記》《坊記》《緇衣》皆取《子思子》。'"

又曰:"又《經籍志》:'《子思子》七卷,魯穆公師孔伋撰。'《唐·

經籍志》：'《子思子》八卷，孔伋撰。'《唐·藝文志》七卷，注云孔伋。《宋史·藝文志》：'《子思子》七卷。'"

又曰："晁氏《讀書志》：《子思子》七卷，魯孔伋子思撰。載孟軻問：'牧民之道何先？'子思曰：'先利之。'孟軻曰：'君子之教民者，亦仁義而已，何必曰利？'子思曰：'仁義者固所以利之也，上不仁則下不得其所，不上義則樂爲詐。此爲不利大矣，故《易》曰：利者，義之和也。又曰：利用安身，以崇德也。此皆利之大者也。'溫公采之，著于《通鑑》。夫利者有二：有一己之私利，有衆人之公利。子思所取，公利也，其所援《易》之言是。孟子所鄙，私利也，亦《易》所謂小人不見利不勸之利也。言雖相反而意則同，不當以優劣論。"

又曰："鄧名世《古今姓氏書辨證》曰：'子思子有公丘懿子，衛人，與子思論人主自臧則衆謀不進事。'"

又曰："王氏《考證》：沈約謂《禮記·中庸》《表記》《坊記》《緇衣》，皆取《子思子》。《文選注》引《子思子》'民以君爲心，君以民爲體'，又引《詩》云'昔吾有先正，其言明且清。國家以寧，都邑以成'。《初學記》引'東戶季子之時，道上雁行而不拾遺，耕耘餘糧，宿諸畝首'。今有一卷，乃取諸《孔叢子》，非本書也。"

姚振宗又曰："按馬總《意林》載子思子九條，明陳第《世善堂書目》猶載七卷。"

宋濂曰："《子思子》七卷，亦後人綴緝而成，非子思之所自著也。中載：孟軻問：'牧民之道何先？'子思子曰：'先利之。'軻曰：'君子之告民者亦仁義而已，何必曰利？'子思曰：'仁義者固所以利之也，上不仁則不得其所，上不義則樂爲詐。此爲不利大矣。'他日，孟軻告魏侯營以仁義。蓋深得子思子之本旨。或者不察，乃遽謂其言若相反者，何耶？"

周壽昌曰:"《隋志》儒家《子思子》七卷。宋汪晫編《子思子》一卷,則雜采佚説而成。"

楊樹達曰:"按,清儒黃以周有輯本。"

曾子十八篇 名參,孔子弟子。

《補注》王應麟曰:"《隋》《唐志》:'二卷。'今十篇,自《脩身》至《天圓》,皆《大戴禮》。於篇第爲四十九至五十八。晁氏云:'視漢亡八篇矣。'"

姚振宗曰:"《史記·仲尼弟子列傳》:曾參,南武城人,字子輿。少孔子四十六歲。孔子以爲能通孝道,故授之業,作《孝經》。死於魯。張守節正義:《韓詩外傳》云:曾子曰:'吾嘗仕爲吏,禄不過鍾釜,尚猶欣欣而喜者,非以爲多也,樂道養親也。親没之後,吾嘗南游於越,得尊官,堂高九仞,榱提三尺,躶轂百乘,然猶北向而泣者,[①]非爲賤也,悲不見吾親也。'"

又曰:"《大戴記·衛將軍文子》篇盧辯注曰:'曾參,魯之南武城人。齊聘以相,楚迎以令尹,晋迎以上卿,不應其命也。'"

又曰:"《隋書·經籍志》:'《曾子》二卷,目一卷,魯國曾參撰。'《唐·經籍志》:'《曾子》二卷,曾參撰。'《唐·藝文志》同。《宋史·藝文志》:'《曾子》二卷。'"

又曰:"晁氏《讀書志》:'曾子者,魯曾參也。舊稱曾參所撰。其《大孝篇》中乃有樂正子春事,當是其門人所纂爾。今書二卷,凡十篇,視《漢志》亡八篇,視《隋志》亡目一篇。考其書,已見于《大戴禮》。'"

又曰:"陳氏《書録解題》:'《曾子》二卷,凡十篇,具《大戴

[①] "泣",原誤作"泣",據《漢書藝文志條理》改。

禮》，後人從其中録出別行。'"

又曰："《玉海·藝文》：《中興書目》曰：'參與弟子公明儀、樂正子春、單居離、曾元、曾華之徒，論述立身孝行之要，天地萬物之理。今十篇，自《修身》至《天圓》皆見于《大戴禮》，蓋後人摭出爲二卷。劉清之集録七篇：內篇一，外篇、雜篇各三。'"

又曰："《四庫》著録《大戴·禮記》提要曰：'《藝文志》，《曾子》十八篇，久逸。是書猶存其十篇，自《立事》至《天圓》，篇題上悉冠以曾子者是也。'"

又曰："儀徵阮元注釋本歸安嚴杰題記曰：'宮保師注釋是書，正諸家之得失，辨文字之異同，可謂第一善册。師于中西天算，考覈尤深，《天員》一篇更非他人之所能及。'"

又曰："《書目答問》：'曾子注釋四卷，阮元文選樓本、學海堂本，即《大戴禮》之十篇。'"

羅焌曰："存十篇在《大戴禮記》中。儀徵阮元有注釋本。湘鄉曾國荃、東湖王定安編輯《曾子家語》六卷，分爲十八篇，尚詳備。"

漆雕子十三篇　孔子弟子漆雕啓後。

《補注》王應麟曰："《韓非·顯學》篇有漆雕氏之儒，①《史記·列傳》作'漆雕開，字子開'。蓋名啓，字子開，《史記》避景帝諱，著書者其後也。"葉德輝曰："《說苑》引孔子問漆雕馬人，臧文仲、武仲、孺子容三大夫之賢。《家語·好生》篇引作'漆雕憑'，②疑一人，名憑，字馬人，孔子弟子漆雕氏啓之後，它無所見，或即馬人。"朱一新曰："汪本作'十三篇'。"王先謙曰："官本作'十三篇'。王氏《漢志考》作'十二'，與汲古本合。"

---

① "學"字原脱，據《漢書補注》補。
② "引"，原誤作"列"，據《漢書補注》改。

按，景祐本作"十三篇"。

姚振宗曰："《韓非子·顯學》篇曰：'世之顯學，儒墨也。儒之所至，孔丘也。自孔子之死也，有子張之儒，有子思之儒，有顏氏之儒，有孟氏之儒，有漆雕氏之儒。'"

又曰："晉陶潛《聖賢群輔錄》曰：'漆雕傳《禮》爲道，爲恭儉莊敬之儒。'"

又曰："鄭樵《通志·氏族略》曰：'漆雕氏不知其本，《史記》漆雕徒父、漆雕開、漆雕哆並仲尼弟子。'"

又曰："王氏《考證》：《史記》列傳漆雕開字子開。蓋名啓字子開，《史》避景帝諱也。《論語》注以開爲名著書者，其後也。《韓非子》曰：'孔子之後，儒分爲八，有漆雕氏之儒。'"

又曰："《經義考·承師》篇曰：'按，七十子漆雕氏居其三：蔡漆雕子開，字子若，《史記》作子開；漆雕子徒父，《家語》名從字子文，或云字子；魯漆雕子哆，字子斂。'"

又曰："馬國翰輯本序曰：'陶潛《聖賢群輔錄》云漆雕氏傳《禮》爲道，蓋孔子以《禮》傳開，開之後世習其學，因述開言以成此書。《隋》《唐志》均不著目，佚已久。考《韓非子》引漆雕之議，王充《論衡》稱其言性，又《家語》載孔子之問漆雕憑一節，《說苑》亦載之作漆雕馬人，意者憑名，馬人其字，以孔子嘆美其言，而稱爲漆雕氏之子，或即著書之人歟？並據輯錄。其說不色撓，不目逃，行曲則違于臧獲，行直則怒于諸侯，與孟子述北宮黝之養勇、曾子謂子襄自反而縮語意吻合，意孟子述其語，至言人性有善有惡，與宓子、世碩、公孫尼同旨。雖有異乎孟子性善之說，各尊所聞，初不害其爲儒家也。'"

姚振宗又曰："按，《史記》列傳不言漆雕氏何許人，《集解》以爲魯人，《家語·弟子解》以爲蔡人，則此漆雕子非魯人即蔡人也。"

周壽昌曰："案，漢因景帝諱'啓'爲'開'，故《史記》作漆雕開字子開。近人丁杰謂啓斯之未能信句今作'吾'，張禹本避景帝諱改。弟子於師不稱'吾'。此注作'啓'，恐因避諱傳寫倒訛也。《弟子列傳》内尚有漆雕哆、漆雕徒父，而《家語·好生傳》篇有漆雕憑，《説苑》作漆雕馬人。"

楊樹達曰："按，'後'字蓋衍文。《志》文順序謹嚴，決非妄列。此條前爲《曾子》十八篇，後爲《宓子》十六篇。曾、宓皆孔子弟子，則漆雕亦當爲孔子弟子。若是漆雕啓之後，不應置《宓子》之前。景子似宓子弟子，世子、公孫尼子是七十子之弟子，李克爲子夏弟子，則皆次《宓子》之後。此一證也。《論衡·本性》篇云：'宓子賤、漆雕開、公孫尼子之徒亦論情性，與世子相出入。'宓、世、公孫皆與《志》合，則此文之漆雕子，亦即仲任所説之漆雕開。仲任親讀原書，必非妄説。此二證也。"

成瓘曰："《韓非子》又述漆雕氏之議曰：'不色撓，不目逃。行曲則違於臧獲，行直則怒於諸侯。'按，後二語與曾子之自反略同。曾子實聞之於夫子者，意漆雕子殆與曾子同聆大勇之訓者歟。前二語與北宫黝之養勇同。北宫黝不知何許人，殆聞漆雕氏之緒論，守之而失於偏者歟。《公羊春秋》哀公四年，晉人執戎曼子赤歸於楚。《傳》云：'其言歸于楚何？子北宫子曰：辟晉伯而京師楚也。'何休注例云：'稱子，冠氏上者，著其爲師也。不言子曰者，辟孔子也。其不冠子者，它師也。'不知此子北宫子即是黝否。"

宓子十六篇　名不齊，字子賤，孔子弟子。

師古曰："宓，讀與伏同。"

《補注》沈欽韓曰："《淮南·齊俗訓》：'客有見人於宓子者。'《趙策》作'服子'。《淮南書》又作'密'。《論衡·本性》篇：'宓子賤、漆雕開、公孫尼子之徒，亦論情性，與世子相出入。'"葉德輝曰:"《韓非·外儲》《吕覽》《新書》《淮南子》《韓詩外傳》《説苑》《論衡》《家語》注引宓子賤語,皆治單父時事,當在十六篇中。"

姚振宗曰:"《仲尼弟子列傳》:宓不齊字子賤。少孔子四十九歲。孔子謂'子賤君子哉!魯無君子,斯焉取斯?'子賤爲單父宰,反命于孔子,曰:'此國有賢不齊者五人,教不齊所以治者。'孔子曰:'惜哉不齊所治者小,所治者大則庶幾矣。'集解:孔安國曰:魯人。索隱:《家語》'少孔子三十歲',此云'四十九',不同。又《家語》'不齊所父事者三人,所兄事者五人,所友者十一人',與此不同。"

又曰:"馬國翰輯本序曰:'不齊仕至單父宰,見《家語》及《史記》列傳。《漢志》儒家《宓子》十六篇,《隋》《唐志》不著録,佚已久。《家語》《韓非子》《吕氏春秋》《淮南子》《説苑》諸書時引佚説,彼此互有同異。兹據參訂,録爲一帙,記單父治績爲多,① 仁愛濟之以才智,可爲從政者法。'"

景子三篇説宓子語,似其弟子。

姚振宗曰:"鄧名世《古今姓氏書辨證》:'景氏出自姜姓,齊景公之後,以謚爲氏,景丑、景春皆其裔也。戰國時,景氏世爲楚相,或云楚之公族別爲景氏。'邵思《姓解》云:'景本與楚同族,芈姓也,後自稱景氏。《風俗通》有景鳳,楚有景差。'《氏族略》云:'昭、屈、景,楚之三族也。昭氏、景氏則以謚爲族者也。'"

又曰:"馬國翰輯本序曰:'《漢志》儒家有《景子》三篇,説宓子語,似其弟子。《隋》《唐志》不著録,佚已久。考《韓詩外傳》《淮南子》載宓子語各一節,俱有論斷,與班固所云説宓

---

① "績",原誤作"積",據《漢書藝文志條理》改。

子語者正合。據補,依《漢志》與宓子比次,明其淵源有自云。'"

羅焌曰:"胡蘊玉曰:'馬輯《景子》二則,皆記宓子事,當爲宓子書。'今從胡說,併入宓子。"

世子二十二篇　名碩,陳人也,七十子之弟子。

《補注》王應麟曰:"《論衡·本性》篇:'周人世碩以爲人性有善有惡,舉人之善性,養而致之則善長,惡性養而致之則惡長。如此則性各有陰陽,善惡在所養焉。故世子作《養書》一篇。'"沈欽韓曰:"《繁露·俞序》篇:'《世子》曰:功及子孫,光輝百世。聖世之德,莫美於恕。① 故予先言《春秋》,詳己而略人。'"

姚振宗曰:"鄧名世《古今姓氏書辨證》:世氏出自春秋衛世叔氏之後,去'叔'爲世氏。《漢·藝文志》陳人世碩著《世子》二十一篇。"

又曰:"《論衡·養性》篇:周人世碩,以爲人性有善有惡,在所養也。故世子作《養書》一篇。宓子賤、漆雕開、公孫尼子之徒,亦論情性,與世子相出入,皆言性有善有惡。孟子作《性善》之篇,以爲'人性皆善,及其不善,物亂之也'。"

又曰:"自孟子以下,至劉子政,鴻儒博生,聞見多矣,然而論情性竟無定是。唯世碩、公孫尼子之徒,頗得其正。"

又曰:"馬國翰輯本序曰:'《漢志》儒家《世子》二十一篇,《隋志》不及著録,佚已久。唯董仲舒《春秋繁露》、王充《論衡》引之,並據采録,附充說以備參證。充謂世子言人性有善有惡云云,作《養書》一篇。又謂宓子賤、漆雕開、公孫尼子之徒,説情性與世子相出入。復舉孟子、荀卿、揚子雲、劉子政等

---

① "美"原誤作"先","恕"原誤作"世",皆據清《武英殿聚珍版叢書》本《春秋繁露》改。

説,皆言非實,而以世碩及公孫尼子爲得正。按,碩亦聖門之徒,雖其持論與子輿氏不同,而各尊所聞,要亦如游、夏門人之論歟?'"

成瓘曰:"《漢志》:'《世子》,二十一篇。'本注云:'名碩,陳人也,七十子之弟子。'蓋不能析其爲儒家誰氏之派矣。王充《論衡》云:'世子論情性,有《養書》一篇。'且述《養書》之言曰:'人性有善有惡,性善引而致之則善長,性惡引而致之則惡長。'按,世子此説,與'有性善有性不善,性可以爲善可以爲不善',大致近同。然則公都子,述言性三説,告子性無善無不善以外兼舉或曰兩説,殆指此言之歟?"

又曰:"《論衡》又言:'漆雕子、宓子言情性,均與世子相出入。'按,'相出入'者,有入亦有出,必不皆與世子同。漆雕子、宓子親受業於孔子,孔子有性相近及上知下愚不移之説,爲七十子所共聞。漆雕子、宓子殆因所聞而各加推闡以成書者歟? 其所言必皆確。若世子者,聞之於七十子耳,非漆雕子、宓子與世子相出入,及世子之言與漆雕子、宓子有出入耳。得毋世子聞道有未真,因而形爲異同歟?"

梁啓超曰:"《論衡‧本性》篇,周人世碩以爲人性有善有惡,舉人之善性養而致之則善長,惡性養而致之則惡長。如此,則性各有陰陽善惡在所養焉。故世子作《養書》一篇。世子學説要點存者止此。《春秋繁露‧俞序》篇亦引世子語。"

魏文侯六篇

《補注》葉德輝曰:"《樂記》引魏文侯問子貢樂。《魏策》引魏文侯辭韓索兵,及疑樂羊子烹子,命西門豹爲鄴令,與虞人期獵。《吕覽‧期賢》篇引魏文侯式段干木之閭,《樂成》篇引與田子方論收幼孤。《自知》篇引問任座君德。《淮南‧人間訓》引魏文侯不賞解扁東封上計。《韓詩外傳》引魏文侯問孤卷子。①《説苑・君道》篇引魏文侯賦鼓琴。《復恩》篇引樂羊攻中山。《尊賢》篇引下車趨田子方及觴大夫于曲陽。《善説》篇引與大夫飲酒使公乘不仁爲觴政。《反質》篇引御廩災，文侯素服，避正殿。《新序・雜事》二引魏文侯出游，見路人負芻，《雜事》四引與公季成議田子方，《刺奢》篇引見箕季問牆毀。其言皆近道，當在六篇中。"

姚振宗曰："《史記・魏世家》：魏桓子與韓康子、趙襄子共伐滅智伯，分其地。桓子之孫曰文侯，都魏。文侯元年，秦靈公之元年也。與韓武子、趙桓子、周威王同時。文侯師田子方。二十二年，魏、趙、韓列爲諸侯。文侯受子夏經藝，客段干木。秦嘗欲伐魏，或曰：'魏君賢人是禮，國人稱仁，上下和合，未可圖也。'文侯由此得譽于諸侯。任西門豹守鄴，而河內稱治。三十八年，文侯卒。"

又曰："本《志》樂家篇叙曰：'六國之君，魏文侯最爲好古。'本書《古今人表》魏文侯列第四等中上。梁玉繩曰：'魏文侯始見《禮・樂記》《戰國・秦》《魏策》。《魏世家》，桓子孫名斯，亦曰孺子㷊，立二十一年爲侯，又十七年卒，凡三十八年。葬汾州孝義縣西五里。案，《世本》桓子生文侯，惟《世家》以文侯爲桓子孫，未定孰是。文侯之名，《史表》《世本》並作斯，《國策》吴注作勘，乃斯之譌也。《唐表》七十二中謂名都，殊非。蓋《世家》云桓子之孫曰文侯都魏，讀者誤絶都字爲句，以魏字連下文侯元年作一句。又各本攙徐廣注于都字下，遂錯認爲名耳。'"

又曰："馬國翰輯本序曰：'《漢志》儒家《魏文侯》六篇，《隋》《唐志》皆不著録，佚已久矣。考《禮・樂記》載《魏文侯問樂》

---

① "孤"，原誤作"狐"，據《漢書補注》改。

一篇,按劉向《别録》《樂記》二十三篇,《魏文侯》爲第十一篇,知此篇爲文侯本書,而河間獻王輯入《樂記》也。又《戰國策》《吕氏春秋》《韓詩外傳》《淮南子》《新序》《説苑》《通典》諸書亟引《魏文侯》,皆佚文之散見者,並據裒輯二十四節,録爲一卷。中多格言,湛深儒術,而容直納諫之高風,尊賢下士之盛德,尤足垂範後世焉。"

姚振宗又曰:"按,魏文侯有《孝經傳》,王深寧氏以爲在《孝經雜傳》四篇中,然亦疑在此六篇中也。"

李克七篇子夏弟子,爲魏文侯相。

《補注》王應麟曰:"《韓詩外傳》《説苑·反質》篇載魏文侯問李克。《文選·魏都賦》注引《李克書》。"周壽昌曰:"《釋文》云:'子夏傳詩於曾申,申傳魏人李克。'則克爲子夏再傳弟子。"

姚振宗曰:"陸璣《詩疏》曰:'孔子删《詩》,授卜商。商爲之序,以授魯人曾申。申授魏人李克。克授魯人孟仲子。仲子授根牟子。根牟子授趙人荀卿。①'"

又曰:"本書《人表》李克列第四等中上,梁玉繩《考》曰:'李克始見《吕覽·適威》,《史·魏世家》《韓詩外傳》十又作里克。里、李古通。《吕覽·舉難》又作季充,②因形近而訛。子夏弟子。'"

又曰:"王氏《考證》:'《韓詩外傳》《説苑》魏文侯問李克,《文選·魏都賦》注引《李克書》。'"

又曰:"馬國翰輯本序曰:'《釋文·序録》云:子夏傳曾申,申傳魏人李克。案,曾申,曾子之子,克先從曾申受《詩》,爲子夏再傳弟子。後子夏居魏,親從問業,故班固以爲子夏弟子也。其書《隋》《唐志》不著録,佚已久。惟劉淵林《魏都賦》注

---

① "根"字原脱,據《漢書藝文志條理》補。
② "季",原誤作"李",據《漢書藝文志條理》改。

引一條，明標《李克書》，考《吕氏春秋》《淮南子》《韓詩外傳》《史記》《新序》《説苑》亟引李克對文侯語，雖互有同異，要皆從本書取之。兹據輯録，凡七節。其論皆能握政術之要，叙次文侯書後，即君臣同心共治，可想見西河之教澤焉。'"

公孫尼子二十八篇　七十子之弟子。

《補注》王應麟曰："《隋》《唐志》'一卷'，云'似孔子弟子'。沈約謂《樂記》取《公孫尼子》。劉瓛云：'《釋文》云：①《緇衣》，公孫尼子所作也。'馬總《意林》引之。"沈欽韓曰："《荀子·強國》篇稱公孫尼子語。"葉德輝曰："《初學記》引《公孫尼子》論云：'樂者審一以定和，比物以飾節。'《意林》引《公孫尼子》云：'樂者，先王所以飾喜也。'語在今《樂記》中。沈約説是也。《北堂書鈔》引《公孫尼子》云：'太古之人，飲露食草木實，聖人爲火食，號燧人，飲食以通血氣。'《文選》沈休文《三月三日》詩注引《公孫尼子》云：'衆人役物而忘情。'據此，則其書唐時猶存，故諸家稱引獨多。《御覽》所引則循唐修文本之舊，未足取信也。"

姚振宗曰："《隋書·經籍志》：'《公孫尼子》一卷。尼似孔子弟子。'《唐書·經籍志》：'《公孫尼子》一卷，公孫尼撰。'《唐·藝文志》：'《公孫尼子》一卷。'"

又曰："《禮·樂記》正義曰：'公孫尼子次撰《樂記》，通天地，貫人情，辨政治。'"

又曰："王氏《考證》：《公孫尼子》二十八篇，《隋志》一卷，云似孔子弟子。沈約謂《樂記》取公孫尼子。劉瓛曰：'《緇衣》，公孫尼子所作也。'馬總《意林》引之。"

又曰："馬國翰輯本序曰：馬總《意林》引六節，標目云《公孫

---

① "釋文云"三字，《漢書補注》及《漢藝文志考證》無。

文子》一卷。'文'爲'尼'字之誤。《隋書·音樂志》引沈約奏答,謂《樂記》取《公孫尼子》。《禮記》正義引劉瓛云:'《緇衣》,公孫尼子作。'除二篇今存《戴記》外,餘皆佚矣。兹從《意林》《御覽》及《春秋繁露》《北堂書鈔》《初學記》諸書輯録。王充謂其説情性與世碩相出入,皆言性有善有惡,與孟子性善之旨不合。然董廣川引公孫之養氣,與孟子養氣互相發明,則其異同可考也。中有兩引《尼書》即《樂記》語,可證沈説之有據。朱子嘗舉《樂記》'天高地下'六句,以爲'漢儒醇如仲舒如何説得到這裏去,想必古來流傳得此個文字如此',此雖不以沈説爲信,而觀于廣川誦述,則當日之心實見折服,以斯斷《尼書》焉,可矣。"

周壽昌曰:"《隋·經籍志》:'《公孫尼子》一卷。'注:'尼似孔子弟子。'朱彝尊曰:'沈約謂《樂記》取公孫尼子。'劉瓛曰:'《緇衣》,公孫尼所作。'今從顏氏定爲孔子門人。馬總《意林》標目作公孫文子。"

楊樹達曰:"按,《春秋繁露·循天之道》篇引公孫之《養氣》曰:'裏藏泰實則氣不同,泰虛則氣不足。熱勝則氣寒,寒勝則氣口。① 泰勞則氣不入,泰佚則氣宛至。怒則氣高,喜則氣散,憂則氣狂,懼則氣懾。凡此十者,氣之害也,而皆生於不中和。故君子怒則反中而自説以和,喜則反中而收之以正,憂則反中而舒之以意,懼則反中而實之以精。'孫詒讓據《御覽》四百六十七引定爲《公孫尼子》文,是也。又接《韓非子·顯學》篇云:'孔子死後,儒分爲八,有公孫氏之儒。'蓋即尼子。"

孟子十一篇名軻,鄒人,子思弟子,有《列傳》。

師古曰:"《聖證論》云軻字子車,而此《志》無字,未詳其

---

① "寒勝則氣"四字原缺,據《漢書補注補正》補。

所得。"

《補注》王應麟曰:"《傅子》云'字子輿',《廣韻》云'字子居'。"沈欽韓曰:"《史記》云:'《孟子》七篇。'趙岐《章恉題辭》云:'七篇,二百六十一章,三萬四千六百八十五字。又有《外書》四篇:《性善辨》《文説》《孝經》《爲正》。其書不能宏深,似非孟子本真也。今《外書》遂不可見。'《孔叢·雜訓》篇:'孟子車尚幼,請見子思。'是王肅所據。"

按,《史記·孟子列傳》:孟軻,鄒人也。司馬貞《索隱》曰:"鄒,魯地名,則孟子爲魯國鄒邑人也。"又《春秋序》:孟子曰:"楚謂之《檮杌》,晉謂之《乘》,魯謂之《春秋》,其實一也。"陸德明《釋文》曰:"孟軻,鄹邑人。"鄹,《左傳》作"郰"。《説文》亦作"郰"。《説文》云:"魯下邑,孔子鄉,則孟子與孔子皆爲鄹邑人,皆爲魯國人矣。"

楊樹達曰:"按,姚振宗云:'《經義考》引應劭曰:"孟子著書《中》《外》十一篇。蓋①《中書》七篇,《外書》四篇。"當劉中壘叙録是書時,亦必如《晏子春秋·外篇》云"不敢遺失",仲遠據《叙録》之言也。《外書》不知何人所輯,南匯吴省蘭刻入《藝海珠塵》中。'沈云不可見,非也。"

姚振宗曰:"顏氏《集注》曰:'《聖證論》云軻字子居,而此《志》無字,未詳其所得。'"

又曰:"《史記·孟荀列傳》:太史公曰:余讀《孟子書》,至梁惠王問'何以利吾國',未嘗不廢書而嘆也。曰:嗟乎,利誠亂之始也!孟軻,鄒人也。受業子思之門人。道既通,游事齊宣王,宣王不能用。適梁,梁惠王不果所言,則見以爲迂遠而闊於事情。當是之時,秦用商君,富國強兵;楚魏用吴起,戰

---

① "蓋",原誤作"孟",據《漢書藝文志條理》改。

勝弱敵；齊威王、宣王用孫子、田忌之徒，而諸侯東面朝齊。天下方務於合從連衡，以攻伐爲賢，而孟軻乃述唐、虞、三代之德，是以所如者不合。退而與萬章之徒序《詩》《書》，述仲尼之意，作《孟子》七篇。"

又曰："又《魏世家》：魏文侯立三十八年卒，子擊立，是爲武侯。武侯立十六年卒，子罃立，是爲惠王。惠王三十一年，徙治大梁。三十五年，惠王數敗於軍旅，卑禮厚幣以招賢者。鄒衍、淳于髠、孟軻皆至梁。"

又曰："趙岐《題辭》曰：'孟子，鄒人也，名軻，字則未聞也。或曰：孟子，魯公族孟孫之後。生有淑質，夙喪其父，幼被慈母三遷之教，長師孔子之孫子思，治儒術之道，通五經，尤長於《詩》《書》。則慕仲尼，周流憂世，遂以儒道游於諸侯，思濟斯民。時君終莫能聽納其說，於是退而論集，所與高第弟子公孫丑、萬章之徒難疑答問。又自撰其法度之言，著書七篇，二百六十一章，三萬四千六百八十五字。又有《外書》四篇：《性善》《辨文》《說孝經》《爲正》。其文不能弘深，不與內篇相似，似非孟子本真，後世依仿而託之者也。逮至亡秦焚滅經術，其書號爲諸子，故篇籍得不泯絕。漢興，開延道德，孝文皇帝欲廣游學之路，《論語》《孝經》《孟子》《爾雅》皆置博士。後罷傳記博士，獨立五經而已。迄今諸經通義得引《孟子》以明事，謂之博文。'"

又曰："王肅《聖證論》曰：'學者不知孟軻字。按《子思書》及《孔叢子》，有孟子居，則是孟軻也。軻少居坎軻，字子居也。'《廣韻》注：'孟子居貧轗軻，故名軻，字子居。'"

又曰："王應麟《困學紀聞》曰：'孟子字未聞，《孔叢子》之子車注一作子居，亦稱字子輿，疑皆傅會。'梁玉繩《人表考》曰：'孟氏出自魯桓公子仲孫之後，爲諱弒閔公之故，更爲孟氏。

名軻，字子居，亦曰子輿，亦曰孟叟，亦曰孟生，騶人也。父名激，字公宜，母仉氏，一云李氏。孟子于周烈王四年四月二日生，赧王二十六年十一月十五冬至日卒，[①]年八十四。娶田氏，葬騶城北。按，孟子生卒年月日及父母妻姓名，無書傳可考，余嘗見明人所纂《孟氏譜》，其載年名如此，以爲譜傳自孟子四十五代孫孟寧。寧，宋元豐時人。"

又曰："王氏《考證》：趙岐《題辭》：著書七篇，又有《外書》四篇。《志》云十一篇，並《外書》也。《外傳》今不傳。《論衡》《法言》《說苑》《御覽》《顏氏家訓》《史通》、李善注《文選》、《史·六國表》注、《漢書·伍被傳》《藝文類聚》《坊記》注皆引外書。"

又曰："元馬廷鸞《外書序》曰：'坊間有四家孟子注，曰揚子雲也，韓文公也，李習之也，熙時子也。中興史志以爲依託，信也。孟子《外書》四篇，趙臺卿不取也，故不顯於世。四家注依託不足傳，而孟子《外書》不可不傳也，故序而存之也。'"

姚振宗又曰："按，《經義考》引應劭曰'孟子著書《中》《外》十一篇'，蓋《中書》七篇，《外書》四篇。當劉中壘叙錄是書時，亦必如《晏子春秋·外篇》云'不敢遺失'，仲遠據叙錄之言也。《外書》不知何人所輯，南匯吴省蘭刻入《藝海珠塵》中，曰《性善辨》，凡十五章；曰《文說》，凡十七章；曰《孝經》，凡二十章；曰《爲正》，凡八章。末注云以下闕。"

周壽昌曰："後兵陰陽家有《孟子》一篇，較此少十篇，俱與今七篇之數不合。案，趙氏《題辭》曰：'著書七篇，又有《外書》四篇。'《風俗通》亦云：'作書《中》《外》十一篇。'蓋合《外書》而言也。《隋書·經籍志》：'《孟子》十四卷，齊卿孟軻撰、趙岐注。'壽昌案，注師古曰：'《聖證論》云：軻字子車，而此

[①] "赧"，原誤作"郝"，據《漢書藝文志條理》改。

《志》無字,未詳其所得。'案,《太平御覽》卷三百六十二引《聖證論》云:'學者不知孟軻字。案,《子思書》及《孔叢子》有孟子居即是軻。軻少居坎軻,字子居也。'案,傳元曰字子輿,《史記正義》同。今《孔叢子》亦作子車,《廣韻》則引作子居。"
馬培棠曰:"考《孟子》升經運動,實始於唐,而完成於宋。陳振孫《直齋書錄解題》謂'自韓文公稱孔子傳之孟軻,軻死不得其傳;天下學者,咸曰孔、孟。孟子之書,固非荀、揚以降所可同日語也。今國家設科,《語》《孟》列於經,而程氏諸儒訓釋六書,常相表裏,故合爲一類'。淳熙間,朱熹以《論語》與《孟子》及《禮記》中之《大學》《中庸》二篇並列,《四書》之名始立。元延祐間,復行科舉,四書一名,更見於功令。於是《孟子》與《論語》並稱,由子部儒家上躋於經部。"

孫卿子三十三篇 名況,趙人,爲齊稷下祭酒,有《列傳》。師古曰:"本曰荀卿,避宣帝諱,故曰孫。"

《補注》王應麟曰:"當作三十二篇。"沈欽韓曰:"劉向上云:'臣所校讎中《孫卿書》,凡三百二十二篇,以相校,除復重二百九十篇,定著三十二篇。'案,此云三十三篇,或連向《叙》歟?"王先謙曰:"《史記》作'荀卿'。謝墉云:'漢不避嫌名,荀淑、荀爽俱用本字。《左傳》荀息以下,並不改字,何獨於荀卿改之?蓋荀、孫二字同音,語遂移易,如荆卿又爲慶卿也。'胡元儀云:'荀姓,郇伯之後,以國爲氏。又稱孫者,蓋郇伯公孫之後,以孫爲氏也。《潛夫論·志姓氏》篇王孫氏、公孫氏,國自有之。孫氏者,或王孫之班,或公孫之班也。是各國公孫之後,皆有孫氏矣。郇也,孫也,皆是也。如陳公子完奔齊,《史記》稱田完,其後陳恒,亦云田常,陳仲子亦云田仲,陳騈亦云田騈。田、陳皆氏,故兩稱之。'案,胡氏説尤塙。《荀書·議兵》篇稱孫卿子,此自著其氏也。《國策》《風俗通》並作孫卿。卿者，尊美之稱。劉向云：'蘭陵人喜字爲卿，以法孫卿也。'蓋若今人自稱甫矣。"

姚振宗曰："《七略》《別録》曰：'《勸學》篇第一至《賦》篇第三十二。右孫卿《新書》定著三十二篇。護左都水使者、光禄大夫臣向言：所校讎中《孫卿書》凡三百二十二篇，以相校除復重二百九十篇，定著三十二篇，皆以定殺青簡，書可繕寫。孫卿，趙人，名況。方齊宣王、威王之時，聚天下賢士於稷下，尊寵之。若鄒衍、田駢、淳于髡之屬甚衆，號曰列大夫，皆世所稱，咸作書刺世。是時，孫卿有秀才，年五十，始來游學。諸子之事，皆以爲非先王之法也。孫卿善爲《詩》《禮》《易》《春秋》。至齊襄王時，孫卿最爲老師，齊尚修列大夫之缺，而孫卿三爲祭酒焉。齊人或讒孫卿，乃適楚，楚相春申君以爲蘭陵令。人或謂春申君曰：湯以七十里，文王以百里。孫卿，賢者也，今與之百里地，楚其危乎！春申君謝之，孫卿去，之趙。後客或謂春申君曰：伊尹去夏入殷，殷王而夏亡；管仲去魯入齊，魯弱而齊强。故賢者所在，君尊國安。今孫卿，天下賢人，所去之國，其不安乎！春申君使人聘孫卿，孫卿遺春申君書，刺楚國，因爲歌賦，以遺春申君。春申君恨，復固謝孫卿，孫卿乃行，復爲蘭陵令。春申君死而孫卿廢，因家蘭陵。李斯嘗爲弟子，已而相秦。及韓非號韓子。又浮丘伯，皆受業，爲名儒。又按，魯人大毛公、武威張倉亦皆以《詩》《春秋》受。孫卿之應聘諸侯，于見秦昭王，昭王方喜戰伐，而孫卿以三王之法説之，及秦相應侯，皆不能用也。至趙，與孫臏議兵趙孝成王前。孫臏爲變詐之兵，孫卿以王兵難之，不能對也。卒不能用。孫卿道守禮義，行應繩墨，安貧賤。孟子者，亦大儒，以人之性善。孫卿後孟子百餘年，孫卿以爲人性惡，故作《性惡》一篇，以非孟子。蘇秦、張儀以邪道説諸侯，以大貴顯。孫卿退而笑之曰：夫不以其道進者，必不以其道亡。至漢興，江都相董仲舒亦大儒，作書美孫卿。孫卿卒不用于世，老于蘭陵，疾濁世之政，亡國亂君相屬，不遂大道而營乎巫祝，信機祥，鄙儒小拘如莊周等又滑稽亂俗。於是推儒、墨、道德之行事，興壞序列，著數萬言而卒，葬蘭陵。而趙亦有公孫龍爲堅白、同異之辨，處子之言，魏有李悝，盡地力之教，楚有尸子、長盧子、芉子，皆著書，然非先王之法也，皆不循孔氏之術。唯孟軻、孫卿爲能尊仲尼。蘭陵多善爲學，蓋以孫卿也。長老至今稱之曰：蘭陵人喜字爲卿，蓋以法孫卿也。孟子、孫卿、董先生皆小五伯，以爲仲尼之門，五尺童子皆羞稱五伯。如人君能用孫卿，庶幾於王，然世終莫能用，而六國之君殘滅，秦國大亂，卒以亡。觀孫卿之書，其陳王道甚易行，疾世莫能用。其言悽愴，甚可痛也。嗚呼！使斯人卒終於閭巷，而功業不得見於世，哀哉！可爲實涕。其書比於記傳，可以爲法。謹第錄。臣向昧死上言。'按《史記》列傳之文，此叙無不盡之，且多有出於史文之外者。其于本書亦綜攬，其大旨略具，諸書引《別錄》《七略》之文有數條，蓋出于此。"

又曰："《隋書·經籍志》：'《孫卿子》十二卷，楚蘭陵令荀況撰。'《唐·經籍志》：'《孫卿子》十二卷，荀況撰。'《唐·藝文志》：'《荀卿子》十二卷，注云荀況。'《宋·藝文志》：'《荀卿篇》十二卷，戰國趙人荀況書。'"

又曰："晁氏《讀書志》：'漢劉向校定，除其重復，著三十二篇，爲十二卷，題曰《新書》。唐人楊倞始爲之注，更《新書》爲《荀子》，易其篇第，析爲二十卷。'"

又曰："《玉海·藝文》：'今書自《勸學》至《堯問》三十三篇，楊倞注分爲二十卷，篇第頗有移易，使以類相從，改《孫卿新書》爲《荀卿子》。'"

又曰："《四庫提要》曰：況之著書，主于明周孔之教，崇禮而勸學。其中最爲口實者，莫過于《非十二子》及《性惡》兩篇。王應麟《困學紀聞》據《韓詩外傳》所引，卿但非十子，而無子思、孟子，以今本爲其徒李斯等所增。不知子思、孟子後來論定爲聖賢耳，其在當時，固因卿之曹偶，是猶朱、陸之相非，不足訝也。至其以性爲惡，以善爲僞，誠未免于理未融。然卿恐人恃性善之説，任自然而廢學，因性不可恃，當勉力于先王之教。故其言曰：'凡性者，天之所就也，不可學，不可事。禮義者，聖人之所生也，人之所學而能，所事而成者也。不可學，不可事而在人者，謂之性；可學而能，可事而成之在人者，謂之僞：是性、僞之分也。'其辨白僞字甚明。楊倞注亦曰：'僞，爲也。凡非天性而人作爲之者，皆謂之僞。故僞字，人旁加爲，亦會意字也。'其説亦合卿本意。後人昧於訓詁，誤以爲真僞之僞，遂嘩然掊擊，謂卿蔑視禮義，如老、莊之所言。是非惟未睹其全書，即《性惡》一篇自首二句以外，亦未竟讀矣。平心而論，卿之學源出孔門，在諸子之中，最爲近正，是其所長；主持太甚，詞義或至于過當，是其所短。韓愈大醇小疵之説，要爲定論。餘皆好惡之詞也。"

又曰："嘉善謝墉叙曰：'小戴所傳《三年問》全出《禮論》篇，《樂記》《鄉飲酒義》所引俱出《樂論》篇，《聘義》子貢問貴玉賤珉亦與《德行》篇大同。大戴所傳《禮三本》篇亦出《禮論》篇，《勸學》即《荀子》首篇，而以《宥坐》篇末見大水一則，附之哀公問五義，出《哀公》篇之首，則知荀子所著載在二戴《記》者尚多，而本書或反缺佚。'"

姚振宗曰："按《七略》兵權謀家有《孫卿子》，班氏以其重復省之。嚴氏可均《三代文編》叙録曰：'荀子，名況，趙人，時相尊而號爲卿，方音改易，又稱孫卿。'然則荀、孫乃音聲遞轉之誤，或謂漢人稱孫卿以宣帝諱詢避嫌名者，殊不然也。"

芊子十八篇　名嬰，齊人，七十子之後。

師古曰："芊，音弭。"

《補注》王念孫曰："《史記·孟子荀卿傳》：'楚有尸子、長盧；阿之吁子焉。'《索隱》曰：'吁，音芊。《別録》作芊子，今吁亦如字。'《正義》曰：'《藝文志》云：《吁子》十八篇。名嬰，七十子之後。顏師古云音弭。按，是齊人，阿又屬齊，恐顏公誤也。'念孫案，《正義》説是也。芊有吁音，故《別録》作'芊子'，《史記》作'吁子'。《小雅·斯干》篇："君子攸芊。"傳："芊，大也。"《釋文》："芊，香于反，或作吁。"作'芊'者，字之誤也。"

姚振宗曰："顏氏《集注》曰：'芊，音弭。'"

又曰："《史記·孟荀列傳》曰：'趙有公孫龍、劇子之言，魏有李悝，楚有尸子、長盧，阿之吁子焉。自如孟子至于吁子，世多有其書，故不論其傳云。'《集解》徐廣曰：'阿者，今之東阿。'《索隱》：'吁，音芊。《別録》作芊子，今吁亦如字也。'《正義》：'案，東齊州也。《藝文志》云《吁子》十八篇，名嬰，齊人，七十子之後。顏師古云音弭。案，是齊人，阿又屬齊，恐顏公誤也。'案，《正義》文似有敚誤。"

又曰："嘉興沈濤《銅熨斗齋隨筆》曰：'芊當作吁。《孟荀傳》阿之吁子，今本作吁，誤。'又曰：'小司馬張守節所見《漢書》本皆作吁，不作芊。作芊者，蓋劉向《別録》。案，芊，吁並同，故《史》與《別録》亦相異而相同。芊亦作芊，吁亦或作吽。《楚世家》陸終生子六人，六曰季連，芊姓，楚其後也。此芊子蓋與楚同姓，或楚人而居于齊之東阿者。'"

周壽昌曰："案，《史記》作'阿之吁子焉'。《索隱》：'阿，齊之東阿也。吁，音芊。《別録》作'芊子'。今吁亦如字也。《正義》云：'顏云：音弭。案，齊人，阿又屬齊。恐顏公誤也。'壽昌案,《說文》:羊,本字作芈。其音弭者楚姓。又羊鳴芈。《說文》本作咩。芈,《集韻》或作芉,音吁。故'芈子'亦作'吁子'也。"

張文虎曰:"疑'吁'字,本或作'哶',故小司馬音芉,師古音弭。'哶'即'芈'之俗字,見《玉篇》。"

内業十五篇　不知作書者。

姚振宗曰:"王氏《考證》:'按,《管子》有《内業》篇,此書恐亦其類。'"

又曰:"馬國翰曰:'《内業》一卷,周管夷吾述。《漢志》儒家有《内業》十五篇,注不知作書者。《隋》《唐志》皆不著録,佚已久。考《管子》第四十九篇,標題《内業》,皆發明大道之蘊旨,與他篇不相類。蓋古有成書,而管子述之。案,《漢志》,孝經十一家,有《弟子職》一篇,今亦在《管子》第五十九。以此例推知,皆誦述前人,故此篇在《區言》五,《弟子職》在《雜篇》十,明非管子所自作也。兹據補録,仍釐爲十五篇,以合《漢志》,不題姓名,闕疑也。'"

楊樹達曰:"按,馬國翰謂《管子·内業》篇旨與他篇不相類,蓋古有成書而《管子》述之,與《弟子職》在《管子》書者相同,理或是也。"

周史六弢六篇　惠、襄之間,或曰顯王時,或曰孔子問焉。

師古曰:"即今之《六韜》也,蓋言取天下及軍旅之事。'弢'字與'韜'同也。"

洪頤煊曰:"案,《莊子·徐無鬼》篇'《金版》《六弢》',《釋文》引司馬崔云:'《金版》《六弢》,皆《周書》篇名。'是《周史》又可稱《周書》也。《史記·蘇秦列傳》:'得《周書陰符》,伏而讀之。'影宋本《北堂書鈔》引《六韜》稱《周書》,或稱《周書陰符》,皆其證。"

姚振宗曰:"顏氏《集注》曰:'即今之《六韜》也,蓋言取天下及軍旅之事。弢字與韜同也。'"

又曰:"王氏《考證》曰:'《周史六弢》六篇。師古曰:即今之《六韜》。《通鑑外紀》云:《志》在儒家,非兵書也。《館閣書目》:《周史六弢》恐別是一書。'"

又曰:"《四庫兵家提要》曰:'《莊子·徐無鬼》篇稱《金版六弢》。《經典釋文》曰:司馬彪、崔撰云《金版六弢經》,《周書》篇名,本又作《六韜》,謂《太公》文、武、虎、豹、龍、犬也。則戰國之初,原有《六弢》,然即以爲《太公六韜》,未知所據。《漢書·藝文志》兵家不著錄,惟儒家有《周史六弢》六篇,班固自注曰:惠、襄之間,或曰顯王時,或曰孔子問焉。則《六弢》別爲一書。顏師古注以今之《六韜》當之,毋亦因陸德明之説而牽合附會歟?'"

又曰:"沈濤《銅熨斗齋隨筆》曰:'《周史六弢》六篇,惠、襄之聞,或曰顯王時,或曰孔子問焉。師古曰:即今之《六韜》也。濤按,今《六韜》乃文王、武王問太公兵戰之事,而此列之儒家,則非今之《六韜》也。六乃大字之誤,《古今人表》有周史大弢,古字書無弢字,《篇》《韻》始有之,案,謂《玉篇》《廣韻》也。當爲弢字之誤。《莊子·則陽》篇仲尼問于太史大弢,蓋即其人。此乃其所著書,故班氏有孔子問焉之説。顏氏以爲太公之《六韜》,誤矣。今之《六韜》當在《太公》二百三十七篇之内。'"

姚振宗又曰:"案,周史大弢見《人表》第六等中下,列周景王、悼王時,爲春秋魯昭公之世,與孔子同時。上距惠、襄公之間,下至顯王之際,皆一百數十年,實不相及。惟云'孔子問焉',則與《人表》叙次時代相合。又《莊子》有'仲尼問于太史大弢',則礭爲大弢無疑。沈氏所考信有徵矣。孫伯淵先生校刊《六韜》,編入《平津觀叢書》,其序反覆辨證,謂即此《周史六弢》，蓋考之未審，不可從也。"

周政六篇　周時法度政教。

周法九篇　法天地，立百官。

　　姚振宗曰："章學誠《校讎通義》曰：'儒家有《周政》六篇，《周法》九篇，其書不傳。班固注《周政》云周時法度政教。注《周法》云法天地，立百官。則二書蓋官禮之遺也。附之《禮經》之下爲宜，入于儒家非也。'"

　　又曰："案，班氏仍《錄》《略》之舊，列于儒家，必有其故，後人未見其書，未可斷以爲非。"

河間周制十八篇　似河間獻王所述也。

　　《補注》沈欽韓曰："《説苑·君道》《建本》篇有'河間獻王曰'四章。"

　　姚振宗曰："《金樓子·説蕃》篇：王又爲《周制》二十篇。四庫館校輯附案曰：'《漢書·藝文志》，《河間周制》十八篇，今作二十篇，與《漢書》不同。'"

　　又曰："《經義考·周禮》類曰：'案《漢志》儒家別有《周政》六篇，《周法》九篇，《河間周制》十八篇。注云獻王所述，似與《周官》相表裏，惜乎其皆亡也。'"

　　姚振宗又曰："案《周史六弢》及《周政》《周法》《周制》四書，似皆河間獻王所奏進，而《周制》又似獻王綜述爲書也。周之故府，篇籍多矣，家邦既隕，或亦有散在民間者，獻王購以金帛，遂多爲所得，如《毛詩經》及《古訓傳》《禮古經》《古記》《明堂陰陽》《王史氏記》《周官經》《傳》、《司馬法》《樂記》《雅歌詩》《左氏經》《傳》、《三朝記》，[①]皆獻之漢朝，此亦其類也歟？又案《禮樂志》言'叔孫通既没之後，河間獻王采禮樂古事，稍稍

---

① "古訓傳"，《漢書藝文志條理》作"故訓傳"。

增輯,至五百餘篇。今學者不能昭見,但推士禮以及天子,説義又頗謬異,故君臣長幼交接之道寖以不章'。此或五百餘篇之殘賸,亦未可知也。"

讕言十二篇　不知作者,陳人君法度。

如淳曰:"讕,音粲爛。"師古曰:"説者引《孔子家語》云孔穿所造,非也。"

《補注》周壽昌曰:"今馬國翰依《孔叢子》録出三篇,其説甚辨,而未可據。顔云非穿所造,亦以王肅僞造之《家語》,未足信也。"王先謙曰:"官本作'十篇'。"

按,景祐本作"十篇"。

姚振宗曰:"顔氏《集注》曰:'説者引《孔子家語》云孔穿所造,非也。'"

又曰:"馬國翰曰:'《漢志》儒家《讕言》十篇,注不知作者,陳人君法度。師古曰:説者引《孔子家語》云孔穿所造,非也。案,《家語·後序》云:子直生子高,名穿,亦著儒家語十二篇,名曰《讕言》。《集韻》去聲二十九換讕、譋、諫三字並列。注云:詆讕,誣言相被也,或从柬,从間。然則讕與譋通,加艸者,隸古之别也。書名既同,復並稱儒家,且以《孔叢子》所載子高之其言觀之,其答信陵君祈勝之禮,對魏王人主所以爲患及古之善爲國,至於無訟之問,又與齊君論車裂之刑,所言皆人君法度事,則《讕言》審爲穿書矣。班固云不知作者,蓋劉向校定《七略》時,《孔叢子》晦而未顯,《漢志》本諸《七略》,無從取證。東漢之季,《孔叢子》顯出,故王肅注《家語》據以爲説。魏晉儒者遂據肅説以解《漢志》,在當日實有考見,不知顔監何以斷其非也。兹即從《孔叢子》録出,凡三篇,依舊説題周孔穿撰,先聖家學可於此探其淵源云。'按,孔穿《古今人表》列第四等,注云'子思玄孫',馬氏以此爲穿書,與顔監異，究未知爲孰是也。"

周壽昌曰："馬國翰云：'案，《家語後序》云：子直生子高，名穿，亦著儒家語十二篇，名曰《讕言》。《集韻》去聲二十九换讕、調、諫三字並列。注云：詆讕，誣言相被也，或从閒，从束。然則讕與調通，加艸者，隷古之別也。書名既同，並稱儒家。且以《孔叢子》所載子高之言觀之，其答信陵君祈勝之禮，對魏王人主所以爲患古之善爲國，至於無訟之問，又與齊君論車裂之刑，所言皆人君法度事，則《讕言》審爲穿書矣。班固云不知作者，蓋劉向校定《七略》時，《孔叢子》晦而未顯，《漢志》本諸《七略》，無從取證。東漢之季，《孔叢子》顯出，故王肅注《家語》據以爲說，魏晉儒者遂據肅説爲解《漢志》，在當日實有考見，不知顔監何以斷其非也。兹即從《孔叢子》録出，凡三篇。'壽昌案，馬説甚辨，而所録則未敢據。顔云非孔穿所造者，亦以王肅僞造之《家語》，未足信也。"

功議四篇　不知作者，論功德事。

姚振宗曰："功議未詳。"

寧越一篇　中牟人，爲周威王師。

姚振宗曰："《吕氏春秋·博志》篇：孔、墨、寧越，皆布衣之士也，慮于天下，以爲無若先王之術者，故日夜學之。有便於學者，無不爲也；有不便於學者，無肯爲也。寧越，中牟之鄙人也，苦耕稼之勞，謂其友曰：'何爲而可以免此苦也？'其友曰：'莫若學，學三十歲則可以達矣。'寧越曰：'請以十歲。人將休，吾將不敢休；人將卧，吾將不敢卧。'十五歲而周威公師之。注云："威公，西周君也。"矢之速也，而不過二里止也；步之遲也，而百歲不止也。今以寧越之材而久不止，其爲諸侯師，豈不宜哉？"

又曰："《秦始皇本紀》引賈生之言曰：'當是時，齊有孟嘗，趙有平原,楚有春申,魏有信陵,約從,離横,並韓、魏、燕、楚、齊、趙、宋、衛、中山之衆,於是六國之士,有寧越、徐尚,蘇秦、杜赫之屬爲之謀。'《索隱》曰:'寧越,趙人。'"

又曰:"馬國翰輯本序曰:'《淮南子·道應訓》以寧戚事誤屬寧越,潘基慶《古逸書》又以寧越事誤屬寧戚,且以周威公爲齊威公,尤大誤也。《漢志》儒家有《寧越》一篇。《隋》《唐志》皆不著録,佚已久。考《吕氏春秋》《説苑》引其説,輯録二節,並附事迹爲一卷。以苗賁皇爲楚平王之士,並以城濮、鄢陵二戰屬之,舛踳殊甚,辭氣亦染游説風習,名列於儒,蓋不没其日夜勤學之功力云。'"

王孫子一篇　一曰《巧心》。

《補注》王應麟曰:"《隋志》:'梁有《王孫子》一卷。'《意林》引之。《御覽》引'趙簡子獵於晋陽,撫轡而嘆。楚莊王攻宋,將軍子重諫'。《藝文類聚》引'衛靈公坐重華之臺'。"沈欽韓曰:"《文選·舞賦》注:'《王孫子》曰:衛靈公侍御數百,隨珠照日,羅衣從風。'《史記·李斯傳》集解亦引《王孫子》。"葉德輝曰:"宋本《意林》:《王孫子》云:'衛公重裘累茵,見負薪者而屢哭之,問曰:何故?對曰:雪下衣薄,故失薪。衛公顔色大懼,乃開府金,出倉粟,以賑貧窮。曰:吾恐隣國貪養賢以勝吾也。'此條今本《意林》缺,王氏所見蓋足本。"

姚振宗曰:"《隋書·經籍志》:'梁有《王孫子》一卷,亡。'"

又曰:"王氏《考證》:'《王孫子》,《七録》一卷。馬總《意林》引之,《太平御覽》《藝文類聚》亦引之。'"

又曰:"嚴可均輯本序曰:'《漢志》儒家:《王孫子》一,一曰《巧心》。《隋志》一卷,《意林》亦一卷,僅有目録,而所載《王孫子》文爛脱,校《意林》者乃割《莊子·雜篇》以充之,實非《王孫子》也。《唐志》不著録。今從《北堂書鈔》等書采出二十四事,省併復重,僅得五事,爰是先秦古書,繕寫而爲之叙曰:王孫,姓也,不知其名。巧心,亦未詳繹其言,蓋七十子之後言治道者。《漢志》儒五十三家,今略存十家,而子思、曾子、公孫尼子、魯仲連子、賈山五家,尚未全亡,《王孫子》得見者,僅三百九十九字耳,然而君人者可懸諸坐隅。夫爲國而不受諫,不節財而暴民,如國何?'"

又曰:"馬國翰輯本序曰:'王孫氏,其名不傳,事迹亦無考。以《漢》《隋志》叙次其書,知爲戰國時人。一曰《巧心》,蓋其書之别稱,如揚子之《法言》、文中子之《中説》矣。《意林》存目而無其書。《藝文類聚》《太平御覽》引其佚説,而彼此殊異,參互考定,完然可讀者尚得五節,録爲一卷。書主愛民爲説,如衛靈、楚莊、趙簡子之事。又《春秋》内外傳所未載者,且舉孔子、子貢之論以爲斷。其人蓋七國之翹楚也。'"

周壽昌曰:"《隋·經籍志》云:'梁有《王孫子》一卷,亡。'馬總《意林》卷二標目在申子之上,而書闕。或誤以《莊子·雜篇》繫其下,①《四庫全書》校本删正之,只留闕目。繆荃孫云:'《意林》卷二王孫子兩條,宋本有之,刻入《别下齋斠補隅録》。'"

楊樹達曰:"按,佚文馬國翰、嚴可均皆輯之。"

公孫固一篇　十八章。齊閔王失國,問之,固因爲陳古今成敗也。

《補注》沈欽韓曰:"《十二諸侯年表》論:'公孫固、韓非之徒,各往往捃摭《春秋》之文以著書。'"錢大昭曰:"閩本'間'作'問'。"王先謙曰:"官本作'問',是。"

按,景祐本作"問"。

姚振宗曰:"《史記·十二諸侯年表》曰:'孔子次《春秋》,左丘明成《左氏春秋》,鐸椒爲《鐸氏微》,虞卿爲《虞氏春秋》,吕

---

① "其",原誤作"期",據《漢書注校補》改。

不韋爲《吕氏春秋》。及如荀卿、孟子、公孫固、韓非之徒,各往往捃摭《春秋》之文以著書,不可勝紀。'《索隱》曰:'荀況、孟軻、韓非皆著書,自稱子。宋有公孫固,無所述。此固蓋齊人韓固,傳《詩》者也。'案,《索隱》謂宋有公孫固者,指宋襄公時大司馬固,見《左·僖二十二年傳》及注,齊桓公時人。此公孫固齊閔王時,相去凡三百五十餘年。至齊人韓固傳《詩》,又似轅固之訛。轅固生,漢景、武時人,《索隱》此條皆非是,由於未嘗參考《藝文志》之失也。"

姚振宗又曰:"按,《田敬仲世家》齊宣王卒,子湣王地立。湣王四十年,燕、秦、楚、三晉合謀,各出鋭師以伐我。燕將樂毅遂入臨淄,盡取齊之寶藏器。湣王出亡,之衛。衛君辟宫舍之,稱臣而共具。湣王不遜,衛人侵之。湣王去,走鄒、魯,有驕色,鄒、魯君弗納,遂走莒。楚使淖齒將兵救齊,因相齊湣王。淖齒遂殺湣王而與燕共分齊之侵地鹵器。《燕世家》云:'燕兵入臨淄,燒其宫室宗廟。齊城之不下者,唯聊、莒、即墨,其餘皆屬燕。湣王死於莒宫。'班氏稱閔王失國,即此《人表》第八等下中齊愍王,宣王子,閔、愍、湣並通。公孫固當是齊人,其書蓋即作於是時,周赧王三十一年也。"

李氏春秋二篇

《補注》葉德輝曰:"按,公孫固,齊閔王時人。羊子,秦博士。《志》叙次此書於二子間,則李氏當是戰國時人。《吕覽·弗躬》篇引李子曰'非狗不得兔,兔化而狗,則不爲兔。[①] 人君而好爲人官,有似於此。其臣蔽之,人時禁之,君自蔽則莫之敢禁。夫自爲人官,自蔽之精者也。被簀日用而不藏于篋,故用則衰,動則暗,作則倦。衰、暗、倦三者非君道也'云云。其

[①] "兔化而狗則不爲兔",原誤作"狗化爲兔則不得兔",據《漢書補注》及畢沅校《經訓堂叢書》本《吕氏春秋》(以下《吕氏春秋》皆據此本,不再注明)改。

言泛論名理,疑即李氏也。"

姚振宗曰:"《經義考·擬經》篇:'李氏,失名。《春秋》,《漢志》二篇,佚。'"

又曰:"馬國翰曰:'《漢志》儒家《李氏春秋》二篇,敘次在公孫固、羊子之間。公孫固,齊閔王失國,問之。羊子,秦博士。然則李氏亦戰國時人也。其書《隋》《唐志》不著錄,佚已久。考《呂氏春秋·勿躬》篇引《李子》一節,不言名字,當是《李氏春秋》佚文。泛論名理,以《春秋》取號者,其亦《虞氏春秋》之類歟?'"

羊子四篇　百章。故秦博士。

姚振宗曰:"《廣韻·十陽》'羊'字注:'羊,又姓。《戰國策》有羊千者,著書顯名。'案,'策'似'時'字之誤。"

又曰:"邵思《姓解》:'泰山羊氏,《左傳》羊舌職大夫之後,子孫有單姓者,①戰國時有羊千,著書顯名。'"

又曰:"鄭樵《氏族略》:'羊舌氏,姬姓,晉之公族也。靖侯之後,食采於此,故爲羊舌大夫。有四族,皆強家。羊舌,晉邑名。羊氏即羊舌氏之後。春秋末始單爲羊氏。秦亂,徙居泰山。戰國有羊千著書。②'案,氏姓諸書,皆曰羊千。或實名千,或千爲子字之誤,無以詳知。"

又曰:"章學誠《校讎通義》曰:'《漢志》計書多以篇名,間有計及章數者,小學敘例稱《倉頡》諸書也。至于敘次目錄而以章計者,惟儒家《公孫固》一篇注十八章、《羊子》四篇注百章而已。其如何詳略,恐劉、班當日亦未有深意也。'"

董子一篇　名無心,難墨子。

《補注》王應麟曰:"《隋志》:'一卷。'《論衡·福虛》篇:'儒家

---

① "者"下原衍一"者"字,據《漢書藝文志條理》刪。
② "國"下原衍一"時"字,據《漢書藝文志條理》刪。

之徒董無心，墨家之徒纏子，①相見講道。纏子稱墨家右鬼神，是引秦繆公有明德，上帝賜之九年。董子難以堯、舜不賜年，桀、紂不夭死。'"錢大昕曰："無心蓋六國時人，《風俗通》亦引其言。"

成瓘曰："按，董子之難墨子，乃藉纏子以難墨耳。王充云：'儒家之徒董無心，墨家之徒纏子。纏子稱墨子佑鬼神，秦穆公有明德，上帝賜之九十年。董子難以堯、舜不賜年，桀、紂不夭死。'又它書雜述董子纏子書，如董子曰：信鬼神何異以踵解結，終無益也。纏子不能應。而纏子書亦云：董子文言華世，不中治民。傾危徼繞之辭，並不爲墨子所修。亦足以見兩家出奴入主之大略矣。"

姚振宗曰："《隋書·經籍志》：'《董子》一卷，戰國時董無心撰。'《唐·經籍志》：'《董子》二卷，董無心撰。'《唐·藝文志》：'《董子》一卷，注云董無心。'《宋史·藝文志》：'《董子》一卷，董無心撰。'晁氏《讀書志》：'《董子》一卷，周董無心撰，皇朝吳祕注。無心在戰國時著書，闢墨子。'"

又曰："《玉海·藝文》：'董子，戰國時人。宋朝吳祕注一卷。《中興書目》一卷。與學墨者纏子辨上同、兼愛、上賢、明鬼之非，纏子屈焉。《論衡》引董子難纏子。'"

又曰："錢大昕《三史拾遺》曰：'董無心蓋六國時人，王充《論衡》、應邵《風俗通》俱引董無心說。'"

又曰："馬國翰輯本序曰：'無心，不詳何人。明陳第《世善堂藏書目》有之。今復求索，不可得矣。唯王充《論衡·福虛》篇引其與纏子論難一節。又《文選注》《意林》引《纏子》內有董無心語，循公孫龍與孔穿論臧三耳，兩家書並載之，例取補

---

① "徒"，《四部叢刊》影印明通津草堂本《論衡》（以下《論衡》皆據此本，不再注明）、清光緒三十三年刻本《墨子閒詁》皆作"役"。

缺遺存，其説可與詰墨競爽，孟子所謂聖人之徒與。'"

周壽昌曰："《隋·經籍志》：'《董子》一篇，戰國董無心撰。'《隋》《唐志》並以一卷標目。《宋志》不載，佚已久。明陳第《世善堂藏書目》有之，近復佚。"

楊樹達曰："按，《玉海·藝文志》：'《中興書目》：與纏子辨上同、兼愛、上賢、明鬼之非，纏子屈焉。'"

侯子一篇

李奇曰："或作《俟子》。"

《補注》沈欽韓曰："《説苑·反質》篇：'秦始皇後得侯生，侯生仰臺而言曰：臣聞知死必勇，①陛下肯聽臣一言乎？'其文八百餘言，疑即此。"王先謙曰："官本'侯'作'俟'。"陶憲曾云："官本是也。《廣韻》六止俟下云：又姓。《風俗通》云：'有俟子，古賢人《通志·氏族略》五作"六國賢人"。著書。'應仲遠嘗爲《漢書音義》，則所見本必作'俟'矣。"

按，景祐本作"俟子"。

姚振宗曰："顏氏《集注》：李奇曰：'或作《俟子》。'"

又曰："《廣韻》引《風俗通·姓氏》篇：'俟氏有俟子，古賢人，著書。'"

又曰："鄭樵《氏族略》：'俟氏。'《風俗通》：'俟子，著書，六國時人。'"

又曰："邵思《姓解》：《風俗通》云：'古賢者俟子，著書八篇。'"

又曰："鄧名世《古今姓氏書辨證》：'《風俗通》，古賢人俟子。《漢·藝文志》有《俟子》一篇。李奇注曰：或作《俟子》。此必俟氏也。'"

---

① "知"，原誤作"至"，據《漢書補注》及《四部叢刊》影印明鈔本《説苑》（以下《説苑》皆據此本，不再注明）改。

姚振宗又曰："按《廣韻》《氏族略》及鄧氏《辨證》引《風俗通》侯子著書,皆不言篇數,唯邵思《姓解》云八篇,與《志》不合,未詳孰是。或一篇之中分子目八篇歟?"

徐子四十二篇　宋外黃人。

《補注》王應麟曰："《魏世家》:'惠王三十年,使龐涓將,而令太子申爲上將軍,過外黃。外黃徐子曰:臣有百戰百勝之術。'即此,外黃時屬宋。"

姚振宗曰："《史記·魏世家》:'惠王三十年,魏伐趙,趙告急齊。齊宣王用孫子計,救趙擊魏。魏遂大興師,使龐涓將,而令太子申爲上將軍。過外黃,外黃徐子謂太子曰:臣有百戰百勝之術。太子曰:可得聞乎?客曰:固願效之。曰:太子自將攻齊,大勝並莒,則富不過有魏,貴不益爲王。若戰不勝齊,則萬世無魏。此臣之百戰百勝之術也。太子曰:諾,請必從公之言而還矣。客曰:太子雖欲還,恐不得矣。太子因欲還,其御曰:將出而還,與北同。太子果與齊人戰,敗於馬陵。齊虜魏太子申,殺將軍涓,軍遂大破。'案,此即《孟子·梁惠王》言'東敗于齊,長子死焉'之事,亦見《戰國策》,文句互有異同。"

又曰："劉向《別錄》曰:'徐子,外黃人也。外黃時屬宋。'"

又曰："《古今人表》徐子列第五等中中。梁玉繩曰:'徐子始見《魏策》《史·魏世家》。案,本書《藝文志》《徐子》注云宋外黃人,《策》《史》言外黃徐子説太子申百戰百勝之術,《表》列魏惠王時當即此,恐非孟子弟子徐子及《韓子·外儲説左》趙襄子力士中牟徐子也。'"

又曰："《經義考·承師》篇曰:'徐辟,趙岐曰孟子弟子。又曰《人表》孟子居第二等,其弟子一十九人,公孫丑居第三等,萬章、樂正子、告子、高子居第四等,徐子居第五等,餘不與焉。'案，朱氏以《人表》徐子爲孟子弟子，梁氏以爲不然。今考《人表》徐子猶在孟子之前二行，不與公孫丑等相類從，似班氏亦不以此徐子爲孟子弟子也。梁氏之説爲長。"

魯仲連子十四篇　有《列傳》。

《補注》王應麟曰："《隋志》：'五卷，録一卷。'《春秋正義》《文選注》《御覽》百八十四、《史記正義》引之。"葉德輝曰："《齊策》引魯連子諫孟嘗君勿逐舍人，遺燕將書，説田單攻狄。《趙策》引説孟嘗君養士。《水經注·丹水》《汶水》《沂水》《巨洋水》篇均引《魯連子》。"

姚振宗曰："《史記》本傳：魯仲連者，齊人也。好奇偉俶儻之畫策，而不肯仕官任職，好持高節。游于趙。趙孝成王時，秦使白起破趙長平之軍前後四十餘萬，秦兵東圍邯鄲。魏安釐王使將軍晉鄙救趙，畏秦，不進。魏王使客將軍新垣衍間入邯鄲，因平原君謂趙王，使尊秦昭王爲帝。于是魯仲連乃見平原君，曰：'梁客新垣衍安在？[①]吾請爲君責而歸之。'于是衍不敢復言帝秦。會魏公子無忌奪晉鄙軍救趙，秦軍遂引而去。于是平原君欲封魯連，魯連辭讓使者三，終不肯受。平原君乃置酒，酒酣起前，以千金爲壽。魯連笑曰：'所謂貴于天下之士者，爲人排患釋難解紛亂而無取也。即有取者，是商賈之事也，而連不忍爲也。'遂辭平原君而去，終身不復見。其後二十餘年，燕將攻下聊城，聊城人或讒之燕，燕將懼誅，因保守聊城，不敢歸。齊田單攻聊城歲餘，不下。魯連乃爲書，約之矢以射城中，遺燕將書。燕將見魯連書，泣三日，猶預不能決。乃自殺。田單遂屠聊城。歸而言魯連，欲爵之。魯連逃隱于海上，曰：'吾與富貴而詘于人，寧貧賤而輕世肆

[①] "新"，原誤作"辛"，據《漢書藝文志條理》改。

志焉。'太史公曰:'魯連其指意雖不合大義,然余多其在布衣之位,蕩然肆志,不詘于諸侯,談說于當世,折卿相之權。'"

又曰:"本書《人表》魯仲連列第二等上中。梁玉繩曰:'魯仲連始見《戰國·齊》《趙策》,魯氏伯禽之後。仲連,齊人,亦曰魯連,亦曰魯仲子,亦曰魯連先生,葬青州高苑縣西北五里。'"

又曰:"《隋書·經籍志》:'《魯連子》五卷,録一卷。魯連,齊人,不仕,稱爲先生。'《唐·經籍志》:'《魯連子》五卷,魯仲連撰。'《藝文志》:'一卷。'《宋·藝文志》:'《魯仲連子》五卷,戰國齊人。'"

又曰:"《黃氏日抄》曰:'魯仲連關新垣衍帝秦之説,引鄒魯不納齊愍王之事爲證,可謂深切著明矣。然解邯鄲之圍者,信陵君力也,非仲連口舌之爭所能解也。射書聊城,使其將自殺,而城見屠,此不過爲田單謀耳。縱當時無仲連書,聊城無救,勢亦必亡,亦非甚有功于田單也。使連能説單無屠聊城,而約其將降;或説燕王無殺其將,以救聊城之命,皆可也。連釋此不爲,射書何爲哉?惟不以爵賞自累,而輕世肆志,故得優游天下,如飛鳥翔空然,然直以爲天下士,則未也。'案,仲連之説新垣衍不敢復言帝秦,秦將聞之,爲卻軍五十里,是信陵君未來之前,[1]邯鄲圍已少解矣,其功固不小也。其遺燕將書,原約其全師歸燕,或棄燕歸齊,非不欲全一城之命。其後燕將自殺,田單屠聊,非仲連意計所及。黃氏不揣其本末,而苟論古人,殆不足據。"

又曰:"《玉海·藝文》:'《中興書目》五卷,退隱海上,論著此書。'"

---

[1] "君",《漢書藝文志條理》無。

又曰："王氏《考證》：'《春秋正義》《史記正義》《文選注》《太平御覽》引之。'"

又曰："嚴可均輯本曰：'魯仲連，齊人。邯鄲圍解，聊城已拔，趙勝、田單欲封之，皆不受，逃隱海上，莫知所終。有《魯連子》，《漢志》儒家十四篇，《隋志》《意林》《舊唐志》皆五卷，《新唐志》一卷，《宋志》五卷，已後不著錄。今輯凡三十二條。'"

又曰："馬國翰輯本序曰：'《戰國策》載其六篇，其《卻秦軍》《說燕將》二篇《史記》亦載，文句不同，參互校訂。又搜采《意林》《御覽》等書，得佚文二十五節，合錄一卷。指意在於勢數，未能純綷合賢聖之義，然高才遠致，讀其書，想見其爲人矣。'"

平原君七篇　朱建也。

《補注》王先謙曰："建有傳，當次下《高祖傳》後。官本'君'作'老'，引宋祁曰，'老'一作'君'。案，高似孫《子略》亦作'老'。"

按，景祐本作"君"。

楊樹達曰："按，沈濤云：'書既爲建作，不應厠魯連、虞卿之間。蓋後人誤以爲六國之平原君而移易其次第。'樹達按，景祐本作'平原君'。'老'是誤字，王引《子略》，殊爲無謂。"

姚振宗曰："《史》《漢》列傳：'平原君朱建者，楚人也。故嘗爲淮南王黥布相，有罪去，後復事布。布欲反時，問建，建諫止之。布不聽，遂反。漢既誅布，聞建諫之，高祖賜建號平原君，家徙長安。爲人辯有口，刻廉剛直，行不苟合，義不取容。辟陽侯師古曰："審食其也。"行不正，得幸呂太后。孝惠帝大怒，下吏，欲誅之。平原君爲見孝惠幸臣閎籍孺，說之，籍孺從其計，言帝，出辟陽侯。辟陽侯於諸呂至深。孝文時，淮南厲王殺辟陽侯,以黨諸呂故。孝文聞其客朱建爲其策,使吏捕欲治。吏至門,建自到。帝聞而惜之,曰:吾無殺建意也。乃召其子,拜爲中大夫。使匈奴,單于無禮,乃罵單于,遂死匈奴中。太史公曰:平原君子與余善,是以得具論之。'《索隱》曰:'其子拜爲中大夫者,即與太史公善者也。'"

又曰:"馬國翰曰:'按,建本傳只記其救辟陽侯事,與鄒陽説竇長君絶相類,要皆戰國之餘習,乃班《志》于鄒陽入從橫家,于平原君則入儒家,必其佚篇多雅正語,今不可見矣。第取本傳中《説閎籍孺》一篇,附載事迹,聊備觀覽云爾。'"

又曰:"沈濤《銅熨斗齋隨筆》曰:'書既爲建所作,不應廁魯連、虞卿之間,蓋後人誤以爲六國之平原君,而移易其次第。'"

姚振宗又曰:"按,自分條刊刻以來,割裂破碎,多非本來舊第,如此一條當在《孝文傳》之後。《詩賦略》有朱建賦二篇,次枚皋、莊忽奇之間。又一本作《平原老》,今考高帝賜號平原君,太史公亦曰平原君,又云'平原君子與余善',則作'老'字者非也。"

虞氏春秋十五篇　　虞卿也。

《補注》王應麟曰:"見《史記》本傳、《十二諸侯年表序》。"葉德輝曰:"劉知幾《史通·六家》云:'《晏子》《虞卿》《吕氏》《陸賈》,其書篇第本無年月,而亦謂之《春秋》。'"

姚振宗曰:"虞卿有《虞氏微傳》二篇,見《六藝》春秋家。"

又曰:"本傳:虞卿既以魏齊之故,不重萬户侯卿相之印,與魏齊間行,卒去趙,困于梁。魏齊已死,不得意,乃著書,上采《春秋》,下觀近世,曰《節義》《稱號》《揣摩》《政謀》,凡八篇。以刺譏國家得失,世傳之曰《虞氏春秋》。太史公曰:'虞卿料事揣情,爲趙畫策,何其工也!及不忍魏齊,卒困大梁,庸夫且知其不可，況賢人乎？然虞卿非窮愁，亦不能著書以自見于後世云。'"

又曰："《史記·十二諸侯年表》：趙孝成王時，其相虞卿上采《春秋》，下觀近世，亦著八篇，爲《虞氏春秋》。《正義》曰：'按，其文八篇，《藝文志》云十五篇，虞卿撰。'"

又曰："《孔叢子·執節》篇：虞卿著書，名曰《春秋》。魏齊曰：'子無然也！《春秋》，孔聖所以名經也。今子之書，大抵談説而已，亦以爲名何？'答曰：'經者，取其事常也，可常則爲經矣。且不爲孔子，其無經乎？'齊問子順。子順曰：'無傷也。魯之史記曰《春秋》，經因以爲名焉。又晏子之書亦曰《春秋》，不嫌同名也。'"

又曰："《黄氏日抄》曰：'虞卿棄趙卿相，而與故交魏齊俱困大梁，以著《虞氏春秋》，其必有決烈之見，而豈其愚也哉？'"

又曰："馬國翰輯本序曰：'虞卿名字里居皆無考。《虞氏》，《漢志》十五篇，入儒家。《隋》《唐志》皆不著録，佚已久。《戰國策》載其《論割六城與秦之失》及《許魏合從》二篇，《史記》取之入本傳，劉向《新序》亦采二篇于《善謀》上篇，蓋本書《謀篇》之遺文也。兹據訂正錯簡，互考異同，録爲一卷。大旨主於合從，未亦離戰國説士之習。班《志》列入儒家者，其以傳《左氏春秋》，而荀況、張倉、賈誼之學淵源有自乎？'"

又曰："章學誠《校讎通義》曰：'儒家《虞氏春秋》十五篇，司馬遷《十二諸侯年表序》作八篇。或初止八篇，而劉向校書，爲之分析篇次，未可知也。'"

周壽昌曰："《史記》本傳云爲趙上卿，故號虞卿。又云不得意乃著書，上采《春秋》，下觀近世，曰《節義》《稱號》《揣摩》《政謀》，凡八篇。以刺譏國家得失，世傳之曰《虞氏春秋》。《史記正義》云'《藝文志》云十五篇'，與此合。《隋》《唐志》皆不著録,佚已久。"

高祖傳十三篇　高祖與大臣述古語及詔策也。

《補注》王應麟曰:"《魏相傳》:'奏《明堂月令》曰:高皇帝所述書《天子所服第八》。'《隋志》:'梁有《漢高祖手詔》一卷。'"

姚振宗曰:"本書《高帝紀》:初,高祖不脩文學,而性明達,好謀,能聽,自監門戍卒,見之如舊。初順民心,作三章之約。天下既定,命蕭何次律令,韓信申軍法,張倉定章程,叔孫通制禮儀,陸賈造《新語》。又與功臣剖符作誓,丹書鐵券,金匱石室,藏之宗廟。雖日不暇給,規摹弘遠矣。"

又曰:"又《魏相傳》:相代韋賢爲丞相,數表采《易陰陽》及《明堂月令》奏之,曰:'天子之義,必純取法天地,而觀於先聖。高皇帝所述書《天子所服第八》曰:大謁者臣章受詔長樂宫,曰:令群臣議天子所服,①以安治天下。相國臣何、御史大夫臣昌謹與將軍臣陵、太子太傅臣通等議〔師古曰:"蕭何、周昌、王陵、叔孫通也。"〕春夏秋冬天子所服,當法天地之數,中得人和。故自天子王侯有土之君,下及兆民,能法天地,順四時,以治國家,身亡旤殃,年壽永究,是奉宗廟安天下之大禮也。臣請法之。中謁者趙堯舉春,李舜舉夏,兒湯舉秋,貢禹舉冬,四人各職一時。大謁者襄章奏,制曰:可。'應劭曰:'四時各舉所施行政事。'服虔曰:'主一時衣服禮物朝祭百事也。'師古曰:'服説是也。'"

又曰:"《玉海・聖文・雜御制》篇:'《隋志》梁有《漢高祖手詔》一卷,《古文苑》有《高祖手敕太子》五條。'"

又曰:"嚴可均《全漢文篇》叙録曰:'《漢志》儒家《高帝傳》十三篇,魏相表奏高皇帝所述書《天子所服第八》即十三篇之一

---

① "群",原誤作"尋",據《漢書藝文志條理》改。

也。其他見於諸史傳記者,有詔二十二篇,手敕、賜書、告、諭、令、答、鐵券、盟、誓等十五篇,總凡三十八篇。'"

按,《古文苑》卷十,漢高祖手敕太子曰:"吾遭亂世,當秦禁學,自喜,謂讀書無益。洎踐阼以來,時方省書,乃使人知作者之意,追思昔所行,多不是。"章樵注曰:"帝不事《詩》《書》,及陸賈奏《新語》,未嘗不稱善,正與此敕同意。"又云:"堯舜不以天下與子而與它人,此非爲不惜天下,但子不中立耳。人有好牛馬尚惜,況天下耶?吾以爾是元子,早有立意。群臣咸稱汝友四皓,吾所不能致,而爲汝來,爲可任大事也。今定汝爲嗣。"章樵注曰:"史遷曰:'授舜則天下得其利而丹朱病。'此云非爲不惜天下,皆以私意窺堯舜也。大哉聖人之言曰,大道之行,天下爲公,故五帝官天下。四皓事見《張良傳》。"又云:"吾生不學書,但讀書問字而遂知耳。以此故不大工。然亦足自辭解。今視汝書,猶不如吾,汝可勤學習。每上疏,宜自書,勿使人也。"章樵注曰:"漢世人主,不以字學爲重,此敕蓋言不可不習耳。晉宋而下,至於唐,人主以字畫相誇,至與人臣較工拙卑陋甚矣。"又云:"汝見蕭、曹、張、陳諸公侯,吾同時人,倍年於汝者,皆拜,並語於汝諸弟。"章樵注曰:"以此命太子諸王,有古者尊敬師傅之遺意。如晉成帝拜王導並其妻,則尊卑之分舛矣。"又云:"吾得疾,遂困,以如意母子相累,趙王如意母戚夫人。其餘諸兒皆自足立,哀此兒猶小也。"章樵注曰:"鴆毒人彘之禍,高祖蓋逆慮其至此。孝惠懦弱,以萬乘之主,不能庇其弟,亦可悲矣。"

陸賈二十三篇

《補注》沈欽韓曰:"本傳稱'凡著十二篇'。《隋》《唐志》:'陸賈《新語》二卷。'王氏《漢志考》云:'存七篇。'其引吳儔言《輔政》篇曰:'書不必起於仲尼之門。'今《輔政》篇無此語。"朱一新曰："今存二卷十二篇。《四庫提要》謂篇數反多於宋本，'或後人因不完之本補綴五篇，以合本傳舊目也'。司馬遷取《新語》作《史記》，著於本傳，而是書之文悉不見於《史記》。《論衡·本性》篇引《新語》，今本亦無之。《穀梁傳》至武帝時始出，而《道基》篇末乃引《穀梁傳》，時代尤相牴牾。馬總《意林》、李善《文選注》引皆與今本合，則雖或後人依託，亦必在唐以前。"

楊樹達曰："按，《漢書·司馬遷傳》並無取《新語》作《史記》之語，《提要》説誤。今十二篇足本，乃流傳於明弘治間李庭梧，並非後人補綴，説見嚴可均《鐵橋漫稿》卷五《新語叙》。漢初瑕丘江公受《穀梁春秋》於申公，申公蓋受之於浮丘伯。陸賈與浮丘伯同時，自得見《穀梁春秋》。《提要》謂'武帝時始出'，亦誤。以上皆吾友余嘉錫季豫之説，詳見其所著《四庫提要辨證》。"按，《漢書·司馬遷傳》贊曰："孔子因魯史記而作《春秋》，而左丘明論輯其本事以爲之傳，又纂異同爲《國語》。又有《世本》録黃帝以來至春秋時帝王公侯卿大夫祖世所出。春秋之後，七國並爭，秦兼諸侯，有《戰國策》。漢興伐秦，定天下，有《楚漢春秋》。故司馬遷據《左氏》《國語》，采《世本》《戰國策》，述《楚漢春秋》，接其後事訖。""遷取《新語》作《史記》"，誤。

姚振宗曰："陸賈有《楚漢春秋》，見《六藝》春秋家。"

又曰："《史記》本傳：陸生時時前説稱《詩》《書》。高帝罵之曰：'乃公居馬上而得之，安事《詩》《書》！'陸生曰：'居馬上得之，寧可以馬上治之乎？且湯武逆取而以順守之，文武並用，長久之術也。昔者吳王夫差、智伯極武而亡；秦任刑法不變，卒滅趙氏。鄭氏曰："秦之先造父封于趙城，其後以爲姓。"鄉使秦已併天下，行仁義，法先聖，陛下安得而有之？'高帝不懌而有慚色，乃謂陸生曰：'試爲我著秦所以失天下，吾所以得之者何，及古成敗之國。'陸生乃粗述存亡之徵，凡著十二篇。每奏一篇，高帝未嘗不稱善，左右呼萬歲，號其書曰'《新語》'。太史公曰：'余讀陸生《新語》書十二篇，固當世之辨士。'張守節曰：'《七錄》云：《新語》二卷，陸賈撰。'師古曰：'今其書見存。'"

又曰："《黃氏日抄》曰：'陸賈以《詩》《書》説高帝，一時群臣無有也。以呂氏欲王諸呂而病免，復傳會將相，以誅諸呂，亦一時群臣無有也。動靜合時措之宜，而功烈泯無形之表，漢初儒生未有賈比也。'"

又曰："《隋書·經籍志》：'《新語》二卷，陸賈撰。'《唐·經籍志》同。《藝文志》：'陸賈《新語》二卷。'《宋·藝文志》雜家著錄同。"

又曰："王氏《考證》：'今存《道基》《術事》《輔政》《無爲》《資賢》《至德》《懷慮》七篇。'"

又曰："《四庫提要》曰：'《漢書》賈本傳稱著《新語》十二篇，《藝文志》儒家二十七篇，蓋兼他所論述計之。《隋志》二卷，此本卷數與《隋志》合，篇數與本傳合。然王充《論衡·本性》篇引《陸賈》，今本無其文。又《穀梁傳》至漢武帝時始出，而《道基》篇末乃引《穀梁傳》曰，時代尤相牴牾。其殆後人依託，非賈原本歟？案，《穀梁春秋》始自魯申公傳之，申公與陸大夫同時，容或見其書者。又《玉海》稱今存七篇。此本十有二篇，乃反多于宋本，亦不可解。或後人因不完之本，補綴五篇，以合本傳舊目也。今但據其書論之，則大旨皆崇王道，黜霸術，歸本于脩身用人。其稱引《老子》者，惟《思務》篇引上德不德一語，餘皆以孔氏爲宗，所援據多《春秋》《論語》之文，漢儒自董仲舒外，未有如是之醇正也。流傳既久，其真其贗，存而不論可矣。

所載衛公子鱄奔晋一條,與《三傳》皆不合,莫詳所本。中多闕文,亦無可校補。所稱文公種米、曾子駕羊諸事,皆不知其何説。又據犂鶛報之語,訓詁亦不可通。古書佚亡,今不盡見,闕所不知可也。"

又曰:"嚴可均校録序曰:'《崇文總目》、晁《志》、陳《録》皆不著録。王伯厚云今存七篇,蓋宋時此書佚而復出,出亦不全。至明弘治間,莆陽李廷梧得十二篇足本,刻版于桐鄉縣治。或疑明本反多于王伯厚所見,恐是後人補綴。今知不然者,《群書治要》載有八篇,其《辨惑》《本行》《明誡》《思務》四篇,皆非王伯厚所見,而與明本相同,足知多出五篇,是隋唐原本。至《論衡·本性》篇引陸賈曰天地生人也一條,今十二篇無此文。《論衡》但云《陸賈》,不云《新語》,或當在《漢志》之二十三篇中。又《穀梁傳》曰:仁者以治親,義者以利尊,乃是《穀梁》舊傳,故今《傳》無此文。因知瑕丘江公所受于魯申公者,其後復經改造,非穀梁赤之舊也。漢代子書,《新語》最純最早,貴仁義,賤刑威,述《詩》《書》《春秋》《論語》,紹孟、荀而開賈、董,卓然儒者之言,史遷目爲辯士,未足以盡之。其詞皆協韻,流傳久遠,①轉寫多訛,今據明各本,以《治要》之八篇及《文選注》《意林》等書,改正删補,疑者闕之,間有管見一二,輒附案語,不敢臆定。②'"

姚振宗又曰:"案,明程榮《漢魏叢書》所刻即據弘治十五年莆陽李廷梧刊本,其篇目曰:《道基》第一、《術事》第二、《輔政》第三、《無爲》第四、《辨惑》第五、《慎微》第六、《資質》第七、《至德》第八、《懷慮》第九、《本行》第十、《明誡》第十一、《思務》第十二。王氏所見七篇,蓋缺《辨惑》《慎微》《本行》《明

---

① "久遠",《漢書藝文志條理》作"既久"。
② "不敢",《漢書藝文志條理》無。

誠》《思務》五篇。中多斷爛,末篇缺文尤多,嚴氏所校之本,今亦未見。又案,《七略》兵權謀家有《陸賈》,班氏以其重復,省之。"

劉敬三篇

《補注》葉德輝曰:"本傳載敬'說高帝都秦''與冒頓和親''徙民實關中',凡三事,當即此三篇之文。"

姚振宗曰:"本書《高帝紀》:五年二月甲午,上尊號。漢王即皇帝位于汜水之陽,乃西都洛陽。夏五月,兵皆罷。戍卒婁敬求見。說上曰:'陛下取天下與周異,都洛陽不便,不如入關,據秦之固。'上以問張良,良因勸上。是日,車駕西都長安。"

又曰:"又列傳:'婁敬,齊人也。漢五年,戍隴西,過雒陽,高帝在焉。敬脫輓輅,見齊人虞將軍曰:臣願見上言便宜。虞將軍入言上,上召見,賜食。已而問敬,敬說入關。上疑未能決。及留侯明言入關便,即日駕西都關中。于是上曰:本言都秦地者婁敬,婁者劉也。賜姓劉氏,拜爲郎中,號奉春君。七年,使匈奴,還言不可擊。上怒,械繫敬廣武。遂往,至平城,匈奴果出奇兵圍帝白登,七日然後得解。乃赦敬,封二千戶,爲關内侯,號建信侯。敬又言:匈奴未可以武服,獨可以計久遠子孫爲臣耳。陛下誠能以嫡長公主妻單于,可毋戰而漸臣也。上乃取家人子爲公主,妻單于。使敬往結和親。敬從匈奴來,因言匈奴河南白羊、樓煩王,去長安近者七百里,輕騎一日一夕可以至。今都關中,實少人。北近胡寇。臣願陛下徙齊諸田,楚昭、屈、景,燕、趙、韓、魏後,及豪傑名家,且實關中。無事,可以備胡;諸侯有變,亦可率以東伐。此強本弱末之術也。上曰:善。乃使劉敬徙所言關中十餘萬口。'《本紀》九年十一月,徙齊楚大族昭氏、屈氏、景氏、懷氏、田氏五姓關中，與利田宅。師古曰：'今高陵、櫟陽諸田，華陰、好畤諸景，及三轉諸懷尚多，皆此時所徙也。'"

又曰："馬國翰曰：'《漢志》儒家《劉敬》三篇，《隋》《唐志》不著目。其《說都秦》《說和親》《說徙民》皆見本傳中，今據錄之。敬之爲策，大抵權宜救時之計。然漢兼王霸以爲家法，則當日之列于儒家者，蓋有由矣。'"

又曰："嚴可均《全漢文編》曰：'晉段灼引婁敬《上書諫高祖》，《北堂書鈔》一百四《三輔故事》引婁敬《作丹書鐵券與匈奴分土界》。'按，此二篇與馬氏所輯三篇，或即是書之佚文，未可知也。"

孝文傳十一篇　文帝所稱及詔策。

姚振宗曰："王氏《考證》：'《史記·文帝紀》凡詔皆稱上曰，以其出于帝之實意也。'"

又曰："嚴可均《全漢文編》曰：'《史》《漢》本紀、《封禪書》《律書》《郊祀志》《刑法志》《淮南王傳》《周勃傳》《鼌錯》《賈捐之傳》《匈奴傳》《續漢·禮儀志》注、《宋書·禮志》引文帝制二篇，詔三十四篇，賜書、璽書、酎金律等文六篇，凡四十二篇。'"

賈山八篇

《補注》葉德輝曰："本傳惟載《至言》一篇。其言諫文帝除鑄錢，訟淮南無大罪，言柴唐子爲不善，皆無其文，當在此八篇中。"

姚振宗曰："本書列傳：賈山，潁川人也。祖父袪，故魏王時博士弟子也。師古曰：'六國時魏也。'山受學袪，所言涉獵書記，不能爲醇儒。嘗給事潁陰侯爲騎。按，《功臣侯表》，潁陰侯灌嬰也。孝文時，言治亂之道，借秦爲喻，①名曰《至言》。其辭曰：'臣聞

---

① "喻"，《漢書藝文志條理》作"論"。

爲人臣者，盡忠竭愚，以直諫主，不避死亡之誅者，臣山是也。臣不敢以久遠諭，願借秦爲諭，唯陛下少加意焉。'其後文帝除鑄錢令，山復上書諫，以爲變先帝法，非是。又訟淮南王無大罪，①宜急令反國。又言柴唐子爲不善，足以戒。鄧展曰："《淮南傳》棘蒲侯柴武太子柴奇與士伍開章謀反。"臣召南《考證》曰："此文應云'柴武子'，疑'唐'字訛。"章下詰責，對以爲'錢者，亡用器也，而可以易富貴。富貴者，人主之操柄也，令民爲之，是與人主共操柄，不可長也'。其言多激切，善指事意，然終不加罰，所以廣諫爭之路也。其後復禁鑄錢云。"

又曰："《黃氏日抄》曰：'山以文帝賢君，不免田獵之娛，故勸以親賢講學爲務，所以致君之意極善。《傳》言不能爲醇儒，蓋謂其不專守一經耳，非以其行己不醇也。'"

又曰："《玉海·藝文》：'《賈山傳》言治亂之道，②借秦爲諭，名曰《至言》。大概謂聖主以和顔受諫而興，秦以不聞過失而亡。時孝文二年冬十一月癸卯，日食，詔舉直言極諫。《通鑑綱目》賈山上書附是月。'"

又曰："馬國翰曰：'《漢志》儒家《賈山》八篇，今只傳《至言》一篇。若《諫文帝除鑄錢》《訟淮南王》《言柴唐子》三疏，當在八篇中，而世不傳。本傳全載《至言》，據錄爲卷。真西山稱其爲忠臣防微之論，而以陳善閉邪許之。王伯厚謂山之才亞於賈誼，其學粹於鼂錯。乃班書以涉獵書記，不能爲醇儒斷之，豈其然乎。'"

太常蓼侯孔臧十篇　父聚，高祖時以功臣封，臧嗣爵。

《補注》周壽昌曰："《隋志》：'梁有《漢太常孔臧集》二卷。'案，臧以功臣子襲爵，官太常，而名重儒家，有書十篇。又於

---

① "訟"，《漢書藝文志條理》作"誦"。
② "傳"字原脱，據《漢書藝文志條理》補。

賦家入賦二十篇,亦漢初儒雋也。晁公武云:'臧以所著賦與書謂之《連叢》,附《孔叢子》後。'考《孔叢子》至東漢末始有其書,疑後人僞託,然其書名已載入宋《中興館閣書目》及宋人《邯鄲書目》,《通考》《玉海》俱引之。"

姚振宗曰:"本書《功臣侯表》:'蓼夷侯孔藂,以執盾前元年從起碭,以左司馬入漢,爲將軍。三以都尉擊項籍,屬韓信,侯。高帝六年正月丙午封。三十年薨。孝文九年,侯臧嗣,四十五年,元朔三年,坐爲太常衣冠道橋壞不得度,免。'"

又曰:"《連叢子》曰:'臧歷位九卿,遷御史大夫。辭曰:臣世以經學爲家,乞爲太常,與安國紀綱古訓。武帝難違其意,遂拜太常,禮賜如三公。著書十篇。'""先時,嘗爲賦二十四篇,別不在集,似其幼時之作也。又爲書與從弟及戒子,皆有義",朱文公曰:"《孔叢子》叙事至東漢,然詞氣卑近,亦非東漢人作。所書孔臧禮賜如三公等事皆無其實,而《通鑑》誤信之。所載臧兄弟往還書疏,正類《西京雜記》僞造漢人文章。"①

賈誼五十八篇

《補注》錢大昭曰:"《誼傳》亦云:'凡所著述五十八篇。'今《新書》止五十六篇。"沈欽韓曰:"《崇文總目》:'本七十二篇,劉向删定爲五十八篇。《隋》《唐》皆九卷,今别本或爲十卷。'蓋附《誼傳》。今佚三篇。"

姚振宗曰:"《史記》本傳:賈生名誼,雒陽人也。年十八,以能誦《詩》屬《書》聞于郡中。文帝召以爲博士。超遷,一歲中至大中大夫。天子議以任公卿之位。絳、灌、東陽侯、馮敬之屬盡害之,乃以爲長沙王太傅。數年,爲梁懷王太傅。賈生

---

① "先時"至文末,未見姚書,而與《漢書疏證》語同。

數上疏,言諸侯或連數郡,非古之制,可稍削之。文帝不聽。居數年,懷王騎,墮馬而死,無後。賈生自傷爲傳無狀,哭泣歲餘,亦死。年三十三。"

又曰:"本書傳贊曰:'劉向稱賈誼言三代與秦治亂之意,其論甚美,通達國體,雖古之伊、管未能遠過也。使時見用,功化必盛。爲庸臣所害,甚可悼痛。按此數語似《別錄》文。追觀孝文玄默躬行以移風俗,誼之所陳略施行矣。及欲改定制度,以漢爲土德,色尚黄,數用五,及欲試屬國,施五餌三表以係單于,其術固已疏矣。誼亦天年早終,雖不至公卿,未爲不遇也。凡所著述五十八篇,掇其切于世事者著于傳云。'"

又曰:"《隋書·經籍志》:①'《賈子》十卷,注錄一卷,②漢梁王太傅賈誼撰。'《唐·經籍志》:'《賈子》九卷,賈誼撰。'《藝文志》:'賈誼《新書》十卷。'《宋史·藝文志》雜家著錄同。'"

又曰:"《崇文總目》:'《賈子》九卷,漢賈誼撰。傳本七十二篇,劉向删定爲五十八篇,按,此說必得于《別錄》。《隋》《唐》皆九卷,今別本或爲十卷。'《四庫提要》曰:'考今《隋》《唐志》皆作十卷,無九卷之説。蓋校刊《隋》《唐書》者,未見《崇文總目》,反據今本追改之,明人傳刻古書往往如是,不足怪也。'"

又曰:"晁氏《讀書志》:'《新書》十卷,漢賈誼撰。誼著《事勢》《連語》《雜事》凡五十八篇。考之《漢書》,誼之著述未嘗散佚,然與班固所載時時不同。既云掇其切于世者,容有潤益刊削,無足怪也。獨其説經多異義,而《詩》尤甚,以《騶虞》爲太子之宥宫,以《靈臺》爲神靈之靈,與《毛氏》殊不同,學者不可不知也。'案,賈之時,《詩》唯有《魯》《齊》《韓》三家,毛學不行,無怪其然矣。"

---

① "書",原誤作"唐",據《漢書藝文志條理》改。
② "注",《漢書藝文志條理》無。

又曰："陳氏《書録解題》曰：'《賈子》十一卷，《漢志》五十八篇。今書首載《過秦論》，末爲《弔湘賦》，餘皆録《漢書》語。且略節本傳于第十一卷中，其非《漢書》所有者，輒淺駁不足觀，决非誼本書也。'"

又曰："《黄氏日抄》曰：'賈誼天資甚高，議論甚偉，一時無與比者。其後經畫漢世變故，皆誼遺策。'"

又曰："《四庫提要》曰：'今本僅五十六篇。又《問孝》一篇有録無書，實五十五篇，已非北宋本之舊。又首載《過秦論》，而末無《弔湘賦》，亦無附録之第十一卷，且併非南宋時本矣。其書多取誼本傳所載之文，割裂其章段，顛倒其次第，而加以標題，殊瞀亂無條理。疑《過秦論》《治安策》等本皆爲五十八篇之一，後原本散佚，好事者因取本傳所有諸篇，離析其文，各爲標目，以足五十八篇之數，故餖飣至此。其書不全真，亦不全僞。陳振孫以爲决非誼書，非篤論也。且其中爲《漢書》所不載者，雖往往類《說苑》《新序》《韓詩外傳》，然如青史氏之記，具載胎教之古禮。《脩政語》上下兩篇，多帝王之遺訓。《保傅》篇、《容經》篇並敷陳古典，具有原本。其解《詩》之《騶虞》，《易》之潛龍、亢龍，亦深得經義。又安可盡以淺駁不粹目之哉！雖殘闕失次，要不能以斷爛棄之矣。'"

又曰："杭東里人盧文弨校刊序曰：'此書必出于其徒之所纂集，篇中稱懷王問于賈君，又《勸學》一篇語其門人，皆可爲明證，但多爲鈔胥所增竄。凡《漢書》所有者，此皆割裂顛倒，致不可讀。唯《傅職》《輔佐》《容經》《道術》《論政》諸篇在《漢書》外者，古雅淵奧，非後人所能僞撰。陳氏反謂其淺駁，豈可謂之知言者哉？'"

周壽昌曰："《隋·經籍志》儒家，《賈子》十卷，注録一卷。別集注，梁有《賈誼集》四卷，亡。"

河間獻王對上下三雍宫三篇

《補注》沈欽韓曰:"事見本傳。《後漢書·張純傳》:'純案河間《古辟雍記》,欲奏之。'案,漢多以明堂、辟雍、靈臺爲一,故謂之三雍。"

姚振宗曰:"《史記·五宗世家》:河間獻王德,孝景帝前二年用皇子爲河間王。好儒學,被服造次必于儒者。山東之儒多從之游。二十六年卒。《集解》曰:'駰案《漢名臣奏》:杜業奏曰:河間獻王經術通明,積德累行,天下雄俊衆儒皆歸之。孝武帝時,獻王朝,問以五策,獻王輒對無窮。'"

又曰:"本書《景十三王傳》:'武帝時,獻王來朝,獻雅樂,對三雍宫及詔策所問三十餘事。其對推道術而言,得事之中,文約指明。'"

又曰:"《金樓子·説蕃》篇:'昔蕃屏之盛德者則劉德,字君道,造次儒服,卓爾不群。武帝在位,來朝,對辟雍、明堂、靈臺,故世謂之《三雍對》也,及詔策所問三十餘事。'按,獻王字君道唯見於此。'"

又曰:"《後漢書·張純傳》:'純代杜林爲大司空,以聖王之建辟雍,所以崇尊禮義,既富而教者也。乃案七經讖、明堂圖、河間《古辟雍記》,欲具奏之。注:武帝時,河間獻王德對三雍宫,有其書記也。'"

又曰:"《黄氏日抄》曰:'景十三王,惟河間最賢,其學甚正,雖當時士大夫亦鮮及之,餘率驕恣自滅。'"

又曰:"《玉海·郊祀明堂》篇:'《黄圖》,漢明堂在長安西南七里,靈臺在西北八里,本清臺,後更名辟雍,在西北七里,河間獻王對三雍宫,即此。'"

又曰:"《四庫全書》著録劉向《説苑》提要曰:'古籍散佚,多賴此以存,如《漢志》《河間獻王》三篇,《隋志》已不著録,而此書所載四條,尚足見其議論醇正,不愧儒宗。'"

又曰:"馬國翰輯本序曰:'《說苑·君道》篇、《建本》篇引四節,據輯,並取《春秋繁露》所載問《孝經》一節附後。其說稱述古聖,粹然儒者之言。唯于伐有苗云:"天下聞之,皆非禹之義,而歸舜之德。"又引子貢問爲政,孔子曰:"富之,既富,乃教之也。"與《尚書》《論語》異。案王充《論衡》云"今時稱《論語》二十篇,又失《齊》《魯》《河間》九篇,本三十篇,分布亡失"云云。然則獻王所見《論語》爲河間本,所謂《古論語》也。其據《尚書》亦當是眞古文說,未可執今所傳之本以爲引稱舛誤也。'"

董仲舒百二十三篇

《補注》王先謙曰:"《隋》《唐志》:'《春秋繁露》十七卷。'案本傳:'仲舒所著,皆明經術之意,及上疏條教,凡百二十三篇。而說《春秋》事得失,《聞舉》《玉杯》《蕃露》《清明》《竹林》之屬,復數十篇,十餘萬言。'是此百二十三篇早亡,不在《繁露》諸書內也。"

姚振宗曰:"董仲舒有《公羊治獄》,見《六藝》春秋家。"

又曰:"本書列傳:'仲舒所著,皆明經術之意,及上疏條教,凡百二十三篇,傳于後世。贊曰:劉向稱董仲舒有王佐之才,雖伊呂無以加,筦晏之屬,伯者之佐,殆不及也。至向子歆以爲伊呂乃聖人之耦,王者不得則不興。故顏淵死,孔子曰:噫!天喪予。唯此一人爲能當之。自宰我、子贛、子游、子夏不與焉。仲舒遭秦滅學之後,六經離析,下帷發憤,潛心大業,令後學者有所統壹,爲群儒首。① 然考其師友淵源所漸,猶未及虖游夏,而曰筦晏弗及,伊呂不加,過矣。至向曾孫

---

① "儒",原誤作"經",據《漢書藝文志條理》改。

龔,篤論君子也,以歆之言爲然。'案,《後漢·蘇竟傳》竟與劉歆兄子龔書。龔字孟公,長安人,善論議,扶風馬援、班彪並器重之。① 注引《三輔決錄》注曰:'班叔皮與京兆丞郭季通書曰:劉孟公藏器于身,用心篤固,實瑚璉之器,宗廟之寶也。'蓋劉向之孫,此'曾'字衍。"

又曰:"《黃氏日抄》曰:'自孟子没後,學聖人之學者惟仲舒。其天資粹美,用意純篤,漢唐諸儒,鮮其比者。使幸而及門于孔氏,親承聖訓,庶幾四科之流亞歟。'"

又曰:"王氏《考證》:'後漢明德馬后尤善《董仲舒書》,其見于傳注者,有《救日食祝》《止雨書》《雨雹對》。②'按,王氏以《春秋繁露》歸之此書,已詳辨于《拾補》春秋家,此不具論。"

梁啓超《諸子略考釋》曰:"今《春秋繁露》中有《玉杯》《蕃露》《竹林》三篇,據本傳文似即所謂'説《春秋》事'之數十篇,在百二十三以外。然《漢志》不應不著録其書,而其所著録者百二十三篇,亦不應一字不傳於後。疑今本《繁露》之八十三篇即在此百二十三篇中也。"按,《西京雜記》董仲舒夢蛟龍入懷,乃作《春秋繁露詞》。

兒寬九篇

《補注》葉德輝曰:"本傳引對封禪一事,《律曆志》引議改正朔一事,餘無考。"

楊樹達曰:"按,本傳尚有從東封泰山還登明堂上壽一事。"

姚振宗曰:"本書列傳:'兒寬,千乘人也。治《尚書》,事歐陽生。以郡國選詣博士,受業孔安國。以射策爲掌故,功次補廷尉文學卒史。善屬文。張湯爲廷尉,寬爲奏讞掾。及湯爲御史大夫,以寬爲掾,舉侍御史。擢爲中大夫,遷左内史。寬

---

① "援",原誤作"融",據《漢書藝文志條理》改。
② "書"字原脱,據《漢書藝文志條理》補。

既治民,勸農業,①奏開六輔渠,定水令以廣溉田。拜爲御史大夫,從東封泰山。後詔寬與太史令司馬遷等共定漢《太初曆》。居位九歲,以官卒。'"

又曰:"又《劉向傳》:向上封事曰:'孝武帝時,兒寬有重罪繫,按道侯韓說諫曰:前吾丘壽王死,陛下至今恨之;今殺寬,後將復大恨矣! 上感其言,遂貰寬,復用之,位至御史大夫,御史大夫未有及寬者也。'"

又曰:"又《儒林·歐陽生傳》:寬有俊才,初見武帝,語經學。上曰:'吾始以《尚書》爲樸學,弗好,及問寬說,可觀。'乃從寬問一篇。歐陽、大小夏侯氏學皆出于寬。"

又曰:"《黃氏日抄》曰:'寬爲内史,勸學農桑,緩刑罰,殆循吏也。而曲説附會,以贊封禪之決,卒與相如同科。惜夫!'按,講學家以封禪爲紕政,故黃氏有是言。"

又曰:"嚴可均《全漢文編》曰:'本傳有《議封禪對》一篇,《封泰山還登明堂上壽》一篇,《律曆志上》有《改正朔議》一篇。'按,兒寬遺文略可考見者僅此,前兩篇當在禮家《封禪議對》十九篇中,《改正朔議》或當在此書。馬氏《玉函山房》取《封禪議》《正朔議》兩篇以爲兒寬書。"

公孫弘十篇

《補注》葉德輝曰:"《藝文類聚·鱗介部》引弘《答東方朔書》云:'譬猶龍之未升,與魚鼈可伍,及其升天,鱗不可覩。'《御覽·帝王部》引公孫弘曰:'舜牧羊于黃河,遇堯舉爲天子。'皆佚文也。本傳載弘《對策》《上武帝書》。"

姚振宗曰:"本傳列傳:公孫弘,菑川薛人也。少時爲獄吏,有罪,免。家貧,牧豕海上。年四十餘,乃學《春秋》雜說。武

---

① "勸",《漢書藝文志條理》無。

帝初即位，招賢良文學士，是時弘年六十，以賢良徵爲博士。使匈奴，還報，不合意，乃移病免歸。元光五年，復徵賢良文學。時對者百餘人，太常奏弘第居下。天子擢弘對第一。召見，拜爲博士，待詔金馬門。每朝會議，開陳其端，使人主自擇，不肯面折廷爭。于是上察其行愼厚，辯論有餘，習文法吏事，緣飾以儒術，上說之，一歲至左內史。弘爲人談笑多聞，常稱以爲人主病不廣大，人臣病不儉節。爲內史數年，遷御史大夫。時又東置蒼海，北築朔方之郡。弘數諫，以爲罷弊中國以奉無用之地。于是上乃使朱買臣等難弘置朔方之便。發十策，弘不得一。弘乃謝曰：'山東鄙人，不知其便若是，願罷西南夷、蒼海，專奉朔方。'上乃許之。元朔中，代薛澤爲丞相。先是，漢常以列侯爲丞相，唯弘無爵。于是下詔，以高平之平津鄉戶六百五十封丞相弘爲平津侯。其後以爲故事，至丞相封，自弘始也。時上方興功業，婁舉賢良。弘自見爲舉首，起徒步，數年至宰相封侯，于是起客館，開東閣以延賢人，與參謀議。凡爲丞相御史六歲，年八十，終丞相位。贊曰：'漢之得人，于茲爲盛，儒雅則公孫弘、董仲舒、兒寬。'"

又曰："又《儒林·轅固傳》：武帝初即位，復以賢良徵，時固已九十餘矣。公孫弘亦徵，側目而視固。固曰：'公孫子，務正學以言，無曲學以阿世。'又《胡母生傳》：年老歸教于齊，齊之言《春秋》者宗事之，公孫弘亦頗受焉。"

又曰："《西京雜記》曰：'公孫弘著《公孫子》，言刑名事，亦謂字直百金。'"

又曰："《黃氏日抄》曰：'弘言西南夷事不聽，自是不復廷爭。雖以置朔方之便，即謝以不知其便若是。弘之曲學阿世，大率類是。'又曰：'買臣發十策，弘不得一。弘非不能得也，希旨而僞屈耳。①'"

又曰："嚴可均《全漢文編》曰：'《史記》《漢書》本傳、《儒林傳》《吾丘壽王傳》《郭解傳》所載，有公孫弘《賢良策》《上疏言治道》《對册書問治道》《上書乞骸骨》《上言徙汲黯爲右内史》《奏禁民挾弓弩》《請爲博士置弟子員議》《郭解罪議》，又《藝文類聚》六十九載弘《答東方朔書》，凡九篇，其遺文可見者如此。'"

又曰："馬國翰輯本序曰：'《漢志》儒家《公孫弘》十篇，今不傳。本傳載其對策、上疏、對問之語。《藝文類聚》《太平御覽》亦引之，並據輯録，凡五十篇。'"

姚振宗又曰："案，《史記·平津侯列傳》云字季，《西京雜記》載鄒長倩《與公孫弘書》稱其字曰子卿。本書《恩澤侯表》云'平津獻侯公孫弘，元朔三年十一月乙丑封，六年薨'，則其謚曰獻。《史》《漢》本傳皆未及。"

終軍八篇

《補注》王先謙曰："文閒見本傳。"

姚振宗曰："本書列傳：'終軍，字子雲，濟南人也。少好學，以辨博能屬文聞于郡中。年十八，選爲博士弟子。至長安上書言事。武帝異其文，拜爲謁者給事中。使行郡國，所見便宜以聞。還奏事，上甚説。當發使使匈奴，②軍自請願奉佐明使。詔聞狀，上奇軍對，擢爲諫大夫。南越與漢和親，乃遣軍使南越。軍説越王，越王聽許，請舉國内屬。天子大説，令使者留填撫之。越相吕嘉不欲内屬，發兵致殺其王，及漢使者皆死。軍死時年二十餘，故世謂之終童。'"

又曰："嚴可均《全漢文編》曰：'《終軍傳》有《白麟奇木對》一

---

① "旨"，原誤作"指"，據《漢書藝文志條理》及至元三年刻《黄氏日抄》改。
② "使"字原脱一，據《漢書藝文志條理》補。

篇,《奉詔詰徐偃矯制狀》一篇,《自請使匈奴》《使南越》各一篇。'"

又曰:"馬國翰輯本序曰:'《漢志》儒家《終軍》八篇,今見本傳者四篇,餘皆散佚不可復見。兹據輯錄。其文若不經意,而音節自諧宜,林希元歎爲天與之奇才,而惜其年之不永也。'"

吾丘壽王六篇

《補注》沈欽韓曰:"《隋志》:'梁有《吾丘壽王集》二卷,亡。'"葉德輝曰:"本傳有《駁公孫弘禁民挾弓弩》《説汾陰寶鼎》二篇。《藝文類聚・武部》引《驃騎論功論》一篇。"

姚振宗曰:"本書列傳:'吾丘壽王,字子贛,趙人也。年少,以善格五召待詔。詔使從中大夫董仲舒受《春秋》,高材通明。遷侍中中郎。坐法免。上書謝罪,願養馬黄門,上不許。後願守塞捍寇難,復不許。久之,上疏願擊匈奴,詔問狀,壽王對良善,復召爲郎。稍遷,拜爲東郡都尉。徵入爲光禄大夫侍中。丞相公孫弘奏言民不得挾弓弩,上下其議。壽王對以爲不便。書奏,上以難丞相弘。弘詘服焉。後坐事誅。'"

又曰:"又《東方朔傳》:'乃使太中大夫吾丘壽王與待詔能用算者二人,舉籍阿城以南,盩厔以東,宜春以西,提封頃畝,及其賈直,欲除以爲上林苑,屬之南山。又詔中尉、左右内史表屬縣草田,欲以償鄠杜之民。吾丘壽王奏事,上大説稱善。'"

又曰:"馬國翰輯本序曰:'本傳載《駁公孫弘》及《説鼎》二篇。《藝文類聚》載論一篇,《北堂書鈔》亦引其説,並據輯錄,黄東發謂買臣、壽王皆武帝私人令折難大臣者,壽王難禁弓矢,視難朔方者優矣,然寶鼎非周鼎之説,則俳優取寵爾。'"

虞丘説一篇　難孫卿也。

《補注》王先謙曰:"'虞''吾'字同,'虞丘'即'吾丘'也。此壽王所著雜説。"

楊樹達曰:"按,馬國翰以虞丘、吾丘爲一人,王説本之。姚振宗云:'此虞丘名説,未詳其始末,《志》列吾丘壽王、莊助之間,則武帝時人。馬氏以爲即吾丘壽王,以説爲所説之書。①然例以上下文,殊不然也。'樹達按,姚説是也。若如馬説,則《志》當合計之云《吾丘壽王》七篇,不必别爲二事矣。"

姚振宗曰:"馬國翰《吾丘壽王書》輯本序曰:'《漢志》儒家有《吾丘壽王》六篇、《虞丘説》一篇。虞、吾古字通用,皆壽王所撰著也。'"

姚振宗又曰:"案,《世本》云:'虞丘,齊大夫采邑。'又曰:'虞丘,齊大夫虞丘氏之後。'張樹輯注曰:'晉、楚皆有虞丘氏。'《左·襄十六年傳》晉虞丘書爲乘馬御。《史記》孫叔敖,楚之處士,虞丘相進于王,以自代。《説苑》虞丘子爲令尹,在楚莊王時。虞丘,一作吾丘。又案,《氏族略》云'晉大夫虞丘子著書',似因晉虞丘書傳訛。此虞丘名説,未詳其始末。《志》列吾丘壽王、莊助之間,則武帝時人。馬氏以爲即吾丘壽王,殆以此説爲所説之書,然例以上下文,殊不然也。"

莊助四篇

《補注》王先謙曰:"助有傳。"

姚振宗曰:"本書列傳:嚴助,會稽吴人,嚴夫子子也。張晏曰:'夫子,嚴忌也。'或言族家子也。師古曰:'亦云夫子之族子也。'郡舉賢良,對策百餘人,武帝善助對,繇是獨擢助爲中大夫。後得朱買臣、吾丘壽王、司馬相如、主父偃、徐樂、嚴安、東方朔、枚皋、膠倉、終軍、嚴葱奇等,並在左右。是時征伐四夷,開置邊郡,軍旅數發,内改制度,朝廷多事,婁舉賢良文學之士。公孫弘起徒步,數年至丞相,開東閣,延賢人與謀議,朝覲奏事,

---

① "以説",《漢書藝文志條理》作"殆以此説"。

因言國家便宜。上令助等與大臣辨論，中外相應以義理之文，大臣數詘。其尤親幸者，東方朔、枚皋、嚴助、吾丘壽王、司馬相如。相如常稱疾避事。朔、皋不根持論，上頗俳優畜之。唯助與壽王見任用，而助最先進。建元三年，閩越舉兵圍東甌，遣助以節發兵會稽，浮海救東甌。未至，閩越引兵罷。後三歲，閩越復興兵擊南越。南越守天子約，不敢擅發兵，而上書以聞。上多其義，大爲發興，遣兩將軍將兵誅閩越。淮南安上書諫。會閩越王弟餘善殺王以降。漢兵罷。上嘉淮南之意，乃令助諭意風指于南越。又諭淮南，助由是與淮南王相結而還。助侍燕從容，上問助居鄉里時，助對曰：'家貧，爲友壻富人所辱。'上問所欲，對願爲會稽太守。于是拜爲會稽太守。三年計最，因留爲侍中。後淮南王來朝，厚賂遺助，交私論議。及淮南反，事與助相連，上薄其罪，欲弗誅，廷尉張湯爭，以爲助出入禁門，腹心之臣，而外與諸侯交私如此，不誅，後不可治。助竟棄市。"

姚振宗曰："案，本傳載《諭意淮南王》一篇，《上書謝罪》一篇，<small>此篇史節其文。</small>又淮南王《諫伐閩越》一篇，古書多有附載他人文字，此三篇或當在是書四篇中。"

臣彭四篇

姚振宗曰："臣彭無考。"

姚氏又曰："案，此佚其姓氏爵里，在《錄》《略》亦不得其詳，故唯就其所署題曰'臣彭耳'。大抵亦與虞丘説同爲武帝時人。"

鉤盾冗從李步昌八篇　宣帝時數言事。

《補注》沈欽韓曰："《續百官志》注《漢官》曰：'鉤盾令從官四十人。'"王先謙曰："官本'冗'作'宂'，[①]引宋祁曰，'宂'當作

[①] "冗作宂"，《漢書補注》作"宂作兄"。

'冗'。①"

姚振宗曰:"王氏《考證》:《百官表》少府有鉤盾令丞。注:'鉤盾主近苑囿。'《枚皋傳》'與冗從爭',注:'冗從,散職。'"

姚振宗又曰:"案,《詩賦略》中有李步昌賦二篇,蓋宣帝時奏御,固能文之士也。"

儒家言十八篇　不知作者。

姚振宗曰:"案,此似劉中壘哀録無名氏之説以爲一編,其下道家、陰陽家、法家、雜家皆有之,並同此例。"

桓寬　鹽鐵論六十篇

師古曰:"寬字次公,汝南人也。孝昭帝時,丞相、御史與諸賢良文學論鹽鐵事,寬撰次之。"

《補注》錢大昭曰:"汲古閣依宋板,故於'桓'字作'淵聖御名'四小字。閩本作'桓'。《公孫田劉傳》贊云:'汝南桓寬次公推衍鹽鐵之論,增廣條目,極其論難,著數萬言。'"王先謙曰:"官本'寬'上作'桓'。《隋志》:'《鹽鐵論》十卷,漢廬江府丞桓寬撰。今存。'"

姚振宗曰:"本書《昭帝紀》:'始元六年二月,詔有司問郡國所舉賢良文學民所疾苦,議罷鹽鐵榷酤。'又本《紀》贊曰:'始元、元鳳之間,匈奴和親,百姓充實。舉賢良文學,問民所疾苦,議鹽鐵而罷榷酤。'"

又曰:"又《食貨志》:'昭帝即位六年,詔郡國舉賢良文學之士,問以民所疾苦,教化之要。皆對願罷鹽鐵酒榷均輸官,毋與天下爭利,視以儉節,然後教化可興。御史大夫桑弘羊難,以爲此國家大業,②所以制四夷,安邊足用之本,不可廢也。乃與丞相千秋共奏罷酒酤。'"

---

① "冗當作冘",《漢書補注》作"兄當做冘"。
② "此"字原脱,據《漢書藝文志條理》補。

又曰:"又《車千秋傳》:'昭帝世,國家少事,百姓稍益充實。始元六年,詔郡國舉賢良文學士,問以民所疾苦,于是鹽鐵之議起焉。'"

又曰:"又傳贊曰:'所謂鹽鐵議者,起始元中,徵文學賢良問以治亂,皆對願罷郡國鹽鐵酒榷均輸,務本抑末,毋與天下爭利,然後教化可興。御史大夫弘羊以爲此乃所以安邊竟,制四夷,國家大業,不可廢也。當時相詰難,頗有其議文。至宣帝時,汝南桓寬次公治《公羊春秋》,舉爲郎,至廬江太守丞,博通善屬文,推衍鹽鐵之議,增廣條目,極其論難,著數萬言,亦欲以究治亂,成一家之法焉。其辭曰:觀公卿賢良文學之議,異乎吾所聞。聞汝南朱生言,按,本書作朱子伯。當此之時,英俊並進,賢良茂陵唐生、文學魯國萬生之徒六十有餘人,咸聚闕庭,舒六藝之風,陳治平之原,知者贊其慮,仁者明其施,勇者見其斷,辯者騁其辭,斷斷焉,行行焉,雖未詳備,斯可略觀矣。中山劉子推按,本書作"子雍"。言王道,撟當世,反諸正,彬彬然弘博君子也。九江祝生奮史魚之節,發憤懣,譏公卿,介然直而不撓,可謂不畏強圉矣。桑大夫據當世,合時變,上權利之略,雖非正法,鉅儒宿學不能自解,博物通達之士也。然攝公卿之柄,不師古始,放于末利,處非其位,行非其道,果隕其性,以及厥宗。師古曰:"性,生也,謂與上官桀謀反誅也。"車丞相履伊呂之列,當軸處中,括囊不言,容身而去,彼哉!彼哉!若夫丞相、御史兩府之士,不能正議以輔宰相,成同類,長同行,阿意苟合,以說其上,斗筲之徒,何足選也。'"

又曰:"顏氏《集注》曰:'寬字次公,汝南人也。孝昭帝時,丞相御史與諸賢良文學論鹽鐵事,寬撰次之。'"

又曰:"《隋書·經籍志》:'《鹽鐵論》十卷,漢廬江府丞桓寬撰。'《唐·經籍志》:'《鹽鐵論》十卷,桓寬撰。'《藝文志》:

'桓寬《鹽鐵論》十卷。'《宋史·藝文志》同。"
又曰:"陳氏《書録解題》曰:'凡六十篇,其末曰《雜論》,班書取以爲論贊。'"
又曰:"王氏《考證》曰:'今十卷,《本論》第一至《雜論》第六十。'"
又曰:"《四庫提要》曰:'《鹽鐵論》十二卷,凡六十篇,篇各標目,反覆問答,首尾相屬。後罷榷酤,①而鹽鐵則如舊,故寬作是書,惟以鹽鐵爲名,蓋惜其不盡行也。所論皆食貨之事,而言皆述先王,稱六經,故諸史皆列之儒家。明嘉靖癸丑華亭張之象爲之注。'"

劉向所序六十七篇　《新序》《説苑》《世説》《列女傳頌圖》也。

《補注》王應麟曰:"本傳:'采傳記行事著《新序》《説苑》,凡五十篇。又採取《詩》《書》所載賢妃正婦,②興國規條可法則,③及孽嬖亂亡者,序次爲《列女傳》,凡八篇,以戒天子。'曾鞏序云:'《隋書》及《崇文總目》皆十五篇,曹大家注。以《頌義》考之,蓋大家所注,離其七篇爲十四,與《頌義》凡十五篇,而益以陳嬰母及東漢以來凡十六事,非向書本然也。蘇頌以《頌義》篇次,復定其書爲八篇。《隋書》以《頌義》爲劉歆作。今驗《頌義》之文,蓋向自叙。④又《志》有《頌圖》,明非歆作也。'王回序云:'有《母儀》《賢明》《仁智》《貞慎》《節義》《辯通》《孽嬖》等篇,而各頌其義,圖其狀,總爲卒篇。傳如《太史公記》,頌如《詩》之四言,而圖爲屏風。頌云"書之屏風"。《別録》云:"臣向與黄門侍郎歆所校《列女傳》,種類相從,爲七篇,以著禍福榮辱之效,是非得失之分,畫之於屏風四堵。"以頌考之,每篇皆十五傳,則凡無頌者,宜

---

①　"酤",原誤作"酤",據《漢書藝文志條理》改。
②　"正",《漢書·劉向傳》《玉海·藝文》皆作"貞"。
③　"歸條",《漢書·劉向傳》《玉海·藝文》皆作"顯家"。
④　"向",原誤作"同",據《四部叢刊》影印宋刊本《宋文鑑》卷八十八《列女傳目録序》、清光緒二十二年浙江書局刻本《文獻通考·經籍考》改。

皆非向所奏書，不特自陳嫛母爲斷也。'"葉德輝曰："《隋志》，《新序》《説苑》入儒家，析《列女傳》入史部雜傳。"王先謙曰："《世説》不詳，本傳有《世頌》，疑即其書。"

楊樹達曰："按，姚振宗云：'《説苑》本中秘書《説苑雜事》，《別錄》有明文。《新序》則莫詳所自。唯《晋書·陸喜傳》載喜自叙云劉向省《新語》而作《新序》。則舊有《新語》之書，省其複重，別編爲《新序》。喜所言必得之於《別錄》也。'《世説》疑即本傳所云《疾讒》《摘要》《救危》及《世頌》凡八篇，終無碻證。"

姚振宗曰："劉向有《五行傳記》，始末見《六藝》尚書家。"

又曰："本書《楚元王附傳》：'元帝即位，太傅蕭望之爲前將軍，少傅周堪爲諸吏光禄大夫，皆領尚書事，甚見尊任。更生爲散騎宗正給事中，與侍中金敞拾遺于左右。四人同心輔政，而中書宦官弘恭、石顯弄權。更生坐免爲庶人，望之坐使子上書，恭、顯白令詣獄置對。望之自殺。天子甚悼恨之，乃擢周堪爲光禄勳，堪弟子張猛光禄大夫給事中。堪希得見。會疾瘖，不能言而卒。顯誣譖猛，令自殺于公車。更生傷之，乃著《疾讒》《摘要》《救危》及《世頌》，凡八篇，依興古事，悼己及同類也。案，此八篇似即《世説》，在元帝時中廢十餘年中所作。四書之中，此爲最先。成帝即位，顯等伏辜，更生乃復進用。改名向，領校中五經秘書。向睹俗彌奢淫，而趙、衛之屬起微賤，踰禮制。師古曰："趙皇后、昭儀、衛婕妤也。"向以爲王教由内及外，自近者始。故采取《詩》《書》所載賢妃貞婦，興國顯家可法則，及孽嬖亂亡者，序次爲《列女傳》，凡八篇，以戒天子。及采傳記行事，著《新序》《説苑》凡五十篇奏之。'按本傳《世説》最先作，次《五行傳》，次《列女傳》，次《新序》，次《説苑》。"

又曰："《七略》《別錄》曰：'《新序》三十卷，河平四年都水使者諫議大夫劉向上言。'又曰：'《新序》總一百八十三章，陽朔元年二月癸卯上。'按，此條見《意林》及晁《志》、王氏《考證》。四庫館校勘《意林》曰：此蓋奏上《新序》文，馬氏錄以弁首。又曰：'護左都水使者、光禄大夫臣向言：所校中書《説苑雜事》及臣向書、民間書，誣盧文弨《群書拾補》曰："案，《論語》'焉可誣也'，《漢書·薛宣傳》作'可憮'。蘇林曰：'憮，同也，兼也。'晉灼曰：'撫，音誣。'此'誣'與'憮'同義。"校讎，其事類衆多，章句相溷，或上下謬亂，難分别次序。除去與《新序》復重者，其餘者淺薄不中義理，别集以爲百家。後按，當爲"復"。令以類相從，一一條别篇目，更以造新事十萬言以上。凡二十篇，七百八十四章，號曰《新苑》，皆可觀。臣向昧死。'《群書拾補》曰："當有'謹上'二字。"又曰：'《説苑》鴻嘉四年三月己亥上。'按，此據宋本《叙録》及晁《志》、王氏《考證》，諸家輯本皆未之及，故附記所出。又按，《新苑》疑《新説苑》，敓説字。其言所校中書《説苑雜事》，則《説苑雜事》乃中書舊名，此重編其書，故曰《新説苑》，猶重編《國語》稱《新國語》也。又曰：'臣向與黃門侍郎歆所校《列女傳》種類相從，爲七篇，以著禍福榮辱之效，是非得失之分，畫之于屏風四堵。'按，《别録》佚文今可考見者唯此三書，其《世説》之録不可得而見矣。"

又曰："《隋書·經籍志》：'《新序》三十卷，録一卷，劉向撰。《説苑》二十卷，劉向撰。又史部雜傳篇：《列女傳》十五卷，劉向撰，曹大家注。'《新》《舊唐書·志》，《新序》《説苑》各三十卷。《宋·志》雜家《新序》十卷，《説苑》二十卷。《舊唐志》《列女傳》二卷，《新唐志》十五卷，曹大家注。《宋史·志》《古列女傳》九卷。"

又曰："王氏《考證》：《新序》三十卷，曾鞏校定十卷，《雜事》至《善謀》。《説苑》二十卷，《君道》至《反質》。《崇文總目》存者五篇，曾鞏復得十五篇，與舊爲二十篇。李德芻云：'闕《反質》一卷,鞏分《修文》爲上下,以足二十卷。後高麗進一卷,遂足。'《世說》未詳。本傳:'著《疾讒》《摘要》《救危》及《世頌》凡八篇,依歸古事,悼己及同類也。'今其書不傳。"

又曰:"《崇文總目》:'《列女傳》八篇,一曰《母儀》,二曰《賢明》,三曰《仁智》,四曰《貞順》,五曰《節義》,六曰《辯通》,七曰《孽嬖》,八曰《傳頌》。'"

又曰:"宋曾鞏叙錄云:'曹大家注《列女傳》,離其七篇爲十四,與《頌義》凡十五篇,而益以陳嬰母及東漢以來凡十六事,非向書本然也。'"

又曰:"《四庫提要》曰:'《隋志》,《新序》三十卷,錄一卷。曾鞏校書序則云:今可見者十篇。此本《雜事》五卷,《刺奢》一卷,《節士》二卷,《善謀》二卷,即曾鞏校定之舊。《崇文總目》云所載皆戰國秦漢間事。以今考之,春秋時事尤多,漢事不過數條。大抵采百家傳記以類相從,故頗與《春秋》内、外傳、《戰國策》《太史公書》互相出入。'"

又曰:"又《簡明目錄》曰:'唐以前本皆三十卷,宋以後本皆十卷。蓋不知爲合併,爲殘闕也。所錄皆春秋至漢初軼事可爲法誡者,雖傳聞異事,姓名時代或有牴牾,要其大旨主于正紀綱,迪教化,不失爲儒者之言。'"

又曰:"《提要》又曰:'晁公武《讀書志》云:劉向《說苑》以《君道》《臣術》《建本》《立節》《貴德》《復恩》《政理》《尊賢》《正諫》《法誡》《善說》《奉使》《權謀》《至公》《指武》《談叢》《雜言》《辨物》《修文》爲目,闕第二十卷。今本第十《法誡》篇作《敬慎》,而《修文》篇後有《反質》篇。陸游《渭南集》記李德芻之言,謂得高麗所進本補成完書,則宋時已有此本,晁公武偶未見也。其書皆錄遺聞佚事足爲法戒之資者,其例略如《詩外傳》。'"

又曰:"又《簡明目錄》曰:'《說苑》與《新序》體例相同,大旨亦復相類，其所以分爲兩書之故，莫之能詳。中有一事而兩書異詞者，蓋采摭群書，各據其所見，既莫定其孰是，寧傳疑而兩存也。'謹案，兩書所本不同，故分別其目。"

又曰："嚴可均《全漢文編》曰：'《新序》三十卷，見存十卷，不錄。錄其佚文，凡五十二條。《說苑》二十卷，今見存，不錄。錄其佚文，凡二十四條。'"

又曰："《書目答問》：'《附圖列女傳》七卷，續一卷，阮刻仿宋本。顧之逵小讀書堆本亦精，無圖。'"

姚振宗又曰："案，《說苑》本秘書《說苑雜事》，《別錄》有明文。《新序》則莫詳所自，唯《晉書·陸喜傳》載喜自叙云劉向省《新語》而作《新序》，則舊有《新語》之書，省其復重，別編爲《新序》。喜所言必得之于《別錄》也，是《新序》本于《新語》審矣。唯《世說》則終無確證。"

按，《書目答問》，《列女傳》注八卷，郝懿行妻王照圓。又《列女傳》校注八卷，汪遠孫妻梁端。

揚雄所序三十八篇　《太玄》十九，《法言》十三，《樂》四，《箴》二。

《補注》王應麟曰："《樂》四未詳。雄有《琴清英》。"沈欽韓曰："'《箴》二'下有脫字。《後漢書·胡廣傳》：'初，揚雄依《虞箴》作十二州、二十五《官箴》，其九《箴》亡闕。'則雄見存應有二十八《箴》也。《陳遵傳》：'成帝令雄作《酒箴》。'"朱一新曰："《太玄》本十四篇。據《別錄》有《玄問》一篇，合十五篇。新論亦稱'經三篇，傳十二篇'，與《別錄》合。本傳謂章句尚不存焉，則此亡佚之四篇，當爲章句無疑。"陶憲曾曰："《州箴》《官箴》合爲《箴》二，《酒箴》雖見《游俠傳》，或班未收入此。《史索隱》引作'酒賦'，蓋在賦家十二篇中。如沈說，則篇數不符矣。"

姚振宗曰："揚雄有《訓纂》《蒼頡訓纂》，始末見《六藝》小學家。"

又曰："劉向《別錄》揚雄經目有《玄首》《玄衝》《玄錯》《玄測》《玄舒》《玄瑩》《玄數》《玄文》《玄掜》《玄圖》《玄告》《玄問》，合十二篇。"

又曰："劉向《別傳》曰：'揚信字子烏，雄第二子，幼而聰慧。雄笑《玄經》不會，子烏令作九數而得之。雄又儗《易》羝羊觸藩，彌日不就。子烏曰：大人何不云荷戈入榛。'按，《法言·問神》篇云：'苗而不秀者，吾家之童烏乎？九齡而與我《玄》文。'又按，以上兩條見蕭該《漢書音義》及《御覽》三百八十五。《別傳》疑是《別錄》中之《別傳》，王儉作《七志》，每人各次以傳，蓋即用《別錄》體例也。然考劉中壘卒于成、哀之間，而子雲于哀帝時方草《太玄》，書尚未成，何由于《別錄》中載其篇目？又考《別錄》載揚雄書唯《詩賦略》中四賦，因成帝時奏御，得著于《錄》。意者其時子烏已死，劉氏于著錄四賦，因而附記其事歟？又蕭氏引《別錄》有《玄舒》，又云有《玄問》，合十二篇，與本傳本書並異，顏氏已辨之。然中壘所記在子雲未成書之時，其間容有與定本互異，不足怪也。"

又曰："桓譚《新論》曰：'揚子雲為郎，居長安，素貧。比歲亡其兩男，哀痛之，皆持歸葬于蜀，以此困乏。雄察達聖道，明于死生，宜不下季札。然而慕怨死子，不能以義割恩，自令多費，而致困貧也。'"

又曰："本傳：'哀帝時，丁、傅、董賢用事，諸附離之者或起家至二千石。時雄方草《太玄》，有以自守，泊如也。而大潭思渾天，參摹而四分之，極于八十一。旁則三摹九據，極之七百二十九贊，亦自然之道也。故觀《易》者，見其卦而名之；觀《玄》者，數其畫而定之。《玄首》四重者，非卦也，數也。其用自天元推一晝一夜陰陽數度律曆之紀，九九大運，與天終始。

故《玄》三方、九州、二十七部、八十一家、二百四十三表、七百二十九贊,分爲三卷,曰一二三,與《泰初曆》相應,亦有顓頊之曆焉。攈之以三策,關之以休咎,絣之以象類,播之以人事,文之以五行,擬之以道德仁義禮知。無主無名,要合五經,苟非其事,文不虛生。爲其泰曼漶而不可知,故有《首》《衝》《錯》《測》《攡》《瑩》《數》《文》《掜》《圖》《告》十一篇,皆以解剥玄體,離散其文,章句尚不存焉。'又贊曰:'其意以爲經莫大于《易》,故作《太玄》。劉歆亦嘗觀之,謂雄曰:空自苦,今學者有禄利,然尚不能明《易》,又如《玄》何?吾恐後人用覆醬瓿也。雄笑而不應。'又曰:'自雄之没至今四十餘年,其《法言》大行,而《玄》終不顯,然篇籍具存。'"

又曰:"荀悦《漢紀》曰:'雄乃依《易》著《太玄經》,其文五十萬,筮之以三十筴,關之以休咎,播之以人事,①義合五經,而辭解剥玄體,十一篇,復爲章句。'"

又曰:"《隋書·經籍志》:'梁有揚子《太玄經》九卷,揚子自作章句,亡。'"

又曰:"《四庫提要》曰:'《漢志》稱《太玄》十九,其本傳則稱《太玄》三方、九州、二十七部、八十一家、二百四十三表、七百二十九贊,分爲三卷,曰一二三,與《太初曆》相應。又稱有《首》《衝》《錯》《測》《攡》《瑩》《數》《文》《掜》《圖》《告》十一篇,皆以解剥玄體,離散其文,章句尚不存焉。與《藝文志》十九篇之説,已相違異。桓譚《新論》則稱《太玄經》三篇,傳十二篇。按,此條見范書《張衡傳》注。合之乃十五篇,較本傳又多一篇。案,阮孝緒稱《太玄經》九卷,雄自作章句,疑《漢志》所云十九篇,乃合其章句言之。今章句已佚,故篇數有異。至《新論》

---

① 按,"其文"至"人事"一句爲荀悦《漢紀》之文,姚書未稱引。

则世無傳本，惟諸書遞相援引，或訛十一爲十二耳。按，其初有《玄問》一篇，故十二篇，見前《別錄》。以今本校之，其篇名篇數一一與本傳皆合，固未嘗有敓佚也。注其書者，自漢以來惟宋衷、陸績最著，至晉范望，乃因二家之注勒爲一編。雄書本擬《易》而作，以《家》準《卦》、以《首》準《彖》、以《贊》準《爻》，以《測》準《象》，以《文》準《文言》，以《攡》《瑩》《掜》《圖》《告》準《繫辭》，以《數》準《説卦》，以《衝》準《序卦》，以《錯》準《雜卦》，全仿《周易》古本經傳，各自爲篇。望作注時，析《玄首》一篇分冠八十一家之前，析《玄測》一篇分繫七百二十九贊之下，始變其舊，至今仍之。'以上《太玄》十九。"

又曰："本傳又曰：'雄見諸子各以其知舛馳，大氐詆訾聖人，即爲怪迂，析辨詭辭，以撓世事，雖小辨，終破大道而或衆，使溺于所聞而不自知其非也。及太史公記六國，歷楚漢，訖麟止，不與聖人同，是非頗謬于經。故人時有問雄者，常用法應之，撰以爲十三卷，象《論語》，號曰《法言》。《法言》文多不著，獨著其目，①曰：《學行》第一，《吾子》第二，《修身》第三，《問道》第四，《問神》第五，《問明》第六，《寡見》第七，《五伯》第八，《先知》第九，《重黎》第十，《淵騫》第十一，《君子》第十二，《孝至》第十三。以爲傳莫大于《論語》，故作《法言》。鉅鹿侯芭常從雄居，按，'芭'下敓'子'字，詳見舊輯《後漢·藝文志》詩家。受其《太玄》《法言》焉。'"

又曰："《隋書·經籍志》：'《揚子法言》十五卷，揚雄撰。'梁有《揚子法言》六卷，侯苞注，亡。按，"苞"即"芭"之通轉。《唐·經籍志》：'《揚子法言》六卷，揚雄撰。'《藝文志》同。"

又曰："《四庫提要》曰：'《藝文志》注云《法言》十三，雄本傳

---

① "獨"字原脱，據《漢書藝文志條理》補。

具列其目，凡所列漢人著述未有若是之詳者，蓋當時甚重雄書也。自程子始謂其曼衍而無斷，優柔而不决，蘇軾始謂其以艱深之詞文淺易之説。至朱子作《通鑑綱目》，始書莽大夫揚雄死，雄之人品著作遂皆爲儒者所輕。若北宋之前，則大抵以爲孟、荀之亞，故司馬光作《潛虚》以擬《太玄》，而又采諸儒之説以注《法言》。"

又曰："又《簡明目録》曰：'雄《長楊》諸賦文章殊絶，《訓纂》諸書于小學亦深，惟此書摹仿《論語》，徒爲貌似，不知光何取而注之，殆以尊聖人，談王道，持論猶近正歟？'以上《法言》十三。"

又曰："王氏《考證》曰：'揚雄所序《樂》四未詳。雄有《琴清英》。①'"

又曰："王謨《漢魏遺書鈔》曰：'《琴清英》，乃《樂書》四篇之一，今鈔出《水經注》一條、《藝文類聚》一條、郭茂倩《樂府》一條、《御覽》一條、②馬驌《繹史》一條。'"

又曰："馬國翰《玉函山房輯佚書》曰：'《漢志》載揚雄所序三十八篇，有《樂》四篇，《琴清英》其一也。清英猶言菁華，《昭明文選》序云：略其蕪穢，集其清英，亦此義。《水經注》引揚雄《琴清英》，蓋雄諸樂篇散失，後魏時存者唯此。《隋》《唐志》均不著録，則亦佚矣。輯録得六節。'案，《王莽傳》元始四年立《樂經》，《論衡·超奇》篇謂蜀郡陽城衡所作。《隋志》有《樂經》四卷，不著撰人，或以爲即陽城衡之書。今案，本《志》云"《樂》四"，疑即王莽在平帝時所立，當時成書不一其人，故王仲任歸之陽城衡，班孟堅歸之揚雄，猶《論語集解》同撰者五人，諸史志歸之何晏，《晋書》歸之鄭沖也。以上《樂》四。"

又曰："本傳又曰：'雄意以爲箴莫善于《虞箴》，作《州箴》。'

---

① "清"，原誤作"青"，據《漢書藝文志條理》及《漢藝文志考證》改。
② "御覽一條"原脱，據《漢書藝文志條理》補。

晉灼曰：'九州之箴也。'"

又曰："後漢崔瑗《敘箴》曰：'昔揚子雲讀《春秋傳》《虞人箴》而善之，于是作《九州》及《二十五官箴》。箴規匡救，言君德之所宜，斯乃體國之宗也。'"

又曰："《後漢書·胡廣傳》：'初，揚雄依《虞箴》作《十二州二十五官箴》，其九箴亡闕。'"

又曰："《文心雕龍·銘箴》篇：'揚雄稽古，始範《虞箴》，作卿尹州牧二十五篇。'"

又曰："王氏《考證》：《館閣書目》：《二十四箴》一卷，《州箴》十二，《衛尉》等箴十二。晁氏曰：'雄見莽更易百官，變置郡縣，制度大亂，士皆忘去節義，以諛取利，乃作司空、尚書、光祿勳、衛尉、廷尉、太僕、大司農、大鴻臚、將作大匠、博士、城門校尉、上林苑令等箴，及荊、揚、兗、豫、徐、青、幽、冀、并、雍、益、交十二州箴，皆勸人臣執忠守節，可爲萬世戒。'"

又曰："嚴可均《重編揚子雲集》敘曰：'《後漢·胡廣傳》稱《十二州箴二十五官箴》，其九篇亡闕。今除《初學記》之《潤州箴》、《御覽》之《河南尹箴》誤入不錄外，得整篇二十八，如後漢原數。又五篇有闕文，四篇亡，知所謂亡闕者，有亡有闕，非九篇俱亡之謂。自古言儒術者，曰荀孟，曰荀揚，而桓譚、陸績推揚爲聖人，未免過當，要是荀子後第一人。① 宋儒以《劇秦美新》爲詢病，大書莽大夫。《春秋》責備賢者，于世教有功，固非鮮淺，然而革除之際，實難言之。漢承秦，賈生《過秦》千古名論；新承漢，子雲不劇漢而劇秦，有微詞焉，亦非茍作。後儒學問文章曾不及子雲千一，其于仕莽，悲其遇

---

① "子"字原脫，據《漢書藝文志條理》及清道光十八年四錄堂刻嚴可均《鐵橋漫稿》（以下《鐵橋漫稿》皆據此本，不再注明）補。

焉可也。'以上《箴》二。"

姚振宗又曰："案，是篇章段凡四：晏子與孔子同時，時代最先，故以此一家居首，以下自《子思子》至《芊子》，皆孔門及七十子弟子之所撰述，凡一十二家，是爲第一段；《內業》以下至《功議》七家，多周室故府之遺文，莫詳其作者，爲第二段；《寧越》至《虞氏春秋》十一家，爲周秦六國近代人之所作，其平原君朱建一家，舊當在漢人之中，爲後人妄移次第，是爲第三段；《高祖傳》以下至揚雄二十一家，則西漢一代天子王侯卿大夫之所論敘，迄于王莽之世，爲第四段終焉。又疑《別錄》至《儒家言》而止，其後二書爲《七略》所續入。"

右儒五十三家，八百三十六篇。入揚雄一家，十八篇。

《補注》錢大昭曰："閩本'十八篇'作'三十一篇'。"王先謙曰："官本作'三十八篇'。"

按，景祐本作"三十八篇"。姚振宗曰："案，所載凡五十二條，條爲一家，實止于五十二家。《穀梁》序疏引此條亦云五十二家，此云五十三家，'三'當爲'二'，其篇數則缺少十一篇。今校定當爲五十二家，八百四十七篇。"

儒家者流，蓋出於司徒之官，

劉光蕡曰："學皆出於官，此見甚卓。知古之官皆師，古之官府即學校。士無所學非所用之患矣。九流皆出於官，則聖人爲政，九流必皆收用。"

助人君順陰陽、明教化者也。游文於六經之中，留意於仁義之際，祖述堯舜，憲章文武，宗師仲尼，以重其言，於道爲最高。

師古曰："祖，始也。述，修也。憲，法也。章，明也。宗，尊也。言以堯舜爲本始而遵修之，以文王、武王爲明法，又師尊仲尼之道。"

《補注》王應麟曰："唐氏曰：'此自謂尊儒，不知與九流並列，已不是。八家皆儒家之一偏一曲耳。'①淇水李氏曰:'儒者之術,教化仁義而已也,使儒者在人主左右,得以仁義教化爲天下之治,則所謂道家者,不過爲巖野居士;名、法家者,不過爲賤有司;陰陽者,食于太史局;而從橫、雜、墨之流,或馳一傳,或效一官;農家者流,耕王田,奉國賦,以樂天下之無事。彼得與儒者相抗而爲流哉?'"

沈欽韓曰:"鄭《目録》云:'儒之言,優也,柔也,能安人,能服人。又儒者,需也,以先王之道需其身。'"

周壽昌曰:"本《志》自此以下道家至農家,俱用'此其所長也'五字稱之,下便作抑辭。獨於此,以'於道爲最高'五字極力推重,所以别儒於諸家也。"

孔子曰:"如有所譽,其有所試。"

師古曰:"《論語》載孔子之言也。言於人有所稱譽者,輒試以事,取其實效也。譽,音弋於反。"

唐虞之隆,殷周之盛,仲尼之業,已試之效者也。然惑者既失精微,而辟者又隨時抑揚,違離道本,苟以譁衆取寵。後進循之,是以五經乖析,儒學寖衰,此辟儒之患。

師古曰:"辟讀曰僻。譁,諠也。寵,尊也。譁,音呼華反。寖,漸也。"

《補注》王先謙曰:"官本《考證》云:'宋本作修之。'案文應作'循之',今從監本。"

按,景祐本作"循之"。姚振宗曰:"《隋·經籍志》篇叙曰:'儒者,所以助人君明教化者也。聖人之教,非家至而户說,故有儒者宣而明之。其大抵本于仁義及五常之道,黄帝、堯、舜、禹、湯、文、武,咸由此則。《周官》,太宰以九兩繫邦國之

---

① 按,"唐氏曰"一句爲王應麟《漢藝文志考證》之文,姚書未稱引此語。

人,其四曰儒,是也。其後陵夷衰亂,儒道廢闕,仲尼祖述前代,修正六經,三千之徒,並受其義。至於戰國,孟軻、子思、荀卿之流,宗而師之,各有著述,發明其指。所謂中庸之教,百王不易者也。俗儒爲之,不顧其本,苟欲嘩衆,多設問難,便辭巧説,亂其大體,致令學者難曉,故曰博而寡要。'按,《隋志》篇叙蘊括太史公《六家要旨》及《七略》《別録》之言,于本《志》互相發明,故附著于篇末。"

劉光蕡曰:"孔子承堯、舜、禹、湯、文、武、周公之統而爲道宗,則孔子之道,君道也。今儒家出於司徒之官,①則得君道之一端,而非孔子爲儒家也。九流十家如聖門四科,德行即道家也,言語、政事、文學皆儒家也。蓋以'道問學'入者爲儒家,而以'尊德性'入者爲道家,其他皆爲道之一體。即儒道兩家而論,道爲人君南面之術,儒乃司徒之官,則道宜於儒家之前,子政與太史公所見同也。今列儒家於道家之前,當時漢末學術晦於詞章、訓詁,劉歆變亂父書,孟堅不察而從之也。泥於文字以爲道,不知求之心性,即失精微,違道本也。故此惑者,爲惑於文字,若辟則爲邪僻,蓋求富貴利達鄉愿之流,故'苟以嘩衆取寵'也。爲大道患者,莫烈於辟儒李斯、孔光、張禹是也,同流合污,容悦其君,以取富貴。由春秋至今,孔子之道不明,非楊、墨、佛、老之害,而鄉愿竊儒之名之害也。子政以孔子所訂之六經叙於前,《論語》《孝經》《家語》繼之,而以九流附於後,是以孔子儕於皇帝、堯、舜、禹、湯、文、武之間,即漢儒素王之説也。六經如君,九流如百官,六經大體儒道兩家爲近。其爲政,道家正君德,儒家盡君道。其爲學,道家重德性,②儒家重學。其在孔門,道家如德行科,儒家即政

---

① "司",原誤作"師",據《前漢書藝文志注》及上下文意改。
② "德"字原脱,據《前漢書藝文志注》補。

事、言語、文學。子政叙九流,全仿史公,此處必以道家爲先,儒次之。太史公《論六家要旨》之道家、儒家,不以孔子爲儒也。班氏以孔子爲儒,此處必改子政原本,進儒家於道家之前,何以知之?以其叙儒家爲出於司徒,而道家爲人君南面之術,知子政原本道家列前也。知九流皆吾道之支流,則不爭儒道兩家之先後。"

道

伊尹五十一篇湯相。

《補注》王應麟曰:"《説苑·臣術》篇、《吕覽》皆引伊尹對湯問。《周書·王會》有'《伊尹朝獻·商書》'。案,孟子稱伊尹之言。伊尹所謂道,豈老氏所謂道乎?《志》於兵權謀省《伊尹》《太公》,而入道家,蓋戰國權謀之士著書,而託之伊尹也。"葉德輝曰:"《尸子》引伊尹對湯問壽。《殷本紀》引伊尹從湯言素王九主之事,《韓詩外傳》引伊尹對湯問庭穀大拱,《齊民要術》引氾勝之述伊尹區田法,皆王氏所未及。"

姚振宗曰:"《史·殷本紀》:'伊尹,名阿衡。阿衡欲干湯而無由,乃爲有莘氏媵臣,負鼎俎,以滋味説湯,致于王道。或曰,伊尹處士,湯使人聘迎之,五反然後肯往從湯,言素王及九主之事。湯舉任以國政。伊尹去湯適夏。既醜有夏,復歸于亳。入自北門,遇女鳩、女房,作《女鳩女房》。湯踐天子位,平定海内。伊尹作《咸有一德》。湯崩,太子太丁未立而卒,①于是乃立太丁之弟外丙。帝外丙即位二年崩,立外丙之弟仲壬。帝仲壬即位四年,崩,伊尹乃立太丁之子太甲。太甲,成湯嫡長孫也。帝太甲元年,伊尹作《伊訓》,作《肆命》,

---

① "太丁"二字原脱,據《漢書藝文志條理》補。

作《徂后》。帝太甲既立三年，不明，暴虐，不遵湯法，亂德，於是伊尹放之於桐宮。三年，伊尹攝行政當國，以朝諸侯。帝太甲居桐宮三年，悔過自責，反善，於是伊尹乃迎帝太甲而授之政。帝太甲修德，諸侯咸歸殷，百姓以寧。伊尹嘉之，乃作《太甲訓》三篇，褒帝太甲，稱太宗。太宗崩，子沃丁立。沃丁之時，伊尹卒。既葬伊尹於亳，咎單遂訓伊尹事，作《沃丁》。'"

又曰："劉向《別錄》曰：'九主者，有法君、專君、授君、勞君、等君、寄君、破君、國君、三歲社君，凡九品，圖畫其形。'《索隱》曰：'按，素王者，太素上皇，其道質素，故稱素王。九主者，三皇、五帝及夏禹也。或曰，九主謂九皇也。然案劉向所稱九主，載之《七錄》按，當是《七略》。名稱甚奇，不知所憑據耳。法君，謂用法嚴急之君，若秦孝公及始皇等也。勞君，謂勤勞天下，若禹、稷等也。等君，等者平也，謂定等威，均祿賞，若高祖封功臣，侯雍齒也。授君，謂人君不能自理，而政歸其臣，若燕王噲授子之，禹授益之比也。專君，謂專己獨斷，不任賢臣，若漢宣之比也。破君，謂輕敵致寇，國滅君死，若楚戊、吳濞等是也。寄君，謂人困於下，主驕於上，離析可待，故孟軻謂之寄君也。國君，國當爲固，謂完城郭，利用兵，而不修德，若三苗、智伯之類也。三歲社君，而在襁褓而主社稷，若周成王、漢昭、平等是也。'按，《別錄》此條是裴駰《集解》所引，《索隱》引法言以下云云，亦是裴駰爲之，司馬貞取以重申前説耳。而其説頗謬，敘次亦不依《別錄》，未詳其故。"

又曰："本書《人表》伊尹列第二等上中仁人。梁玉繩曰：'伊尹始見《商書》。伊，氏。尹，字。名摰，力牧之後。母居伊水上，生於空桑，黑而短，蓬而髯，豐上兌下，僂身下聲，爲湯右相。亦曰伊子,亦曰伊伯,①亦曰伊公,亦曰伊摯,亦曰阿衡,亦曰猗衡,②亦曰太阿,亦曰保衡,亦曰元聖,亦曰小臣,亦曰小子。年百餘歲,以沃丁八年卒,大霧三日。沃丁葬以天子禮。冢在濟陰己氏平利鄉。'"

又曰:"高誘《淮南子·修務》篇注:'伊尹處於有莘之野,執鼎俎,和五味,以干湯,欲調陰陽以行其道。③'"

又曰:"王氏《考證》曰:'《説苑·臣術》篇、《吕氏春秋》皆引伊尹對湯問,《周書·王會》有伊尹朝獻《商書》。愚謂孟子稱伊尹曰:"天之生此民也,使先知覺後知,使先覺覺後覺。予,天民之先覺者也,非予覺之,而誰也?"伊尹所謂道,豈老氏所謂道乎?《志》于兵權謀省《伊尹》《太公》而入道家,蓋戰國權謀之士著書而託之伊尹也。《湯誓》序曰:"伊尹相湯伐桀,升自陑。"孔安國謂出其不意,豈知伊尹者哉?傳伊尹之言者,孟子一人而已。'"

又曰:"嚴可均《全上古三代文編》曰:'伊尹名摯,姓伊字尹,有侁之空桑人。初仕桀,歸相湯,爲阿衡,太甲尊爲保衡。《漢志》道家有《伊尹》五十一篇。今輯存《伊訓》五條、《四方獻令》一篇、《對湯問》四條。'"

又曰:"馬國翰輯本序曰:'孟子辨伊尹割烹要湯之事,云伊尹耕于有莘之野,而樂堯、舜之道焉,云湯使人以幣聘之,云湯三使往聘之,出處詳明如此。史遷誤信戰國游士之談,而以爲媵臣負鼎俎,重誣之也。《漢志》道家《伊尹》五十一篇,注:湯相。又小説家《伊尹説》二十七篇,注:其語淺薄,似依託也。《隋》《唐志》均不著録,佚已久。兹從《逸周書》《吕氏

---

① "伊",《漢書藝文志條理》作"依"。
② "亦曰猗衡"四字原脱,據《漢書藝文志條理》補。
③ "以",《漢書藝文志條理》無。

春秋》《齊民要術》《七略》《別錄》《說苑》《尸子》等書輯得十一篇。其有篇目可考者五篇：曰《四方令》，曰《本味》，曰《先己》，曰《九主》，曰《區田法》。餘俱收入《雜篇》，錄爲一袠。《四方令》《區田法》及論公卿大夫列士體國經野，與周公規模不異。《本味》一篇要即鹽梅和羹之旨，而以奇偉之筆出之，不知者遂以割烹傅會，而有庖人酒保之枝辭也。至於九主之名及阻職貢之策，與戰國術士語近，殆所謂依託者乎？今亦不能區分，依班志入道家云。"

姚振宗又曰："按，道家之言託始黄帝，史言伊尹從湯言素王之事，蓋亦述黄、虞之言爲多，此其所以爲道家之祖，而老子猶其後起者也。又太史公《素王妙論》云：'管子設輕重九府，行伊尹之術，則桓公以霸。'是管仲《輕重》《九府》等篇本之於伊尹是書。"

太公二百三十七篇吕望爲周師尚父，本有道者。或有近世又以爲太公術者所增加也。謀八十一篇，言七十一篇，兵八十五篇

師古曰："父，讀曰甫也。"

《補注》周壽昌曰："《詩·大雅·大明》正義引《七略》《別錄》云：'師之，尚之，父之，故曰師尚父。'"錢大昭曰："《謀》《言》《兵》，就二百三十七篇而析言之，《太公》其總名也。"沈欽韓曰："《隋志》：'《太公陰謀》一卷,梁六卷。《太公陰符鈐錄》一卷，《太公伏符陰陽謀》一卷。'《舊唐志》：'《太公陰謀》三卷，又《陰謀三十六用》一卷。'《隋志》：'《太公金匱》二卷,《舊唐志》三卷。《太公兵法》二卷，又《兵法》六卷,梁有《太公雜兵書》六卷。又《三宮兵法》一卷。又《禁忌立成集》二卷,《枕中記》一卷。'《秦策》：'蘇秦夜發書，得《太公陰符之謀》。'《齊世家》：'後世之言兵及周之陰權，皆宗太公爲本謀。'是太公之書尚矣。《志》云《謀》者，即太公之《陰謀》。《言》者，即《太公金匱》，凡善言書諸金版,《群書治要》引《武韜》太公云云,文王曰:"善,請登之金版。"又《文選注》:"《太公金匱》曰:'訕一人之下,①申萬人之上。'武王曰:'請著金版。'"《大戴記·踐阼》篇、《吕覽》《新書》《淮南》《説苑》所稱皆是。《兵》者,即《太公兵法》,《説苑·指武》篇引《太公兵法》最其先,亦《管子》書中所本耳。"葉德輝曰:"《齊世家》云:'文王與吕尚陰謀修德以傾商政,其事多兵、權與奇計。'《群書治要》:'《六韜》後載陰謀三事,皆武王問太公治國居民之道,與史遷説不合,蓋擇其語近純者録之。'《詩·大明》正義引太公授兵鈐之法,即此《兵》篇。《五行大義》十七篇引《太公兵書》,《通典》百四十九引《太公覆軍誡法》,《開元占經》引《太公兵法》,所引不同,蓋一書也。"王先謙曰:"官本'謀'下十五字,皆與上《太公》連文,是也。"

姚振宗曰:"《史記·齊太公世家》:太公望吕尚者,東海上人。其先祖嘗爲四岳,佐禹平水土甚有功。虞夏之際封於吕,或封於申。姓姜氏。夏商之時,申、吕或封枝庶子孫,或爲庶人,尚其後苗裔也。本姓姜氏,從其封姓,故曰吕尚。吕尚蓋嘗窮困,年老矣,以魚釣奸周西伯。西伯出獵,遇太公于渭之陽,與語大説,曰:'自吾先君太公曰:"當有聖人適周,周以興。"子真是耶?吾太公望子久矣。'故號之曰'太公望',載與俱歸,立爲師。或曰,太公博聞,嘗事紂。紂無道,去之。游説諸侯,無所遇,而卒西歸周西伯。或曰,吕尚處士,隱海濱。周西伯拘羑里,散宜生、閎夭素知而招吕尚。吕尚亦曰:'吾聞西伯賢,又善養老,盍往焉。'三人者爲西伯求美女奇物,獻之於紂,以贖西伯。西伯得以出,反國。言吕尚所以事周雖異,然要之爲文武師。周西伯昌之脱羑里歸,與吕尚陰

---

① "人"下原衍一"之"字,據《漢書補注》删。

謀修德以傾商政，其事多兵權與奇計，故後世之言兵及周之陰權皆宗太公爲本謀。西伯政平，斷虞芮之訟，伐崇、密須、犬夷，大作豐邑。天下三分，其二歸周者，太公之謀計居多。又曰：武王平商王天下，師尚父謀居多。于是封師尚父于齊營丘，東就國。及周成王少時，管蔡作亂，淮夷畔周，乃使召康公命太公曰：'東至海，西至河，南至穆陵，北至無棣，五侯九伯實得征之。'齊由此得征伐，爲大國。都營丘。蓋太公之卒百有餘年，子丁公呂伋立。"

又曰："又《周本紀》：'武王即位，太公望爲師。既克殷罷兵西歸，于是封功臣謀士，而師尚父爲首，封封尚父于營丘曰齊。'"

又曰："劉向《別錄》曰：'師之，尚之，父之，故曰師尚父。父亦男子之美稱也。'"

又曰："本書《人表》師尚父列第二等上中。梁玉繩曰：'始見《詩·大明》《逸書·克殷》篇。炎帝之裔伯夷，掌四岳，有功，封之于呂，子孫從其封姓。本姓姜，師尚父其後也。名望，字子牙，號太公，故曰太公望，亦曰呂太公望，亦曰呂望，亦曰周望，亦曰呂牙，亦曰姜牙，亦曰呂尚，亦曰太公尚，亦曰望尚，亦曰姜望，亦曰師望，亦曰姜公，亦曰姜老。河內汲人，封于齊。卒年百餘歲，葬鎬京，陪文武之墓。唐上元元年尊爲武成王，宋大中祥符元年加諡照烈武成王。'"

又曰："嚴可均《全三代文編》曰：'齊太公，姓姜，亦姓呂，名尚，字牙，東海人，四岳之後。初事商王紂，去隱東海，後歸周。周文王以爲師，號曰太公望。武王嗣位，以爲司馬，號曰師尚父。既克商，封于齊，以侯爵就國。成王嗣位，命得專征伐。一云，受封後留爲太師，薨年百餘歲，傳國二十八世。《漢志》，《太公謀》八十一篇、《言》七十一篇、《兵》八十五篇，在道家。《隋志》盡歸兵家,有《太公六韜》六卷,《陰謀》六卷,《陰符鈐錄》一卷,《金匱》二卷,《兵法》三卷,又六卷,按,《隋志》又云梁有《太公雜兵書》六卷。《伏謀陰陽謀》一卷,按,《隋志》"伏謀"作"伏符"。《三宮兵法》一卷,《太乙三宮兵法立成圖》二卷,《書禁忌立成集》二卷,《枕中記》一卷,《周書陰符》九卷。案,《周書陰符》,《隋志》不云太公,據《戰國策》蘇秦得太公《陰符之謀》,《史記》作《周書陰符》,明是一卷,蓋即《漢志》之《太公謀》八十一篇。云《周書》者,周時史官記述也。'又曰:'今所行《六韜》是宋元豐間刪定,凡六十篇,見存不錄。錄其佚文,綜凡六十八條,又輯存《政語》一篇,《對武王問》二條,《四輔》一條,《陰謀》五條,《金匱》三十九條,《陰符》十二條,《兵法》二十條,《決事占》三條,《陰秘》十四條。'"

姚振宗又曰:"按,《兩唐志》又有《太公陰謀三十六用》一卷,似即《隋志》之《伏符陰陽謀》。《日本國見在書目》有《太公謀》三十六卷,即《陰謀三十六用》一卷,敚'陰'字、'用'字、'一'字。又《唐·藝文志》有《太公當敵》一卷,《御覽》十一引《太公對敵權變順逆法》,即所謂《當敵》一卷歟?凡此皆隋以後之散佚別見者。"

又曰:"又按,史言武王即位九年,東伐,以觀諸侯集否。至孟津。諸侯不期而會者八百。還師,與太公作此《太誓》。則《太誓》之篇漢時當亦在此一書。"

又曰:"又按,《七略》兵權謀家有《伊尹》《太公》,班氏以其重復省之。王氏《考證》以爲省入道家,一若班氏從兵家移入道家者,非也。"

辛甲二十九篇紂臣,七十五諫而去,周封之。

《補注》王應麟曰:"劉向《別錄》曰:'辛甲去至周,召公與語,賢之,告文王。文王親自迎之,以爲公卿,封長子。'《左傳》:

'辛甲爲太史,命百官官箴王闕。'"沈欽韓曰:"《韓非·說林》作'辛公甲'。"

姚振宗曰:"《左·襄四年傳》:魏絳曰:'昔周辛甲之爲太史也,命百官,官箴王闕。'杜預曰:'辛甲,周武王太史。'孔穎達曰:'《晉語》稱文王訪于辛、尹,賈逵以爲辛甲、尹佚,則辛甲,文王之臣,而下及武王。'"

又曰:"劉向《別錄》曰:'辛甲,故殷之臣,事紂。蓋七十五諫而不聽,去之周。召公與語,賢之,告文王,文王親自迎之,以爲公卿,封長子。長子今上黨所治縣是也。'按,《地理志》上黨郡長子,周史辛甲所封。'"

又曰:"本書《人表》辛甲列第三等上下。梁玉繩曰:'辛甲始見《左·襄四》。夏后啓封支子于莘,莘、辛聲近,遂爲辛氏。辛甲故事紂,七十五諫而不聽,去至周,封于長子。《晉語》所謂文王訪于辛尹者也,亦稱辛公甲。'"

又曰:"《文心雕龍·銘箴》篇:'箴者,所以攻疾防患,喻鍼石也。斯文之興,盛于三代。夏商二箴,餘句頗存。及周之辛甲《百官箴》一篇,體義備焉。迄至春秋,微而未絶。'"

又曰:"馬國翰輯本序曰:'《漢志》道家有《辛甲》二十九篇,《隋》《唐志》不著錄,佚已久。考《左氏傳》魏絳述其《虞人之箴》,《韓非子·說林》引其與周公議伐商蓋之語,是佚說之僅存者,據輯,並附考爲卷。《虞箴》似《太公金匱》《陰謀》所載武王諸銘,其言兵亦略似,班志以此書與太公書同入道家,知非取課虛而叩寂也。'"

鬻子二十二篇名熊,爲周師,自文王以下問焉,周封爲楚祖。

師古曰:"鬻,音弋六反。"

《補注》沈欽韓曰:"《隋志》:'《鬻子》一卷。'《唐》《宋》著錄,皆以冠道家。葉夢得云:'今一卷,止十四篇,本唐永徽中,逢行珪所獻,廖仲容《子鈔》當作"庚"。《隋志》:"梁黟令庚仲容《子鈔》三十卷。"馬總《意林》並云六篇,其所載與行珪先後不倫,恐行珪或有附益。'案,今亦十四篇,標題甲乙,數目雜亂不可曉,又短僻不成章。而《列子·天瑞》《黄帝》《立命》三篇引《鬻子》,賈誼《修政下》篇,周文王、武王、成王問於鬻子,有七章,皆本書所無,今本其糟粕耳。小說亦有《鬻子說》十九篇。"

楊樹達曰:"嚴可均云:'鬻子年九十見文王,而其書有成王問及康叔封衛事,且於文王、周公、康叔皆曰昔者。古書不必手著,蓋康王、昭王後周史臣所錄,或鬻子子孫記述先世嘉言,爲楚國之令典也。'樹達案,周封爲楚祖,語不可通,蓋有脱誤。"

姚振宗曰:"《史·周本紀》:'西伯遵后稷、公劉之業,則古公、公季之法,士多歸之。伯夷、叔齊在孤竹,往歸之。太顛、①閎夭、散宜生、鬻子、辛甲大夫之徒皆往歸之。'"

又曰:"又《楚世家》:'楚之先祖出自帝顓頊高陽。高陽者,黄帝之孫,昌意之子也。高陽生稱,稱生卷章,卷章生重黎。重黎爲帝嚳高辛居火正。帝嚳命曰祝融。共工氏作亂,帝嚳使重黎誅之而不盡。帝乃以庚寅日誅重黎,②而以其弟吳回爲重黎後,復居火正,爲祝融。吳回生陸終。陸終生子六人,其六曰季連,芈姓,楚其後也。季連生附沮,附沮生穴熊。其後中微,或在中國,或在蠻夷,弗能紀其世。周文王之時,季連之苗裔曰鬻熊。鬻熊子事文王,蚤卒。其子曰熊麗。熊麗生熊狂,熊狂生熊繹。熊繹當周成王之時,舉文、武勤勞之後嗣,而封熊繹于楚蠻,封以子男之田,姓芈氏,居丹陽。楚子熊繹與魯公伯禽、衛康叔子牟、晉侯燮、齊太公子吕伋俱事成

---

① "顛",原誤作"公",據《漢書藝文志條理》改。
② "乃",原誤作"爲",據《漢書藝文志條理》及《史記》改。

王。'《漢書·地理志》周成王時,封文武先師鬻熊之曾孫熊繹於荊蠻,爲楚子,居丹陽。"

又曰:"劉向《別錄》曰:'鬻子名熊,封于楚。'按,此一條見《周本紀》集解,疑引之者誤節其文。"

又曰:"本書《人表》粥熊列第三等上下。梁玉繩曰:'粥熊始見《列子·天瑞》,本作鬻熊,祝融十二世孫。楚先封鬻,夏商間因爲姓。名熊。亦曰鬻子。年九十見文王,爲文、武師,周封爲楚祖。'"

又曰:"《文心雕龍·諸子》篇:'鬻熊知道,而文王咨詢,餘文遺事,録爲鬻子。子之肇始,莫先于兹。'"

又曰:"《隋書·經籍志》:'《鬻子》一卷,周文王師鬻熊撰。①'《唐書·藝文志》:'《鬻子》一卷。'《宋史·藝文志》雜家:'《鬻熊子》一卷。'"

又曰:"長洲宋翔鳳《過庭錄》曰:'《鬻子》書已不傳。② 今傳逢行珪注《鬻子》,乃是僞書。惟賈誼《新書·修政語》二篇當采自《鬻子》,凡文王以下問者皆在下篇,其上篇載黄帝、顓頊、帝嚳、堯、舜、禹、湯之言,皆鬻子所述,以告文王以下者也。道家之言皆託始黄帝,故《七略》以爲人君南面之術,固治天下之書也。'"

又曰:"嚴可均輯本序曰:'《漢志》道家《鬻子》二十二篇,今世流傳僅唐永徽中逢行珪注本,③凡十四篇,爲一卷。注甚疏蔓,又分篇瑣碎,所題甲乙,故作偵倒屢亂,以瞀惑後人。宋又有陸佃校本,分行珪十四篇爲十五篇,瑣碎尤甚,又棼其次第,不足存。案,《群書治要》所載起訖如行珪,而第二篇至第

---

① "師"字原脱,據《漢書藝文志條理》補。
② "書",原誤作"傳",據《漢書藝文志條理》及清咸豐浮谿精舍刻本《過庭録》改。
③ "徽",原誤作"徵",據《漢書藝文志條理》改。

十三篇聯爲一篇,則行珪十四篇僅當三篇。《意林》稱今一卷六篇,末後所載多出"昔文王見鬻子"一條,則行珪十四篇未足六篇。鬻子年九十見文王,而其書有成王問及康叔封衛事,蓋《鬻子》非專記鬻熊之語,故其書于文王、周公、康叔皆曰"昔者"。昔者,後乎鬻子言之也。古書不必手著,《鬻子》蓋康王、昭王後,周史臣所錄,或鬻子子孫記述先世嘉言爲楚國之令典,即《史記》序傳所謂"重黎業之,吳回接之。殷之季世,鬻熊諜之。周用熊繹,熊渠是續"者也。昭十二年《左傳》楚靈王曰:"昔我先王熊繹,跋涉山林,以事天子。"是楚之始封爲熊繹,非鬻熊,與《楚世家》正同。劉向博極群書,《周本紀》集解引《別錄》乃言鬻子名熊,封于楚,與《左傳》《史記》違異,不若《漢志》周封爲楚祖之無語病也。諸子以《鬻子》爲最早,惜世無善本,乃蒐輯群書,重加編錄,闕增益遺,改正訛誤,定著一卷。先采《列子》,次采賈誼書,後載今本,補以唐宋人類書。其行珪注及篇題任其別行,所不取焉。'"

又曰:"又《三代文編》:'鬻熊,姓芊,名熊,祝融之後,陸終第六子,季連之裔。年九十見文王,文王以爲師,至武王、成王皆師事之。成王大封異姓,會先卒,子熊麗、孫熊狂亦卒,因封其曾孫熊繹于楚。子孫皆以熊爲氏,傳三十一世,四十三君。有《鬻子》一卷十四篇。以《群書治要》校之,實三篇,見存不錄,錄其佚文,凡十四條。'"

周壽昌曰:"《隋·經籍志》云:'《鬻子》一卷,周文王師鬻熊撰。'壽昌案,本注云名熊,爲周師,自文王以下問焉。楚後以熊爲氏,氏以君名也。漢搖無餘爲南粤王搖之族,猶是也。"

筦子八十六篇名夷吾,相齊桓公,九合諸侯,不以兵車也,有《列傳》。

師古曰:"'筦',讀與'管'同。"

《補注》沈欽韓曰："《隋志》：'十九卷。'今本二十四卷。畾公武云：'今亡十篇。'劉向上奏云：'所校讎中《管子》書，大中大夫卜圭、臣富參書、射聲校尉立書、太史書。凡中外書五百六十四，以校，除復重四百八十四篇，定著八十六篇。'"

姚振宗曰："《七略》《別錄》：'護左都水使者光祿大夫臣向言：所校讎中《筦子》書三百八十九篇，太中大夫卜圭書二十七篇，①臣富參書四十一篇，射聲校尉立書十一篇，太史書九十六篇，凡中外書五百六十四篇，以校，除復重四百八十四篇，定著八十六篇，殺青而書，可繕寫也。筦子者，②潁上人也，名夷吾，號仲父。少時，嘗與鮑叔牙游，鮑叔知其賢。管子貧困，常欺叔牙，叔牙終善之。鮑叔事齊公子小白，管子事公子糾。及小白立，爲桓公，子糾死，管仲囚，鮑叔薦管仲。管仲既任政于齊，齊桓公以霸，九合諸侯，一匡天下，管仲之謀也。故管仲曰："吾始困時，與鮑叔分財，多自予，鮑叔不以我爲貪，知吾貧也。嘗爲鮑叔謀事而更窮困，鮑叔不以我爲愚，知有利有不利也。公子糾敗，召忽死之，吾幽囚受辱，鮑叔不以我爲無恥，知吾不羞小節，而恥功名不顯于天下也。生我者父母，知我者鮑叔。"鮑叔既進管仲，而己下之。子孫世祿于齊，有封邑者十餘世，常爲名大夫。管子既相，以區區之齊在海濱，通貨積財，富國強兵，與俗同好惡。③故其書稱曰："倉廩實而知禮節，衣食足而知榮辱，上服度則六親固。四維不張，國乃滅亡。下令如流水之原，令順民心。"故論卑而易行。俗所欲，因予之；俗所否，因去之。其爲政也，善因禍爲福，轉敗爲功。貴輕重，慎權衡。桓公怒少姬，南襲蔡，

---

① "中"，原誤作"平"，據《漢書藝文志條理》改。
② "筦"，原誤作"管"，據《漢書藝文志條理》改。
③ "惡"，《漢書藝文志條理》作"醜"。

管仲因伐楚，責包茅不入貢于周室。桓公北征山戎，管仲因而令燕脩召公之政。於柯之會，①桓公背曹沫之盟，管仲因而信之，諸侯由是歸齊。故曰，知與之爲取，政之寶也。② 管仲聘于周，不敢受上卿之命，以讓高、國。是時，諸侯爲管仲城穀，以爲之采邑。《春秋》書之，褒賢也。管仲富擬公室，有三歸、反坫，齊人不以爲侈。管仲卒，齊國遵其政，常強于諸侯。孔子曰："微管仲，吾其被髮左袵矣。"太史公曰："余讀《管子·牧民》《山高》《乘馬》《輕重》《九府》，詳哉言之也。"又曰："將順其美，匡救其惡，故上下能相親愛。豈管仲之謂乎？"《九府書》，民間無有。《山高》，一名《形勢》。凡《管子書》務富國安民，道約言要，可以曉合經義。臣向謹錄第上。'按，《史記·管晏列傳》之文，此叙皆引及之，與《孫卿書叙錄》相類，故略彼取此。又《史記》傳贊正義引《七略》云'《管子》十八篇，在法家'，當是《七錄》之誤，與《晏子春秋》稱《七略》者同也。"

又曰："本書《食貨志》：太公爲周立《九府》。太公退，又行之於齊。至管仲相桓公，通輕重之權。桓公遂用區區之齊合諸侯，顯伯名。顔氏《集注》曰：'周官大府、玉府、內府、外府、泉府、天府、職內、職金、職幣，皆掌財幣之官，故云九府。'"

又曰："又《刑法志》：'齊桓公任用管仲，問行伯用師之道。管仲于是乃作內政而寓軍令焉。其教已成，外攘夷狄，内尊天子，以安諸夏。'"

又曰："又《古今人表》管仲列第二等上中。梁玉繩曰：'管仲始見《左·莊九》、《齊語》。管子：管，氏。仲，字。謚敬，名夷吾。《左》閔元疏。又作筦。《淮南·繆稱》、《説苑·君道》，本書《藝文志》、《賈誼傳》師古注云："'筦'與'管'同。"又作菅。洪适《隸釋·武梁畫像》。管氏出

---

① "於"字，《漢書藝文志條理》無。
② "由是歸齊"至"政之寶也"一句，《漢書藝文志條理》作"歸之"。

自周穆王，杜《世族譜》，而《廣韻》及《路史後紀·十》謂管叔之後，非也。管有二族，《通志·氏族略二》甚明。莊仲山之子，《史·管晏傳》索隱引《世本》，《齊語》注作"管嚴仲"。潁上人。《史傳》，漢桓寬《鹽鐵論·相刺》作"越人"。齊桓公號爲仲父，《管子·中匡》，《列子·湯問》《力命》，《莊子·達生》，《荀子·仲尼》，《吕覽·任數》，《戰國·秦齊策》。亦作仲甫，《論衡》。亦曰管氏，《論語》。亦曰管子，《齊語》。亦曰管叔，《易林·明夷之旅》。亦曰管生，《抱樸子·正郭》。亦曰管敬子，《晉語》五。亦曰管敬仲，閔元、僖卅三、《晉語》四。亦曰管夷吾，莊八、九，《齊語》。亦單稱管。本書叙傳，《楚辭》劉向《九嘆》、①王逸《九思》。葬臨淄南牛山上。《史·齊世家》正義引《括地志》。宋徽宗宣和五年，封爲涿水侯。《宋史·禮志》。'"②按，孔穎達《僖十二年》正義云："《世族譜》：'管氏出自周穆王。'《成十一年》傳有齊管于奚，《譜》以爲雜人，則非管仲之子孫也。《哀十六年》傳稱'楚白公殺齊管脩'，杜云：'管脩，楚賢大夫，故齊管仲之後。'是管仲之後，於齊没不復見也。"又按，《路史後紀》注亦引杜釋例云："管仲，穆王後。"

又曰："《隋志》法家：'《管子》十九卷，齊相管夷吾撰。'《唐·經籍志》：'《管子》十八卷，管夷吾撰。'《唐·藝文志》：'十九卷。注云：管仲。'《宋·藝文志》：'二十四卷，齊管夷吾撰。'"

又曰："晁氏《讀書志》：'劉向所定，凡九十六篇，按，當爲八十六篇。今亡十篇。'"

又曰："陳氏《書録解題》曰：'案，《漢志》八十六篇，列于道家。《隋》《唐志》著之法家之首。管子似非法家，而世皆稱管商，豈以其標術用心之同故耶？然以爲道家則不類，今從

---

① "嘆"，原誤作"歌"，據民國九年(1920)番禺徐紹榮彙編重印《廣雅書局叢書》本《人表考》改。

② 按，以上稱引梁玉繩《人表考》之内容與梁氏原書相同，與姚書略有出入。姚書未稱引梁書注文。

《隋》《唐志》。'"

又曰:"王氏《考證》:石林葉氏曰:'其間頗多與《鬼谷子》相亂。管子自序其事,亦泛濫不切,疑皆戰國策士相附益。'蘇氏《古史》謂多申韓之言,非管子之正。"

又曰:"《四庫》法家提要曰:劉恕《通鑑外紀》引《傅子》曰:'管仲之書,過半便是後之好事者所加,乃説管仲死後事,《輕重篇》尤復鄙俗。'葉適《水心集》亦曰:'《管子》非一人之筆,亦非一時之書。以其言毛嬙、西施、吳王好劍推之,當是春秋末年。'今考其文,大抵後人附會多于仲之本書。其他姑無論,即仲卒于桓公之前,而篇中處處稱桓公,其不出仲手已無疑義。書中稱'經言'者九篇,稱'外言'者八篇,稱'内言'者九篇,稱'短語'者十九篇,稱'區言'者五篇,稱'雜篇'者十一篇稱'管子解'者五篇,稱'管子輕重'者十九篇。意其中孰爲手撰,孰爲記其緒言如語録之類,孰爲述其逸事如家傳之類,孰爲推其義旨如箋疏之類,當時必有分别。觀其五篇明題'管子解'者可以類推,必由後人混而一之,致滋疑竇耳。原本八十六篇,今佚十篇。"

姚振宗又曰:"按,《七略》兵權謀家有《筦子》,班氏以其重復省之。"

老子鄰氏經傳四篇　姓李,名耳,鄰氏傳其學。

老子傅氏經説三十七篇　述老子學。

老子徐氏經説六篇　字少季,臨淮人,傳《老子》。

姚振宗曰:"《史記》列傳:'老子者,楚苦縣厲鄉曲仁里人也。_{閻若璩云:"苦屬陳,其時楚未滅陳。"皇甫謐曰:"《高士傳》云:'陳人。'"}姓李,名耳,字伯陽,謚曰聃,周守藏室之史也。孔子適周,問禮于老子。老子脩道德,其學以自隱無名爲務。居周久之,見周之衰,乃遂去。至關,關令尹喜曰:子將隱矣,強爲我著書。于是老子乃著書上下篇，言道德之意五千餘言而去，莫知其所終。蓋老子百有六十餘歲，或言二百餘歲，以其脩道而養壽也。老子，隱君子也。老子之子名宗，宗爲魏將，封于段干。宗子注，注子宮，宮玄孫假，假仕于漢孝文帝。① 而假之子解爲膠西王卬太傅，因家于齊焉。世之學老子者則絀儒學，儒學亦絀老子。道不同不相爲謀，豈謂是耶？李耳無爲自化，清靜自正。'按，《釋文》引《史記》云字耼，又云曲里人，一云陳國相人，與今本異。"

又曰："《古今人表》今本《老子》列第一等上上聖人，仲尼之次。梁玉繩曰：'老子列第四等，生即皓然，故號老子。名耳，字耼。② 今本《史記》有字伯陽句，乃後人妄竄，《索隱》辨之。葬槐里。唐乾封元年，追號太上玄元皇帝。天寶二年，加號大聖祖。天寶八年，加號聖祖大道玄元皇帝。宋大中祥符六年，加號太上老君混元上德皇帝。今本老子有列在第一等者，考《舊唐書·禮儀志》天寶元年"詔史記《古今人表》玄元皇帝升入上聖"，宋趙希弁《讀書附志》言徽宗詔《史記·老子傳》升列傳之首，自爲一帙。《前漢·古今人表》列于上聖。是唐、宋人改刊，非班氏原本也。'"

又曰："《隋書·經籍志》：'《老子道德經》二卷，周柱下史李耳撰。'又道佛篇曰：'漢時諸子，道書之流有三十七家。《老子》二篇，最得深旨。'《唐·經籍志》：'《老子》二卷，老子撰。'《唐·藝文志》：'《老子道德經》二卷，注云：李耳。'"

又曰："宋翔鳳《過庭錄》曰：'漢人言黃老，知老子亦出黃帝。'又曰：'老子著書以明黃帝自然之治，即《禮運》篇所謂"大道之行，故先道德而後仁義"。孔子定六經，明禹、湯、文、武、成王、

---

① "漢"字原脱，據《漢書藝文志條理》補。
② "耼"，原誤作"耴"，據《漢書藝文志條理》改。

周公之治，即《禮運》所謂"大道既隱，天下爲家，故申明仁義禮智以救斯世"。故黃老之學與孔子之傳相爲表裏者也。'"

又曰："章學誠《校讎通義》曰：'道家部《老子鄰氏經傳》四篇、《傅氏經説》三十七篇、《徐氏經説》六篇。按，老子本書今傳《道》《德》上下二篇，共八十一章，《漢志》不載本書篇次，則劉、班之疏也。'按，《鄰氏經傳》四篇者，本經二篇，鄰氏傳二篇，經傳合爲一編，故下注'姓李名耳'。《漢志》于篇數、章數多不及載，不獨此書，蓋其時有《別録》有《七略》言之已詳，《志》在簡要，故悉從其略，是劉、班未見其疏，章氏蓋一隅之見爾。"

姚振宗又曰："案，《史記·樂毅傳》：'樂氏之族有樂臣公者，善脩黃帝、老子之言，顯聞于齊，稱賢師。'又傳贊曰：'其本師號曰河上丈人，不知其所出。河上丈人教安期生，安期生教毛翕公，毛翕公教樂瑕公，樂瑕公教樂臣公，樂臣公教蓋公。蓋公教於齊高密、膠西，爲曹相國師。'《隋·經籍志》曰：'曹參始薦蓋公言黃老，文帝宗之。自是相傳，道學衆矣。'又本書《外戚傳》：'竇太后好黃老言，景帝及諸竇不得不讀《老子》書，①尊其術。'是當文、景、武帝之初，黃老之學最盛，鄰氏、傅氏、徐氏三家當在其時，蓋蓋公之後、劉向之前有此三家之學，《釋文》及《隋志》皆不著録。"

楊樹達曰："章學誠云：'《老子》本書，今傳《道》《德》上下二篇，共八十一章。《漢志》不載本書篇數，則劉、班之疏也。'姚振宗云：'《鄰氏經傳》四篇者，本經二篇，鄰氏傳二篇，經傳合爲一編，故下注姓李名耳。《漢志》於篇數、章數多不及載，不獨此書。蓋其時有《別録》，有《七略》，言之已詳，《志》在簡

---

① "書"，《漢書藝文志條理》無。

要,故悉從其略,非劉、班之疏也。'樹達按,劉氏校書,中秘所有者則及之,否則不載也。余疑中秘當時偶無本經,故劉氏不及而班仍之耳。實齋獻疑,姚爲左袒,説皆非也。"

劉向説老子四篇

《補注》葉德輝曰:"《隋志》:《道德經》,注云:'周柱下史李耳撰。漢文帝時,河上公注。'又云:'梁有戰國時河上丈人注二卷,漢長陵三老毋丘望之注二卷,隱士嚴遵注二卷。'稱"梁"者,梁《七録》也。此四家,《志》未載。《經典釋文·叙録》有河上公、毋丘望之、嚴遵,無河上丈人。"

姚振宗曰:"劉向有《五行傳記》,始末見《六藝》尚書家。"

又曰:"宋董思靖《道德經集解·序説》曰:'《老子》,劉向定著二篇八十一章,上經三十四章,下經四十七章。葛洪等又加損益,乃云天以四時成,故上經四九三十六章;地以五行成,故下經五九四十五章,通應九九之數。而從此分章,遂失中壘舊制矣。'"

姚振宗又曰:"案,董思靖或及見《別録》,故能言分篇上下及章次數目如此,又中壘是書大抵與《五行傳記》《琴頌》《新國語》《新序》《説苑》《世説》《列女傳頌圖》、賦諸篇,皆當時奏御之書,故《七略》備載其目。① 他如《稽疑論》《春秋穀梁傳》《五經通義》《五經要義》《孝子圖傳》《列士傳》《列仙傳》《楚辭天問解》《五紀論》等書,皆私家撰述,故《七略》皆不之及。"

文子九篇 老子弟子,與孔子並時,而稱周平王問,似依託者也。

《補注》沈欽韓曰:"《隋志》:'《文子》十二卷。'《新唐志》:'徐靈府注《文子》十二卷。李暹訓注《文子》十二卷。'《讀書志》又有'唐朱玄注《文子》,缺《府言》一篇'。晁公武云:'李暹

---

① "備"字原脱,據《漢書藝文志條理》補。

注，其傳曰姓辛，葵丘濮上人，號曰計然，范蠡師事之。本受業於老子，文子錄其遺言爲十二篇。劉向錄《文子》九卷而已。《唐志》錄暹注，與今篇次同，豈暹析之歟？'案，晁氏未考《隋志》已十二篇也。《容齋隨筆》云：'其書一切以《老子》爲宗，略無與范蠡謀議之事。馬總《意林》所編《文子》正與此同。'案，彼因計然字文子，誤以此氏爲彼字，因合爲一家，其謬也。書爲《淮南》襲取殆盡，《莊》《列》亦時與之同，十二篇並引《老子》之言而推衍之。"

周壽昌曰："《隋·經籍志》：'《文子》十二卷。梁十卷。亡。'案，《史記·孟荀列傳》索隱引《七略》《別錄》，《墨子書》有文子，子夏之弟子，問於墨子。"

楊樹達曰："按，此今本《文子》襲《淮南》，非《淮南》襲《文子》，沈說殊誤。"

姚振宗曰："劉向《別錄》曰：'《墨子》書有文子。文子，子夏之弟子，問于墨子。'按，此似疑而未決之辭。"

又曰："本書《人表》文子列第五等中。梁玉繩曰：'文子，不傳其名字，《困學紀聞》十辨文子非周平王時人。檢《文子·道德》篇平王問一條無周字，末云寡人敬聞命，其非周王甚審。《通考》引周氏《涉筆》以爲楚平王，極確。《士仁》篇有王良，更足驗爲楚平王時人。班氏所見之《文子》，或是誤本，遂疑《文子》書有依託，而于此表仍列周平王時，蓋疑以傳疑之意也。'"

又曰："《隋書·經籍志》：'《文子》十二卷。文子，老子弟子。'《七略》有九篇。梁《七錄》十卷，亡。《唐·經籍志》：'《文子》十二卷。'《藝文志》同。又曰：'天寶元年詔號《文子》爲《通玄真經》。'《宋·藝文志》：'《文子》十二卷，舊書目云周文子撰。'"

又曰："晁氏《讀書志》：'李暹注《文子》十二卷,其傳曰：姓辛,葵丘濮上人,號曰計然,范蠡師事之。本受業于老子,錄其遺言爲十二篇云。案,劉向《錄》《文子》九篇而已,《唐志》錄、暹注與今篇次同,豈暹析之歟?'"

又曰："陳氏《書錄解題》曰：'案《史記·貨殖傳》徐廣注：計然,范蠡師,名鈃。裴駰曰：計然,葵丘濮上人,姓辛,字文子,默希子引以爲據。按,元魏時李暹注書先有是説,默希子因之。以文子爲計然之字,不可考信。柳子厚亦辨其爲駁書,而亦頗有取焉。默希子,唐徐靈府自號也。'"

又曰："《玉海·藝文》曰：'今本十二篇,《道原》至《上禮》,元魏李暹注、唐徐靈府注、朱玄注。'"

又曰："《四庫提要》曰：'《漢志》道家《文子》九篇,《隋志》載《文子》十二篇,二志所載不過篇數有多寡耳,無異説也。因《史記·貨殖傳》有范蠡師計然語,又因裴駰《集解》有"計然,姓辛,字文子,其先晉國公子"語,北魏李暹作《文子注》,遂以計然、文子合爲一人。文子乃有姓有名,謂之計鈃,謬之甚矣。'"

又曰："《四庫簡明目錄》曰：'文子不知其名氏,《漢志》但稱老聃弟子而已,或曰計然者,誤也。書凡十二篇,皆述老聃之説。柳宗元稱其多竊取他書以合之,然要是唐以前之古本也。'"

又曰："孫星衍《問字堂集·文子序》曰：'黃老之學存于《文子》,西漢用以治世,當時諸臣皆能稱道其説,故其書最顯。諸子散佚,獨此有完本在《道藏》中,其傳不絕,亦其力也。今《文子》十二卷,實《七錄》舊本,《藝文志》稱九篇者,疑古以《上仁》《上義》《上禮》三篇爲一篇,以配《下德》耳。注蓋謂文子生不與周平王同時,而書中稱之,乃託爲問答,非謂其書由後人僞託。宋人誤會其言,遂疑此書出于後世也。'按,孫序解釋注文最得班氏本意。序又謂文子即計然,則仍沿李暹之誤。考《古今人表》文子、計然兩人先後並出,① 則磪爲兩人,非一人可知。"

蜎子十三篇　名淵,楚人,老子弟子。

師古曰:"蜎,姓也。音一元反。"

《補注》王應麟曰:"《史記》:'環淵,楚人,學黃老道德之術,著上下篇。'《索隱》《正義》皆無注。今案,《文選》、枚乘《七發》'便蜎、詹何之倫',注云:'《淮南子》:雖有鉤鍼芳餌,加以詹何、蜎環之數,猶不能與罔罟爭得也。宋玉與登徒子偕受釣於玄淵。《七略》:蜎子名淵。三文雖殊,其人一也。'"

楊樹達曰:"按,梁玉繩云:'考高誘云娟嬛,古善釣人名。故同詹何並舉。善以與環淵爲一人,恐誤。'"

姚振宗曰:"《史記‧田完世家》:'齊宣王喜文學游説之士,自如鄒衍、環淵之徒七十六人,皆賜列第,爲上大夫,不治而議論。'"

又曰:"又《孟荀列傳》:'環淵,楚人。學黃老道德之術,因發明序其指意。與慎到、田駢、接子皆有所論。環淵著上下篇。'"

又曰:"劉歆《七略》曰:'蜎子,名淵,楚人也。'"

又曰:"本書《人表》蜎子列第六等中下。梁玉繩曰:'蜎子亦見本書《藝文志》,即楚人環淵,老子弟子,蜎姓。② 案,班氏本劉歆《七略》,以淵爲老子弟子,故置魯昭公世。然《史》稱淵在稷下先生之列,當齊宣王時,未知孰信。又《淮南‧原道》

---

① "並",原誤作"兩",據《漢書藝文志條理》改。
② "蜎",原誤作"娟",據《漢書藝文志條理》改。

有娟嬛，《文選·七發》作便蜎，①李善注引《淮南》作蜎嬛，②引《宋玉集》作玄淵，謂與蜎子是一人。考高誘云"娟嬛，古善釣人名，故同詹何並舉"，善以爲一人，恐誤。'

又曰："應劭《風俗通·姓氏》篇：環氏出楚環列之尹，後以爲氏。楚有賢者環淵，著書上下篇。張澍輯注曰：'環淵亦即蜎淵也。③ 隗囂將環安、公孫述將環饒，吴有環濟，著要略。'"

關尹子九篇　名喜，爲關吏。老子過關，喜去吏而從之。

《補注》錢大昭曰："高誘注《吕覽》云：'關尹，關正也，名喜，作《道書》九篇，能相風角，知將有神人，而老子到，喜説之，請著《上下經》五千言而從之游也。'九篇者，一《宇》篇，④二《柱》篇，三《極》篇，四《符》篇，五《鑑》篇，六《匕》篇，七《釜》篇，八《籌》篇，九《藥》篇也。"沈欽韓曰："張湛《列子注》云：'關令尹喜，字公度。'"

姚振宗曰："《七略》《别録》：'護左都水使者光禄大夫臣劉向言：所校中秘書《關尹子》九篇，臣向校讎太常存七篇，⑤臣向本九篇，臣向輒除錯不可考增闕斷續者九篇，成，皆殺青，可繕寫。關尹子名喜，號關尹子，或曰關令子。隱德行，人易之，嘗請老子著《道德經》上下篇。列御寇、莊周皆稱道家書。篇皆寓名，有章，章首皆有關尹子曰四字，篇篇叙異，章章義異，其旨同。辭與《老》《列》《莊》異，其歸同。渾質崖戾，汪洋大肆，然有式則，使人泠泠輕輕，⑥不使人狂。蓋公授曹相國參，曹相國薨，書葬。至孝武皇帝時，有方士來，以七篇上，上

---

① "蜎"，原誤作"娟"，據《漢書藝文志條理》改。
② "蜎"，原誤作"娟"，據《漢書藝文志條理》改。
③ "蜎"，原誤作"娟"，據《漢書藝文志條理》改。
④ "宇"，原誤作"守"，據《漢書補注》改。
⑤ "篇"，原誤作"略"，據《漢書藝文志條理》改。
⑥ "泠泠"，原誤作"冷冷"，據《漢書藝文志條理》改。

以仙處之。淮南王安好道聚書，有此不出。臣向父德因治淮南王事得之。臣向幼好焉，寂士清人，能重愛黃老清靜，不可闕。臣向昧死上。永始二年八月庚子護左都水使者光祿大夫臣向謹進上。'嚴可均《全漢文編》曰：'《關尹子叙錄》疑宋人依託。'又襄平李鍇《尚史·諸子傳》引劉向《别錄》曰：'關尹子名嘉，列子師之，多所請問。莊子稱爲博大真人。'不知所引見于何書，與此文異。"

又曰："劉向《列仙傳》：'關令尹喜者，周大夫也。善内學星宿，服精華，隱德行仁，時人莫知。老子西游，喜先見其氣，知真人當過，候物色而迹之，果得老子。老子亦知其奇，爲著書。與老子俱至流沙之西，服具勝實，莫知其所終。亦著書九篇，名《關令子》。'《吕氏春秋·不二》篇曰：'關尹貴清。'高誘曰：'關尹，關正也，名喜，作道書九篇。能相風角，知將有神人，而老子到。喜說之，請著《上至經》五千言，而從之游也。'按，《上至經》，或漢時别有此稱，然總疑上下經之誤也。"

又曰："陳氏《書錄解題》：'《關尹子》九卷，周關尹令喜。蓋與老子同時，啓老子著書言道德者。案，《漢志》有《關尹子》九篇，而《隋》《唐》及國史志皆不著録，意其書亡久矣。徐蕆子禮得之於永嘉孫定，首載劉向校定序，篇末有葛洪後序，未知孫定從何傳授，殆皆依託也。序亦不類向文。'"

又曰："《四庫提要》曰：'案，《經典釋文》載尹喜字公度。李道謙《終南祖庭仙真内傳》稱終南樓觀爲尹喜故居，則秦人也。考《漢志》有《關尹子》九篇，劉向《列仙傳》作《關令子》，而《隋》《唐志》皆不著録，則其佚久矣。南宋時，徐蕆子禮始得本於永嘉孫定家，前有劉向校定序，稱蓋公授曹參云云，與《漢書》所載得《淮南鴻寶秘書》者不同，疑即假借此事以附會之，故宋濂《諸子辨》以爲文既與向不類，事亦無據，疑即定之所爲。然定爲南宋人,而《墨莊漫録》載黃庭堅詩"尋師訪道魚千里"句,已稱用《關尹子》語,則其書未必出于定,或唐末五代間方士解文章者所爲也。此本分一宇、二柱、三極、四符、五鑑、六匕、七釜、八籌、九藥九篇。"

又曰:"又《簡明目録》曰:'《關尹子》一卷,舊本題周尹喜撰。《漢志》著録,而《隋》《唐志》皆不載,知原本久佚,此本出宋人依託。然在僞書之中,頗有理致有詞采,猶能文者所爲。'"

莊子五十二篇　名周,宋人。

《補注》王應麟曰:"成玄英疏:'莊周,字子休。'"沈欽韓曰:"陸氏《序録》:'司馬彪注二十一卷。孟氏注十八卷,並五十二篇。《内篇》七,《外篇》二十八,《雜篇》十四,《解説》三。郭象注三十三篇。'後人增足,漸失其真。王氏《困學紀聞》采逸文若干條,而嚴君平《老子指歸》引《莊子》之語,亦今書所無。"

姚振宗曰:"《史・老莊列傳》:莊子者,蒙人也,名周。周嘗爲蒙漆園吏,與梁惠王、齊宣王同時。其學無所不闚,然其要本歸于老子之言。故其著書十餘萬言,大抵率寓言也。作《漁父》《盜跖》《胠篋》,以詆訿孔子之徒,以明老子之術。《畏累虛》《亢桑子》之屬,皆空語無事實。然善屬書離辭,指事類情,用剽剥儒、墨,雖當世宿學不能自解免也。其言洸洋自恣以適己,故自王公大人不能器之。楚威王聞莊周賢,使使厚幣迎之,許以爲相。莊周笑謂楚使者曰:'千金,重利;卿相,尊位也。子獨不見郊祭之犧牛乎?養食之數歲,衣以文綉,以入太廟。當是之時,雖欲爲孤豚,豈可得乎?子亟去,無污我。我寧游戲污瀆之中自快,無爲有國者所羈,終身不仕,以快吾志焉。'"

又曰:"劉向《別録》曰:'莊子,宋之蒙人也。又作人姓名,使相與語,是寄辭于其人,故《莊子》有《寓言》篇。'"

又曰："本書《人表》嚴周列第六等中下。梁玉繩曰：'嚴周字子休，楚莊王之後。亦曰莊叟，亦曰莊生。墓在濠州東二里。唐天寶元年，號爲南華真人。宋宣和元年，詔封微妙元通真君，配享混元皇帝。元至元三年，加封南華至極雄文弘道真君。'"

又曰："《釋文·叙錄》曰：'《漢書·藝文志》《莊子》五十二篇，即司馬彪、孟氏所注是也。'又曰：'司馬彪注二十一卷五十二篇，《内篇》七，《外篇》二十八，《雜篇》十四，《解説》三，《爲音》三卷。孟氏注十八卷五十二篇。'按，孟注無音三卷，故十八卷。《唐書·藝文志》：'天寶元年詔號《莊子》爲《南華真經》。'"

列子八篇　名圄寇，先莊子，莊子稱之。①

《補注》王應麟曰："劉向校中書《列子》五篇，'臣向謹與長社尉臣參校讎太常書三篇，太史書四篇，臣向書六篇，臣參書二篇，内外書凡二十篇，以校，除復重十二篇，定著八篇'。"錢大昭曰："高誘注《吕覽》云：'列子禦寇，體道人也，壺子弟子。'八篇者，《天瑞》一，《黄帝》二，《周穆王》三，《仲尼》四，《湯問》五，《力命》六，《楊朱》七，《説符》八也。"沈欽韓曰："《隋》《唐志》同。晋張湛注，唐殷敬順釋文。又有唐盧重元，宋徐逌注。"

姚振宗曰："《七略》《别録》曰：'《天瑞》第一，《黄帝》第二，《周穆王》第三，《仲尼》第四，一曰《極知》。《湯問》第五，《力命》第六，《楊朱》第七，一曰《達生》。《説符》第八，右新書定著八篇。護左都水使者光禄大夫臣向言：所校中書《列子》五篇，臣向謹與長社尉臣參校讎，太常書三篇，太史書四篇，臣向書六篇，臣參書二篇，内外書凡二十篇以校，除復重十二篇，定著

———
① "篇"，原誤作"卷"，據《漢書·藝文志》改。

八篇,中書多,外書少。章亂布在諸篇中,或字誤以盡爲進,以賢爲形,如此者衆。及在新書有棧,音剪。校讎從中書,已定,皆以殺青,書可繕寫。列子者,鄭人也,與鄭繆公同時,蓋有道者也。其學本于黃帝、老子,號曰道家。道家者,秉要執本,清虛無爲,及其治身接物,務崇不兢,合於六經。而《穆王》《湯問》二篇,迂誕恢詭,①非君子之言也。至於《力命》篇一推分命,《楊子》之篇唯貴放逸,二義乖背,不似一家之書。然各有所明,亦有可觀者。孝景皇帝時貴黃老術,此書頗行於世。及後遺落,散在民間,未有傳者。且多寓言,與莊周相類,故太史公司馬遷不爲列傳。謹第錄,臣向昧死上。護左都水使者光祿大夫臣向所校《列子書錄》,永始三年八月壬寅上。'"

又曰:"皇甫謐《高士傳》:列禦寇者,鄭人也,隱居不仕。鄭穆公時,子陽爲相,專任刑。列禦寇乃絕迹窮巷,面有饑色。或告子陽曰:'列禦寇蓋有道之士也,居君之國而窮,君無乃不好士乎?'子陽使官載粟數十乘以與之。禦寇出見使,再拜而辭之。居一年,鄭人殺子陽,其黨皆死,禦寇安然獨全,終身不仕。著書八篇,言道家之意,號曰《列子》。"

又曰:"《呂氏春秋·不二》篇:'列子貴虛。'高誘曰:'列子,體道人也,壺子弟子。'按,此言壺子者,壺丘子林也。"

又曰:"《隋書·經籍志》:'《列子》八篇,鄭之隱人列禦寇撰。'《唐書·藝文志》:'天寶元年詔號《列子》爲《沖虛真經》。'晁氏《讀書志》曰:'景德中加至德之號。'"

又曰:"唐柳宗元《辨列子》曰:'劉向古稱博極群書,然其錄《列子》獨曰鄭穆公時人。穆公在列子前幾百歲,《列子》書言

---

① "恢",《漢書藝文志條理》作"怪"。

鄭國皆云子產、鄧析，不知向何以言之如此。《史記》鄭繻公二十四年，鄭殺其相駟子陽，子陽正與列子同時，是歲魯穆公十年，不知向言魯穆公時遂誤爲鄭耶？不然，何乖錯至如此。其後張湛徒知怪《列子》書言穆公後事，亦不能推知其時。王氏《考證》曰："或謂鄭繻公字誤爲繆公。"莊周放依其辭，其稱夏棘、狙公、紀渻子、季咸等，皆出《列子》。其文辭類《莊子》，而尤質厚。其書亦多增窜，非其實。《楊朱》《力命》疑楊子書。其言魏牟、孔穿，皆出列子後，不可信。然觀其辭，亦足通知古之多異術也。"

又曰："鄭樵《通志·氏族略》曰：'列禦氏，不詳其本。鄭穆公時列禦寇著書。'按，此以列禦爲氏，與本《志》注'名圉寇'者相違異。"

又曰："王氏《考證》：東萊呂氏曰：'以《列子》所載楊朱遇老子，老子中道而嘆一章觀之，則朱受學於老子不疑。朱之言見于《列子》者固多，後人所附益爲我之說，亦略可見也。'石林葉氏曰：'《天瑞》《黃帝》篇與佛書相表裏。'呂氏曰：'《列子》多引《黃帝書》，蓋古之微言久而差者。《玄牝》一章，今見《老子》，此戰國秦漢所以並言黃老也。'"

又曰："《四庫提要》曰：'柳宗元《辨列子》言魏牟、孔穿皆出列子後，不可信。其後高似孫《緯略》遂疑列子爲鴻濛雲將之流，並無其人。今考《湯問》篇中有鄒衍吹律事，不止魏牟、孔穿。其不出禦寇之手，更無疑義。然考《尸子·廣澤》篇曰："墨子貴兼，孔子貴公，皇子貴衷，田子貴均，列子貴虛，料子貴別囿，其學之相非也數世矣。"是當時實有列子，非莊周之寓名。又《穆天子傳》出于晉太康中，爲漢魏人之所未睹。而此書《周穆王》篇所敘駕八駿，造父爲御，至巨蒐，登昆侖，見西王母于瑤池事，一一與傳相合。此非劉向之時所能僞造，可信確爲秦以前書。唯其書皆稱"子列子曰",則決爲傳其學者所追記。其雜記列子後事,正如《莊子》記莊子死,《管子》稱吳王、西施,《商子》稱秦孝公耳,不足爲怪。'"

楊樹達曰:"按,孟子言'揚子爲我',然楊朱無書,其大要獨見於此書《楊朱》篇中。"

老成子十八篇

《補注》沈欽韓曰:"《列子·周穆王》篇:'老成子學幻於尹文先生。'殷敬順釋文作'考成子'。"

姚振宗曰:"《世本·氏姓》篇:老成氏,宋有大夫老成方。張澍輯注曰:'《列仙傳》老成子從尹文先生學幻者,在齊定公時,《氏族略》云:老成子著書十篇,言黃老之道。甄鸞注《數術記遺》云:四維者,老成子所造也。'又曰:'宋有老氏出戴公,後有老成氏。《廣韻》引作考,疑非是。《列子·周穆王》篇有老成子。《廣韻》引《列子》又作考成。是古考、老通也。'"

又曰:"本書《人表》第六等中下孝成子。梁玉繩曰:'老成子始見《列子·周穆王》篇。翟教授曰:《藝文志》《老成子》在道家,蓋亦老子之徒,孝字訛。'"

姚振宗又曰:"按《元和姓纂》云:'老城氏,或爲考城子,古賢人也,著書,述黃老之道。《列子》有考城子,幼學于尹先生。'《氏族略》引文同。'幼學'似'學幻'之訛。又《姓纂》及《廣韻》《氏族略》別出老成氏,並言老成方仕宋,爲大夫,著書十篇,言黃老之道。豈著書者即爲老成方乎?其言十篇與此十八篇不合,不可知已。"

長廬子九篇

《補注》錢大昭曰:"'九篇'下,南雍本、閩本有注云'楚人',今本脫。"沈欽韓曰:"鄧析子云:'長廬之士。'《列子·天瑞》篇引其語,蓋並時人也。《史記·孟荀列傳》:'楚有長廬。'《御覽》三十七引《吕氏春秋》：'長盧子曰：山、岳、河、海、水、金、石、火、木，此積形成乎地也。'"王先謙曰："官本'篇'下有'楚人'二字。"

按，景祐本篇下有"楚人"二字。

姚振宗曰："《史記·孟荀列傳》：'楚有尸子、長盧，世多有其書，故不論其傳。'《索隱》曰：'長盧，未詳。'"

又曰："鄭樵《氏族略》曰：'長盧氏。不知其本。《列子》楚賢者長盧氏著書。'"

王狄子一篇

《補注》錢大昭曰："閩本作'正狄子'。"

姚振宗曰："王狄子未詳。"

姚氏又曰："按，氏族諸書亦無王狄氏，豈姓王名狄，如韓非、鄧析之稱者歟？"

公子牟四篇　魏之公子也，先莊子，莊子稱之。

《補注》王應麟曰："《荀子·非十二子》注：'魏牟，魏公子，封於中山。'今《莊子》有公子牟稱莊子之言，以折公孫龍。據即與莊子同時也。《說苑》：'公子牟東行，穰侯送之。'未知何者爲定。"錢大昭曰："高誘注《吕覽》云：'子牟，魏公子也，作書四篇。魏伐中山，得之，以封子牟，因曰中山公子牟也。'"沈欽韓曰："《列子·仲尼》篇：'中山公子牟，魏國賢公子，悦趙人公孫龍。'張湛云：'文侯子作書四篇，號曰道家。'案，平原君時，文侯没且百年，不得爲文侯子也。"

姚振宗曰："《列子·仲尼》篇：中山公子牟者，魏國之賢公子也，好與賢人游。張湛注曰：'公子牟，文侯子，作書四篇，號曰道家。魏伐得中山，以邑子牟，因曰中山公子牟也。'"

又曰："荀卿《非十二子》篇曰：'縱惰性，安恣睢，禽獸之行，楊注曰："言任情性所爲而不知禮義，則與禽獸無異，故曰禽獸行。"不足以合文通治,然而其持之有故,其言之成理,足以欺惑衆愚,是它囂、魏牟也。'楊倞曰:'魏牟,魏公子,封于中山。《莊子》有公子牟,稱莊子之言以折公孫龍,據即與莊子同時也。又《列子》稱公子牟解公孫龍之言。公孫龍,平原君之客,而張湛以爲文侯子,據年代非也。《說苑》曰公子牟東行,穰侯送之。未知何者爲定也。'按,《魏世家》魏文侯十七年伐中山,使子擊守之。文侯三十八年卒,子擊立,是爲武侯。武侯十六年卒,子罃立,是爲惠王。惠王二十八年,中山君相魏。張湛蓋以此中山君爲即公子牟,故謂文侯子,其時代亦頗相近,相魏之時年當在七八十矣,張說似未可非也。又曰:'妄稱古之人亦有如此者,故曰持之有故。① 又其言論能成文理,故曰言之成理,足以欺惑愚人衆人矣。'"

又曰:"本書《人表》魏公子牟列第六等中下,公孫龍之次。梁玉繩曰:'魏公子牟始見《趙策》《列子·仲尼》《莊子·秋水》,即魏牟,魏國之賢公子,魏得中山,以邑子牟,故曰公子魏牟,亦曰中山公子牟,亦曰范魏牟。'"

又曰:"馬國翰輯本序曰:'《漢志》道家《公子牟》四篇,魏之公子也。其書《隋》《唐志》皆不著目,佚已久。兹從《莊子》《戰國策》《呂氏春秋》《說苑》所引捃摭,犕可補四篇之缺,理見其大,清辯滔滔,宜乎折《堅白》《異同》之論,使公孫龍口呿而舌舉也。'"

田子二十五篇 名駢,齊人,游稷下,號天口駢。

師古曰:"駢,音步田反。"

《補注》錢大昭曰:"《呂氏春秋》云:'陳駢貴齊。'高誘注云:'陳駢,齊人也,作《道書》二十五篇。貴齊,齊生死、等古今也。''田''陳'古通用。劉向《七略》云:'齊田駢好談論,故齊人爲語曰天口駢。'"

---

① "曰"字原脱,據《漢書藝文志條理》補。

楊樹達曰："《別録》云：'稷,齊城門名,談説之士期會于稷門下甚衆,故曰稷下。'又按,《七略》爲劉歆撰,《補注》'向'字誤。"

姚振宗曰："《尸子·廣澤》篇曰：'田子貴均。'"

又曰："《吕氏春秋·不二》篇：'陳駢貴齊。'高誘曰：'陳駢,齊人也,作道書二十五篇。貴齊,齊死生、等古今也。'"

又曰："《史記·田敬仲世家》：'齊宣王喜游説文學之士,自如鄒衍、淳于髡、田駢、環淵之徒七十六人,皆賜列第,爲上大夫,是以齊稷下學士復盛,且數百千人。'又《孟荀列傳》：'自鄒衍與齊之稷下先生,如淳于髡、環淵、田駢之徒,言治亂之事,以干世主,豈可勝道哉。'又曰：'田駢,齊人。環淵,楚人。皆學黄老道德之術,因發明序其指意。'"

又曰："劉向《別録》曰：'稷,齊城門名。談説之士期會于稷門下者甚衆,故曰稷下。'又《七略》曰：'齊田駢好談論,故齊人爲語曰天口駢。天口者,言田駢子不可窮其口若事天。'"

又曰："本書《人表》田駢列第五等中中。梁玉繩曰：'田駢始見《齊策》《莊子·天下》《荀子·非十二子》,又名廣,齊人,亦曰田子,亦曰陳駢,亦曰陳駢子。'按,《七略》又稱曰田駢子。"

又曰："唐楊倞《荀子·非十二子》篇注：'田駢,齊人,游稷下,著書十五篇。按,敓"二"字。其學本黄老,大歸名法。'"

又曰："馬國翰輯本序曰：'《漢志》道家《田子》二十五篇,《隋》《唐志》皆不著録,佚已久。兹從《吕氏春秋》輯得佚説三篇,其一篇與《淮南子》所引互有詳略異同,參訂校補,並附考爲卷。'"

老萊子十六篇　楚人,與孔子同時。

《補注》沈欽韓曰："《楚策》：①'或謂黄齊曰：不聞老萊子之

---

① "楚",原誤作"魏",據《士禮居叢書》影印宋本《戰國策》（以下《戰國策》皆據此本,不再注明）改。

教孔子事君乎？示之其齒之堅也，六十而盡相靡也。'《孔叢‧抗志》篇又云：'子思見老萊子，老萊子曰：子不見夫齒乎，齒堅剛，卒盡相磨；舌柔順，終以不弊。'蓋紀載者誤分爲兩事也。《史記》云：'著書十五篇，與孔子同時。'《大戴記‧衛將軍文子》篇：①'孔子語子貢老萊子之行。'則《孔叢》所記妄矣。《文選注》十一：'劉向《別錄》云：老萊子，古之壽者。'畢尚書沅《道德經序》：'案古有萊氏，《左傳》有萊駒，老萊子應是萊子，如列御寇師老商氏，以商氏稱老矣。'"葉德輝曰："《尸子》引老萊子曰：'人生天地之間，寄也。寄者，固歸也。'②古者謂死人爲歸人，其生也存，其死也亡。皇甫謐《高士傳》：'老萊子曰：鳥獸之毛可績而衣，其遺粒足食也。'《莊子‧外物》載老萊子之弟子出薪遇仲尼。《志》云與孔子同時，是也。"

洪頤煊曰："案，《老萊子》見《大戴禮‧衛將軍文子》篇。《史記‧仲尼弟子列傳序》云：'孔子之所嚴事，於周則老子，於楚則老萊子。'太史公以老萊子亦與孔子同時，故附見於《老子傳》中。《禮記‧曾子問》引'老聃云'，當是適周問禮之老子。《莊子‧天運》篇：'孔子行年五十有一而不聞道，乃南之沛，見老聃。'沛地屬楚，疑是老萊子也。"

姚振宗曰："《史記‧老子列傳》：或曰：老萊子亦楚人，著書十五篇，言道家之用，與孔子同時云。張守節曰：'太史公疑老子或是老萊子，故書之。'"

又曰："又《仲尼弟子列傳》：'孔子之所嚴事：于周則老子；于衛，蘧伯玉；于齊，晏平仲；于楚，老萊子。'"

又曰："《大戴記‧衛將軍文子》篇：孔子曰：'德恭而行信，終

---

① "衛"字原脱，據《四部叢刊》影印明袁氏嘉趣堂本《大戴禮記》補。
② "固"，原誤作"同"，據清《平津館叢書》本《尸子》改。

曰言，不在尤之内，在尤之外，貧而樂也，蓋老萊子之行也。'
盧辯曰：'楚人，隱者也。'"

又曰："劉向《別錄》曰：'老萊子，古之壽者。'"

又曰："劉向《列女傳》：楚老萊子逃世，耕于蒙山之陽，葭牆蓬室，木牀蓍席，衣縕食菽，墾山播種。人或言之楚王曰：'老萊，賢士也。'王欲聘以璧帛，恐不來，楚王于是駕至萊子之門。萊子方織畚。王曰：'寡人愚陋，獨守宗廟，願先生幸臨之。'老萊子曰：'僕山野之人，不足守政。'王復曰：'守國之孤，願變先生之志。'老萊子曰：'諾。'王去。其妻戴畚萊，挾薪樵而來，曰：'何車迹之衆也？'老萊子曰：'楚王欲使吾守國之政。'妻曰：'許之乎？'曰：'然。'妻曰：'妾聞之，可食以酒肉者可隨以鞭捶，可授以官祿者可隨以鈇鉞。①今先生食人酒肉，受人官祿，爲人所制也。能免于患乎？妾不能爲人所制！'投其畚萊而去。老萊子曰：'子還！吾爲子更慮。'遂行不顧，至江南而止，曰：'鳥獸之解毛，可積而衣之，據其遺粒，②足以食也。'老萊子乃隨其妻而居之，民從而家者，一年成落，三年成聚。君子謂老萊子妻果于從善。"

又曰："皇甫謐《高士傳》：'老萊子者，楚人也。仲尼嘗聞其論而蹙然改容焉。著書十五篇，言道家之用，人莫知其所終也。'"

又曰："《太平御覽》四百十三：師覺授《孝子傳》曰：'老萊子者，楚人。行年七十，父母俱存，至孝蒸蒸。常著班蘭之衣，爲親取飲，上堂脚跌，恐傷父母之心，僵仆爲嬰兒啼。孔子曰：父母老，常年不稱老，爲其傷老也。若老萊子者，可謂不失孺子之心矣。'"

---

① "捶"，《漢書藝文志條理》作"棰"。"授"，《漢書藝文志條理》作"擬"。
② "據"，原誤作"捃"，據《漢書藝文志條理》改。

又曰:"鄭樵《氏族略》曰:'老萊氏,不詳其本。老萊子,楚賢人,著書。'"

又曰:"馬國翰輯本序曰:'《漢志》道家《老萊子》十六篇。《隋》《唐志》皆不著録,佚已久。兹從《莊子》《孔叢子》《尸子》、皇甫謐《高士傳》輯得四節,附考爲卷。家宛斯先生《繹史》云:"以矜知規仲尼,以齒舌喻剛柔,老聃之説也。《國策》稱老萊子教孔子事君,而《孔叢》則云語子思,若至穆公之世萊子猶在,其壽亦長矣。《史記》附老萊子于《老子列傳》之内,疑爲二人乎?抑兩人耶?何其言之相同也!"翰按《史記》云"老萊子亦楚人",明與老子同國。孫綽《游天台山賦》"躡二老之玄踪",注:二老,老子、老萊子也。二老道同,故以之合傳。矜知規仲尼,以《莊子》引之,自是老萊語,後人誤爲老聃。《國策》或謂齊黄曰:"公不聞老萊子之教孔子事君乎?"但言孔子,亦即指子思,非仲尼也。'"

黔婁子四篇　齊隱士,守道不詘,威王下之。

師古曰:"黔,音其炎反。下,音胡稼反。"

《補注》沈欽韓曰:"《列女傳》:'魯黔婁先生死,曾子與門人往弔。'先曾子死,亦不當威王時,蓋別一人。"周壽昌曰:"《廣韻》去聲十九候,'婁'字注引《漢志》作'贛婁子'。"葉德輝曰:"宋邵思《姓解》引《漢志》云:'齊有隱士贛婁子,著書五篇。'與《廣韻》同,是宋人所見《漢書》不作'黔',云'五篇',與《志》不合。"

姚振宗曰:"劉向《列女傳》:魯黔婁先生死,曾子與門人往弔之。哭之曰:'嗟乎!先生之終也,何以爲諡?'其妻曰:'以康爲諡。'曾子曰:'先生在時,食不充虚,①衣不蓋形,死則手

---

① "虚",《漢書藝文志條理》作"口"。

足不斂，旁無酒肉。生不得其美，死不得其榮，何樂于此而謚爲康乎？'其妻曰：'昔先生君嘗欲授之政，以爲國相，辭而不爲，是有餘貴也；君嘗賜之粟三千鍾，先生辭而不受，是有餘富也。彼先生者，甘天下之淡味，安天下之卑位，不戚戚于貧賤，不忻忻于富貴，求仁得仁，求義得義，其謚康，不亦宜乎？'曾子曰：'唯斯人也而有斯婦。'君子謂黔婁妻爲樂貧行道。"

又曰："皇甫謐《高士傳》：'黔婁先生者，齊人也。修身清節，不求進于諸侯。魯恭公聞其賢，遣使致禮，賜粟三千鍾，欲以爲相，辭不受。齊王又禮之，以黃金百斤聘爲卿，又不就。著書四篇，言道家之務，號《黔婁子》，終身不屈，以壽終。'"

又曰："邵思《姓解》曰：'《漢書·藝文志》齊有隱士贛婁子著書五篇。'鄧名世《古今姓氏書辨證》同，《廣韻》無'五篇'字。此所據大抵本之《風俗通·姓氏》篇，或東漢時應劭所見《贛婁子》有五篇也。贛婁、黔婁，猶老成、考成之類。'"

又曰："鄭樵《氏族略》：'黔婁氏，不詳其本。《列女傳》黔婁先生，古賢士。'"

又曰："馬國翰曰：'《漢志》道家《黔婁子》四篇，《隋》《唐志》不著目，佚已久。諸家亦無引述之者，惟曹氏庭棟搜采孔子及群弟子言行，仿薛據《孔子集語》作《逸語》，中引黔婁子述聖言一節，記原憲事一節。所據之書當爲不傳秘本，既不可考，姑依錄之，並附考爲卷。'"

宮孫子二篇

師古曰："宮孫，姓也，不知名。"

姚振宗曰："顏氏《集注》曰：'宮孫，姓也，不知名。'"

又曰："鄭樵《氏族略》：'室孫氏，王室之孫也。古有室孫子著書。《姓纂》云：今棣州有室孫氏。'鄧名世《古今姓氏書辨證》曰：'《漢·藝文志》有宮孫子著書，或云室孫氏。宮訛爲室。'"

姚振宗又曰："按，《氏族略》有室孫氏，無宮孫氏，據鄧名世言，則室孫氏即宮孫氏。"

鶡冠子一篇　楚人，居深山，以鶡爲冠。

師古曰："以鶡鳥羽爲冠。"

《補注》沈欽韓曰："《隋》《唐志》：'三卷。'韓子《讀鶡冠子》云'十六篇'。《讀書志》云'十五篇'。《通考》：'晁氏云：案，《四庫書目》十六篇，與愈合，已非《漢志》之舊。今書乃八卷，前三卷十三篇，與今所傳《墨子》同。中三卷十九篇。愈所稱兩篇，皆在後兩卷。有十九篇，多稱引漢以後事，皆後人雜亂附益之。今削去前後五卷，止存十九篇，庶得其真。'案，宋陸佃所注自《博選》至《武靈王》十九篇，然其中《龐煖論兵法》，《漢志》本在兵家，爲後人傅合耳，其語多有可采。柳宗元謂惟賈生《鵬賦》所引用者爲美，餘無可者。彼信遍觀之而定論耶？何其觕疏也！韓子之言當矣。"

姚振宗曰："劉向《別錄》曰：'鶡冠子常居深山，以鶡爲冠，故號鶡冠子。'"

又曰："應劭《風俗通·姓氏》篇：'鶡冠氏，賨人，以鶡冠爲姓。鶡冠子著書。'"

又曰："《太平御覽·逸民部》：'袁淑《真隱傳》：鶡冠子，或曰楚人，隱居幽山，衣弊履穿，以鶡爲冠，莫測其名，因服成號。著書言道家事，馮煖常師事之。煖後顯于趙，鶡冠子懼其薦己也，乃與煖絶。'按，此言馮煖者，即龐煖也。"

又曰："《隋書·經籍志》：'《鶡冠子》三卷，楚之隱人。'《唐·經籍志》：'《鶡冠子》三卷，鶡冠子撰。'《唐·藝文志》：'《鶡冠子》三卷。'《宋史·藝文志》：'《鶡冠子》三卷。不知姓名。'《漢志》云楚人，居深山，以鶡羽爲冠，因號云。"

又曰:"《崇文總目》曰:'今書十五篇,述三才變通古今治亂之道,唐世嘗辨此書後出,非古所謂《鶡冠子》者。'"

又曰:"《四庫提要》雜家:'劉勰《文心雕龍》稱鶡冠綿綿,亟發深言。韓愈稱其《博選》篇四稽五至之説,《學問》篇一壺千金之語,且謂其施于國家,功德豈少。柳宗元乃詆爲言盡鄙淺,謂其《世兵》篇多同《鵬賦》,據司馬遷所引賈生二語,以決其僞。然古人著書往往偶用舊文,古人引證亦往往偶隨所見,未可以單文孤證遽斷其僞。惟《漢志》作一篇,而《隋志》以下皆三卷,或後來有所附益,則未可知耳。其説雖雜刑名,而大旨本原于道德,其文亦博辨宏肆。自六朝至唐,劉勰最號知文,而韓愈最號知道,二子稱之,宗元乃以爲鄙淺,過矣。此本爲陸佃所注,凡十九篇。'按,《文心雕龍·事類》篇云:'觀乎屈宋屬篇,雖引古事而莫取舊詞。唯賈誼《鵬賦》,始用《鶡冠》之説。'此謂賈生引《鶡冠子》。柳氏謂好事者僞爲其書,反用《鵬賦》以文飾之,非誼有取也,蓋亦高明之過也。"

又曰:"案,《七略》兵權謀家有《鶡冠子》,班氏以其重復省之。梁玉繩《瞥記》卷五引翟晴江《涉獵隨筆》云:'鶡冠疑鷸冠之訛。《逸周書》曰:知天文者冠鷸冠,以鷸能知天晴雨也。《禮圖》謂之術士冠。《鶡冠》書述三才變通,其篇目有《天則》《天權》《能天》,他如《環流》《玉鈇》《泰鴻》《泰録》等篇,率多談天之文。'然考《鶡冠》書舊亦入之兵家,安知其人不好武而冠鶡冠以自表乎?翟教授之言太穿鑿,不可據。"

周訓十四篇

師古曰:"劉向《別録》云:'人間小書,其言俗薄。'"

姚振宗曰:"按,《別録》本文當是'民間',此蓋顏監避諱所改也。"

黃帝四經四篇

《補注》沈欽韓曰："《隋志》道經部云：'漢道書之流，其《黃帝》四篇、《老子》二篇，最得深旨。'《列子·天瑞》篇：'《黃帝書》曰：谷神不死，是爲玄牝。玄牝之門，是謂天地之根。綿綿若存，用之不勤。'又曰：'形動不生形而生影，聲動不生聲而生響。'又曰：'精神入其門，骨骸反其根，我尚何存？'《呂覽·去私》篇：'黃帝言曰：聲禁重，色禁重，衣禁重，香禁重，味禁重，室禁重。'《賈子·修政上》：'黃帝曰：道若川谷之水，其出無已，其行無止。'不具錄。《淮南子·泰族訓》：'黃帝曰：芒芒昧昧，因天之威，與元同氣。'此則至言要道，真道家之鼻祖。漢時黃帝、老子之言，自名其學，厥後轉湮，大約自淮南王等著書，遞相剽竊，故真書反無傳焉。"

姚振宗曰："《隋·經籍志》道佛篇曰：'漢時諸子，道書之流有三十七家，大旨皆去健羨，處沖虛而已。其《黃帝》四篇，《老子》二篇，最得深旨。'"

又曰："王氏《考證》：'黃帝、老子之書謂之黃老，《列子》引《黃帝書》，《呂氏春秋》引黃帝言，又曰嘗得學黃帝之所以誨顓頊矣，賈誼《淮南子》引黃帝曰云云。'"

又曰："嚴可均《全上古文編》：'黃帝，姓公孫，名軒轅。一云姓姬，始服軒冕，號軒轅氏。一云居軒轅之丘，因以爲號。亦云帝軒氏，一云帝鴻氏，一云歸藏氏。有熊國君少典之子，亦號有熊氏。伐炎帝，殺蚩尤，以土德王，稱黃帝。在位百年，年一百一十一。今輯《道言》凡六條，《政語》凡二條，《戒》一條，《丹書戒》一條，《誨顓頊》一條。'"

姚振宗又曰："案，太史公《素王妙論》曰：'諸稱富者，非貴其身，得志也乃貴，恩覆子孫，澤及鄉里也。黃帝設五法，布之天下，用之無窮。蓋世有能知者，莫不尊親，如范子可謂曉之矣。范蠡行十術之計,二十一年之間三致千萬,再散與貧。'案,《黃帝五法》當在此書中。"

黃帝銘六篇

《補注》王應麟曰:"《皇覽》記武王問尚父曰:'五帝之誡,可得聞歟?'尚父曰:'黃帝之誡曰:吾之居民上也,搖搖恐夕不至朝,故爲金人,三封其口,曰古之慎言。'《金人銘》蓋六篇之一也。"沈欽韓曰:"蔡邕《銘論》曰:'黃帝有巾機之法。'《文心雕龍·銘箴》篇:'帝軒刻輿几以弼違。'"葉德輝曰:"《路史·疏仡紀》引《黃帝·巾几銘》。"

姚振宗曰:"《文心雕龍·銘箴》篇:'銘者,名也。昔帝軒刻輿几以弼違,先聖鑑戒,其來久矣。'"

又曰:"王氏《考證》:《皇覽·記陰謀》言《黃帝金人器銘》,《金人銘》蓋六篇之一也。蔡邕《銘論》:'黃帝有巾機之法。'《皇王大紀》曰:'黃帝作《輿几之箴》以警宴安,作《巾几之銘》以戒逸欲。'"

又曰:"章學誠《校讎通義》曰:'《漢志》道家《黃帝銘》六篇,其書今既不可見。考《皇覽》《黃帝金人器銘》及《皇王大紀》所謂《輿几之箴》《巾几之銘》,①則六篇之旨可想見也。②'"

又曰:"嚴可均《全上古文編》:《漢志》道家有《黃帝銘》六篇,《路史·疏仡紀》引《巾几銘》,《説苑·敬慎》篇引《金人銘》。案,《巾几銘》,《後漢·朱穆傳》注'黃帝作巾几之法',即此《金人銘》。舊無撰人,據《太公陰謀》《太公金匱》知即《黃帝六銘》之一,《金匱》僅載銘首廿餘字,今取《説苑》足之。"

黃帝君臣十篇　　起六國時,與《老子》相似也。

《補注》沈欽韓曰:"《五帝紀》:'舉風后、力牧、常先、大鴻以

---

① "王"字原脱,據《漢書藝文志條理》補。
② "見"字原脱,據《漢書藝文志條理》補。

治民,順天地之紀,幽明之占,死生之説,存亡之難。'《御覽》七十九引《尸子》曰:'子貢曰:古者黄帝四面,信乎?孔子曰:黄帝取合己者四人,使治四方,不計而耕,不約而成,此之謂四面。'案,此蓋雜記其君臣事迹,爲後來言風后、力牧、太山稽等所本。"葉德輝曰:"《六韜·兵道》,《文子·符言》《上仁》,《吕氏春秋·應同》《去私》《圜道》《遇合》《審時》,《淮南·繆稱》《泰族》,並引《黄帝》道言;賈誼《新書·宗首》《修政上》又引《黄帝》政語,疑皆《君臣》篇遺文。"

雜黄帝五十八篇　　六國時,賢者所作。

姚振宗曰:"《淮南子·脩務》篇:'世俗之人多尊古而賤今,故爲道者必託之于神農、黄帝而後能入説。亂世暗主,高遠其所從來,因而貴之。爲學者蔽于論而尊其所聞,相與危坐而稱之,正領而誦之。此見是非之分不明。'"

又曰:"王氏《考證》:朱文公曰:'黄帝聰明仁聖,得之于天,天下之理無不知,天下之事無不能。上而天地陰陽造化發育之原,下而保神練氣愈疾引年之術,庶物萬事之理,巨細精粗,洞然於胸次,是以其言有及之者,而世之言此者,因自託焉,以信其説于後世。至戰國時,方術之士遂筆之書,以相傳授。如《列子》所引,與《素問》《握奇》之屬,蓋必有粗得遺言之彷彿者,如許行所道神農之言耳。《周官》外史掌三皇五帝之書,恐不但若此而已。'"

力牧三十二篇　　六國時所作,託之力牧。力牧,黄帝相。

《補注》錢大昭曰:"兵陰陽又有《力牧》十五篇。"沈欽韓曰:"《淮南·覽冥訓》:'黄帝治天下,而力牧、太山稽輔之,以治日月之行,律陰陽之氣,①節四時之度,正律歷之數。'王欽若

---

① "律",《漢書補注》作"治"。

《先天紀》：'帝問張若謀敵之事。張若曰：不如力牧能於推步之術。'"

周壽昌曰："兵陰陽家有《力牧》十五篇，較此少七篇，亦注云'依託'也。"

姚振宗曰："《史·五帝本紀》：舉風后、力牧、常先，大鴻以治民。裴駰《集解》：班固曰：'力牧，黃帝相也。'"

又曰："本書《人表》力牧居第二等上中仁人。梁玉繩曰：'力牧始見《列子·黃帝》《淮南·覽冥》。姓力，名牧。牧又作墨。'"

又曰："《淮南子·覽冥》篇：'黃帝治天下，力牧、太山稽輔之，以日月之行，律治陰陽之氣；節四時之度，正律歷之數；別男女，異雌雄，明上下，等貴賤；使強不掩弱，衆不暴寡；人民保命而不夭，歲時熟而不凶；田者不侵畔，漁者不爭隈；道不拾遺，市不豫賈；城郭不關，邑無盜賊；鄙旅之人，相讓以財；狗彘吐菽粟于路，而無忿爭之心。'"

又曰："皇甫謐《帝王世紀》：'力牧者，黃帝將也。蚩尤作亂，黃帝徵諸侯，使力牧、神皇直討之，擒于涿鹿之野，使應龍殺之，凡五十二戰而天下大服。'"

孫子十六篇　六國時。

《補注》沈欽韓曰："《鹽鐵論·論功》篇：'孫子曰：今夫國家之事，一日更百變，然而不亡者，可得而革也。逮出兵乎平原廣牧，鼓鳴矢流，雖有堯舜之知，①不能更也。'不稱兵法而言《孫子》，似是道家之《孫子》。"

楊樹達曰："姚振宗云：'《人表》孫子居第五等。梁玉繩云孫子惟見《莊子·達生》篇，名休。按，《人表》列此孫子于田太公和魏武侯之時，與春秋時孫武自別，亦與此言六國時相合。

---

① "之知"，原誤倒，據《四部叢刊》影印明嘉靖本《鹽鐵論》及《漢書疏證》乙正。

《莊子·達生》篇引其語，當出是書。'"

姚振宗曰："本書《人表》孫子居第五等中中。梁玉繩曰：'孫子惟見《莊子·達生》篇，名休。又梁學昌《庭立紀聞》云《藝文志》道家《孫子》十六卷，當即其人。'"

又曰："鄧名世《古今姓氏書辨證》：'莊子有子扁慶子，爲孫休師。'"

姚振宗又曰："案，《人表》于吳孫武之外列此孫子于田太公和魏武侯之時，與春秋時孫武自別，亦與此言六國相合，蓋即此孫子。《莊子·達生》篇引其語當出是書，然自司馬彪以來，注《莊子》書者皆略而不言，其始末不可考。德清俞樾《莊子人名考》亦但言孫休《釋文》無說云。"

捷子二篇　齊人，武帝時説。

《補注》錢大昭曰："《史記·孟荀傳》作'接子'。'接''捷'古字通。"王念孫曰："《古今人表》捷子在尸子之後，鄒衍之前，或作'接子'。《史記·田完世家》：'自餘騶衍、淳于髡、田駢、接子、慎到、環淵之徒。'《正義》：'接子，齊人。《藝文志》云《接子》二篇，在道家流。'《孟子荀卿傳》正義同。是捷子乃六國時人，不言"六國時"者，蒙上條而省。非武帝時人。'武帝時説'四字，乃涉下條注'武帝時説於齊王'而衍。"葉德輝曰："《元和姓纂》入聲二十九葉'捷'下引作'三篇'。又引《風俗通》云：'邾公子捷菑之後，以王父字爲氏。'又'接'字下引《三輔決錄》云：'接子所著書十篇。'是'捷子'與'接子'爲二。邵思《姓解》一'捷'下引《三輔決錄》作'接昕子'，與《姓纂》引異。然則'捷子''接子'疑非一人。"

姚振宗曰："《史·田完世家》：'齊宣王喜文學游説之士，自如鄒衍、淳于髡、田駢、接子、慎到、環淵之徒七十六人，皆賜列第，爲上大夫，不治而議論。又《孟荀列傳》：'田駢、接子、環淵,皆學黃老道德之術,因發明序其指意。環淵著上下篇,而田駢、接子皆有所論焉。'又曰:'接子,齊人。'"

又曰:"本書《人表》捷子居第五等中中。梁玉繩曰:'捷子又作接子,始見《莊子·則陽》《田完世家》《孟荀傳》,《藝文志》注謂武帝時說,恐誤。接、捷古通。'"

又曰:"應劭《風俗通·姓氏》篇:捷氏,邾公子捷菑之後。《漢·藝文志》有《捷子》二篇,六國時人。張澍輯注曰:'案,捷子,齊人,一作接子。云武帝時人,誤。又案,《淮南子》黃帝臣捷剟,是捷姓不始于捷菑也。'"

又曰:"王氏《考證》:《史記》'接子,齊人,與慎到、田駢同時,皆學黃老①'。《藝文志》云'武帝時說',當考。"

又曰:"襄平李鍇《尚史諸子傳》:'《鹽鐵論》"湣王矜功不休,百姓不堪。慎到、捷子亡去,田駢如薛,孫卿適楚"。案,孫卿,襄王時乃適楚,說誤。'按,桓次公言,知捷子亦必及見孫卿也。"

又曰:"沈濤《銅熨斗齋隨筆》曰:'捷子著書在戰國時,而云"武帝時說",②案下文"《曹羽》二篇,楚人,武帝時說于齊王",則四字乃涉下而誤衍耳。'"

曹羽二篇　楚人,武帝時說於齊王。

姚振宗曰:"曹羽無考。"

姚氏又曰:"案,武帝時,齊王有齊懿王壽、齊厲王次景,並高帝子齊悼惠王肥之後也。③元朔中,亡後,國除。又有齊懷王閎,武帝子也。元封元年,亡後,國除。即主父偃相齊時脅王而自殺者。自是之後無齊王。又考齊悼惠王母,曹氏也,似曹羽于齊

---

① "皆"字原脫,據《漢書藝文志條理》補。
② "云"字原脫,據《漢書藝文志條理》補。
③ "肥"字原脫,據《漢書藝文志條理》補。

王爲外屬,其説于齊王當在懿王、厲王之時歟?"

郎中嬰齊十二篇　武帝時。

師古曰:"劉向云:'故待詔,不知其姓,數從游觀,名能爲文。'"

姚振宗曰:"劉向《別録》曰:'嬰齊,故待詔,不知其姓,數從游觀,名能爲文。'"

姚氏又曰:"案,《詩賦略》中有郎中臣嬰齊賦十篇,①次司馬遷之後。"

臣君子二篇　蜀人。

姚振宗曰:"張澍《蜀典·姓氏》篇:'《漢書·藝文志》道家有《臣君子》二篇,蜀人。案,《書》序有《疑至》《臣扈》。臣,姓;扈,名也。《唐·宰相世系表》言臣扈、祖己皆仲虺之胄裔。唐有臣悦,著《平陳紀》。五代漢有臣綜,官安東將軍。今蜀無此氏。'"

姚氏又曰:"案,張氏所考,則著書者臣姓而稱爲君子,猶鄭人而號爲長者。其列于鄭長者之前,則大抵六國時人,與下四家別爲一類者歟?"

陳直曰:"先府君曰:'君子爲君平之誤字,謂嚴君平之《道德指歸論》也。'直按:'《道德指歸論》共十一篇,此云兩篇,或其中之一部份。"

鄭長者一篇　六國時。先韓子,韓子稱之。

師古曰:"《別録》云:'鄭人,不知姓名。'"

《補注》沈欽韓曰:"《韓非子·外儲説右》兩引《鄭長者》説。"

陶憲曾曰:"釋慧苑《華嚴經音義》下引《風俗通》云:'春秋之末,鄭有賢人,著書一篇,號《鄭長者》。'謂年高德艾,事長於

---

① "略"字、"賦"字原脱,據《漢書藝文志條理》補。

人,以之爲長者也。"

姚振宗曰:"劉向《別錄》曰:'鄭長者,鄭人,不知姓名。'"

又曰:"唐釋慧苑《華嚴音義》引《風俗通》曰:'春秋之末,鄭有賢人著書一篇,號《鄭長者》。① 謂年長德艾,事長于人,以之爲長者故也。'"

又曰:"《御覽·逸民部》:'袁淑《真隱傳》:鄭長者,隱德無名,著書一篇,言道家事,韓非稱之,世傳是長者之辭,因以爲名。'王氏《考證》曰:'見《韓非子·外儲說》。'"

又曰:"馬國翰輯本序曰:'《漢志》道家《鄭長者》一篇,《別錄》云不知姓名。《隋》《唐志》皆不著錄,佚已久。《韓非子·外儲說》引一則是佚篇中語,據錄,以存一家。'"

楊樹達曰:"按,《鹽鐵論·箴石》篇云:'吾聞之鄭長者曰"者"字今本誤作"孫",依顧千里校改。君子正顔色則遠暴慢,出辭氣則遠鄙倍矣。'與《論語》曾子語同。"

楚子三篇

姚振宗曰:"楚子無考。案,臣姓而稱爲君子,鄭人而號爲長者,則此殆以楚人而尊爲子者歟?"

道家言二篇　近世,不知作者。

姚振宗曰:"案,此亦似劉中壘所裒錄,如《儒家言》十八篇之類也。"

又曰:"又案,是篇皆黃老之學,其章段分而爲七:《伊尹》《太公》《辛甲》《鬻子》《筦子》,此五家在老氏之前,道家之書之最先者,爲第一段;《老子》鄰氏、傅氏、徐氏及劉向《經傳》《經說》四家,皆解釋《老子》本書,爲第二段;《文子》以下至《田子》十家,皆本老氏宗旨而别自爲書,《莊》《列》其最著者也,

---

① "者",原誤作"春",據《漢書藝文志條理》改。

爲第三段；老萊子與老子同時，而黔婁、宫孫、鶡冠或宗其學，故提出別爲一類，而以民間相傳之《周訓》附之，此五家爲第四段；《黄帝》至《捷子》七家，皆六國時人所述，或託黄帝，或託力牧，而孫子、捷子之書，大抵亦近于黄帝，故次之于此，爲第五段；《曹羽》《嬰齊》兩家，則漢人之書也，爲第六段；《臣君子》《鄭長者》《楚子》三家，似皆周秦六國時人，其書體裁或異，故爲別類從；殿以劉中壘所録《道家言》一家，爲第七段終焉。"

右道家三十七家，九百九十三篇。

姚振宗曰："按，此言家數不誤，其篇數則溢出一百九十二篇，今校定當爲八百一篇。"

道家者流，

王應麟曰："致堂胡氏曰：'道以天下共由而得名，得道而盡，惟堯、舜、文王、孔子而已。黄帝之書無傳；老聃八十一篇，概之孔孟，固難以大成歸之。自其所見而立言，不可與天下共由也；獨善其身，不可與天下共由，而名之曰道，此漢以來淺儒之論，以啓後世枝流分裂之弊。'陳平曰："我多陰謀，是道家之所禁。"太史公曰："平少時本好黄帝、老子之術。"太史公習道，《論六家要旨》言道家爲長。"

姚明煇曰："《經典釋文·老子音義》出道字云：'生天地之先。'老子，史官也，而道家。司馬氏史爲史官，而太史談《論六家要旨》推重道家。其言道家使人精神專一，與時遷移，應物變化，旨約易操，事少功多，即秉要執本之謂也。"

劉光蕡曰：①"此處所道，不如史公之精，蓋班氏所見之道家也。"

---

① "蕡"，原誤作"賁"，據前後文改。

蓋出於史官，歷記成敗存亡禍福古今之道，然後知秉要執本，清虛以自守，卑弱以自持，

《補注》沈欽韓曰："劉向序《列子》云：'道家者，秉要執節，清虛無爲，及其治身接物，務崇不競，合於六經。'班氏即用其語。《隋志》：'黃帝以下，聖哲之士，所言道者，傳之其人，世無師說。漢時，曹參始薦蓋公能言黃老，文帝宗之。自是相傳，道學衆矣。'案，《樂毅傳》贊序其源流云：'樂臣公本師號曰河上丈人，不知其所出。河上丈人教安期生，安期生教毛翕公，毛翕公教樂瑕公，樂瑕公教樂臣公，樂臣公教蓋公，蓋公教於齊，爲曹相國師。'"

此君人南面之術也。

《補注》王念孫曰："案，'君人'當爲'人君'。《穀梁傳序》疏、《爾雅序》疏引此皆不誤。"

周壽昌曰："案，道家取《老子》爲重，入《老子經傳説》四家，自漢已然，固無足怪。而書目以《伊尹》爲首，《太公》次之。後又入《黃帝》四家，《力牧》一家，極無倫次。蓋漢治法黃老，竇太后好黃帝老子言，至不許景、武嚮儒，且恐亂其家法，所謂人君南面之術即此也。"

合於堯之克攘，

師古曰："《虞書·堯典》稱堯之德曰'允恭克讓'，言其信恭能讓也，故《志》引之云。攘，古'讓'字。"

《補注》錢大昕曰："《説文》'揖攘'字從'手'，'責讓'字從'言'，'數奪'字從'攴'。"

《易》之嗛嗛，一謙而四益，此其所長也。

師古曰："四益，謂天道虧盈而益謙，地道變盈而流謙，鬼神害盈而福謙，人道惡盈而好謙也。此《謙卦》彖辭。'嗛'字與'謙'同。"

《補注》劉奉世曰:"'嗛'若與'謙'同,何爲作兩字?蓋《易》文辭有云'嗛嗛'者。"吳仁傑曰:"《易·謙卦》初六爻,《子夏傳》作'嗛嗛君子'。《商銘》曰:'嗛嗛之德,不足就也,不可以矜而祇取憂也;嗛嗛之食,不足狃也,不能爲膏而祇離咎也。'韋昭云:'嗛嗛,猶小小也。'疑卦名與鳴謙、勞謙、撝謙皆當從'言'從'兼',而初六嗛嗛,皆當從'口'。字書:謙,敬也。'歉',通作'嗛',不足貌。則嗛嗛蓋自視欿然之意。《子夏傳》作'嗛嗛',止本於初六一爻耳。今卦中他字盡作'嗛',則傳者失之。"錢大昕曰:"古書'言'旁字與'口'旁字往往相通,故'謙'或爲'嗛'。"

及放者爲之,則欲絕去禮學,兼棄仁義,曰獨任清虛可以爲治。

師古曰:"放,蕩也。"

姚振宗曰:"太史公司馬談《論六家要旨》曰:'道家使人精神專一,動合無形,贍足萬物。其爲術也,因陰陽之大順,采儒墨之善,撮名法之要,與時遷移,因物變化,立俗使事,無所不宜,指約而易操,事小而功多。'"

又曰:"《隋書·經籍志》曰:'道者,蓋爲萬物之奧,聖人之至賾也。《易》曰:一陰一陽之謂道。又曰:仁者見之謂之仁,智者見之謂之智,百姓日用而不知。夫陰陽者,天地之謂也。天地變化,萬物蠢生,則有經營之迹。至於道者,精微淳粹,而莫知其體,處陰與陰爲一,在陽與陽不二。仁者資道以成仁,道非仁之謂也;智者資道以爲智,道非智之謂也;百姓資道而日用,而不知其用也。聖人體道成性,清虛自守,爲而不恃,長而不宰,故能不勞聰明而人自化,不假修營而功自成。其玄德深遠,言象不測。先王懼人之惑,置於方外,六經之義,是所罕言。《周官》九兩,其三曰師,蓋近之矣。然自黄帝以下,聖哲之士,所言道者,傳之其人,世無師說。漢時,曹參始薦蓋公能言黃老,文帝宗之。自是相傳,道學衆矣。下士爲之,不推其本,苟以異俗爲高,狂狷爲尚,迂誕譎怪而失其真。'"

劉光蕡曰:①"儒家出於司徒之官,綱紀人倫之文也,即《論語‧八佾》篇之禮樂也。道家出於史官,主持世道之心也,即《里仁》篇之仁也。位不居於億兆人之上,不能令天下而使之從;心不伏於億兆人之下,不能持天下而使之固。清虛者無富天下之心,然後可以富有四海;卑弱者無貴天下之心,然後可以貴爲天子。舜有四海而不與之謂也。特舉堯之克讓,堯不以天下爲富貴而私其子孫,堯之仁所以如天也,後世君道之失其端均在此。不以天下爲私業,其制治之法,必協天下人心之公,而無一不出於天理,此王道也。若霸術,則以天下爲富而把持之,不清虛而貪肆,不卑弱而驕橫,後世君道之失,未有不由此者也。"又曰:"嘩衆取寵,儒家之失,後世富貴利達之俗學,在人主,不惟庸君如是,即英明者亦莫不如是,獨任清虛爲治,②後世人君無用之者,惟漢文帝略近之。三代後,令主當推漢文爲第一。則孔子之道必合道家、儒家爲一,方爲合內外之道,而二帝三王之治以傳心爲要,則道尤爲治之本也。"又曰:"清虛必不嘩衆,卑弱必不取寵,故儒而兼道必不失之辟。游文六藝,留意仁義必不獨任清虛,故道而兼儒,必不失之放。必合儒道兩家,方爲孔子集大成,堯、舜以來相傳之大道。後世尊儒,擯道家爲異端,訓詁、詞章久痼其聰明,未嘗得聞大道之要也。"又曰:"聖人之道爲一貫。一貫者,體一而用殊也。道家知體之一,而輕萬殊之用,弊必至於廢學而昧時,《論語》首章言學言時,救道家之失也。儒家知用之萬,而昧一本之體,弊必至於務外而不仁。次章言孝弟

---

① "蕡",原誤作"賁",據前後文改。
② "任",原誤作"往",據《前漢書藝文志注》及上下文意改。

爲仁,三章巧言鮮仁,救儒家之失也。"

陰　　陽

宋司星子韋三篇　景公之史。

《補注》沈欽韓曰:"《呂覽·制樂》篇:'宋景公之時,熒惑在心,公懼,召子韋而問焉,子韋曰:熒惑者,天罰也;心者,宋之分野也。禍當於君。'《論衡·變虛》篇:'案,子韋《書録序》奏,亦言子韋曰:君出三善言,熒惑宜有動。於是候之,果徙舍。'案,充所引者,即劉向奏也。"

姚振宗曰:"《史記·宋世家》:景公頭曼立三十七年,熒惑守心。心,宋之分野也。景公憂之。司星子韋曰:'可移于相。'景公曰:'相,吾之股肱。'曰:'可移于民。'景公曰:'君者待民。'曰:'可移于歲。'景公曰:'歲饑民困,吾誰爲君!'子韋曰:'天高聽卑。君有君人之言三,熒惑宜有動。'於是候之,果徙三度。又《天官書》曰:'昔之傳天數者,于宋子韋。'"

又曰:"劉向《新序·雜事》第四篇:宋景公時,熒惑在心,懼,召子韋而問曰:'熒惑在心,何也?'子韋曰:'熒惑,天罰也。心,宋分野也。禍當君身。雖然,可移于宰相。'公曰:'宰相所使治國也;而移死焉,不詳。寡人請自當也。'子韋曰:'可移于民。'公曰:'民死,將誰君乎?寧獨死耳。'子韋曰:'可移于歲。'公曰:'歲饑民餓,必死。爲人君欲殺其民以自活,其誰以我爲君乎?是寡人之命固盡矣。子無復言矣。'子韋還走,北面再拜曰:'臣敢賀君。天之處高而聽卑,君有仁人之言三,天必三賞君。今夕星必徙舍,君延壽二十一歲。'公曰:'子何以知之?'對曰:'君有三善,故三賞,星必三舍,舍行七星,星當一年,三七二十一,故曰延壽二十一年。臣請伏于殿下以伺之,星不徙,臣請死之。'公曰:'可。'是夕也,星三徙舍，如子韋言。"

又曰："《論衡・變虛》篇：'案，《子韋書錄序奏》亦言：子韋曰：君出三善言，熒惑宜有動。于是候之，果徙舍。不言三。世增言三，既空增三舍之數，又虛生二十一年之壽也。'按，王仲任見此書《序錄》，自'子韋曰'至'果徙舍'數語，磧爲《別錄》佚文。"

又曰："本書《人表》宋子韋居第五等中中。梁玉繩曰：'宋子韋始見《呂氏春秋・制樂》《淮南・道應》、《新序》四。宋景公之史，賜姓子，名曰韋，亦曰司星子韋，亦曰司馬子韋。'"

又曰："秦王嘉《拾遺記》：宋景公之世，有善星文者，許以上大夫之位。野人披草負笈而進，①曰：'君愛陰陽之術，好象緯之秘，請見。'景公乃延之崇堂。語未來之兆，已往之事。夜觀星望氣，晝執算披圖。景公謝曰：'今國喪亂，微君何以輔之？'曰：'德之不鈞，亂將及矣。脩德以來人，則天應之祥，人美其化。'景公曰：'善。'賜姓子氏，名之曰韋，即子韋也。蕭綺曰：'宋子韋司天部，妙觀星緯，抑亦梓慎，裨竈竈之儔。景公待之若神。《春秋》因生以賜姓，亦緣事以之顯名，號司星氏。至六國之末，著陰陽之書。'"

姚振宗又曰："按此則是書乃六國之末子韋後人所錄，猶《公》《穀》皆數傳而後著于竹帛也。"

又曰："馬國翰輯本序曰：'《漢志》陰陽家有《宋司星子韋》三篇，今其書亡。惟《呂氏春秋》《淮南子》、劉向《新序》並引熒惑徙舍一節，王充《論衡》亦載之，以爲空增三舍之數，又虛生二十一年之壽。案，向典校中秘書，故有《別錄》之奏，《新序》同出向手，所述原文詳于《錄》奏，考以《呂覽》《淮南》，當得其

---

① "草"，原誤作"革"，據《漢書藝文志條理》及明萬曆二十年新安程氏刻《漢魏叢書》本王嘉《拾遺記》改。

實,未可執此而疑彼,仲任必執以爲虛誣,何其謬哉!'"
公檮生終始十四篇　傳鄒奭《始終》書。
師古曰:"檮,音疇,其字從木。"
《補注》錢大昭曰:"案,下有《鄒子終始》五十六篇,則此注'始終'當作'終始'矣。'奭'字亦誤,作《終始》者,是鄒衍,非鄒奭也。別有《鄒奭子》十二篇,非《終始》書。"沈欽韓曰:"《律曆志》:'丞相屬寶、長安單安國、安陵桮育治《終始》,言黃帝以來三千六百二十九歲。'"葉德輝曰:"邵思《姓解》三引《漢志》作'公搗子'。"

汪榮寶曰:"《孟荀列傳》云:'騶衍乃深觀陰陽消息,而作怪迂之變,《終始》《大聖》之篇十餘萬言。'《藝文志》有《鄒子終始》五十六篇,入陰陽家。是終始者,謂五德終始之説,乃戰國時陰陽學者所創。《志》又有《公檮生終始》十四篇,注云:'傳鄒奭《始終》書。'是二鄒同爲此學。錢氏大昭《漢書辨疑》以公檮生傳鄒奭《始終》書,'始終'當作'終始'。'奭'字亦誤。作《終始》者是鄒衍,非鄒奭。別有《鄒奭子》十二篇,非終始書。不知終始乃學術之名,非衍書專稱。《鄒奭子》十二篇同入陰陽家,則公檮所傳者何必非奭書?又稱小異,無關閎旨,奭書自名始終,其義亦同,不必爲終始之誤。"

姚振宗曰:"《廣韻》一東'公'字注:'公,又復姓,《漢書·藝文志》有公檮子著書。'按,《廣韻》以兵技巧家之公孫子爲公勝生,以是篇之公檮生爲公檮子,並顛倒寫誤也。"

又曰:"鄧名世《古今姓氏書辨證》:'公檮氏,《漢·藝文志》有《公檮生終始》十四篇,傳黃帝終始之術。'"

又曰:"沈濤《銅熨斗齋隨筆》曰:'褚先生引《黃帝終始傳》按,見《史記·三代世表》。曰漢興百有餘年,有人不短不長,出自燕之鄉云云。《索隱》曰:蓋謂五行讖緯之説,若今之童謠也。

濤按，小司馬説非是。《終始傳》即終始五德之傳,《封禪書》公孫臣上書曰：推終始傳，則漢當土德。疑即《黃帝終始傳》。《漢志》有《公檮生終始》十四篇即其類也。'按，褚少孫所引《黃帝終始傳》，似武、昭時方士依託爲之，非即此本也。"

姚振宗又曰："按，章氏《校讎通義》有曰：'陰陽家《公檮生終始》十四篇，①在《鄒子終始》五十六篇之前，而班固注云公檮傳鄒奭《始終》書，豈可使創書之人居傳書之人後乎？今考鄧氏《姓氏書辨證》，班氏原注：傳黃帝《終始》書，今注乃轉寫之誤，是爲傳《終始》書之最初者。又《終始》之書不始傳于鄒奭，而鄒奭之書亦不名《終始》，是亦足以證寫誤之實。'據章氏以鄒衍、鄒奭爲創書之人，非也。"

公孫發二十二篇　六國時。

《補注》沈欽韓曰："文帝時，魯人公孫臣上書，陳《終始五德傳》，言漢土德。發或臣之先也。"

姚振宗曰："公孫發未詳。按，此以叙次先後言之，則其人在鄒衍之前，似即爲公檮生之學，蒙上'終始'二字者歟？"

鄒子四十九篇　名衍，齊人，爲燕昭王師，居稷下，號談天衍。

《補注》王應麟曰："《史記》'騶衍深觀陰陽消息而作怪迂之變，《終始》《大聖》之篇十餘萬言，其語閎大不經'云云。燕昭王身親往師之，作《主運》。又見《司爟》注鄭司農引。"

周壽昌曰："劉向《七略》《別錄》引《方士傳》言鄒衍在燕，燕有谷，地美而寒，不生五穀。鄒子居之，吹律而溫氣至，而生黍穀。今名黍谷。《藝文類聚》卷九、《御覽》卷五十四引並同。鄒子書有《主運》篇，見《史記·孟荀傳·索隱》。"

---

① "生"，原誤作"公"，據《漢書藝文志條理》改。

鄒子終始五十六篇

師古曰:"亦鄒衍所説。"

《補注》王應麟曰:"《封禪書》:'齊威、宣之時,騶子之徒,論著《終始》五德之運,及秦帝,齊人奏之。'"陶憲曾曰:"《文選·魏都賦》注:'《七略》云:鄒子有《終始》五德,從所不勝,土德後,木德繼之,金德次之,火德次之,水德次之。'"

周壽昌曰:"案,《史記·封禪書》、本書《郊祀志》俱引作騶子,戰國齊威宣時人,其書論著五德終始之運。如氏注'今其書有五德終始,五德各以所勝爲行。秦謂周爲火德,滅火者水,故自謂之水德'云云,是此書故名'五德終始'也。"

楊樹達曰:"按,《嚴安傳》安引鄒衍曰:'政教文質者',所以云救也,當時則用,過則舍之,有易則易也。'《劉向傳》云:'《淮南枕中鴻寶》言鄒衍《重道延命方》。'疑皆當在此四十九篇中也。"

姚振宗曰:"《史記·孟子列傳》:'齊有三鄒子。其前騶忌,先孟子。其次騶衍,後孟子。騶衍睹有國者益淫侈,不能尚德,若《大雅》整之于身,施及黎庶矣。乃深觀陰陽消息而作怪迂之變,《終始》《大聖》之篇十餘萬言。其語閎大不經,必先驗小物,推而大之,至于無垠。先序今以上至黃帝,學者所共術,大並世盛衰,《索隱》:言其並大體隨代盛衰,觀時而説事。因載其機祥度制,推而遠之,至天地未生,窈冥不可考而原也。先列中國名山大川,通谷禽獸,水土所殖,物類所珍,因而推之,及海外人之所不能睹。稱引天地剖判以來,五德轉移,治各有宜,而符應若兹。以爲儒者所謂中國者,于天下乃八十一分居其一分耳。中國名曰赤縣神州。赤縣神州内自有九州,禹之序九州是也,不得爲州數。中國外如赤縣神州者九,乃所謂九州也。于是有裨海環之,人民禽獸莫能相通者,如一區中者,乃爲一州。① 如此者九,乃有大瀛海環其外。天地之際焉。其術皆此類也。然要其歸,必止乎仁義節儉,君臣上下六親之施始也濫耳。王公大人初見其術,懼然顧化,其後不能行之。是以騶子重于齊。適梁,梁惠王郊迎,執賓主之禮。適趙,平原君側行襒席。如燕,昭王擁彗先驅,請列弟子之座而受業,築碣石宮,身親往師之。作《主運》。其游諸侯見尊禮如此。又《荀卿傳》:鄒衍之術迂大而閎辯,故齊人頌曰談天衍。'按,史公言此二書之大要如此。"

又曰:"又《曆書》曰:'是時獨有鄒衍,明于五德之傳,而散消息之分,以顯諸侯。'"

又曰:"又《封禪書》曰:'自齊威、宣之時,鄒子之徒論著終始五德之運,及秦帝而齊人奏之,故始皇采用之。'又曰:'鄒衍以陰陽主運顯于諸侯,按,《陰陽》《主運》似即此兩書首一篇篇目也。而燕齊海上之方士傳其術不能通,然則怪迂阿諛苟合之徒自此興,不可勝數也。'如淳曰:'今其書有五德各以所勝爲行。'又曰:'其書有《主運》。五行相次轉用事,隨方面爲服也。'按,史言《終始》《大聖》之篇,則《大聖》亦是篇名。"

又曰:"劉向《別錄》:'《方士傳》言鄒衍在燕,燕有谷,地美而寒,不生五穀。鄒子居之,吹律而溫氣至,而黍生,今名黍谷。'又曰:'鄒衍之所言五德終始,天地廣大,盡言天事,② 故曰談天。'又曰:'《鄒子》書有《主運》篇。'"

又曰:"劉歆《七略》曰:'《方士傳》言鄒子在燕,其游,諸侯畏之,皆郊迎而擁彗。'又曰:'鄒子有《五德終始》,言土德從所不勝,木德繼之,金德次之,火德次之,水德次之。'"

又曰:"本書《人表》鄒衍列第五等中中。梁玉繩曰:'鄒衍始

---

① "爲",《漢書藝文志條理》作"謂"。
② "盡",原誤作"晝",據《漢書藝文志條理》改。

見《燕策》《列子·湯問》。又作䮘，又作䮧，亦曰鄒子，齊人，葬齊州章丘縣東十里。'"

又曰："馬國翰輯本序曰：'《漢志》陰陽家有《鄒子》四十九篇，又《鄒子終始》五十六篇，《隋》《唐志》皆不著録，佚已久。茲從《史記》及諸書所引輯録為一帙。'"

又曰："《文心雕龍·諸子》篇：'騶子養政于天文。'"

姚振宗又曰："本書《律曆志》云'丞相屬寶、長安單安國、安陵桮育治《終始》'，則昭帝時猶有傳習者。司馬貞《索隱》有曰：'桓寬、王充並以衍之所言迂怪虛妄，熒惑六國之君，因納其異説，所謂匹夫而熒惑諸侯也。'"

乘丘子五篇　六國時。

《補注》沈欽韓曰："當作'桑丘'。《隋志》'晉征南軍師楊偉撰《桑丘先生書》二卷'，本此。"葉德輝曰："沈説是也。邵思《姓解》二引《漢志》正作'桑丘'。"

姚振宗曰："《廣韻》十八尤'丘'字注：'《藝文志》有桑丘公。'"

又曰："邵思《姓解》：'《漢書·藝文志》有桑丘生。'"

又曰："鄭樵《氏族略》：'桑丘氏，蓋以地為氏者。《漢書》桑丘公著書五篇。《姓纂》云今下邳有此姓。'"

又曰："鄧名世《古今姓氏書辨證》：王子年《拾遺記》曰：'少皞號曰窮桑氏，亦曰桑丘氏。六國時桑丘子著陰陽書，即其裔也。'"

姚振宗又曰："按，氏姓諸書有桑丘氏，無乘丘氏。隸寫'桑'或作'桒'，'乘'或作'乗'。故往往訛'桒'為'乗'。漢之桑欽、桑弘，《釋文》亦云'一作乘欽、乘弘'，此'乘丘子'亦'桒丘子'之訛。"

杜文公五篇　六國時。

劉向《別録》曰："杜文公，韓人也。"

黄帝泰素二十篇　六國時韓諸公子所作。

劉向《別錄》曰："或言韓諸公孫之所作也。言陰陽五行以爲黄帝之道也，故曰《泰素》。"

姚振宗曰："按，《史·殷本紀》'伊尹從湯，言素王及九主之事'，《索隱》曰：'素王者，太素上王，其道質素，故曰素王。'此言《泰素》，其義亦猶是爾。"

南公三十一篇　六國時。

《補注》王應麟曰："《項羽紀》：'楚南公曰：楚雖三户，亡秦必楚也。'《正義》曰：'虞喜《志林》云：南公者，道士，識廢興之數，知亡秦者必於楚。'徐廣云：'楚人也。善言陰陽。'《真隱傳》：'居國南鄙，因以爲號，著書言陰陽事。'"葉德輝曰："《元和姓纂》二十二覃'南公'下云：'戰國時有南公著書三十卷，言五行陰陽事。蓋衛南公子之後也。'"

姚振宗曰："《史·項羽本紀》：居鄹人范增説項梁曰：'夫秦滅六國，楚最無罪。自懷王入秦不反，楚人憐之至今。故楚南公曰楚雖三户，亡秦必楚也。'徐廣曰：'南公，楚人也，善言陰陽。'文穎曰：'南方老人也。'《正義》：'虞喜《志林》云：南公者，道士，識廢興之數，知亡秦者必於楚。《漢書·藝文志》云《南公》十三篇，①六國時人，在陰陽家流。'又曰：'服虔云：三户，漳水津也。孟康云：津，峽名也，在鄴西三十里。《括地志》云：濁漳水又東經葛公亭北，經三户峽，爲三户津，在相州滏陽縣界。然則南公辨陰陽，識廢興之數，知秦亡必于三户，故出此言。後項羽果渡三户津破章邯軍，降章邯，②秦遂亡。是南公之善識。'"

又曰："《御覽·逸民部》：袁淑《真隱傳》曰：'南公者，楚人

---

① "十三"，原誤作"三十一"，據《漢書藝文志條理》改。

② "邯軍降章邯"，原誤作"邯降"，據《漢書藝文志條理》改。

也,埋名藏用,世莫能識。居國南鄙,因以爲號,著書言陰陽事。'"

又曰:"鄭樵《氏族略》:'南公氏,戰國時有南公子,著書三十一篇,言五行陰陽事,蓋衛南公子之後。'按,《秦本紀》秦武王時有南公揭,則秦亦有南公氏。然文穎、袁淑皆以此南公非姓氏,莫得而詳已。"

容成子十四篇

《補注》王應麟曰:"《吕覽·弗躬》篇:'容成作曆。'《莊子·則陽》篇:'容成氏曰:除日無歲,無内無外。'"朱一新曰:"《志》次於《南公》後,當是六國時人,言陰陽以爲容成之道,如《黄帝泰素》之比。"

姚振宗曰:"王氏《考證》曰:'《莊子·則陽》篇:容成氏曰:除日無歲,無内無外。'"

又曰:"德清俞樾《莊子人名考》:'《則陽》篇之容成氏,《釋文》曰老子師也。按《漢書·藝文志》陰陽家有《容成子》十四篇,房中家又有《容成陰道》二十六卷,此即老子之師也。'又曰:'合諸説觀之,容成氏有三:上古之君,一也;黄帝之臣,二也;老子之師,三也;然老子生年亦究不可考。其師或即黄帝之臣乎?未可知矣。'"

姚振宗又曰:"按,此書列在南公之次、張蒼之前。南公,楚懷王時人。張蒼,秦漢時人。謂爲老子之師,似不然矣。或六國之末别有其人號容成子,著書言陰陽律曆終始五行者歟?"

張蒼十六篇　丞相北平侯。

《補注》王應麟曰:"本傳:'著書十八篇,言陰陽律曆事。'篇數不同。"

沈家本曰:"張蒼漢人,何以厠於容成子、鄒奭子之間。"

姚振宗曰:"《史》《漢》本傳:'張蒼,陽武人也。秦時爲御史,主柱下方書。有罪,亡歸。沛公略地過陽武,蒼以客從攻南陽。遂西入武關,至咸陽。入漢中,爲常山守,爲代相、趙相。從攻臧荼有功,封北平侯。遷爲計相。明習天下圖書計籍,又善用算律曆。後以淮南相爲御史大夫。與絳灌等尊立孝文皇帝。孝文四年,代灌嬰爲丞相。蒼爲計相時,緒正律曆。推五德之運,以爲漢當水德之時,上黑。吹律調樂,入之音聲,及以比定律令。若百工,天下作程品。至于爲丞相,卒就之。故漢家言律曆者本張蒼。蒼本好書,①無所不觀,無所不通,而尤邃律曆。文帝後元年病免。孝景五年薨,謚曰文侯。年百餘歲。著書十八篇,言陰陽律曆事。'又《年表》:蒼以客從起陽武,至霸上,爲常山守,得陳餘,爲代相,徙趙相,以代相侯。爲計相四歲,淮南相十四歲,御史大夫五歲,丞相十五歲。高帝六年八月丁丑封千二百户,封五十年薨。如淳曰:'計相,官名。但知計會。'《索隱》曰:'主天下書計及計吏。'"

又曰:"《史·十二諸侯年表》曰:'漢相張蒼曆譜五德。'《索隱》曰:'按,張蒼著《終始五德傳》也。'"

又曰:"王氏《考證》:'本傳著書十八篇,與《志》篇數不同。'按,其餘二篇疑在曆譜家《律曆數法》三卷中。②"

鄒奭子十二篇齊人,號曰雕龍奭。

師古曰:"奭,音試亦反。"

《補注》沈欽韓曰:"《文選注》三十六引《七略》曰:'《鄒赫子》。'案,'赫''奭'通用,《史》《漢·竇嬰傳》可證。"王先謙曰:"官本《考證》云:'雕,監本訛彫,從宋本改。'"

按,景祐本作"彫"。

周壽昌曰:"《七略》《別錄》云:'鄒奭者,頗采鄒衍之術,迂大

---

① "本",《漢書藝文志條理》作"尤"。
② "中",原誤作"下",據《漢書藝文志條理》改。

而閎辨，文具難勝，齊人美之，頌曰談天衍，雕龍奭，炙轂輠髡。'《太平御覽》卷四百六十四引至'談天衍'作'鄒'，下缺。據《史記·孟荀列傳集解補》云：'鄒衍之所言，五德終始，天地廣大，盡言天事，故曰談天。騶衍奭脩衍之文，若雕鏤龍文，故曰雕龍。炙轂輠，輠者，車之盛膏器也，炙之雖盡，猶有餘流者，言于髡智不盡如炙輠也。'"

姚振宗曰："《史·孟荀列傳》：'齊有三鄒子。其前騶忌，先孟子。其次騶衍，後孟子。鄒奭者，齊諸騶子，亦頗采騶衍之術以紀文。于是齊王嘉之，自如淳于髡以下，皆命曰列大夫，爲開第康莊之衢，高門大屋，尊寵之。覽天下諸侯賓客，言齊能致天下賢士也。'又曰：'荀卿年五十始來游學于齊。騶衍之術迂大而閎辯；奭也文具難施；淳于髡久與處，時有得善言。故齊人頌曰：談天衍，雕龍奭，炙轂過髡。'"

又曰："劉向《別錄》曰：'鄒奭者，頗采鄒衍之術，迂大而閎辯，文具難勝。齊人美之，頌曰：談天衍，雕龍奭，炙轂輠髡。鄒衍之所言五德終始，天地廣大，盡言天事，故曰談天。鄒奭脩衍之文，飾若雕鏤龍文，故曰雕龍。輠者，車之盛膏器也。炙之雖盡，猶有餘流者。言淳于髡智不盡如炙輠也。'"

又曰："劉歆《七略》曰：'鄒赫子，齊人，齊爲言曰雕龍赫。赫言鄒衍之術，文飾，若雕鏤龍文。'"

閭丘子十三篇　名快，魏人，在南公前。

《補注》葉德輝曰："《元和姓纂》九魚作'閭丘決'，'十三篇'作'十二篇'。"

姚振宗曰："《世本·氏姓》篇：閭丘氏，齊大夫閭丘嬰之後。齊宣王時，有閭丘卬、閭丘光。張澍輯注曰：'閭丘嬰，齊莊公近臣子明，事見《左傳》。閭丘卬、閭丘光均見《説苑》。'"

又曰："鄭樵《氏族略》：'齊宣王時，有閭丘卬、閭丘光。漢有廷尉閭丘勛，後漢太常閭丘遵，魏有閭丘決，著書十二篇。'按，鄭氏敘次于曹魏之時，又以'快'爲'決'，'十三篇'爲'十二篇'，並沿林寶《元和姓纂》之誤，失于校正也。'"

姚振宗又曰："按，本書《人表》第四等有閭丘光。梁氏引孫侍御曰：'光乃先字之訛，漢人稱先生每單稱先。閭丘先生，齊宣王時人，見《説苑·善説》篇。或曰《人表》傳寫脱生字。'按，此閭丘快，疑即閭丘先生，時代亦復近似。嵇康《高士傳》摭《説苑》之文以爲傳。"

馮促十三篇　鄭人。

姚振宗曰："鄭樵《氏族略》：《世本》云：'馮氏，歸姓，鄭大夫馮簡子之後。'《姓纂》云：'周文王第十五子畢公高之後。畢萬封魏，支孫食采于馮城，因氏焉。'"

姚氏又曰："按，《氏族略》又云：'卿大夫立邑，故以邑爲氏。'此馮氏屬之鄭邑，與本注鄭人相合，馮促其即鄭大夫馮簡子之後歟？簡子見《左·襄三十一年傳》，能斷大事，與子產同時。"

將鉅子五篇　六國時，先南公，南公稱之。

《補注》葉德輝曰："《元和姓纂》十陽引《漢志》云：'六國時，將鉅彰著子書五篇。'是唐時《志》文明言將鉅名彰，今本疑有奪字。"

陳直曰："按，《古玉圖考》一百二十六頁有'酈將洰惠鉢'，將鉅即將渠之假借字。①"

楊樹達曰："按，《通志·氏族略》注引《志》文作'將具子彰'，亦有'彰'字。'具''鉅'音近。皮錫瑞云：'《莊子》言墨子以

---

① "鉅"，原誤作"渠"，據中華書局2008年版《漢書新證》及上下文意改。

鉅子爲聖人。將鉅子當是治墨學者。墨子敬天明鬼，與陰陽家相近。'"

姚振宗曰："應劭《風俗通·姓氏》篇：將具氏，齊太公子將具之後，見《國語》。《漢·藝文志》六國時將具子彰著書五篇。張澍輯注曰：'按，太公子，一引作齊公子，今《藝文志》作將鉅子。'"

又曰："林寶《元和姓纂》曰：'將具彰著子書五篇。'"

又曰："鄭樵《氏族略》：將具氏，姜姓。《英賢傳》云'齊太公子將具之後，見《國語》'。將鉅氏，即將具氏之訛也。《漢·藝文志》六國時將具子彰著書五篇。"

姚振宗又曰："按，應仲遠所見《漢志》則爲'將具子彰'，今本作'鉅'，似寫誤，又敓'彰'字。"

五曹官制五篇 漢制，似賈誼所條。

《補注》王應麟曰："《誼傳》：'誼以爲宜當改正朔，易服色制度，定官名，興禮樂。乃草具其儀法，色上黃，數用五，爲官名悉更，奏之。'"沈欽韓曰："《五曹算經》云：'一爲田曹，地利爲先；既有田疇，必資人力，故次兵曹；人衆必用食飲，故次集曹；衆既會集，必務儲蓄，次倉曹；食廩貨幣相交質，次金曹。'"

沈家本曰："按，漢之尚書五曹，始於成帝時。而此言賈誼所條，似五曹之名，肇于漢初矣。"

姚振宗曰："《史·屈賈列傳》：'賈生以爲漢興至孝文二十餘年，天下和洽，而固當改正朔，易服色，法制度，定官名，興禮樂，乃悉草具其儀法，色尚黃，數用五，爲官名，悉更秦之法。按，《漢書》作"悉更奏之"。孝文帝初即位，謙讓未遑也。諸律令所更定及列侯悉就國，其説皆自賈生發之。'"

又曰："本書《禮樂志》：'至文帝時，賈誼以爲漢承秦之敗俗，廢禮義，捐廉恥。漢興至今二十餘年，宜定制度，興禮樂，然後諸侯軌道，百姓素樸，獄訟衰息。乃草具其儀，天子說焉，而大臣絳灌之屬害之，故其議遂寢。'"

又曰："本書傳贊曰：'誼之所陳略施行矣。及欲改定制度，以漢爲土德，色上黃，數用五，及欲試屬國，施五餌三表以係單于，其術固已疏矣。'"

又曰："章學誠《校讎通義》曰：'《五曹官制》五篇列陰陽家，其書今不可考。然觀班固注云漢制以賈誼所條，則當入于官禮，今附入陰陽家言，豈有當耶？大約此類皆因終始五德之意，故附于陰陽。'"

姚振宗又曰："按，本書《魏相傳》，相數條漢興以來國家便宜行事，及賢臣賈誼、鼂錯、董仲舒等所言，奏請施行之。又數表采《易陰陽》及《明堂月令》奏之，曰：'《易》曰："天地以順動，故日月不過，四時不忒；聖王以順動，故刑罰清而民服。"天地變化，必繇陰陽，陰陽之分，以日爲紀。日冬夏至，則八風之序立，萬物之性成，各有常職，不得相干。東方之神太昊，乘《震》執規司春；南方之神炎帝，乘《離》執衡司夏；西方之神少昊，乘《兑》執矩司秋；北方之神顓頊，乘《坎》執權司冬；中央之神黃帝，乘《坤》《艮》執繩司土。兹五帝所司，各有時也。東方之卦不可以治西方，南方之卦不可以治北方。春興《兑》治則饑，秋興《震》治則華，冬興《離》治則泄，夏興《坎》治則雹。明王謹于尊天，慎于養人，故立羲和之官以乘四時，節授民事。臣愚以爲陰陽者，王事之本，群生之命，自古賢聖未有不繇者也。'此《五曹官制》本陰陽五行以爲言，而羲和官守所有事，故《七略》入之此門。"

周伯十一篇　　齊人，六國時。

衛侯官十二篇　　近世，不知作者。

《補注》錢大昭曰："'侯'當作'候'，衛尉屬官有諸屯衛候司馬二十二。逸其姓名,故但書官。"

姚振宗曰:"周伯、衛侯官並未詳。"

于長天下忠臣九篇　平陰人,近世。

師古曰:"劉向《別錄》云:'傳天下忠臣。'"

《補注》陶憲曾曰:"長書今不傳,其列陰陽家,自別有意恉,後人不見其書,無從臆測。王應麟《困學紀聞》乃以此訾劉歆抑忠臣,過矣。"

姚振宗曰:"章學誠《校讎通義》云:'于長《天下忠臣》九篇入陰陽家,前人已有議其非者。或曰:其書今已不傳,無由知其義例。然劉向《別錄》云傳天下忠臣,則其書亦可以想見矣。蓋《七略》未立史部,而傳記一門之撰著,惟有劉向《列女》與此二書耳,附于《春秋》而別爲之説,猶愈攙入陰陽家言也。'"

公孫渾邪十五篇　平曲侯。

《補注》王應麟曰:"《公孫賀傳》:'祖父昆邪,景帝時,封平曲侯,著書十餘篇。'"錢大昭曰:"此作'渾邪',與《功臣表》同。《史記》表作'昆'。'昆''渾'聲相近。"

姚振宗曰:"本書《景武昭宣元成哀功臣侯表》:平曲侯公孫渾邪,以將軍擊吳楚,用隴西太守侯。景帝六年四月己巳封。《史記‧惠景間侯者年表》云'户三千二百二十'。五年中四年《史表》作'中元四年'。有罪免。"

又曰:"又《公孫賀傳》:'賀,北地義渠人也。祖父昆邪,景帝時爲隴西守,以將軍擊吳楚有功,封平曲侯,著書十餘篇。師古曰:《藝文志》陰陽家有公孫渾邪十五篇是也。'又《李廣傳》廣爲上谷太守,數與匈奴戰。典屬國公孫昆邪爲上泣曰:[①]'李廣材氣,天下無雙,自負其能,數與虜确,恐亡之。'上乃徙

---

① "典",原誤作"曲",據《漢書藝文志條理》改。

廣爲上郡太守。"

雜陰陽三十八篇　不知作者。

姚振宗曰:"按,此如儒家之《儒家言》十八篇、道家之《道家言》二篇相類,皆劉中壘哀錄無名氏之說類次于篇末者。"

又曰:"又按,陰陽家之書,自《宋司星子韋》始傳黃帝五德終始之書,自《公檮生》始,以迄漢之《張蒼》,凡十家十一部,其學術大略相同,故彙次爲一類;《鄒奭子》至《五曹官制》五家,其學又略相同,故又彙次爲一類;《周伯》《衛侯官》《天下忠臣》三家,大抵皆制度官品傳記之流,或皆屬于羲和之官,故又彙爲一類;而入之此篇《公孫》以下二家,皆雜論陰陽,又別爲一類。綜爲四類,是篇之章段如此。"

右陰陽二十一家,三百六十九篇。

姚振宗曰:"按,所載凡廿一條,條爲一家,正合二十一家。然《鄒子》及《鄒子終始》當合並爲一,則溢出一家。其篇數亦溢出一篇。今校定當爲二十家,三百六十八篇。"

陰陽家者流,蓋出於羲和之官,敬順昊天,歷象日月星辰,敬授民時,此其所長也。及拘者爲之,則牽於禁忌,泥於小數,舍人事而任鬼神。

姚明煇曰:"陰陽家書皆佚,其詳不甚可考。羲和,見《尚書》。鄭君曰:'高辛氏之世,命重爲南正,司天;黎爲火正,司地。堯育重、黎之後,羲氏、和氏之子賢者,使掌舊職。'又曰:'《尚書》今文說,春曰昊天,夏曰蒼天,秋曰旻天,冬曰上天,總曰皇天。'此舉春言者,昊天。統四時也。又曰:'司馬談《論六家要旨》:陰陽四時,八位,十二度,二十四節,各有教令,順之者昌,逆之者不死則亡,未必然也,故使人拘而多畏。'又謂:'春生,夏長,秋收,冬藏,此天地之大經也,弗順則無以爲天下綱紀。'故陰陽家序四時之大順不可失。若拘牽禁忌,則畏鬼神,廢人事矣。"

周壽昌曰:"案,《禮·表記》'殷人尊神,率民以事神',幾於任鬼神矣。而'先鬼而後禮,先罰而后賞',則乃未能舍人事也。"

姚振宗曰:"《史記·自序》太史公《論六家之要指》曰:'竊觀陰陽之術,大詳而衆忌諱,使人拘而多所畏;然其序四時之大順,不可失也。夫陰陽四時、八位、十二度、二十四節各有教令,順之者昌,逆之者不死則亡。未必然也,故曰使人拘而多畏。夫春生,夏長,秋收,冬藏,此天道之大經也,弗順則無以爲天下綱紀,故曰四時之大順,不可失也。'"

又曰:"本書《司馬遷傳》注:李奇曰:'陰陽之術,月令星官,是其枝葉也。'張晏曰:'八位,八卦位也。十二度,十二次也。二十四節,就中氣也。各有禁,謂月令也。'按,張晏所見《漢書》當作'各有禁令',今作'教令',史異文。"

又曰:"按,此陰陽家與《數術略》之五行家相表裏,故五行篇叙有云:'其法亦起五德終始。'《隋志》五行篇亦云:'天生五材,廢一不可。是以聖人推終始,以通神明之變。'"

劉光蕡曰:"道之大原出於天,故法天爲政,必在有形之迹。《堯典》首言曆象,命舜以位,亦曰'天之曆數在爾躬'。陰陽者,天之迹也。此類陰陽家必法天爲治之言,故有《五曹官制》《衛侯官制》、于長《天下忠臣》,而《公檮生終始》《鄒子終始》必爲陰陽五行終始之説,則皆如今《月令》《五帝德》之類。古之言天者,必蒼蒼莽莽爲天,於蒼蒼莽莽中求其可據,不得不及寒暑之迹,久而更求其上,則及造化之原。所以主持陰陽者,所謂道也,道家之説是也。道家之説易遁於虛,則進而徵諸實,乃以民爲天,孔孟之説是也。陰陽家最先,道家次之,儒家又次,此中國大道從出之先後也。古初道紀於遠,至顓頊始專紀人事,故陰陽家之失,爲舍人事而任鬼神。"

法

李子三十二篇　名悝,相魏文侯,富國強兵。

《補注》沈欽韓曰:"《食貨志》:'李悝爲魏文侯作盡地力之教。'《晉書·刑法志》:'律文起自李悝,悝撰次諸國法,著《法經》。以爲王者之政,莫急於盜賊,盜賊須劾捕,故著《網捕》二篇。①其輕狡、越城、博戲、借假不廉、淫侈、踰制,以爲《雜律》一篇。又以《具律》具其加減。②是故所著六篇而已。商君受之以相秦。'今案,李悝爲律家之祖,三十二篇則其自著書。"葉德輝曰:"近人黃奭有輯本。"

姚振宗曰:"《史·孟荀列傳》:魏有李悝,盡地方之教。《正義》曰:'《藝文志》:《李子》三十二篇。'"

又曰:"劉向《別錄》曰:'李悝務盡地力。'"

又曰:"本書《食貨志》:'陵夷至于戰國,貴詐力而賤仁義,先富有而後禮讓。是時李悝爲魏文侯作盡地力之教,行之魏國,國以富强。'"

又曰:"本書《人表》李悝列第三等上下智人。梁玉繩曰:'李悝始見《吕覽·驕恣》《史·孟荀列傳》。亦曰李子,相魏文侯。案悝盡地力之教,是商鞅流也,何以列第三?'"

又曰:"《晉書·刑法志》:'魏文侯師李悝撰次諸國法,著《法經》六篇,然皆罪名之制也。'按,晉張斐《律序》云'鄭鑄《刑書》,晉作《執秩》,趙制《國律》,楚造《僕區》',此類皆諸國法律之名,爲李悝所取裁者歟?"

---

① "二篇",原誤作"一篇",據殿本《晉書·刑法志》(以下《晉書》皆據此本,不再注明)改。

② "具律",原誤作"其律",據《晉書·刑法志》改。

又曰:"《唐六典·刑部》注:'魏文侯師李悝集諸國刑書造《法經》六篇:一《盜法》,二《賊法》,三《囚法》,四《捕法》,五《雜法》,六《具法》。'"

又曰:"孫星衍《嘉穀堂集·李子法經序》曰:'李悝《法經》六篇存唐律中,即《藝文志》之《李子》三十二篇在法家者。後人援其書入律令,故隋以後志經籍者不載。'"

又曰:"嚴可均《全三代文編》曰:'李悝事魏文侯,爲上地守,尋入相。《韓非子·內儲說上》引李悝習射令,《漢書·食貨志》引盡地力之教二條。'"

商君二十九篇　名鞅,姬姓,衛後也。相秦孝公,有《列傳》。

《補注》沈欽韓曰:"《隋志》:'《商君書》五卷。'《新唐志》:'或作《商子》。'《讀書志》云:'宋時亡三篇,又佚其二,凡二十四篇。'《通考》:'鼂氏謂司馬貞於《史記·商君傳》,未見《商君書》,不知開塞之義。'以今本考之,所謂又佚二篇,乃第十六《刑賞》,第二十一無目。又案,第十五《來民》篇云:'今三晋不勝秦,四世矣,自魏襄王以來,野戰不勝,則城必拔。'又云:'周軍之勝、華軍之勝,秦斬首而東之。'又《弱民》篇:'秦師至,①鄢郢舉,若振槁,唐蔑死於垂沙,莊蹻發於內楚。'則皆在秦昭王時,非《商君》本書也。"葉德輝曰:"《群書治要》載《商鞅六法》,亦今本所無。"

姚振宗曰:"《史》本傳:商君者,衛之諸庶孽公子也,名鞅,姓公孫氏,其祖本姬姓也。鞅少好刑名之學,事魏相公叔痤爲中庶子。痤卒,鞅西入秦。秦孝公以爲左庶長,定變法之令。太子犯法。衛鞅曰:'太子不可施刑,刑其傅公子虔,黥其師公孫賈。'行之十年,秦民大悅,道不拾遺,山無盜賊,家給人

---

① "秦",原誤作"奉",據《四部叢刊》影印明本《商子》改。

足。民勇于公戰,怯于私鬥,鄉邑大治。于是以鞅爲大良造。爲田開阡陌封疆,而賦稅平。平斗桶權衡丈尺。行之四年,公子虔復犯約,劓之。居五年,秦人富強,天子致胙于孝公,諸侯畢賀。秦封之於商十五邑,號爲商君。商君相秦十年,宗室貴戚多怨望者。秦孝公卒,太子立。公子虔之徒告商君欲反,發兵攻商君。秦惠王車裂商君以徇,曰:'莫如商鞅反者!'遂滅商君之家。太史公曰:'商君,其天資刻薄人也。余嘗讀商君開塞耕戰書,與其人行事相類。卒受惡名于秦,有以也夫!'"

又曰:"《史·秦本紀》:孝公元年,衛鞅入秦。二年,衛鞅説孝公變法脩刑,内務耕稼,外勸戰死之賞罰,孝公善之。甘龍、杜摯等弗然,相與爭之。卒用鞅法,百姓苦之;居三年,百姓便之。乃拜鞅爲左庶長。二十二年,封鞅爲列侯,號商君。二十四年,孝公卒,子惠文君立。是歲,誅衛鞅。鞅之初爲秦施法,法不行,太子犯禁。鞅曰:'法之不行,自于貴戚。君必欲行法,先于太子。太子不可黥,黥其傅師。'于是法大用,秦人治。及太子立,宗室多怨鞅,鞅亡,因以爲反,而卒車裂以徇秦國。"

又曰:"本書《人表》商鞅居第四等中上。梁玉繩曰:'商鞅始見《史》本傳。衛庶孼公子,名鞅,氏公孫。秦孝公以爲相,封之于商,號商君,亦曰公孫鞅,亦曰衛鞅。惠王車裂之。案,鞅刻薄少恩,其書言民不可學問,以《禮》《樂》《詩》《書》等爲六蝨。若鞅者,何以居中上哉?'"

又曰:"本書《刑法志》:'陵夷至于戰國,韓任申子,秦用商鞅,連相坐之法,造參夷之誅,增加肉刑、大辟,有鑿顛、抽脅、鑊烹之刑。'"

又曰:"又《食貨志》曰:'及秦孝公用商君,壞井田,開阡陌,急耕戰之賞,雖非古道,猶以務本之故,傾鄰國而雄諸侯。然王制遂滅,僭差無度。庶人之富者累鉅萬,而貧者食糟糠;有國強者兼州域,①而弱者喪社稷。'"

又曰:"《晉書‧刑法志》:'李悝著《法經》六篇,商君受之以相秦。'《魏書‧刑法志》曰:'商君以《法經》六篇入說于秦,設參夷之誅,連相坐之法。'"

又曰:"《隋書‧經籍志》:'《商君書》五卷,秦相衛鞅撰。'《唐‧經籍志》:'《商子》五卷,商鞅撰。'《唐‧藝文志》:'《商君書》五卷。商鞅,或作商子。'《宋史‧藝文志》:'《商子》五卷,衛公孫鞅撰。'"

又曰:"晁氏《讀書志》:太史公既論鞅刻薄少恩,又讀鞅開塞書,謂與其行事相類。今考其書,《開塞》乃第七篇,謂'道塞久矣,今欲開之,必刑九而賞一。刑用于將過,則大邪不生;賞施于告奸,則細過不失。則國治矣'。由此觀之,鞅之術無他,特恃告訐而止耳。故其治,不告奸者與降敵同罰,告奸者與殺敵同賞,此秦俗所以日壞,至于父子相夷,而鞅不能自脫也。太史公言信不誣矣。"

又曰:"《四庫簡明目錄》曰:'《商子》五卷,舊本題商鞅撰。周氏《涉筆》謂其書多附會後事,擬取他詞,非本所論著。今案,開卷稱孝公之諡,則謂不出鞅手良信。然其詞峻厲而刻深,雖非鞅作,亦必其徒述說之,非秦以後人所為也。《漢志》二十九篇,至宋佚其三篇,今有錄無書者又二篇。'"

申子六篇 名不害,京人,相韓昭侯,終其身,諸侯不敢侵韓。

師古曰:"京,河南京縣。"

《補注》王應麟曰:"《史記》云:'著書二篇。'注引劉向《別錄》

---

① "域",原誤作"城",據《漢書藝文志條理》改。

云：'今民間所有上下二篇，中書六篇，皆合二篇，已備過太史公所記。'《七略》曰：'孝宣皇帝重申不害《君臣》篇，使黃門郎張喬正其字。'沈欽韓曰："《隋志》：'梁有《申子》三卷，亡。'《新》《舊唐志》仍列之。"周壽昌曰："《史記·張叔傳》索隱引《七略》《別錄》云：'申子學號曰刑名者，循名以責實，其尊君卑臣，崇上抑下，合於六經也。'"葉德輝曰："《意林》二、《藝文類聚》十九、《御覽》三百九十、六百二十四，並引《君臣》篇；《群書治要》引《長短經·大體》篇、《反經》篇；《初學記》二十五、《意林》引《大體》篇。其無篇名可考者，引見《史記·李斯傳》、《北堂書鈔·天部》、《藝文類聚·人部》《刑法部》、《御覽·地部》《刑法部》、《文選》顏延年《應詔宴曲水詩》注、鄒陽《上吳王書》注。①"

周壽昌曰："《隋·經籍志》云：'梁有《申子》三卷，韓相申不害撰，亡。'《唐志》復以三卷著目，今佚。馬總《意林》引六節。《七略》《別錄》云：'申子學號曰刑名者，循名以責實。其尊君卑臣，崇上抑下，合於六經也。《史記·張叔傳索隱》。孝宣皇帝重申不害《君臣》篇，使黃門郎張子喬正其字。《太平御覽》卷二百二十一。今民間所有上下二篇，中書六篇，皆合二篇。'《史記·老莊申韓列傳集解》。繆荃孫云：'明陳第《世善堂書目》有《申子》二卷，今不傳。《群書治要》所錄《大體》篇尚完善。餘僅見《意林》《御覽》所引而已。'"

姚振宗曰："《史記·韓世家》：'昭侯八年，申不害相韓，脩術行道，國內以治，諸侯不來侵伐。二十二年，申不害死。'"

又曰："《史·老莊申韓列傳》：'申不害者，京人也，故鄭之賤臣。學術以干韓昭侯，昭侯用爲相。內脩政教，外應諸侯，十

---

① "書"，原誤作"詩"，據《漢書補注》改。

五年,終申子之身,國治兵強,無侵韓者。申子之學本于黃老而主刑名。著書二篇,號曰《申子》。"

又曰:"劉向《別錄》曰:'京,今河南京縣也。'又曰:'今民間所有上下二篇,中書六篇,皆合二篇,已過太史公所記。'又曰:'申子學號刑名。刑名者,循名以責實,其尊君卑臣,崇上抑下,合于六經也。宣帝好觀其《君臣》篇。'又曰:'孝宣皇帝重申不害《君臣》篇,使黃門郎張子喬正其字。'"

又曰:"馬總《意林》引劉向云:'申子,名不害,河東人,鄭時賤臣。挾術以干韓昭侯,秦兵不敢至。學本黃老,急刻無恩,非霸王之事。'按此亦《別錄》文也。"

又曰:"本書《人表》申子列第四等中上。梁玉繩曰:'申子始見《韓策》《荀子·解蔽》。名不害,鄭之京人。又第六等又列申子,不知何人。《呂覽·審應》有周申向,亦呼申子,乃申不害之族,豈即是歟?'"

又曰:"《隋書·經籍志》:'梁有《申子》三卷,韓相申不害撰,亡。'《唐·經籍志》:'《申子》三卷,申不害撰。'《唐藝文志》同。"

又曰:"馬國翰輯本序曰:'馬總《意林》六節,首有劉向一節,是《七略》《別錄》語。茲更搜輯,合二十四節。'"

又曰:"嚴可均輯本序曰:'《淮南·要略》云:申子者,韓昭釐之佐。韓,晉別國也,地墽民險,而介于大國之間。晉國之故禮未滅,韓國之新法重出;先君之令未收,後君之令又下。新故相反,前後相繆,百官背亂,不知所用,故刑名之書生焉。《泰族訓》云:今商鞅之《開塞》,申子之《三符》,韓非之《孤憤》。注:申不害治韓,有三符驗之術也。案,《三符》當是《申子》篇名。《申子》,《七錄》云三卷。《隋志》不著錄。《舊》《新唐志》、《意林》皆三卷。宋不著錄。明陳第《世善堂書目》有三卷，今復不著錄。余從《群書治要》寫出一篇，刺取各書引見之文，依《意林》次第之，其篇名可考者曰《君臣》，曰《大體》及《三符》也，餘三篇不知也。'"

處子九篇

師古曰："《史記》云：'趙有處子。'"

《補注》王應麟曰："《史記》：'趙有劇子之言。'注：'徐廣曰：應劭《氏姓注》云處子。'《風俗通》云：'漢有北海太守處與，蓋處子之後。'《史記正義》：'趙有劇孟、劇辛。'是有劇姓。"葉德輝曰："《元和姓纂》八語引《志》云：'趙有辨士處子，著書。'"沈家本曰："按，今《史記·孟荀列傳》作'劇子'。處、劇形近而訛。徐廣所引應劭《氏姓注》亦云'處子'。"

姚振宗曰："顏氏《集注》：'《史記》云趙有處子。'"

又曰："《史·孟荀列傳》：趙有公孫龍之辯，劇子之言。《集解》引徐廣曰：'按應劭《氏姓注》直云處子也。'《索隱》曰：'著書之人姓劇氏而稱子也，前史不記其名，故趙有劇孟及劇辛也。'按，劇辛，六國時人，與此相近。劇孟，乃漢文景時人，相去遠矣。"

又曰："應劭《風俗通·姓氏》篇：處氏，《史記》趙有辯士處子著書，故有處姓也。漢有北海太守處興。張澍輯注曰：'案，《路史》伯益之後有處氏。'"

又曰："林寶《元和姓纂》曰：'《藝文志》劇子著書。'按，此引本《志》又作劇，與今本異文。"

又曰："鄭樵《氏族略》：處氏，不得其所系。《漢書·藝文志》趙有辯士處子著書，《風俗通》有處興，為北海太守，望出潁川。"

又曰："王氏《考證》：《風俗通》'漢有北海太守處興'，蓋處子之後，《史記正義》'趙有劇孟、劇辛'，是有劇姓。"

姚振宗又曰："按，《史》《漢》舊本或作劇，或作處，唐宋人已莫衷一是，今更無得而詳矣。"

慎子四十二篇　名到，先申、韓，申、韓稱之。

《補注》王應麟曰："《史記》：'慎到，趙人，著十二論。'《正義》：'《慎子》十卷，戰國時處士。'案，《漢志》'四十二篇'，今三十七篇亡，唯有《威德》《因循》《民雜》《德立》《君人》五篇。滕輔注《荀子》云：'慎子蔽於法而不知賢。'又云：'慎子有見於先，無見於後。'注云：'其術本黄老，歸刑名，多明不尚賢、不使能之道。'《御覽》引《慎子》：'昔者天子手能衣而宰夫設服，足能行而相者導進，口能言而行人稱辭。諺云：不聰不明，不能為王；不瞽不聾，不能為公。'皆在亡篇。"沈欽韓曰："《韓非·難勢》篇引'飛龍乘雲，騰蛇游霧，雲罷霧霽，而龍蛇與螾螘同矣，則失其所乘也'云云。《吕覽·慎勢》篇引'今一兔走，百人逐之，非一兔足為百人分也，由未定也。積兔滿市，行者不顧，非不欲兔也，分已定矣'云云。《意林》引'兩貴不相事，兩賤不相使，家富則疏族親，家貧則兄弟離。海與山爭水，海必得之。廊廟之材，非一木之枝；狐白之裘，非一狐之腋'。《御覽》五百二十三引'禮從俗，政上國。有貴賤之禮，無賢不肖之禮；有長幼之禮，無勇怯之禮；有親疏之禮，無愛惡之禮也'。皆在亡篇。"

姚振宗曰："荀卿《非十二子》篇：'尚法而無法，下脩而好作，上則取聽于上，下則取從于俗，終日言成文典，及紃注"紃"與"循"同。則倜然無所歸宿，不可以經國定分；然而其持之有故，其言之成理，以欺惑愚衆，是慎到、田駢也。'按，田駢見前道家。"

又曰："《史·孟荀列傳》：'慎到，趙人。田駢、接子，齊人。環淵，楚人。皆學黄老道德之術，因發明序其指意。故慎到著十二論。'徐廣曰：'今《慎子》，劉向所定，有四十一篇。'按，接子、環淵並見前道家。據史公言，則《慎子》書中有《十二論》，乃道家言也。"

又曰："本書《人表》慎子列第六等中下。梁玉繩曰：'慎子始見《荀子·天論》《解蔽》《呂覽·慎勢》。即慎到，亦作順，趙人。葬曹州濟陰縣西南四里。又案，《戰國策》楚有慎子爲襄王傅。魯亦有慎子，見《孟子》，此與莊惠並列，則非此人也。'"

又曰："應劭《風俗通·姓氏》篇：慎氏，慎到爲韓大夫，著《慎子》三十篇。張澍輯注曰：'慎到，趙人。《藝文志》作著書四十二篇。仲瑗云三十篇。疑訛。又按，《左·哀十六年》吳伐慎，白公敗之。《九域志》慎，楚縣，白公之邑。故白公救慎，是以邑爲氏者。'"

又曰："《荀子·脩身》篇楊倞注：①'齊宣王時處士慎到，其術本黃老而歸刑名，先申韓，其意相似，多明不尚賢不使能之道，著書四十一篇。'"

又曰："《隋書·經籍志》：'《慎子》十卷，戰國時處士慎到撰。'《唐·經籍志》：'《慎子》十卷，慎到撰，滕輔注。'《藝文志》同。《宋史·藝文志》：'《慎子》一卷，慎到撰。'"

又曰："陳氏《書錄解題》曰：'《漢志》四十二篇，《唐志》十卷，滕輔注。今麻沙刻本纔五篇，固非全書。慎到，趙人，今《中興館閣書目》乃曰瀏陽人。瀏陽在今潭州，吳時始置縣，與趙南北了不相涉。蓋據書坊所稱，不知何謂也。《崇文總目》言三十七篇。'"

又曰："《文獻通考》：周氏《涉筆》曰：'稷下能言者如慎到，最

---

① "倞"，原誤作"京"，據《漢書藝文志條理》改。

爲屛去繆悠，翦削枝葉，本道而附于情，主法而責于上，非田駢、尹文之徒所能及。五篇雖簡約，而明白純正，統本貫末。孟子言王政不合，慎子言名法不用，而騶忌一說遇合，不知何所明也。'"

又曰："王氏《考證》：'《館閣書目》一卷，案《漢志》四十二篇，今三十七篇亡，惟有《威德》《因循》《民雜》《德立》《君人》五篇，滕輔注。'"

又曰："《四庫》雜家提要曰：'《莊子·天下》篇曰慎到之道，非生人之行，而至死人之理云云，是《慎子》之學，近乎釋氏，然《漢志》列之法家。今考其書，大旨欲因物理之當然，各定一法而守之，不求于法之外，亦不寬于法之中，則上下相安，可以清靜而治。然法所不行，勢必刑以齊之。道德之爲刑名，此其轉關，所以申、韓多稱之也。今本分五篇，而又多刪削，蓋明人摭拾殘賸，重爲編次。觀孝子不生慈父之家，忠臣不生聖君之下二句，前後兩見，知爲雜錄而成，失除重復矣。'"

又曰："嚴可均輯本序曰：'《漢志》法家《慎子》四十二篇，《隋志》、《舊》《新唐志》皆十卷，滕輔注。《崇文總目》三十七篇，《書錄解題》稱麻沙刻本纔五篇，余所見明刻本亦皆五篇。今從《群書治要》寫出七篇，有注，即滕輔注。其多出之篇，曰《知忠》，曰《君臣》，其《威德》篇又多出二百五十三字。雖亦節本，視陳振孫所見本爲勝，因刺取各書引見之文校補訛脫，其遺文短段不能成篇者，凡四十四事，附於後。'"

韓子五十五篇　名非，韓諸公子，使秦，李斯害而殺之。

《補注》王應麟曰："《史記·韓非傳》：'喜刑名法術，而其歸本於黃老，作《孤憤》《五蠹》《內外儲》《說林》《說難》十餘萬言。'程氏云：'非書有《存韓》篇，故李斯言：非終爲韓，不爲秦也。後人誤以范睢書厠於其書之間，乃有舉韓之論。《通鑑》謂非欲覆宗國，則非也。'"王先謙曰："官本《考證》云：'使，監本訛吏，從汲古閣本改正。'"

按，景祐本作"使"。

姚振宗曰："《史·老莊申韓列傳》：'韓非者，韓之諸公子也。喜刑名法術之學，而其歸本於黃老。非爲人口吃，不能道說，而善著書。與李斯俱事荀卿，斯自以爲不如非。非見韓之削弱，數以書諫韓王，韓王不能用。於是韓非疾治國不務脩明其法制，執勢以御其臣下，富國強兵而以求人任賢，反舉浮淫之蠹而加之於功實之上。以爲儒者用文亂法，而俠者以武犯禁。寬則寵名譽之人，急則用介胄之士。今者所養非所用，所用非所養。悲廉直不容于邪枉之臣，觀往者得失之變，故作《孤憤》《五蠹》《內外儲》《說林》《說難》十餘萬言。然韓非知說之難，爲《說難》者甚具。終死於秦，不能自脫。人或傳其書至秦。秦王見《孤憤》《五蠹》之書，曰："嗟乎，寡人得見此人與之游，死不恨矣！"李斯曰："此韓非之所著書也。"秦因急攻韓。韓王始不用非，及急，乃遣非使秦。秦王悅之，未信用。李斯、姚賈害之，毀之曰："韓非，韓之諸公子也。今王欲並諸侯，非終爲韓不爲秦，此人之情也。今王不用，久留而歸之，此自遺患也，不如以過法誅之。"秦王以爲然，下吏治非。李斯使人遺非藥，使自殺。韓非欲自陳，不得見。秦王後悔之，使人赦之，非已死矣。申子、韓子皆著書，傳於後世，學者多有。余獨悲韓子爲《說難》而不能自脫耳。'《韓世家》：'王安五年，秦攻韓。韓急，使韓非使秦，秦留非，因殺之。'《秦始皇本紀》：'十四年，韓非使秦，秦用李斯謀留非，非死雲陽。'本書《人表》韓非列第四等中上，秦始皇時。"

又曰："馬總《意林》引劉向云：'秦始皇重韓非書，曰：寡人得與此人游，死不恨矣。李斯、姚賈害之，與藥，令自殺。始皇悔，遣救之，已不及。'今重刊宋本有《序》一篇，皆《史記》文，或以爲即劉氏《叙錄》，然無確證，未敢信，疑是王儉《七志》之文。"

又曰："張守節《正義》曰：'韓非見王安不用忠良，令國削弱，故觀往古有國之君，則得失之變異，而作《韓子》二十卷。'"

又曰："司馬貞《索隱》曰：'非所著書：《孤憤》，憤孤直不容于時也。《五蠹》，蠹政之事有五也。《內儲》言明君執術以制臣下，利之在己，故曰內也；《外儲》言明君觀聽臣下之言行，以斷其賞罰，賞罰在彼，故曰外也。《説林》者，廣説諸事，其多若林，故曰説林也。《説難》者，説前人行事與己不同而詰難之。'又曰：'言游説之道爲難，故曰《説難》。其書詞甚高，故史公特載之。'"

又曰："《隋書·經籍志》：'《韓子》二十卷，目一卷，韓非撰。'《唐·經籍志》：'《韓子》二十卷，韓非撰。'《藝文志》同。《宋史·藝文志》同。"

又曰："陳氏《書錄解題》曰：'《韓子》二十卷，韓諸公子韓非撰。《漢志》五十五篇，今同。所謂《孤憤》《説難》之屬皆在焉。'"

又曰："王氏《考證》：'沙隨程氏曰：非書有《存韓》篇，故李斯言非終爲韓不爲秦也。後人誤以范雎書厠于其間，乃有舉韓之論。《通鑑》謂非欲覆宗國，則非也。'又曰：'韓安國受《韓子》雜説。'"

又曰："《四庫提要》曰：'非之著書，當在未入秦前。入秦之後，計其間未必有暇著書。今書冠以《初見秦》，次以《存韓》，皆入秦後事。且《存韓》一篇，終以李斯駁非之議，及斯《上韓王書》，其事與文皆爲未畢。疑非所著書，本各自爲篇，非歿之後，其徒收拾編次,以成一袟。故在韓在秦之作,均爲收錄,併其私記未完之稿,亦收入書中。名爲非撰,實非非所手定也。'按,今本次第必非劉氏所校定,自《別錄》亡後,遂不可復知。"

又曰:"《書目答問》:'《韓非子》二十卷,附《識誤》三卷。吳鼒校刻本,又明趙用賢校《管》《韓》合刻本即《十子》本,又明周孔教刻大字本。'"

游棣子一篇

師古曰:"棣,音徒計反。"

《補注》沈欽韓曰:"《鼂錯傳》:'與洛陽宋孟及劉帶同師軹張恢生。'此'游棣'與'劉帶'聲同。"

姚振宗曰:"鄭樵《氏族略》:'游棣氏,不詳其本系。《英賢傳》游棣子著書一篇,言法家事。'按,孫氏星衍輯《元和姓纂》云:'補祿子著書一篇,言法家事。'今考《氏族略》,蓋補祿子與游棣子因上下而寫誤也。"

又曰:"鄧名世《古今姓氏書辯證》:'《漢·藝文志》法家有《游棣子》一篇,師古曰:棣,音徒計反。案,師古不言姓游棣,恐姓游名棣也,如韓非、鄧析子然。'"

鼂錯三十一篇

《補注》沈欽韓曰:"《隋志》:'梁有鼂氏《新書》三卷,亡。'《新》《舊唐志》仍列之。《文選注》三十六引《朝子》曰:'工商游食之民少而名卑。'又四十五《賓戲》注引朝錯《新書》曰:'臣聞帝王之道,包之如海,養之如春。'《御覽》九百四十四引《朝子》曰:'以火去蛾,蛾愈多;以魚歐蠅,蠅愈至。'"周壽昌曰:"本傳云三十篇。"

姚振宗曰:"本書列傳:'鼂錯,潁川人也。學申商刑名于軹張恢生所,與雒陽宋孟及劉帶《史記》作劉禮。同師。以文學爲太常掌故。錯爲人陗直刻深。孝文時,爲太子舍人,門大夫,遷博士。上書言皇太子宜知術數，上善之，于是拜錯爲太子家令。以其辯得幸太子，太子家號曰智囊。是時匈奴強，數寇邊，錯上言兵事三章，文帝嘉之，賜璽書寵答焉。錯復言守邊備塞，勸農力本，當世急務二事。後詔舉賢良文學士。時賈誼已死，對策者百餘人，唯錯爲高第，繇是遷中大夫。錯又言宜削諸侯事，及法令可更定者，書凡三十篇。孝文雖不盡聽，然奇其材。景帝即位，以錯爲内史。遷御史大夫，請諸侯之罪過，削其支郡。所更令三十章，諸侯讙譁。吳楚七國俱反，以誅錯爲名。以竇嬰、袁盎言當。錯大逆要斬，父母妻子同產無少長皆棄市。"

又曰："又《本紀》：'孝景三年春正月，吳王濞、膠西王卬、楚王戊、趙王遂、濟南王辟光、菑川王賢、膠東王雄渠皆舉兵反。大赦天下。遣太尉亞夫、大將軍竇嬰將兵擊之。斬御史大夫鼂錯以謝七國。'又《百官公卿表》：'孝景二年八月丁巳，左内史晁錯爲御史大夫，三年正月壬子，錯有罪，要斬。'"

又曰："《隋書·經籍志》：'梁有《鼂氏新書》三卷，漢御史大夫鼂錯撰，亡。《唐·經籍志》：'《晁氏新書》三卷，晁錯撰。'《藝文志》：'《晁氏新書》七卷。'按《新唐書》七卷者，似並其集三卷録一卷合爲一裒也。"

又曰："《黃氏日抄》曰：'晁錯，孟子所謂盆成括之流。且其言兵事、徙民實塞等議，蔚有文華。至賢良策則無義理。蓋小小計數則可奉大對，非所長也。文帝賜民田租，卻自入粟一事始，①不爲無補于漢。'"

又曰："馬國翰輯本序曰：'《漢志》法家《鼂錯》三十一篇。馬總《意林》載三卷，僅録三節。《文選注》《太平御覽》引四節，

---

① "卻"下原衍一"是"字，據《漢書藝文志條理》及《黃氏日抄》刪。

或作《朝子》,佚文可見者僅此。考本傳載其上言對策凡五篇,"又言宜削諸侯及法令可更定者,書凡三十篇",則五篇皆新書中文可知,並輯録之。'"

燕十事十篇　　不知作者。
法家言二篇　　不知作者。
姚振宗曰:"按,此兩家皆以無撰人時代可紀,故次之于末簡。《法家言》二篇,則亦如儒家、道家、陰陽家之例。"

右法十家,二百一十七篇。
姚振宗曰:"按,此篇家數、篇數並不誤。"

法家者流,蓋出於理官,
王應麟曰:"范氏曰:'申、韓本於老子,李斯出於荀卿。學者失其淵源,其末流將無所不至。'朱文公曰:'申、韓之學,淺於楊、墨。'東萊呂氏曰:'六經孔孟子之教,與人之公心合,故治世宗之。申、商、韓非之説,與人之私情合,故末世宗之。'兼山黄氏曰:'九家之學,今存者獨刑名家而止耳,佛老氏而止耳。高者喜談佛老,而下者或習刑名,故兩家之説獨存於世。秦、梁至於敗亡。'蘇氏曰:'自漢以來,學者雖鄙申、韓不取,然世主心悦其言而陰用之。小人之欲得君者,必私習其説,或誦言稱舉之,故其學至于今猶行也。'"

信賞必罰,以輔禮制。《易》曰"先王以明罰飭法",此則所長也。
師古曰:"《噬嗑》之象辭也。飭,整也,讀與敕同。"
王應麟曰:"'飭',今易作'敕'。《後魏·刑罰志》:① '漢孝武世,增律三十餘篇。宣帝時,于定國爲廷尉,② 集諸法律凡九百六十卷,大辟四百九十條,千八百八十二事,死罪決比,凡三千四百七十二條,諸斷罪當用者,合二萬六千二百七十二

---

①　"罰",原誤作"法",據《中華再造善本》影印宋刻宋元明遞修本《魏書》目録改。
②　"廷",原誤作"定",據《漢藝文志考證》改。

條。'張斐《律序》曰:'張湯制《越宮律》,趙禹作《朝會正見律》。'《鹽鐵論》曰:'二尺四寸之律,古今一也。'《杜周傳》'三尺法'。《朱博傳》'三尺律令'。"

及刻者爲之,則無教化,去仁愛,專任刑法而欲以致治,至於殘害至親,傷恩薄厚。

師古曰:"薄厚者,變厚爲薄。"

《補注》周壽昌曰:"顏解未晰。此即《大學》所云'於所厚者薄'之意,蓋專指秦商鞅、漢鼂錯爲説。"

姚振宗曰:"《史記》太史公《論六家要旨》曰:'法家嚴而少恩,然其正君臣上下之分,不可改也。'又曰:'法家不別疏親,不殊貴賤,一斷手法,則親親尊尊之恩絶矣。可以行一時之計,而不可長用也,故曰嚴而少恩。若尊主卑臣,明分職不得相踰越,①雖百家弗能改也。'"

又曰:"《隋書·經籍志》曰:'法者,人君所以禁淫慝,齊不軌,而輔于治者也。《易》著先王明罰飭法,《書》美明于五刑,以弼五教。《周官》,司寇掌建國之三典,以佐王刑邦國,詰四方;司刑以五刑之法,麗萬民之罪是也。刻者爲之,則杜哀矜,絶仁愛,欲以威劫爲化,殘忍爲治,乃至傷恩害親。'"

劉光蕡曰:"法家宜在名家之後。法出於刑,名出於禮也。禮失而後入於刑,有名而後法生焉。法不能先名,自然之序也。"

名

鄧析二篇 鄭人,與子產並時。

師古曰:"《列子》及《孫卿》並云子產殺鄧析。據《左傳》,昭公

---

① "踰",原誤作"喻",據《漢書藝文志條理》改。

二十年子產卒，定公九年駟歂殺鄧析而用其竹刑，則非子產所殺也。"

《補注》王應麟曰："劉向序：'臣所校讎中《鄧析書》四篇，[①]臣敘書一篇，凡中外書五篇，以相校，除復重，爲二篇。其論無厚者，言之異同，與《公孫龍》同類。'《隋志》：'一卷。'《韓非子》云：'堅白無厚之詞章，而憲令之法息。'《淮南鴻烈》曰：'鄧析巧辯而亂法。'"

姚振宗曰："《左氏傳》：'定公九年，鄭駟歂殺鄧析，而用其《竹刑》。杜預曰：'鄧析，鄭大夫。欲改鄭所鑄舊制，不受君命，而私造刑法，書之于竹簡，故云竹刑。'孔穎達曰：'昭六年，子產鑄刑書于鼎。今鄧析別造《竹刑》，明是改鄭所鑄舊制。若用君命遣造，則是國家法制，鄧析不得獨專其名，知其不受君命而私造刑書。書之于竹，謂之《竹刑》。駟歂用其刑書，則其法可取，殺之不爲作此書也。下云棄其邪可也，則鄧析不當私作刑書而殺，蓋別有當死之罪，駟歂不矜免之耳。'"

又曰："《列子‧仲尼》篇：'鄭之圃澤多賢，東里多才。圃澤有伯豐子者，行過東里，遇鄧析。張湛注曰：鄧析，鄭國辯智之士，執兩可之說，而時無抗者，作竹書。子產用之也。'按，此則鄧析鄭之東里人，與子產同鄉里者也。"

又曰："劉向《別錄》：'臣所校中《鄧析書》四篇，臣叙書一篇，_{案，"臣叙"，據《崇文總目》似"臣歆"之訛。}凡中外書五篇，以相校，除復重爲一篇，皆定，殺青而書，可繕寫也。鄧析者，鄭人也。好刑名，操兩可之說，設無窮之辭。當子產之世，數難子產之治。記或云：子產起而戮之。于《春秋左氏傳》，昭公二十年而子產卒，子太叔嗣爲政。定公八年，太叔卒，駟歂嗣爲政。

[①] "書"字原脫，據《漢書補注》補。

明年,乃殺鄧析,而用其竹刑。君子謂:"子然于是乎不忠,苟有可以加于國家,棄其邪可也。"《靜女》之三章,取彤管焉。《竿旄》"何以告之",取其忠也。故用其道,不棄其人。《詩》之"蔽芾甘棠,勿翦勿伐,召伯所茇",思其人,猶愛其樹也,況用其道,而不恤其人乎?子然無以勸能矣。以上皆引《左氏傳》文。竹刑,簡法也,久遠,世無其書。子產卒後二十年而鄧析死,傳説或稱子產誅鄧析,非也。案,《列子‧力命》《呂覽‧離謂》及《孫卿書》皆有是説,故《別錄》引《左氏傳》辯之。其論《無厚》者,言之異同,與公孫龍同類,謹第上。'《意林》引劉向云'非子產殺鄧析,推《春秋》驗之'。"

又曰:"《隋書‧經籍志》:'《鄧析子》一卷。析,鄭大夫。'《唐‧經籍志》:'《鄧析子》一卷,鄧析子撰。'《唐‧藝文志》:'《鄧析子》壹卷。'《宋史‧藝文志》:'《鄧析子》二卷,鄭人。'"

又曰:"《崇文總目》:'鄧析子,戰國時人。案"戰國"當爲"春秋"。《漢志》二篇,初析著書四篇,劉歆有目有一篇,案,"目有"似"自有"之訛。凡五篇,歆復校爲二篇。'"

又曰:"晁氏《讀書志》曰:'析之學蓋兼名法家,今其書大旨訐而刻,真其言也。而其間時剿取他書,頗駁雜不倫,豈後人附益之歟?'"

又曰:"王氏《考證》:今《無厚》《轉辭》二篇。《韓非子》曰'堅白無厚之辭章,而憲令之法息',《淮南鴻烈》曰'鄧析巧辯而亂法',《荀子‧非十二子》與惠施並言。"

又曰:"《四庫》雜家提要曰:'《漢志》作二篇,今本仍分《無厚》《轉辭》二篇,而併爲一卷。然其文節次不相屬,似亦掇拾之本也。其言頗同于申韓,亦頗同于黄老。其大旨主于勢,統于尊,事覈于實,于法家爲近,故竹刑爲鄭所用也。至于聖人不死,大盜不止一條,其文與《莊子》同。析遠在莊子以前,不應預有剿說,而《莊子》所載又不云鄧析之言,或篇章殘闕,人摭《莊子》以足之歟?'"

又曰:"嚴可均校本序曰:'《漢志》名家《鄧析》二篇,《隋志》、《舊》《新唐志》皆一卷,《意林》一卷二篇,《崇文總目》言劉歆校爲二篇。今本二篇即歆所分,而前有劉向奏稱除復重爲一篇者,蓋歆書冠以向奏,唐本相承如此也。或言此奏當爲歆作,知不然者,《意林》及楊倞注《荀子》皆云向,不云歆也。先秦古書佚失者多,《鄧析》幸而僅存,即言不盡醇,要各有所見,自成一家。《左氏》好惡合于聖人,而于鄧析比之靜女彤管、召伯甘棠,或非過譽。流傳久遠,轉寫多訛,因據各書引見改補五十餘事,疑者闕之。舊三十二章,今合並爲三十一章,節次或不相屬,而詞恉完具,各書徵引尟出此外。唯《御覽》八十《符子》引《鄧析》言曰:古詩云:堯舜至聖,身如脯腊;桀紂無道,肌膚二尺。今本無之,當是佚敓,或如《吕氏春秋》《淮南》所載,元不在二篇中,亦未可知也。'"

楊樹達曰:"按,《呂氏春秋》卷十八《離謂》篇云:'洧水甚大,鄭之富人有溺者,人得其死"死"即今"屍"字。者,富人請贖之,其人求金甚多,以告鄧析。鄧析曰:"安之!人必莫之買矣。""買"本誤"賣",今改正。得死者患之,以告鄧析。鄧析又答之曰:"安之!此必無所更買矣。"'按,劉向謂析操兩可之說,設無窮之辭,此類是也。"

尹文子一篇　說齊宣王,先公孫龍。

師古曰:"劉向云與宋鈃俱游稷下。鈃,音形。"

《補注》錢大昭曰:"今《道藏》本上下二篇,蓋本魏黃初末,山陽仲長氏詮次之舊,故《隋志》已作二卷。"沈欽韓曰:"《說苑》:尹文對齊宣王曰:'事寡易從,法省易因。'其書言:'有形者必有名,有名者未必有形,形而不名,未必失其方圜白黑之實，名而不可不尋，名以檢其差。故名以檢形，形以定名，名以定事，事以檢名。'大旨爲公孫龍所祖述，龍又加崑瑣焉。仲長統序稱其學於公孫龍，非也。宋晁氏又誤以形名爲刑名類，未究其書者。然以大道爲書，而雜以山雞鳳皇，字長子曰盜，少子曰毆，亦詼嘲無稽甚矣。"朱一新曰："《集韻》：'鈃，音經天切，人名。'"

姚振宗曰："《莊子·天下》篇：不累于俗，不飾于物，不苟于人，不忮于衆，願天下之安寧以活民命，人我之養畢足而止，以此白心，古之道術有在于是者。宋鈃、尹文聞其風而悦之。作爲華山之冠以自表。崔撰曰：'尹文，齊宣王時人，著書一篇。華山上下均平，作冠象之，表己心均平也。'"

又曰："《世本·氏姓》篇：尹文氏，齊有尹文子，著書五篇。張澍輯注曰：'澍案，高誘《吕氏春秋》注：尹文，齊人，作名書一篇。'"

又曰："《吕氏春秋·正名》篇：尹文見齊王。高誘曰：'尹文，齊人，作名書一篇。在公孫龍前，公孫龍稱之。'"

又曰："劉向《别録》曰：'尹文子與宋鈃俱游稷下。'宋《中興書目》曰：'尹文子，齊人，劉向以其學本于黄老，居稷下，與宋鈃、彭蒙、田駢等同學于公孫龍。'又王氏《考證》引洪氏曰：'劉歆云：其學本于黄老。'案，此引向、歆云云，似皆本《録》《略》之文。"

又曰："本書《人表》尹文子列第四等中上。梁玉繩曰：'尹文子始見本書《藝文志》。亦曰尹文，齊宣王時人。尹文，復姓。《廣韻》注、《列子·周穆王》篇有尹文先生，豈其先歟？'"

又曰："馬總《意林》：'山陽仲長氏序云：文子出于周之尹氏，齊宣王時居稷下。余黄初末始到京師，繆熙伯以此書見示，聊定之。'《中興書目》曰：'魏黄初末，山陽仲長氏得其書，始詮次爲上下二篇。'"

又曰:"《文心雕龍·諸子》篇:'情辯以澤,文子擅其能;辭約而精,尹文得其要。'"

又曰:"《隋書·經籍志》:'《尹文子》二卷。① 尹文,周之處士,游齊稷下。'《唐·經籍志》:'《尹文子》二卷,尹文子撰。'《唐·藝文志》:'《尹文子》一卷。'《宋史·藝文志》:'《尹文子》一卷,齊人。'"

又曰:"鄧名世《古今姓氏書辯證》:'尹文氏,齊定公時有尹文先生,即考成子從之學幻者。《漢志》名家有《尹文子》,説齊宣王時事。在公孫龍前,劉向云,與宋鈃俱游稷下者。'"

又曰:"《四庫》雜家提要曰:'前有魏黃初末山陽仲長氏序,稱條次撰定爲上下篇。此本亦題《大道》上篇、《大道》下篇,與序文相符,而通爲一卷,蓋後人所合並也。《莊子·天下》篇以尹文、田駢並稱,顏師古注《漢書》謂齊宣王時人。考劉向《説苑》載文與宣王問答,顏蓋據此。然《呂氏春秋》又載其與湣王問答事,殆宣王稷下舊人,至湣王時猶在歟?其書本名家者流,大旨指陳治道,欲自處于虛靜,而萬事萬物則一一綜覈其實,故其言出入于黃老申韓之間,周氏《涉筆》謂其自道以至名,自名以至法,蓋得其實。'"

公孫龍子十四篇　趙人。

師古曰:"即爲堅白之辯者。"

《補注》王應麟曰:"《史記》:'趙有公孫龍,爲堅白同異之辯。'《列子》釋文:'龍字子秉,趙人。'莊子謂惠子曰:'儒、墨、楊、秉四,與夫子爲五,果孰是邪?'秉,公孫龍也。《淮南鴻烈》曰:'公孫龍粲於辭而貿名。'"錢大昭曰:"張守節云:

---

① "卷",原誤作"篇",據《漢書藝文志條理》及《隋書·經籍志》改。

'與鄒衍同時。'今《道藏》本上、中、下三卷，與《唐志》同。"朱一新曰："高誘注《呂覽》，謂龍爲魏人。"

姚振宗曰："《列子·仲尼》篇：'樂正子輿曰：公孫龍之爲人也，行無師，學無友，佞給而不中，漫衍而無家，好怪而妄言，欲惑人之心，屈人之口，與韓檀等肆之。'張湛注曰：'韓檀，人姓名，共習其業。《莊子》云桓國、公孫龍能勝人之口，不能服人之心，辯者之固。'按，《莊子·天下》篇桓國作桓團，成玄英疏曰'姓桓名團'。按，桓團亦即《列子》之韓檀也。"

又曰："《史·孟荀列傳》：'趙亦有公孫龍爲堅白同異之辯。'又《平原君列傳》：'平原君厚待公孫龍，公孫龍善爲堅白之辨。及鄒衍過趙，言至道，乃絀公孫龍。'"

又曰："劉向《別錄》曰：'齊使鄒衍過趙，平原君見公孫龍及其徒綦毋子之屬，論白馬非馬之辯，以問鄒子。鄒子曰："不可。彼天下之辯有五勝三至，而辭正爲下。辯者，別殊類使不相害，序異端使不相亂，抒意通指，明其所謂，使人與知焉，不務相迷也。故勝者不失其所守，不勝者得其所求，若是，故辯可爲也。及至煩文以相假，飾辭以相惇，巧譬以相移，引人聲使不得及其意，如此，害大道。夫繳紛爭言而競後息，不能無害君子。"坐皆稱善。'又曰：'公孫持白馬之論以度關。'按，《韓詩外傳》亦有此文，在《別錄》之前，而字句或異。"

又曰："本書《人表》公孫龍居第六等中下。梁玉繩曰：'始見《趙策》《列子·仲尼》、《莊子·秋水》《天下》。字子秉，趙人。'"

又曰："《文心雕龍·諸子》篇：'公孫之白馬孤犢，辭巧理拙。魏牟比之鴞鳥，非妄貶也。'"

又曰："《隋書·經籍志》道家：'《守白論》一卷。'不著撰人，蓋即是書。《唐·經籍志》：'《公孫龍子》三卷，公孫龍撰。'《唐·藝文志》：'《公孫龍子》三卷。'《宋史·藝文志》：'《公孫龍子》一卷，趙人。'"

又曰："陳氏《書録解題》：'對白馬非馬堅白之辯，其爲説淺陋迂僻，不知何以惑當時之聽。《漢志》十四篇，今書六篇，首叙孔穿事，文意重復。'"

又曰："王氏《考證》：《淮南鴻烈》曰：'公孫龍粲于辭而貿名。'揚子曰：'公孫龍詭辭數萬。'東萊吕氏曰：'告子彼長而我長之，彼白而我白之。斯言也，蓋堅白同異之祖。孟子累章辯析，歷舉玉雪羽馬人五白之説，借其矛而伐之，而其技窮。'"

又曰："《四庫》雜家提要曰：'《漢志》著録十四篇，至宋亡八篇，今僅存《迹府》《白馬》《指物》《通變》《堅白》《名實》凡六篇。其書大旨疾名器乖實，乃假指物以混是非，借白馬而齊物我，冀時君有悟而正名實，故諸史皆列于名家。《淮南鴻烈》稱公孫龍粲于辭而貿名，揚子《法言》稱公孫龍詭辭數萬。蓋其持論雄贍，實足以聳動天下，故當時莊、列、荀卿並著其言，爲學術之一。特品目稱謂之間，紛然不可數計，龍必欲一一核其真，而理究不足以相勝，故言愈辯而名實愈不可正。然其書出自先秦，義雖詼誕，而文頗博辯。陳振孫概以淺陋迂僻譏之，則又過矣。'"

成公生五篇　　與黃公等同時。

師古曰："姓成公。劉向云與李斯子由同時。由爲三川守，成公生游談不仕。"

姚振宗曰："劉向《別録》曰：'成公生與李斯子由同時，由爲三川守，成公生游談不仕。'一引'仕'作'住'。"

又曰："鄭樵《氏族略》曰：'以爵諡爲氏者，有成公氏，姬姓，衛成公之後，以諡爲氏。"

又曰:"鄧名世《古今姓氏書辯證》:成公氏,李利涉《編古命氏》曰:'出自姬姓,周昭王子成公男之後。《漢·藝文志》有成公生,與李斯子由同時而不仕。'"

姚振宗又曰:"按,此條班氏注'與黃公等同時',明是在黃公之前,惠子之後。今列惠子之前,似寫者顛倒亂之。"

惠子一篇　名施,與莊子並時。

《補注》錢大昭曰:"高誘注《吕覽》云:'惠子,惠施,宋人,仕魏爲惠王相也,孟子所見梁惠王也。'"葉德輝曰:"《莊子·至樂》篇云:'惠施多方,其書五車,其道舛駁,其言也不中。'據此,則惠亦説土耳。其書《隋》《唐志》不著録,引見《莊子·雜篇·天下》篇、《韓非子·説林》、《吕覽·不屈》篇、《應言》篇、《開春》篇、《愛類》篇,《魏策》,《説苑·善説》篇、《雜言》篇。"

楊樹達曰:"語見《莊子·天下》篇,'至樂'二字誤。"

姚振宗曰:"《莊子·天下》篇:'惠施多方。其書五車,其道舛駁,其言也不中。'又曰:'惠施日以知與人之辯,卒以善辯爲名。'"

又曰:"荀卿《非十二子》篇:'不法先王,不是禮義,而好治怪説,玩琦辭,甚察而不惠,①辯而無用,多事而寡功,不可以爲治綱紀;然而其持之有故,其言之成理,足以欺惑愚衆,是惠施、鄧析也。'"

又曰:"《吕氏春秋·淫辭》篇:惠子爲魏惠王爲法,爲法已成,以示諸民人,民人皆善之。獻之惠王,惠王善之。高誘曰:'惠王,孟子所見梁惠王也。惠施,宋人也,仕魏爲惠王相也。'"

又曰:"本書《人表》惠施列第六等中下。梁玉繩曰:'惠施,

---

① "甚",原誤作"其",據《漢書藝文志條理》改。

始見《楚》《魏策》、《莊子·天下》、《荀子·不苟》《非十二子》。惠又作慧,亦曰惠公,亦曰惠子,宋人,爲魏惠王相。惠王請令周太史更著其名爲仲父,墓在滑州。'"

又曰:"鄭樵《氏族略》:'惠氏,姬姓,周惠王支孫,以謚爲氏。戰國有惠施,爲梁相。'"

又曰:"王氏《考證》:西山真氏曰:'莊生所述諸子,墨翟、禽滑釐其一也,宋鈃、尹文其二也,彭蒙、田駢、慎到其三也,關尹、老聃其四也,莊周其五也,惠施其六也。異端之盛,莫甚于此時。'"

又曰:"馬國翰輯本序曰:'《戰國策》魏惠王、襄王、哀王皆紀其事言,則爲相在惠、襄之世,至哀王時猶存也。《漢志》名家《惠子》一篇,《隋》《唐志》皆不著目,佚已久。茲從群書所引輯録十四節。'"

黄公四篇　名疵,爲秦博士,作歌詩,在秦時歌詩中。

師古曰:"疵,音才斯反。"

周壽昌曰:"本注云:'名疵,爲秦博士。作歌詩,在秦時歌詩中。'壽昌案,爲博士必在始皇時。惜駟鐵、車鄰後、秦詩無傳。顧此四篇,《七略》不入歌詩家,而以入名家,必是别有文,注特指其一端也。"

姚振宗曰:"《廣韻》一東'公'字注:'又復姓,秦有博士黄公庇。'按,此作'庇',似刊誤也。"

又曰:"按,《秦始皇本紀》:'三十六年,使博士爲《仙真人詩》,及行所游天下,傳令樂人歌弦之。'黄公疵爲博士,蓋即是時也。"

毛公九篇　趙人,與公孫龍等並游平原君趙勝家。

師古曰:"劉向《别録》云:'論堅白同異,以爲可以治天下。'此蓋《史記》所云'藏於博徒'者。"

姚振宗曰:"《史·信陵君列傳》:魏公子無忌者,魏昭王少子也。公子既矯魏王令奪晉鄙軍存趙,獨與客留趙。聞趙有處士毛公藏于博徒,薛公藏于賣漿家,公子欲見兩人,兩人自匿不肯見。公子聞所在,乃閒步往從此兩人游,甚歡。平原君聞之,謂其夫人曰:'始吾聞夫人弟公子天下無雙,今乃妄從博徒賣漿者游,①公子妄人耳。'夫人以告公子。公子曰:'無忌自在大梁時,常聞此兩人賢,至趙,恐不得見。以無忌從之游,尚恐不我欲也。'公子留趙十年不歸。秦聞公子在趙,日夜出兵東伐魏,魏王患之,使使往請公子。公子恐其怒之,乃誡門下:'有敢爲魏王使通者,死。'賓客莫敢勸。毛公、薛公往見公子曰:'公子所以重于趙,名聞諸侯者,徒以有魏。今秦攻魏,魏急而公子不恤,使秦破大梁而夷先王之宗廟,公子當何面目立天下乎?②'語未及卒,公子立變色,告車趣駕歸救魏。"

又曰:"劉向《別錄》曰:'《毛公》九篇,論堅白同異,以爲可以治天下,此蓋《史記》所云毛公藏于博徒,薛公藏于賣漿家者。'"

姚振宗又曰:"按,毛公在六國時,而劉氏、班氏列其書于黃公之次者,或其徒編次成書在六國之後,或亦轉寫亂其舊次。"

右名七家,三十六篇。

姚振宗曰:"按,是篇家數、篇數並不誤。"

名家者流,蓋出於禮官。古者名位不同,禮亦異數。

姚名煇曰:"名,名號,爵位。異數,如天子七廟,諸侯五廟,大夫三廟,士一廟是也。"

---

① "今",原誤作"令",據《漢書藝文志條理》改。
② "當",原誤作"尚",據《漢書藝文志條理》改。

孔子曰："必也正名乎！名不正則言不順，言不順則事不成。"

師古曰："《論語》載孔子之言也。言欲爲政，必先正其名。"

王應麟曰："《尹文子》曰：'形以定名，名以定事，事以驗名。察其所以然，則形、名之與事，無所隱其理矣。名有三科，一曰命物之名，方、圓、黑、白是也；二曰毁譽之名，善、惡、貴、賤是也；三曰况謂之名，賢、愚、愛、憎是也。'"

此其所長也，及警者爲之，

晉灼曰："警，訐也。"師古曰："警，音工釣反。"

則苟鉤釽析亂而已。①

師古曰："釽，破也，音普革反，又音普狄反。"

楊樹達曰："李慈銘云：'釽當作鎃，從辰聲，見《方言》。鎃，摫裁也，梁益之間裁木爲器曰鎃。郭注：音劈歷。'"

劉光蕡曰："即堅白同異之弊，言其瑣碎。"

姚振宗曰："《史記》太史公《論六家要旨》曰：'名家使人儉而善失真，然其正名實，不可不察也。'又曰：'名家苛察繳繞，使人不得反其意，專決於名而失人情，故曰使人儉而善失真。若夫控名責實，參伍不失，此不可不察也。'又曰：'《隋書·經籍志》云：名者，所以正百物，叙尊卑，列貴賤，各控名而責實，無相僭濫者也。《春秋傳》曰：古者名位不同，節文異數。孔子曰：名不正則言不順，言不順則事不成。《周官》宗伯以九儀之命，正邦國之位，辯其名物之類是也。拘者爲之，則苛察繳繞，滯於析辭而失大體。'"

董份曰："墨者儉，是矣，若名家言儉，似不可曉。蓋此乃檢字，因上有儉字，寫者遂誤耳。解曰：'檢者，法也。'又曰：'檢者，束也。下文苛察繳繞，即檢束之意也。'"

---

① "苟"字原脱，據《漢書·藝文志》補。

墨

尹佚二篇　周臣，在成、康時也。

《補注》王應麟曰："《左傳》稱'史佚有言''史佚之志'。《晉語》：'胥臣曰：文王訪於辛尹。'注：'辛甲、尹佚皆周太史。'《説苑·政理》篇引'成王問政於尹逸'。尹佚，周史也，而爲墨家之首，今書亡，不可考。《呂覽·當染》篇：'魯惠公使宰讓請郊廟之禮於天子，天子使史角往，惠公止之。其後在於魯，墨子學焉。'意者史角之後託於佚歟？"葉德輝曰："《周書·世俘解》云：'武王降自車，乃俾史佚繇書于天號。'蓋其人歷文、武、成、康四朝。《周紀》引史佚筴祝。《逸周書·克殷解》引尹佚筴，皆其書之逸文。《左傳·僖十五年》《文十五年》《成四年》《襄十四年》《昭元年》，《晉語》，均引史逸，其言合於儒術。《志》入墨家者，意以其爲太史出於清廟之守，故從其朔而言之焉。"

周壽昌曰："尹佚，《説苑》作尹逸，亦作史佚。佚、逸音義俱同。《隋》《唐志》皆不著録。"

姚振宗曰："《史·周本紀》：'武王至商國，入，至紂死所。明日，除道，修社。師尚父牽牲，尹佚筴祝。'又曰：'命南宮括、史佚展九鼎保玉。'《正義》曰：'尹佚讀筴書祝文以祭社也。'徐廣曰：'保，一作寶。'"

又曰："《大戴記·保傅》篇：'《明堂之位》曰：篤仁而好學，多聞而道慎，天子疑則問，應而不窮者，謂之道。道者，導天子以道者也。常立于前，是周公也。誠立而敢斷，輔善而相義者，謂之充。充者，充天子之志也。常立于左，是太公也。絜廉而切直，匡過而諫邪者，謂之弼。弼者，拂天子之過者也。常立于右，是召公也。博聞強記，接給而善對者，謂之承。承者,承天子之遺忘者也。常立于後,是史佚也。故成王中立而聽朝,則四聖維之,是以慮無失計,而舉無過事。'廬辯曰:'接給,謂應所問而給也。史佚,周太史尹佚也。'"

又曰:"本書《人表》史佚列第二等上中仁人。梁玉繩曰:'始見《逸周書·世俘解》《禮·曾子問》《左·僖十五》《周語下》。周文武時太史。佚,又作逸。亦曰尹佚,與太公、周、召稱四聖。《通志·氏族略》云"少昊之子封于尹城,因以爲氏。子孫世爲周卿士,食采于尹"。考《左·昭廿三》"王子朝入于尹,單子從阪道,劉子從尹道伐尹"①,疏謂"尹子食采于尹,世爲卿士"。然則尹佚乃少昊之裔,而周尹氏乃史佚之後也。'"

又曰:"王氏《考證》曰:'尹佚,周史也,而爲墨家之首。今書亡,不可考。按,《吕氏春秋》"魯惠公使宰讓請郊廟之禮於天子,天子使史角往,惠公止之。其後在于魯,墨子學焉",意者史角之後託于佚歟?'"

又曰:"嚴可均《三代文編》:'尹佚亦稱史佚,周初太史,事武王、成王、康王。《逸周書》及《史記》引武王即位筴,《說苑》引史佚對成王問,《左傳》引史佚之言四條,又引《史佚之志》。'"

又曰:"馬國翰輯本序曰:'《漢志》墨家《尹佚》二篇,《隋》《唐志》皆不著錄,散亡已久。惟《左傳》《國語》引其言,《淮南子》引成王問政,《說苑》亦引之。又《逸周書》《史記》載佚策祝,皆其佚文,並據輯錄。據《大戴記》則史佚固聖人之流亞,諸書所載亦皆格言大訓,不知班《志》何以入其書於墨家之首,意或以墨家者流出於清廟之守,佚爲周太史,故探原而定之歟?'"

姚振宗又曰:"按,史佚之後有史角,而墨翟學于史角,之後其

---

① 按,"王子朝入于尹"一句,《漢書藝文志條理》作"王子朝入于尹,單、劉伐尹"。

道盛行于世,遂以墨名其家,而其初出于清廟之守者也。清廟之守之爲書者,自尹佚始,故是類以尹佚爲之首。武王即位告天,尹佚笑祝,而是篇篇叙所謂'茅屋采椽,養三老五更,選士大射,宗祀嚴父,順四時而行,以孝視天下',皆清廟之守之所有事也。"

田俅子三篇　先韓子。

蘇林曰:"俅,音仇。"

《補注》沈欽韓曰:"《隋志》:'梁有《田俅子》一卷。'《吕覽》《韓非》諸書作'《田鳩子》'。"葉德輝曰:"《藝文類聚·祥瑞部》下引'田俅子曰:少昊之時,赤燕一羽,①《御覽》九百二十二引作赤鸑一銜羽。而飛集少昊氏之户,遺其丹書'。又引'商湯爲天子都于亳,有神手牽白狼,口銜金鉤而入湯庭'。《文選》王元長《曲水詩序》注引'黄帝時,有草生于帝庭階,有佞人入朝,則草指之,名曰屈軼。是以佞人不敢進也'。又《東京賦》注引'堯爲天子,蓂莢生于庖,爲帝成曆'。張景陽《七命》注、王元長《曲水詩序》注、陸佐公《新刻漏銘》注引同。《白帖》九十八引'堯詩有獬豸,緝其毛爲帝帳'。《稽瑞》引云:"獬豸色青,堯時獲之,緝其皮以爲帳。"《御覽·服章部》引'渠搜之人服夏禹德,獻其珍裘,毛出五采,光曜五色'。又引'少昊氏都于曲阜、鞮鞻毛人獻其羽裘'。又《休徵部》引'少昊生于稚華之渚,渚一旦化爲山澤,②鬱鬱蔥蔥焉'。劉賡《稽瑞》引云:'昔帝堯之爲天下平也,蒲蓳出庖厨,爲帝去惡。'又引云:'殷湯爲天子,白狐九尾。'又引云:'周武王時,倉庭國獻文章騶。'其言多稱符瑞,殆亦明鬼之意歟?"

周中孚曰:"按,《吕覽·首時》言'墨者田鳩見秦惠王'注,'田

---

① "羽",《漢書補注》作"雙"。
② "旦",《漢書補注》作"日"。

鳩,齊人',鳩、俅音近,疑爲一人。《韓子·外儲説左上》及《問田》篇亦稱之,故云'先韓子'也。"

姚振宗曰:"《吕氏春秋·首時》篇:'墨者有田鳩欲見秦惠王,留秦三年而弗得見。客有言于楚王者,往見楚王,楚王説之,與將軍之節以如秦,至,因見惠王。'高誘曰:'田鳩,齊人,學墨子術。惠王,孝公之子駟也。'亦見《淮南子·道應》篇。"

又曰:"本書《人表》第四等中上田俅子。梁玉繩曰:'田俅子惟見本書《藝文志》墨家。《吕覽·首時》言墨者田鳩見秦惠王,注:田鳩,齊人。《韓子·外儲説左上》及《問田》篇亦稱之。鳩、俅音近,疑爲一人。'"

又曰:"《隋書·經籍志》梁有《田俅子》一卷,①亡。"

又曰:"馬國翰輯本序曰:'《漢志》墨家《田俅子》三篇。《隋志》云梁有《田俅子》一卷。《唐志》不著録,佚已久。案,《韓非子》引田鳩説二節,家宛斯先生《繹史》云田鳩即田俅。《吕氏春秋》亦引墨者田鳩事合。以《藝文類聚》《白六帖》《文選注》《御覽》所引輯得八節。'"

我子一篇

師古曰:"劉向《别録》云:'爲《墨子》之學。'"

《補注》葉德輝曰:"《元和姓纂》三十三哿引《風俗通》云:'我子,六國時人,著書號《我子》。'"

姚振宗曰:"劉向《别録》云:'我子爲墨子之學。'"

又曰:"本書《人表》第四等中上我子。梁玉繩曰:'我子惟見本書《藝文志》墨家。《廣韻》注云:我,姓。'"

又曰:"應劭《風俗通·姓氏》篇:我氏,六國時有我子,著書,爲墨子之學。張澍輯注曰:'《藝文志》有《我子》一篇。'"

---

① "梁"字原脱,據《漢書藝文志條理》補。

又曰:"邵思《姓解》:'古賢者我子著書五篇。'按,此言五篇者,或劉氏《叙録》有'中外書五篇,除復重定著一篇'之語,因而致誤歟?《氏族略》云'我氏,不詳其所系'。"

隨巢子六篇　墨翟弟子。

《補注》王應麟曰:"《隋》《唐志》:'一卷。'洪氏云:'書今不存,《意林》所述隨巢,兼愛明鬼,而墨之徒可知。'《藝文類聚》引《隨巢子》曰:'昔三苗大亂,天命夏禹於玄宫,有大神,人面馬身,降而福之。司禄益食而民不飢,司金益富而國家實,司命益年而民不夭,四方歸之,禹乃克三苗而神民不違。'《史記索隱》引《隨巢子》云:'夷羊在牧,飛拾滿野,天鬼不顧,亦不賓滅。'《御覽》引'昔三苗大亂,龍生于廟,犬哭于市'①'天賜武王黄鳥之旗以代殷'。愚謂此墨氏之'明鬼'也。"葉德輝曰:"《太史公自序》正義引韋昭曰:'墨翟之術也,尚儉,後有徐巢子傳其術。'按,'徐''隨'音近,疑即一人。《意林一》引《隨巢子》云:'執無鬼者曰越蘭,問隨巢曰:鬼神之智何如?曰:聖也。越蘭曰:治亂由人,何謂鬼神邪?隨巢子曰:聖人生於天下,未有所資,鬼神爲四時八節以化育之,乘雲雨潤澤以繁長之,皆鬼神所能也。豈不謂賢於聖人。'《晋書·石崇傳》引'明君之德,察情爲上,察事次之'。《開元占經》引'夏后之興,方澤出馬'。《北堂書鈔》九十六、百五十八引'姬氏之興,河出緑圖,殷滅,周人受之'。百二十六引'召人以環,絶人以玦'。《御覽·章服部》九引同。《御覽·地部》引'夏桀德衰,岱淵沸'。《珍寶部》引'幽、厲之時,奚緑山壞,天賜玉玦于羿,遂以殘其身,以此爲福而禍'。《咎微部》引'幽、厲之時,天旱地坼'。"

---

① "犬",原誤作"大",據《太平御覽》《漢藝文志考證》改。

姚振宗曰："太史公司馬談《論六家要旨》曰：'墨者儉而難遵。'《正義》曰：'韋云：墨翟之術也，尚儉，後有隨巢子傳其術也。'"

又曰："本書《人表》第四等中上隨巢子。梁玉繩曰：'隨巢子惟見本書《藝文志》墨家。隨巢當是氏，或謂隨名巢，無據。'"

又曰："《文心雕龍·諸子》篇：'墨翟、隨巢，意顯而語質。'"

又曰："《隋書·經籍志》：'《隨巢子》一卷。巢似墨翟弟子。'按，此以巢為名。《唐·藝文志》：'《隨巢子》一卷。'"

又曰："鄧名世《古今姓氏書辨證》：'隨巢氏，《漢·藝文志》有《隨巢子》六篇，注云墨翟弟子。謹按，姓書未有此氏，而當時有胡非子、隨巢子皆師墨氏，則隨巢合為人氏。'"

又曰："馬國翰輯本序曰：'《漢志》墨家有《隨巢子》六篇，《隋》《唐志》皆以一卷著錄，今佚。《意林》引其二節。又從諸書所引輯十三節，以類編次，多言災祥禍福。其論鬼神之能，亦即《中庸》體物而不可遺之義，而謂鬼神賢于聖人，過為奇語，醇駁分焉已。'"

胡非子三篇　　墨翟弟子。

《補注》沈欽韓曰："《隋》《唐志》：'一卷。'《意林》引云'胡非子修墨以教，有屈將子好勇，聞墨者非鬥，帶劍危冠，往見胡非子而問之，胡非言勇有五等'云云。其言與《說苑·善說》篇林既語齊景公，同無稽之談。"

葉德輝曰："《元和姓纂》十一模'胡非'姓下云：'陳胡公後，有公子非，後子孫為胡非氏。戰國有胡非子著書。'《御覽·兵部》引'胡非子論羿射'。《藝文類聚·人部》引'目見百步之外而不能見其眥'。《北堂書鈔》七十七引'善為吏者樹德'。大恉與《貴義》《上同》相近。"

姚振宗曰："本書《人表》胡非子居第四等中上。梁玉繩曰：'胡非子惟見本書《藝文志》墨家。胡非，復姓。《廣韻》注云：胡公之後有公子非，因以爲氏。則胡非子齊人也。'"

又曰："應劭《風俗通·姓氏》篇：'胡非氏，胡公之後有公子非，其後子孫因以胡非爲氏。戰國有胡非子著書。'張澍輯注曰：'胡非子，墨翟弟子。《藝文志》有《胡非子》三篇。'《氏族略》云：'胡非氏，嬀姓。陳胡公後有公子非，其後子孫爲胡非氏。'"

又曰"《隋書·經籍志》：'《胡非子》一卷，非似墨翟弟子。'按，此又以非爲名。《唐·經籍志》：'《胡非子》一卷，胡非子撰。'《唐·藝文志》：'《胡非子》一卷。'"

又曰："馬國翰輯本序曰：'《漢志》墨家《胡非子》三篇，《隋》《唐志》皆著錄一卷，今佚。馬總《意林》亦載一卷，而止引其《説五勇》一篇，文句多敓略，校《太平御覽》所引補足。又搜輯三節，合爲卷。《五勇》與《莊子》相出入，《説弓矢》亦本《韓非子》矛盾之喻，戰國人文字相襲，往往而然也。'按，韓非子在戰國之末，于戰國諸子中爲最後。胡非子爲墨翟弟子，則遠在其前，當是韓非襲胡非。"

墨子七十一篇　名翟，爲宋大夫，在孔子後。

《補注》沈欽韓曰："《隋志》：'《墨子》十五卷，目一卷。'《館閣書目》云：'自《親士》至《離守》爲六十一篇，亡九篇。'"陶憲曾曰："《史記·孟荀列傳》索隱引《別錄》云：'《墨子》書有文子。文子，子夏之弟子，問於墨子。'據此，則墨子在七十子後。"

姚振宗曰："《呂氏春秋·當染》篇：魯惠公使宰讓請郊廟之禮于天子，桓王使史角往，惠公止之。其後在于魯，墨子學焉。高誘曰：'惠公，魯孝公之子，隱公之父。墨子，名翟，魯人，作書七十一篇，以墨道開之。'梁玉繩《吕子校補》曰：'桓王當作平王,惠公卒于平王四十八年,與桓王不相接,《竹書》請禮在平王四十二年。'"

又曰:"《史·孟荀列傳》:蓋墨翟,宋之大夫,善守禦,爲節用。或曰並孔子時,或曰在其後。《索隱》曰:'按,《別錄》云:墨子書有文子。文子,子夏之弟子,問于墨子。如此,則墨子者,在七十子後也。'《范書·張衡傳》注:《衡集》云:'公輸班與墨翟並當子思時,出仲尼後也。'"

又曰:"本書《人表》墨翟列第四等中上。梁玉繩曰:'墨翟始見《孟子》《戰國·齊策》。宋之大夫,魯人,姓墨,本墨胎氏所改,名翟。亦曰墨氏,亦曰墨子,亦曰子墨子,亦曰翟子。按,《孟子》楊墨並言,諸子每云孔墨,《抱朴子·名實》篇稱班墨,則墨其姓也。《墨子·耕柱》《貴義》《公孟》《魯問》及《吕覽·高義》多自稱翟,則翟其名也。乃元伊世珍《瑯環記》引賈子《説林》,失名。謂:墨子姓翟名烏,其母夢日中赤烏入室,驚覺生烏,遂名之。誕不足信。'"

又曰:"《隋書·經籍志》:'《墨子》十五卷,目一卷,宋大夫墨翟撰。'《唐書·經籍志》:'《墨子》十五卷,墨翟撰。'《唐·藝文志》同。《宋·藝文志》同。"

又曰:"馬端臨《文獻·經籍考》曰:'按,自夫子没而異端起,老、莊、楊、墨、蘇、張、申、商之徒,各以其知舛馳,至孟子始辭而闢之。然觀七篇之書,所以距楊墨者甚至而闊略于餘子,何也?蓋楊朱、墨翟之言,未嘗不本仁祖義,尚賢尊德,而擇之不精,語之不詳,流弊遂至于無父無君,正孔子所謂似是而非者,不容不深鋤而力辯之。韓文公謂"儒墨同是堯舜,同非桀紂",以爲二家本相爲用,而咎末學之辯。嗚呼!孰知惟其似同而實異者,正所當辯乎!'"

又曰:"《四庫》雜家提要曰:'《隋》《唐志》稱墨翟撰。然其書中多稱子墨子，則門人之言，非所自著。今本七十一篇之中，佚《節用下》《節葬上》《節葬中》《明鬼上》《明鬼下》《非樂中》《非樂下》《非儒上》，凡八篇，存六十三篇。墨家者流，史罕著錄，蓋以孟子所闢，無人肯居其名。然佛氏之教，其清靜取諸老，其慈悲則取諸墨。韓愈《送浮屠文暢序》稱儒名墨行、墨名儒行，以佛爲墨，蓋得其真。而《讀墨子》一篇，乃稱墨必用孔，孔必用墨，開後人三教歸一之說，未爲篤論。特在彼法之中，能自嗇其身，而時時利濟于物，亦有足以自立者。故其教得列于九流，而其書亦至今不泯耳。第五十二篇以下皆兵家言，其文古奧，或不可句讀，與全書爲不類，疑因五十一篇言公輸般九攻、墨子九拒之事，其徒因采摭其術，附記其末。觀其稱弟子禽滑釐等三百人，已持守固之器在宋城上，是能傳其術之徵矣。'《淮南‧泰族》篇云：'墨子服役者百八十人，皆可使赴火蹈刃，死不還踵，化之所致也。'"

又曰："又《簡明目錄》曰：'觀其近理亂真之處，然後知儒墨異同之所以然，則亦不必廢觀也。'"

姚振宗曰："按，《七略》兵技巧家有《墨子》，班氏以其重復省之。蓋書中本有兵家言，今本猶略可考見，故任步兵取以入技巧。"

右墨六家，八十六篇。

姚振宗曰："按，此篇家數、篇數並不誤。"

墨家者流，

《補注》沈欽韓曰："《莊子‧天下》篇：'相里勤之弟子五侯之徒，南方之墨者苦獲、已齒、鄧陵子之屬，俱誦《墨經》，而倍譎不同，相謂別墨。'《韓非‧顯學》篇：'世之顯學，儒、墨也。有相里氏之墨，有相夫氏之墨，有鄧陵氏之墨，其徒見於墨翟書者十數人。'《呂覽》有腹䵍、許犯、田繫、索盧參、孟勝、徐弱等百八十三人、田襄子、謝子、唐姑果。《列子》有東門賈,《孟子》有夷之,《論衡》有纏子。《文選·文賦》注亦引纏子。《淮南·泰族訓》:'墨子服役者百八十人,皆可使赴火蹈刃。'其私名門人,楊朱、稷下之徒,未有若是之衆也。"

蓋出於清廟之守。

《補注》周壽昌曰:"《左傳·桓二年》:'臧哀伯曰:是以清廟茅屋,大路越席,太羹不致,粢食不鑿,昭其儉也。'《志》蓋以墨之儉出於此也。"

楊樹達曰:"按,宋翔鳳《過庭録》云:'《隋·經籍志》亦作"清廟之守"。案,"守"疑"官"字之誤。魯請郊廟禮,而王使史角往,則正是清廟之官。'余嘉錫《四庫提要辨證》云:'"守"字乃"官"字之誤。《漢紀》二十五叙諸子源流作清廟之官,唐趙蕤《長短經·正論》篇全録《漢志》,《廣弘明集》卷八及《佛祖通載》卷十一載北周釋道安《二教論》引《藝文志》亦並作"官",知唐以前《漢書》古本如此。"守"字乃宋以後刻本之誤。其唐以前書如《群書治要》卷十四之類有作"清廟之守"者,蓋後人據今本《漢書》妄改也。宋人《重廣會史》據日本育德財團總裁前田利爲尊經閣影印宋刻本。卷七十引《藝文志》亦作"守"字,其書刻於建中靖國以前,每册後有"高麗國十四葉辛巳歲書""大宋建中靖國元年""大遼乾統元年"朱文印。是北宋本《漢書》已誤矣。《志》叙諸子十家,皆云出於某官,不應墨家獨作"守"。班論墨家"茅屋采椽是以貴儉"云云,所舉皆宗廟之事,故曰"出於清廟之官"。《吕氏春秋·當染》篇曰:"魯惠公使宰讓請郊廟之禮於天子,桓王使史角往,其後在於魯,墨子學焉。"此墨家出於清廟之官之證也。'"

茅屋采椽,

師古曰:"采,柞木也,字作採,本作木。以茅覆屋,以採爲椽,其言質素也。采,音千在反。"

《補注》王先謙曰:"官本注在'是以貴儉'下。"

是以貴儉;養三老五更,是以兼愛;選士大射,是以上賢;宗祀嚴父,是以右鬼;

如淳曰:"右鬼,謂信鬼神。若杜伯射宣王,是親鬼而右之。"

師古曰:"右猶尊尚也。"

《補注》周壽昌曰:"注,如氏曰:'右鬼謂信鬼神,若杜伯射宣王,是親鬼而右之。'何焯曰:'如注謬甚。'壽昌案:《墨子》有《明鬼》三篇,其第三篇言鬼神報應,即首引'杜伯射宣王'事。如氏以《墨子》注《墨子》,似不能謂之謬也。顏注作明鬼神,校今本多一神字,或古本如此。"①

順四時而行,是以非命;

蘇林曰:"非有命者,言儒者執有命,而反勸人修德積善,政教與行相反,故譏之也。"如淳曰:"言無吉凶之命,但有賢不肖之善惡。"

《補注》王先謙曰:"官本注'肖'下無'之'字。"

以孝視天下,是以上同。

如淳曰:"言皆同,可以治也。"師古曰:"《墨子》有《節用》《兼愛》《上賢》《明鬼神》《非命》《上同》等諸篇,故《志》歷序其本意。視,讀曰示。"

《補注》周壽昌曰:"今本《墨子》有《明鬼》篇,無'神'字。"

此其所長也。及蔽者爲之,見儉之利,因以非禮,

《補注》王念孫曰:"《群書治要》引此,'禮'下有'樂'字,是也。《墨子》有《節用》《節葬》《非樂》三篇,故曰'見儉之利,因以廢禮樂'。《穀梁序》疏引此已脱'樂'字。"朱一新曰:"《志》言

---

① 按,此爲周壽昌《漢書注校補》原文,王先謙《漢書補注》所稱引與此有差異。

'見儉之禮,因以廢禮',蓋譏其儉不中禮也。《治要》誤衍'樂'字,《穀梁序》疏引,是也。"

推兼愛之意,而不知別親疏。

姚振宗曰:"太史公《論六家要旨》曰:'墨者儉而難遵,是以其事不可徧循;然其強本節用,不可廢也。'又曰:'墨者亦尚堯舜道,言其德行曰"堂高三尺,土階三等,茅茨不翦,采椽不刮。食土簋,啜土刑,糲粱之食,藜藿之羹。夏日葛衣,冬日鹿裘",其送死,桐棺三寸,舉音不盡其哀。教喪禮,必以此爲萬民之率。使天下法若此,則尊卑無別也。夫世異時移,事業不必同,故曰儉而難遵。要曰強本節用,則人給家足之道也。此墨子之所長,雖百家弗能廢也。'又曰:'《隋·經籍志》曰:墨者,強本節用之術也。上述堯、舜、夏禹之行,茅茨不翦,糲粱之食,桐棺三寸,貴儉兼愛,嚴父上德,以孝示天下,右鬼神而非命。《漢書》以爲本出清廟之守。然則《周官》宗伯"掌建邦之天神地祇人鬼",肆師"掌立國祀及兆中廟中之禁令",是其職也。愚者爲之,則守於節儉,不達時變,推心兼愛,而混於親疏也。'"

劉光蕡曰:"墨家言出清廟之守,不引證六經及孔子語,蓋墨子與孔子同時並立,各創教法。墨子祖夏禹,蓋意主守舊,復禹制以矯當時之弊。孔子爲萬世計,知唐虞三代之法,不能盡因,而無所損益,故定爲六經,躬爲刪定,以爲萬世治制之準,不如墨子僅據古明堂之法推求而演説也。清廟即明堂。以布政言爲明堂,以宗祀言爲清廟。墨子所長無一不與孔子同,蓋即四代相因之禮也。孟子所拒,則墨子之弊者與儒之辟道之放正同。"又曰:"以孝爲王道之本,孔子之説,正是此孝。可驗人性之善,則人性本同,故上同也。"

縱　　橫

蘇子三十一篇　名秦，有《列傳》。

《補注》沈欽韓曰：『今見於《史記》《國策》，灼然爲蘇秦者八篇，其短章不與。秦死後，蘇代、蘇厲等並有論説，《國策》通謂之蘇子，又誤爲蘇秦，此三十一篇，容有代、厲並入。』陶憲曾曰：『《杜周傳》注：「服虔云：抵，音坻。① 陒，音義。謂罪敗而復抨彈之，蘇秦書有此法。」案，今本《鬼谷子》有《抵巇》篇。《鬼谷子》本書不録，蓋後人取秦書爲之。《唐志》"《鬼谷子》"下題蘇秦，蓋本《樂壹》之説。然樂氏謂秦欲神秘其道，故假名鬼谷，非也。』陶紹曾曰：『《御覽》九百八十三引《蘇子》曰：「蘭以芳自燒，膏以肥自炳，翠以羽殃身，蚌以珠致破。」王應麟《考證》以爲蘇秦書。又見《困學紀聞》。案，《北堂書鈔》九十九亦引此文，下有「是以公孫賀得丞相而啼泣」云云，則非秦甚明，以宋本《意林》考之，今闕此卷。蓋晉蘇彦書也，王氏誤矣。』

姚振宗曰：『《史》本傳：蘇秦者，東周雒陽人也。東事師于齊，而習之于鬼谷先生。出游數歲，大困而歸。自傷，閉門不出，出其書徧觀之。得周書《陰符》，伏而讀之。期年，以出揣摩，曰：「此可以説當世之君矣。」求説周顯王，弗信。乃西之秦。秦方誅商鞅，疾辨士，弗用。乃東之趙。趙君説之。去游燕，歲餘而後得見燕文侯。説燕與趙從親，文侯于是資蘇秦車馬金帛以至趙。説趙肅侯一韓、魏、齊、楚、燕、趙從親，以畔秦。令天下之將相會于洹水之上，通質，刳白馬而盟。趙王乃飾車百乘，黃金千鎰，白璧百雙，錦綉千純，以約諸侯。于是説韓宣惠王、②魏襄王、齊宣王、楚威王，六國從合而並力

---

① "坻"，原誤作"紙"，據《漢書補注》改。
② "惠"字原脱，據《漢書藝文志條理》補。

焉。蘇秦爲從約長，並相六國。既約，歸趙，趙肅侯封爲武安君，乃投從約書于秦。秦兵不敢闚函谷關十五年。其後，從約解，齊宣王以爲客卿。齊大夫多與蘇秦爭寵者，[①]而使人刺蘇秦，死。蘇秦之弟曰代，代弟蘇厲，見兄遂，亦皆學。及蘇秦死，代乃求見燕王，欲襲故事。蘇代復重于燕。燕使約諸侯從親如蘇秦時，或從或不，而天下由此宗蘇氏之從約。代、厲皆以壽死，名顯諸侯。太史公曰：'蘇秦兄弟三人，皆游説諸侯以顯名，其術長于權變。而蘇秦被反間以死，天下共笑之，諱學其術。然世言蘇秦多異，異時事有類之者皆附之蘇秦。夫蘇秦起閭閻，連六國從親，此其智有過人者。吾故列其行事，次其時序，毋令獨蒙惡聲焉。'"

又曰："本書《人表》蘇秦列第六等中下。梁玉繩曰：'蘇秦屢見《戰國策》及《荀子·臣道》。東周雒陽人，居乘軒里。蓋蘇忿生之後，字季子。亦曰蘇子，亦曰蘇公，亦曰蘇生，亦曰蘇君，亦曰蘇季。封武安君。葬雒陽城東御道北孝義里西北隅。'"

又曰："馬國翰輯本序曰：'《漢志》《蘇子》三十一篇，《隋》《唐志》不著，佚亡已久。兹從《戰國·秦策》《燕策》《趙策》《韓策》《魏策》《齊策》《楚策》《史記》列傳輯録，凡一十七篇'"。

姚振宗又曰："按，《七略》兵權謀家有《蘇子》，班氏以其重復省之。"

張子十篇　名儀，有《列傳》。

姚振宗曰："《史》本傳：張儀者，魏人也。始嘗與蘇秦俱事鬼谷先生學術，蘇秦自以不及張儀。儀已學而游説諸侯。秦惠王以爲客卿，遂相秦。相秦凡四歲。後二年而免相，相魏以

[①] "寵"，原誤作"權"，據《漢書藝文志條理》及《史記·蘇秦傳》改。

爲秦，欲令魏先事秦而諸侯效之。魏哀王乃倍縱約而因儀請成于秦。儀歸，復相秦。又相楚。秦惠王封儀五邑，號曰武信君。惠王卒，武王不悦張儀，群臣多讒張儀。儀懼誅，因説王入儀之梁。儀相魏一歲，卒于魏。太史公曰：'三晉多權變之士，夫言從衡強秦者大抵皆三晉之人也。夫張儀之行事甚于蘇秦，然世惡蘇秦者，以其先死，而儀振暴其短以扶其説，成其衡道。要之，此兩人真傾危之士哉！'《索隱》曰：'蘇秦相六國，令從親而擯秦；張儀相六國，使連橫而事秦，故蘇爲合從，張爲連橫也。'"

又曰："本書《人表》張儀列第六等中下。梁玉繩曰：'張儀屢見《戰國策》及《孟子》《荀子》。魏氏餘子亦曰張子，封武信君，葬開封縣東北七里。'"

又曰："又《武帝本紀》：建元元年，丞相綰奏：'所舉賢良，或治申、商、韓非、蘇秦、張儀之言，亂國政，請皆罷。'奏可。"

又曰："《黄氏日抄》曰：'蘇秦之説六國，爲六國也，忠于六國者也。張儀之説六國，非爲六國，爲秦也。欺詐諸侯如侮嬰兒，雖均之捭闔，而儀又秦之罪人矣。'"

又曰："王氏《考證》：東萊吕氏曰：'戰國游説之風，蘇秦、張儀、公孫衍實倡之。秦，周人也。儀與衍，皆魏人也。故言權變辯智之士，必曰三晉兩周云。'"

龐煖二篇　爲燕將。

師古曰："煖，音許遠反。"

《補注》錢大昭曰："兵權謀家亦有《龐煖》三篇。"

姚振宗曰："案，此似爲'趙將'之譌。"

姚振宗曰："《史·趙世家》：'悼襄王三年，龐煖將，攻燕，禽其將劇辛。四年，龐煖將趙、楚、魏、燕之鋭師，攻秦蕞，不拔；移攻齊，取饒安。'"

又曰:"《燕世家》:'今王喜十二年,劇辛故居趙,與龐煖善,已而亡走燕。燕見趙數困于秦,而廉頗去,令龐煖將也,欲因趙弊攻之。問劇辛,辛曰龐煖易與耳。燕使劇辛將擊趙,趙使龐煖擊之,取燕軍二萬,殺劇辛。'"

又曰:"本書《人表》龐煖列第六等中下。梁玉繩曰:'龐煖始見《鶡冠子·世賢》《趙世家》《李牧傳》。又作援。亦曰龐子。《李牧傳》索隱以爲即馮煖,非也。'"

又曰:"梁玉繩《瞥記》五:'《漢志》有《龐煖》二篇,久不傳。今觀《鶡冠子》,則二篇全在其中,即《世賢》篇、《武靈王》篇是。煖,趙人,蓋鶡冠弟子,凡書中所云龐子,即煖也。'按,《武靈王》篇乃龐焕之言,宋陸佃解云'龐焕,蓋龐煖之兄'。又按,此二篇見《鶡冠子》者,大抵是節文,恐非《漢志》二篇之舊矣。"

闕子一篇

《補注》王應麟曰:"《御覽》引《闕子》云:'任公子冬羅鯉於山阿。'卷八百三十二。又云:'吳章莊告之調。'八百四十九。《藝文類聚》引《闕子》云'宋景公使弓工爲弓,①九年來見'云云。又云:'宋之愚人得燕石於梧臺之東,歸而藏之以爲寶。'"沈欽韓曰:"宋人寶燕石事,亦見《文選·百一詩》注及《淄水》注。宋景公事亦見《御覽·工部》及《泗水》注。又《御覽》三百八十一、八百三十四並引《闕子》。"

周壽昌曰:"《後漢書·孝獻帝紀》章懷太子注引《風俗通》曰:'闕,姓也。承闕黨童子之後也。縱橫家有闕子著書。'即此。《隋·經籍志》云:'梁有《補闕子》十卷。《湘東鴻烈》十卷,並元帝撰,亡。'《唐志》載梁元帝《補闕子》十卷。《文選注》《太平御覽》或引作《闕子》。"

---

① 下一"弓"字,原誤作"工",據《漢書補注》改。

姚振宗曰："應劭《風俗通·姓氏》篇：'闕氏，承闕黨童子之後，《漢書·藝文志》縱橫家有闕子著書一篇。'"

又曰："嚴可均輯本序曰：'《漢志》縱橫家《闕子》一篇，《隋志》梁有《補闕子》十卷，梁元帝撰。今散見于各書者，凡十九事，省併復重，僅得五事。諸引皆稱《闕子》，不稱《補闕》，劉逵注《吳都賦》、酈元注《水經·睢水》並采用之，當是先秦古書，非梁《補》也。'"

又曰："馬國翰輯本序曰：'《漢志》縱橫十二家有《闕子》一篇，在龎煖之後，秦零陵令信之前，當爲六國時人。《隋志》云梁有《補闕子》十卷，梁元帝撰。蓋梁時《闕子》書已不傳，故元帝補之。兹從《藝文類聚》《御覽》諸書輯録六節。其二事酈道元《水經注》引之，似是原書。此外四節未知出於原書，抑爲梁帝所補。'"

國筮子十七篇

姚振宗曰："國筮子未詳。"

姚氏又曰："按，《廣韻》二十五德'國'字注：'國，又姓，太公之後。《左傳》齊有國氏，代爲上卿。'此國筮子或爲姓名，如鄧析子之類；或爲別號，如關尹子之類，均無由考見矣。"

秦零陵令信一篇　難秦相李斯。

《補注》陶紹曾曰："信，令名。《文選·吳都賦》劉淵林注引《秦零陵令上書》云：'荆軻挾匕首卒刺陛下，陛下以神武扶揄長劍以自救。'疑即此篇文也。"

姚振宗曰："洪亮吉《曉讀書齋二録》曰：[①]'劉逵《吳都賦》注引秦零陵令上書云荆軻挾匕首卒刺陛下云云，是零陵令信有《上始皇書》，又有《難李斯書》也。'"

[①] "齋"，原誤作"齊"，據《漢書藝文志條理》改。

又曰:"嚴可均《全秦文編》曰:'零陵令信失其姓,始皇時爲零陵令。《文選注》有秦零陵令《上始皇書》。案《漢志》縱橫家有"秦零陵令信一篇,難秦相李斯",即此。'"

蒯子五篇　名通。

《補注》王應麟曰:"本傳:'論戰國時說士權變,亦自序其說,凡八十一首,號曰《雋永》。'"

周壽昌曰:"案,通著書名《雋永》,凡八十一篇,通傳有之。而《藝文志》不載,載《蒯子》五篇,而傳又未及之。"

姚振宗曰:"《史記·田儋傳》贊曰:'蒯通者,善爲長短說,論戰國之權變,爲八十一首。通善齊人安期生,安期生嘗干項羽,項羽不能用其筴。已而項羽欲封此兩人,兩人終不肯受,亡去。'《索隱》曰:'長短說者,言欲令此事長,則長說之;短,則短說之,故《戰國策》亦名《短長書》也。'"

又曰:"本書《列傳》:蒯通,范陽人也,本與武帝同諱。楚漢初起,武臣略定趙地,號武信君。通說范陽令徐公歸武臣。後漢將韓信虜魏王,破趙、代,降燕,定三國,引兵將東擊齊。聞漢王使酈食其說下齊,信欲止。通說信襲歷下軍,遂至臨淄。齊王廣以酈生爲欺已而亨之,①因敗走。信遂定齊地,自立爲齊假王。漢方困于滎陽,遣張良即立信爲齊王,以安固之。項王亦遣武涉說信,欲與連和。蒯通知天下權在信,欲說信令背漢,參分天下,鼎足而立。信猶與不忍背漢,又自以功多,漢不奪我齊,遂謝通。通說不聽,惶恐,乃陽狂爲巫。天下既定,信以罪廢爲淮陰侯,謀反被誅,臨死嘆曰:'悔不用蒯通之言,死於女子之手!'高帝曰:'是齊辯士蒯通。'乃召蒯通。通至,乃赦之。至齊悼惠王時,曹參爲相,禮下賢人,請

---

① "亨",《漢書藝文志條理》作"烹"。

通爲客。通進齊處士東郭先生、梁石君,皆以爲上賓。通論戰國時説士權變,亦自序其説,凡八十一首,號曰《雋永》。師古曰:'雋,肥肉也。永,長也。言其所論甘美,而義深長也。通本名徹,史家追書爲通。'"

又曰:"《黄氏日抄》曰:'蒯通口給不在儀、秦下,會真主出興,故無所售其奸。'"

又曰:"馬國翰輯本序曰:'《藝文志》縱橫家有《蒯子》五篇,《隋》《唐志》不著録,其書久佚。所謂論戰國説士之文,不可復見。本傳所載説徐公、説韓信、曹相國,當是自序本文,兹據輯録。夫利口覆邦,聖人所惡,班氏賛謂:一説而喪三雋,應劭曰:"亨酈食其,敗田横,驕韓信也。"其得不亨者,幸也。黄東發謂:通口辯不在儀、秦下。其奇謀雄辯亦足與《國策》同傳已。'"

又曰:"章學誠《校讎通義》曰:'蒯通之書,自號《雋永》,今著録止稱《蒯子》。且傳云自序其説八十一首,而著録僅稱五篇。不爲注語以別白之。則班、劉之疏也。'按,謂班氏之疏則有之,若劉氏則《七略》《別録》今不可見,何由知其皆無別白乎?"

姚振宗又曰:"按,《七略》兵權謀家有《蒯通》,班氏以其重復省之。"

鄒陽七篇

《補注》沈欽韓曰:"《説苑·尊賢》篇:鄒子説梁王曰:'《詩》曰:綿綿之葛,在於曠野。良工得之,以爲絺紵。良工不得,枯死於野。不遇明君聖主,幾行乞丐,枯死於中野,譬猶綿綿之葛矣。'"

姚振宗曰:"本書列傳:鄒陽,齊人也。漢興,諸侯王皆自治民聘賢。吳王濞招致四方游士,陽與吳嚴忌、枚乘等俱仕吳,皆以文辯著名。久之,吳王以太子事怨望,稱疾不朝,陰有邪謀,陽奏書諫。爲其事尚隱,惡指斥言,故先引奏爲諭,因道胡、越、齊、趙、淮南之難,然後乃致其意。吴王不内其言。是時,景帝少弟梁孝王貴盛,亦待士。於是鄒陽、枚乘、嚴忌知吴不可説,皆去之梁,從孝王游。陽爲人有知略,忼慨不苟合,介於羊勝、公孫詭之間。勝等疾陽,惡之孝王。孝王怒,下陽吏,將殺之。陽客游以讒見禽,恐死而負累,乃從獄中上書。書奏孝王,孝王立出之,卒爲上客。初,勝、詭欲使王求爲漢嗣,王又嘗上書,願自使梁國士衆築甬道朝太后。爰盎等皆以爲不可。梁王令人刺殺盎。上疑梁殺之,使者冠蓋相望責梁王。梁王始與勝、詭有謀,陽爭以爲不可,故見讒。枚先生、嚴夫子皆不敢諫。及梁事敗,勝、詭死,孝王恐誅,乃思陽言,深辭謝之,齎以千金,令求方略解罪於上者。陽乃之長安,見王長君,事得不治。"

又曰:"《黄氏日抄》曰:'鄒陽、枚乘本未免戰國游士之餘習,能持正論可嘉,諫吴王書尤明切。'"

又曰:"馬國翰輯本序曰:'陽生漢文景之世,六國餘習未能盡除,故其言論雖正,而時與《戰國策》文字相近,《漢志》列之從横家,以此故也。書本七篇,《史記》僅載其《獄中上書》,《漢書》並載《諫吴王》及《説王長君》二篇,據錄,次蒯子之後云。'"

主父偃二十八篇

《補注》王應麟曰:"《説苑·善説》篇:'主父偃曰:人而無辭,安所用之?昔子產修其辭,而趙武致其敬;王孫滿明其言,而楚莊以慚。'"王先謙曰:"本傳:'偃學長短縱横術。'"

姚振宗曰:"本書列傳:主父偃,齊國臨淄人也。學長短從横術,晚乃學《易》《春秋》、百家之言。游齊諸子間,師古曰:"諸子,諸侯王子。"諸儒生相與排擯,不容於齊。家貧,假貸無所得。北游燕、趙、中山,皆莫能厚,甚困。以諸侯莫足游者,元光元年,乃西入關見衛將軍。師古曰:"衛青。"衛將軍數言上,上不省。資用乏,留久,諸侯賓客多厭之,乃上書闕下。朝奏,暮召入見。所言九事,其八事爲律令,一事諫伐匈奴,乃拜偃爲郎中。偃數上疏言事,遷謁者,中郎,中大夫。歲中四遷。偃說上:'令諸侯得推恩分子弟,以地侯之。彼人人喜得所願,上以德施,實分其國,必稍自銷弱矣。'于是上從其計。又說上徙天下豪傑兼併之家實茂陵,上又從之。尊立衛皇后及發燕王定國陰事,偃有功焉。大臣皆畏其口,賂遺累千金。偃盛言朔方,遂置朔方郡。元朔中,偃言齊王內有淫失之行,上拜偃爲齊相。至齊,乃使人告王與姊奸事動王。王以爲終不得脫,恐效燕王論死,乃自殺。偃始爲布衣時,嘗游燕、趙,及其貴,發燕事。趙王恐其爲國患,欲上書言其陰事,爲居中,不敢發。及其爲齊相,出關,即使人上書,告偃受諸侯金,以故諸侯子多以得封者。及齊王以自殺聞,上大怒,以爲偃劫其王令自殺,乃徵下吏治。偃服受諸侯之金,①實不劫齊王令自殺。上欲勿誅,公孫弘爭,乃遂族偃。"

又曰:"又《儒林傳》易家:'魯周霸、莒衡胡、臨淄主父偃皆以《易》至大官。'"

又曰:"《黃氏日抄》曰:'主父偃奸險無賴小人,惟《諫伐匈奴》一書,不當以人廢言。然他日勸築朔方襲蒙恬故事者,即今日舉秦事以諫伐匈奴之偃也,何耶?其勸分王諸侯,則掇拾賈生之緒餘也;其勸徙豪民實茂陵,則剽竊婁敬之陳言也。何能爲漢廷決一策耶?偃之爲人也,其自取覆滅也,固宜爲偃之族者可悲耳。'"

---

① "諸侯之"三字,《漢書藝文志條理》無。

又曰："馬國翰輯本序曰：'偃蓋反覆傾危之士，出處大略與蘇秦相埒。嘗自言丈夫生不五鼎食，死則五鼎亨耳！吾日暮，故倒行逆施之。負才任氣，卒不得其死，然則禍由自取也。《漢志》縱橫家有《主父偃》二十八篇，今存本傳者四篇，上書所言九事，八事爲律令，不傳。諫伐匈奴一節，可謂盡言。其説上使諸侯分封子弟，以弱其勢，亦賈誼之議。然誼不見用，偃竊之而得行焉，則乘乎時勢之既驗也。至其議徙豪民、置朔方，皆與時政有裨。兹據録之，毋以人廢言，其可乎？'"

徐樂一篇

姚振宗曰："本書《主父偃傳》：'是時，徐樂亦上書言世務。書奏，上召見，拜樂爲郎中。'又曰：'徐樂，燕郡無終人。'殿本《考證》：顧炎武曰：'《地理志》無燕郡，而無終屬右北平。考燕王定國以元朔二年秋有罪自殺，國除。而元狩六年夏四月，始立王子旦爲燕王。其間爲燕郡者十年，而《志》軼之也。徐樂上書當在此時，而無終于其時屬燕郡，後改屬右北平耳。'"

又曰："《黃氏日抄》曰：'徐樂《土傾瓦解》一書，大要可觀，惜其駁處多。'按，宋時功令避寫不祥文字，故黃氏改本文'土崩'作'土傾'。"

又曰："馬國翰輯本序曰：'《藝文志》縱橫家有《徐樂》一篇。今其傳中不叙他事，僅載上書一篇，《志》所稱者即此也。黃東發曰：《土崩瓦解》一書，大要可觀，惜其駁處多。真西山亦曰：樂之告武帝也，欲明安危之機，銷未形之患，則凡幾微之際，皆所當謹也。顧乃以瓦解之勢爲不必慮，而欲其自恣于游畋聲色之間，豈忠臣之言哉？大抵縱橫之士逞其高談雄辯，軌于理者絶少。二公之論切中其病，然其言隱而危，其詞微而婉,亦足自成一家之説,故據本傳録之。"

莊安一篇

《補注》沈欽韓曰:"皆見本傳。"

楊樹達曰:"按,'莊安',傳作'嚴安',避明帝諱改'莊'爲'嚴'也。"

姚振宗曰:"本書《主父偃傳》:'是時徐樂、嚴安亦俱上書言世務。書奏,上召見三人,謂曰:公皆安在?何相見之晚也!乃拜偃、樂、安俱爲郎中。'又曰:'嚴安者,臨菑人也。以故丞相史上書。後以安爲騎馬令。'師古曰:'主天子之騎馬也。'"

又曰:"《黃氏日抄》曰:'嚴安一書,言武帝靡敝中國,結怨夷狄,而其後則謂郡守之權非特六卿,豈慮根本既耗,或有乘時而起者耶?'"

又曰:"殿本《考證》:顧炎武曰:'鄧伯羔謂安自姓嚴,然《藝文志》曰《莊安》一篇,是安亦姓莊也。《志》之稱莊安,班氏所未及改也。'"

又曰:"馬國翰輯本序曰:'《藝文志》縱橫家有《莊安》一篇,莊安即嚴安。本傳亦僅標其爵里,以所上書備載之,與《徐樂傳》同。上書之文,即縱橫家《莊安》一篇也。安與主父偃雖同時以上書拜郎中,而安過偃遠甚。偃救其末,安正其本。其言薄賦斂,箴帝之利心也;緩刑罰,藥帝之慘心也;省徭役,約帝之侈心也。至"用兵乃人臣之利,非天下之長策"二語,尤足關要;"功生事者之口",更爲切要之論。《志》與主父偃、徐樂並列縱橫家,兹亦編次二家之後云。'"

待詔金馬聊蒼三篇　趙人,武帝時。

師古曰:"《嚴助傳》作'膠蒼',而此《志》作'聊'。《志》《傳》不同,未知孰是。"

《補注》錢大昭曰:"《廣韻》二蕭'聊'下云:'亦姓。《風俗通》

有聊倉,爲漢侍中,著子書。'據此,則作'膠'者非。"

姚振宗曰:"本書《嚴助傳》:'武帝時,助與朱買臣、吾丘壽王、司馬相如、主父偃、徐樂、嚴安、東方朔、枚皋、膠倉、終軍、嚴葱奇等,並在左右。'"

又曰:"應劭《風俗通·姓氏》篇:聊氏,漢有聊倉,爲侍中,著子書,號聊子。張澍輯注曰:'聊,齊地,殆大夫食采,子孫以爲氏也。聊倉,《嚴助傳》作膠倉。'"

又曰:"梁玉繩《瞥記》三:'膠鬲之姓甚少,漢武帝時有趙人膠倉,見《嚴助》《東方朔傳》,而《藝文志》作聊倉,疑以音近而異。《廣韻》引《風俗通》亦作聊倉,蓋仍《漢志》,未必是兩人。'"

姚振宗又曰:"案,《風俗通》又云:'又有聊某,爲潁川太守,著《萬姓譜》。'則確爲聊氏。聊氏之先或出自膠鬲,故亦作膠。膠倉始以待詔金馬門而至侍中,其書亦曰《聊子》,唯應仲遠得見而知之。"

右從橫家十二家,百七篇。

姚振宗曰:"按,此篇家數、篇數並不誤。"

從橫家者流,

《補注》沈欽韓曰:"《韓非·五蠹》篇:'從橫之黨,借力於國。從者合眾弱以攻一強也,衡者事一強以攻眾弱也,皆非所以持國也。'"

王應麟曰:"東萊呂氏曰:'連關中之謂橫,合關東之謂從。'胡氏曰:'秦合六國從,儀以秦衡。不再歲,其約皆解。'蘇氏曰:'二者皆出於權譎,而從爲愈。'葉氏曰:'從人之與衡人,相去遠矣。太史公言張儀之惡,甚於蘇秦。'韓非子曰:'從者,合眾弱以攻一強也;而衡者,事一強以攻眾弱也。皆非所以持國也。周去秦爲從,朞年而舉;衛離魏爲衡,半歲而亡。

是周滅於從，衛亡於衡也。'"

蓋出於行人之官。

姚明輝曰："《周禮・秋官》之屬有大行人、小行人，蓋掌使之官。"

孔子曰："誦《詩》三百，使於四方，不能專對。雖多，以奚以爲？"

師古曰："《論語》載孔子之言也。謂人不達於事，誦《詩》雖多，亦無所用。"

又曰："使乎，使乎？"

師古曰："亦《論語》載孔子之言，嘆使者之難其人。"

言其當權事制宜，受命而不受辭，

楊樹達曰："按，《公羊傳・莊公十九年》云：'聘禮：大夫受命不受辭。'"

此其所長也。及邪人爲之，則上詐諼而棄其信。

師古曰："諼，詐言也。音許遠反。"

周壽昌曰："案，《志》云：'從橫家者流，蓋出於行人之官。'則此語似爲酈寄諸人而發。"《隋書・經籍志》曰："從橫者，所以明辨說，善辭令，以通上下之志者也。《漢書》以爲本出行人之官，受命出疆，臨事而制，故曰：'誦《詩》三百，使於四方，不能專對，雖多亦奚以爲？'①《周官》，掌交'以節與幣，巡邦國之諸侯及萬姓之聚，導王之德意志慮，使辟行之，而和諸侯之好，達萬民之說，諭以九稅之利，九儀之親，九牧之維，九禁之難，九戎之威'，是也。佞人爲之，則便辭利口，傾危變詐，至於賊害忠信，覆邦亂家。"

劉光蕡曰："從橫家即聖人言語科。'權事制宜，受命不受辭'，惟權制宜，故止能受命不受辭。不能受辭，辭爲自制，故

---

① "奚"字原脱，據《隋書・經籍志》補。

爲顓對。《論語》'授政'與'專對'並言,此不及授政,而注乃釋'不達政',不釋專對,蓋必達於兩國之政,方能自制詞以對也。則此專對,指制詞,非指通各國語言。然不通各國語言,決不能通各國政事而自制辭,故用賓介傳語,獨對之義亦在其中。"又曰:"或謂使人能解其國語言,即可不用賓介與主國之君對語。曰仍用賓介傳語,蓋使人與主君問答,事關兩國交誼,臨時制辭,必須詳慎,藉此傳語之際,①可以預思答法,故古禮用賓介傳語,不必兩國之語言不相通也。"

雜

孔甲盤盂二十六篇　黃帝之史,或曰夏帝孔甲。似皆非。

《補注》王應麟曰:"《文選注》:'《七略》曰:《盤盂書》者,其傳言孔甲爲之。孔甲,黃帝之史也。書盤盂中,爲誡法,或於鼎,名曰銘。'蔡邕《銘論》:'黃帝有巾机之法,孔甲有盤杅之誡。'"錢大昭曰:"應劭注《田蚡傳》作'二十九篇'。"按,《史記·武安侯田蚡傳》集解引應劭、孟康注,均作"二十六篇"。

姚振宗曰:"劉歆《七略》曰:'《盤盂》書者,其傳言孔甲爲之。孔甲,黃帝之史也。書盤盂中,爲誡法,或于鼎名曰銘。'"

又曰:"本書《田蚡傳》:蚡辯有口,學《盤盂》諸書。應劭曰:'黃帝史孔甲所作也,凡二十九篇,書盤盂中,所以爲法戒也。'孟康曰:'孔甲《盤盂》二十六篇,雜家書,兼儒墨名法者也。'"

又曰:"王氏《考證》:蔡邕《銘論》:'黃帝有巾机之法,孔甲有盤杅之誡。'梁簡文帝云:'《盤盂》寓殷高之辭。'"

大龠三十七篇　傳言禹所作,其文似後世語。

師古曰:"龠,古禹字。"

---

① "藉"字原脫,據《前漢書藝文志注》補。

《補注》宋祁曰："一作'禽'。"王應麟曰："《賈誼書·修政語》引《大禹》曰：'民無食也，則我弗能使也；功成而不利于民，我弗能勸也。'"朱一新曰："注'言'下'禹'字，汪本亦作'禽'。"葉德輝曰："《說文》：'禹，古文作𤴞。'即此字。《墨子·兼愛下》引《禹誓》曰：'濟濟有衆，咸聽朕言，非惟小子，敢行稱亂，蠢茲有苗，用天之罰。若予既率爾群，對諸群以征有苗。'即僞《書·大禹謨》所本。《逸周書·大聚》引禹之禁：'春三月，山林不登斧，以成草木之長。夏三月，川澤不入網，以成魚鼈之長，且以並農力執成男女之功。'又《文傳》引《夏箴》曰：'中不容利，民乃外次。'《開望》曰：'土廣無守可襲伐，土狹無食可圍竭，二禍之來，不稱之災。天有四殃，水旱饑荒，其至無時，非務積聚，何以備之。'孔晁注：'《夏箴》，禹之戒書也。'《北堂書鈔》百二引'天有四殃'，其下爲《周書·夏箴》，則《開望》爲《夏箴》中之篇名矣。《文傳》又引'小人無兼年之食，遇天饑，妻子非其有也；大夫無兼年之食，遇天饑，臣妾輿馬非其有也；國無兼年之食，遇天饑，百姓非其有也。戒之哉！弗思弗行，禍至無日矣'。上亦題《夏箴》。《鬻子》引禹《筍篾銘》曰：'教寡人以道者擊鼓，教寡人以義者擊鐘，教寡人以事者振鐸，告寡人以憂者擊磬，語寡人以訟獄者揮鞀。'《淮南·氾諭訓》作'禹號'，皆其書之佚文也。"
陳直曰："先府君云：東魏李清《報德像碑》云：'備諸禽迹，可略言矣。'《藝文志》之大禽，即禽字傳寫之誤。直按：'《報德像碑》見《八瓊室金石補正》卷二十，九頁。'"
姚振宗曰："洪邁《容齋三筆》曰：'大禹謨、訓舍《虞》《夏》二書外，他無所載。《漢·藝文志》雜家者流，有《大禽》三十七篇，云傳言禹所作，其文似後世語。禽，古禹字也。意必依仿而作之者。然亦周漢間人所爲，今寂而無傳，亦可惜也。'"

又曰："王氏《考證》：'賈誼書《修政語》引《大禹》曰：民無食也，則我弗能使也。功成而不利于民，我弗能勸也。'又曰：'太史公《大宛傳》云：《禹本紀》言河出昆侖。'"

又曰："嚴可均《全三代文編》曰：'夏禹，姓姒，名文命，蜀之石紐人，顓頊六世孫，堯以爲司空，封夏伯，因稱伯禹。後受舜禪，號有夏氏，始降稱王，亦曰夏后氏。攝位二十年，即位十年，謚曰禹，亦稱神禹。'又曰：'大禹，《墨子·兼愛篇下》引《禹誓》，《周書·大聚》篇引《禹禁》，賈誼《新書·修政語上》引《政語》，《周書·文傳》篇引《夏箴》二條，又引《開望》。孔晁曰：《夏箴》，夏禹之箴，戒書也。《開望》，古書名也。《鶡冠子》引《篲篲銘》，《尚書大傳·洪範五行傳》引《氾六沴》，可考見者凡八條。'"

姚振宗又曰："按，嚴氏所錄諸佚文當出此書。又後漢王逸注《離騷》引《禹大傳》曰：①'洧盤之水出崦嵫之山。'《禹大傳》及《禹本紀》或當是此書篇目，又《岣嶁碑文》或亦當在此書。"

五子胥八篇　　名員，春秋時爲吳將，忠直遇讒死。

《補注》周壽昌曰："兵技巧又有《五子胥》十篇。"王先謙曰："官本'五'作'伍'。《考證》云，監本訛'五'，今改正。"

錢大昕曰："'五'，古'伍'字。《呂氏春秋》五員亡荊。《古今人表》'伍參'亦作'五參'。非文之訛。《陳涉傳》銍人五逢，《史記》作伍徐。"

陳直曰："直按，《離騷》云：'五子用失乎家巷。'淮南王《離騷傳》解作伍子胥，可證伍子胥當時有省寫作五子胥者。"

楊樹達曰："按，蘇先生手注云：'《吳越春秋》載五子胥推日辰法，如今六壬。'"

---

①　"離"，原誤作"雜"，據《漢書藝文志條理》補。

洪頤煊曰：".雜家，《五子胥》八篇。兵技巧家，《五子胥》十篇，圖二卷。頤煊案，《武帝紀》臣瓚曰：'《伍子胥書》有戈船。'又曰：'《伍子胥書》有下瀨船。'此當在'兵技巧家'十篇中。《史記正義》引《七錄》云：'《越絶》十六卷，或云伍子胥撰。'《藝文志》無《越絶》，疑即'雜家'之《五子胥》八篇，後人並爲一。故《文選・七命》李善注引《越絶書伍子胥水戰兵法》一條、《太平御覽》卷三百一十五引《越絶書伍子胥水戰法》一條，①引《五子胥書》皆以《越絶》冠之。今本《越絶》無'水戰法'，又篇次錯亂，以末篇證之，《越絶》本八篇，《太伯》一、《荊平》二、《吳》三、《計倪》四、《請糴》五、《九術》六、《兵法》七、《陳恒》八，與'雜家'《五子胥》篇數正同。"

姚振宗曰："《史》本傳：'伍子胥者，楚人也，名員。員父曰伍奢，兄曰伍尚。楚平王殺奢與尚。五胥亡奔宋，奔鄭，至晋，復還鄭，入吳。吳王闔廬召爲行人。闔廬九年，與孫武伐楚。乘勝而前，五戰，遂至郢。楚昭王出奔。隨吳王入郢，伍子胥求昭王不得，乃掘楚平王墓，出其尸，鞭之三百。夫差既立，因太宰嚭之讒，賜屬鏤之劍自刎死。吳王取其尸盛以鴟夷革，浮之江中。吳人憐之，爲立祠于江上，因名曰胥山。'"

又曰："又《吳世家》：'王僚五年，楚之亡臣伍子胥來奔。公子光客之，知光有他志，乃求勇士專諸見之光。光喜，乃客伍子胥。子胥退而耕于野，以待專諸之事。十三年，公子光使專諸刺王僚，自立，是爲吳王闔廬。闔廬元年，舉伍子胥爲行人，而與謀國事。楚誅伯州犁，其孫伯嚭亡奔吳，吳以爲大夫。三年，吳王闔廬與子胥、伯嚭將兵伐楚，拔舒。四年，伐楚，取六與灊。六年，大敗楚軍于豫章，取居巢。九年，悉興

---

① "卷"，原誤作"書"，據《廣雅書局叢書》本洪頤煊《讀書叢錄》改。

師伐楚，五戰入郢，子胥、伯嚭鞭平王之尸，以報父仇。十九年，吳伐越，越敗之姑蘇，傷吳王指，病傷而死。太子夫差立。夫差元年，以大夫伯嚭爲太宰。二年，越王勾踐使大夫種因太宰嚭行成，①子胥諫，不聽。七年，夫差興師北伐齊，子胥諫，不聽。十一年，勾踐朝吳，厚獻遺之。吳王喜，子胥懼，又諫，不聽。使子胥于齊。子胥屬其子于齊鮑氏，吳王聞之，大怒，賜子胥屬鏤之劍以死。'"

又曰："本書《人表》五子胥列第四等中上。梁玉繩曰：'子胥始見《左·昭三十一年》，名員，伍奢子，伍尚弟。適吳，吳與之申地，故曰申胥，亦曰伍胥，亦曰申子，亦曰申氏，亦曰伍子。元成宗大德三年，封爲忠孝威惠顯聖王。'"

又曰："鄧名世《古今姓氏書辯證》：'伍氏，出自春秋時楚莊王嬖人伍參，以賢智升爲大夫。生舉，食邑于椒，謂之椒舉。其子曰椒鳴，得父邑。而奢以連尹爲太子建太傅。費無極譖之，王逐太子，而煞伍奢及其子棠君尚。尚弟員，字子胥，奔吳，事闔廬，爲卿。破楚入郢，以報父讎。吳王夫差時，忠諫不見聽，屬子于齊，爲王孫氏。'"

姚振宗又曰："按，《左傳》《國語》《呂氏春秋》《吳越春秋》《越絕書》及《吳》《越世家》、本傳所載子胥言行，容有見于是書。"

子晚子三十五篇　齊人，好議兵，與《司馬法》相似。

姚振宗曰："鄧名世《古今姓氏書辯證》：'《英賢傳》云：子俛子，齊人，著書五篇，論兵法與穰苴同。'按，此謂五篇，或敚'三十'字。"

又曰："章學誠《校讎通義》曰：'雜家《子晚子》三十五篇，注云"好議兵，似司馬法"，何以不入兵家耶？'按，不入兵家亦必

---

① "種"，原誤作"鍾"，據《漢書藝文志條理》改。

有故，未可執注文一語而概其全書也。"

姚氏又曰："按，子晚子不知爲復姓，爲別號，又或爲弟子録其書者之稱，均不得而詳矣。"

由余三篇　戎人，秦穆公聘以爲大夫。

《補注》沈欽韓曰："《韓非·十過》篇秦穆公問由余事，比《吕覽》爲詳，史遷采入《秦紀》。《新書·禮》篇引《由余》語。"

姚振宗曰："《史·秦本紀》：繆公三十四年，戎王使由余于秦。由余，其先晉人也，亡入戎，能晉言。聞繆公賢，故使由余觀秦。秦繆公示以宫室、積聚。由余曰：'使鬼爲之，則勞神矣。使人爲之，亦苦民矣。'繆公怪之，問曰：'中國以詩書禮樂法度爲政，然尚時亂，今戎夷無此，何以爲治，不亦難乎？'由余笑曰：'此乃中國所以亂也。夫自上聖黄帝作爲禮樂法度，身以先之，僅以小治。及其後世，日以驕淫。阻法度之威，以責督于下，下罷極則以仁義怨望于上，上下交爭怨而相篡弑，至於滅宗，皆以此類也。夫戎夷不然。上含淳德以遇其下，下懷忠信以事其上，一國之政猶一身之治，不知所以治，此真聖人之治也。'于是繆公退而問内史廖曰：'孤聞鄰國有聖人，敵國之憂也。今由余賢，寡人之害，將奈之何？'内史廖曰：'戎王處僻匿，未聞中國之聲。君試遺其女樂，以奪其志，爲由余請，以疏其間，留而莫遣，以失其期。戎王怪之，必疑由余。君臣有間，乃可虜也。且戎王好樂，必怠于政。'繆公曰：'善。'因與由余曲席而坐，傳器而食，問其地形與其兵勢盡察，而後令内史廖以女樂二八遺戎王。戎王受而説之，終年不還。于是秦乃歸由余。由余數諫不聽，繆公又數使人間要由余，由余遂去降秦。穆公以客禮禮之，①問伐戎之形。

---

① "禮"字原脱一，據《漢書藝文志條理》補。

三十七年，秦用余謀伐戎王，益國十二，開地千里，遂霸西戎。天子使召公過賀繆公以金鼓。"

又曰："本書《人表》繇余列第四等中上。梁玉繩曰：'由余始見《韓子·十過》《吕氏春秋·不苟》《韓詩外傳》九、《史·秦紀》《李斯傳》。姓由，繇讀與由同。'"

又曰："馬國翰輯本序曰：'《漢志》雜家《由余》三篇，《隋》《唐志》皆不著録。考《史記》載其對秦繆公之問。《韓非子》《説苑》並引以儉説道。賈誼《新書》引其待下有禮之説，佚篇略存，並據輯録。'"

尉繚子二十九篇　六國時。

師古曰："尉，姓；繚，名也，音了，又音聊。劉向《別録》云：'繚爲商君學。'"

《補注》錢大昭曰："南雍本、閩本'尉繚'下無'子'字。兵形埶又有《尉繚》三十一篇。"沈欽韓曰："《隋志》雜家'《尉繚子》五卷，梁並録六卷。梁惠王時人'。《舊唐志》：'六卷。'案，梁惠王問者，當在兵形埶家。《始皇紀》：'大梁人尉繚來説秦王，其計以散財物賂諸侯強臣。不過三十萬金，則諸侯可盡。'《秦策》：'有頓弱説秦王，資萬金使東游韓、魏，入其將相，北游燕、趙，而殺李牧。'正與尉繚謀同。《初學記》：'尉繚子曰：天子宅千畝，諸侯百畝，大夫以下里舍九畝。'《御覽》六百八十四引《尉繚子》曰：'天子玄冠玄纓，諸侯素冠素纓，大夫以下練冠練纓，①並類雜家言。"朱一新曰："汪本無'子'字。"王先謙曰："官本無'子'字。"

按，景祐本"尉繚"下無"子"字。姚範曰："《尉繚子》二十九篇，何校宋本、監本俱無'子'字。後兵法中，但稱'尉繚'，則

---

① "練纓"二字原脱，據《太平御覽》補。

'子'字衍。按,兵形勢之'尉繚',疑又一人也。"

周壽昌曰:"後之兵形勢家,又有《尉繚》三十一篇,無'子'字,較此多三篇。"

沈家本曰:"《尉繚子》二十九篇。鄭樵曰:'《尉繚子》,兵書也,班固以爲諸子類,實於雜家。此之謂見名不見書。'按,兵形勢類別有《尉繚》三十一篇。此二十九篇,恐非兵書。"

姚振宗曰:"劉向《別錄》曰:'繚爲商君學。'"

又曰:"《隋書·經籍志》:'《尉繚子》五卷,梁並錄六卷。尉繚,梁惠王時人。'《唐·經籍志》:'《尉繚子》六卷,尉繚子撰。'《唐·藝文志》:'《尉繚子》六卷。'"

又曰:"《四庫》兵家提要曰'其人當六國時,不知其本末。或曰魏人,以《天官》篇有梁惠王問知之。或又曰齊人,鬼谷子之弟子。劉向《別錄》又云繚爲南君學,未詳孰是也。按,"南君"實"商君"之訛。《漢志》雜家有《尉繚》二十九篇,兵形勢家別有《尉繚》三十一篇。今雜家亡'云云。"

又曰:"章學誠《校讎通義》曰:'書有同名而異實者,必著其同異之故,而辯別其疑似焉。兵形勢家之《尉繚》三十一篇,與雜家之《尉繚》二十九篇同名,著錄之家當別白而條著者也。'"

又曰:"梁玉繩《瞥記》五:'諸子中有《尉繚子》,疑即《尸子》所謂料子貴別者也。《漢志》雜家《尉繚》二十九篇,先《尸子》。兵家《尉繚》三十一篇,先《魏公子》,蓋兩人。尸佼所稱,非爲始皇國尉者。'"

姚振宗又曰:"按,《秦始皇本紀》有大梁人尉繚來,説秦王,秦王以爲秦國尉。其時爲始皇十年,與李斯同官,已在六國之末。此尉繚叙次在由余之後,尸子、呂不韋之上,則遠在其前,非大梁人尉繚可知。梁氏所疑,近得其似。"

楊樹達曰:"按,梁玉繩云:'尉繚子疑即《尸子》所謂料子貴別者也。《漢志》雜家《尉繚》二十九篇，先《尸子》，兵家《尉繚》三十一篇，先《魏公子》。蓋兩人尸佼所稱，非爲始皇國尉者。'姚振宗云：'《始皇紀》大梁人尉繚來説秦王，以爲秦國尉。其時爲始皇十年，與李斯同官，已在六國之末。此尉繚敍次在由余之後，尸子、呂不韋之上，遠在其前，非大梁人尉繚可知。梁氏所疑，近得其似。'樹達按，梁、姚説是，沈説非也。又按，景祐本無'子'字。"

尸子二十篇　名佼，魯人，秦相商君師之。鞅死，佼逃入蜀。

師古曰："佼，音絞。"

《補注》王應麟曰："《史記》：'楚有尸子。'注引劉向《別録》：'楚有尸子，①疑謂其在蜀。'今案，《尸子》書：'晉人也，名佼，秦相衛鞅客也。鞅謀事畫計，立法理民，未嘗不與佼規也。商君被刑，佼恐並誅，乃逃入蜀，造二十篇書，凡六萬餘言。'《後漢書》注：'佼作書二十篇，内十九篇陳道德仁義之紀，②内一篇言九州險阻，水泉所起。'《隋志》：'二十卷，其九篇亡，魏黄初中續。'李淑《書目》："存四卷。"《館閣書目》："止存二篇，合爲一卷。"《爾雅疏》引《廣澤》《仁意》《綽子》篇，《宋書·禮志》引'禹治水，爲喪法'，《穀梁傳》亦引《尸子》。"王先謙曰："注'魯'乃'晉'之訛。"

姚振宗曰："《史·孟荀列傳》：'楚有尸子、長盧，世多有其書，故不論其傳云。'"

又曰："劉向《別録》曰：'太史公曰楚有尸子，疑謂其在蜀。今案，《尸子》書，晉人也，名佼，秦相魏鞅客也。衛鞅商君謀事畫計，立法理民，未嘗不與佼規也。商君被刑，佼恐並誅，乃亡逃入蜀，自爲造此二十篇，凡六萬餘言，卒因葬蜀。'"

①　"楚有尸子"四字，《漢書補注》無。
②　"内十九篇"四字原脱，據《漢書補注》補。

又曰："本書《人表》尸子列第五等中中。梁玉繩曰：'尸子始見《穀梁·隱五》。名佼，商君師之。鞅死，逃入蜀，卒因葬蜀。案，《史記集解》引劉向《別錄》云佼，晉人，《後漢書·吕強傳》注同，當是也。乃《史》作楚人，《藝文志》作魯人，蓋因其逃亡在蜀，魯後屬楚故耳。'"

又曰："《隋書·經籍志》：'《尸子》二十卷，目一卷。梁十九卷。秦相衛鞅上客尸佼撰。其九篇亡，魏黃初中續。'《唐·經籍志》：'《尸子》二十卷，尸佼撰。'《藝文志》同。"

又曰："《後漢書·宦者·吕強傳》注：'《尸子書》二十篇，十九篇陳道德仁義之紀，一篇言九州險阻，水泉所起。'"

又曰："王氏《考證》：'李淑《書目》存四卷，《館閣書目》止存二篇，合爲一卷。《爾雅》疏引《廣澤》《仁意》《綽子》篇，《穀梁傳》《宋書·禮志》引《尸子》。'"

又曰："孫星衍輯本序曰：'尸子著書于周末，凡二十篇，《藝文志》列之雜家，後亡九篇，魏黃初中續之。至南宋而全書散佚。章孝廉宗源刺取書傳，輯成此帙，寄予補訂，後歸家郎中馮翼所。越數年，莊進士述祖以惠氏棟輯本見詒。許民部宗彦又得《群書治要》，錄十三篇寄余。及余閱書傳，亦頗有舊編遺漏者，因屬洪明經頤煊重編爲二卷，再刊于濟南。篇目：曰《勸學》，曰《貴言》，曰《四儀》，曰《明堂》，曰《分》，曰《發蒙》，曰《恕》，曰《治天下》，曰《仁意》，曰《廣》，曰《綽子》，曰《處道》，曰《神明》，曰《廣澤》，曰《止楚師》，曰《君治》。'"

又曰："蕭山汪繼培輯本序曰：'《尸子》，近所傳者有震澤任氏本，元和惠氏本，陽湖孫氏本。乃集平昔疏記以相比較，稍加釐訂，以《群書治要》所載十三篇爲上卷，其不載《治要》而散見諸書者爲下卷。'按，劉向《別錄》稱《尸子》書凡六萬餘言，今兹撰錄，蓋十失其八，可爲嘆息。劉勰謂其'兼綜雜術，述通而文鈍'。今原書散佚,未究大恉,諸家徵說,率皆采擷精華,翦落枝葉,單詞賸誼,轉可寶愛。"

呂氏春秋二十六篇　秦相呂不韋輯智略士作。

《補注》沈欽韓曰:"總十二紀、八覽、六論也。十二紀,紀各五篇;八覽,覽各一篇;六論,論各六篇。凡百六十篇。第一覽少一篇。"

楊樹達曰:"按,此書本以八覽、六論、十二紀爲次。八覽首《有始覽》,全書之首也。十二紀後有《序意》一篇,乃全書之殿尾,猶《淮南王書》之《要略》,《太史公書》之《自序》也。司馬遷省稱其書曰《呂覽》,據書首之八覽稱之也。若如今本,遷當稱之曰'呂紀'矣。後人以十二紀之文同於《禮記》之《月令》篇,《禮紀》屬於經籍,因移十二紀置之卷首,失不韋本書之次第矣。"

姚振宗曰:"《史》本傳:'呂不韋者,陽翟大賈人也。往來販錢賣貴,家累千金。秦昭王以安國君爲太子。安國君中男名子楚,爲質子于趙。不韋聞安國君愛幸華陽夫人,華陽夫人無子。不韋乃行千金入秦,說華陽夫人姊立子楚爲嫡嗣。昭王薨,太子安國君立爲王,華陽夫人爲王后,子楚爲太子。秦王立一年,薨,諡爲孝文王。太子子楚代立,是爲莊襄王。莊襄王元年,以不韋爲丞相,封爲文信侯,食河南洛陽十萬戶。莊襄王即位三年,薨,太子政立爲王,尊不韋爲相國,號稱仲父。當是時,魏有信陵君,楚有春申君,趙有平原君,齊有孟嘗君,皆下士喜賓客以相傾。不韋以秦之強,羞不如,亦招致士,厚遇之,至食客三千人。是時諸侯多辯士,如荀卿之徒,著書布天下。不韋乃使其客人人著所聞,集論以爲八覽、六論、十二紀,二十餘萬言。以爲備天地萬物古今之事,號曰《呂氏春秋》。布咸陽市門,懸千金其上,延諸侯游士賓客有能增損一字者予千金。始皇十年十月，以嫪毐事免，就國河南。歲餘，諸侯賓客使者相望于道，請文信侯。秦王恐其爲變，乃賜書，與家屬徙處蜀。不韋自度稍侵，恐誅，乃飲酖而死。'"

又曰："《十二諸侯年表》：'吕不韋者，秦莊襄王相，亦上觀尚古，删拾《春秋》，集六國時事，以爲八覽、六論、十二紀，爲《吕氏春秋》。'"

又曰："本書《人表》吕不韋列第五等中中。梁玉繩曰：'不韋始見《秦》《楚策》。濮陽人，封文信侯，亦曰吕子，亦曰吕氏。始皇稱爲仲父，飲酖死，葬洛陽北邙道西。妻先葬，故其冢名吕母也。'"

又曰："高誘注書序曰：'此書所尚，以道德爲標的，以無爲爲綱紀，以忠義爲品式，以公方爲檢格，與孟軻、孫卿、淮南、揚雄相表裏也，是以著在《録》《略》。① 誘家有此書，尋繹案省，大出諸子之右，故依先師舊訓，輒乃爲之解焉。'"

又曰："王氏《考證》：東萊吕氏曰：'不韋《春秋》成于始皇八年。按，《吕氏春秋》"維秦八年，歲在涒灘，秋，甲子朔，朔之日，良人請問《十二紀》"，此其書成之歲月也。'"

又曰："《四庫提要》曰：'《藝文志》載《吕氏春秋》二十六篇，今本凡十二紀、八覽、六論，紀所統子目六十一，覽所統子目六十三，論所統子目三十六，實一百六十篇，《漢志》蓋舉其綱也。其十二紀即《禮記》之《月令》，顧以十二月割爲十二篇，每篇之後各間以他文四篇，惟夏令多言樂，秋令多言兵，似乎有義，其餘則絶不可曉。先儒無説，莫之詳矣。又每紀皆附四篇，而《季冬紀》獨五篇，末一篇標識年月，題曰《序意》，爲十二紀之總論。殆所謂紀者猶内篇，而覽與論者爲外篇、雜

---

① "録"，原誤作"餘"，據《漢書藝文志條理》改。

篇歟？不韋固小人，而是書較諸子之言獨爲醇正，大抵以儒爲主，而參以道家、墨家，故多引六籍之文與孔子、曾子之言，其他如莊、列之言不取其放誕恣肆者，墨翟之言不取其非儒明鬼者，而縱橫之術、刑名之説一無及焉。其持論頗爲不苟，論者鄙其爲人，因不甚重其書，非公論也。'"

淮南内二十一篇　王安。

《補注》沈欽韓曰："其《要略》一篇，自叙也。《隋志》許慎、高誘兩家注並列，今惟存高注。《景十三王傳》云：'淮南王好書，所招致率多浮辯。'則是書之定論也。"

淮南外三十三篇

師古曰："《内篇》論道，《外篇》雜説。"

《補注》宋祁曰："'雜'，邵本作'新'。"沈欽韓曰："本傳云：'《外書》甚衆。'高誘序：'劉向校定撰具，名之《淮南》。又有十九篇者，謂之《淮南外篇》。'與此三十三篇不同，蓋其後或有缺矣。案，《文選注》引《淮南·莊子後解》，疑即《外篇》。"

楊樹達曰："按，今本許、高二注混雜。篇題下注有'因以題篇'四字者爲高注，爲《原道》《俶真》《天文》《地形》《時則》《覽冥》《精神》《本經》《主術》《氾論》《説山》《説林》《修務》十三篇。餘八篇爲《繆稱》《齊俗》《道應》《詮言》《兵略》《人間》《泰族》《要略》，皆許注也。高注諸篇注釋往往有一事兩説者，其稱'一曰'云云者，大都是許注，並後人所羼入也。"

姚振宗曰："顔氏《集注》曰：'《内篇》論道，《外篇》雜説。'"

又曰："本書《諸侯王表》：'淮南厲王長，高帝子。高帝十一年十月庚午立，①二十三年，孝文六年，謀反，廢徙蜀，死雍。'又曰：'孝文十六年四月丙寅，王安以厲王子阜陵侯紹封，四

---

① "午"，原誤作"年"，據《漢書藝文志條理》改。

十二年,元狩元年,謀反,自殺。'"

又曰:"又《武帝本紀》:'元狩元年冬十一月,淮南王安、衡山王賜謀反,誅黨與死者數萬人。'"

又曰:"又《列傳》:'淮南王安爲人好書,鼓琴,不喜弋獵狗馬馳騁,亦欲以行陰德,拊循百姓,流名譽。招致賓客方術之士數千人,作爲《内書》二十一篇,《外書》甚衆。時武帝方好藝文,以安屬爲諸父,辯博善爲文辭,甚尊重之。每爲報書及賜,常召司馬相如等視草乃遣。初,安入朝,獻所作《内篇》,新出,上愛秘之。'"

又曰:"高誘注書序曰:'初,安爲人辯達,善屬文。天下方術之士多往歸焉。① 於是遂與蘇非、李尚、左吳、田由、雷被、毛被、伍被、晋昌等八人,② 及諸儒大山、③ 小山之徒,共講論道德,總統仁義,而著此書。其旨近老子,淡泊無爲,蹈虚守靜,出入經道。言其大也,則燾天載地,説其細也,則淪于無垠,及古今治亂,存亡禍福,世間詭異瑰奇之事。其義也著,其文也富,物事之類,無所不載,然其大較歸之于道,號曰鴻烈。鴻,大也。烈,明也。以爲大明道之言也。故夫學者不論淮南,則不知大道之深也。是以先賢通儒述作之士,莫不援采以驗經傳。以父諱長,故其所著諸長字皆曰脩。光禄大夫劉向校定撰具,名之《淮南》。又有十九篇者,謂之《淮南外篇》。'按,此言《外篇》十九,與《志》不符,殆高氏之時所見者僅此耳。"

又曰:"《隋書·經籍志》:'《淮南子》二十一卷,漢淮南王劉安撰,許慎注。'《唐·經籍志》:'《淮南商詁》二十一卷,劉安撰。'按,"商詁"乃"間詁"之訛,即許慎注本也。《唐·藝文志》:'許慎注

---

① "多"字原脱,據《漢書藝文志條理》補。
② "人",原誤作"及",據《漢書藝文志條理》改。
③ "及",原誤作"乃",據《漢書藝文志條理》改。

《淮南子》二十一卷。'《宋史·藝文志》：'《淮南子鴻烈解》二十一卷，淮南王安撰。'"

又曰："洪邁《容齋續筆》曰：'今所存者二十一卷，蓋《内篇》也。壽春有八公山，正安所延致賓客之處。傳記不見姓名，而高誘序以爲蘇飛等八人，①然惟左吳、雷被、伍被見于史。'"

又曰："《四庫簡明目錄》曰：'安書原分《内》《外》篇，此二十一卷其《内篇》也。大旨原本道德，而縱橫曼衍，多所旁涉，故《漢志》列之雜家。'"

姚振宗又曰："按，《七略》兵權謀家有淮南王，班氏以其重復省之。"

又曰："又按，《文選》謝靈運《行旅詩》注、許詢《雜詩》注、《齊竟陵王行狀》注數引淮南王《莊子略要》曰：'江海之士，山谷之人也，輕天下，細萬物，而獨往者也。'《竟陵行狀》注又接引司馬彪《注》曰：'獨征自然，不復顧世。'是淮南《莊子略要》，司馬彪注《莊子》先引之，李善從《莊子注》采錄者也。又張景陽《七命》注引淮南子《莊子后解》曰：'庚市子，聖人之無欲者也。人有爭財相鬥者，庚市子毀玉于其間，而鬥者止。'按，今《内篇》無《莊子略要》《莊子后解》，或在《外》三十三篇中。劉義慶《世說新語》曰'初注《莊子》者數十家，莫能究其旨要，向秀于舊注外爲解義'云云。是晋向秀之前爲《莊子》注者已數十家，淮南王其數十家之一歟？又王氏《考證》云'淮南王有《成相》篇'，或亦在《外篇》中。"

東方朔二十篇

《補注》周壽昌曰："本書《朔傳》注引劉向《別錄》云：'朔之文辭，《客難》《非有先生論》，此二篇最善。其餘有《封泰山》《責

---

① "飛"，原誤作"非"，據《漢書藝文志條理》改。

和氏璧》及《皇太子生禖》《屏風》《殿上柏柱》《平樂觀賦獵》、八言、七言上下、《從公孫弘借車》。凡朔書具是矣。'"葉德輝曰:"《北堂書鈔》五百十八引《嗟伯夷》,[1]《文選海賦》注引《對詔》,[2]《藝文類聚·災異部》引《旱頌》,《人部》引《戒子》,《御覽·人事部》百引文同。凡四篇。至《拾遺記》載《寶甕銘》,唐釋法琳《辨正論》載《隱真論》,《開元占經》載《東方朔占》,皆後人僞託,不足據也。"

姚振宗曰:"本書列傳:'東方朔字曼倩,平原厭次人也。武帝初即位,徵天下舉方正賢良文學材力之士,待以不次之位,四方士多上書言得失,自衒鬻者以千數,其不足采者輒報聞罷。朔初來,上書,高自稱譽,上偉之,令待詔公車。久之,使待詔金馬門。又以爲常侍郎,遂得愛幸。拜爲太中大夫、給事中。嘗醉入殿中,小遺殿上,劾不敬。有詔免爲庶人,待詔宦者署,復爲中郎。與枚皋、郭舍人俱在左右,詼啁而已。久之,朔上書陳農戰強國之計,因自訟獨不得大官,欲求試用。其言專商鞅、韓非之語也,指意放蕩,頗復詼諧,辭數萬言,終不見用。贊曰:劉向言少時數問長老賢人通于事及朔時者,皆曰朔口諧倡辯,不能持論,喜爲庸人誦説,故今後世多傳聞者。'按,此引劉向似亦《別錄》文。"

又曰:"《史·滑稽列傳》:褚少孫曰:'武帝時,齊人有東方生名朔,以好古傳書,愛經術,多所博觀外家之語。朔初入長安,至公車上書,凡用三千奏牘。公車令兩人共持舉其書,僅能勝之。人主從上方讀之,止,輒乙其處,讀之二月乃盡。'"

又曰:"《黃氏日抄》曰:'朔固滑稽之士,然未嘗有一語導人主于非。至其卻董偃、諫起上林、對化民有道三事,忠言讜

---

[1] "五百十八",《漢書補注》作"百五十八"。

[2] "選"字原脱,據《漢書補注》補。

論,如矢斯直,一時文墨議論之士,孰有髣髴其萬一者乎?'"
姚振宗又曰:"按,本傳言'上書陳農戰強國之計,辭數萬言'者,意即此二十篇之書,褚少孫稱'上書用三千奏牘',意亦即是此書,特褚謂其初到時所上,傳則列在再爲中郎時,是所不同耳。本傳又言,劉向所錄朔書有《客難》《非有先生論》《封泰山》《責和氏璧》及《皇太子生禖》《屏風》《殿上柏柱》《平樂觀賦獵》,八言、七言上下,《從公孫弘借車》諸篇,皆其雜詩文,則本《志》所不載者也。"

伯象先生一篇

應劭曰:"蓋隱者也,故公孫敖難以無益世主之治。"

《補注》沈欽韓曰:"《御覽》八百十一引《新序》云:'公孫敖問伯象先生曰:先生收天下之術,博觀四方之事久矣,未能裨世主之治,明君臣之義,是則未有異於府庫之藏金玉,筐篋之囊簡書也。'又八百十三《新序》:'公孫敖曰:夫玉石金鐵,猶可琢磨以爲器用,而況於人。'今《新序》無之。"王先謙曰:"王氏《漢志考》①引公孫敖問作《新序》,是宋末《新序》尚有之。"

姚振宗曰:"應劭《漢書集解》曰:'伯象先生蓋隱者也,故公孫敖②難以無益世主之治。'又《風俗通·姓氏》篇:'白象先生,古賢人隱者。'張澍輯注曰:'伯與白同。'"

又曰:"王氏《考證》:《新序》公孫敖問伯象先生曰:'今先生收天下之術,博觀四方之事久矣,未能裨世主之治,明君臣之義。'"

荊軻論五篇　軻爲燕刺秦王,不成而死。司馬相如等論之。

《補注》王應麟曰:"《文章緣起》:'司馬相如作《荊軻讚》。'《文心雕龍》:'相如屬筆,始讚荊軻。'"

---

① "考",原誤作"改",據《漢書補注》改。
② "敖"字原脱,據《漢書藝文志條理》補。

姚振宗曰："劉向《別錄》曰：'丹，燕王喜之太子。'又曰：'督亢，膏腴之地。'按，《別錄》佚文有此二語，似即爲此書發也，不可詳考。今姑繫之此。"

又曰："王氏《考證》：《文章緣起》：'司馬相如作《荊軻贊》。'《文心雕龍》：'相如屬辭，始贊荊軻。'"

又曰："章學誠《校讎通義》曰：'雜家《荊軻論》五篇，大抵史贊之類也。'"

吳子一篇

姚振宗曰："吳子未詳。"

姚氏又曰："按，此吳子列在公孫尼之前，則頗似吳起，同爲七十子之弟子，別見兵權謀家。"

公孫尼一篇

姚振宗曰："按，公孫尼似即公孫尼子，別有書二十八篇，見前儒家。"

博士臣賢對一篇　漢世，難韓子、商君。

臣說三篇　武帝時作賦。

師古曰："說者，其人名，讀曰悅。"

《補注》沈濤曰："《志》所列雜家，皆非詞賦，此'賦'字誤衍。下賦家別有《臣說》九篇，則其人所作賦，此處因相涉而誤耳。"王先謙曰："官本無'所'字。"

姚振宗曰："臣賢、臣說並未詳。"

姚氏又曰："按，舊本連續而書，《詩賦略》之臣說次郎中嬰齊之後，此次于博士臣賢之後，似臣說者由郎中爲博士，《志》各蒙上省文，亦各從其奏對、奏賦時所署官秩，蓋猶《博士臣說對》三篇也。"

解子簿書三十五篇

姚振宗曰："解子簿書未詳。"

姚氏又曰："或曰其人姓解，所簿雜書凡三十五篇。或又曰簿録諸子書而雜解之。前人無説，莫能詳也。"

推雜書八十七篇

姚振宗曰："推雜書未詳。"

姚氏又曰："劉中壘類推諸雜書之無書名撰人者裒爲此編，亦莫能詳也。"

雜家言一篇　王伯，不知作者。

師古曰："言伯王之道。伯，讀曰霸。"

姚振宗曰："顔氏《集注》曰：'言伯王之道。伯讀曰霸。'"

姚氏又曰："按，此亦無書名撰人，猶《儒家言》《道家言》《雜陰陽》《法家言》之類，或數十篇，或一、二篇，尋其義例，亦唯視所有以爲多寡而已。"

又曰："又按，是篇凡分五章段：自孔甲《盤盂》至《東方朔》十家十一部爲一段；《伯象先生》《荊軻論》二家爲一段；《吴子》《公孫尼》二家爲一段；《博士臣賢》《臣説對》爲一段。其自《伯象先生》至此，大抵皆論贊辯難奏對之文，而時代各不相接，故各以類從。《解子簿書》以下三家，則皆無撰人時代者，例當置之末簡焉。"

右雜二十家，四百三篇。入兵法。

《補注》陶憲曾曰："'入兵法'上脱'出《蹵鞠》'三字。兵書四家，惟兵技巧入《蹵鞠》一家二十五篇，而諸子家下，亦注出《蹵鞠》一家二十五篇。是《蹵鞠》正從此出而入兵法也。今本脱'出《蹵鞠》'三字，則'入兵法'三字不可解，而諸子家所出之《蹵鞠》，亦不知其於十家中究出自何家矣。"

周壽昌曰："注云'入兵家'。壽昌案，即《子晚子》《尉繚子》之類，未注明。"

姚振宗曰："按，所載二十條，條爲一家，然《淮南王内》《外》當合爲一家。其篇數溢出十篇。今校定當爲一十九家,三百九十三篇。注云'入兵法者',以兵權謀家所注考之,則淮南書也。"

雜家者流,蓋出於議官。

《補注》沈欽韓曰:"《隋志》:'古者,司史歷記前言往行,禍福存亡之道。然則雜者,蓋出史官之職。'"

兼儒、墨,合名、法,知國體之有此,見王治之無不貫,此其所長也。

師古曰:"治國之體,亦當有此雜家之説。"又曰:"王者之治,於百家之道無不貫綜。"

姚明輝曰:"《古文尚書·周官》立太師、太傅、太保,兹惟三公,論道經邦,燮理陰陽,其議官之長歟。《隋志》以爲出史官,殆因《周禮》無議官故也。"

及盪者爲之,則漫羨而無所歸心。

師古曰:"漫,放也。羨,音戈戰反。"

錢大昭曰:"'漫羨'猶'漫衍'也。"周壽昌曰:"案,'盪'即'蕩'也,見《正韻》。本書《丙吉傳》'皇孫敖盪'。注:放也。即遨蕩猶游放也。《論語》'今之狂也蕩'孔注曰:'蕩'無所據也。下云'則漫羨而無所歸心',即無所據意。"

《隋書·經籍志》曰:"雜者,兼儒、墨之道,通衆家之意,以見王者之化,無所不冠者也。古者,司史歷記前言往行,禍福存亡之道。然則雜者,蓋出史官之職也。放者爲之,不求其本,材少而多學,言非而博,是以雜錯漫羨,而無所指歸。"

劉光蕡曰:"雜家出於議官,官有議官,即有議官之署,則今西國議院,古有其制矣。在古則爲外朝,《帝典》之'師錫',《洪範》之'謀及庶人',《周禮》之'詢衆庶',《白虎通》之議及博士、議郎是也。"又曰:"雜家類儒,墨家類道,雜家多及典制,墨家專言古道，故儒家之與道，猶雜家之與墨。"

農

神農二十篇　六國時，諸子疾時急於農業，道耕農事，託之神農。

師古曰："劉向《別錄》云：'疑李悝及商君所説。'"

《補注》王應麟曰："《食貨志》《吕氏春秋》《管子》《氾勝之書》引神農之教，《劉子》引神農之法，《淮南子》曰：'世俗之人，多尊古而賤今，故爲道者，必託之於神農、黄帝而後入説。'"葉德輝曰："《開元占經》百十一引《神農書·八穀生長》一篇，《藝文類聚·災異部》引《神農求雨書》。"王先謙曰："官本注'念'作'急'，是。"

姚振宗曰："劉向《別錄》曰：'疑李悝及商君所説。'按，李悝、商君並見前法家。"

又曰："王氏《考證》：《孟子》有爲神農之言者許行，①《食貨志》鼂錯引神農之教曰：'有石城十仞，湯池百步，帶甲百萬，而亡粟，弗能守也。'《吕氏春秋》引神農之教曰：'士有當年而不耕者，則天下或受其飢矣；女有當年而不績者，則天下或受其寒矣。'《管子》引神農之教曰：'一穀不登，減一穀，穀之法十倍。'《氾勝之書》亦引'神農之教'，《劉子》引'神農之法'。《淮南子》曰：'世俗之人，多尊古而賤今，故爲道者必託之神農、黄帝而後入説。'"②

又曰："顧炎武《日知錄》曰：《孟子》'有爲神農之言'注'史遷所謂農家者流也'，③仁山金氏曰：'太史公六家同異無農家，

---

① "爲"字原脱，據《漢藝文志考證》補。
② 按，此節內容爲王應麟《漢藝文志考證》之文，並非姚振宗稱引之語。姚氏乃概括言之，與王書出入較大。
③ "農家"，原誤作"神農"，據《漢書藝文志條理》改。

班固《藝文志》分九流,始有農家者流,《集注》偶誤,未及改。'"

又曰:"嚴可均《全上古文編》曰:'《漢·藝文志》農家有《神農》二十篇,案,倉頡造字在黃帝時,前此未有文字,神農之言皆後人追録。鼂錯所引顯是六國時語。即《六韜》及《管子》《文子》所載,亦不過謂神農之法相傳如是,豈謂神農手撰之文哉?'"

又曰:"馬國翰輯本序曰:'《漢志》農家、兵陰陽家、五行家、雜占家、經方家、神仙家並有神農書,大抵皆依託爲之,今其書並佚。考《開元占經》載有《八穀生長》一篇,差爲完具,又數引神農占。《管子》《淮南子》《漢·食貨志》等書或引神農之數,或引神農之法,或引神農之教。《藝文類聚》引《神農求雨書》。得有篇目可稱者凡六,其他佚文散句時見傳注所引,並據輯録,不可區別,統入農家。'"

姚振宗又曰:"按,《吕氏春秋》六月紀:'是月也,不可以興土功,不可以起兵動衆。無舉大事,無發令而干時,以妨神農之事。水潦盛昌,命神農,將巡功。舉大事則有天殃。'高誘曰:'無發干時之令畜聚人功,以妨害神農耘耨之事。'又曰:'昔炎帝神農能殖嘉穀,神而化之,號爲神農。後世因名其官爲神農,巡行堰畮修治之功。于此時,或舉大事妨害農事,禁戒之,云有天殃之罰。'按,則此神農亦古官名,故本《志》叙云出于農稷之官。"

野老十七篇 六國時,在齊、楚間。

應劭曰:"年老居田野,相民耕種,故號野老。"

《補注》王應麟曰:"《真隱傳》:'六國時人,游秦、楚間,年老隱居著書,言農家事,因以爲號。'"

姚振宗曰:"應劭《漢書集解》曰:'年老居田野,相民耕種,故號野老。'"

又曰:"袁淑《真隱傳》:'野老,六國時人,游齊、楚間,年老隱居,著書言農家事,因以爲號。'"

又曰:"《文心雕龍·諸子》篇:'逮及七國力政,俊乂[①]蠭起。孟軻應儒以馨折,莊周述道以翱翔,墨翟執儉侐之教,尹文課名實之符,野老治國于地利,騶子養政于天文,承流而枝附者,不可勝算。'"

又曰:"馬國翰輯本序曰:'《漢志》農家有《野老》十七篇。《隋》《唐志》皆不著録,書佚已久。考《吕氏春秋》載《上農》《任地》《辨土》《審時》四篇,家宛斯先生《繹史》云蓋古農家野老之言,而吕子述之。兹據補録。書中稱后稷語古奥精微,其論得時失時,形色情狀,洵非老農不能道。以此勞民勸相,洵堪矜式,宜吕氏賓客取載多篇也。'"

宰氏十七篇　不知何世。

《補注》葉德輝曰:"《史記·貨殖傳》裴駰集解云:'計然者,葵丘濮上人,姓辛氏,字文子,其先晉國亡公子。嘗南游於越,范蠡師事之。'《元和姓纂》十五海'宰氏'姓下引《范蠡傳》云:'陶朱公師計然,姓宰氏,字文子,葵丘濮上人。'據此,則唐人所見《集解》本,是作宰氏。宰氏即計然,故農家無計然書。《志》云'不知何世',蓋班所見乃後人述宰氏之學者,非計然本書也。"

姚振宗曰:"鄭樵《氏族略》:'宰氏,姬姓,周卿士宰周公之後,又有宰孔者,皆周太宰,以官爲氏。仲尼弟子宰予。'又曰:'宰氏氏,《范蠡傳》云:范蠡師計然,姓宰氏,字文子,葵丘濮上人。'按,宰氏氏者,鄭以爲復姓,恐不然。"

[①] "乂",原誤作"又",據《漢書藝文志條理》及《四部叢刊》影印明嘉靖刊本《文心雕龍》(以下《文心雕龍》皆據此本,不再注明)改。

又曰:"馬國翰《范子計然》輯本序曰:'計然者,據本書葵丘濮上人,姓辛,字文子。案,鄭樵《氏族略》宰氏注引《范蠡傳》:范蠡師事計然,姓宰氏,字文子。意者辛爲宰字之誤。《漢志》農家《宰氏》十七篇,或即計然歟?賈思勰《齊民要術》嘗引之。'"

姚振宗又曰:"案,'計然姓辛,字文子,葵丘濮上人',見馬總《意林》。北魏李暹注道家《文子》書,誤以計然之姓氏、里籍爲文子,前人辨之已詳。兹馬氏據《氏族略》疑'辛'爲'宰'字之誤,以爲即計然之書。案,晋《中經簿》有計然《萬物録》三卷,《唐·藝文志》農家首載《范子計然》十五卷,反覆推尋馬氏之説,亦頗近似。"

董安國十六篇　漢代内史,不知何帝時。

姚振宗曰:"本書《百官公卿表》:'内史、周官,秦因之,掌治京師。景帝二年分置左此處似敓一"右"字。内史。右内史武帝太初元年更名京兆尹。左内史更名左馮翊。'又曰:'孝文十四年,内史董赤。'"

姚氏又曰:"案,《表》所載漢内史並在景帝二年之前,其後即分左、右内史。而文帝十四年有内史董赤,疑赤字安國,赤心奉國,義亦相應。安國殆亦如氾勝之教田三輔作此書歟?"

尹都尉十四篇　不知何世。

《補注》宋祁曰:"'尹'一作'郡'。"沈欽韓曰:"《唐志》:'《尹都尉書》三卷。'《齊民要術·種穀》篇引氾勝之曰:'區種,驗美田至十九石,中田十三石,薄田一十石,尹澤取減法。'似尹都尉名澤也。《御覽》九百八十引劉向《别録》云:'《尹都尉書》有《種芥》《葵》《蓼》《薤》《葱》諸篇。'《北史》:'蕭大圜云:穫菽尋氾氏之書,露葵徵尹君之録。'"陶憲曾曰:"《尹都尉》又有《種瓜》篇,見《御覽》九百七十八引劉向《别録》。"

周壽昌曰:"《藝文類聚》引劉向《別錄》有《尹都尉》《種葱書》《種蓼》篇。《隋·經籍志》闕。《唐志》:'《尹都尉書》三卷。'鄭氏《通志》同。是宋尚存其書,而馬氏《通考》無之,則宋末久佚矣。"

姚振宗曰:"劉向《別錄》曰:'《尹都尉書》有《種瓜》篇,有《種蓼》篇,有《種芥》《葵》《蓼》《葱》諸篇。'又曰:'都尉有《種葱書》。'諸輯本此下又有云:'曹公既與先生言,細入閫之,見其拔葱。'按,此乃類事者取魏武昭烈事,轉寫誤連爲一條,而訛'先主'爲'先生'耳,今不取。"

又曰:"《唐書·藝文志》:'《尹都尉書》三卷。'"

又曰:"王氏《考證》:蕭大圜云:'穫菽尋汜氏之書,露葵徵尹君之錄。'"

又,馬國翰輯本序曰:"《漢志》農家有《尹都尉》十四篇,注云不知何世。考《汜勝之書》曰'驗美田至十九石,中田十三石,薄田一十石。尹澤取減,法神農'。尹澤,疑都尉之名,意其爲漢成帝以前人也。其書《隋志》不著錄,《唐志》三卷,今佚。《藝文類聚》《太平御覽》並引劉向《別錄》云'《尹都尉書》有《種瓜》篇,種《芥》《葵》《蓼》《蓼》《葱》諸篇'。今所傳《齊民要術》備載其法,據補得六篇云。"

姚振宗又曰:"案,馬氏據《汜勝之書》以爲尹澤,近得其似。"

趙氏五篇　不知何世。

《補注》沈欽韓曰:"疑即趙過教田三輔者。《齊民要術·耕田第一》引崔寔《政論》曰:'武帝以趙過爲搜粟都尉,教民耕殖,其法三犁共一牛,①一人將之,下種、挽耬,皆取備焉,日種一頃,至今三輔猶賴其利。'"

---

① "武帝以趙過"句,《漢書補注》作"趙過教民耕殖法,三犁共一牛"。

姚振宗曰："本書《食貨志》：武帝末年，悔征伐之事，乃封丞相爲富民侯。下詔曰：'方今之務，在于力農。'以趙過爲搜粟都尉。過能爲代田，一畝三甽。歲代處，故曰代田，古法也。_{師古曰："甽或作畎。代，易也。"}后稷始甽田，以二耜爲耦，① 廣尺深尺曰甽，長終畝。一畝三甽，一夫三百甽，而播種于甽中。苗生葉以上，稍耨隴草，因隤其土以附苗根。故其《詩》曰：'或芸或芋，黍稷儗儗。'芸，除草也。芋，附根也。言苗稍壯，每耨輒附根，比盛暑，隴盡而根深，能風與旱，故儗儗而盛也。其耕耘下種田器，皆有便巧。率十二夫爲田一井一屋。故畝五頃，用耦犂，二牛，三人，一歲之收常過縵田畝一斛以上，_{師古曰："縵田，謂不爲甽者也。"}善者倍之。過使教田太常、三輔。_{蘇林曰："太常主諸陵，有民，故亦課田種也。"}大農置工巧奴與從事，爲作田器。② 二千石遣令長、三老、力田及里父老善田者受田器，學耕種養苗狀。民或苦少牛，亡以趨澤，故平都令光教過以人輓犂。過奏光以爲丞，教民相與庸輓犂。_{師古曰："庸，功也。"}率多人者田日三十畝，少者十三畝，以故田多墾闢。過試以離宮卒田其宮壖地，課得穀皆多其旁田畝一斛以上。令命家田三輔公田，又教邊郡及居延城。是後邊城、河東、弘農、三輔、太常民皆便代田，用力少而得穀多。"

又曰："《齊民要術》卷一：'武帝以趙過爲搜粟都尉，教民耕殖，其法三犂共一牛，一人將之，下種挽耬，皆取備焉。日種一頃。至今三輔猶賴其利。'"

姚振宗又曰："按，《食貨志》及《齊民要術》所載，則此趙氏明是趙過。過又善于制器，武、昭時人也，而班氏注云'不知何世'，豈別有其人耶？然其著聞者無過于過。此注及前《董安

---

① "耜"，原誤作"耟"，據《漢書藝文志條理》改。
② "爲作"，原誤倒，據《漢書藝文志條理》及《漢書·食貨志》乙正。

國》注'不知何帝時',《尹都尉》注'不知何時',疑皆非班氏本文。題曰'趙氏'者,或其子姓及吏士爲之,不盡出于過手歟。?"

氾勝之十八篇　成帝時爲議郎。

師古曰:"劉向《別錄》云:'使教田三輔,有好田者師之,徙爲御史。'氾,音凡,又音敷劍反。"

《補注》王應麟曰:"皇甫謐云:'本姓凡氏,遭秦亂,避地於氾水,因改焉。勝之撰書言種植之事,子輯爲敦煌太守。'《隋》《唐》有《氾勝之書》二卷。《月令》注《農書》曰:'土長冒橛,《國語》注引"春土冒橛"。陳根可拔,耕者急發。'《正義》云:"先師以爲《氾勝之書》。"《周禮·草人》注:'化之使美,若氾勝之術也。'疏云:'漢時農書有數家,氾勝爲上。'《後漢·劉般傳》注、《文選注》《爾雅》《釋文》《初學記》《太平御覽》皆引之。《晉·食貨志》:'漢遣輕車使者氾勝之督三輔種麥,而關中遂穰。'"[1]沈欽韓曰:"《隋》《唐志》:'《氾勝之書》二卷。'《齊民要術》多引《氾勝之書》。"

周壽昌曰:"《隋》《唐志》並二卷,今無傳本。案,《晉書·食貨志》:'昔漢遣輕車使者氾勝之督三輔種麥,而關中遂穰。'《文選注》引王隱《晉書》云:'氾勝之敦睦九族。'《廣韻》二十九'凡氾'字注:'又姓,出敦煌、濟北二望。'皇甫謐云:'本姓凡氏,遭秦亂,避地於氾水。因改焉。漢有氾勝之,撰書言種植之事。子輯爲敦煌太守,因家焉。'鄭樵《通志·氏族略》,漢有范勝之爲黃門侍郎。《藝文略》,農家有《范勝之書》二卷。'范'即'氾'也。而馬端臨《通考》無其書,則宋中葉尚存,宋末亦亡矣。近時洪頤煊《經典集林》中輯《氾勝之書》二卷。"

姚振宗曰:"《太平御覽·資產部》:'《氾勝之書》曰:衛尉前

---

[1] 按,此節內容爲王應麟《漢藝文志考證》原文,《補注》乃節略稱引之。

上蠶法,今上農法,民事人所忽略,衛尉懃之,可謂忠國愛民之至。'按,此似當時詔書褒美之文,又似《別錄》中語。氾勝之與劉中壘同時,當中壘典校諸子時,適會其上農法,故云'今'。因併其前所上蠶法合爲一编。鄭樵《氏族略》云'《農書》十二篇',審是則《蠶法》六篇,共十八篇。然久遠無徵,莫得而詳矣。"

又曰:"《晋書·食貨志》:太興元年詔曰:'昔漢遣輕車使者氾勝之督三輔種麥,而關中遂穰。'"

又曰:"《廣韻》二十九'凡氾'字注:氾,又姓,出燉煌、濟北二望。皇甫謐云:'本姓凡氏,遭秦亂,避地于氾水,因改焉。漢有氾勝之撰書,言種植之事。子輯爲燉煌太守,子孫因家焉。'"

又曰:"《隋書·經籍志》:'《氾勝之書》二卷,漢議郎氾勝之撰。'《唐·經籍志》:'《氾勝之書》二卷,氾勝之撰。'《唐·藝文志》:'《氾勝之書》二卷。'"

又曰:"鄭樵《氏族略》:'氾氏,周大夫,食采于氾,因以爲氏。漢有氾勝之,爲黃門侍郎,撰《農書》十二篇。'"

又曰:"王氏《考證》:《月令》注引《農書》曰:'土長冒橛,陳根可拔,耕者急發。'《正義》云:'農書,先師以爲《氾勝之書》。'《周禮·草人》注'化之使美,若氾勝之術也',疏云:'漢時農書有數家,《氾勝》爲上。'《後漢·劉般傳》注、《文選注》《爾雅》《釋文》《初學記》《太平御覽》皆引之。"

又曰:"馬國翰輯本序曰:'《漢志》農家《氾勝之》十八篇。《隋》《唐志》並二卷,今無傳本,散見賈思勰《齊民要術》中,輯錄猶得十四篇。又從《黍穄》篇別出《種稗》,從《種穀》篇別出《區田法》,爲篇十六。又從《文選注》《藝文類聚》《御覽》所引綴爲《雜篇》上下,十八篇之書猶完。依《隋志》分爲二卷,書言樹藝之法親切詳明，鄭康成注《禮》亟引之。賈公彥謂漢時農書，《氾勝》爲上，洵不虛也。'"

王氏六篇　不知何世。

姚振宗曰："王氏未詳。"

姚氏又曰："按，氾勝之已在成帝時，此列于其後，大抵亦與氾氏同時。若又在其後，則已將漢末，《七略》亦不及載矣。而班氏注云'不知何世'，亦疑是後人語，非班氏本文。"

蔡癸一篇　宣帝時，以言便宜，至弘農太守。

師古曰："劉向《別錄》云邯鄲人。"

《補注》周壽昌曰："馬國翰云：考賈思勰引崔寔《政論》有'趙過教民耕種，其法三犂共一牛'云云。而《太平御覽》引作'宣帝使蔡癸教民耕'事，文正同。蓋癸書述趙過法，而崔氏引之也。壽昌案，漢世重農，士兼耕讀，故氾勝之、蔡癸皆以教民耕至大官。外此如趙過及平都令光皆載入《食貨志》以傳。至孝武元封六年，濟南崔不意官酒泉郡之魚澤障都尉，教力田，以勤效得穀。迨後分置敦煌郡，因立其地爲縣，特名效穀，以旌其勞。蓋不獨置力田等官爲勸農常政也。"[1]錢大昭曰："閩本'蔡'作'祭'。"朱一新曰："汪本'蔡'作'祭'，古'祭''蔡'同。"

姚範曰："《葵癸》一篇，別本作'《祭癸》'。"

楊樹達曰："按，景祐本作'蔡'。"

姚振宗曰："本書《食貨志》曰：'宣帝即位，用吏多選賢良，百姓安土，歲數豐穰。五鳳中，蔡癸以好農使勸郡國，至大官。'師古曰：'爲使而勸郡國也。'"

又曰："《太平御覽·資產部》：崔元始《正論》曰：'宣帝使蔡

---

[1] 按，此節所引周壽昌之語，乃周氏《漢書注校補》內容，並非王先謙《漢書補注》稱引之文。王氏乃節略引之。

癸教民耕植,三犁共一牛,一人持之,下種挽耬,皆取備焉,日種一頃也。'"

又曰:"馬國翰曰:'《齊民要術》引"武帝使趙過教民耕殖,其法三犁共一牛"云云,而《御覽》引崔寔《政論》作"宣帝使蔡癸校民耕事",文正同。蓋癸書述趙過法,而崔氏引之也。'"

姚振宗又曰:"按,此列成帝時氾勝之後者,或其人後氾勝之卒,而其書亦後出,或所言皆趙過諸人之成法,故置之末簡歟?"

右農九家,一百一十四篇。

姚振宗曰:"按,此篇家數、篇數並不誤。"

農家者流,蓋出農稷之官。

《補注》王應麟曰:"《呂氏春秋·任地》篇后稷曰:'子能以窒爲突乎?子能藏其惡而揖之以陰乎?'《食貨志》:'后稷始甽田。'"① 沈欽韓曰:"《呂覽·上農》《任地》二篇,皆引《后稷》,《任地》以下三篇,似全述古者樹藝收穫之法,此農書之祖。"

朱一新曰:"汪本'出'下有'於'字,此脱。"王先謙曰:"官本有'於'字。"

楊樹達曰:"按,景祐本有'於'字。"

播百穀,勸耕桑,以足衣食,故八政一曰食,二曰貨。孔子曰"所重民食",

師古曰:"《論語》載孔子稱殷湯伐桀告天辭也。言爲君之道,所重者在人民之食。"

《補注》何焯曰:"顏注誤以武爲湯。"

周壽昌曰:"顏注曰:'《論語》載孔子稱殷湯伐桀告天辭也。'壽昌案,《論語》此章年代明有次第。此自'周有大賚'三節下爲此語,與'予小子履'節相隔絶,疑是周武王事,故晉出《武

---

① 按,此節爲王應麟《漢藝文志考證》之内容,王先謙《漢書補注》未稱引。

成》篇采入之，疑不能屬之湯也。謹案，顔注多引《古文尚書》，此獨不引《武成》篇，而引作"湯伐桀"，疑別有據。衍齡謹附識。"

此其所長也。及鄙者爲之，以爲無所事聖王，

師古曰："言不須聖主，天下自治。"

《補注》王先謙曰："官本注'主'作'王'。"

欲使君臣並耕，誖上下之序。①

師古曰："誖，亂也。音布内反。"

楊樹達曰："按，《孟子·滕文公下》篇云：'陳相見孟子，道許行之言曰：賢者與民並耕而食，饔飧而治。'"

姚振宗曰："《隋書·經籍志》曰：'農者，所以播五穀，藝桑麻，以供衣食者也。《書》叙八政，其一曰食，二曰貨。孔子曰：所以重民食。《周官》冢宰以九職任萬民，其一曰三農生九穀；地官司稼"掌巡邦野之稼，而辨穜稑之種，周知其名與其所宜地，以爲法而懸於邑閭"是也。鄙者爲之，則棄君臣之義，徇耕稼之利而亂上下之序。'"

劉光蕡曰："民以食爲天。《孟子》陳王道，田里、樹畜事三見。中國王政，固自古重農也。後世以農爲細民之業，矯激者遂欲去君子爲並耕之説，則決不能行。孔子所以自謂不如老農，而孟子闢並耕之説也。"

小　　説

伊尹説二十七篇　其語淺薄，似依託也。

《補注》王應麟曰："《司馬相如傳》注應劭曰：《伊尹書》曰：'箕山之東，青鳥之所，②有盧橘夏孰。'《呂氏春秋》：'伊尹説

---

① "之"，原誤作"乏"，據《漢書·藝文志》改。

② "鳥"字，據尹承考證，當作"馬"（見《二十五史藝文經籍志考補萃編》第一卷《漢藝文志考證》第154頁），下同。

湯以至味。""箕山之東,青烏之所,有甘櫨焉",即應劭所引。戰國之士謂伊尹以割烹要湯,故爲是説,《孟子》辨之詳矣。《史記·殷本紀》:'伊尹從湯言素王及九主之事。'注引劉向《別録》曰:'九主者,有法君、專君、授君、勞君、寄君、等君、破君、國君、三歲任君,凡九品,圖畫其形。'"①

姚振宗曰:"伊尹有書五十一篇,見前道家。"

又曰:"《孟子》:萬章問曰:'人有言伊尹以割烹要湯,有諸?'孟子曰:'否,不然。吾聞其以堯、舜之道要湯,未聞以割烹也。'"

又曰:"王氏《考證》:《吕氏春秋》'伊尹説湯以至味'云云,蓋戰國之士謂伊尹以割烹要湯,故爲是説,孟子辨之詳矣。"

又曰:"何義門《讀書記》曰:'小説家《伊尹説》二十七篇,依託之書,皆入小説,弗爲弗滅,斯舉衷矣。'"

又曰:"嚴可均《三代文編》曰:'《漢志》小説家有《伊尹説》二十七篇,本注:其語淺薄,似依託也。《吕氏春秋·本味》篇疑即小説家之一篇,《孟子》伊尹以割烹要湯,謂此篇也。'"

又曰:"梁玉繩《吕子校補》曰:'《漢·藝文志》小説家有《伊尹説》二十七篇,《司馬相如傳》索隱稱應劭引《伊尹書》,《説文》櫨字、耗字注亦引伊尹之言,豈《本味》一篇出于《伊尹説》歟?'按,應劭所引及《説文》兩字所注,皆見于《本味》篇,故梁氏有是言。"

鬻子説十九篇 後世所加。

《補注》沈欽韓曰:"《唐志》小説家亦載'《鬻子》一卷'。《文選注》三十六引《鬻子》曰:'武王率兵車以伐紂,紂虎旅百萬,陳於商郊,起自黄鳥,至於赤斧,《御覽》三百一引作"赤甫"。② 三軍之

---

① 按,此節所引王應麟之語,乃王氏《漢藝文志考證》内容,並非王先謙《漢書補注》稱引之文。《補注》乃節略引之。

② "甫",原誤作"鳥",據《太平御覽》改。

士,靡不失色。① 武王乃命太公把旄以麾之,紂軍反走。'《御覽》三百八十三引鬻子年九十見文王事。案,此類小説也。"

姚振宗曰:"鬻子有書二十二篇,見前道家。"

又曰:"《唐書·經籍志》:'《鬻子》一卷,鬻熊撰。'按,《隋志》《新唐志》並入道家,《宋志》入雜家,唯此志入小説家,今據以録于此。"

又曰:"《四庫》雜家提要曰:'《漢書·藝文志》道家《鬻子》二十二篇,又小説家《鬻子説》十九篇,是當時本有二書。《列子》引《鬻子》凡三條,皆黄老清静之説,與今本不類,疑即道家二十二篇之文。今本所載與賈誼《新書》所引六條,文格略同,疑即小説家之《鬻子説》也。'"

又曰:"嚴可均《漫稿》曰:'《漢志》道家《鬻子》二十二篇,又小説家《鬻子説》十九篇,後世所加。《隋志》道家《鬻子》一卷,《舊唐書》改入小説家。案,隋唐人所見皆道家殘本,其小説家本,②梁時已佚失,劉昫移道家本當之,非也。'按,此謂'小説家本梁時佚失',根據《隋志》以爲之説也,最足憑信。"

周考七十六篇　考周事也。

姚振宗曰:"章學誠《校讎通義》曰:'小説家之《周考》七十六篇,班固注云考周事也,則其書不當儕于小説也。'以爲當部于《尚書》家,不可爲訓。"

青史子五十七篇　古史官記事也。

《補注》王應麟曰:"《風俗通義》引《青史子》書。《大戴禮·保傅》篇:'青史氏之記曰,古者胎教。'《隋志》:'梁有《青史子》一卷。'《文心雕龍》云:'青史曲綴以街談。'"周壽昌曰:"案,賈執《姓氏英賢録》云:'晉太史董狐之子,受封青史之田,因

---

① "靡",原誤作"犀",據《漢書補注》改。
② "本"字原脱,據《漢書藝文志條理》及《鐵橋漫稿》補。

氏焉。'"

姚振宗曰:"《文心雕龍·諸子》篇曰:'青史曲綴以街談。'"

又曰:"《隋書·經籍志》:'梁有《青史子》一卷,①亡。'"

又曰:"鄭樵《氏族略》:以官爲氏者,有青史氏。《英賢傳》云:'晉太史董狐之子受封青史之田,因氏焉。'《漢書·藝文志》青史子著書。"

又曰:"鄧名世《古今姓氏書辯證》:'《漢·藝文志》有青史氏,其書五十七篇。世以史書總謂之青史,其説蓋起于此。'"

又曰:"王氏《考證》:'《風俗通義》引青史子書,《大戴禮·保傅》篇引青史氏之記。'"

又曰:"馬國翰輯本序曰:'《漢志》小説家《青史子》五十七篇。《隋》《唐志》不著録,佚已久。《大戴禮記》、賈誼《新書》並引青史氏之記,此佚説之僅存者,②據輯校録。書中言胎教之法,懸弧之禮,巾車之道,具有典則。'"

又曰:"章學誠《校讎通義》曰:'小説家之《青史子》五十七篇,其書雖不可知,然觀《大戴·保傅》篇所引,則其書亦不儕于小説也。'按,劉勰言'曲綴以街談',此其所以爲小説家言,安得以殘文斷其全書乎?"

師曠六篇　見《春秋》,其言淺薄,本與此同,似因託之。

《補注》錢大昭曰:"《説文·鳥部》引'師曠曰:南方有鳥,名曰羌鷲,黄頭赤目,五色皆備',疑即此書。"沈欽韓曰:"《説苑·君道》篇、《辨物》篇,《御覽》三百六十九並引師曠語。"周壽昌曰:"兵陰陽又有《師曠》八篇,彼注云'晉平公臣',而此不注,未詳。"王先謙曰:"官本注'之'作'也'。③"

---

① "梁"字原脱,據《漢書藝文志條理》補。
② "説",原誤作"失",據《漢書藝文志條理》改。
③ "注"字原脱,據《漢書補注》補。

楊樹達曰："按，《潛夫論·相列》篇云：師曠曰：'赤色不壽，火家性易滅也。'當出此書。"

姚振宗曰："《左·襄十四年傳》：師曠侍於晉侯。杜預曰：'師曠，晉樂大師子野。'"

又曰："《孟子·離婁》篇：師曠之聰。趙岐曰：'師曠，晉平公之樂太師也，①其聽至聰。'"

又曰："本書《人表》師曠列第五等中中。梁玉繩曰：'師曠始見《逸周書·太子晉解》《左·襄十四》、《晉語》八。晉主樂大師，字子野，冀州南和人。生而無目，故自稱瞑臣，又稱盲臣，亦曰晉野。葬右扶風漆縣。《廣韻》注以師爲姓，非也。'"

又曰："《後漢書·方術傳》序'箕子之術，師曠之書'注：'師曠占災異之書也。今書《七志》有《師曠》六篇。'"

姚振宗又曰："按，王儉《七志》所載與本《志》篇數同，似猶爲《七略》原編。《隋志》五行家有《師曠書》三卷，在歲占諸書中，又占夢書中云'梁有《師曠占》五卷，亡'，或在此書，或在兵陰陽家，無以詳知。"

又曰："又按，《說文·鳥部》引師曠說，今有《禽經》一卷，舊題師曠，疑即此六卷之佚出者。或以爲因《說文》所引而影附之，不得而詳矣。"

務成子十一篇　　稱堯問，非古語。

《補注》錢大昭曰："《荀子·大略》篇云：'舜學於務成昭。'楊倞注引《尸子》曰：'務成昭之教舜曰：避天下之逆，從天下之順，天下不足取也；避天下之順，從天下之逆，天下不足失也。'又五行家有《務成子災異應》十四卷，房中家有《務成子陰道》三十六卷。"沈欽韓曰："《韓詩外傳》五云：'堯學於務

---

① "師"，原誤作"史"，據《漢書藝文志條理》改。

成子。'"

姚振宗曰:"《荀子·大略》篇曰:'堯學于君疇,舜學于務成昭。'楊倞注曰:'君疇,《漢書·古今人表》作尹壽,又《漢藝文志》小説家有《務成子》十一篇,昭其名也,亦見《尸子》。又《新序》子夏對哀公曰舜學于務成跗。'"

又曰:"林寶《元和姓纂》曰:'務成氏,《吕氏春秋》務成子,堯師也。又《新序》子夏曰舜學于務成附。'《氏族略》引文同。'附'作'跗'。"

又曰:"王氏《考證》:《荀子》'舜學于務成昭',注:《尸子》曰:'務成昭之教舜也,曰:避天下之逆,從天下之順,天下不足取也;避天下之順,從天下之逆,天下不足失也。'"

又曰:"《抱朴子·明本》篇:'昔赤松子、王喬、琴高、老氏、彭祖、務成、鬱華皆真人,悉仕于世,不便遐遯。'按,此則神仙家又以務成爲仙人,①又《金丹》篇引《務成子丹法》。"

姚振宗又曰:"按,泰州宫夢仁《讀書紀數略》云'堯師務成昭,舜學于務成跗',以爲兩人,未詳所據。"

宋子十八篇　孫卿道宋子,其言黄老意。

《補注》王應麟曰:"《荀子》云:'宋子有見於少,無見於多。'注:'宋鈃,宋人也,與孟子同時。'《孟子》作"宋牼"。又云:'宋子蔽於欲而不知得。'又引'子宋子曰:明見侮之不辱,使人不鬥'。又:'子宋子曰:人之情欲寡,而皆以己之情欲爲多,是過也。'"沈欽韓曰:"《莊子·天下》篇宋鈃、尹文並稱。"

楊樹達曰:"按,《韓非·顯學》篇云:'宋榮子設不爭鬥,取不隨仇,不羞囹圄,見侮不辱,世主以爲寬而禮之。'按,宋榮子與宋鈃、宋牼爲一人。"

---

①　"爲",原誤作"愛",據《漢書藝文志條理》改。

姚振宗曰:"《孟子·告子》篇:'宋牼將之楚,孟子遇于石丘。'趙岐曰:'宋牼,宋人,名鈃。'孫奭《正義》曰:'牼與鈃同,口莖反。'"

又曰:"《莊子·天下》篇曰:'墨子真天下之好也,宋鈃、尹文聞其風而悦之。'"

又曰:"《荀子·非十二子》篇:'不知壹天下、建國之權稱,上功用、大儉約而漫差等,曾不足以容辯異、縣君臣;然而其持之有故,其言之成理,足以欺惑愚衆,是墨翟、宋鈃也。'楊倞曰:'宋鈃,宋人,與孟子、尹文子、彭蒙、慎到同時,《孟子》作宋牼,與鈃同音。'劉向《尹文子書録》曰:'尹文子與宋鈃俱游稷下。'"

又曰:"《韓非子·顯學》篇:'宋榮子設不爭鬥,取不隨仇,不羞囹圄,見侮不辱,世主以爲寬而禮之。'俞樾《莊子人名考》:《逍遥游》篇有宋榮子,司馬彪云'宋國人也',崔云'賢者也'。榮與鈃聲亦相近,宋榮即宋鈃,宋鈃即宋牼。"

又曰:"王氏《考證》:'宋子蓋尹文弟子,《荀子》兩引宋子,又兩引子宋子。'"

又曰:"馬國翰輯本序曰:'宋鈃,《孟子》作宋牼,《韓非》作宋榮子,要皆是一人也。《漢志》小説家《宋子》十八篇,《隋》《唐志》不著目,佚已久。《莊子·天下》篇載其禁攻寢兵之事,並述其言。案,《莊子》雖與尹文並稱,今尹文子書尚存,無《莊子》所述之言,且以《孟》《荀》書證知,皆述鈃語,據補佚篇,附考爲帙。'"

天乙三篇 天乙謂湯,其言非殷時,皆依託也。

《補注》王應麟曰:"《賈誼書·修政治語》引'湯曰'云云。《史記·殷本紀》:'湯曰:予有言,人視水見形,視民知治不。'"

王先謙曰:"官本《考證》云:'非',監本訛'者',今改正。"

姚振宗曰："按，王氏以此兩引謂即在此三篇中，亦約略言之耳。"

黄帝説四十篇　　迂誕依託。

姚振宗曰："《史·五帝本紀》贊：'百家言黄帝，其文不雅馴，薦紳先生難言之。'《正義》曰：'馴，訓也，謂百家之言皆非典雅之訓。'"

又曰："《抱朴子·極言》篇：'昔黄帝生而能言，役使百靈，可謂天授自然之體者也，猶復不能端坐而得道。故陟王屋而授丹經，到鼎湖而飛流珠，登崆峒而問廣成，之具茨而事大隗，適東岱而奉中黄，入金谷而咨涓子，論道養則資元素二女，精推步則訪山稽、力牧，講占候則詢風后，著體診則受雷岐，審攻戰則納五音之策，窮神奸則記白澤之辭，相地理則書青鳥之説，救傷殘則綴金冶之術。故能畢該秘要，窮道盡真，遂升龍以高躋，①與天地乎罔極也。'又曰：'黄帝及老子奉事太乙元君以受要訣。'又曰：'《荊山經》及《龍首記》皆云黄帝服神丹之後，龍來迎之。'又曰：'言黄帝仙者，見于道書及百家之説者甚多。'"

姚振宗又曰："按，《封禪書》言武帝時，齊人公孫卿有黄帝《鼎書》，言黄帝上登于天云云。又《文心雕龍·祝盟》篇云'黄帝有祝邪之文'，《鼎書》《祝邪文》及葛稚川言《荊山經》《龍首記》疑皆在此書中。"

封禪方説十八篇　　武帝時。

《補注》沈欽韓曰："此方士所本，史遷所云'其文不雅馴'。"

楊樹達曰："按，漢方士多稱黄帝，沈意謂本自此黄帝説也。《史記·五帝紀》贊稱'百家言黄帝，其文不雅馴'，故沈據以

---

① "龍"字原脱，據《漢書藝文志條理》補。

爲説。《補注》取此,應注在《黃帝説》條之下,乃與正文相合。但以刊本沈氏《疏證》原書誤以《黃帝説》四十篇、《封禪方説》十八篇合爲一條,置《疏證》於其下。王氏不知其誤,遂以沈説置《封禪方説》條下,疏矣。又按,方説者,《史記·封禪書》記李少君以祀竈、穀道、卻老方見上,亳人謬忌奏祠太一方,齊人少翁以鬼神方見上,膠東宮人欒大求見言方之類是也。"

姚振宗曰:"《史·封禪書》:'今天子初即位,尤敬鬼神之祀。元年,漢興已六十餘載矣,天下乂安,搢紳之屬皆望天子封禪。草巡狩封禪事未就。後李少君以祀竈、穀道、卻老方見上,言:祀竈則致物,致物而丹砂可化爲黃金,①黃金成以爲飲食器則益壽,益壽而海中蓬萊仙者乃可見,見之以封禪則不死,黃帝是也。天子使黃錘史寬舒受其方。亳人謬忌奏祠太一方,天子令太祝立其祠,常奉祀如忌方。其後人有上書言:古者天子三年壹用太牢祠神三:天一、地一、太一。天子許之,令太祝領祠之,如其方。後人復有上書言:古者天子常以春解祠,《索隱》:"謂祀祭以解殃咎,求福祥也。"令祠官領之如其方。齊人少翁以鬼神方見上。膠東宮人欒大求見言方,大見數月,佩六印,貴震天下,而海上燕齊之間,莫不搤捥而自言有禁方,能神仙矣。上東巡海上,齊人之上疏言神怪奇方者以萬數。'"

待詔臣饒心術二十五篇　武帝時。

姚振宗曰:"師古曰:'劉向《別錄》云:饒,齊人也,不知其姓,武帝時待詔,作書名曰《心術》也。'"

姚氏又曰:"按,書名'心術',其即如後世見聞果報勸戒諸錄之類也歟? 又《管子·七法》篇云:'實也,誠也,厚也,施也,

---

① "致物"二字原脱,據《漢書藝文志條理》補。

度也,恕也,謂之心術。'房玄齡曰:'凡此六者,皆自心術生也。'豈即以此六事推演爲書歟?"

待詔臣安成未央術一篇

姚振宗曰:"應劭曰:'道家也,好養生事,爲未央之術。'"

姚氏又曰:"案,此疑與房中術相類,《開元占經·分野略例》中引《未央分野》十二條,馬氏《玉函山房》以爲《未央術》,輯入天文家。案,作《未央分野》者,後漢安帝時人,詳見李淳風《乙巳占·分野》篇,非即此《未央術》也。"

臣壽周紀七篇　項國圉人,宣帝時。

《補注》錢大昭曰:"'項國'疑'淮陽國'之訛。"

姚振宗曰:"案,此次待詔臣饒、臣安成之後,或蒙上省文,亦官待詔者,當時皆奏進于朝,故稱臣饒、臣安成、臣壽。《周考》考周事,此《周紀》大抵亦紀周代瑣事,同爲街談巷議之流歟?"

又曰:"又案,漢無項國,圉爲淮陽國屬縣。考《地理志》汝南郡,項,故國,《郡國志》亦云故國,《左傳·僖十七年》魯所滅。此注'項國圉人',蓋從其所稱古地名,圉故屬項國,漢屬淮陽國,後漢屬陳留郡,項則兩漢並屬汝南郡,臣壽實爲淮陽國圉人也。"

虞初周說九百四十三篇　河南人,武帝時,以方士侍郎,號黃車使者。

應劭曰:"其說以《周書》爲本。"師古曰:"《史記》云:'虞初,洛陽人。'即張衡《西京賦》'小說九百,本自虞初'者也。"

《補注》王應麟曰:"《郊祀志》:'雒陽虞初等以方祠詛匈奴、大宛。'"錢大昭曰:"注'隴',閩本作'號'。李善注《文選·西京賦》引曰:'以方士、侍郎,乘馬,衣黃衣,號黃車使者。'今本注有脫落,當從《文選注》增改。"朱一新曰:"'隴',汪本作'號'。①"王先謙曰:"官本作'號'。"

周壽昌曰:"注'河南人,武帝時,以方士侍郎,隴黄車使者',壽昌案,張衡《西京賦》李善注引此云'河南人也,武帝時以方士侍郎乘馬衣黄衣,號黄車使者'。此脱'乘馬衣黄衣'五字,'號'字又誤作'隴'也。殿本已正作'號'。"

姚振宗曰:"應劭《漢書集解》曰:'其説以《周書》爲本。'"

又曰:"《史·封禪書》:'太初元年,是歲西伐大宛。丁夫人、雒陽虞初等以方祠詛匈奴、大宛焉。'本書《郊祀志》同。"

又曰:"後漢張衡《西京賦》曰:'千乘雷動,萬騎龍趨。屬車之簉,載獫歇獢。匪唯翫好,乃有秘書。小説九百,本自虞初。從容之求,實俟實儲。'吴薛綜注曰:'小説,醫巫厭祝之術,凡有九百四十三篇。言九百,舉大數也。持此秘術,儲以自隨,待上所求問,皆常具也。'李善曰:'《漢書》曰:《虞初周説》九百四十三篇。初,河南人也。武帝時以方士侍郎,乘馬,衣黄衣,號黄車使者。'按,此知今本《漢志》班氏注,後人删落'乘馬,衣黄衣'五字。又據賦所云,則天子從官嘗載此書以待顧問,未必非當時事實也。"

百家百三十九篇

《補注》沈欽韓曰:"《御覽》八百六十九;②'《風俗通》云:案《百家書》:宋城門失火,取汲池中水以沃之,魚悉露見,但就取之。'《後漢書·仲長統傳》:'《百家》雜説,請用從火。'"陶紹曾曰:"《御覽》七百六十,又百八十引《風俗通》'公輸般見水上蠡'事,亦出百家。"

姚振宗曰:"應劭《風俗通義》曰:'門户鋪首,按《百家書》,③

---

① "汪",原誤作"注",據《漢書補注》改。
② "九",原誤作"八",據《太平御覽》改。
③ "按",原誤作"皆",據《漢書藝文志條理》改。

公輸般見水上蠡,謂之曰開汝頭,見汝形。蠡適出頭,般以足畫圖之。蠡引閉其户,終不可開。設之門户,欲使閉藏,當如此固密也。'又曰:'城門失火,禍及池魚。謹案《百家書》,宋城門失火,①因汲取池中水以沃灌之,池中空竭,魚悉露死。喻惡之滋並中傷善類也。'按,應氏引《百家書》兩條,知其嘗見此書矣。"

姚振宗又曰:"案,劉中壘《説苑叙録》曰:'除去與《新序》復重者,其餘者淺薄不中義理,別集以爲《百家》。'似即此《百家》,蓋《説苑》之餘,猶宋李昉等既撰集爲《太平御覽》,復衷録爲《太平廣記》也。"

楊樹達曰:"按,姚振宗云:'劉中壘《説苑叙録》曰:"除去與《新序》復重者,其餘者淺薄不中義理,別集以爲《百家》。"似即此《百家》。蓋《説苑》之餘,猶宋李昉等既撰集《太平御覽》,復衷録《太平廣記》也。'樹達按,《藝文類聚》七十四引《風俗通》説門户鋪首引《百家書》,即此。"

姚振宗又曰:"案,是篇凡分四章段:《伊尹》《鬻子》《周考》《青史子》《師曠》五家,叙次聯貫,條理井井,是爲第一段;《務成子》《宋子》《天乙》《黄帝説》四家,顛倒先後,雜出不倫,大抵皆從成書之遲早爲次,不以所託之時代論也。《務成子》成書在宋鈃之前,《天乙》《黄帝説》成書在宋鈃之後歟?是爲第二段;《封禪方説》至《周紀》四家,皆武、宣時所奏御者,是爲第三段;《虞初周説》罔羅宏富,自爲體裁,別成一家,而劉中壘所集《百家》,體制略同,故次于其後,②是爲第四段。他如法家、名、墨、從横、農五篇,著録無多,故不見別分章段云。"

---

① "宋"字原脱,據《漢書藝文志條理》補。
② "後",原誤作"前",據《漢書藝文志條理》及上下文意改。

右小説十五家，千三百八十篇。

劉奉世曰："又少十篇。"

姚振宗曰："按，是篇家數不誤，其篇數則如劉奉世所言。今校定當爲一千三百九十篇。"

小説家者流，

《補注》沈欽韓曰："《滑稽傳》'東方朔博觀外家之語'即傳記小説也。《文選注》三十一引《桓子新論》曰：'小説家合叢殘小語，近取譬論，以作短書，治身理家，有可觀之詞。'"

蓋出於稗官。

如淳曰："稗，音鍛家排。《九章》：'細米爲稗。'街談巷説，其細碎之言也。王者欲知閭巷風俗，故立稗官使稱説之。今世亦謂偶語爲稗。"師古曰："稗，音'稊稗'之'稗'，不與鍛排同也。稗官，小官。《漢名臣奏》唐林請省置吏，公卿大夫至都官、稗官各減十三，是也。"

街談巷語，道聽塗説者之所造也。孔子曰："雖小道，必有可觀者焉，致遠恐泥，是以君子弗爲也。"然亦弗滅也。

師古曰："《論語》載孔子之言。泥，滯也，音乃細反。"

《補注》周壽昌曰："今《論語》作子夏語，此或是《齊》《古》兩《論語》也。《東平思王傳》：'小道不通，致遠恐泥。'顏注亦云引孔子之言。《後書》：'蔡邕上封事有云：若乃小能小善，[①]雖有可觀，孔子以爲致遠則泥。'《隋志》亦引此語作孔子，不作子夏。"

王應麟曰："按，《論語》子夏曰云云，非孔子之言。蔡邕曰：'小能小善，雖有可觀，孔子以爲致遠則泥。'蓋因此《志》之誤。"

---

① "有云"下原衍"若云"二字，據《漢書補注》及《後漢書·蔡邕傳》刪。

閭里小知者之所及，亦使綴而不忘。如或一言可采，此亦芻蕘狂夫之議也。

姚振宗曰："《隋書·經籍志》曰：'小說者，街談巷語之説也。《傳》載輿人之誦，《詩》美詢於芻蕘。古者聖人在上，史爲書，瞽爲詩，工誦箴諫，大夫規誨，士傳言而庶人謗。孟春，徇木鐸以求歌謡，巡省觀人詩，以知風俗。過則正之，失則改之，道聽塗説，靡不畢紀。《周官》，誦訓"掌道方志以詔觀事，道方慝以詔辟忌，① 以知地俗"；而職方氏"掌道四方之政事，② 與其上下之志，誦四方之傳道而觀衣物"是也。孔子曰：雖小道，必有可觀者焉，致遠恐泥。'"

劉光蕡曰："'芻蕘狂夫之議'，存而不廢，先王陳詩觀民風之義也。此可知先王時，無不達之民情，而庶人不議，以政洽民情，民自無可議，非禁民之議也。"

凡諸子百八十九家，四千三百二十四篇。出《蹵鞠》一家二十五篇。

《補注》沈欽韓曰："從諸子家出，入兵技巧。"

姚振宗曰："按，此所載家數、篇數，就上十種都凡之數計之，則爲一百九十家，四千五百四十一篇，然皆非其實。今詳加校定，當爲一百八十七家，四千三百五十九篇。注云出'蹵鞠一家'者，不知從何類析出。疑小説家都凡之下有此注，後人以一版之中再見是注，妄以爲煩復而删落之。"

諸子十家，其可觀者九家而已。

王利器曰："十家謂儒、道、陰陽、法、名、墨、從横、雜、農、小説。十家去小説，故曰九家。"

---

① "慝"，原誤作"惹"，據《漢書藝文志條理》及《隋書·經籍志》改。
② "職"，原誤作"訓"，據《漢書藝文志條理》及《隋書·經籍志》改。

皆起於王道既微，諸侯力政，

楊樹達曰："按，'政'讀爲'征'。'力征'，謂'力相征伐'。"

時君世主，好惡殊方，

師古曰："好，音呼到反。惡，音一故反。"

是以九家之説。

《補注》朱一新曰："汪本'説'作'術'。"王先謙曰："官本作'術'。"

按，景祐本作"術"。

蠭出並作，

師古曰："'蠭'與'鋒'同。"

各引一端，崇其所善，以此馳説，取合諸侯。其言雖殊，辟猶水火，相滅亦相生也。

師古曰："辟，讀曰譬。"

姚明輝曰："去小説家。古者官師合一，私家無學。及王道既微，官失其守，始有私家之學。故天下有道，則學在上；無道，則在下。至時君世主，好惡殊方，乃懸格以待學者，而諸子專家，于是乎起矣。"

仁之與義，敬之與和，相反而皆相成也。

王應麟曰："致堂胡氏曰：'夫仁以親親，義以尊尊，施之雖有等衰，發端則非異道。故事父孝則忠可移，求忠臣則於孝子，未聞相反之理也。曰法則慘刻，曰名則苛繞，曰墨則二本，曰從横則妾婦之道，是皆五經之棄也。其歸豈足要乎？儒家者流，因修六藝矣，列儒於九家，而曰修六藝之術以觀九家之言，則修六藝者無所名家，謂誰氏耶？何以言之多舛也！'"

《易》曰："天下同歸而殊塗，一致而百慮。"

師古曰："《下繫》之辭。"

今異家者各推所長,窮知究慮,以明其指,雖有蔽短,合其要歸,亦六經之支與流裔。

師古曰:"裔,衣末也。其於六經,如水之下流,衣之末裔。"

姚明煇曰:"異家,各相異之家也。所長,如墨家《貴儉》《兼愛》《尚賢》《右鬼》《非命》《上同》是。究,亦窮也。指,言各家宗旨。九家各引一端,則指殊方矣。故長於此者,必有所蔽而短於彼;長於彼者,亦必有所蔽而短於此。如墨家之非禮及不知別親疏,即其蔽短也。要,會也。九家雖殊塗,而同歸於六經,雖百慮而一致于六經,故其會歸皆合于六經。儒無論已,道合于堯之克攘。《易》之嗛嗛,是六經之支與流裔也。陰陽出于羲和。法,同《易》噬嗑之象辭。名,孔子亦欲正名,是皆六經之支與流裔也。墨之六長,悉本於六經。孔子嘆使乎使乎,爲縱橫家所長。雜,能一貫王治。農,知所重民食。又皆六經之支與流裔之證也。"

劉光蕡曰:"王道不能廢各官,即六經不能廢九流之書。"

使其人遭明王聖主,得其所折中,皆股肱之材已。

師古曰:"已,語終之辭。"

《補注》王先謙曰:"官本'終'下有'之'字。"

仲尼有言:"禮失而求諸野。"

師古曰:"言都邑失禮,則於外野求之,亦將有獲。"

方今去聖久遠,道術缺廢,無所更索,彼九家者,不猶瘉於野乎?

師古曰:"索,求也。'瘉'與'愈'同。愈,勝也。"

若能修六藝之術,而觀此九家之言,舍短取長,則可以通萬方之略矣。

師古曰:"舍,廢也。"

姚明煇曰:"道術惟孔子爲全,九家則皆在萬方之中矣。"

姚振宗曰:"《隋書·經籍志》曰:'《易》曰:天下同歸而殊塗,

一致而百慮。世之治也，列在衆職，下至衰亂，官失其守。或以其業游説諸侯，各崇所習，分鑣並騖。若使總而不遺，折之中道，亦可以興化致治者矣。'

又曰："按，此一篇文格大類劉歆《移太常博士書》，是亦班氏全用《輯略》之文之一證。"

劉光蕡曰："九家均出於各官，則六經如君，所以驅使九家，而九家爲六經之用也。後世乃以六經之道專歸儒家，而屏棄各家，致令孔子之學陷於訓詁、詞章，空疏無用，不能與異教爭，則陋儒之過也。不列詞賦於九家內，劉子政固不以詞章爲道之事也。今世以制舉業爲孔子之道，失之遠矣。"又曰："'可以通萬方之略'，今之西學均吾九流所有。"

詩　　賦

賦

屈原賦二十五篇　楚懷王大夫，有《列傳》。

《補注》沈欽韓曰："自《離騷》至《大招》，適二十五篇。《隋志》專列《楚詞》一家，'後漢校書郎王逸，[①]集屈原以下，迄於劉向，逸又自爲一篇，並敘而注之，今行於世。隋時有釋道騫，善讀之，能爲楚聲，音韻清切。至今傳《楚詞》者，皆祖騫公之音'。案，漢時朱買臣召見言《楚詞》。宣帝徵能爲《楚詞》，九江被公召見、誦讀。爾時自有專門，可知其音讀非易也。"

周壽昌曰："《隋·經籍志》：'《楚辭》十二卷並目録，後漢校書郎王逸注。'《史記·屈原列傳》集解引劉向《别録》云：'章甫薦屨兮漸不可久，因以自喻自恨也。'壽昌案，此二語見賈誼《懷湘賦》。因以自喻，[②]亦《賈傳》中語，《别録》偶引之。"

姚振宗曰："《史》本傳：'屈原者，名平，楚之同姓也。爲楚懷王左徒。博聞強志，明于亂治，嫺于辭令。入則與王圖議國事，[③]以出號令；出則接遇賓客，應對諸侯。王甚任之。上官大夫與之同列，爭寵而心害其能。因讒之。王怒而疏屈平。屈平疾王聽之不聰也，讒諂之蔽明也，邪曲之害公也，方正之不容也，故憂愁幽思而作《離騷》。離騷者，猶離憂也。夫天者，人之始也；父母者，人之本也。人窮則反本，故勞苦倦極，

---

① "漢"下原衍一"書"字，據《漢書補注》及上下文刪。
② "喻"，原誤作"賦"，據《漢書注校補》改。
③ "王"，原誤作"主"，據《漢書藝文志條理》及《史記·屈原傳》改。

未嘗不呼天也；疾痛慘怛，未嘗不呼父母也。屈平正道直行，竭忠盡智以事其君，讒人間之，可謂窮矣。信而見疑，忠而被謗，能無怨乎？屈平之作《離騷》，蓋自怨生也。《國風》好色而不淫，《小雅》怨悱而不亂。若《離騷》者，可謂兼之矣。上稱帝嚳，下道齊桓，中述湯武，以刺世事。明道德之廣崇，治亂之條貫，靡不畢見。其文約，其辭微。其志潔，其行廉，其稱文小而其指極大，舉類邇而見義遠。其志潔，故其稱物芳。其行廉，故死而不容。自疏濯淖汙泥之中，蟬蛻于濁穢，以浮游塵埃之外，不獲世之滋垢，皭然泥而不滓者也。推此志也，雖與日月爭光可也。'按，此似全取淮南王《離騷傳》文，所謂'旦奉詔食時上'者也。"

又曰："本書《人表》第二等上中仁人屈原。梁玉繩曰：'屈原始見《楚辭·卜居》，字原，名平。《離騷》所謂皇考伯庸名余正則，字余靈均者也。爲楚三閭大夫，故稱曰三閭，亦曰原生，亦曰屈子。以正月庚寅日生，以五月五日投汨羅死。唐昭宗天祐元年，封爲昭靈侯。宋元豐六年，改封忠潔侯，後又封清烈公。元延祐五年，加封忠節清烈公。'"

又曰："後漢校書郎王逸《楚辭章句》曰：'屈原與楚同姓，仕于懷王，爲三閭大夫。三閭之職，掌王族三姓。曰昭、屈、景。屈原序其譜屬，率其賢良，以厲國士。'"

又曰："劉歆《七略》曰：'孝宣皇帝詔徵被公，見誦楚辭。被公年衰母老，一誦輒與粥。'按，此似有譌誤。《王襃傳》云宣帝'徵能爲《楚辭》九江被公，召見誦讀'。又一引'年衰母老'作'羊裘母老'，疑是'羊裘年老'，不可知已。"

又曰："嚴可均《三代文編》曰：'《楚辭》王逸序曰：《大招》，屈原之所作也，或曰景差，疑不能明也。洪興祖以爲非屈原作。今案《漢志》《屈原賦》二十五篇，謂《離騷》一篇、《九歌》十一篇、《天問》一篇、《九章》九篇、《遠游》《卜居》《漁父》各一篇，凡二十五篇，洪説是也。'"

姚振宗又曰："案，景差有《大招》而《七略》無景差賦，蓋當時劉中壘别集爲《楚辭》進呈，已在《楚辭》十六卷中，《七略》亦偶有所遺也。又劉氏集《楚辭》有東方朔《七諫》，《七略》亦無其賦。"

唐勒賦四篇　楚人。

《補注》沈欽韓曰："《御覽》六百三十三引《宋玉賦》云：'景差、唐勒等並造《大言賦》。'"

姚振宗曰："《史·屈原列傳》：'屈原既死之後，楚有唐勒、景差之徒者，皆好辭而以賦見稱。'"

又曰："本書《人表》第六等中下唐勒。梁玉繩曰：'唐勒惟見《史·屈原傳》。《通志·氏族略》云楚滅唐，子孫以唐爲氏。'宋洪邁《容齊五筆》云：'《西京雜記》霍光曰：楚大夫唐勒一産二子，一男一女，男曰正夫，女曰瓊華，以先生者爲長。唐勒有子曰正夫，唯見于此。'"

又曰："嚴可均《三代文編》曰：'唐勒，楚人，事頃襄王，爲大夫。《水經·汝水》注引唐勒《奏土論》。'按，《奏土論》似在此四篇之外者。"

宋玉賦十六篇　楚人，與唐勒並時，在屈原後也。

《補注》王應麟曰："《隋志》：'《宋玉集》三卷。'王逸云：'屈原弟子。'《楚詞》：《九辨》《招魂》。《文選》：《風賦》《高唐》《神女賦》《登徒子好色賦》。《古文苑》：《大言》《小言》《釣》《笛》《諷賦》。"沈欽韓曰："《笛賦》非宋玉作。《隋志》：'《宋玉集》三卷。'"

楊樹達曰："按，王已引《隋志》，復録沈説，重復失檢。"

周壽昌曰："《隋·經籍志》：'楚大夫《宋玉集》三卷。'《唐志》：'二卷。'《通志》：'二卷。'《通考》：'一卷。'云自《文選》

及《古文苑》中録出,非原本。"

姚振宗曰:"《史·屈原列傳》:'屈原既死之後,楚有宋玉、唐勒、景差之徒者,皆好辭而以賦見稱;然皆祖屈原之從容辭令,終莫敢直諫。'"

又曰:"本書《地理志》:'始楚賢臣屈原被讒放流,作《離騷》諸賦以自傷悼。後有宋玉、唐勒之屬慕而述之,皆以顯名。'"

又曰:"本書《人表》第五等中中宋玉。梁玉繩曰:'宋玉始見《史·屈原傳》,鄢人,屈原弟子,體貌閒麗,楚襄王稱爲先生。冢在唐州北陽縣。'"

又曰:"《隋志》集部別集篇:'楚大夫《宋玉集》三卷。'《唐·經籍志》:'楚《宋玉集》二卷。'《藝文志》同。按,《隋》《唐志》所載固是別本,與《漢志》著録不同,然《漢志》所載諸賦亦在其間,故並及之焉。"

又曰:"洪邁《容齋三筆》曰:'宋玉《高唐》《神女》二賦,其爲寓言託興甚明,予嘗即其詞而味其旨,蓋所謂發乎情止乎禮義,真得詩人風化之本,玉之意可謂正矣。今人詩詞顧以襄王藉口,考其實則非是。'"

又曰:"嚴可均《三代文編》曰:'宋玉,鄢人,師事屈平,爲頃襄王大夫,有《集》三卷。按《漢·藝文志》宋玉賦十六篇。今存者,《風賦》《大言賦》《小言賦》《諷賦》《高唐賦》《神女賦》《登徒子好色賦》《釣賦》《笛賦》《九辯》《招魂》,①凡十一篇。《對楚王問》《高唐對》不在此數。如《九辯》爲九篇,則多出《漢志》三篇,所未審也。或云《笛賦》有宋意送荊軻之語,非宋玉作。'"

趙幽王賦一篇

《補注》沈欽韓曰:"本傳作'歌'。"

---

① "釣賦"二字原脱,據《漢書藝文志條理》補。

姚振宗曰："本書《諸侯王表》：'趙幽王友，高帝子。高帝十一年三月丙寅，立爲淮陽王，二年徙趙，十四年，高后七年，自殺。'《高后紀》：'七年春正月，趙王友幽死於邸。'"

又曰："本書《高五王傳》：趙幽王友，十一年立爲淮陽王。趙隱王如意死，孝惠元年，徙友王趙，凡立十四年。友以諸呂女爲后，不愛，愛他姬。諸呂女怒去，讒之于太后曰：'王曰：呂氏安得王？太后百歲後，吾必擊之。'太后怒，以故召趙王。趙王至，置邸不見，令衛士圍守之，不得食。其群臣或竊饋之，輒捕論之。趙王餓，乃歌曰：'諸呂用事兮，劉氏微。迫脅王侯兮，強授我妃。我妃既妒兮，誣我以惡。讒女亂國兮，上曾不寤。我無忠臣兮，何故棄國？自快中野兮，蒼天與直！于嗟不可悔兮，寧早自賊！爲王餓死兮，誰者憐之？呂氏絶理兮，託天報仇！'遂幽死。以民禮葬之長安。"

莊夫子賦二十四篇　名忌，吳人。

《補注》錢大昭曰："即嚴夫子也。此獨不諱，史駁文。"沈欽韓曰："《楚詞章句》'王逸云：《哀時命》者，嚴夫子之所作也。'"

姚振宗曰："本書《地理志》：'始楚屈原作賦以自傷悼。後有宋玉、唐勒之屬。漢興，高祖王兄子濞于吳，招致天下之娛游子弟，枚乘、鄒陽、嚴夫子之徒興于文景之際。'按，本《志》無鄒陽賦，疑在第四篇諸雜賦中。"

又曰："本書《鄒陽傳》：'吳王濞招致四方游士，陽與吳嚴忌、枚乘等俱仕吳，皆以文辯著名。久之，吳王陰有邪謀。是時，景帝少弟梁孝王貴盛，亦待士。于是鄒陽、枚乘、嚴忌知吳王不可説，皆去之梁，從孝王游。'"

又曰："王逸《楚辭章句》：《哀時命》者，嚴夫子之所作也。夫子名忌，與司馬相如俱好辭賦，客游于梁，梁孝王甚奇重之。忌哀屈原受性忠貞，不遭明君，而遇暗世，斐然作辭，嘆而述之,故曰《哀時命》也。洪興祖曰:'忌,會稽吳人,本姓莊,當時尊尚,號曰夫子,避漢明帝諱,改曰嚴。一云名忌,字夫子。'"

賈誼賦七篇

《補注》王應麟曰:"《惜誓》《弔屈原》《服賦》,《古文苑》有《旱雲》《虡賦》。《隋志》:'梁有《賈誼集》四卷。'"

姚振宗曰:"賈誼有書五十八篇,見《諸子》儒家。"

又曰:"《史·屈賈列傳》:'自屈原沈汨羅後百有餘年,漢有賈生,爲長沙王太傅,過湘水,投書以弔屈原。'又曰:'賈生爲傅三年,有鴞飛入賈生舍,止于坐隅。楚人命鴞曰服。賈生既以適居長沙,長沙卑溼,自以爲壽不得長,傷悼之,乃爲賦以自廣。'"

又曰:"劉向《別錄》:'賈生《弔屈原賦》因以自諭自恨也。'"

又曰:"王逸《楚辭章句》:'《惜誓》者,不知誰所作也。或曰賈誼,疑不能明也。惜者,哀也。誓者,信也,約也。言哀惜懷王與己信約,而復背之也。古時君臣將共爲治,必以信誓相約,然後言乃從,而身以親也,蓋刺懷王有始而無終也。'"

又曰:"《隋書·經籍志》:'梁又有《賈誼集》四卷,錄一卷。'《唐·經籍志》:'前漢《賈誼集》二卷。'《藝文志》同。"

又曰:"王氏《考證》:朱文公曰:'賈太傅以卓然命世英傑之才,俯就騷律,所出三篇《惜誓》《弔屈原》《服賦》,皆非一時諸人所及。'《古文苑》有《旱雲》《虡賦》。"

枚乘賦九篇

《補注》王應麟曰:"《古文苑》有《梁王菟園賦》。《文選注》:'《枚乘集》有《臨霸池遠訣賦》。'《隋志》:'《乘集》二卷。'《文選》有《七發》。"① 王先謙曰:"《西京雜記》有《柳賦》。又略見

---

① 按,此節乃王氏《漢藝文志考證》内容,並非王先謙《漢書補注》稱引之原文。《補注》乃節略引之。

《初學記》二十八。"

姚振宗曰:"本書列傳:'枚乘,字叔,淮陰人也,爲吳王濞郎中。吳王之初怨望謀爲逆也,乘奏書諫,吳王不納。乘等去而之梁,從孝王游。及吳與六國反,以誅鼂錯爲名,漢斬錯以謝諸侯。枚乘復説吳王,令還兵疾歸,吳王不用乘策,卒見禽滅。漢既平七國,乘由是知名。景帝召拜乘爲弘農都尉。乘久爲大國上賓,與英俊並游,得其所好,不樂郡吏,以病去官。復游梁,梁客皆善屬辭賦,乘尤高。孝王薨,乘歸淮陰。武帝自爲太子,聞乘名,及即位,乘年老,以安車蒲輪徵乘,道死。'"

又曰:"《隋書·經籍志》:'梁有《漢弘農都尉枚乘集》二卷,録一卷,亡。'《唐·經籍志》:'《枚乘集》二卷。'《唐·藝文志》:'一卷。'《宋史·藝文志》:'一卷。'"

又曰:"王氏《考證》:'《文選》有《七發》,《文選注》引《枚乘集》有《臨灞池遠訣賦》,《古文苑》有《梁王菟園賦》。'"

又曰:"嚴可均《全漢文編》曰:'《西京雜記》《初學記》有枚乘《柳賦》。'"

周壽昌曰:"案,《隋書·經籍志》注:梁有漢弘農都尉《枚乘集》二卷。《唐志》復著録。《通志》載二卷。馬氏《通考》云:'今本一卷,乃於《漢書》及《文選》諸書鈔出者,蓋久佚其全矣。'"

司馬相如賦二十九篇

《補注》沈欽韓曰:"《隋志》:'《相如集》一卷。'"葉德輝曰:"本傳有《子虚賦》《文選》分"亡是公"以下爲《上林賦》。《哀秦二世賦》《大人賦》,凡三篇。《文選》有《長門賦》一篇。《藝文類聚·人部》有《美人賦》一篇。《古文苑》《初學記·人部下》同。《文選·魏都賦》注有《梨賦》。《北堂書鈔》百四十六有《魚葅賦》。"陶紹曾曰:"《玉篇·石部》有《梓桐山賦》。"

姚振宗曰："司馬相如有《凡將篇》，見《六藝》小學家；又有《荊軻論》，見《諸子》雜家。"

又曰："《史》《漢》本傳：相如爲郎，事孝景帝，爲武騎常侍，非其好也。會景帝不好辭賦，是時梁孝王來朝，從游說之士鄒陽、枚乘、嚴忌夫子之徒，相如見而說之，因病免，客游梁。得與諸侯游士居數歲，乃著《子虛》之賦。上讀《子虛賦》而善之，乃召問相如。相如曰：'此乃諸侯之事，未足觀，請爲天子游獵之賦。'上令尚書給筆札，相如以'子虛'，虛言也，爲楚稱；'烏有先生'者，烏有此事也，爲齊難；'亡是公'者，亡是人也，欲明天子之義。故虛藉此三人爲辭，以推天子諸侯之苑囿。其卒章歸之于節儉，因以風諫。奏之天子，天子大說。嘗從上至長楊獵。還過宜春宮，奏賦以哀二世行失。見上好仙，因奏《大人賦》。"

又曰："《隋書・經籍志》：'《漢文園令司馬相如集》一卷。'按，"文"上敚"孝"字。《唐・經籍志》：'《司馬相如集》二卷，又總集類《上林賦》一卷。'《唐・藝文志》並同。"

又曰："嚴可均《鐵橋漫稿・司馬長卿集輯本序》曰：'《漢志》《長卿賦》二十九篇，今存《子虛》《上林》《哀秦二世》《大人》《長門》《美人》六賦。徧索群書，惟得《魏都賦》張載注引《梨賦》一句，《北堂書鈔》引《魚葅賦》有題無文，餘二十一賦莫考。'又曰：'《三百篇》後，屈原爲辭賦之宗，宋玉亞之，長卿與宋玉在伯仲之間。揚子雲云：如孔氏之門用賦也，相如入室。此爲定論。然而長卿不徒以辭賦見，後世鮮有知之者。《蜀志》秦宓《與王商書》云："蜀本無學士，文翁遣相如東受七經，還教吏民，于是蜀學比于齊、魯。故《地理志》曰：'文翁倡其教，相如爲之師。'漢家得士，盛于其世。"如宓此言，蜀地經師長卿爲鼻祖，而《史》《漢》叙儒林授受不一及之，以辭賦揜其名耳。古之振奇人文章必從經出，故援《蜀志》以發其端。'按，長卿以辭賦名家，不專治經，亦莫詳其所授受，故本傳及《儒林傳》，皆不載其事。"

淮南王賦八十二篇

《補注》周壽昌曰："《隋志》：'集一卷。'《北堂書鈔》一百三十五、《御覽》七百十二引劉向《別錄》云：'淮南王有《熏籠賦》。'《古文苑》有《屏風賦》。"

姚振宗曰："淮南王安有《內》《外篇》，見《諸子》雜家。"

又曰："本傳：初，安入朝，獻所作《內篇》。又獻《頌德》及《長安都國頌》。每宴見，談說得失及方技賦頌，昏暮然後罷。"

又曰："劉向《別錄》曰：'淮南王有《熏籠賦》。'"

又曰："《隋書·經籍志》：'《漢淮南王集》一卷，梁二卷。'《唐·經籍志》：'《漢淮南王集》二卷。'《藝文志》：'《淮南王安集》二卷。'"

又曰："嚴可均《全漢文編》曰：'《藝文類聚》六十九、《初學記》二十五、《太平御覽》七百一並引淮南王《屏風賦》。'案，《七略》六藝樂家有淮南王《琴頌》，班氏出之，或在此八十二篇中。《楚辭》中有《橘頌》，頌亦賦之支流也。'"

淮南王群臣賦四十四篇

《補注》王應麟曰："《楚詞·招隱士》，淮南小山之所作也。淮南王安招致賓客，客有八公之徒，分造詞賦，以類相從，或稱'大山'，或稱'小山'，如《詩》之有《大》《小雅》。"

姚振宗曰："本書《地理志》：'始楚屈原作《離騷》諸賦，後有宋玉、唐勒。漢興，枚乘、鄒陽、嚴夫子之徒興于文景之際。而淮南王安都壽春，招賓客著書。'"

又曰："王逸《楚辭章句》曰：'《招隱士》者，淮南小山之所作也。昔淮南王安博雅好古，招懷天下俊偉之士，自八公之徒各竭才智，著作篇章，分造辭賦，以類相從，或稱小山，或稱大山，其義猶《詩》有《小雅》《大雅》也。小山之徒閔傷屈原，故作《招隱士》之賦。'"

姚振宗又曰："案，王叔師當東漢中葉及見是書，其言'分造辭賦，以類相從，《小雅》《大雅》'云云，殆即謂此書以大山、小山分綱，而又各從其類歟？今可見者，惟《楚辭》錄存一篇。"

太常蓼侯孔臧賦二十篇

《補注》王應麟曰："《孔叢子》云：'臧嘗爲賦二十四篇。四篇別不在集。似其幼時之作也。'"葉德輝曰："《孔叢子·連叢上》有《諫格虎賦》《楊柳賦》《鴞賦》《藝文類聚·鳥部下》《御覽·羽族部十》引同。《蓼蟲賦》《藝文類聚·草部下》《御覽·蟲豸部五》引同。四篇。"

姚振宗曰："孔臧有書十篇，見《諸子》儒家。"

又曰："《連叢子》曰：'臧嘗爲賦二十四篇，四篇別不在集，似其幼時之作也。'"

又曰："《隋書·經籍志》：'梁有《漢太常孔臧集》二卷，亡。'《唐·經籍志》：'《孔臧集》二卷。'《藝文志》同。"

又曰："嚴可均《全漢文編》曰：'《孔叢子·連叢上》篇載孔臧《諫格虎賦》《楊柳賦》《鴞賦》《蓼蟲賦》四篇。'此即所謂不在二十篇之內是也。"

陽丘侯劉隁賦十九篇

師古曰："隁，音偃。"

《補注》齊召南曰："案《王子侯表》'陽丘'應作'楊丘'，'隁'應作'偃'。齊悼惠王之孫，共安侯之子也。"

姚振宗曰："本書《王子侯表》：'楊丘共侯安，齊悼惠王子。按，齊悼惠王肥，高帝子也。孝文四年封，十二年薨。孝文十六年，侯偃嗣，十一年，孝景四年，坐出國界，削爲司寇。'"

吾丘壽王賦十五篇

姚振宗曰："吾丘壽王有書六篇,見《諸子》儒家。"

又曰："《隋書·經籍志》:'梁有《漢光禄大夫吾丘壽王集》二卷,亡。'"

又曰："王氏《考證》:'《藝文類聚》有吾丘壽王《驃騎論功論》,而賦不傳。'"

蔡甲賦一篇

姚振宗曰："蔡甲始末未詳。"

姚氏又曰："案,宣帝時有蔡癸,見《諸子》農家,豈其族歟?"

又曰："又案,自司馬相如至此凡七家,皆武帝時人,而列于武帝之前者,當時必有其義,殆奉詔以生卒先後爲次,不必以尊卑論也。"

上所自造賦二篇

師古曰:"武帝也。"

《補注》沈欽韓曰:"《傷李夫人》及《秋風辭》。《隋志》:'《武帝集》一卷。'"

周壽昌曰:"'上'爲武帝,非顏注幾不明。第師古當日何由知爲武帝而注之,必有所受,惜其説不傳。或謂因武帝悼李夫人賦知之。然何由知此賦定在二篇内也?《隋·經籍志》:'《漢武帝集》一卷',注:梁二卷。"

姚振宗曰:"顏氏《集注》曰:'武帝也。'案,此似班氏本注。"

又曰:"《本紀》贊曰:'漢承百王之弊,高祖撥亂反正,文景務在養民,至于稽古禮文之事,猶多闕焉。孝武初立,卓然罷黜百家,表章六經。疇咨海内,舉其俊茂,與之立功。興太學,修郊祀,改正朔,定曆數,協音律,作詩樂,建封禪,禮百神,紹周後,號令文章,焕焉可述。'"

又曰:"《漢武故事》曰:'上好辭賦,每行幸及奇獸異物,輒命相如等賦之。上亦自作詩賦數百篇，下筆即成。初不留思，相如造遲，彊時而後成。上每嘆其工妙，謂相如曰：以吾之速，易子之遲，可乎？相如曰：于臣則可，未知陛下何如耳！上大笑而不責也。'"

又曰："《隋書·經籍志》：'《漢武帝集》一卷，梁二卷。'《唐·經籍志》：'《漢武帝集》二卷。'《藝文志》同。"

又曰："王氏《考證》：'《外戚傳》有《傷悼李夫人賦》，《文選》有《秋風辭》，《溝洫志》有《瓠子之歌》二章。'案，以爲武帝之賦可考見者唯此三章，別詳于《拾補》。"

又曰："何義門《讀書記》曰：'"上所自造賦"不以冠趙幽王之上，①而介于壽王、兒寬之中，此漢人所以近古也。'"

又曰："章學誠《校讎通義》曰：'臣工稱當代之君則曰上。劉向爲成帝時人，其去孝武之世遠矣。竊意"上所自造"字，必武帝時人標目，劉向從而著之。'"

孝武皇帝柏梁臺詩②

姚振宗曰："《漢書·本紀》：元鼎二年春，起柏梁臺。服虔曰：'用百頭梁作臺，因名焉。'師古曰：'《三輔舊事》云以香柏爲之，今書字皆作柏。服説非。'又《本紀》太初元年十一月乙酉，柏梁臺災。"

又曰："《藝文類聚·雜文部》：'漢孝武帝皇帝元封三年，作《柏梁臺》，詔群臣二千石有能爲七言詩，乃得上座。日月星辰和四時，皇帝。駿駕駟馬從梁來，梁王、孝王武。郡國士馬羽林材，大司馬。總領天下誠難治，丞相石慶。和撫四夷不易哉，大將軍衛青。刀筆之吏臣執之，御史大夫兒寬。撞鐘伐鼓聲中詩，太常周建德。宗室廣大日益滋，宗正劉安國。周衛交戟禁不時，衛尉路博德。

---

① "上所自造賦"，原誤作"上述造賦"，據《漢書藝文志條理》改。

② 按，此節內容見姚振宗《漢書藝文志拾補》。

總領從官柏梁臺,光祿勳徐自爲。平理請讞決嫌疑,廷尉杜周。修飭輿馬待駕來,太僕公孫賀。郡國吏功差次之,大鴻臚壺充國。乘輿御物主治之,少府王温舒。陳粟萬石揚以箕,大司農張成。徼道宮下隨討治,執金吾中尉豹。三輔盜賊天下危,左馮翊盛宣。盜阻南山爲民災,右扶風李成信。外家公主不可治,京兆。椒房率更領其材,詹事陳掌。蠻夷朝賀常會期,典屬國。柱枅薄櫨相枝持,大匠。枇杷橘栗桃李梅,太官令。走狗逐兔張罝罘,上林令。齧妃女脣甘如飴,郭舍人。迫窘詰屈幾窮哉,東方朔。朔善諧謔,此語蓋戲弄群臣也。'亦見《古文苑》,疑皆非其全。"

又曰:《文心雕龍·明詩》篇曰:'孝武愛文,柏梁列韻。'又曰:'聯句共韻,則柏梁餘制。'"

兒寬賦二篇

姚振宗曰:"兒寬有書九篇,見《諸子》儒家。"

又曰:"班固《兩都賦序》曰:'公卿大臣,御史大夫兒寬、太常孔臧、宗正劉德、太子太傅蕭望之等,時時間作。或以抒下情而通諷諭,或以宣上德而盡忠孝,雍容揄揚,著于後嗣,抑亦雅頌之亞也。'"

光祿大夫張子僑賦三篇　　與王襃同時也。

姚振宗曰:"本書《劉向傳》:'宣帝循武帝故事,招選名儒俊材置左右。更生與王襃、張子僑等並進對,獻賦頌。'"

又曰:"又《王襃傳》:'宣帝時修武帝故事,講論六藝群書,博盡奇異之好,召高材劉向、張子僑等待詔金馬門。'劉向《別錄》曰:'孝宣皇帝重申不害《君臣》篇,使黃門郎張子僑正其字。'"

又曰:"又《東平思王傳》:'王事太后,不相得,太后上書言之。元帝遣太中大夫張子蟜奉璽書諭意。'師古曰:'蟜字或作僑。'"

姚振宗又曰："案，張子僑仕履參考史傳，乃宣帝時始與劉、王等待詔金馬門，後爲黄門郎。元帝時爲太中大夫，至光禄大夫。其賦著録三篇，今無一傳。"

陽成侯劉德賦九篇

《補注》錢大昭曰："即劉向之父。"王先謙曰："表、傳俱作'陽城'。"

姚振宗曰："本書《恩澤侯表》：陽城繆侯劉德以宗正關内侯行謹重爲宗室率侯，宣帝地節四年三月甲寅封，十年薨。五鳳二年，節侯安民嗣。"

又曰："本書《楚元王傳》：'元王子紅侯富，富子宗正辟彊，辟彊子德字路叔，脩黄老術，有智略。少時數言事，召見甘泉宮，武帝謂之千里駒。昭帝初，爲宗正丞。徙大鴻臚丞，遷太中大夫，爲宗正。免爲庶人。召守青州刺史。歲餘，復爲宗正，與立宣帝，以定策賜爵關内侯。地節中，以親親行謹厚封爲陽城侯。立十一年，子向坐鑄僞黄金，當伏法，德上書訟罪。會薨，大鴻臚奏德訟子罪，失大臣體，不宜賜諡。制曰：賜諡繆侯。'"

劉向賦三十三篇

《補注》王應麟曰："《楚辭》：《九嘆》。《古文苑》：《請雨華山賦》。《文選注》：《雅琴賦》。《隋志》：集六卷。《唐志》：五卷。今所存十八篇。《别録》云：'向有《芳松枕賦》。'"沈欽韓曰："樂家出《琴頌》應入此。"

周壽昌曰："此向之子歆所入也。《隋·經籍志》：'漢諫議大夫《劉向集》六卷。'又云：'漢太中大夫《劉歆集》五卷。'壽昌案，《志》無歆作，蓋歆於《七略》未入己作，班亦遂未入之也。《太平御覽》卷七百七引劉向《别録》云：'向有《芳松枕賦》。'又案，《通志》作'諫議大夫《劉向集》六卷'。《通考》作'《劉中壘集》五卷'。陳振孫《書録解題》曰：'前四卷封事並見《漢書》，《九歌》見《楚辭》，《請雨華山賦》見《古文苑》。'是亦非原書也。"

姚振宗曰："劉向有《五行傳記》，見《六藝》尚書家。又有所序六十七篇，見《諸子》儒家。又有《老子説》見道家。"

又曰："本書《楚元王附傳》：'向本名更生，以父德任爲輦郎。既冠，以行修飭擢爲諫大夫。是時，宣帝循武帝故事，招選名儒俊材置左右。更生以通達能屬文辭，與王襃、張子僑等並進對，獻賦頌凡數十篇。'"

又曰："《七略》《別録》云：'向有《芳松枕賦》，向有《合賦》，有《麒麟角杖賦》，有《行過江上弋雁賦》《行弋賦》《弋雌得雄賦》。'"

又曰："王逸《楚辭章句》曰：'《九嘆》者，護左都水使者光禄大夫劉向之所作也。向以博古敏達，典校經書，辯章舊文，追念屈原忠信之節，故作《九嘆》也。'"

又曰："《隋書·經籍志》：'《漢諫議大夫劉向集》六卷。'《唐·經籍志》：'《劉向集》五卷。'《藝文志》同。《宋史·志》同。"

又曰："《黃氏日抄》曰：'楚元王以好學禮賢開國，故戊雖以叛誅，而辟彊、德、向皆世濟其美，漢之宗英于斯爲盛。'"

又曰："嚴可均《全漢文編》曰：'《古文苑》有劉向《請雨華山賦》，《文選注》有《雅琴賦》七條、《圍棋賦》四語，《楚辭》有《九嘆》。又按，向有《麒麟角杖賦》《芳松枕賦》《合賦》等篇，今並亡。'"

姚振宗又曰："案，《七略》樂家有淮南、劉向等《琴頌》七篇，班氏出之，或在此三十三篇中。《文選·張景陽雜詩》注引劉向七言。"

王襃賦十六篇

《補注》王應麟曰："本傳作《甘泉》《洞簫頌》，《楚辭》有《九懷》,《文選注》有《碧雞頌》。《隋》《唐志》:'集五卷。'"

周壽昌曰:"《隋·經籍志》:'漢諫議大夫《王襃集》五卷。'《通志》同。而《通考》無之,是宋末已亡也。"

姚振宗曰:"本書列傳:'王襃字子淵,蜀人也。宣帝時,益州刺史王襄使襃作《中和》《樂職》《宣布詩》,選好事者令依《鹿鳴》之聲習而歌之。襃既爲刺史作頌,又作其傳,刺史因奏襃有軼材。上乃徵襃。詔襃爲聖主得賢臣頌其意。上令襃與張子僑等並待詔,數從襃等放獵,所幸宮館,輒爲歌頌,第其高下,以差賜帛。頃之,擢襃爲諫大夫。其後太子體不安,詔使襃等虞侍太子,朝夕誦讀奇文及所自造作。太子喜襃所爲《甘泉》及《洞簫頌》,令後宮貴人左右皆誦讀之。後方士言益州有金馬碧雞之寶,可祭祀致也,①宣帝使襃往祀焉。襃于道病死,上閔惜之。'"

又曰:"本書《何武傳》:'宣帝時,天下和平,四夷賓服,神爵、五鳳之間婁蒙瑞應。而益州刺史王襄使辯士王襃頌漢德,作《中和》《樂職》《宣布詩》三篇。'《文選·四子講德論》注引如淳曰:'言王政中和,在官者樂其職,《國語》所謂宣布哲人之令德也。'"

又曰:"王逸《楚辭章句》曰:'《九懷》者,諫議大夫王襃之所作也。懷者,思也。言屈原雖見放逐,猶思念其君,憂國傾危而不能忘也。襃讀屈原之文,嘉其溫雅,藻采敷衍,執握金玉,委之汙瀆,遭世溷濁,莫之能識。② 追而愍之,故作《九懷》,以裨其詞。史官錄第,遂列于篇。'按,此稱史官者,即劉中壘也。"

又曰:"《隋書·經籍志》:'《漢諫議大夫王襃集》五卷。'《唐·

---

① "祭",原誤作"際",據《漢書藝文志條理》改。
② "嘉其溫雅"至"莫之能識"一句,《漢書藝文志條理》無。

經籍志》：'《王褒集》五卷。'《藝文志》同。《宋史·志》同。"

又曰："嚴可均《全漢文編》曰：'《楚辭》有《九懷》，《文選》有《洞簫賦》《四子講德》《聖主得賢臣頌》，《選注》引《甘泉賦》《碧雞頌》。'"

姚振宗又曰："案，章學誠《校讎通義》曰：'《漢志》詩賦一略，區爲五種，而每種之後更無叙論。'又曰：'《詩賦》前三種之分家不可考矣。'今案，前三種各以體分，此二十種，抵皆楚騷之體，師範屈宋者也，故區爲第一篇。"

右賦二十家，三百六十一篇。

姚振宗曰："按，此篇家數、篇數並不誤。"

周壽昌曰："案，以武帝賦列入二十家，並雜入漢臣中，此劉歆編次失體，而班亦不加改正，何也？後歌詩家以高祖歌詩三篇冠首，較爲得之。"

陸賈賦三篇

楊樹達曰：按，《文心雕龍·才略》篇云：'漢室陸賈，首發奇采，賦孟春而選典誥。'是賈有《孟春賦》，當爲此三篇之一。"

姚振宗曰："陸賈有《楚漢春秋》，見《六藝》春秋家。又有書二十三篇，見《諸子》儒家。"

又曰："《文心雕龍·詮賦》篇曰：'賦也者，受命于詩人，拓宇于楚辭也。漢初詞人，順流而作，陸賈扣其端。'"

枚皋賦百二十篇

《補注》王應麟曰："本傳：'凡可讀者百二十篇。'"

姚振宗曰："劉向《別錄》曰：'有《麗人歌賦》。'按，《別錄》佚文有此語，不知當何屬。今考《文章緣起》云'漢枚皋作《麗人歌詩》'，似乎爲枚皋而發也，姑繫于此。"

又曰："本書《枚乘傳》：'武帝聞乘名，以安車蒲輪徵乘，道死。詔問乘子，無能爲文者，後乃得其孽子皋。皋字少孺。

年十七,上書梁共王,得召爲郎。三年,爲王使,與冗從爭,見讒惡遇罪,家室没入。皋亡至長安。會赦,上書自陳枚乘之子。上得之大喜,召入見待詔,皋因賦殿中。詔使賦平樂館,善之。拜爲郎,使匈奴。皋不通經術,詼笑類俳倡,爲賦頌,好嫚戲,以故得媟黷貴幸,①比東方朔、郭舍人等,而不得比嚴助等得尊官。武帝春秋二十九乃得皇子,群臣喜,故皋與東方朔作《皇太子生賦》及《立皇子禖祝》,受詔所爲,皆不從故事,重皇子也。初,衛皇后立,皋奏賦以戒終。皋爲賦善於朔也。從行至甘泉、雍、河東,東巡狩,封泰山,塞決河宣房,游觀三輔離宫館,臨山澤,弋獵射馭狗馬蹴鞠刻鏤,上有所感,輒使賦之。爲文疾,受詔輒成,故所賦者多。司馬相如善爲文而遲,故所作少而善于皋。皋賦辭中自言爲賦不如相如,又言爲賦乃俳,見視如倡,自悔類倡也。故其賦有詆娸東方朔,又自詆娸。其文骫骳,曲隨其事,皆得其意,頗詼笑,不甚閑靡。凡可讀者百二十篇。'"

姚振宗又曰:"案,此似即據劉中壘《别錄》之文,故云'百二十篇',與本《志》合,蓋中壘定著如此。其他'尤嫚戲不可讀者尚數十篇',則棄而不錄者也。"

朱建賦二篇

姚振宗曰:"平原君朱建有書七篇,見《諸子》儒家。"

姚氏又曰:"案,平原君文帝時卒,此當在陸大夫之次、枚皋之前,疑轉寫之誤。觀下一條注'枚皋同時',明是承上文而言,尤可證也。"

常侍郎莊忽奇賦十一篇　　枚皋同時。

師古曰:"《七略》云:'忽奇者,或言莊夫子子,或言族家子莊

---

① "以故得媟黷貴幸"一句,《漢書藝文志條理》無。

助昆弟也。從行至茂陵，造作賦。'"
《補注》錢大昭曰："《百官表》加官有中常侍，無常侍郎。然東方朔亦嘗爲常侍郎，則武帝時有此加官矣。《嚴助傳》作'嚴蔥奇'，注'造作賦'，南雍本、閩本作'詔造賦'。"朱一新曰："汪本作'詔造賦'。"王先謙曰："官本作'詔造賦'。"
姚振宗曰："本書《嚴助傳》：'武帝後得朱買臣、吾丘壽王、司馬相如、主父偃、徐樂、嚴安、東方朔、枚皋、膠倉、終軍、嚴蔥奇等，並在左右。'"

嚴助賦三十五篇

師古曰："上言莊蔥奇，下言嚴助，史駁文。"
周壽昌曰："案，本《志》儒家者流作莊助四篇，此作嚴助，一人而忽莊忽嚴，皆傳寫參錯，非班原文也。"
姚振宗曰："嚴助有書四篇，見《諸子》儒家。"
又曰："本傳：'助爲會稽太守，奉三年計最，因留侍中。有奇異，輒使爲文，及作賦頌數十篇。'"

朱買臣賦三篇

姚振宗曰："本書列傳：'朱買臣字翁子，吳人也。家貧，好讀書，不治產業，常艾薪樵，賣以給食。年五十，隨上計吏爲卒，將重車至長安，詣闕上書，書久不報。會邑子嚴助貴幸，薦買臣。召見，說《春秋》，言《楚辭》，帝甚說之，拜爲中大夫，與嚴助俱侍中。拜會稽太守。受詔將兵，與橫海將軍韓說等俱擊破東越，有功。徵入爲主爵都尉，列于九卿。數年，坐法免官，復爲丞相長史。後以告張湯陰事，湯自殺，亦誅買臣。'"
又曰："本書《地理志》：'始楚屈原作《離騷》諸賦。後有宋玉、唐勒、枚乘、鄒陽、嚴夫子之徒，而吳有嚴助、朱買臣，貴顯漢朝，文辭並發，故世傳《楚辭》。'按，此則西京人文大都依則楚辭可知也。"

宗正劉辟彊賦八篇

《補注》錢大昭曰："辟彊字少卿,楚元王之孫。"

姚振宗曰："本書《楚元王傳》:'元王子紅侯富,富子辟彊,字少卿,亦好讀《詩》,能屬文。武帝時,以宗室子隨二千石論議,冠諸宗室,清靜少欲,常以書自娛,不肯仕。昭帝即位,大將軍霍光擇宗室可用者,遂拜辟彊爲光祿大夫,守長樂衛尉,時年已八十矣。徙爲宗正,數月卒。'"

姚振宗曰："案,宗正劉中壘之大父也,自元王以來,家世《魯詩》,故史云'亦好讀《詩》'。此與前二十家賦別分部居,各爲起訖,不與陽城侯賦、劉向賦論前後也。"

司馬遷賦八篇

《補注》王應麟曰："《藝文類聚》有《悲士不遇賦》。《隋》《唐志》:'集一卷。'"

周壽昌曰："《隋·經籍志》:'漢中書令《司馬遷集》一卷。'《通志》作'二卷'。"

姚振宗曰："司馬遷有《太史公》百三十篇,見《六藝》春秋家。"

又曰："本書《東方朔傳》:是時朝廷多賢材,上復問朔:'方今公孫丞相、兒大夫、董仲舒、夏侯始昌、司馬相如、吾丘壽王、主父偃、朱買臣、嚴助、汲黯、膠倉、終軍、嚴安、徐樂、司馬遷之倫,皆辯知閎達,溢于文辭,先生自視,何與比哉?'"

又曰："《隋書·經籍志》:'《漢中書令司馬遷集》一卷。'《唐·經籍志》:'《司馬遷集》二卷。'《藝文志》同。"

又曰："王氏《考證》:'《藝文類聚》有《司馬遷集》《悲士不遇賦》。'"

郎中臣嬰齊賦十篇

《補注》錢大昭曰："道家有《郎中嬰齊》十二篇,疑即其人。"

姚振宗曰："嬰齊有書十二篇,見《諸子》道家。班氏注云'武帝時'，顔氏《集注》：'劉向云故待詔，不知其姓，數從游觀，名能爲文。'"

陳直曰："按，以嬰齊爲名始於春秋。新鄭出土王子嬰次盧，又假作嬰次。《春秋名字解詁》《經義述聞》卷二十三。引楚公子嬰齊字子重，見宣十一年《左傳》注。鄭罕嬰齊字子齹，見昭十六年《左傳》注。王引之謂名字不相比屬，未有解詁。余疑爲作嬰兒齊齒解。《説文》：'齓，男八月生齒，八歲而齓。女七月生齒，七歲而齓。'楚公子字子重，謂重生齒也。鄭罕字子齹，謂齒不正也。漢代名嬰齊者，見於《史記·倉公傳》，及本《志》道家有《郎中嬰齊》十二篇，賦家有《臣嬰齊賦》十篇，見於漢封泥、漢印中尤多，下至晉代尚有沿用以爲名者，見洛陽出土永寧二年士孫松墓誌。"

臣説賦九篇。

師古曰："説，名，音悦。"

姚振宗曰："臣説有書三篇，見《諸子》雜家。班氏注云'武帝時作賦'，顔氏《集注》曰：'説者，其人名，讀曰悦。'"

臣吾賦十八篇

姚振宗曰："臣吾始末未詳。"

姚氏又曰："案，以上三家史並失其姓氏，舊本文相連屬，似臣説、臣吾亦官郎中，蒙上省文歟？"

遼東太守蘇季賦一篇

姚振宗曰："蘇季始末未詳，疑是蘇武之後。"

蕭望之賦四篇

姚振宗曰："本書列傳：蕭望之字長倩，東海蘭陵人也，徙杜陵。好學，治《齊詩》，事同縣后倉且十年。以令詣太常受業，復事同學博士白奇，又從夏侯勝問《論語》《禮服》。京師諸儒稱述焉。以射策甲科爲郎，署小苑東門候。數年，坐弟犯法，免歸爲郡吏。御史大夫魏相除爲屬,察廉爲大行治禮丞。宣帝自在民間聞望之名,拜爲謁者。累遷諫大夫,丞相司直,歲中三遷,至二千石,爲平原太守。徵入守少府。復以爲左馮翊。遷大鴻臚,代丙吉爲御史大夫。左遷太子太傅,以《論語》《禮服》授皇太子。宣帝寢疾,拜爲前將軍光禄勳,與周堪受遺詔輔政,領尚書事。元帝即位,望之選白宗室明經達學散騎諫大夫劉更生給事中。後與弘恭、石顯忤,望之及堪、更生皆免爲庶人。又《元帝本紀》:初元二年冬,詔曰:'國之將興,尊師而重傅。故前將軍望之傅朕八年,道以經書,厥功茂焉。其賜爵關内侯,食邑八百户,朝朔望。'十二月,中書令弘恭、石顯等譖望之,令自殺。"

又曰:"《世系》:'蕭氏世居豐沛,漢有丞相酇文終侯何,二子遺、則。則生彪,諫議大夫、侍中,始徙蘭陵。生章,公府掾。章生仰。仰生皓。皓生望之,御史大夫,徙杜陵。生育,光禄大夫。'案《世系》,則望之爲蕭相國七代孫也。"

楊樹達曰:"按,班固《兩都賦》云:'故言語侍從之臣,若司馬相如、虞丘壽王、枚皋、王褒、劉向之屬,朝夕論思,日月獻納。而公卿大臣御史大夫倪寬、太常孔臧、宗正劉德、太子太傅蕭望之等時時閒作,或以抒下情而通諷諭,或以宣上德而盡忠孝,雍容揄揚,著于後嗣,抑亦雅頌之亞也。故孝成之世論而録之,蓋奏御者千有餘篇,而後大漢之文章炳焉與三代同風。'樹達按,司馬相如、虞丘壽王、枚皋、劉向、倪寬、孔臧、劉德、蕭望之八家之賦,並見於《詩賦略》。東方朔亦有賦,《詩賦略》中未見者,以統括在雜家《東方朔》二十篇中。此猶儒家揚雄三十八篇,中有《樂》四,不入六藝樂類,《箴》二不入《詩賦略》,①以人統括各類,不復細分也。"

---

① "詩"字原脱,據《漢書補注補正》補。

河內太守徐明賦三篇　字長君，東海人，元、成世歷五郡太守，有能名。

《補注》陶憲曾曰："亦任涿郡，見《王尊傳》。"

周壽昌曰："案，有能名而不入《循吏傳》，蓋亦時之所謂能吏而已。班詳注字籍官閥，亦以無傳之故。"

姚振宗曰："案，徐長君據班氏注則與劉中壘同時人。"

給事黃門侍郎李息賦九篇

《補注》錢大昭曰："《衛霍傳》之李息，別一人。"

姚振宗曰："本書《百官表》少府屬官有中黃門。師古曰：'中黃門，謂奄人居禁中在黃門之內給事者也。'"

姚氏又曰："案，《霍去病傳》有李息，景武時人，蓋別一人也。"

淮陽憲王賦二篇①

《補注》王先謙曰："名欽，宣帝子。"

姚振宗曰："本書《諸侯王表》：'淮陽憲王欽，宣帝子，元康元年四月丙子立，三十六年薨。'案，淮陽王薨本紀失載，蓋在成帝河平元年也。"

又曰："本書《宣元六王傳》：'淮陽憲王欽，元康三年立，母張倢伃有寵，最幸。而憲王壯大，好經書法律，聰達有材，帝甚愛之。太子寬仁，喜儒術，上數嗟嘆憲王，曰真我子也！常有意欲立張倢伃與憲王，然用太子起于微細，上少依倚許氏，及即位而許后以殺死，太子蚤失母，故弗忍也。久之，上以故丞相韋賢子玄成陽狂讓侯兄，宋祈曰："'兄'字上疑有'於'字。"經明行高，稱于朝廷，乃召拜玄成爲淮陽中尉，欲感諭憲王，輔以推讓之臣，由是太子遂安。宣帝崩，元帝即位，乃遣憲王之國。至成帝即位，以淮陽王屬爲叔父，敬寵之，異於他國。贊曰：淮陽憲王于時諸侯爲聰察矣。'"

---

① "篇"，原誤作"稱"，據《漢書・藝文志》改。

揚雄賦十二篇

《補注》王應麟曰:"本傳作'四賦'。《志》云'入揚雄八篇',蓋《七略》所載止四賦也。《古文苑》有《太玄》《蜀都》《逐貧賦》,《文選注》有《覈靈賦》。"沈欽韓曰:"《覈靈賦》略見《御覽》一。"陶紹曾曰:"《説文·氏部》引雄賦'響若氏隤',蓋《解嘲》古亦謂之賦也,當在此十二篇中。"

姚振宗曰:"揚雄有《訓纂篇》,又有《倉頡訓纂》,見《六藝》小學家。又有所序《太玄》《法言》等三十八篇,見《諸子》儒家。"

又曰:"本傳:'顧嘗好辭賦。先是時,蜀有司馬相如,作賦甚弘麗溫雅,雄心壯之,每作賦,嘗擬之以爲式。又以爲賦者,將以風也,必推類而言,極麗靡之辭,閎侈鉅衍,競于使人不能加也。既乃歸之于正,然覽者已過矣。往時武帝好神仙,相如上《大人賦》,欲以風,帝反縹縹有陵雲之志。由是言之,賦勸而不止,明矣。又頗似俳優淳于髡、優孟之徒,非法度所存,賢人君子詩賦之正也,于是輟不復爲。'又曰:'賦莫深于《離騷》,反而廣之;辭莫麗于相如,作四賦。'"

又曰:"劉歆《七略》曰:'揚雄賦四篇:《甘泉賦》,永始三年待詔臣雄上;《羽獵賦》,永始三年十二月上;《長楊賦》,綏和元年上。'案,又有《河東賦》,永始三年三月上者,《七略》佚文不備,故闕如也。又曰:'子雲家諜言以甘露元年生。'又曰:'揚雄卒,弟子侯芭負土作墳,號曰玄冢。'王氏《考證》曰:'《七略》所載止四賦,《甘泉》《河東》《校獵》《長楊》也。'按,《文選·劉先生夫人墓誌》注引《七略》揚雄卒云云,疑後人附著之辭,非《七略》本文。"

又曰:"本《志》注曰:'入《揚雄》八篇。'見後。"

又曰:"《隋書·經籍志》:'《漢太中大夫揚雄集》五卷。'《唐·經籍志》:'《揚雄集》五卷。'《唐·藝文志》同。《宋·藝文志》

六卷。"

又曰:"嚴可均《鐵橋漫稿·重編揚子雲集序》曰:'《漢志》著錄賦十二篇,今得《蜀都》《甘泉》《河東》《羽獵》《長楊》《覈靈》《太玄》《逐貧》《酒》《反騷》十篇,其《廣騷》《畔牢愁》僅見篇名,《蜀都賦》爲集中鉅製,校讎再四,從順良難,《覈靈賦》章段畸零,帨存崖略。'"

又曰:"又《前漢文編》曰:'《漢志》揚雄賦十二篇,今蒐輯群書,得完篇九,殘篇一。本傳云:旁《離騷》作重一篇,名曰《廣騷》;旁《惜誦》以下至《懷沙》一卷,名曰《畔牢愁》。此二篇並亡,僅存篇名。'又曰:'《酒賦》,《漢書》題作《酒箴》,《御覽》引《漢書》作《酒賦》,各書亦作《酒賦》,《北堂書鈔》作《都酒賦》。都酒者,酒器名也。驗文當以都酒爲長。'案,嚴氏《漫稿》謂《廣騷》《畔牢愁》似即《反騷》之子目,與《文編》之言不合,蓋駁文而失于刊正者,今故不取。"

待詔馮商九篇

《補注》周壽昌曰:"《藝文類聚》八十引劉向《別錄》云:'待詔馮商作《鐙賦》。'"

姚振宗曰:"馮商有《續太史公書》,見《六藝》春秋家。"

又曰:"本書《張湯傳》贊如淳注曰:'班固《目錄》:馮商,長安人,成帝時以能屬書待詔金馬門。'按,如淳引班固《目錄》今不可考,疑即此《志》此條注文而轉寫失之者。"

博士弟子杜參賦二篇

師古曰:"劉向《別錄》云:'臣向謹與長社尉杜參校中秘書。'劉歆又云:'參,杜陵人,以陽朔元年病死,時年二十餘。'"

《補注》王先謙曰:"官本注重'死'字。"

按,景祐本注重"死"字。周壽昌曰:"案,參同向校書,必與歆友,故《七略》入之。《別錄》詳其年籍官閥。參雖早卒,其得傳亦幸也。"

姚振宗曰："劉歆《七略》曰：'參，杜陵人，以陽朔元年病死，死時年二十餘。'按，其人于劉中壘爲後進而前卒者。"

又曰："顏氏《集注》：'劉向《別錄》云：臣向謹與長社尉杜參校中秘書。'按，《晏子》《列子叙錄》並有此語，顏氏以爲即此杜參也。"

車郎張豐賦三篇　張子僑子。

周壽昌曰："案，光禄大夫張子僑賦三篇，以著錄於前。兹復錄其子豐之作。是與枚乘及子皋同列賦家。父子繼業，皆西漢盛事也。"

姚振宗曰："本書《百官表》：'光禄勳屬官有大夫、郎、謁者。郎有議郎、中郎、侍郎、郎中。郎中有車、户、騎三將。'如淳曰：'主車曰車郎，《漢儀注》左右車將主左右車郎。'"

姚氏又曰："案，劉中壘以父任爲輦郎。服虔曰：'輦郎如今引御輦郎也。'張豐殆亦以父任光禄大夫爲車郎，于中壘亦爲後進，未詳其始末。"

驃騎將軍朱宇賦三篇

師古曰："劉向《別錄》云：'驃騎將軍史朱宇。'《志》以宇在驃騎府，故總言'驃騎將軍'。"

《補注》劉奉世曰："其實唯脱一'史'字耳。"

姚範曰："按，此脱一'史'字，非謂其在府而總言之也。"

姚振宗曰："劉向《別錄》曰：'驃騎將軍史朱宇。'"

又曰："顏師古：'《志》以宇在驃騎府，故總言驃騎將軍。'劉奉世曰：'其實唯脱一史字耳。'案，顏説頗謬，劉説是也。"

姚振宗又曰："案，自馮商以下四人，年皆少于揚子雲，而著錄其賦者，或其人已卒，或其賦奏御，故類從于其後。"

又曰："又案，此二十一家，大抵不盡爲騷體，觀揚子雲諸賦略可知矣,故區爲第二篇。"

右賦二十一家,二百七十四篇。入揚雄八篇。

姚振宗曰:"按,此篇家數不誤,篇數則缺少一篇耳。今校定當爲二百七十五篇。注云'入揚雄八篇'者,《七略》祇四篇,班氏新入八篇,故云十二篇也。"

周壽昌曰:"案,前賦二十家,應是莊雅之作,以屈原、相如、武帝知之。此二十一家,疑有類俳倡嫚戲者,以枚皋知之。又注云'入揚雄八篇',殆即《逐貧賦》《解嘲》《解難》之類,凡規諷設辭皆入其中。宋玉亦多託諷之辭,而入之前者,或以附其師屈原後也。"

孫卿賦十篇

《補注》王應麟曰:"《荀子·賦篇·禮》《知》《雲》《蠶》《箴》,又有《佹詩》。"

姚振宗曰:"孫卿有《孫卿子》三十三篇,見《諸子》儒家。"

又曰:"本志《叙》曰:'大儒孫卿及楚臣屈原離讒憂國,皆作賦以風,咸有惻隱古詩之義。'"

又曰:"《文心雕龍·才略》篇曰:'荀況學宗,而象物名賦,文質相稱,固巨儒之情也。'"

又曰:"《隋書·經籍志》:'《楚蘭陵令荀況集》一卷,殘缺。梁二卷。'《唐書·經籍志》:'《趙荀況集》二卷。'《唐·藝文志》同。"

又曰:"章學誠《校讎通義》曰:'荀卿賦十篇,居第三種之首,當日必有取義也。案荀卿之書有《賦》篇,列于三十二篇之內,不知所謂賦十篇者,取其《賦》篇與否。'"

又曰:"嘉善謝墉《序荀子》曰:'《漢志》又有孫卿賦十篇,今所存僅《禮》《知》《雲》《蠶》《箴》五篇。'案,此五篇劉氏《別錄》入《荀子》書之末,名曰《賦》篇,似在此十篇之外者,猶《七略》既錄孔臧賦二十篇,別有四篇見載《連叢子》也。"

秦時雜賦九篇

姚振宗曰:"《文心雕龍·詮賦》篇曰:'秦世不文,頗有雜賦。'"

李思孝景皇帝頌十五篇

姚振宗曰:"《文心雕龍·頌讚》篇曰:'容告神明謂之頌。頌主告神,義必純美。漢之惠景,亦有述容。'注《漢·藝文志》李思《孝景皇帝頌》十五篇。"

又曰:"章學誠《校讎通義》曰:'《孝景皇帝頌》次于第三種賦內,其旨不可強爲之解矣。按,六義流別,賦爲最廣,比興之義,皆冒賦名。《風》詩無徵,存乎謠諺,則《雅》《頌》之體,與賦類同源異流者也。'"

楊樹達曰:"按,《文心雕龍·詮賦》篇云:'容告神明謂之頌,頌主告神,義必純美。漢之惠景,亦有述容。'據劉說,惠帝亦有頌,而《志》不載。"

周壽昌曰:"案,此既名曰頌以入賦家,或亦偶語諧韻如賦體也。班固《竇車騎北征頌》《東巡頌》《南巡頌》、馬融《廣成頌》、崔駰《四巡頌》可證。《李思傳》亦未注其本末。"

廣川惠王越賦五篇

《補注》王先謙曰:"越,景帝子。①"

姚振宗曰:"本書《景十三王傳》:'廣川惠王越以孝景中二年立,十三年薨。'"

又曰:"又本紀:'孝景中二年夏四月,立皇子越爲廣川王。孝武建元五年秋八月,廣川王越薨。'"

長沙王群臣賦三篇

姚振宗曰:"案,長沙王吴芮傳國五世,賈生爲太傅在芮玄孫

---

① "越"字原脱,據《漢書補注》補。

靖王差之時，至孝文後七年無子國除。此長沙王列廣川王之次，蓋景帝子長沙定王發，廣川惠王越兄弟也，傳國七世，王莽時絕，其群臣姓名無可考。"

魏內史賦二篇

姚振宗曰："本書《百官表》：'諸侯王國有內史治國民。成帝綏和元年省內史，更令相治民，如郡太守。'"

姚氏又曰："案，魏內史蓋魏國之內史。考《諸侯王表》及傳，漢初唯有魏王豹，已爲周苛殺于滎陽，是後無封魏王者，此魏內史不知在何時。"

陳直曰："按，魏內史賦，次於長沙群臣賦之後，當爲西漢初魏王豹之內史。"

東暆令延年賦七篇

師古曰："東暆，縣名。暆，音移。"

《補注》王先謙曰："延年，亦見《溝洫志》。"

按，《溝洫志》齊人延年與此延年，史皆不得其姓。王氏以爲是一人，然嫌無據。

姚振宗曰："王氏《考證》：'《地理志》東暆縣在樂浪郡。'"

姚振宗曰："案《地理志》，樂浪郡武帝元封三年開，屬幽州。應劭曰：'故朝鮮國也。'延年，其人名，失其姓。"

衛士令李忠賦二篇

姚振宗曰："本書《百官表》：'衛尉屬官有公車司馬、衛士、旅賁三令丞。'"

張偃賦二篇

賈充賦四篇

張仁賦六篇

秦充賦二篇

姚振宗曰："按，此並在李步昌之前，步昌宣帝時人，則此四家大抵皆武帝時奏賦者，舊本連屬而書，或皆是衛士令，蒙上省文。"

李步昌賦二篇

《補注》錢大昭曰："儒家有《鉤盾冗從李步昌》，疑即其人。"

姚振宗曰："李步昌有書八篇，見《諸子》儒家，官鉤盾冗從云。"

侍郎謝多賦十篇

姚振宗曰："謝多始末未詳。"

平陽公主舍人周長孺賦二篇

姚振宗曰："本書《外戚傳》：'孝景王皇后，武帝母也。長女爲平陽公主。'"

又曰："本書《衛青霍去病傳》：'平陽侯曹壽尚武帝姊陽信長公主，壽有惡疾就國，上乃詔青尚平陽主。'①'如淳曰：'本陽信長公主也，爲平陽侯所尚，故稱平陽主。'"

姚氏又曰："按，舍人周長孺始末未詳。"

雒陽錡華賦九篇

師古曰："錡，姓；華，名。錡，音魚綺反。"

《補注》王應麟曰："《左傳》：'殷民七族，錡氏。'"葉德輝曰："邵思《姓解》三：'西漢有錡業。'案，'華''業'字形近，疑即此人。"

姚振宗曰："王氏《考證》：'《左傳》分康叔云云，殷民七族，錡氏。'案，見《定公四年傳》。"

又曰："鄭樵《氏族略》：'錡氏，商人之七族。《漢書》雒陽錡華。'"

姚氏又曰："按，'雒陽'下疑有'令丞'等字。錡氏，殷民七族

---

① "陽"下原衍一"公"字，據《漢書藝文志條理》《漢書·衛青霍去病傳》及上下文意刪。

之一也。"

眭弘賦一篇

師古曰："即眭孟也。眭,音先隨反。"

姚振宗曰："本書列傳：眭弘字孟,魯國蕃人也。從嬴公受《春秋》,以明經爲議郎,至符節令。孝昭元鳳三年正月,泰山有大石自起立,昌邑有枯社木卧復生,上林苑大柳樹斷枯卧地,亦自立,有蟲食樹葉成文字,曰'公孫病已立'。孟推《春秋》之意,以爲'石柳皆陰類,下民之象,泰山者岱宗之岳,王者易姓告代之處。今大石自立,僵柳復起,非人力所爲,此當有匹夫爲天子者。枯社木復生,故廢之家公孫氏當復興者也'。孟意亦不知其所在,即説曰：'先師董仲舒有言,雖有繼體守文之君,不害聖人之受命。漢家堯後,有傳國之運。漢帝宜誰差天下,求索賢人,禪以帝位,而退自封百里,如殷周二王後,以承順天命。'孟使友人内官長賜上此書。昭帝幼,大將軍霍光秉政,惡之,下其書廷尉。奏賜、孟妄設妖言惑衆,大逆不道,皆伏誅。後五年,孝宣帝興于民間,即位,徵孟子爲郎。"

又曰："本書《儒林傳》：'董仲舒弟子東平嬴公爲昭帝諫大夫,授東海孟卿、魯眭孟。孟爲符節令,坐説災異誅。'"

又曰："《黃氏日抄》曰：'眭孟言災異至使漢帝禪天下,其以妖言死宜矣。'"

別栩陽賦五篇

服虔曰："栩,音詡。"

《補注》王應麟曰："庾信《哀江南賦》：'栩陽亭有離别之賦。'蓋亭名也。"沈濤曰："案,'別栩陽'當是姓'別'而封'栩陽亭侯'者,若以爲'離别'之'别',則當列於雜賦家,而不列於賦家矣。《志》兵陰陽家有《别成子望軍氣》六篇,此人當即成子之後。古有別姓，《元和姓纂》引《姓苑》云'京兆人'。"王先謙曰："前漢無亭侯之制，沈説非也。庾賦當有所本。"

姚振宗曰："王氏《考證》：庾信《哀江南賦》'枌陽亭有離別之賦'，蓋亭名也。"

又曰："顧炎武《日知録》：庾子山《哀江南賦》云'枌陽亭有離別之賦'，《夜聽擣衣曲》云'枌陽離別賦'。案，《漢書・藝文志》'別枌陽賦五篇'，詳其上下文例，當是人姓名，姓別，名枌陽也。以爲離別之別，非也。"

又曰："《四庫提要》曰：庾信《哀江南賦》稱'枌陽亭有離別之賦'，實由誤記《藝文志》，與所用'桂華馮馮'誤讀《郊祀志》者相等。應麟乃因而附會，以枌陽爲漢代亭名，亦未免間失之嗜奇。"

又曰："沈濤《銅熨斗齋隨筆》曰：'庾信《哀江南賦》曰枌陽亭有離別之賦，讀爲離別之別。濤案，別枌陽當是姓別而封枌陽亭侯者，若以爲離別之別，則當列于雜賦家，而不列於賦家矣。《志》兵陰陽家有《別成子望軍氣》六篇，此人當即成子之後。古有別姓，《元和姓纂》引《姓苑》云京兆人。'"

姚振宗又曰："案，是篇著録之例，大抵當時奏進不知其官閥者，則從而稱臣，如下文臣昌市賦、臣義賦是也；其非奏御爲劉中壘所收録者，則但書其姓名，如眭弘賦及此別枌陽賦是也。《廣韻》'別'字注云'別，又姓'，亭林先生之言是也。沈氏以爲封枌陽侯，則《漢志》例無此稱，似未可信。"

楊樹達曰："按，姚振宗云：'顧炎武《日知録》云：詳上下文例，當是人姓名，姓別，名枌陽也。以爲離別之別，非也。《四庫提要》云：庾賦誤記《藝文志》，與所用桂華馮馮誤讀《郊祀志》者相等。王應麟因而附會，以爲漢代亭名，未免失之嗜奇。'樹達按，亭林及《提要》之説是也。"

臣昌市賦六篇

臣義賦二篇

姚振宗曰:"按,此二家大抵皆宣帝時奏賦,自署其名而不書其官及姓。至成帝時劉氏校録已無可考,各就其所署書之。"

黄門書者假史王商賦十三篇

侍中徐博賦四篇

黄門書者王廣吕嘉賦五篇

姚振宗曰:"本書《百官表》:'少府屬官有黄門令丞,又有中黄門。'"

姚氏又曰:"按,黄門屬官又有書者,黄門書者屬又有假史,皆《表》所不具。王商、徐博、王廣、吕嘉四人始末並無考。《志》于黄門中雜以侍中徐博一條,豈以奏賦先後爲次歟?抑轉寫亂其次第也?"

漢中都尉丞華龍賦二篇

《補注》王應麟曰:"見《蕭望之傳》。"

錢大昭曰:"龍與劉向、王襃同時人。"

姚振宗曰:"本書《王襃傳》:'宣帝時修武帝故事,召高材劉向、張子僑、華龍、柳襃等,待詔金馬門。'"

又曰:"本書《蕭望之傳》:'華龍者,宣帝時與張子僑等待詔,以行汙濊不進,欲入堪等,①堪等不納,故與待詔鄭朋相結。恭、顯令二人告望之等,②令朋、龍上之,望之及堪、更生皆免爲庶人。'"

姚振宗又曰:"按,《佞幸·石顯傳》,成帝初顯黨皆免官,諸所交結以顯爲官者皆廢罷,少府五鹿充宗左遷玄菟太守,御史中丞伊嘉爲雁門都尉,龍殆以此時徙爲漢中都尉丞。"

---

① "欲入堪等",《漢書藝文志條理》作"欲附周堪等"。

② "令",《漢書藝文志條理》作"挾"。

左馮翊史路恭賦八篇

姚振宗曰："路恭始末未詳。"

陳直曰："按,史謂掾史,路恭人名,因《百官表》歷任左馮翊,無史路恭其人。"

姚振宗又曰："按,章氏《校讎通義》曰:'今觀屈原賦二十五篇以下共二十家爲一種,陸賈賦三篇以下共二十一家爲一種,孫卿賦十篇以下共二十五家爲一種,名類相同而區種有別,當日必有義例。今諸家之賦十逸八九,而叙論之説闕焉無聞。'又曰:'前三種之賦人自爲篇,後世別集之體也。'今按,淮南王群臣賦、秦時雜賦、長沙王群臣賦、黃門書者王廣吕嘉賦,則又非別集之體。劉氏編詩賦之例蓋以體分,無所謂別集、總集。此二十五家大抵皆賦之纖小者,觀孫卿《禮》《知》《雲》《蠶》《箴》五賦,其體類從可知矣,故又區爲第三篇。'"

右賦二十五家,百三十六篇。

姚振宗曰："按,此篇家數、篇數並不誤。"

雜　　賦

客主賦十八篇

《補注》沈欽韓曰："子墨,客卿;翰林,主人。蓋用其體。"

姚明煇曰："揚雄《長楊賦》:'信翰林以爲主人,子墨爲客卿以風。'"

雜行出及頌德賦二十四篇

雜四夷及兵賦二十篇

雜中賢失意賦十二篇

《補注》王先謙曰："'中''忠'字同。董仲舒有《士不遇賦》,見《古文苑》,當即此類。"

雜思慕悲哀死賦十六篇

雜鼓琴劍戲賦十三篇

雜山陵水泡雲氣雨旱賦十六篇

 師古曰:"泡,水上浮漚也。泡,音普交反。漚,音一侯反。"

 《補注》沈欽韓曰:"《古文苑》有董仲舒《山川頌》。"

雜禽獸六畜昆蟲賦十八篇

 《補注》王應麟曰:"劉向《別錄》有《行過江上弋雁賦》《行弋賦》《弋雌得雄賦》。"

雜器械草木賦三十三篇

文雜賦三十四篇

 《補注》錢大昭曰:"'文',閩本作'大'。"王先謙曰:"官本作'大'。"

 姚振宗曰:"本書《王襃傳》:宣帝修武帝故事,講論六藝群書,博盡奇異之好。數從襃等放獵,所幸宮館,輒為歌頌,第其高下,以差賜帛。議者多以為淫靡不急,上曰:'不有博奕者乎,為之猶賢乎已!'辭賦大者與古詩同義,小者辯麗可喜。辟如女工有綺縠,音樂有鄭衛,今世俗猶皆以此虞說耳目,辭賦比之,尚有仁義風論,鳥獸草木多聞之觀,賢于倡優博奕遠矣。"

 又曰:"《文心雕龍·詮賦》篇曰:'遂客主以首引,極聲貌以窮文。至于草區禽族,庶品雜類,則觸興致情,因變取會;擬諸形容,則言務纖密;象其物宜,則理貴側附;斯又小制之區畛,奇巧之機要也。漢初詞人,順流而作。皋朔已下,品物畢圖。繁積于宣時,校閱于成世。'"

 姚振宗又曰:"按,此十家以《大雜賦》居其末,則以前九家,皆劉勰所謂'小制之區畛'可知也。《志》無東方朔賦,意即在此十家雜賦之中。"

成相雜辭十一篇

《補注》王應麟曰："《荀子·成相》篇注：'蓋亦賦之流也。'淮南王亦有《成相》篇，見《藝文類聚》。"

姚振宗曰："《荀子·成相》篇楊倞注：'《漢書·藝文志》謂之《成相雜辭》，蓋亦賦之流也。'嘉善謝墉附注曰：'成相之義，《禮記》"治亂以相"，相乃樂器，所謂舂牘。① 又古者，瞽必有相。審此篇音節，即後世彈詞之祖。《漢志》"《成相雜辭》十一篇"，惜不傳，託于瞽矇諷誦之詞，亦古詩之流也。《周書·周祝解》亦此體。'錢氏大昕輯《風俗通佚文》云：'相，附也，所以輔相于樂。奏樂之時先擊相。'"

又曰："朱子《楚辭辯證》曰：'荀卿《成相》之篇，本擬工誦箴諫之詞，其言奸臣蔽主擅權馴致移國之禍，千古一轍，可爲流涕。'"

又曰："王氏《考證》：'相者，助也。舉重勸力之歌，史所謂五羖大夫死而舂者不相杵是也。'又曰：'成相，助力之歌。淮南王亦有《成相》篇，見《藝文類聚》。'"

姚振宗又曰："按，荀卿《成相》篇文凡三章，楊倞注書引《藝文志》爲說，尋繹其意，似即在此十一篇之內，淮南王《成相》篇或亦在此書。"

楊樹達曰："按，王應麟曰：'相者，助也。舉重勸力之歌，史所謂五羖大夫死而舂者不相杵是也。'謝墉云：'觀《荀子·成相》賦音節，即後世彈詞之祖。'"

隱書十八篇

師古曰："劉向《別錄》云：'《隱書》者，疑其言以相問，對者以慮思之，可以無不諭。'"

---

① "謂"字原脱，據《漢書藝文志條理》補。

《補注》王應麟曰："《文心雕龍・諧讔》篇：'讔者,隱也,遁辭以隱意,譎譬以指事也。至東方曼倩,尤巧辭述。'《晉語》有'秦客廋辭於朝'。《新序》：'齊宣王發《隱書》而讀之。'"

周壽昌曰："案,據劉向《別錄》言,則近於廋辭,絕非賦體,乃與《成相雜辭》同入雜賦家,何也？"

姚振宗曰："劉向《別錄》曰：'隱書者,疑其言以相問,對者以慮思之,可以無不諭。'"

又曰："《新序・雜事》篇：'楚莊王蒞政,三年不治,而好隱戲。士慶進曰：隱有大鳥,來止南山之陽,三年不蜚不鳴,不審其故何也？王曰：寡人知之矣。此鳥不蜚以長羽翼,不鳴以觀群臣之慝。是鳥雖不蜚,蜚必冲天；雖不鳴,鳴必驚人。'又曰：'齊宣王發《隱書》而讀之。'《呂覽・重言》篇'士慶'作'成公賈',《楚世家》作'伍舉',當從《史記》。"

又曰："《文心雕龍・諧讔》篇曰：'讔者,隱也；遁辭以隱意,譎譬以指事也。漢世隱書十有八篇,①歆固編文,錄之歌末。昔楚莊齊威,性好隱語。東方曼倩,尤巧辭述。'"

姚振宗又曰："按,《新序》引大鳥不蜚不鳴,似即《隱書》中之一則,《東方朔傳》載朔與郭舍人互爲隱語,亦似出于十八篇中。"

又曰："又按,章氏《校讎通義》曰：'雜賦一種,不列專名,而類叙爲編,後世總集之體也。'今按,此十二家,大抵尤其纖小者,故其大篇標曰《大雜賦》,而《成相辭》《隱書》置之末簡,其例亦從可知矣。"

右雜賦十二家,二百三十三篇。

姚振宗曰："按,此篇家數、篇數並不誤。"

---

① "世",原誤作"書",據《漢書藝文志條理》及《文心雕龍》改。

歌　　詩

高祖歌詩二篇

《補注》王應麟曰："《大風歌》《鴻鵠歌》。"①

周壽昌曰："案，此應即《鴻鵠》《大風歌》兩首也。"

姚振宗曰："本書《高帝紀》：'十二年冬十月，上破布軍，還，過沛，留，置酒沛宮，悉召故人父老子弟佐酒。發沛中兒得百二十人，教之歌。酒酣，上擊筑，自歌曰：大風起兮雲飛揚，威加海內兮歸故鄉，安得猛士兮守四方。②兒皆和習之。上乃起舞，忼慨傷懷，泣數行下。'"

又曰："本書《禮樂志》：'初，高祖既定天下，過沛，與故人父老相樂，醉酒歡哀，作"風起"之詩，令沛中僮兒百二十人習而歌之。至孝惠時，以沛宮爲原廟，皆令歌兒習吹以相和，常以百二十人爲員。文、景之間，禮官肄業而已。③'"

又曰："本書《張良傳》：上欲廢太子，立戚夫人子趙王如意。而曰：'羽翼已成，難動矣。'戚夫人涕泣，上曰：'爲我楚舞，吾爲若楚歌。'歌曰：'鴻鵠高飛，一舉千里。羽翼已就，橫絕四海。橫絕四海，又可奈何。雖有矰繳，尚安所施。'④歌數闋，戚夫人歔欷流涕。"

又曰："王氏《考證》：《大風歌》亦名《三侯之章》。《文中子》曰：'《大風》安不忘危，其伯心之存乎。'《鴻鵠歌》，朱文公以爲卒章意象蕭索，非復《三侯》比矣。"

又曰："明馮惟訥《詩紀》曰：'《鴻鵠歌》其旨言太子得四皓爲

---

① 後一"歌"字原脱，據《漢書補注》補。
② 按，"歌曰"一句，《漢書藝文志條理》無。
③ "業"，原誤作"習"，據《漢書藝文志條理》改。
④ 按，"歌曰"一句，《漢書藝文志條理》無。

輔,羽翼成就,不可易也。'"

泰一雜甘泉壽宮歌詩十四篇

《補注》王先謙曰:"泰一、甘泉、壽宮,並見《郊祀志》。"

姚振宗曰:"本書《郊祀志》:'武帝時,亳人謬忌奏祀泰一方,曰:天神貴者泰一,泰一佐曰五帝。古者天子以春秋祭泰一東南郊,日一太牢,七日,爲壇開八通之鬼道。于是,天子令太祝立其祠長安東南郊,常奉祀如忌方。後以齊人少翁言,又作甘泉宮,中爲臺室,畫天地泰一諸鬼神,而置祭具以致天神。後以游水發根言上郡有巫,病而鬼下之。上召置祠之甘泉。置壽宮神君,又置壽宮、北宮,張羽旗,設共具,以禮神君。'又曰:'宣帝時起步壽宮。'"

又曰:"《三輔黃圖》曰:'北宮,在長安城中,未央宫北,周回十里。高帝時制度草創,孝武增修之。'又曰:'秦始皇二十七年,作甘泉宮。漢武帝建元中增廣之,周回一十九里。去長安三百里,望見長安城,黃帝以來圓丘祭天處。'"

又曰:"《史·樂書》:'至今上即位,作十九章,令侍中李延年次序其聲,拜爲協律都尉。通一經之士不能獨知其辭,皆集會五經家,相與共講習讀之,乃能通知其意,多爾雅之文。漢家常以正月上辛祠太一甘泉,以昏時夜祠,到明而終。使僮男僮女七十人俱歌。春歌《青陽》,夏歌《朱明》,秋歌《西皥》,冬歌《玄冥》。世多有,故不論。按《四時歌》今見本書《禮樂志》,在《郊祀歌》十九章之内,署云"鄒子樂"者是也。又嘗得神馬渥洼水中,復次以爲《太一之歌》。後伐大宛得千里馬,馬名蒲梢,次作以爲歌。'按《天馬歌》二首亦見《禮樂志》郊祀歌十九章中,[①]其又與《樂書》大異。"

---

① "中"字原脱,據《漢書藝文志條理》補。

又曰:"本書《禮樂志》:'至武帝定郊祀之禮,祠太一于甘泉,就乾位也;祭后土于汾陰,澤中方丘也。乃立樂府,采詩夜誦,師古曰:"夜誦者,其言辭或秘不可宣露,故于夜中歌誦也。"有趙、代、秦、楚之謳。以李延年爲協律都尉,多舉司馬相如等數十人造爲詩賦,略論律吕,以合八音之調,作十九章之歌。以正月上辛用事甘泉圜丘,使童男女七十人俱歌。'又曰:'《安世房中歌》十七章其詩曰云云,《郊祀歌》十九章其詩曰云云,其餘巡狩福應之事,不序郊廟,故弗論。'"

又曰:"本書《佞幸·李延年傳》:'延年善歌,爲新變聲。是時上方興天地諸祠,欲造樂,令司馬相如等作詩頌。延年輒承意弦歌所造詩,謂之新聲曲。'"

又曰:"本書《郊祀志》:'宣帝始幸甘泉,郊見泰畤,數有美祥。修武帝故事,盛車服,敬齊祠之禮,頗作詩歌。'本書《王襃傳》:'神爵、五鳳之間,天下殷富,數有嘉應,上頗作歌詩。'"

姚振宗又曰:"按,此《歌詩》十四篇,稽之史文,大抵武、宣時所作爲多。"

宗廟歌詩五篇

《補注》王先謙曰:"合上十四篇爲十九章,見《禮樂志》。"

姚振宗曰:"本書《禮樂志》:'高祖時,叔孫通因秦樂人制宗廟樂。大祝迎神于廟門,奏《嘉至》,猶古降神之樂也。皇帝入廟門,奏《永至》,以爲行步之節,猶古《采薺》《肆夏》也。乾豆上,奏《登歌》,獨上歌,不以莞弦亂人聲,欲在位者徧聞之,猶古《清廟》之歌也。《登歌》再終,下奏《休成》之樂,美神明既饗也。皇帝就酒東廂,坐定,奏《永安》之樂,美禮已成也。'按,《歌詩》五篇似即此五事之樂章。"

又曰:"班固《兩都賦》序曰:'至于武、宣之世,乃崇禮官,考文章,興樂府協律之事,以潤色鴻業。是以衆庶悅豫,福應尤盛,白麟、赤雁、芝房、寶鼎之歌,薦於郊廟。'"

又曰:"章學誠《校讎通義》曰:'《宗廟歌詩》,《頌》之屬也。'"

漢興以來兵所誅滅歌詩十四篇

《補注》王先謙曰:"疑即《漢鼓吹鐃歌》諸曲也。《宋書·樂志》所錄十八曲,多以舊題被新聲,蓋擬古樂府之祖,其中《戰城南》《遠如期》等曲,當是原歌詩。"

出行巡狩及游歌詩十篇

《補注》王先謙曰:"蓋武帝《瓠子》《盛唐》《樅陽》等歌,漢《鐃歌上之回曲》當亦在內。《御覽》五百九十二引《武帝集》云:'奉車子侯暴病一日死,上甚悼之,乃自爲歌詩。'"

姚振宗曰:"章學誠《校讎通義》曰:'詩歌一門,《出行巡狩及游歌詩》與《漢興以來兵所誅滅歌詩》,《雅》之屬也。'"

姚氏又曰:"按,《枚皋傳》云'從行至甘泉、雍、河東,東巡狩,封泰山,塞決河宣房,游觀三輔離宮館,臨山澤,弋獵射馭狗馬蹴鞠刻鏤'云云,此出行巡狩及游之大略也。又《禮樂志》云'其餘巡狩福應之事,不序郊廟,故弗論',言巡狩福應之詩歌,不用於郊廟者弗論次,其文即此所錄十篇之類也。"

臨江王及愁思節士歌詩四篇

《補注》王應麟曰:"陸厥《擬臨江王節士歌》。"沈欽韓曰:"當爲臨江閔王榮作。"王先謙曰:"李白亦有《擬臨江王節士歌》,杜甫《魏將軍歌》所謂'千秋萬歲奉明主,臨江節士安足數'也。但陸、李專咏節士,而不及臨江。庾信《哀江南賦》'臨江王有愁思之歌',則似王思節士,而於《志》文及字未合,疑皆未見本詩者。"

姚振宗曰:"本書《孝景紀》:'四年夏四月己巳,立皇子榮爲皇太子,徹爲膠東王。七年春正月,廢皇太子榮爲臨江王。

夏四月丁巳，立膠東王徹爲皇太子。中二年三月，臨江王榮坐侵太宗廟地，徵詣中尉，自殺。'"

又曰："本書《景十三王傳》：'臨江閔王榮以孝景前四年爲皇太子，四歲廢爲臨江王。三歲，坐侵廟壖地爲宮，上徵榮。榮行祖于江陵北門，既上車，軸折車廢。江陵父老流涕竊言曰吾王不反矣！榮至，詣中尉府對簿。中尉郅都簿責訊王，王恐，自殺。葬藍田，燕數萬銜土置冢上。百姓憐之。榮最長，亡子，國除。地入於漢，爲南郡。'"

又曰："本書《酷吏‧郅都傳》：都遷爲中尉，臨江王徵詣中尉府對簿，王欲得刀筆爲書謝上，而都禁吏弗與。魏其侯使人間予臨江王。王既得，爲書謝上，因自殺。竇太后聞之，怒，以危法中都，都免歸家。景帝乃使使即拜都爲雁門太守，便道之官，得以便宜從事。匈奴患之，乃中都以漢法。景帝曰：'都忠臣。'欲釋之。竇太后曰：'臨江王獨非忠臣乎？'於是斬都。"

又曰："梁庾信《哀江南賦》：'栩陽亭有離別之賦，臨江王有愁思之歌。'錢塘倪璠注：'《漢書‧藝文志》有《臨江王及愁思節士歌詩》四篇。'"

李夫人及幸貴人歌詩三篇

《補注》沈欽韓曰："《外戚傳》有《是邪非邪詩》。《文心雕龍‧樂府》篇：'孝武之嘆來遲，歌童被聲。'王子年《拾遺記》有《落頁哀蟬曲》，未審其真僞。"王先謙曰："郭茂倩《樂府》載陸厥《擬李夫人及貴人歌》。"

姚振宗曰："本書《外戚傳》：孝武李夫人，本以倡進。妙麗善舞，由是得幸，生一男，是爲昌邑哀王。李夫人少而早卒，上憐閔焉，圖畫其形于甘泉宮。及衛思后廢後四年，武帝崩，大將軍霍光緣上雅意，以李夫人配食，追上尊號曰孝武皇后。

初，李夫人病篤，上自臨候之，夫人蒙被謝不見。上欲必見之，夫人遂轉鄉歔欷而不復言。于是上不説而起。夫人姊妹讓之曰：'貴人獨不可一見上屬託兄弟耶？何爲恨上如此？'夫人曰：'所以不欲見帝者，乃欲以深託兄弟也。我以容貌之好，得從微賤愛幸。今見我毀壞，必畏惡吐棄，尚肯復追思閔錄其兄弟哉！'及卒，上以后禮葬焉。"

詔賜中山靖王子噲及孺子妾冰未央材人歌詩四篇

師古曰："孺子，王妾之有品號者也。妾，王之衆妾也。冰，其名。材人，天子内官。"

《補注》王應麟曰："庾肩吾《擬未央才人歌》。"王先謙曰："郭茂倩《樂府》載陸厥《擬中山孺子妾歌》，第一首云'未央才人，中山孺子，一笑傾城，再顧傾市'。李白擬詩亦云'中山孺子妾，特以色見珍'。郭叙云：'歌詩賜中山王及孺子妾、未央宮才人等爾，累言之，故云及也。而陸謂之中山孺子妾，失之遠矣。'案，孺子妾，疑即中山王宮人，特不當牽及未央才人耳。《文選》陸厥歌注引此文，'冰'作'並'。又引如淳注云：'孺子，幼少稱也。孺子，宮人也。'"

陳直曰："按，中山靖王子名噲，不見於本傳及《王子侯表》。未央材人，即才人，爲妃嬪之號。此詩作者是未央才人，經漢廷賞賜與中山王子噲及其妾冰。① 上列二人，非作家也。"

姚振宗曰："顔氏《集注》曰：'孺子，王妾之有品號者也。妾，王之衆妾也。冰，其名。材人，天子内官。'"

又曰："王氏《考證》曰：'《樂府集》陸厥《擬李夫人及貴人》《中山王孺子妾歌》《臨江王節士歌》，庾肩吾《擬未央材人歌》。'"

---

① "賞"，原誤作"寫"，據《漢書新證》改。

又曰："錢塘梁耆《庭立紀聞》曰：'前輩嘗言《漢志》所載歌詩三百十四篇，其數與《詩經》相同，蓋有意仿之也。《高祖歌詩》以下八家，比《大》《小雅》之正。'按，此謂有意仿《詩經》，殊不然。其中有'曲折'兩家重復八十二篇，實止於二百三十四篇也。"

姚振宗又曰："按，《景十三王傳》中山靖王勝有子百二十餘人，見于《王子侯表》者凡二十人，並武帝時分封。而王子噲不見于史，蓋諸王子之未得侯者。別有薪館侯未央，元鼎五年坐酎金免。此稱未央材人，似即故薪館侯之材人，以失侯故詔稱其名。此四篇皆詔賜王子及孺子、妾、材人各一篇，並是中山國內之人，故劉中壘彙爲一家。顏《注》謂'材人，天子內官'，入之此爲不類，既是天子內官，不應敘次反在諸侯王衆妾之下，顏氏此注恐非是。"

吳楚汝南歌詩十五篇

《補注》沈欽韓曰："崔豹《古今注》：'《吳趨曲》，吳人以歌其地。'"王先謙曰："《晉志》：'《吳歌雜曲》，並出江南。'《宋志》'南'作'東'。《文選·吳都賦》'荊艷楚舞'，劉注：艷，楚歌也。吳趨、楚艷，並以音調言。'郭茂倩《樂府》有《雞鳴歌》，首云'東方欲明星爛爛，汝南晨雞登壇喚'。郭叙引晉《太康地記》曰：'後漢固始、鮦陽、公安、細陽四縣衛士習此曲，於闕下歌之。今《雞鳴歌》是也。然則此歌蓋漢歌也。'據此，《雞鳴歌》即《汝南歌詩》矣。《禮樂志》有蔡謳員。"

姚明煇曰："吳國，西漢吳縣，今江蘇吳縣治。楚國，今江蘇銅山縣治。汝南，今河南汝陽縣東南六十里。"

燕代謳雁門雲中隴西歌詩九篇

《補注》沈欽韓曰："《上林賦》'文成顛歌'，文穎注：'文成，遼西縣名，其縣人善歌。'《宋志》有《雁門太守行歌洛陽令王涣》。蓋本有此曲，後漢取其音節以祠王涣爾。《樂府·瑟調曲》有《隴西行》。"王先謙曰："魏曹植、晉陸機《擬出自薊北門行》。薊，故燕國也。"

邯鄲河間歌詩四篇

《補注》沈欽韓曰："崔豹《古今注》：'《陌上桑》，邯鄲女羅敷作。'疑即其辭。《琴操》有《河田雜歌》二十一章。"王先謙曰："《禮樂志》有邯鄲鼓員。郭茂倩《樂府》引《樂府廣題》云：'《邯鄲》，舞曲也。'陸厥《擬邯鄲行》。"

齊鄭歌詩四篇

《補注》沈欽韓曰："《禮樂志》有齊四會員、齊謳員、鄭四會員。《樂府解題》：'《齊謳行》，齊人以歌其地。'"

淮南歌詩四篇

《補注》沈欽韓曰："《上林賦》：'淮南《干遮》。'"王先謙曰："《禮樂志》有淮南鼓員。"

左馮翊秦歌詩三篇

《補注》沈欽韓曰："《禮樂志》有秦倡員。"王先謙曰："郭茂倩《樂府》有陸厥《擬左馮翊歌》。"

京兆尹秦歌詩五篇

《補注》王先謙曰："郭茂倩《樂府》有陸厥《擬京兆歌》。"

河東蒲反歌詩一篇

《補注》王先謙曰："郭茂倩《樂府》引《古今樂錄》云：'王僧虔《技錄》有《蒲板行》。'齊陸厥、梁劉遵並擬之。"

姚振宗曰："本《志》叙曰：'自孝武立樂府而采歌謠，于是有代趙之謳，秦楚之風，皆感于哀樂，緣事而發，亦可以觀風俗、知薄厚云。'"

又曰："梁耆《庭立紀聞》曰：'前輩言《吳楚汝南》《燕代》以下八家比《國風》。'"

又曰："章學誠《校讎通義》曰：'《吳楚汝南歌詩》《燕代謳》《齊鄭歌詩》之類，《風》之屬也。'"

姚振宗又曰："按，本《志》名家《黃公》條下注云'黃公名疵，爲秦博士，作歌詩，在秦時歌詩中'，則在《左馮翊》《京兆尹》兩家八篇中也。"

黃門倡車忠等歌詩十五篇

《補注》王應麟曰："《旄人》注：'散樂野人爲樂之善者，若今黃門倡矣。'《樂府集》有《黃門倡歌》一首。"

沈欽韓曰："《宋志》：'黃門鼓吹樂，天子宴群臣之所用。'《禮樂志》：'黃門名倡丙彊、景武之屬。'《樂府》散樂有《俳歌辭》。"

雜各有主名歌詩十篇

雜歌詩九篇

《補注》沈欽韓曰："《樂府》有《雜曲歌辭》。吳兢云：'《樂府雜題》自《相逢狹路間行》已下，皆不知所起；自《君子有所思行》已下，又無本詞。'"

雒陽歌詩四篇

河南周歌詩七篇①

河南周歌聲曲折七篇

楊樹達曰："姚振宗云：'以下文《周謠歌詩聲曲折》例之，"歌"下當有"詩"字。'"

周謠歌詩七十五篇

《補注》王先謙曰："《宋志》引《爾雅》曰：'徒哥曰謠。'"

周謠歌詩聲曲折七十五篇

《補注》王先謙曰："此上詩聲篇數並同。聲曲折，即歌聲之譜。唐云'樂句'，今曰'板眼'。《宋志》：'詩章詞異，興廢隨

---

① "周"字原脱，據《漢書·藝文志》補。

時，至其韻逗《晋志》娱衍留字。曲折，皆繫於舊，是以一皆因就，不敢有所改易。'又云：'今既散亡，音韻曲折，又無識者。'其載今《鼓吹鐃歌詞》三曲，即歌聲譜式，所謂樂人以聲音相傳詁，不可復解者也。"

姚振宗曰："王氏《考證》：《周禮·旄人》注：'散樂野人爲樂之善者，若今黄門倡矣。'《樂府集》有《黄門倡歌》一首。"

又曰："梁耆《庭立紀聞》曰：'前輩言《黄門倡車忠等》以下八家比《雅》之變。'"

又曰："章學誠《校讎通義》曰：'《漢志》臣工之作有《黄門倡車忠等歌詩》，而無蘇、李河梁之篇，或云《雜各有主名歌詩》十篇或有蘇、李之作。'"

姚振宗又曰："按，《河南周歌詩》《周謠歌詩》，此兩家皆有聲律曲折，《隋書·王劭傳》所謂'曲折其聲，有如歌咏'是也。"

又曰："又按，《河南周歌詩》指東周人而言也，《周謠歌詩》則合東西兩周，① 故篇數多于東周十倍有餘。"

諸神歌詩三篇

送迎靈頌歌詩三篇

《補注》沈欽韓曰："後之迎送神弦歌，本此。"

周歌詩二篇

南郡歌詩五篇

《補注》王先謙曰："郭茂倩《樂府》有陸厥《擬南郡歌》。"

姚振宗曰："梁耆《庭立紀聞》曰：'前輩言《諸神歌詩》以下四家比《頌》。'"

又曰："章學誠《校讎通義》曰：'《諸神歌詩》《送迎靈頌歌詩》，《頌》之屬也。'"

---

① "合"字原脱，據《漢書藝文志條理》補。

又曰："《文心雕龍·明詩》篇曰：'至成帝品録，三百餘篇，朝章國采，亦云周備，而辭人遺翰，莫見五言。'又《樂府》篇云：①'昔子政品文，詩與歌别。'"

姚振宗又曰："按，《秦始皇本紀》三十六年'始皇使博士爲《仙真人詩》，及行所游天下，傳令樂人歌弦之'。又本書《高五王傳》趙幽王友作歌一章，見前。趙王恢，'太后以吕産女爲趙王后，王有愛姬，后鴆殺之，王乃爲歌詩四章，令樂人歌之。王悲思，六月自殺'。《景十三王傳》廣川王去亦作歌一章，及武帝《柏梁臺詩》之類，皆在三百十四篇之外者歟？"

又曰："又按，本《志》所載除揚雄賦新入八篇之外，皆論定奏御之文。其中如宋玉、賈誼、枚乘、司馬相如、淮南王、孔臧、吾丘壽王、武帝、劉向、王襃、枚皋、司馬遷、揚雄、孫卿，皆有别本專集詳于《拾補》，故此一十四家與《拾補》詳略互見。"

右歌詩二十八家，三百一十四篇。

姚振宗曰："按，此篇家數不誤，篇數則闕少兩篇。今校定當爲三百一十六篇，除去《曲折》兩家八十二篇，止于二百三十四篇也。"

章學誠曰："《漢志》分藝文爲六略，每略又各别爲數種，每種始叙列爲諸家，猶如《太玄》之經，方州部家，大綱細目，互相維繫，法至善也。每略各有總叙，論辨流别，義至詳也。惟《詩賦》一略區爲五種，而每種之後更無叙論，不知劉、班之所遣耶？抑流傳之脱簡耶？今觀《屈原賦》二十五篇以下，共二十家爲一種。《陸賈賦》三篇以下共二十一家爲一種。《孫卿賦》十篇以下共二十五家爲一種。名類相同，而區種有别，當日必有其義例。今諸家之賦十逸八九，而叙論之説闕焉無

---

① "篇"字原脱，據《漢書藝文志條理》補。

聞,非著録之遺憾歟?若雜賦與雜歌詩二種,則署名既異,觀者猶可辨別,第不如五略之有叙録,更得其源委耳。"

凡詩賦百六家,千三百一十八篇。入揚雄八篇。

　王應麟曰:"唐氏曰:'武帝好文,詩賦特盛。然五種凡百六家,千三百一十八篇而已,非若後世濫取至不可勝計。'"

　姚振宗曰:"按,此言家數不誤,其篇數則闕少三篇。今校當爲千三百二十一篇,入揚雄八篇者,詳見前第二篇末。"

傳曰:"不歌而誦謂之賦,

　黃生曰:"言不可被之聲音,但可諷誦而已。此所以雖出古詩之流,而實與詩異也。"

登高能賦可以爲大夫。"

　《補注》王應麟曰:"《毛詩·定之方中》傳:'建邦能命龜,田能施命,作器能銘,使能造命,升高能賦,師旅能誓,山川能説,喪紀能誄,祭祀能語,君子能此九者,可謂有德音,可謂爲大夫也。'"

　陳奂曰:"'建邦能命龜'以下,皆用成文,未知所出。傳蓋因徙都命卜,連而及之耳。《韓詩外傳》,孔子游于景山之上,孔子曰:'君子登高必賦。'《漢書·藝文志》傳曰:'不歌而誦謂之賦,登高能賦,可以爲大夫。'或班引出《魯詩傳》。餘義未詳。"

言感物造耑,材知深美,

　師古曰:"耑,古'端'字也。因物動志,則造辭義之端緒。"

可與圖事,故可以爲列大夫也。古者諸侯卿大夫交接鄰國,以微言相感,當揖讓之時,必稱《詩》以諭其志,蓋以別賢不肖而觀盛衰焉。故孔子曰"不學《詩》,無以言"也。

　師古曰:"《論語》載孔子戒伯魚之辭也。"

春秋之後,周道寖壞,

　師古曰:"寖,漸也。"

聘問歌咏不行於列國，學《詩》之士逸在布衣，而賢人失志之賦作矣。大儒孫卿及楚臣屈原離讒憂國，皆作賦以風，

師古曰："離，遭也。風，讀曰諷，次下亦同。"

《補注》王念孫曰："案'風'下原有'諭'字，而今本脫之。下文云'沒其風諭之義'，'風諭'二字，正承此文言之。《文選》皇甫謐《三都賦序》注、《藝文類聚‧雜文部》二、《御覽‧文部》三引此並'作賦以風諭'。"

姚範曰："按，《志》之論楚詞如此，而《文心雕龍》則又載班固譏屈原之詞，僅云文詞麗雅，爲詞賦之宗而已。"周壽昌曰："案，此稱孫卿爲大儒，與屈子並重，而不列入屈原賦家一門，置在第三類之首，未詳其義。"

感有惻隱古詩之義。其後宋玉、唐勒，漢興枚乘、司馬相如，下及揚子雲，競爲侈麗閎衍之詞，沒其風諭之義。是以揚子悔之，曰："詩人之賦麗以則，辭人之賦麗以淫。

師古曰："辭人，言後代之爲文辭。"

《補注》王先謙曰："注末疑當有'者'字。"

如孔氏之門人用賦也，則賈誼登堂，相如入室矣，如其不用何！"

師古曰："言孔氏之門既不用賦，不可如何。謂賈誼、相如無所施也。"

《補注》王念孫曰："'門'下'人'字，涉上文兩'人'字而衍。據注云，孔氏之門不用賦，則無'人'字明矣。此文本出《法言‧吾子》篇，而《法言》亦無'人'字。鈔本《北堂書鈔‧藝文部》八、《藝文類‧聚雜文部》二、《御覽‧文部》二引此，皆無'人'字。"

劉光蕡曰："可知孔道若行，必不以詞章取士。"

自孝武立樂府，

王應麟曰："《禮樂志》孝惠二年，有樂府令夏候寬，似非始於武帝。又云：'孝武定郊祀之禮，乃立樂府，采詩夜誦。'元帝時，京房知五音六十律之數，上使韋玄成等試問房於樂府。呂氏曰：'太樂令丞所職，雅樂也。樂府所職，鄭衛之樂也。樂府雖鄭衛之聲，然天子所常御，上至郊廟咸用焉。采詩，即古之采詩也。哀帝罷樂府，非鄭衛之音者條奏，丞相孔光、大司空何武奏不可罷者，夜誦員五人亦在其中，蓋雅樂也。'《樂府集》：漢鐃歌十八首。陸厥《擬李夫人及貴人》《中山王孺子妾歌》《臨江王節士歌》，庾肩吾《擬未央才人歌》。《古今樂錄》：'橫吹，胡樂也。張騫入西域，傳其法於長安，唯得《摩訶兜勒》一曲，李延年因之，更造新聲二十八解，乘輿以爲武樂。'"

而采歌謠，於是有代趙之謳，①**秦楚之風，皆感於哀樂，緣事而發，亦可以觀風俗，知薄厚云。詩賦爲五種。**

《補注》錢大昭曰："南雍本、閩本'詩賦'上並有'序'字。"朱一新曰："汪本有'序'字。"王先謙曰："官本有'序'字。"按，景祐本有"序"字。劉光蕡曰："是歌謠勝於賦，可知詩文無關於人心風俗政教者，皆可不作。"

章炳麟曰："《七略》次賦爲四家：一曰屈原賦，二曰陸賈賦，三曰孫卿賦，四曰雜賦。屈原言情，孫卿效物。陸賈賦不可見，其屬有朱建、嚴助、朱買臣諸家，蓋縱橫之變也。揚雄賦本擬相如，《七略》相如賦與屈原同次。班生以揚雄賦隸陸賈下，蓋誤也。"

劉師培曰："叙詩賦爲五種，而賦則析爲四類：屈原以下二十家爲一類，陸賈以下二十一家爲一類，荀卿以下二十五家爲一類，客主賦以下十二家爲一類。而班《志》於區分之意，不

---

① "謳"，原誤作"謠"，據《漢書·藝文志》改。

注一詞。近代校讎家，亦鮮有討論及此者。自吾觀之，客主賦以下十二家，皆漢代之總集也，餘則皆爲分集。而分集之賦，復分三類：有寫懷之賦，有騁辭之賦，有闡理之賦。寫懷之賦，屈原以下二十家是也。騁辭之賦，陸賈以下二十一家是也。闡理之賦，荀卿以下二十五家是也。寫懷之賦，其源出於《詩經》。騁辭之賦，其源出於縱橫家。闡理之賦，其源出於儒、道兩家。觀班《志》之分析詩賦，可以知詩歌之體與賦不同，而騷體則同於賦體。至《文選》析賦、騷爲二，則與班《志》之義迥殊矣。"

姚振宗曰："班固《兩都賦》序曰：'大漢初定，日不暇給。至于武宣之世，乃崇禮官，考文章，內設金馬石渠之署，外興樂府協律之事，以興廢繼絕，潤色鴻業。是以衆庶悅豫，福應尤盛，白麟、赤雁、芝房、寶鼎之歌，薦于郊廟。神雀、五鳳、甘露、黃龍之瑞，以爲年紀。故言語侍從之臣，若司馬相如、虞丘壽王、東方朔、枚皋、王襃、劉向之屬，朝夕論思，日月獻納；而公卿大臣、御史大夫倪寬、太常孔臧、太中大夫董仲舒、宗正劉德、太子太傅蕭望之等，時時間作。或以抒下情而通諷諭，或以宣上德而盡忠孝，雍容揄揚，著于後嗣，抑或雅頌之亞也。故孝成之世，論而錄之，蓋奏御者千有餘篇，而後大漢之文章，炳焉與三代同風。'又曰：'《隋志》集部叙曰：自靈均以降，屬文之士衆矣，然其志尚不同，風流殊別。'又曰：'文者，所以明言也。古者登高能賦，山川能祭，師旅能誓，喪紀能誄，作器能銘，則可以爲大夫。言其因物騁辭，情靈無擁者也。唐歌、虞咏、商頌、周雅，叙事緣物，紛綸相襲，自斯已降，其道彌繁。世有澆淳，時移治亂，文體遷變，邪正或殊。宋玉、屈原，激清風于南楚，嚴、鄒、枚、馬，陳盛藻于西京。古者陳詩觀風，斯亦所以關乎盛衰者也。班固有《詩賦略》，凡五種。'"

兵　書

兵　權　謀

吳孫子兵法八十二篇　圖九卷。

師古曰："孫武也。臣於闔廬。"

《補注》沈欽韓曰："《隋志》：'《孫子兵法》二卷。《吳孫子牝八變陣圖》二卷。《孫子兵法雜占》四卷。'《新唐志》：'《吳孫子三十二壘經》一卷。'案，《周官‧車僕》注：'《孫子》八陳有苹車之陳。'此即《八變陳圖》也。《御覽》三百二十八引《孫子占》曰：'三軍將行，其旌旗從容以向前，是爲天送，必亟擊之，得其大將。三軍將行，其斾旗墊然若雨，是爲天霑，其師失。三軍將行，斾旗亂於上，東西南北無所主方，其軍不還。三軍將陳、雨甚，是爲浴師，勿用陳戰。三軍將戰，有雲其上而赤，勿用陳，前陣戰者，莫復其迹。三軍方行，大風飄起於軍前，右周絕，軍其將亡；右周中，其師得糧。'此即《雜占》也。《御覽》三百五十七引《吳孫子三十二壘經靈輔》曰：'移軍移旗，① 以順其意，銜枚而陳，分師而伏，後至先擊，以戰則克。'此《三十二壘經》也。杜牧《孫子序》云：'武書十數萬言，魏武削其繁謄，筆其精切，凡十三篇，成爲一編。'案，《史記‧武傳》：'闔廬曰：子之十三篇，吾盡觀之矣。'則十三篇其初見時所進，謂曹操所定，非也。"王先謙曰："《武傳》贊：'世俗所稱，師旅皆道。'《孫子》十三篇。《正義》引《七錄》云：'《孫子兵

---

① "軍"，《太平御覽》作"車"。

法》三卷。'案，十三篇爲上卷，又有中、下二卷。先謙案：十三篇蓋以吳王言得名，而中、下卷文多見諸家徵引，唐時書尚存也。《御覽》百八十九、三百三十一，《通典》百二十、百五十二、百五十九，《文選》王元長《曲水詩序》注所引，並在十三篇外。"

姚振宗曰："《史》本傳：孫子武者，齊人也。以兵法見于吳王闔廬。闔廬曰：'子之十三篇，吾盡觀之矣。'于是闔廬知孫子能用兵，卒以爲將。西破強楚，入郢，北威齊晉，顯名諸侯，孫子與有力焉。《正義》曰：'魏武帝云孫子者，齊人，事于吳王闔廬，爲吳將，作《兵法》十三篇。《七錄》云《孫子兵法》三卷。案，十三篇爲上卷，又有中、下二卷。'"

又曰："《史·律書》：'吳用孫武，申明軍約，賞罰必信，卒伯諸侯，兼列邦土，雖不及三代之誥誓，然身寵君尊，當世顯揚，可不謂榮焉？'"

又曰："《藝文類聚·政治部》：《吳越春秋》曰：'孫子者，吳人，名武。善爲兵法，僻隱幽居，世人莫知其能。子胥明于識人，乃薦孫子。吳王問以兵法，每陳一篇，王不覺口之稱善。'"

又曰："《世系表》：'孫氏又有出自嬀姓。齊田完字敬仲，四世孫桓子無宇。無宇子書，字子占，齊大夫，伐莒有功，景公賜姓孫氏，食采于樂安。生憑，字起宗，齊卿。憑生武，字長卿，以田、鮑四族謀爲亂，奔吳，爲將軍。'"

又曰："本書《人表》第五等中中孫武。梁玉繩曰：'孫武始見《史·律書》及本傳，字長卿。本齊田完之後，奔吳，爲吳人。亦曰孫子。葬吳巫門外去縣十里。宋宣和五年封滬瀆候。'"

又曰："《隋書·經籍志》：'《孫子兵法》二卷，吳將孫武撰。魏武帝注；梁三卷。《吳孫子牝八變陣圖》二卷。《孫子兵法雜占》四卷。梁又有《孫子八陣圖》一卷，亡。《孫子戰鬥六甲兵法》一卷，亡。'《唐書·經籍志》：'《吳孫子三十二壘經》一卷。'《唐·藝文志》同。《宋史·藝文志》：'孫武《孫子》三卷。'又云：'朱服校定《孫子》三卷。'《太平御覽》三百五十七引《孫子三十二壘經》及《兵法雜占》。"

又曰："王氏《考證》：《隋志》'梁有《孫子八陣圖》一卷'，《周禮·車僕》注：'孫子八陳，有革車之乘。'"

又曰："《四庫提要》曰：'武書為百代談兵之祖，葉適以其人不見于《左傳》，疑其書乃春秋末、戰國初山林處山之所為。然《史記》載闔廬謂孫武曰"子之十三篇，吾盡觀之矣"，則確為武所自著，非後人嫁名于武也。'"

又曰："孫星衍校刊序曰：'孫子為吳將兵，功歸子胥，故《春秋傳》不載其名，蓋功成不受官也。《越絕書》稱"巫門外大冢，吳王客孫武冢"，是其證也。畢以珣《敘錄》曰武蓋以客卿將兵也。'"

又曰："文登畢以珣《孫子叙錄》曰：'按，八十二篇圖九卷者，其一為十三篇，今所傳《孫子兵法》是也；其一為問答若干篇，即諸傳記所引滎陽鄭友賢所輯遺說是也；一為《八陳圖》，鄭注《周禮》引之是也；一為《兵法雜占》，《太平御覽》所引是也；外又有《牝八變陳圖》《戰鬥六甲兵法》《三十二壘經》，見《隋》《唐志》。按，《漢志》惟云八十二篇，而《隋》《唐志》于十三篇之外又有數種，可知其具在八十二篇之内也。'"

又曰："梁玉繩《瞥記》曰：'《孫武兵法》十三篇，而高誘注《呂覽·上德》云兵法五千言，則不獨上至經稱五千言矣。'"

齊孫子八十九篇　圖四卷。

師古曰："孫臏。"

《補注》王應麟曰："《通典》引孫臏曰：'用騎有十利。'《呂氏春秋》：'孫臏貴勢。'《司馬遷傳》：'孫子臏脚,兵法脩列。'"

姚振宗曰："《史・孫武傳》：'武既死,後百餘歲有孫臏。臏生阿甄之間,臏亦孫武之後世子孫也。孫臏嘗與龐涓俱學兵法。龐涓既事魏,得爲惠王將軍,而自以爲能不及孫臏,乃陰使召孫臏。臏至,龐涓恐其賢于己,疾之,則以法刑斷其兩足而黥之,欲隱勿見。齊使者如梁,孫臏以刑徒陰見,説齊使。齊使以爲奇,竊載與之齊。齊將田忌善而客待之。進于威王。威王問兵法,遂以爲師。其後魏伐趙,趙急,請救于齊。齊威王欲將孫臏,臏辭謝曰刑餘之人不可。于是乃以田忌爲將,而孫子爲師,居輜車中,坐爲計謀,大破梁軍。後十五年,魏與趙攻韓,韓告急于齊。齊使田忌將而往,殺龐涓,虜魏太子申以歸。孫臏以此名顯天下,世傳其兵法。'"

又曰："《史・魏世家》：'惠王十七年,圍趙邯鄲。十八年,拔邯鄲。趙請救于齊。齊宣王用孫子計,救趙擊魏。魏遂大興師,使龐涓將,而令太子申爲上將軍。齊虜太子申,殺將軍涓。'"

又曰："《史・田敬仲世家》：'齊宣王二年,使田忌、田嬰將,孫子爲師,救韓、趙以擊魏,大敗之馬陵,殺其將龐涓,虜魏太子申。'"

又曰："《世系表》孫武奔吳,爲將軍。三子：馳、明、敵。明食采于富春。自是世爲富春人。明生臏。畢以珣《孫子叙録》曰：'臏,武之孫也。'"

又曰："《呂氏春秋・不二》篇：'孫臏貴勢。'高誘曰：'孫臏,楚人,爲齊臣,作謀八十九篇,權之勢也。'"

又曰："本書《人表》第四等中上孫臏。梁玉繩曰：'孫臏始見《史・孫子傳》,又作髕,亦曰孫子。葬河間府吳橋縣東南十五里。宋徽宗宣和五年,追封武清伯。'"

又曰："《唐》孫氏表云武子明，明生髕。蓋明雖食采富春，未久，仍歸齊，故《史》傳言'髕生阿甄之間'。《呂覽·不二》篇注謂'髕，楚人'，與《史》《漢》異，恐非。《廣韻》以武、髕爲衛孫氏後，亦非。腓刑曰髕，因刑刖兩足而號之，其名不傳，惜哉！"

又曰："王氏《考證》：《通典》引孫臏曰：'用騎有十利。'《呂氏春秋》：'孫臏貴勢。'《司馬遷傳》：'孫子臏脚，兵法修列。'"

公孫鞅二十七篇

《補注》王先謙曰："《荀子·議兵》篇：'秦之衛鞅，世俗所謂善用兵者也。'"

姚振宗曰："公孫鞅有《商君書》二十九篇，見《諸子》法家。"

又曰："章學誠《校讎通義》曰：'若兵書之《公孫鞅》二十七篇，與法家之《商君》二十九篇，名號雖異，而實爲一人，亦當著其是否一書也。'按，一在法家，一在兵家，家數既殊，篇數亦異，又何用著其是否一書耶？"

吳起四十八篇　有《列傳》。

《補注》王應麟曰："《隋志》：'《吳起兵法》一卷。'今本三卷六篇，所闕亡多矣。"沈欽韓曰："案，今存者《圖國》《料敵》《治兵》《論將》《變化》《勵士》六篇而已。《文選注》兩引俱作'三十八篇'。"王先謙曰："《史記·起傳》贊云：'《吳起兵法》，世多有，故弗論。'"

錢大昭曰："起，衛人，爲楚將。李善注，劉子駿《移書太常博士文》引曰：'《吳起》三十八篇。'古'三''四'字皆積畫，故此作'四'，彼作'三'。《隋書·經籍志》作：'一卷。'王應麟曰：'今本三卷六篇。'"

姚振宗曰："《史》本傳：'吳起者，衛人也，好用兵。嘗學于曾子，事魯君。齊人攻魯，魯欲將吳起，吳起取齊女爲妻，而魯疑之。吴起于是欲就名，遂殺其妻，以明不與齊也。魯卒以爲將。將而攻齊，大破之。魯人或惡吴起，魯君疑之，謝吴起。起聞魏文侯賢，欲事之。文侯問李克曰："吴起何如人哉？"李克曰："起貪而好色，然用兵司馬穰苴不能過也。"于是文侯以爲將，擊秦，拔五城。乃以爲西河守。文侯卒，起事其子武侯。封起爲西河守。公叔爲相，害吴起。武侯疑之，起懼得罪，遂去，之楚。楚悼王素聞起賢，至則相楚。明法審令，捐不急之官，廢公族疏遠者，以撫養戰士。要在强兵，破馳説之言從橫者。于是南平百越；北並陳蔡，卻三晋；西伐秦。諸侯患楚之强，楚之貴戚盡欲害吴起。及悼王死，宗室大臣作亂而攻吴起，起走之王尸而伏之。擊起之徒因射刺吴起，並中悼王。太子立，乃使令尹盡誅射吴起而並中王尸者。坐射起而夷宗死者七十餘家。'按，《吴子》首篇有云：'魏文侯身自布席，夫人捧觴，醮吴起于廟，立爲大將，守西河。與諸侯大戰七十六，全勝六十四，餘則鈞解。闢土四面，拓地千里，皆起之功也。'"

又曰："本書《刑法志》：'春秋之後，滅弱吞小，並爲戰國。雄桀之士因勢輔時，作爲權詐以相傾覆，吴有孫武，齊有孫臏，魏有吴起，秦有商鞅，皆禽敵立勝，垂著篇籍。當此之時，合從連橫，轉相攻伐，代爲雌雄。齊愍以技擊强，魏惠以武卒奮，秦昭以鋭士勝。世方爭于功利，而馳説者以孫、吴爲宗。'"

又曰："本書《人表》第六等中下吴起。梁玉繩曰：'吴起始見《秦》《魏策》、《荀子·堯問》，衛左氏中人。學于曾子。據《釋文·叙錄》是曾申。中矢而死，或云枝解，或云車裂。宋宣和五年，封廣宗伯。'"

又曰："《隋書·經籍志》：'《吴起兵法》一卷，魏賈詡注。'《唐書·藝文志》：'賈詡注《吳子兵法》一卷。'《宋史·藝文志》：'吳起《吳子》三卷。'又云：'朱服校定《吳子》二卷。'"

又曰："晁氏《讀書志》曰：'《吳子》三卷，魏吳起撰，言兵家機權法制之說，唐陸希聲類次爲之，《説圖國》《料敵》《治兵》《論將》《應變》《勵士》，①凡六篇。'"

又曰："《四庫提要》曰：'今本並爲一卷，然篇目並與晁《志》合，惟"變化"作"應變"，則未知孰誤耳。起殺妻求將，②齧臂盟母，其行事殊不足道，然嘗受學于曾子，耳濡目染，終有典型，故持論頗不詭于正，尚有先王節制之遺。③ 高似孫《子略》謂其尚禮義，明教訓，或有得于《司馬法》者，斯言允矣。'"

又曰："嚴可均《三代文編》曰：'吳起，衛人，師事曾子。仕魯，去之魏，事魏文侯。武侯爲西河守，公叔害之，去之楚。楚悼王以爲相，有《兵法》一卷。《韓非子·內儲說》引吳起《南門令》《西門令》《攻秦亭令》，《呂氏春秋·慎小》篇又引《南門令》。'"

范蠡二篇　越王勾踐臣也。

《補注》王應麟曰："《甘延壽傳》注、《左傳·桓五年》疏、《文選·潘安仁賦》注，並引《范蠡兵法》。"

姚振宗曰："《史·越世家》：'范蠡事越王句踐，既苦身戮力，與句踐深謀二十餘年，竟滅吳，報會稽之恥，而范蠡稱上將軍。還反國，爲書辭句踐。乘舟浮海出齊，變姓名，自謂鴟夷子皮。齊人聞其賢，以爲相。既歸相印，去之陶。自謂陶朱公。三徙，成名于天下。卒老死于陶，故世傳曰陶朱公。'又

---

① "應變"，《漢書藝文志條理》作"變化"。
② "起"字原脫，據《漢書藝文志條理》補。
③ "遺"，原誤作"道"，據《漢書藝文志條理》及清乾隆五十四年刻本《四庫全書總目》改。

《貨殖傳》曰：'以爲陶天下之中，諸侯四通，貨物所交易也。乃治產積居，與時逐。十九年之中三致千金，再分散與貧交疏昆弟。此所謂富好行其德者也。後年衰老而聽子孫，子孫修業而息之，遂至巨萬。故言富者稱陶朱公。'"

又曰："《會稽典錄》曰：'范蠡字少伯，越之上將軍也。本是楚宛三户人，佯狂倜儻負俗。文種爲宛令，遣吏謁奉，後與文種俱入越。'"

又曰："本書《人表》第三等上下智人范蠡。梁玉繩曰：'范蠡始見《越語》，字少伯，南陽人。或云楚宛之三户人，《列仙傳》以爲徐人，非是。亦曰范子，亦曰子范子，亦曰范公，亦曰范伯，亦曰范生。又自變姓名曰鴟夷子皮，曰陶朱公。宋徽宗宣和五年，封爲遂武侯。'"

又曰："王氏《考證》：《甘延壽傳》張晏注、《春秋正義》《文選注》並引《范蠡兵法》。東萊呂氏曰：'《越語》下篇所載范蠡之詞，多與《管子‧勢》篇相出入。'"

大夫種二篇　　與范蠡俱事句踐。

《補注》沈欽韓曰："《吳越春秋》：'大夫種言滅吳者有九術。'《越絶書》同。《史記》作'七術'。"

姚振宗曰："《左‧哀元年傳》：'吳王夫差敗越于夫椒，報檇李也。遂入越。越子以甲楯五千保于會稽，使大夫種因吳太宰嚭以行成。三月，越及吳平。'"

又曰："《史‧越世家》：句踐已平吳，范蠡遂去，自齊遺大夫種書曰：'蜚鳥盡，良弓藏；狡兔死，走狗烹。越王爲人長頸鳥喙，可與共患難，不可與共樂。子何不去？'種見書，稱病不朝。人或讒種且作亂，越王乃賜種劍曰：'子教寡人伐吳七術，寡人用其三而敗吳，其四在子，子爲我從先王試之。'種遂自殺。"

又曰:"《吳越春秋》曰:'大夫種,姓文名種,字子禽,本楚南郢人,荊平王時爲宛令。句踐用其術滅吳,種爲相國。及賜種劍,嘆曰:"南陽之宰,而爲越王之禽。"自笑曰:"後世之末,忠臣必以吾爲喻矣。"遂伏劍死。句踐葬種于西山。'"

又曰:"本書《人表》第四等中上大夫種。梁玉繩曰:'種始見《左·哀元》《吳語》《越語》,即文種,字少禽,或作子禽,楚南郢人,亦曰文子。句踐賜之劍而死,葬山陰種山。'"

李子十篇

《補注》錢大昭曰:"閩本作'李子'。"沈欽韓曰:"疑李悝。"朱一新曰:"汪本作'李'。"王先謙曰:"官本作'李'。"

按,景祐本作"李子"。

姚振宗曰:"按,《韓非子·內儲說》引李悝《習射令》,疑是李悝。悝相魏文侯,富國強兵,別有書三十二篇,見《諸子》法家。"

又曰:"又按,本《志》法家于李悝書亦曰《李子》,與此相同,班氏以明注于前,故此不復贅。《習射令》或即是書之一則歟?"

娷一篇

姚振宗曰:"顏氏《集注》曰:'娷音女瑞反,蓋說兵法者,人名也。'"

姚氏又曰:"按,《世本·作》篇云'倕作鐘',又云'垂作規矩準繩''垂作銚、作耒耜、作耨'。宋注曰:'垂,黃帝工人。'張澍輯注曰:'《玉篇》云倕,黃帝時巧人名。《帝王世紀》"嚳命倕作鞞",是垂爲工之通名,非一人也。'又《抱朴子·辯問》篇曰:'班輸倕狄,機械之聖也。'又梁玉繩《人表考》曰:'垂又作倕,堯時巧工,亦曰巧倕,亦曰工倕,亦曰倕氏。'疑即此娷,戰國時依託爲是書。"

又曰:"又按,自齊孫子至此七家,皆蒙上'兵法'二字,史省文也。"

兵春秋三篇①

《補注》沈欽韓曰:"《新唐志》亦有《兵春秋》一卷。"

姚振宗曰:"《唐書·經籍志》:'《兵春秋》一卷。'《唐·藝文志》著録同。"

姚氏又曰:"按,《舊》《新唐志》載《兵春秋》一卷,亦不著撰人,不知是否即是此書。"

龐煖三篇

周壽昌曰:"案,龐煖,趙人。趙悼襄王三年,煖將兵攻燕,擒其將劇辛。《鶡冠子·世賢》篇載悼襄問君人之道於龐煖,煖以伊尹醫殷、太公醫周、管仲醫齊等語對。"

姚振宗曰:"龐煖有書二篇,見《諸子》從横家。"

兒良一篇

姚振宗曰:"顏氏《集注》曰:'六國時人也。'"

又曰:"《吕氏春秋·不二》篇:'王廖貴先,兒良貴後。'高誘曰:'王廖謀兵事,貴先,建茅也。兒良作兵謀,貴後。'"

又曰:"賈誼《過秦論》曰:'六國之士有吴起、孫臏、帶佗、兒良、王廖、田忌、廉頗、趙奢之朋制其兵。'《史記索隱》曰:'王廖貴先,兒良貴後,二人皆天下之豪士也。'洪邁《容齋四筆》曰:'漢四種兵書有《兒良》權謀一篇,兒良不知其何國人,注家皆無所釋,獨《吕氏春秋》及賈誼《過秦論》僅見其名,然亦莫能詳也。'"

廣武君一篇 李左車。

《補注》沈欽韓曰:"疑即《淮陰侯傳》中事。"

姚振宗曰:"《史·淮陰侯列傳》:'信與張耳欲東下井陘擊

---

① "三篇",原誤作"一篇",據《漢書·藝文志》改。

趙。趙王、成安君陳餘聚兵井陘口。廣武君李左車說成安君曰:"井陘之道,車不得方軌,騎不得成列,行數百里,其勢糧食必在其後。願足下假臣奇兵三萬人,從間路絕其輜重;足下深溝高壘,勿與戰。彼前不得鬥,退不得還,吾奇兵絕其後,使野無所掠,不至十日,而兩將之頭可致于戲下。"成安君不用其策。韓信使人間視,知其不用,則大喜,乃敢引兵遂下。及破趙,斬成安君,禽趙王歇。乃令軍中毋殺廣武君,有能生得者購千金。于是有縛廣武君而致戲下者,信乃解其縛,東鄉坐,西鄉對,師事之。'又有爲淮陰侯畫策下燕一事,文繁不錄。"

又曰:"世系:'趙郡李氏出自秦司徒曇次子璣,秦太傅。璣子牧爲趙相,封武安君。牧子汨,秦中大夫詹事。生倞、左車、仲車。左車,趙廣武君。生遐,漢涿郡守。'"

韓信三篇

師古曰:"淮陰侯。"

《補注》沈欽韓曰:"馬隆《八陣讚》云:'天地前衝,變爲虎翼,淮陰用之,變化無極,垓下之會,魯公莫測。'"

姚振宗曰:"顏氏《集注》曰:'淮陰侯。'"

又曰:"本書《高帝紀》:'元年春正月,項羽背約,更立沛公爲漢王,王巴、蜀、漢中四十一縣,都南鄭。夏四月,諸侯罷戲下,各就國。羽使卒三萬人從漢王。既至南鄭,諸將及士卒皆歌謳思東歸,多道亡還者。韓信爲治粟都尉,亦亡去,蕭何追還之,因薦于漢王,曰:"必欲爭天下,非信無可與計事者。"于是漢王齋戒設壇場,拜信爲大將軍。信陳羽可圖、三秦易並之計。'又曰:'天下既定,命蕭何次律令,韓信申軍法。'"

又曰:"《史·漢功臣表》:淮陰侯韓信初以卒從項梁,梁死屬項羽爲郎中,至咸陽,亡從入漢,爲連敖典客。《索隱》曰:'傳作治粟都尉，或先爲連敖典客也。'蕭何言信爲大將軍，別定魏、趙，爲齊王，徙封楚。高帝六年四月，坐擅發兵，廢爲淮陰侯。十一年，信謀反關中，呂后誅信，夷三族，國除。"

又曰："本《志》序曰：'漢興，張良、韓信序次兵法，凡百八十二家，删取要用，定著三十五家。諸呂用事而盜取之。'"

又曰："王氏《考證》：李靖曰：'張良所學，《六韜》《三略》是也；韓信所學，穰苴、孫武是也。'"

又曰："《黄氏日抄》曰：'淮陰侯信虜魏，破代，平趙，下燕，定齊，南摧楚兵二十萬，殺龍且，而楚隨滅，漢並天下，皆信力也。武涉、蒯通説信背漢，而信終不忍，自以功多，漢不奪我齊也，不知功之多者忌之尤，今日破楚，明日襲奪齊王軍。方信爲漢取天下，漢之心已未嘗一日不在取信也。高帝平生親信無過蕭何者矣，而且疑之，況信耶？信有必誅之勢，而無人教之以蕭何避禍之策。張良爲帝謀臣，使其爲之畫善後計，猶庶幾焉。而躡足之諫、召信會兵垓下之策，皆所以甚帝之疑而置信於死者也。失職怏怏，謀反見誅，雖信之罪而夷三族，嗚呼甚矣！'"

又曰："仁和杭世駿《質疑》曰：'李夔班問：韓信之事漢也，卒以反誅。先儒惜之，要未有確然明其不反者，班竊惑焉。然則舍人何以告變，皆呂氏之所爲也。呂后之所爲，皆漢高之意也。帝之任，非得已也，急則用之，緩則棄之耳。未幾而奪其軍，未幾而一削其職，帝蓋未嘗一日不欲殺信也，特力未及耳。后窺知其意，密遣舍人上變，因而掩殺之，彼固知帝之必不問也。而史氏不察，相沿不改，亦已誤矣。方楚漢之爭鋒，兩主之命懸于信手，誠有如徹、武所云者，不以此時割據爭雄，迨天下已定，始生異謀，雖至愚者不爲而謂信爲之耶！且使信而果反，必不垂手就擒，擒而釋之，必不復爲所紿。觀其臨刑之言曰悔不用徹言以及此，是亦不反之明驗矣。然則謂信功高震主，不急引退以取禍可也，謂信謀反伏誅則過矣。失以開代首功，一女子駕單詞族之，至今莫辯，冤哉！答曰：史于信之不反，以蒯徹語證之，而是非自見。① 班固割徹語別爲一傳，而信被誣千秋，此論足以雪之。'"

姚振宗又曰："按，《隋志》兵家有《大將軍》一卷，不著撰人，列在黃石公諸書之間，自是漢人，不知是否此書。② 又按，自《龐煖》至此四家，亦蒙上'兵法'二字。"

右兵權謀十三家，二百五十九篇。省《伊尹》《太公》《管子》《孫卿子》《鶡冠子》《蘇子》《蒯通》《陸賈》《淮南王》二百五十九種，出《司馬法》入禮也。

《補注》劉奉世曰："'種'當作'重'。'九'下又脱一'篇'字。注二百五十九，恐合作五百二十一，篇數已在前。"錢大昭曰："所云省《伊尹》以下諸書，今《伊尹》《太公》《管子》《鶡冠子》在道家，《孫卿子》《陸賈》在儒家，《蘇子》《蒯通》在從橫家，《淮南王》在雜家，並不入禮。注云'出《司馬法》入禮'者，因兵家下有'出《司馬法》入禮'而誤衍其文於此。"陶憲曾曰："劉氏謂'種當作重，九下脱篇字'，是也。謂'二百五十九，合作五百五十一'，則非也。省《伊尹》《太公》《管子》《孫卿子》《鶡冠子》《蘇子》《蒯通》《陸賈》《淮南王》二百五十九篇重者，蓋《七略》中《伊尹》以下九家，其全書收入儒、道、從橫、雜各家，又擇其中之言兵權謀者，重入於此，共得二百五十九篇。如本志《太公謀》八十一篇、《兵》八十五篇，今本《管子·兵法》《參患》、《孫子·議兵》《淮南·兵略》等篇之類。皆當在此二百五十九篇中。班氏存其專家各書，而於此則省之，故所省亦止二百五十九篇也。《司馬法》，《七

---

① "是"，原誤作"自"，據《漢書藝文志條理》改。
② "是"，原誤作"自"，據《漢書藝文志條理》改。

略》本入此，班出之入禮家，是入禮專指《司馬法》而言。錢句讀未明，因謂《伊尹》諸家並不入禮，以'出《司馬法》入禮'六字爲衍文，亦非也。兵家下注"出《司馬法》入禮"者，總校權謀、形勢、陰陽、技巧四家，出入之數也。若僅注兵家下，而此不注，則四家中不知《司馬法》果由何家出也。兵家下注"入《蹵鞠》一家"，而兵技巧亦注之，是其例。"

姚範曰："按，篇下脱'圖十三卷'四字。"沈家本、周壽昌説同。姚振宗曰："劉奉世曰：'種當作重，九下又脱一篇字，注二百五十九恐合作五百二十一篇數已在前。①'今按，二百五十九種實因上文大字'二百五十九篇'之寫誤，班氏既云省云出，不復言重，前後比例可知也。此當如劉説作'五百二十一篇，出《司馬法》入禮也'。劉云種當作重，似不然。又按，此篇家數不誤，篇數則缺少十三篇，又不計圖之卷數，今校定當爲二百七十二篇，圖十三卷。"

權謀者，以正守國，以奇用兵，先計而後戰，

劉光蕡曰："兵法之總。"

兼形勢，包陰陽，用技巧者也。

劉光蕡曰："兵分四家，以權謀爲體，形勢、陰陽、技巧皆其用。權謀兼治國在内，孟子所謂'人和'，荀子所謂'附民'也。形勢有地利，故曰'兼'；陰陽即天時，故曰'包'；技巧則兵之本事也，②故曰'用'。"

兵　形　勢

楚兵法七篇　圖四卷

《補注》沈欽韓曰："孫叔敖稱《軍志》，楚之兵法尚矣。"

姚振宗曰："《左・莊四年傳》：楚武王荆尸，授師孑焉。杜預

---

① "篇"，原誤作"數"，據《漢書藝文志條理》改。
② "巧"，原誤作"術"，據《前漢書藝文志注》及上下文意改。

曰：'尸，陳也。荊亦楚也。更爲楚陳兵之法。子，戟也。楚始于此參用戟爲陳。'孔穎達曰：'楚本小國，地狹民少，雖時復出師，未自爲法式。今始言荊尸，則武王初爲此楚國陳兵之法，名曰荊尸，使後人用之。《宣十二傳》稱荊尸而舉，是遵行之也。'"

又曰："《左·宣十二年傳》：樂武子曰：'楚自克庸以來，在文十六年。其君無日不討國人而訓之于民生之不易、禍至之無日、戒懼之不可以怠；在軍，無日不討軍實而申儆之于勝之不可保、紂之百克而卒無後，訓之以若敖、蚡冒篳路藍縷以啓山林。箴之曰：民生在勤，勤則不匱。其君之戎分爲二廣，廣有一卒，卒偏之兩。右廣初駕，數及日中，左則受之，以至于昏。内官序當其夜，以待不虞。'杜預曰：'二廣，君之親兵。十五乘爲一廣，百人爲卒，二十五人爲兩。'孔穎達曰：'一廣十五乘，有一百二十五人從之。'隨武子曰：'荊尸而舉，卒乘輯睦，蔿敖爲宰，擇楚國之令典；軍行，右轅，左追蓐，前茅慮無，中權，後勁。軍政不戒而備。'杜預曰：'尸，陳也。楚武王始更爲此陳法，遂以爲名。宰，令尹。蔿敖，孫叔敖也。右轅、左蓐，在車之右者，挾轅爲戰備；在左者，追求草蓐爲宿備。慮無，如軍前斥候，備慮有無也。茅，明也。或曰時楚以茅爲旌識。中權、後勁者，中軍制謀，後以精兵爲殿也。'"其君之戎分爲二廣"云云，《周禮·夏官》正義以爲即楚之軍法，當亦載于是書。"

又曰："《左·襄二十四年傳》：楚子爲舟師以伐吳，不爲軍政，無功而還。杜預曰：'舟師，水軍。'又《昭十九年傳》：楚子爲舟師以伐濮。《二十四年》：楚子爲舟師以略吳疆。"

姚振宗又曰："按，《楚世家》蚡冒弟熊通弑蚡冒子而代立，是爲楚武王。武王三十七年，熊通曰：'吾先鬻熊，文王之師也，早終。成王舉我先公，乃以子男田令居楚，蠻夷皆率服，而王不加位，我自尊耳。'乃自立爲武王。蓋楚至武王而始大，而楚之兵法，據《左氏傳》及疏，亦自武王而始具，其後孫叔敖又撰次之，吳起或亦修治之，故有《南門令》等見《韓非子》。又楚文王有僕區之法，楚莊王有茅門法，見《左·昭七年傳》及《韓非·外儲說》。或在此書，或別爲一書。"

蚩尤二篇　見《呂刑》。

《補注》王應麟曰："《管子》：'黃帝得蚩尤而明於天道。'則黃帝六相亦有蚩尤。《隋志》：'梁有《黃帝蚩尤兵法》一卷。'"

姚振宗曰："《書·呂刑》：王曰：'若古有訓，蚩尤惟始作亂，延及于平民。'注：'順古有遺訓，言蚩尤造始作亂，惡化相易，延及于平善之人。九黎之君號曰蚩尤。'"

又曰："《世本·作》篇曰：'蚩尤以金作兵器。'宋衷注：'蚩尤，神農臣也。'張澍輯注曰：'按，《路史》引《世本》云：蚩尤作五兵：戈、矛、戟、酋矛、夷矛，黃帝誅之涿鹿之野。《太平御覽》引《世本》云：蚩尤作兵。又按《太白陰經》：伏羲以木爲兵，神農以石爲兵，蚩尤以金爲兵。是兵起于太昊，蚩尤始以金爲之。《呂氏春秋》：蚩尤作兵，非作兵也。高誘注：非始作之也。'"

又曰："《呂氏春秋·蕩兵》篇：蚩尤作兵，蚩尤非作兵也，利其械矣。未有蚩尤之時，民固剝林木以戰矣。高誘曰：'蚩尤，少皥氏之末九黎之君名也。始作亂，伐無罪，殺無辜，善用兵，爲之無道，非始造之也，故曰非作兵也。'"

又曰："《史·五帝本紀》：'軒轅之時，神農氏世衰。諸侯相侵伐，暴虐百姓，而神農氏弗能征。于是軒轅乃習用干戈，以征不享。而蚩尤最爲暴，莫能伐。'又曰：'蚩尤作亂，不用帝命。于是黃帝乃徵師諸侯，與蚩尤戰于涿鹿之野，遂禽殺蚩尤。'《龍魚河圖》云：'黃帝攝政，有蚩尤兄弟八十一人，造五兵仗刀戟大弩,威振天下。'"

又曰:"本書《人表》蚩尤列第九等下下愚人。梁玉繩曰:'蚩尤,姜姓,炎帝之裔,逐帝榆罔而自立,號炎帝。黃帝殺之,身體異處,冢在東郡壽張闞鄉城中,又有肩髀冢,在山陽鉅野縣。《吕刑》疏引鄭云:蚩尤霸天下。《莊子盜跖》釋文云:神農時,諸侯始造兵。蓋蚩尤帝胄之有才者,故任之以事,其後倡亂,則殺之。'"

又曰:"馬驌《繹史》曰:'世之言蚩尤者,多怪誕不經,謂銅頭鐵額,八肱八趾,興雲吐霧,以迷軍士,天遣玄女始克制伏之。彼蚩尤者,姜姓之諸侯,非異類也,亦惟恃其強暴,乘炎帝之衰,阻兵稱亂,如後世之竊據僭號者;①抑或詭異其名,以愚百姓,如後世之黃巾、赤眉執左道以惑衆者。② 黃帝修德撫民,以仁易暴,湯武之事,足以徵矣,奚必徵召鬼神而後克濟哉?'"

又曰:"《隋書·經籍志》:'梁有《黄帝蚩尤兵法》一卷,亡。'按,此或即此二篇之佚存者,以其書有黄帝事,故云《黄帝蚩尤兵法》。"

孫軫五篇　圖五卷

姚振宗曰:"孫軫始末未詳。"

姚氏又曰:"按《世系·孫氏表》云'孫氏又有出自媯姓。齊田完字敬仲,四世孫桓子無宇。無宇子書,字子占,齊大夫,伐莒有功,景公賜姓孫氏,食采于樂安',蓋即孫氏之祖也。《史·世家》云:'陳完奔齊,以陳氏爲田氏。'其後四世,又別賜姓爲孫氏,是陳、田、孫三姓本同族。此孫軫疑即陳軫,軫見《史記》,與公孫衍、張儀合傳,與張儀俱事秦惠王,皆貴重,亦見《人

---

① "號",原誤作"亂",據《漢書藝文志條理》及清康熙九年刻本馬驌《繹史》(以下《繹史》皆據此本,不再注明)改。

② "赤",原誤作"黄",據《漢書藝文志條理》及《繹史》改。

表》第四等。梁玉繩曰：'陳軫屢見《戰國策》。'"

繇叙二篇

《補注》王應麟曰："《人表》'繇余'即'由余'。疑'叙'當作'余'。李筌《太白陰經》云：'秦由余有《陣圖》。'"王先謙曰："雜家仍作'由余'。"

姚振宗曰："《太平御覽·兵部》：李筌《太白陰經》云：'黄帝設八陳之形，風后演握奇圖，力牧亦創營圖，其後秦由余、蜀諸葛亮並有陳圖以教人戰。'"

又曰："王氏《考證》：《古今人表》'繇余'即'由余'，疑'叙'當作'余'，李筌《太白陰經》云'秦由余有陳圖'。"

姚氏又曰："按，由余別有書三篇，見《諸子》雜家。《白帖》五十五引《七略》亦作'由余'。此繇叙或是繇余之後，追述其先世爲是書，故次于孫軫之後。儻孫軫審爲陳軫，則于時代先後尤合，然皆無確證也。"

王孫十六篇　圖五卷

《補注》沈欽韓曰："《太史公自序》：'《司馬法》所從來尚矣，太公、孫、吳、王子能紹而明之。'徐廣云：'王子成甫。'此'王孫'疑'王子'也。"

姚振宗曰："王孫始末未詳。"

姚氏又曰："按，此疑即儒家之王孫子，'孫'下有敚文，又疑爲吳王孫雄。《左·襄十三年傳》正義曰：'《吳語》：王孫雄設法，百人爲行，十行一旌，十旌一將軍。引《司馬法》云：十人之帥執鈴，百人之帥執鐸，千人之帥執鼓，萬人之帥執大鼓。'其文與《國語》大異。《國語》亦不見引《司馬法》，疑孔穎達據別本《國語》之説。王孫雄，《國語》作'王孫雒'，《史·越世家》作'公孫雄'。又疑王廖，《吕覽·不二》篇云'王廖貴先'，賈生《過秦論》云'六國之士，有兒良、王廖制其兵'，或'孫'爲

'廖'字之誤。又疑王子,《太史公自序》'《司馬法》所從來尚矣,太公、孫、吳、王子能紹而明之',徐廣曰'王子成甫',或'孫'爲'子'字之誤,然皆非碻證也。"

尉繚三十一篇

《補注》沈欽韓曰:"《隋志》雜家'《尉繚子》五卷'。兵家'梁有《尉繚子兵書》一卷'。今案,其書自《天官》至《兵令》二十四篇,並言兵形勢,不當入雜家,《隋志》蓋誤承《漢志》兩見,①不知雜家者先亡耳。其末篇曰:'臣聞古之善用兵者,能殺士卒之半,其次殺其十三,其下殺其十一。能殺其半者,威加海內。'李靖《兵法》取之,亦異乎《六韜》所稱'殺一人而三軍震'之旨矣。"

周壽昌曰:"《隋·經籍志》:'《尉繚子》一卷。'《通志》:'《尉繚子》五卷,云梁惠王時人。'《通考》同。陳振孫云:'六國時人。'"

姚振宗曰:"《隋書·經籍志》:'梁有《尉繚子兵書》一卷,亡。'《宋史·藝文志》:'《尉繚子》五卷,戰國時人。'"

又曰:"王氏《考證》:'今本二十四篇,《天官》至《兵令》,言刑政兵戰之事,其文意有附會者,首篇稱梁惠王問,意者魏人歟?'"

又曰:"《四庫提要》曰:'《漢志》雜家有《尉繚》二十九篇,兵形勢家別有《尉繚》三十一篇,今雜家亡而兵家獨傳。特今書止二十四篇,與所謂三十一篇者數不相合,則後來已有所亡佚,非完本矣。其書大旨主于分本末,別賓主,明賞罰,所言往往合于正,如云"兵不攻無過之城,不殺無罪之人",又云"兵者,所以誅暴亂、禁不義也。兵之所加者,農不離其田業,

---

① "承"上原衍"蓋誤"二字,據《漢書補注》刪。

賈不離其肆宅，士大夫不離其官府，故兵不血刃而天下親"，皆戰國談兵者所不道。晁公武《讀書志》有張載注《尉繚子》一卷，則講學家亦取其説。然書中《兵令》一篇，于誅逃之法言之極詳，可以想見其節制，則亦非漫無經略高談仁義者矣。'"

姚振宗又曰："按，《秦始皇本紀》：十年，大梁人尉繚來，說秦王曰：'以秦之強，諸侯譬如郡縣之君，臣但恐諸侯合從，翕而出不意，此乃智伯、夫差、湣王所以亡也。願大王毋愛財物，賂其豪臣，以亂其謀，不過亡三十萬金，則諸侯可盡。'秦王從其計，見尉繚亢禮，衣服食飲與繚同。繚曰：'秦王爲人，蜂準，長目，鷙鳥膺，①豺聲，少恩而虎狼心，居約易出人下，得志亦輕食人。我布衣，然見我常身自下我。誠使秦王得志於天下，天下皆爲虜矣。不可與久游。'乃亡去。秦王覺，固止以爲秦國尉，卒用其計策。而李斯用事。梁玉繩《瞥記》謂與雜家之尉繚是兩人，作此書者不知即此尉繚否也。"

魏公子二十一篇　圖十卷。名無忌，有《列傳》。

《補注》王應麟曰："《史記》：'諸侯之客各進兵法，公子皆名之，故世俗稱《魏公子兵法》。'《史記注》引《七略》云：'《圖》七卷。'"朱一新曰："下云'《圖》十八卷'，合上文計之，溢於十八卷之數，則此'十卷'當從《七略》作'七卷'也。"

姚振宗曰："《史·信陵君列傳》：'魏公子無忌者，魏昭王少子而安釐王異母弟也。安釐王即位，封公子爲信陵君。公子爲人仁而下士，士無賢不肖皆謙而禮交之，不敢以其富貴驕士。②士以此方數千里爭往歸之，致食客三千人。當是時，諸

---

① "鷙"，《漢書藝文志條理》作"摯"。
② "富"，原誤作"當"，據《漢書藝文志條理》及《史記·信陵君列傳》改。"驕"，原誤作"交"，據中華書局點校本《史記》考證改。

侯以公子賢，多客，不敢加兵謀魏十餘年。安釐王二十年，秦昭王已破長平軍，進兵圍邯鄲。公子既奪晉鄙軍，救邯鄲，卻秦存趙，使將將其軍歸魏，而公子獨與客留趙，十年不歸。秦聞公子在趙，日夜出兵東伐魏。魏王使使往請公子，以上將軍印授公子。安釐王三十年，公子使使遍告諸侯。諸侯聞公子將，各遣將將兵救魏。公子率五國之兵破秦軍于河外，走蒙驁。乘勝逐秦軍至函谷關，抑秦兵，秦兵不敢出。當是時，公子威振天下，諸侯之客進兵法，公子皆名之，故世俗稱《魏公子兵法》。後四歲，卒。'《索隱》曰：'公子所得進兵法而必稱其名，以言其恕也。'按，《張耳傳》，耳少時及魏公子無忌爲客。"

又曰："劉歆《七略》曰：'《魏公子兵法》二十一篇，《圖》七卷，信陵君也。'按，此與本《志》言圖十卷者異，考下文兵形勢都凡云'圖十八卷'，則此作七卷者是也。"

又曰："本書《人表》魏公子無忌列第五等中中。梁玉繩曰：'無忌始見《齊》《趙》《魏策》，封信陵君，病酒而卒，葬陳留郡浚儀縣。案，昔人稱四公子爲原、嘗、春、陵，然其品信陵最優，平原次之，孟嘗又次之，春申爲下。《表》獨列平原于中上，餘俱在第五，失其倫矣。'"

又曰："《世系表》：'京兆王氏出自姬姓，周文王少子畢公高之後，封魏。至昭王彤生公子無忌，封信陵君。無忌生間憂，襲信陵君。秦滅魏，間憂子卑子逃難于太山，漢高祖召爲中涓，封蘭陵侯。時人以其故王族也，謂之王家。卑子生悼，悼生賢，濟南太守。宣帝徙豪傑居霸陵，遂爲京兆人。'又《魏氏表》云：'公子無忌孫無知，漢高梁侯。'與此言卑子蘭陵侯者互異，豈兩人乎？尋《史》《漢》功臣恩澤侯表皆不見，其得而詳矣。"

又曰："《黄氏日抄》曰：'無忌用侯嬴、朱亥之力，竊符矯命，以赴平原之急。其後在趙，用毛公、薛公之諫，毛公見前名家。趣駕歸魏，以欲強秦之圍。此四人者，皆隱于屠沽博徒，無忌獨能察而用之，五國賓從，威震天下。雖非正道，而能爲國家之重，過平原、孟嘗遠矣。釐王受秦反間，用無忌不終，十八歲而魏亡，悲夫！'"

又曰："嚴可均《三代文編》曰：'魏無忌，魏絳十二世孫，魏安釐王之弟，封信陵君。以矯奪晋鄙軍，懼罪留趙十年。還魏，爲上將軍。秦用反間，廢之，病酒而卒。有《魏公子兵法》二十一篇，圖十卷。'"

姚振宗又曰："按，史言'諸侯之客進兵法，公子皆名之'，則此二十一篇圖十卷者各有主名，劉氏《録》《略》必其載，今不可知已。"

景子十三篇

《補注》沈欽韓曰："《燕策》：①'楚王使景陽將救燕。暮舍，使左右司馬各營壁地，②已植表，景陽怒：女所營者，水皆至滅表，此焉可以舍？乃令徙。明日大雨，山水大出，所營者水皆滅其表，軍吏乃服。'《淮南·氾論》：'景陽淫酒，被髮而御於婦人，威服諸侯。'"

姚振宗曰："按，儒家有景子，七十子之弟子，此列在魏公子之後，則非其人也。"

李良三篇

《補注》沈欽韓曰："見《張耳陳餘傳》。"

姚振宗曰："按，《史》《漢·張耳陳餘傳》有李良，爲趙王武臣略常山、太原，已而襲邯鄲，殺武臣，擊陳餘，餘敗之，歸秦將

---

① "燕"，原誤作"楚"，據《戰國策》改。
② "右"字原脱，據《戰國策》補。

章邯,不知其所終,豈即其人乎？似不然也。"

丁子一篇

《補注》沈欽韓曰："疑即丁固。"

姚振宗曰："鄭樵《氏族略》：'丁氏,姜姓,齊太公生丁公伋支,孫以丁爲氏。'"

又曰："鄧名世《古今姓氏書辯證》：'丁氏出自姜姓,《漢書·藝文志》有丁子著兵書。'"

姚氏又曰："按,丁子叙于項王之前,則其人在秦楚之際,豈即楚將丁公乎？"

項王一篇　名籍。

姚振宗曰："《史》本紀：'項籍者,下相人也,字羽。初起時,年二十四。其季父項梁,梁父即楚將項燕,爲秦將王翦所戮者也。項氏世世爲楚將,封于項,故姓項氏。籍少時,學書不成,去。學劍,又不成。于是項梁乃教籍兵法,籍大喜,略知其意,又不肯竟學。'"

又曰："本書《人表》列第六等中下。梁玉繩曰：'羽始見《始皇紀》,即項籍,字羽,一字子羽,下相人,重瞳子。楚懷王孫心封長安侯,號魯公,破秦自立爲西楚霸王,亦曰項王。自刎而死,葬穀城。案,史言羽初起時年二十四,亡于漢五年,則僅二十八歲也。'"

又曰："《黃氏日抄》曰：'世謂羽與漢爭天下,非也。羽曷嘗有爭天下之志哉？羽見秦滅諸侯而兼有之,故欲滅秦,復立諸侯如曩時而身爲盟主耳。故既分王,即都彭城；既和漢,即東歸。羽皆以爲按甲休兵爲天下盟主之時,不知漢之心不盡得天下不止也。'"

姚振宗又曰："按,自《蚩尤》至此十家,亦蒙上'兵法'二字也。"

右兵形勢十一家，九十二篇，圖十八卷。

姚範曰："兵形勢，圖十八卷。陳未齋云：'按，注二十二卷，此云十八卷，未詳。'"

周壽昌曰："案，注：圖二十二卷，此云十八，恐注有脫漏也。"

姚振宗曰："按，此篇家數不誤，其篇數則缺少十篇，卷數則缺少三卷。今校定當爲一百二篇，圖二十一卷。然《七略》載《魏公子圖》七卷，則此作十八卷正如其數。"

形勢者，靁動風舉，後發而先至，離合背鄉，變化無常，以輕疾制敵者也。

劉光蕡曰："權謀是兵之本，形勢是兵之用。"

兵　陰　陽

太壹兵法一篇

《補注》王應麟曰："《隋》《唐志》：'《黃帝太一兵曆》一卷。'《武經總要》：'太一者，天帝之神也，其星在天一之南，總十六神，知風雨、水旱、金革、凶饉，陰陽二局，有諸秘式。星文之次舍，分野之災祥，貴於先知，逆爲之備。'"

姚振宗曰："《史·天官書》：中宮天極星，其一明者，太一常居也。其一曰天。《正義》曰：'泰一，天帝之別名也。劉伯莊云：泰一，天神之最尊貴者也。'又曰：'天一一星，天帝之神，主戰鬥，知人吉凶。明而有光，則陰陽和，萬物成，人主吉；不然，反是。太一一星次天一南，亦天帝之神，主使十六神，知風雨、水旱、兵草、饑饉、疾疫。占以不明及移爲災也。'"

又曰："《隋書·經籍志》：'《黃帝太一兵曆》一卷。又《太一兵書》一十一卷，梁二十卷。'按，此"太一"疑"天一"之訛。《唐·經籍志》：'《太一兵法》一卷。'《唐·藝文志》：'《黃帝太一兵曆》一卷，《太一兵法》一卷。'"

又曰:"王氏《考證》:'《武經總要》:太一者,天帝之神也。其星在天一之南,總十六神。知風雨、水旱、金革、凶饉、陰陽二局,存諸秘式。星分之次舍,分野之災祥,貴于先知,逆爲之備。用軍行師,主客勝負,蓋天人之際相參焉。'按,此兩書大抵皆參以天人之際,據天文以占兵事者。"

神農兵法一篇

《補注》沈欽韓曰:"《越絶》:'風胡子曰:神農以石爲兵。'"王先謙曰:"《食貨志》引'神農之教曰:有石城十仞,有湯池百步,帶甲百萬而無粟,弗能守也'。亦似言兵之文。"

姚振宗曰:"神農有書二十篇,見《諸子》農家。"

又曰:"《玉海·兵制》篇:'《漢·藝文志》:《神農兵法》一篇,鼂錯傳神農之教曰:石城湯池,亡粟弗能守。'王氏蓋以此爲兵法中語。"

又曰:"何義門《讀書記》曰:'《神農兵法》一篇,其今之《握機》乎!'按,《四庫提要》《握奇經》一卷,一作《握機經》,一作《幄機經》,舊本題風后撰,漢丞相公孫弘解,晋西平太守馬隆述贊。"

又曰:"嚴可均《全上古文編》曰:'《漢·藝文志》農家有《神農》二十篇,兵陰陽家又有《神農兵法》一篇。倉頡造字在黄帝時,前此未有文字,神農之言皆後人追録,不過謂相傳如是,豈謂神農手撰之文哉?'"

黄帝十六篇　圖三卷

《補注》王應麟曰:"《胡建傳》:《黄帝李法》曰:'壁壘已定,穿窬不繇路,是謂奸人,奸人者殺。'"沈欽韓曰:"王氏所引非兵陰陽也。《太白陰經》引《黄帝》曰:'車間容車,隊間容隊,曲間容曲。'又云:'黄帝設八陣之形。'類兵陰陽。《隋志》:'《黄帝問玄女兵法》四卷。《黄帝兵法雜要訣》一卷。《黄帝軍出大師年命立成》一卷。'《唐志》略同。又《御覽》十五及三百三十九並引《黄帝兵法》。"葉德輝曰:"《五行大義》五篇引《黄帝兵訣》,即《隋志》'《黄帝兵法要訣》'省詞。《開元占經》五引作《黄帝用兵要法》,十一引作《黄帝用兵要訣》,二十一、二十二又引作《黄帝兵法十要》,出後人依託者爲多。"

姚振宗曰:"道家有《黄帝四經》《黄帝銘》《黄帝君臣》《雜黄帝》,陰陽家有《黄帝太素》,小説家有《黄帝説》,並見前《諸子略》中。"

又曰:"《史·五帝本紀》:諸侯尊軒轅爲天子,代神農氏,是爲黄帝。天下有不順者,從而征之,平者去之,披山通道,未嘗寧居。而邑于涿鹿之阿,遷徙往來無常處,以師兵爲營衛。《正義》曰:'環繞軍兵爲營以自衛,若轅門即其遺象。'"

又曰:"《鶡冠子·武靈王》篇:龐煖曰:'不戰而勝,善之善者也,此《陰經》之法。'宋陸佃注曰:'陰經,黄帝之書也。'《尉繚子·天官》篇:梁惠王問尉繚子曰:'黄帝刑德,可以百勝,有之乎?'《尉繚子》曰:'刑以伐之,德以守之,非所謂天官、時日、陰陽、向背也。黄帝者,人事而已矣。'"

又曰:"《漢書·胡建傳》曰:①建上奏曰:'《黄帝李法》曰:壁壘已定,穿窬不繇路,是謂奸人,奸人者殺。'孟康曰:'《黄帝李注》,兵書之法也。'師古曰:'李者,法官之號也,總主征伐刑戮之事也,故稱其書曰《李法》。'"

又曰:"《隋書·經籍志》:'《黄帝兵法孤虚雜記》一卷,《新唐志》作"推記"。《黄帝問玄女兵法》四卷,梁三卷,《黄帝兵法雜要訣》一卷,《黄帝軍出大師年命立成》一卷。'唐獨孤及《毘陵集·八陳圖記》曰:'黄帝順煞氣以作兵法,文昌以命將。風后握機制勝,作爲陳圖。'《玉海·兵法》篇、《太平御覽》引《黄

---

① "漢書胡建傳",原誤作"後漢書蘇建傳",據引文查《漢書》改。

帝問玄女兵法》曰：'禹問于風后曰：吾聞黃帝有屈勝之圖，六甲陰陽之道。對曰：藏會稽之山。禹開視之，中有《天下經》十二卷，禹得中四卷。'按，此似後世道家之野言，不足據。"

又曰："嚴可均《全上古文編》曰：'《開元占經》引《黃帝兵法》《黃帝出軍訣》《黃帝用兵要法》《用兵要訣》，《五行大義》引《黃帝兵訣》。案，《隋志》黃帝兵法八種，今輯《李法》一條、《兵法》六條、《黃帝問玄女兵法》十二條。'按，嚴氏謂《隋志》兵法八種者，並太一、蚩尤、風后及許昉、吳範所次者計之也。"

封胡五篇　黃帝臣，依託也。

《補注》王應麟曰："《通典》：'《衛公兵法·守城》篇曰：韋孝寬守晉州，羊侃守臺城，皆約《封胡子》伎巧之術。'"沈欽韓曰："王欽若《先天紀》：'黃帝得封胡爲將，作五牙旗及烽火戰攻之具。'"葉德輝曰："《元和姓纂》二冬'封'姓下云：'封鉅爲黃帝師，胙土命氏。'案'封鉅'疑'封胡'字誤。"

姚振宗曰："本書《人表》封胡列第二等上中仁人。梁玉繩曰：'封胡唯見本書《藝文志》。'又曰：'封鉅，黃帝師。《路史·國名紀》謂封鉅是封胡，而《表》別有封胡，似不得合而一之，二封疑屬父子。'"

又曰："《世系表》：'封氏出自姜姓。炎帝裔孫鉅爲黃帝師，胙土命氏。至夏后氏之世，封父列爲諸侯，其地汴川封丘有封父亭，即封父所都。至周失國，子孫爲齊大夫，居渤海蓚縣。'"

又曰："王氏《考證》：'《通典》：《衛公兵法·守城》篇曰：禽滑釐問墨翟守城之具，墨翟答以五六十事，皆煩冗不便于用。其後韋考寬守晉州，羊侃守臺城，皆約封胡子伎巧之術。'按，

《李衛公兵法》所言,則封胡亦稱封胡子,其書亦兼及技巧。"

楊樹達曰:"按,封鉅爲黄帝師,見本書《古今人表》。《路史·國名紀》謂'封鉅'即'封胡',此葉説所本。梁玉繩謂《人表》別有'封胡',不得合而一之,是也。"

風后十三篇　圖二卷。黄帝臣,依託也。

《補注》王應麟曰:"《後漢書·張衡傳》注引《春秋内事》云:'黄帝師於風后,風后善於伏羲之道,故推演陰陽之事。'《武經總要》云:'大撓造甲子,推天地之數;風后衍遁甲,究鬼神之奧。'"

周壽昌曰:"《史記·龜策傳》集解劉歆《七略》云:'《風后孤虚》二十卷。'《北堂書鈔》卷一百五十七引《七略》云:'鑿山鑽石,則見地痛。'又云:'人民衆,蚤虱多,則地癢。'"

姚振宗曰:"《管子·五行》篇:'黄帝得六相而天地治,神明至。風后明乎天道,使爲當時。'唐房玄齡注曰:'謂知天時之所當也。'按,《管子》原本,'封后'作'蚩尤',誤。李鍇《尚史》、馬驌《繹史》據《外紀》是正,①今從之。"

又曰:"《史·五帝本紀》集解:鄭玄曰:'風后,黄帝三公也。'《正義》曰:'按,黄帝仰天地,置列侯衆官,以風后配上台,天老配中台,五聖配下台,謂之三公。《藝文志》《風后兵法》十三篇,圖三卷。'按,本《志》作二卷,未詳孰是。《論語摘輔象》:黄帝七輔,風后受金法。宋均注曰:'金法,言能決理是非也。'"

又曰:"本書《人表》風后列第二等上中仁人。梁玉繩曰:'風后,姓風名后,一云風后是風國之后,伏羲後。宋大觀三年,封上谷公。'"

---

① "驌",原誤作"繡",據《漢書藝文志條理》及前後文改。

又曰:"後漢張衡《應閒》曰:①'渾元初基,靈軌未紀,吉凶分錯,人用朣朦。有風后者,是焉亮之,察三辰于上,迹禍福乎下,經緯曆數,然後天步有常,則風后之爲也。'"

又曰:"《後漢書·張衡傳》注:《春秋内事》曰:'黄帝師于風后,風后善于伏羲氏之道,故推演陰陽之事。'《藝文志》陰陽家流有《風后》十三篇也。"

又曰:"皇甫謐《帝王世紀》曰:'自神農以上有大九州,柱州、迎州、神州之等。黄帝以來,德不及遠,惟于神州之内分爲九州。黄帝受命,風后受圖,割地布九州,置十二圖。'按,黄帝受命以下云云,《太平御覽》一百五十七《太一式占》引此文,作《周公城名録書》,《禹貢》釋文亦引此文,作《周公職録》。職録或是職方録,而《通志·藝文略》地理類有《周公城名録》一卷,不詳其所據,疑皆是風后此書之佚存者。"

又曰:"《隋書·經籍志》:'《黄帝蚩尤風后行軍秘術》二卷。'按,此似後人鈔節三家之别本。"

又曰:"《宋史·藝文志》:'《風后握機》一卷,晋馬隆略序。'按,《握機經》傳自晋代,似即此十三篇中之殘賸,或以爲後人依託。"

又曰:"王氏《考證》:獨孤及《風后八陳圖記》云:'得其遺制于《黄帝書》之外篇,裂素而圖之。'李靖《問對》云:'黄帝兵法,世傳《握奇文》。嚴從依風后大旨爲圖,以擬方陳。'李筌《太白陰經》云:'風后演握奇圖,復置虚實二壘。'《武經總要》曰:'大撓造甲子,推天地之數。風后演遁甲,究鬼神之奥。'《抱朴子》云:'黄帝講占候,則詢風后。'"

---

① "後漢"下原衍一"書"字,據《漢書藝文志條理》删。"應閒"原誤作"應問",據《漢書藝文志條理》及《後漢書·張衡傳》改。

力牧十五篇　黄帝臣，依託也。

《補注》王應麟曰："《太白陰經》云：'風后演《握奇圖》，復置虚實二壘，①力牧亦創《營圖》。'《抱朴子》云：'黄帝精推步則訪山稽、力牧，講占候則詢風后。'"

姚振宗曰："力牧有書二十二篇，見《諸子》道家。"

又曰："《論語摘輔象》：黄帝七輔，力墨受準斥州選舉，翼佐帝德。宋均注曰：'準斥，凡事也。力墨，或作力牧。'"

又曰："皇甫謐《帝王世紀》曰：'黄帝得風后于海隅，登以爲相。得力牧于大澤，進以爲將。'"

又曰："王氏《考證》：李筌《太白陰經》云：'風后置虚實二壘，力牧亦創營圖。'《抱朴子》云：'黄帝精推步，則訪山稽、力牧。'"

楊樹達曰："按，敦煌出土木簡，一簡有'己不聞者何也。力墨對曰：官'凡十一字。又一簡有'黄帝問□□□曰：官毋門者，②何也'存十字。'力墨'即'力牧'，'墨''牧'古音同。王國維謂簡出塞上，③當是兵家之力牧，非道家之力牧，説或是也。"

鵊冶子一篇　圖一卷

晋灼曰："鵊，音夾。"

姚振宗曰："馬驌《繹史·黄帝紀》注曰：'《漢書·藝文志》兵陰陽家封胡、風后、力牧、鵊冶子、鬼容區、地典，注俱云黄帝之臣。'"

又曰："李鍇《尚史·黄帝諸臣傳》：'《漢書》兵陰陽家有鬼臾區、鵊冶子、地典，注云並黄帝臣。'"

---

① "虚"，原誤作"盧"，據《漢書補注》及《漢藝文志考證》改。
② "毋"，原誤作"母"，據《漢書補注補正》改。
③ "國維"二字原誤倒，據《漢書補注補正》乙正。

姚氏又曰："按，諸書言黃帝三公、七輔、六相及諸臣，並無鵝冶子其人。本《志》實未嘗注'黃帝臣'，①豈馬、李二家所見與今本有異者歟？抑以此一條在《力牧》《鬼容區》之間，意爲牽附也？疑此一條在後二條《地典》之次，轉寫亂之。"

鬼容區三篇　圖一卷。黃帝臣，依託。

師古曰："即鬼臾區也。"

《補注》王應麟曰："《封禪書》：'鬼臾區號大鴻。''容''臾'聲相近。"沈欽韓曰："《史記索隱》：'《系本》：臾區占星氣。'《素問》有鬼臾區。《天元紀大論》。②"

姚振宗曰："《世本・作》篇曰：'臾區占星氣。'張澍輯注曰：'臾區即車區，亦作鬼容區，實一人也。李奇曰：區，黃帝時諸侯，占星氣謂占星之昏明、流貫，主何瑞禎變異及雲物怪變風氣方隅時候也。'"

又曰："《史・五帝本紀》：黃帝舉風后、力牧、常先、大鴻以治民。《正義》曰：'《封禪書》云：鬼臾區號大鴻，黃帝大臣也。死葬雍，故鴻冢是。《藝文志》云《鬼容區兵法》三篇也。'"

又曰："本書《人表》鬼臾區列第二等上中仁人。梁玉繩曰：'鬼臾區見《黃帝內經・素問》《史・封禪書》。鬼，國名。臾，又作容，又作俞，又作車區，又作蓲，亦曰大鴻。葬雍。宋大觀三年，封宜都公。'"

地典六篇

《補注》王應麟曰："《後漢書・張衡傳》：'師天老而友地典。'"沈欽韓曰："陶潛《群輔錄》：'黃帝七輔，地典受州絡。'"

---

① "志"，原誤作"注"，據《漢書藝文條理》改。
② "紀大"二字原誤倒，據《四部叢刊》影印明覆宋刻本《黃帝內經素問》（以下《黃帝內經素問》皆據此本，不再注明）乙正。

姚振宗曰:"《論語摘輔象》:黄帝七輔,地典受州絡。宋均注曰:'絡,維絡也。'"

又曰:"《後漢書·張衡傳》:衡作《應間》曰:'方將師天老而友地典,與之乎高睨而大談。'章懷太子注:'《帝王紀》曰:"黄帝以風后、天老、五聖爲三公,其餘知命、規紀、地典、力牧、常先、封胡、孔甲等,或以爲師,或以爲將。"《藝文志》陰陽有《地典》六篇。'"

又曰:"按,《志》于封胡、風后、力牧、鬼容區並注'黄帝臣',此地典亦黄帝臣而獨不注,則轉寫敚漏也。《人表》無地典。"

孟子一篇

《補注》沈欽韓曰:"下五行家有《猛子閭昭》,疑此是《猛子》。"

姚振宗曰:"章學誠《校讎通義》曰:'書有同名而異實者,必著其同異之故,而辨别其疑似焉。兵陰陽家之《孟子》一篇,與儒家之《孟子》十一篇同名,當别白而條著者也。'"

又曰:"按,此列東父、師曠之前,則其人遠在孟子之先,疑即五行家之猛子。"

東父三十一篇

《補注》沈欽韓曰:"《續天文志》:'星官之書,魏石申父。'東父無考,疑即申父也。"

姚振宗曰:"《廣韻》一'東'注云:'東,亦姓。'《氏族略》云:'東氏,舜七友東不訾之後,望出平原。'鄧名世《辯證》云:'中國有東西南氏,高麗有北氏,必其先皆以方爲氏。'"

又曰:"按,東不訾,《韓非子·説疑》篇作董不識,《人表》第三等有董父,與東不訾並列在帝舜有虞氏之時。董父見《左·昭二十九年傳》,以擾龍服事帝舜,帝賜姓曰董,氏曰豢龍氏,封諸鬷川,夷氏其後也。疑即此董父,因通假而爲東父,猶東不訾之爲董不識歟? 其叙次在師曠之前,于時代亦相合。《世系表》：“董氏出自姬姓。黃帝裔孫有飂叔安，生董父，舜賜姓董氏。”又按，以上三條，班氏未必無注，似皆傳刻者失之。”

師曠八篇　晉平公臣。

《補注》王應麟曰：“《後漢書·蘇竟傳》云：‘猥以《師曠雜事》，輕自眩惑。’注：‘雜占之書也。’”

姚振宗曰：“師曠有書六篇，見《諸子》小説家。”

又曰：“《後漢書·蘇竟傳》：竟與劉歆兄子龔書曰：‘猥以《師曠雜事》輕自眩惑，説士作書，亂夫大道，焉可信哉？’章懷注曰：‘《師曠雜事》，雜占之書也。前書云陰陽書十六家，有《師曠》八篇也。’”

萇弘十五篇　周史。

《補注》王應麟曰：“《淮南鴻烈》云：‘萇弘，周室之執數者也。天地之氣、日月之行、風雨之變、律曆之數，無所不通。’《天官書》：‘昔之傳天數者萇弘。’《封禪書》：‘周人之言方怪者自萇弘。’”

姚振宗曰：“《史·封禪書》：‘及後陪臣執政，季氏旅于泰山，仲尼譏之。是時萇弘以方事周靈王，諸侯莫朝周，周力少，萇弘乃明鬼神事，設射《狸首》。《狸首》者，諸侯之不來者。徐廣曰：“狸，一名‘不來’。”依神怪欲以致諸侯。諸侯不從，而晉人執殺萇弘。周人之言方怪者自萇弘。’又《天官書》曰：‘昔之傳天數者：周室，史佚、萇弘。’”

又曰：“本書《郊祀志》：‘周靈王時，諸侯莫朝周，萇弘乃明鬼神事，設射不來。不來者，諸侯之不來朝者也。依物怪，欲以致諸侯。諸侯弗從，而周室愈微。後二世，至敬王時，晉人殺萇弘。’李奇曰：“周爲晉殺之也。”又曰：‘成帝末年頗好鬼神，谷永説上曰：昔周史萇弘欲以鬼神之術輔尊靈王會朝諸侯，而周室愈微，諸侯愈叛。’”

又曰："本書《人表》萇弘列第六等中下。梁玉繩曰：'萇弘始見《左·昭十一》《周語下》。亦曰萇叔，周人殺之。其血三年化爲碧。葬雒陽東北山。'"

又曰："《淮南子·氾論》篇：昔者萇弘，周室之執數者也。天地之氣，日月之行，風雨之變，律曆之數，無所不通，然而不能自知車裂而死。高誘注曰：'晉范、中行氏之難以叛其君也，周劉氏與晉范氏世爲婚姻，萇弘事劉文公，故周人助范氏。至敬王二十八年，晉人攘周，周爲殺萇弘以釋之。'"

姚振宗又曰："按，萇弘初事周卿士劉文公，爲屬大夫。後事靈王、景王、敬王，爲大夫。其死時當春秋魯哀公之三年也。"

又曰："又按，自《黃帝》至此十一家，亦蒙上'兵法'二字。"

別成子望軍氣六篇　圖三卷

《補注》王先謙曰："別成子，蓋別姓。望軍氣，略見《天文志》。《隋志》兵類有《用兵秘法雲氣占》一卷。"

姚振宗曰："《史·天官書》：'凡望雲氣，仰而望之，三四百里；平望，在桑榆上，餘二千里；登高而望之，下屬地者三千里。雲氣有獸居上者，勝。'又曰：'陣雲如立垣。杼雲類杼軸。王朔所候，決于日旁。日旁雲氣，人主象。皆如其形以占。故北夷之氣如群畜穹閭，南夷之氣類舟船幡旗。'又曰：'夫自漢之爲天數者，星則唐都，氣則王朔。'"

又曰："本書《西域傳下》：武帝輪臺詔曰：'興師遣貳師將軍，公車方士、太史治星望氣，皆以爲吉，匈奴必破。'"

又曰："鄧名世《古今姓氏書辯證》：'別成氏，《漢·藝文志》陰陽家有《別成子望軍氣》六篇，今詳別成乃著書人也。'按，鄧氏之意，蓋謂別成非姓氏，乃著書人，辯古今氏姓書之謬也。"

姚振宗又曰："按，《廣韻》十七薛'別'字注云'別，又姓'，《何氏姓苑》云'揚州人',此豈姓別名成者歟?《史記》云'氣則王朔',豈朔自號別成子歟?朔,武帝時人,《隋志》兵家尚載其《雜匈奴占》一卷。"

又曰:"又按,《隋志》有《用兵秘法雲氣占》一卷,《氣經上部占》一卷,《天大芒霧氣占》一卷,《鬼谷先生占氣》一卷,《五行候氣占災》一卷,《乾坤氣法》一卷,不著撰人,皆是類之書,容或有此書逸篇在其間也。"

辟兵威勝方七十篇

《補注》沈欽韓曰:"《隋志》:'梁有《辟兵法》一卷。'《抱朴子·雜應》篇或問辟五兵之道'云云。"

姚振宗曰:"《抱朴子·仙藥》篇:《孝經援神契》曰:'椒薑禦濕,菖蒲益聰,巨勝延年,威喜辟兵。'皆上聖之至言,方術之實錄也,明文炳然,而世人終于不信,可嘆息者也。又《金丹》篇云:'金液,太乙所服而仙者也。其經云以金液爲威喜巨勝之法,取金液及水銀一味合煮之,三十日,出,以黃土甌盛,以六一泥封,置猛火炊之,六十時,皆化爲丹,服如小豆大便仙,以此丹一刀圭粉,水銀一斤,即成銀。又取此丹一斤,置火上扇之,化爲赤金而流,名曰丹金。以塗刀劍,辟兵萬里。'又《遐覽》篇云:'《道經》中有《燕君龍虎三囊辟兵符》《八威五勝符》《威喜符》《巨勝符》各一卷。'"

姚振宗又曰:"按,葛稚川所言威勝似即此方七十篇中之大略,《七錄》有《辟兵法》一卷,《通志·藝文略》兵陰陽家有《兵書萬勝決》《太一厭禳法》,亦即是一類之書。"

右陰陽十六家,二百四十九篇。圖十卷。

《補注》錢大昭曰:"此兵家,'陰陽'上當有'兵'字。'法家者流'之前,已有'陰陽家者流'矣。下文'陰陽'者,亦脫'兵'字。《張衡傳》李注以兵陰陽之《風后》十三篇、《地典》六篇爲陰陽流。又方回《古今考》引此已無'兵'字,知唐、宋本已脱。"王先謙曰:"官本'圖十卷',大字。"

姚振宗曰:"按,此篇家數不誤,篇數則溢出二十二篇。今校定當爲二百二十七篇,圖十卷。又例以上下篇,當云'兵陰陽',脱'兵'字。"

陰陽者,順時而發,推刑德。

《補注》王應麟曰:"《尉繚子·天官》篇:'梁惠王問曰:黄帝刑德,可以百勝,有之乎?對曰:刑以伐之,德以守之,非所謂天官時日、陰陽向背也,人事而已矣。'《淮南子·兵略訓》注:'刑,十二辰;德,十日也。'又《天文訓》云:'凡用太陰,左前刑,右背德,擊鉤陳之衝辰,以戰必勝,以攻必剋。'"

隨斗擊,

《補注》沈欽韓曰:"《天文訓》:'北斗之神有雌雄,十一月始建於子,月從一辰,雄左行,雌右行,五月合午,謀刑,十一月合子,謀德。'《隋志》五刑家有《黄石公北斗三奇法》。"

因五勝,

師古曰:"五勝,五行相勝也。"

《補注》王先謙曰:"官本注在下句下。"

假鬼神而爲助者也。

劉光蕡曰:"陰陽、技巧皆以輔權謀、用形勢,陰陽尤遁於虚、流於幻,不如技巧之真確可據。序之於先者,本《孟子》'天時不如地利'語也。陰陽即天時,地利即形勢,人和則兼權謀技巧也。"

兵　技　巧

鮑子兵法十篇　圖一卷

《補注》錢大昭曰:"閩本'十'作'一'。"

姚振宗曰:"鄧名世《古今姓氏書辯證》:'鮑氏出自姒姓,夏諸侯國,子孫氏焉。裔孫叔牙相齊桓公,名顯諸侯,謚曰共。曾孫牽,曰鮑莊子;國,曰鮑文子;國孫鮑牧。皆齊卿。牧之家臣,曰差車鮑點。其族仕晋者,曰鮑癸。其後鮑氏居東海郯縣。'"

姚氏又曰:"按,此鮑子列在伍子胥之前,則爲春秋時人可知。"

五子胥十篇　圖一卷

《補注》錢大昕曰:"'五',古'伍'字。《吕氏春秋》:'五員亡荆。'《人表》'伍參'亦作'五參',非文之訛。《陳涉傳》'銍人五逢',《史記》作'伍徐'。"沈欽韓曰:"《舊唐志》:'《伍子胥兵法》一卷。'《隋志》又有《遁甲訣》《遁甲文》各一卷,伍子胥撰。"王先謙曰:"《文選》顔延年《侍游曲阿後湖詩》注、張協《七命》注、《御覽》三百十五,並引子胥《水戰法》,皆明言出《越絶書》。《御覽》七百七引《越絶書》子胥船軍之教。以上今《越絶書》所無。"

周中孚曰:"《漢志》兵技巧有《伍子胥》十卷。按,《吳語》:大夫種曰:'夫申胥、華登簡服吳國之士于甲兵,而未嘗有所挫也。'此十卷,應是當年教戰之書。'"

周壽昌曰:"按,鄭樵《通志》有《伍子胥兵法》一卷。"

姚振宗曰:"伍子胥有書八篇,見《諸子》雜家。"

又曰:"《吕氏春秋·首時》篇:'王子光代吳王僚爲王,任子胥,子胥乃脩法制,下賢良,選練士,習戰鬥;六年,然後大勝楚于柏舉,九戰九勝,追北千里。'"

又曰:"《武帝本紀》注:臣瓚曰:'《伍子胥》書有戈船,以載干戈,因謂之戈船也。'又曰:'《伍子胥》書有下瀨船,瀨,湍也,吳越謂之瀨,中國謂之磧。'"

又曰:"《隋·經籍志》五行家:'《遁甲決》一卷,吳相伍子胥撰。《遁甲文》一卷,伍子胥撰。《遁甲孤虛記》一卷,伍子胥撰。'《唐·經籍志》兵家:'伍子胥《兵法》一卷。又五行家:

伍子胥《遁甲文》一卷。'《唐·藝文志》同。按，伍子胥諸書見于《隋》《唐志》者唯此，其遁甲三書或亦在此十篇中。"

又曰："王氏《考證》：《武經總要》云：'伍子胥對闔廬，以船軍之教比陸軍之法。'"

又曰："嚴可均《三代文編》曰：'伍子胥有兵技巧十篇，圖一篇。《文選注》《太平御覽》引伍子胥《水戰法》，又引《越絕書》伍子胥《水戰兵法內經》，凡三條。'"

公勝子五篇

《補注》葉德輝曰："次《伍子胥》後，疑《左傳》楚昭王時之白公勝也。"

楊樹達曰："按，公勝疑即公乘。《說苑·善說》篇記魏文侯飲酒，公乘不仁為觴政。本書《張耳傳》記公乘氏以女妻陳餘。'勝''乘'古音同。"

姚振宗曰："《廣韻》一東'公'字注：'公，又復姓，《漢書·藝文志》有公檮子著書，又有公勝生著書。'公檮生見《諸子》陰陽家，《廣韻》于此兩人並小有舛誤。"

又曰："鄧名世《古今姓氏書辯證》：'公勝氏，《前漢·藝文志》技巧家有《公勝子》五篇。'"

苗子五篇　圖一卷

姚振宗曰："《世系表》：'苗氏出自芈姓。楚有若敖生鬥伯比。鬥伯比生子良。子良生越椒，字伯棼，以罪誅。其子賁皇奔晉，晉侯與之苗邑，因以為氏。河內軹縣南有苗亭，即其地也。'"

姚氏又曰："按，此敘于伍子胥之後，參以《世系》之言，則此苗子似即苗賁皇之後人。又自《伍子胥》至此三家，亦蒙上'兵法'二字。"

逢門射法二篇

師古曰："即逢蒙。"

《補注》王應麟曰:"《龜策傳》'羿名善射,不如雄渠、蠭門',注引《七略》'有《蠭門射法》'。《吕氏春秋》:'蠭門始習於甘蠅。'後之言姓者,皆作'逢'。《王襃傳》云'逢門子'。"

姚振宗曰:"《孟子·離婁》篇:逢蒙學射于羿,盡羿之道,思天下惟羿爲愈己,于是殺羿。趙岐注曰:'羿,有窮后羿。逢蒙,羿之家衆也。《春秋傳》曰羿將歸自田家衆殺之。①'"

又曰:"《世本·作》篇曰:'逢蒙作射。'張澍輯注曰:'《世本》言逢蒙作射者,蓋作射法也。故《漢書·藝文志》兵技巧十三家有《逢門射法》二篇。顔師古曰即逢蒙,《吕氏春秋》作蠭門,《荀子》《史記》皆同,《莊子》作蓬蒙。《鹽鐵論》作逢須,惟《孟子》作逢蒙。'"

又曰:"《史·龜策傳》:羿名善射,不如雄渠、蠭門。《集解》曰:'駰案《淮南子》曰射者重以逢門子之巧。劉歆《七略》有《蠭門射法》也。'"

又曰:"本書《人表》逢門子列第八等下中。梁玉繩曰:'逢門子即逢蒙,又作蓬蒙,又作蠭門,又作蠭蒙,亦曰逢須,亦曰逢蒙子。夷羿、逢門皆篡弑之賊,何以一在第八,一在第九,當置逢門九等。'按,《廣韻》'門'字注引《人表》作'逢門子豹',鄭氏《氏族略》引亦同。今按《廣韻》'豹'字之上有敚文,當以'逢門子'爲句,'豹'字屬下文也。"

陰通成射法十一篇

姚振宗曰:"陰通成未詳。"

李將軍射法三篇

師古曰:"李廣。"

《補注》王應麟曰:"《李廣傳》:'世世受射。'"

---

① "田",原誤作"由",據《漢書藝文志條理》及清嘉慶二十年南昌府學重刊宋本《十三經注疏》本《孟子注疏》改。

姚振宗曰："《史》本傳：'李將軍廣者，隴西成紀人也。廣家世世受射。孝文帝十四年，以良家子從軍擊胡，爲中郎武騎常侍。孝景初，爲隴西都尉，騎郎將，驍騎都尉，從太尉亞夫擊吳楚軍。爲上谷太守，轉爲邊郡太守，徙上郡。嘗爲隴西、北地、雁門、代郡、雲中太守，皆以力戰爲名。武帝立，按，此稱武帝者，非其本文。爲未央衛尉。後爲將軍，出雁門擊匈奴。所失亡多，當斬，贖爲庶人。數歲，召拜爲右北平太守。廣出獵，見草中石，以爲虎而射之，沒鏃，視之石也。因復射之，終不能復入石矣。廣所居郡聞有虎，嘗自射之。及居右北平射虎，虎騰傷廣，廣亦竟射殺之。廣爲人長，猨臂，其善射亦天性也，雖其子孫他人學者，莫能及廣。與人居則畫地爲軍陳，射闊狹以飲。專以射爲戲。其射，見敵急，非在數十步之內，度不中不發，發即應弦而倒。用此，其將兵數困辱，其射猛獸亦爲所傷云。元狩四年，從大將軍青擊匈奴。失道，大將軍使長史急責。廣之幕府對簿，遂引刀自剄。'"

又曰："洪邁《容齋隨筆》曰：'漢文帝見李廣曰："惜廣不逢時，令當高祖世，萬戶侯豈足道哉！"吳、楚反①時，廣以都尉戰昌邑下顯名，以梁王授廣將軍印，故賞不行。武帝時，五爲將軍擊匈奴，無尺寸功，至不得其死。三朝不遇，命也夫！'"

又曰："《文獻·經籍考》：《射評要略》一卷。晁氏曰：'題李廣撰，凡十五篇。'陳氏曰：'依託也，鄙淺無奇。'"

魏氏射法六篇

姚振宗曰："魏氏未詳。"

強弩將軍王圍射法五卷

姚振宗曰："顔氏《集注》曰：'圍，郁郅人也，見《趙充國傳》。'

---

① "反"，原誤作"及"，據《漢書藝文志條理》及明崇禎三年刻本《容齋隨筆》改。

按,郁郅,北地縣也。"

又曰:"本書《趙充國傳》贊曰:'秦漢已來,山東出相,山西出將。秦將軍白起,郿人;王翦,頻陽人。漢興,郁郅王圍,成紀李廣,皆以武勇顯聞。山西天水、隴西、安定、北地處勢迫近羌胡,民俗修習戰備,高上勇力鞍馬騎射。其風聲氣俗自古而然也。'師古曰:'圍爲強弩將軍,見《藝文志》。'"

望遠連弩射法具十五篇

《補注》王應麟曰:"《李廣傳》孟康注:'太公陷陣卻敵,[①]以大黃參連弩。'案,《周官》五射,參連其一。'李陵發連弩射單于',注:'服虔云:三十弩共一弦。'"沈欽韓曰:"《吳越春秋》:'越王謂陳音曰:願聞望敵儀表投分飛矢之道。音曰:夫射之道,從分望敵,合以參連,弩有斗石,矢有輕重,石取一兩,其數乃平,遠近高下,求之銖分。'漢南郡有發弩官。《唐書·兵志》:'伏遠弩自能弛張,縱矢三百步。'"葉德輝曰:"漢《郭氏孝堂山畫像》,獵者以弓仰地,一弓三矢,以足踏之,蓋古連弩射法之遺。"

姚振宗曰:"本書《李陵傳》:陵發連弩射單于。服虔曰:'三十弩共一弦也。'張晏曰:'三十絭共一臂也。'劉攽曰:'三十弩一弦、三十絭一臂,皆無此理,妄説也。蓋如今之合蟬,或併兩弩共一弦之類。'"

又曰:"王氏《考證》:李廣以大黃射其裨將。孟康曰:'太公陷堅卻敵,以大黃參連弩。'愚按,《周官》五射,參連其一也。《武經總要》曰:'弩者,中國之勁兵,四夷所畏服也。古者有黃連、百竹、八檐、雙弓之號,絞車、擘張、馬弩之差;今有參弓、合蟬、手射、小黃,皆其遺法。'"

[①] "陣",《漢書·李廣傳》作"堅"。

護軍射師王賀射書五篇

《補注》沈欽韓曰："卜式上書，願與臨淄習弩，擊南越。蓋即射師。《後書》：'順帝永建元年，調五營弩師，郡與五人，令教習戰射。'此主教五營射師也。"

姚振宗曰："本書《百官表》：'護軍都尉，秦官，武帝元狩四年屬大司馬，按《表》武帝省太尉，置大司馬，以冠將軍之號，蓋即大將軍也。成帝綏和元年居大司馬府比司直，哀帝元壽元年更名司寇，平帝元始元年更名護軍。'"

姚氏又曰："按，護軍之屬有射師，則《表》所不具，蓋猶今之教習也。王賀始末未詳，其前數家皆稱'射法'，此獨名'射書'，而置于《連弩射法具》之後，則其書大抵言射具器用制作之程品爲多。"

蒲苴子弋法四篇

師古曰："苴，音子余反。"

《補注》王應麟曰："《列子·湯問》篇：'詹何曰：臣聞先大夫之言，蒲且子之弋也，弱弓纖繳，乘風振之，連雙鶬於青雲之際，用心專、動手均也。'《淮南子》：'蒲且子連鳥於百仞之上。'張茂先詩'蒲盧縈繳，神感飛禽'，即蒲且。"

姚振宗曰："張湛注曰：'蒲且子，古善弋射者。'《論語正義》引《説文》云：'繳謂生絲爲繩也。'"

又曰："《太平御覽·資產部》：'《淮南子》曰：'蒲且子連鳥于百仞之上，弓良也。'高誘注曰：'蒲且子，楚人，善弋射。'按，此見《覽冥》篇，今本《淮南子》無下句。又按，《楚世家》有云'楚人有好以弱弓微繳加歸雁之上者，頃襄王召而問之'，高注云'楚人'，或本諸此。然不知是否即此蒲且子也。"

又曰："《後漢書·張衡傳》：'衡作《應間》曰：詹何以沈鉤致精，蒲且以飛矰逞巧。'章懷太子注：'《周禮》曰：矰矢用弋射。按,《夏官》司弓矢云:"矰矢茀矢用諸弋射。"鄭玄注云:'結繳于矢謂之矰。矰,高也。'"

姚振宗又曰:"案,《汲冢竹書》中有《繳書》二篇,束晢云'論弋射法',爲劉、班所未見,疑即與此書略同。"

劍道三十八篇

《補注》王應麟曰:"《史記·自序》:'司馬氏在趙者,以傳劍論顯。'又序《孫吳傳》云:'非信廉仁勇,不能傳兵論劍。'"

姚振宗曰:"本書《司馬遷傳》:'司馬氏在趙者,以傳劍論顯。'服虔曰:'世善劍也。'師古曰:'劍論,劍術之論也。'按,此三十八篇中當有司馬氏所傳之論。"

又曰:"王氏《考證》:'《史記》序《孫吳傳》云:非信廉仁勇不能傳兵論劍,與道同符。'《日者傳》褚先生曰:①'齊張仲、曲成侯以善擊刺學用劍,立名天下。'按,《功臣侯表》高帝時有曲成侯蟲達,達子捷,捷子皇柔,傳封三代。又《王子侯表》武帝時有曲成侯萬歲,中山靖王子。"

手搏六篇

《補注》王應麟曰:"《甘延壽傳》:'試弁爲期門。'注:'弁,手搏。'《哀紀》:'時覽卞射武戲。'注:'手搏爲卞,角力爲武戲。'《刑法志》:'戰國稍增講武之禮,以爲戲樂,用相夸視,而秦更名角抵。'"葉德輝曰:"《説文》:'𢍆,大貌,或曰拳勇字。'案,手搏亦拳勇之類。"王先謙曰:"今謂之貫跤。"

姚振宗曰:"本書《甘延壽傳》:'延壽爲郎,試弁爲期門。'孟康曰:'弁,手搏也。'又《哀帝本紀》贊'時覽卞射武戲',蘇林曰:'手搏爲卞,角力爲武戲。'按,晋灼引《甘延壽傳》云"試卞爲期門",是"卞"與"弁"同也。《刑法志》曰:'戰國稍增講武之禮,以爲戲樂,

---

① "日",原誤作"曰",據《漢書藝文志條理》及《史記·日者列傳》改。

用相夸視。而秦更名角抵。'《武帝本紀》：'元封三年春,作角抵戲。'應劭曰：'角者,角技也。抵者,相抵觸也。'文穎曰：'名此樂爲角抵者,兩兩相當角力,角技藝射御,故名角抵,蓋雜技樂也。'師古曰：'抵者,當也。非謂抵觸。文説是也。'"

姚振宗又曰："按,《史記·太史公自序》曰：'司馬氏在趙者,以傳劍論顯。'服虔曰：'世善傳劍也。'蘇林曰：'傳手搏論而釋之。'《索隱》曰：'服虔云善劍,解所以稱傳也。蘇林作搏,言手搏論而知名也。'按,蘇林漢末魏初人,其注《漢書》言'傳手搏論而釋之',必實有所見,似《劍道》《手搏》兩書皆傳自司馬氏,而《手搏》一書又從而解釋之。《索隱》又曰何法盛《晉書》及晉司馬無忌作《司馬氏系本》,並云在趙者名凱,則司馬凱所作歟？"

雜家兵法五十七篇

《補注》沈欽韓曰："《隋志》：'《雜兵書》十卷。《雜兵圖》二卷。'《文選注》五十六引《雜兵書》。《御覽》亦多引之。"

姚振宗曰："按,此五十七篇不知若干家,《七略》置之于末簡,合權謀、形勢、陰陽、技巧四者而一之,未必專屬諸技巧也。"

蹴鞠二十五篇

師古曰："鞠以韋爲之,實以物,蹵蹋之以爲戲也。蹵鞠,陳力之事,故附於兵法焉。蹵,音子六反。鞠,音巨六反。"

《補注》王應麟曰："劉向《別録》云：'蹵鞠者,傳言黃帝所作,或曰起戰國時。記黃帝蹴鞠兵勢,所以練武士,知有才也。今軍無事,得使蹵鞠,有書二十五篇。'《史記》：'霍去病穿域蹋鞠。'《正義》：'徐廣云：穿地爲營域。案,《蹵鞠書》有《域説》篇,即今之打毬也。黃帝所作。起戰國時,①程武士,知其

---

① "起"字原脱,據《史記·衛將軍驃騎列傳》補。

材力,若講武。'《蘇秦傳》:'臨淄民六博、蹴鞠。'《揚子》云:'斷木爲棋,挽草爲鞠,亦皆爲有法焉。'"

姚振宗曰:"劉向《別錄》曰:'蹴鞠者,傳言黃帝所作,或曰起戰國之時,記云黃帝也。蹴亦蹋也。① 蹋鞠,兵勢也,所以練武士知有才也。皆因嬉戲,而講習之。今軍士無事,得使蹋鞠,有書二十五篇。'"

又曰:"劉歆《七略》曰:'蹴鞠者,傳言黃帝所作。② 王者宫中必左城而右平。《字典》城音戚,李善曰:"限也,謂階齒也。"《三輔黃圖》"未央前殿左城右平"注:"殿階九級,中分左右,左有齒,人行之;右則平之。"城猶國也,言有國當治之也。蹴鞠亦有治國之象,左城而右平。'又曰:'蹋鞠,兵勢也。其法律多微意,皆因嬉戲以講練士。至今軍士羽林無事,使其蹋鞠。'"

又曰:"《史記·霍去病傳》:'穿域蹋鞠。'徐廣曰:'穿地爲營域。'本書傳注服虔云"穿地作鞠室"。《索隱》曰:'鞠戲,以皮爲之,中實以毛,蹴蹋爲戲也。'《正義》曰:'按,《蹴鞠書》有《域說》篇,即今之打毬也。黃帝所作。起戰國時,程武士,知其材力也,③若講武。'"

又曰:"顏氏《集注》曰:'鞠以韋爲之,實以物,蹴蹋之以爲戲也。蹵鞠,陳力之事,故附於兵法焉。'"

又曰:"唐封演《聞見記》曰:'打毬,古之蹴鞠也。《漢書·藝文志》"《蹵鞠》二十五篇",顏注云"蹵音子六反,鞠音巨六反",近俗聲訛"蹋鞠"爲"毬",亦從而變焉,非古也。'"

姚振宗又曰:"按,陶宗儀《說郛》有《打毬儀》一卷,蓋權輿于

---

① "也"上原衍一"蹋"字,據《漢書藝文志條理》刪。
② "黃",原誤作"燕",據《漢書藝文志條理》改。
③ "知",原誤作"和",據《漢書藝文志條理》及《史記正義》改。

是書。①"

又曰:"又按,《兵書略》前三種,皆各以其時代爲次,無章段之可言。唯技巧一篇則有章段,凡五:自《鮑子》至《苗子》四家,言技巧之事,爲第一段;《逢門》至《王賀》七家,皆言射法及弩射、射具等事,爲第二段;《戈法》《劍道》《手搏》三家,言戈射劍術雜藝之屬,爲第三段;《雜家兵法》不名一體者,《七略》附之末簡,爲第四段;《蹵鞠》一家,班氏從《諸子》中析出,移入此篇,爲第五段。"

右兵技巧十三家,百九十九篇。省《墨子》重,入《蹵鞠》也。②

《補注》陶憲曾曰:"省《墨子》重者,蓋《七略》'《墨子》七十一篇'入墨家。又擇其中言兵技巧者十二篇,重收入此,說詳下。而班省之也。《蹵鞠》本在諸子,班氏出之入此。"

姚範曰:"按,《蹵鞠》,《七錄》在小說家,出之彼而入於此,故曰'重'。又脫'圖三卷'三字。"

周壽昌曰:"案,宜補'圖三卷'三字。"

姚振宗曰:"按此,所載家數缺少三家,篇數缺少八篇,又敓其圖之卷數。今校定當爲一十六家,二百七篇,圖三卷。"

技巧者,習手足,便器械,積機關,以立攻守之勝者也。

姚明煇曰:"習手足,如手搏、蹵鞠是。便器械,如射、弋是也。積機關,如連弩是也。"

凡兵書五十三家,七百九十篇,圖四十三卷。省十家二百七十一篇重,入《蹵鞠》一家二十五篇,出《司馬法》百五十篇入禮也。

《補注》劉奉世曰:"此注'二百七十一',又當作'五百九十二',兩注篇數皆不足,蓋訛謬也。"沈欽韓曰:"案,王莽徵天下能明兵法六十三家,知此《志》始省十家。"陶憲曾曰:"兵權

---

① "輿",原誤作"與",據《漢書藝文志條理》改。
② "鞠"字原脫,據《漢書·藝文志》補。

謀省《伊尹》以下九家二百五十九篇，兵技巧又省《墨子》，則爲十家，而云二百七十一篇，則所省《墨子》當十二篇矣。考《墨子·備城門》篇有臨、鉤、衝、梯、堙、水、穴、突、空洞、蟻傅、轒輼、軒車十二攻具，今本《墨子·備高臨》諸篇是也。今本《墨子》有《備高臨》《備梯》《備水》《備突》《備穴》《備蟻傳》凡六篇。《詩·大雅·皇矣》疏引有《備衝》篇，餘五篇蓋《備鉤》《備堙》《備空洞》《備轒輼》《備軒車》也，今闕。則《七略》所重，班氏所省者，當即此十二篇。以十二篇加二百五十九篇，正合二百七十一篇之數，劉氏疑注有訛謬，又非也。"姚振宗曰："按，此所載總數，就上四種並計，則有七百九十九篇，圖四十四卷，然皆非其實。今校定實爲五十六家，八百八篇，圖四十七卷。"

兵家者，蓋出古司馬之職，王官之武備也。《洪範》八政，八曰師。孔子曰爲國者"足食足兵"，

師古曰："《論語》載孔子之言。無兵與食，不可以爲國。"

"以不教民戰，是謂棄之"，

師古曰："亦《論語》所載孔子之言，非其不素習武備。"

《補注》朱一新曰："注汪本無'所'字。"

明兵之重也。《易》曰"古者弦木爲弧，剡木爲矢，弧矢之利，以威天下"，

師古曰："《下繫》之辭也。弧，木弓也。剡，謂銳而利之也，音弋冉反。"

其用上矣。後世爍金爲刃，割革爲甲，

師古曰："爍，讀與鑠同，謂銷也。"

器械甚備。下及湯武受命，以師克亂而濟百姓，動之以仁義，行之以禮讓，《司馬法》是其遺事也。自春秋至於戰國，出奇設伏，

劉光蕡曰："臨陣用兵，此四字盡之。"

變詐之兵並作。漢興，張良、韓信序次兵法，

《補注》王應麟曰："《高紀》：'韓信申軍法。'李靖云：'張良所學《六韜》《三略》是也，韓信所學《穰苴》《孫武》是也，然大體不出三門四種而已。'"

陳國慶曰："按，《六韜》，即《文韜》《武韜》《龍韜》《虎韜》《豹韜》《犬韜》。《三略》，《上略》《中略》《下略》。韜者，韜藏之義。略者，謀略之義。三門，據《七子兵書》李衛公曰，《太公謀》八十一篇所謂陰謀不可以言窮，《太公言》七十一篇，不可以兵窮，《兵》八十五篇，不可以賊窮，此三門也。四種：權謀、形勢、陰陽、技巧。"

凡百八十二家，刪取要用，定著三十五家。諸呂用事而盜取之。武帝時，軍政楊僕

《補注》劉奉世曰："'軍政'當作'軍正'。"錢大昭曰："'軍政'即'軍正'也。軍正有丞，見《胡建傳》。"

捃摭遺逸，紀奏兵錄，

師古曰："捃摭，謂拾取之。捃，音九問反。摭，音之石反。"

猶未能備。至于孝成，命任宏論次兵書爲四種。

姚振宗曰："《隋書·經籍志》曰：'兵者，所以禁暴靜亂者也。《易》曰："古者弦木爲弧，剡木爲矢，弧矢之利，以威天下。"孔子曰："不教人戰，是謂棄之。"《周官》，大司馬"掌九法九伐，以正邦國"，是也。然皆動之以仁，行之以義，故能禁暴靜亂，以濟百姓。下至三季，恣情逞欲，爭伐尋常，不撫其人，設變詐而滅仁義，至乃百姓離叛，以致于亂。'"

又曰："李衛公《問對》曰：'世所傳兵家流分權謀、形勢、陰陽、技巧四種，皆出《司馬法》。'"

又曰："本書《功臣侯表》：'將梁侯楊僕以樓船將軍擊南越椎鋒卻敵侯。武帝元鼎六年三月乙酉封，四年，元封四年，坐爲將軍擊朝鮮畏懦，入竹二萬箇，贖完爲城旦。僕，宜陽人，亦見《酷吏傳》《朝鮮傳》。'"

數　術

天　文

泰壹雜子星二十八卷

《補注》王先謙曰：“泰壹，星名，即太一也，見《天文志》。雜子星者，蓋此書雜記諸星，以‘太一’冠之，猶下雜變星，以‘五殘’冠之也。”

姚振宗曰：“泰壹家有兵法一篇，見兵陰陽家。”

又曰：“《天官書》太史公曰：‘幽厲以往，尚矣。所見天變，皆國殊窟穴，家占物怪，以合時應，其文圖籍禨祥不法。’《正義》曰：‘自古以來所見天變，國皆異具，所說不同，及家占物怪，用合時應者書，其文並圖籍，凶吉並不可法則也。’”

又曰：“戰國爭于攻取，兵革更起，臣主共憂患，其察機祥候星氣尤急。”

又曰：“按，泰壹亦即大乙，或省文作太一，北極星名，亦曰天帝別名，亦曰天神之最尊貴者。古有此一家之術，泰壹雜子即泰壹家之諸子而爲星官之學者，猶言黃帝雜子、淮南雜子之類。此大抵幽厲以後春秋戰國時人所作，爲星官之書之最古者。”

五殘雜變星二十一卷

師古曰：“五殘，星名也。見《天文志》。”

姚振宗曰：“本書《天文志》：‘五殘星，出正東，東方之星。其狀類辰，去地可六丈，大而黃。’孟康曰：‘星表有青氣如暈，有毛，填星之精也。’按，填星即土星。”

又曰:"《史記·天官書》正義:'五殘,一名五鋒,出正東東方之分野。狀類辰星,去地可六七丈,見則五穀毀敗之徵,大臣誅亡之象。'"

又曰:"馬國翰輯本序曰:'《漢志》天文家有《五殘雜變星》二十一卷。考《天文志》載國皇、昭明、①五殘、六賊、司詭、咸漢、四填、地維臧光、燭星、歸邪、天鼓、天狗、格澤、蚩尤之旗、旬始、枉矢、長庚、景星,凡十有八星,蓋五星之精散爲妖祥,下應人事,此其變占也。冠以五殘者,或以填星之精屬土,統攝諸方歟?其書《隋》《唐志》不載,亡佚已久,猶賴《漢志》承其略,兹據補焉。孟康注說諸星色狀極詳,當是依原書釋之,並取附各條之下,訂爲一卷。'"

黄帝雜子氣三十三篇

《補注》沈欽韓曰:"《御覽》八百七十八引《黃帝占軍氣訣》曰:'攻城有虹,欲敗之應。'《晉書·天文志》:'黃帝創受《河圖》,始明休咎,故其《星傳》尚有存焉。'"

姚振宗曰:"《世本·作》篇曰:'黃帝使羲和占日,常儀占月,臾區占星氣。'張澍輯注曰:'占日者,占日之晷景長短也。占月者,占月之晦朔弦望也。占星氣,謂占星之昏明流賈,主何瑞禎變異,及雲物怪變風氣方隅時候也。'"

又曰:"《續漢·天文志》序曰:'軒轅始受《河圖鬥苞授》,規日月星辰之象,故星官之書自黃帝始。'"

又曰:"《續漢·郡國志》注:《帝王世紀》曰:'及黃帝受命,乃推分星次,以定律度。周天三百六十五度四分度之一。一度二千九百三十二里,分爲十二次,一次三十度三十二分度之十四,各以附其七宿閒。距周天積百七萬九百一十三里,徑

---

① "明",原誤作"民",據《漢書藝文志條理》改。

三十五萬六千九百七十一里。凡中外官常明者百二十四,可名者三百二十,合二千五百星。微星之數,凡萬一千五百二十星,萬物所受,咸系命焉。此黃帝創制之大略也。'"

又曰:"嚴可均《鐵橋漫稿》曰:'《黃帝占》世無傳本,《開元占經》徵引甚多,余始寫出,以《乾象通鑑》校補,疑者闕之,分爲三卷,而爲之叙錄。曰:古者以太陰紀年,至王莽用三統曆,始以太歲紀年。此書占八穀有太陰乘寅、乘卯、乘辰等占,而又別有太歲,多非後世語。其占少微,有"聞如孔子,巧如魯般"二語,知撰書人在孔子後,蓋六國時依託也。《漢志》有《黃帝雜子氣》三十三篇,《隋》《唐志》有《黃帝五星占》一卷,如謂此書即一卷本,則卷太大,疑隋唐時有別本,合《雜子氣》彙錄之者。今故不題《五星占》,依《占經》題《黃帝占》焉。其錄曰日、月、五星總、歲星、熒惑、填星、太白、辰星、二十八宿、彙星、流星、客星、妖星、風、雨、虹、霧、濛、八穀、飛鳥,凡二十門。'"

姚振宗又曰:"按,《隋志》天文家有《天文占氣書》一卷,《候雲氣》一卷,梁有《雜望氣經》八卷,《候氣占》一卷,皆是類之書,亦或是書之殘賸。"

常從日月星氣二十一卷

師古曰:"常從,人姓名也,老子師之。"

《補注》王應麟曰:"《説苑·敬慎》篇:'常樅有疾,老子往問之。'"周壽昌曰:"案,《文子·上德》篇云:'老子學于常樅,見舌而知柔,仰視屋樹,退而目川,觀影而知持後。故聖人虛無因循,常後而不先,譬若積薪燎,後者處上。'老子述常樅言如此。'樅'即'從'也。"

姚振宗曰："《說苑·敬慎》篇：①常摐有疾，老子往問焉，曰：'先生疾甚矣，無遺教可以語諸弟子者乎？'常摐曰：'子雖不問，吾將語子。'常摐曰：'過故鄉而下車，子知之乎？'老子曰：'過故鄉而下車，非謂其不忘故耶？'摐曰：'嘻，是已。'常摐曰：'過喬木而趨，子知之乎？'老子曰：'過喬木而趨，非謂敬老耶？'常摐曰：'嘻，是已。'張其口而示老子，曰：'吾舌存乎？'老子曰：'然。''吾齒存乎？'老子曰：'亡。'常摐曰：'子知之乎？'老子曰：'夫舌之存也，豈非以其柔耶？齒之亡也，豈非以其剛耶？'常摐曰：'嘻，是已。天下之事已盡矣，無以復語子哉。'此説或在是書，或不在是書，無似詳知。嵇康《聖賢高士傳》亦載此説于《商容傳》中。齒舌剛柔之喻，又見老萊子書，傳説不一，莫詳其原。"

姚振宗又曰："按，蕭吉《五行大義·論五行生成數》引常從《數義》云云，又引鄭玄曰'以天地相配，取陰陽之理'，常從以支干數和合，取目辰爲用，兩説雖别，大意還同，似即此常從，其書有《五行數義》篇，豈兼言五行者歟？抑別在五行家諸書中也？"

皇公雜子星二十二卷

姚振宗曰："《風俗通·姓氏》篇：'皇氏，三皇之後，因氏焉。'《左傳》：'鄭大夫皇頡、皇辰。宋有皇氏，世爲上卿，本皇父充石之後，以字爲氏。'張澍輯注曰：'皇氏出自子姓，宋戴公子充石，字皇父，爲宋司徒。其孫南雍缺以王父氏爲皇父氏，或去"父"稱皇氏。'鄧名世《古今氏姓書辯證》：'春秋時，皇氏仕宋，其族仕鄭。在宋者曰充石，十世孫皇瑗爲宋司徒，生麇、野、般、鄖。麇，司徒。野字子仲，司馬。般食邑於鄭，謂之鄭

---

① 按，此節所述與《説苑》原文合，而與姚氏所稱引之《説苑》略有出入。

般。① 又大司馬非我、右師緩、皇國父、皇奄傷、皇伯、皇懷。仕鄭者曰皇武子、皇頡、皇辰、皇戌、戌子皇耳。'"

姚氏又曰："按，古天文家有此皇公一家之學，亦有徒衆傳其書，故曰皇公雜子。"

淮南雜子星十九卷

姚振宗曰："淮南王安見《諸子》雜家及《詩賦略》。"

又曰："本書《淮南王安傳》：'招致賓客方術之士數千人，作爲《内書》二十一篇，《外書》甚衆。'又曰：'其群臣賓客，江淮間多輕薄，以屬王遷死感激安。建元六年，彗星見，淮南王心怪之。或説王曰："先吴軍時，彗星出，長數尺，然尚流血千里。今彗星竟天，天下兵當大起。"王心以爲上無太子，天下有變，②諸侯並爭，愈益治攻戰具，積金錢賂遺郡國。游士妄作妖言阿諛王，王喜，多賜予之。'"

姚振宗又曰："按，淮南之有是書，猶漢末劉表之有《荆州占》，皆欲以天文休咎冀非分之望。本傳言《外書》甚衆，蓋不止三十三篇。此十九卷亦外書之屬歟？"

泰壹雜子雲雨三十四卷

姚振宗曰："泰壹雜子見前。"

姚氏又曰："按，泰壹雜子既有《星占》二十八卷，又有《雲雨占》三十四卷，《開元占經》所載《雲雨占》，容或有出于是書者。"

國章觀霓雲雨三十四卷

《補注》王先謙曰："國章，人姓名。國，姓，出鄭國僑之後，亦云齊國氏之後，見《元和姓纂》。"

姚振宗曰："按，國章疑是人姓名，國章觀又似宮觀名，不可得而詳矣。《七録》天文家有《君失政大雲雨日月占》二卷，即是

---

① "鄭"，原誤作"鄸"，據《漢書藝文志條理》改。
② "下"，原誤作"上"，據《漢書藝文志條理》及《漢書·淮南王安傳》改。

類之書。《開元占經》所載雲雨虹霓諸占,未必不由此兩書而輾轉祖述之。"

泰階六符一卷

李奇曰:"三台謂之泰階,兩兩成體,三台故六。觀色以知吉凶,故曰符。"

《補注》宋祁曰:"淳化本'六'作'陸'。"沈欽韓曰:"東方朔陳《泰階六符》,應劭以爲《黃帝書》。《郎顗傳》注引《黃帝泰階六符經》,《御覽·休徵部》亦引之。"

周壽昌曰:"案,《東方朔傳》注引應劭曰黃帝《泰階六符經》云云。是此書原名有'經'字,而亦託之於黃帝也。"

姚振宗曰:"顏氏《焦注》:李奇曰:'三台謂之泰階,兩兩成體,三台故六。觀色以知吉凶,故曰符。'"

又曰:"《史·天官書》:'魁下六星,兩兩相比者,名曰三能。三能色齊,君臣和;不齊,爲乖戾。'蘇林曰:'能音台。'《索隱》曰:'即泰階三台。《漢書》東方朔願陳《泰階六符》也。六符,六星之符驗也。'魁,北斗第一星也。"

又曰:"本書《東方朔傳》:初,建元三年,微行始出。後以爲道遠勞苦,又爲百姓所患,乃使中大夫吾丘壽王與待詔能用算者二人,舉籍阿城以南,盩厔以東,宜春以西,提封頃畝,及其賈直,欲除以爲上林苑,屬之南山。壽王奏事,上大説稱善。時朔在旁,進諫曰:'臣聞謙游靜慤,天表之應,應之以福;驕溢靡麗,天表之應,應之以異。愚臣忘生觸死,逆盛意,犯隆指,罪當萬死,不勝大願,願陳《泰階六符》,以觀天變,不可不省。'是日因奏《泰階》之事,上乃拜朔爲太中大夫,給事中,賜黃金百斤。然遂起上林苑,如壽王所奏云。"

又曰:"應劭《集解》曰:'《黃帝泰階六符經》曰"泰階者,天之三階也:上階,爲天子;中階,爲諸侯公卿大夫;下階,爲士庶人。上階，上星爲男主，下星爲女主；中階，上星爲諸侯三公，下星爲卿大夫；下階，上星爲元士，下星爲庶人。三階平，則陰陽和，風雨時，社稷神祇咸獲其宜，天下大安，是爲太平三階；不平，則五神乏祀，日有食之，水潤不浸，稼穡不成，冬靁夏霜，百姓不寧，故治道傾，天子行暴令，好興甲兵。修宮榭，廣苑囿，則上階爲奄奄疏闊也"。以孝武皆有此事，故朔爲陳之。'"

又曰："馬國翰輯本序曰：'其書首言三階所主次，言三階平則吉，否則凶；末言天子政失，則上階爲之奄奄疏闊。此下當備論諸侯、公卿、大夫、士、庶人，與前文相應，而今佚矣。此書久亡，別不見徵引，惟就應劭注錄之，而大恉猶可推識云。'"

姚振宗又曰："按，此一卷蓋即東方曼倩所上，或在《黃帝雜子氣》三十三篇之外者，天文家言三台星者多矣，文繁不錄。"

金度玉衡漢五星客流出入八篇

《補注》王先謙曰："《律曆志》：'度，其法用銅，故曰金度。'斗杓爲玉衡，詳《律曆》《天文志》。《御覽》八百七十五引《京氏易·五星占》。《志》凡漢代事，以漢統之，五星或爲客，或爲流，及出入，皆有占也。"

姚振宗曰："本書《天文志》：漢元年，五星聚于東井，以曆推之，從歲星也。此高皇帝受命之符也。故客謂張耳曰：按，此客即甘公也，見《陳餘傳》中。'東井秦地，漢王入秦，五星從歲星聚，當以義取天下。'秦王子嬰降于枳道，漢王以屬吏，寶器婦女亡所取，閉宮封門，還軍次于霸上，以候諸侯。與秦民約法三章，民亡不歸心者，可謂能行義矣，天之所予也。五年遂定天下，即帝位。此明歲星之崇義，東井爲秦之地明效也。"

姚氏又曰："按，此言五星客流出入者，謂五星及客星、流星出入于金度玉衡之間，度衡似即璇璣玉衡。《五帝本紀》正義引蔡邕曰：'玉衡長八尺，孔徑一寸，下端望之，以視星宿，蓋縣璣以象天，而以衡望之，轉璣窺衡，以知星宿。璣徑八尺，圓周二尺五寸而強也。'《天文志》載'五星聚東井'一條，疑即出于是書，爲漢代禎祥首出者也。客星、流星，《晋書・天文志》載之尤詳。"

漢五星彗客行事占驗八卷

《補注》王先謙曰："彗客五星之變，以行事占之。《隋志》'《京氏釋五星災異傳》一卷'其類也。"

漢日旁氣行事占驗三卷

《補注》王應麟曰："《功臣表》：'成帝時，光禄大夫滑堪有《日旁占驗》。'《天文志》：'王朔所候，决於日旁。'"

沈欽韓曰："《隋志》：'《京氏日占圖》三卷。《夏氏日旁氣》一卷。①《魏氏日旁氣圖》一卷。'《太卜》注：'王者夜有夢，則畫視日旁氣，以占其吉凶。'"

錢大昭曰："《功臣表》云：'成帝時，光禄大夫滑堪日旁占驗曰：鄧弱以長沙將兵侯。'疑即此書。"

漢流星行事占驗八卷

《補注》王先謙曰："此專占流星，《隋志》有《流星形名占》一卷。"

漢日旁氣行占驗十三卷

《補注》王先謙曰："此與上《日旁氣行事占驗》同，而奪一'事'字。云'十三卷'，蓋別一書。"

姚振宗曰："《續漢書・百官志》劉昭補注：《漢官》曰：'靈臺待詔，其十四人候星，二人候日，三人候風，十二人候氣。'"

又曰："《天官書》：'漢之興，五星聚于東井。吴楚七國叛逆，彗星數丈，天狗過梁野；及兵起，遂伏尸流血其下。元光、元

---

① "一卷"二字原脱，據《隋書・經籍志》補。

狩,蚩尤之旗再見,長則半天。其後京師師四出,誅夷狄者數十年,而伐胡尤甚。越之亡,熒惑守斗;朝鮮之拔,星茀于河戒;兵征大宛,星茀招搖:《索隱》:"茀音佩,即字星也。"此其犖犖大者。若至委曲小變,不可勝道。由是觀之,未有不先形見而應隨之者也。'此《五星彗客》及《流星行事占驗》各八卷之大旨,疑史公或亦取資于是二書。"

又曰:"《天官書》又曰:'夫自漢之爲天數者,星則唐都,氣則王朔,占歲則魏鮮。'又曰:'王朔所候,决于日旁。日旁雲氣,人主象。皆如其形以占。故北夷之氣如群畜穹閭,南夷之氣類舟船幡旗。大水處,敗軍場,破國之虛,下有積錢,金寶之上,皆有氣,不可不察。海旁蜄氣象樓臺,廣野氣成宮闕然。雲氣各象其山川人民所聚積。故候息耗者,入國邑,視封疆田疇之正治,城郭室屋門户之潤澤,次至車服畜産精華。實息者,吉;虛耗者,凶。'"

又曰:"《周禮》:'眡祲掌十煇之法,以觀妖祥,辨吉凶。一曰祲,二曰象,三曰鑴,四曰監,五曰暗,六曰瞢,七曰彌,八曰叙,九曰隮,十曰想。'故書"彌"作"迷","隮"作"資"。鄭司農云:'祲,陰陽氣相侵也。象者,如赤鳥也。鑴,謂日旁氣四面反鄉,如煇狀也。監,雲氣臨日也。暗,日月食也。瞢,日月瞢瞢無光也。彌者,白虹彌天也。叙者,雲有次序,如山在日上也。隮者,升氣也。想者,煇光也。'玄謂'鑴'讀如'童子佩鑴'之'鑴',謂日旁氣刺日也。監,冠珥也。彌,氣貫日也。隮,虹也。《詩》云'朝隮于西'。想,雜氣有似可形想。賈公彥曰:'十等多是日旁之氣,煇亦是日旁煇光,故總以煇言之。'按,此是日旁氣占候之古法,漢法或不盡如此。①"

---

① "法",原誤作"志",據《漢書藝文志條理》改。

姚振宗又曰："按,《天官書》云'余觀史記,考行事',即此類行事占驗之書。《隋志》天文家有《五星占》一卷,《彗星占》一卷,《流星占》一卷,《妖星流星形名占》一卷,並不著撰人,皆此《五星慧客》及《流星占驗》一類之書。又有《夏氏日旁氣》一卷,許氏撰,梁四卷。《魏氏日旁氣圖》一卷,《日旁雲氣圖》五卷。考本書《天文志》引夏氏《日月傳》,知夏氏非漢以後人,魏氏疑即占歲之魏鮮。此三書或即此日旁氣兩家十六卷之佚存者。"

漢日食月暈雜變行事占驗十三卷

《補注》沈欽韓曰："《隋志》:'《日月食暈占》四卷。'其名目甚多,大略采於《天文志》者是矣。"

姚振宗曰："《續漢·百官志》:'太史令一人,掌天時、星曆。凡國有瑞應、災異,掌記之。'又曰:'靈臺丞一人,掌候靈臺日月星氣,屬太史。'"

又曰:"《天官書》曰:'諸呂作亂,日蝕,晝晦。平城之圍,月暈參、畢七重。'《索隱》曰:'平城之圍,七日乃解,在高帝七年,天象有若符契。七重者,主七日也。'"

又曰:"本書《五行志》:'高帝三年十月甲戌晦,日有食之,在斗二十度,燕地也。後二年,燕王臧荼反,誅,立盧綰為燕王,後又反,敗。'《天文志》:'高帝七年,月暈,圍參、畢七重。占曰"畢、昴間,天街也;街北,胡也;街南,中國也。昴為匈奴,參為趙,畢為邊兵"。是歲,高皇帝自將兵擊匈奴,至平城,為冒頓單于所圍,七日乃解。'按,漢之日食月暈以此兩條為之首,其行事占驗蓋如此。與本書所載雖不可考,要亦無大異也。其雜變占驗亦略見《天文》《五行志》。"

姚振宗又曰:"按,《隋志》天文家有《日食占》《月暈占》《日月薄蝕圖》《日變異食占》《日月暈珥雲氣圖占》各一卷,《日月食暈占》四卷,並不著撰人,皆是類之書,或本書佚出僅存者。"

海中星占驗十二卷

《補注》王應麟曰:"《後漢·天文志》注引《海中占》。《隋志》有《海中星占》《星圖海中占》各一卷,即張衡所謂海人之占也。《唐·天文志》:'開元十二年,詔太史交州測星,以八月自海中南望老人星殊高,老人星下衆星粲然,其明大者甚衆。'"顧炎武曰:"海中者,中國也,故《天文志》曰:'甲乙,海外,日月不占。'"沈欽韓曰:"海中混茫,比平地難驗,著'海中'者,言其術精。算法亦有《海島算經》。唐《封氏見聞記》云:'齊武成帝即位,大赦天下,其日設金雞。宋孝王不識其義,問於光禄大夫司馬膺之。答曰:案《海中星占》,天雞星動,必當有赦。"王先謙曰:"王、沈說是。"

海中五星經雜事二十二卷

姚振宗曰:"劉昭《續漢·天文志》注:①張衡《靈憲》曰:'中外之官,常明者百有二十四,可名者三百二十,爲星二千五百,而海人之占未存焉。'"

又曰:"王氏《考證》:'《唐·天文志》開元十二年,詔太史交州測景,以八月自海中南望老人星殊高。老人星下,衆星粲然,其明大者甚衆,圖所不載,莫辨其名。'"

海中五星順逆二十八卷

姚振宗曰:"《天官書》曰:'甘、石曆五星法,唯獨熒惑有反逆行;逆行所守,及他星逆行,日月薄蝕,皆以爲占。余觀史記,考行事,按,此言考行事,即前五家行事占驗之書。百年之中,五星無出而不反逆行,反逆行,嘗盛大而變色;日月薄蝕,行南北有時:此其大度也。'"

又曰:"本書《天文志》:'古曆五星之推,亡逆行者,至甘氏、

---

① "漢"字原脱,據《漢書藝文志條理》補。

石氏《經》，以熒惑、太白爲有逆行。夫曆者，正行也。古人有言曰"天下太平，五星循度，亡有逆行。日不食朔，月不食望"。然而曆紀推月食，與二星之逆亡異。熒惑主内亂，太白主兵，月主刑。自周室衰，内臣不治，兵革不寢，刑罰不錯，故二星與月爲之失度，三變常見；甘、石氏見其常然，因以爲紀，皆非正行也。'"

又曰："《隋書·天文志》：'古曆五星並順行，秦曆始有金、火之逆。又甘、石並時，自有差異。漢初測候，乃知五星皆有逆行。'"

姚振宗又曰："按，《隋志》天文家有《海中星占》一卷，《論星》一卷，《星圖海中占》一卷，並不著撰人，意即上三書之佚存者歟？《開元占經》引海中占至多，其原亦出於此及後三書中。"

海中二十八宿國分二十八卷

《補注》王應麟曰："《淮南·天文訓》：'星部地名：角、亢，鄭。氐、房、心，宋。尾、箕，燕。斗、牽牛，越。須女，吳。虛、危，齊。營室、東壁，衛。奎、婁，魯。胃、昴、畢，魏。觜巂、參，趙。東井、輿鬼，秦。柳、七星、張，周。翼、軫，楚。'《春秋正義》云：'星紀在於東北，吳、越在東南，魯、衛東方諸侯，遥屬戌亥之次。又三家分晉，方始有趙，而韓、魏無分，趙獨有之。《地志》分郡國以配諸次，其地分或多或少，鶉首極多，鶉火甚狹，徒以相傳爲説，其源不可得而聞之。'"

姚振宗曰："《天官書》曰：'天有列宿，地有州域。二十八舍主十二州，所從來久矣。'《正義》曰：'二十八舍，謂東方角、亢、氐、房、心、尾、箕；北方斗、牛、女、虛、危、室、壁；西方奎、婁、胃、昴、畢、觜、參；南方井、鬼、柳、星、張、翼、軫。《星經》云：角、亢，鄭之分野，兗州；氐、房、心，宋之分野，豫州；尾、箕，燕之分野，幽州；南斗、牽牛，吳、越之分野，揚州；須女、虛，齊之分野，青州；危、室、壁，衛之分野，並州；奎、婁，魯之分野,徐州;胃、昴,趙之分野,冀州;畢、觜、參,魏之分野,益州;東井、輿鬼,秦之分野,雍州;柳、星、張,周之分野,三河;翼、軫,楚之分野,荆州也。'"

又曰:"王氏《考證》:'《春秋正義》曰:《漢書·地理志》分郡國以配諸次,其地分或多或少。鶉首極多,鶉火甚狹。徒以相傳爲説,其源不可得而聞之。吕氏曰:十二次,蓋戰國言星者以當時所有之國分配之。又《玉海》云:自七國時,甘、石始配十二分野。'按,甘、石之前已有此説,當始于春秋,而七國時更易之。"

姚振宗又曰:"按,《隋志》天文家有《二十八宿十二次》一卷,《二十八宿分野圖》一卷,不著撰人,皆是類之書之别見者。"

海中二十八宿臣分二十八卷

《補注》沈欽韓曰:"張衡云:'在野象物,在朝象官,在人象事。'《隋志》'《二十八宿二百八十三官圖》一卷',即臣分之義也。"

姚振宗曰:"本書《天文志》:'凡天文在圖籍昭昭可知者,經星常宿中外官,皆有州國官宫物類之象。'"

又曰:"張衡《靈憲》曰:'地有山岳,以宣其氣,精鍾爲星。星也者,體生于地,精成于天,列居錯峙,各有逌屬。在野象物,在朝象官,在人象事,于是備矣。'"

又曰:"《續漢·天文志》序:'三階九列,二十七大夫,八十一元士,斗、衡、太微、攝提之屬百二十官,二十八宿各布列,下應十二子。天地設位,星辰之象備矣。'"

又曰:"《五行大義·論諸官》篇:'唐虞之時,官名已百,夏殷定名爲百二十,以應天地陰陽之大數也,故有三公、九卿、二十七大夫、八十一元士,三三相參,合有百二十也。'"

姚振宗又曰:"按,《隋志》天文家有《二十八宿二百八十三官圖》一卷，不著撰人，似即此書之別見者。"
海中日月彗虹雜占十八卷
姚振宗曰："《藝文類聚·卜筮類》：梁元帝《易洞林序》曰：'余幼學星文，多歷歲稔，海中之書略皆尋究。'"

又曰："顧炎武《日知錄》：《漢書·藝文志》：'《海中星占驗》十二卷，《海中五星經雜事》二十二卷，《海中五星順逆》二十八卷，《海中二十八宿國分》二十八卷，《海中二十八宿臣分》二十八卷，《海中日月彗虹雜占》十八卷。'海中者，中國也，故《天文志》曰：'甲乙海外不占。'蓋天象所臨者廣，而二十八宿專主中國，故曰海中二十八宿。"

姚振宗又曰："按，《隋志》五行家有《海中仙人占災祥書》三卷，又一部三卷，並在雜占諸書中。又占夢類中有《海中仙人占體瞤及雜吉凶書》三卷，《海中仙人占吉凶要略》二卷，疑即從是書殘賸而鈔節附益者。"

圖書秘記十七篇
《補注》沈欽韓曰："《後書》：'楊厚祖父春卿戒子統曰：吾綈袠中，有先祖所傳秘記，為漢家用。'又章帝賜東平王蒼以秘書、列仙圖、道術秘方。"

葉德輝曰："《說文》'易'下引《秘書》說：'日月為易，象陰陽也。'《後漢書·鄭玄傳》：'《戒子益恩書》云：時覩秘書緯術之奧。'"

姚振宗曰："《隋書·天文志》曰：'河、洛圖緯，雖有星占星官之名，未能盡列。'"

姚氏又曰："按，《晉书·天文志·雜星氣》篇云：'圖緯舊說及《荊州占》，其雜星之體，有瑞星，有妖星，有客星，有流星，有瑞氣，有妖氣，有日月傍氣。'又妖星中引《河圖》云云，其稱圖緯及河圖疑即是書。《續漢志》《晉志》《帝王世紀》《通鑑外紀》皆有黃帝受《河圖》作星官之文，意者天文家取《河圖》《洛書》中所有如《稽曜鉤》《甄曜度》之類，錄爲是書。《續漢·曆志》云'中興以來，圖讖漏泄'，則當西京時猶秘而不宣，故曰秘記歟？"

又曰："又按，是篇凡分五章段：自《泰壹》至《淮南雜子星》六家，皆言星氣，爲第一段；自《泰壹》至《泰階六符》三家，言雲雨虹霓及三台星，爲第二段；自《金度玉衡》至《日食月暈》六家，皆言漢興以來行事占驗，爲第三段；海中諸占六家，自爲一家之學，爲第四段；《圖書秘記》亦別爲一家，爲第五段殿焉。"

右天文二十一家，四百四十五卷。

姚振宗曰："按，此篇家數缺少一家，卷數則溢出二十六卷。今校定當爲二十二家，四百一十九卷。"

天文者，序二十八宿，步五星日月，以紀吉凶之象，聖王所以參政也。《易》曰："觀乎天文，以察時變。"

師古曰："《賁卦》之象辭也。"

陳國慶曰："按，古代天文學，分周天之星爲二十八宿，四方各有七星。東方名爲蒼龍，有角、亢、氐、房、心、尾、箕七星。北方名爲玄武，有斗、牛、女、虛、危、室、壁七星。西方名爲白虎，有奎、婁、胃、昴、畢、觜、參七星。南方名爲朱雀，有井、鬼、柳、星、張、翼、軫七星。"

然星事䘲悍，非湛密者弗能由也。

師古曰："䘲，讀與凶同。湛，讀曰沈。由，用也。"

夫觀景以譴形，非明王亦不能服聽也。以不能由之臣，諫不能聽之王，

《補注》錢大昭曰："'王'，南雍本、閩本並作'主'。"朱一新曰："汪本作'主'。"王先謙曰："官本作'主'，是。"

楊樹達曰："景祐本作'王'，不作'主'。"

陳國慶曰："按，本書《京房傳》，房事梁人焦延壽。延壽常曰：

'得我道以亡身者,必京生也。'其説長於災變,房用之又精。永光、建昭間,西羌反,日蝕,又久青無光,陰霧不晴。房數上疏,先言其將然,近數月,遠一歲,所言屢中,天子説之。是時中書令石顯顓權,房嘗晏見諫帝,比石顯於豎刁、趙高,謂帝即位以來,日月失明,星辰逆行,山崩泉湧,地震石隕,夏霜冬雷,春凋秋榮,隕霜不殺,水旱螟蟲,民人饑疾,盜賊不禁,刑人滿市,《春秋》所記災異盡備。爲信任石顯故。顯疾房欲遠之,乃言於帝,以爲魏郡太守,房知其故,憂懼,又上封事,諫用石顯。月餘,顯告房非謗政事,歸惡天子,竟徵下獄棄市。此即以不能由之臣,諫不能聽之主,兩有所患之一例。"

此所以兩有患也。

姚振宗曰:"按,末後數語蓋有感而言,周之萇弘、漢之眭孟、京君,明説天變以殞身。劉光禄亦因陳災異而沈滯,尤其章著者也。"

又曰:"《隋書·經籍志》曰:'天文者,所以察星辰之變,而參于政者也。《易》曰"天垂象,見吉凶"。《書》稱"天視自我人視,天聽自我人聽"。故曰"王政不修,譴見于天,日爲之蝕。后德不修,譴見于天,月爲之蝕"。其餘孛彗飛流,見伏陵犯,各有其應。《周官》,馮相氏"掌十有二歲、十有二月、十有二辰、十日、二十有八星之位,辨其敘事,以會天位",是也。小人爲之,則指凶爲吉,謂惡爲善,是以數術錯亂而難明。'"

劉光蕡曰:"天文泥災祥之説,所以禍天文也。故中國曆法日壞,至元始大明,明時又晦,我朝參用西法,習者仍少。"

曆　　譜

黃帝五家曆三十三卷

《補注》王應麟曰:"《律曆志》:'張壽王曰:安得《五家曆》。'

《後志》:'黄帝造曆,元起辛卯。'《洪範五紀論》曰:'民間亦有黄帝諸曆,不如史官記之明也。'晉杜預云:'或用黄帝以來諸曆,以推經傳朔日,皆不諧合。'"王先謙曰:"《天官書》:'自初生民以來,世主曷嘗不歷日月星辰?及至五家、三代,紹而明之。'《索隱》:'五家,案謂五紀:歲、月、日、星辰、曆數,各有一家顓學習之,故曰五家也。'案,黄帝與顓頊、夏、殷、周、魯爲六家,今以黄帝貫下五家,稱《黄帝五家曆》,於文爲不詞。且顓頊以次五家,《志》文明列於下,不在此内,則此五家當如《索隱》説爲安。張壽王治黄帝《調曆》,因其疏闊,衆以爲《殷曆》,壽王乃云:'安得《五家曆》。'所以自飾其非,《殷曆》實《黄帝曆》也。王氏引以爲證此文,似未明晰。"
姚振宗曰:"黄帝見前道家、陰陽家、小説家、兵陰陽家。"
又曰:"《史・曆書》:太史公曰:'神農以前尚矣,蓋黄帝考定星曆。'"
又曰:"《晉書・曆志》:'黄帝紀三綱而闡書契,乃使羲和占日,常儀占月,臾區占星氣,伶倫造律吕,大撓作甲子,隸首作算數。容成綜斯六術,考定氣象,建五行,察發斂,起消息,正閏餘,述而著焉,謂之《調曆》。'"
又曰:"《世本・作》篇曰:'容成作《調曆》。'宋衷注:'容成,黄帝之臣。'張澍輯注曰:'容成因五量,治五氣,起消息,察發斂,作《調曆》,歲紀甲寅,日紀甲子,而時節定,歲交己酉,實黄帝之五十年也。'"
又曰:"劉向《五紀論》曰:'黄帝曆有四法。'又曰:'民間亦有黄帝諸曆,不如史官記之明也。'"
又曰:"《宋書・曆志》:祖沖之曰:'周漢之際,疇人喪業,曲技競設,圖緯實繁,或借號帝王以崇其大,或假名聖賢以神其説。是以讖記多虛,桓譚知其矯妄;古曆舛雜,杜預疑其非真。按,《五紀論》黃帝有四法,顓頊、夏、周並有二術,詭異紛然,則孰識其正,此古曆可疑之據一也。'"

又曰:"烏程汪曰楨《古今推步諸術考》:'黃帝術:上元辛卯,天正甲子,朔旦冬至,至周共和元年庚申,積二百七十五萬九千三百一十年算上。上元、積年見《開元占經》,上元至唐開元二年甲寅二百七十六萬〇八百六十三年算外。'又曰:'《五紀論》言黃帝術有四法,今僅傳其一法,而三法不傳矣。'"

姚振宗又曰:"按,此言五家者,並周秦漢初時曆家所託,有五家並爲一帙,非真正《調曆》也。"

顓頊曆二十一卷

姚振宗曰:"《五帝本紀》:'帝顓頊高陽者,黃帝之孫而昌意之子也。靜淵以有謀,疏通而知事,養材以任地,載時以象天,治氣以教化。'《索隱》曰:'載,行也。言行四時以象天。又理四時五行之氣以教化萬人也。'"

又曰:"本書《曆志》:'漢興,方綱紀大基,庶事草創,襲秦正朔,以北平侯張蒼言,用《顓頊曆》,比于六曆,疏闊中最爲微近。'"

又曰:"《宋書·曆志》:祖沖之曰:'顓頊曆元,歲在乙卯,而《命曆序》云"此術設元,歲在甲寅"。此可疑之據四也。'"

又曰:"汪曰楨《古今推步諸術考》:顓頊術:'上元乙卯,人正己巳,朔旦立春。至周共和元年庚申,積二百七十五萬九千四百六十六年算上。上元、積年見《開元占經》,人正、立春,見蔡氏《月令論》及《續漢書》《新唐書·志》。又緯書《考靈曜》旃蒙之歲,《感精符》單閼之歲,皆即此乙卯元也。秦用此術,以十月爲歲首,閏在歲末,謂之後九月。漢初承秦制,用顓頊術。自秦惠文王稱王初更元年丁酉,至子嬰元年乙未,凡一百一十九年。又自漢高帝元年乙未,至武帝元封七年丁丑,凡一百二年四月。統計丁酉至丁丑,大凡行用二百二十年四月。'"

顓頊五星曆十四卷

《補注》王應麟曰:"漢興,襲秦正朔,以張蒼言用《顓頊曆》,比於六曆,疏闊中最爲微近。《後志》:'顓頊造曆,元用乙卯。'蔡邕論曰:'《顓帝曆術》曰:天元正月己巳朔旦立春,俱以日月起於天廟、營室五度。'《唐志》:'《大衍曆·日度議》:《洪範傳》曰:曆祀始於顓帝上元太始閼蒙攝提格之歲,畢陬之月,朔日己巳立春,七曜俱在營室五度。'《宋志》:'祖沖之曰:案《五紀論》:黃帝曆有四法,顓頊、夏、商並有二術,詭異紛然,則孰識其正。①顓頊曆元,②歲在乙卯,而《命曆序》云此術設元,歲在甲寅。'"

日月宿曆十三卷

《補注》沈欽韓曰:"《後志》:'賈逵論:願請太史官日月宿簿。'"

姚振宗曰:"《續漢·曆志》賈逵論曆曰:'《易》曰:君子以治曆明時。言聖人必曆象日月星辰,明數不可貫千萬歲,其間必改更,先距求度數,取合日月星辰所在而已。故求度數,取合日月星辰,有異世之術。'又曰:'黃道度日月弦望多近。願請太史官日月宿簿及星度課,與待詔星象考校。'"

姚氏又曰:"按,賈氏言太史官有日月宿簿,有星度課,即是類之書,而此兩書其最先者,《天文志》言'古曆五星之推亡逆行',古曆亦即此二曆也。舊本文相連屬,《日月宿曆》蒙上'顓頊'二字。③"

---

① "則"字原脱,據清乾隆武英殿刻本《宋書·曆志》(以下《宋書》皆據此本,不再注明)補。
② "顓頊",原誤作"顓帝",據《宋書·曆志》改。
③ "曆"字原脱,據《漢書藝文志條理》補。

夏殷周魯曆十四卷

《補注》王應麟曰："《書》正義云：'古時真曆，遭戰國及秦而亡。漢存六曆，雖詳於《五紀》之論，皆秦漢之際假託爲之。'《詩》正義云：'今世有《周曆》《魯曆》，蓋漢初爲之。其交無遲速盈縮考日食之法，而年月往往參差。'又云：'劉向《五紀論》載《殷曆》之法，惟有氣朔而已。'《後漢志》：'夏用丙寅，殷用甲寅，周用丁巳，魯用庚子。'《宋志》：'祖沖之曰：《夏曆》七曜西行，特違衆法，劉向以爲後人所造。《殷曆》日法九百四十，而《乾鑿度》云《殷曆》以八十一爲日法。《春秋》書食有日朔者二十六，以《周曆》考之，失二十五；《魯曆》校之，又失十三。古術之作，① 皆在漢初周末。'《春秋正義釋例》云：'今《魯曆》不與《春秋》相符，殆來世好事者爲之，非真也。《長曆》稱：凡經傳有七百七十九日。漢末宋仲子集七曆以考《春秋》，《魯曆》得五百二十九日，失二百五十日。'② 《唐志》：'《大衍·日度議》云：《甄曜度》及《魯曆》南方有弧，無井、鬼，北方有建星，無南斗。'《中氣議》曰：'《殷曆》南至常在十月晦，則中氣後天也。《周曆》蝕朔差經或二日，則合朔先天也。'《合朔議》曰：'《春秋》日蝕有甲乙者三十四，《殷曆》《魯曆》先一日者十三，後一日者三。《周曆》先一日者二十二，先二日者九。其僞可知矣。'晁氏云：'夏桀在位五十有二年，湯受天命放南巢，實甲寅之曆也，是爲成湯之元。不踰年而改元革命，異乎繼世之君也。③ 《考靈曜》《命曆序》皆本於甲寅元。《後漢志》："中興以來，圖讖漏泄，而《考靈曜》《命曆序》皆有甲寅元，其所起在四分庚申

---

① "古"，原誤作"占"，據《宋書·曆志》《玉海·律曆》改。
② "二"，原誤作"三"，據清《武英殿聚珍版叢書》本《春秋釋例》（以下《春秋釋例》皆據此本，不再注明）、《春秋左傳正義》改。
③ 按，王應麟《漢藝文志考證》無"夏桀在位"一句。

元,後百一十四歲朔差卻二日。"①漢延光二年,宣誦、施延;熹平四年,馮光、陳晃皆言曆元不正,當用甲寅爲元。議郎蔡邕議之曰:曆法,黃帝、顓頊、夏、殷、周、魯凡六家,各自有元。光、②晃所據,則《殷曆》元也。然則甲寅爲殷湯之元也審矣。古諸儒生皆以爲孔子用殷甲寅曆。漢劉洪於曆最善,其表言曰:甲寅曆於孔子時效。竊以《春秋緯·命曆》推之,洪言可信。而《公子譜》所謂商起庚戌、終戊寅者,非也。《帝王譜》謂湯元年壬寅;《一行曆》謂成湯伐桀,歲在壬戌。皆非也。'"程氏《春秋分記》曰:"《周曆》惟閏法多差,左氏所載屢以失閏爲譏。"

姚振宗曰:"本書《曆志》:'三代既没,五伯之末史官喪紀,疇人子弟分散,或在夷狄,故其所記,有《黃帝》《顓頊》《夏》《殷》《周》及《魯曆》。③'"

又曰:"《續漢·曆志》熹平論曆曰:'議郎蔡邕議曰:案,曆法,黃帝、顓頊、夏、殷、周、魯,凡六家,各自有元。'司馬彪曰:'黃帝造曆,元起辛卯,而顓頊用乙卯,夏用丙寅,殷用甲寅,周用丁巳,魯用庚子。'"

又曰:"《宋書·曆志》:祖冲之曰:'夏曆七曜西行,特違衆法,劉向以爲後人所造,此可疑之據二也。殷曆日法九百四十,而《乾鑿度》云殷曆以八十一爲日法。若《易緯》非差,殷曆必妄,此可疑之據三也。《春秋》書食有日朔者凡二十六,其所據曆,非周則魯。以周曆考,檢其朔日,失二十五,魯曆校之,又失十三。二曆並乖,則必有一僞,此可疑之據五也。古之六術,並同《四分》,《四分》之法,久則後天。以食檢之,經

---

① 按,王應麟《漢藝文志考證》無"中興以來"一句。
② "光"字原脱,據《後漢書·律曆志》補。
③ "周"字原脱,據《漢書藝文志條理》《漢書·律曆志》補。

三百年,輒差一日。古曆課今,其甚疏者,朔後天過二日有餘。以此推之,古術之作,皆在漢初周末,理不得遠。且卻校《春秋》,朔並先天,此則非三代以前之明徵矣,可疑之據六也。'"

又曰:"《隋書·曆志》曰:'漢時有古曆六家,學者疑其紕繆,劉向父子咸加討論,班固因之,采以爲志。'按,劉向父子咸加討論者,謂《五紀論》及《三統曆》也。"

又曰:"王氏《考證》:《書正義》云:'古時真曆遭戰國及秦而亡,漢存六曆,雖詳于五紀之論,皆秦漢之際假託爲之。'《詩正義》云:'今世有《周曆》《魯曆》,蓋漢初爲之。其交無遲速盈縮,考日食之法,而年月往往參差。'又云:'劉向《五紀論》載《殷曆》之法,惟有氣朔而已。'《春秋正義》:釋例云:'今《魯曆》不與《春秋》相符,殆來世好事者爲之,非真也。'"

天曆大曆十八卷

姚振宗曰:"按,《太史公自序》'遷爲太史令五年而當太初元年,十一月甲子朔旦冬至,天曆始改'云云,此天曆疑即張蒼所脩者,大曆疑即武帝所改《太初曆》。"

楊樹達曰:"按,《晉書·束晳傳》記《汲冢書》有《大曆》二篇,云:'鄒子談天類也。'疑即此書也。"

漢元殷周諜曆十七卷

《補注》王應麟曰:"《史·三代世表》:'太史公曰:余讀《諜記》,黃帝以來皆有年數。稽其曆譜諜終始五德之傳,古文咸不同,乖異。'《十二諸侯年表》云:'讀《春秋曆譜諜》至周厲王。'"沈欽韓曰:"《律曆志》:'以前曆上元泰初四千六百一十七歲,至於元封七年,復得閼逢攝提格之歲。'案,此以漢元上推殷周,① 猶《後志》言:'《四分曆》起於孝文皇帝後元三年,

---

① "殷",原誤作"假",據《漢書補注》改。

歲在庚辰。上四十五歲,歲在乙未,則漢興元年也。又上二百七十五歲,歲在庚申,則孔子獲麟。二百七十六萬歲,尋之上行,復得庚申。歲歲相承、從下尋上,其執不誤。'"王先謙曰:"《後漢書·張衡傳》注:'諜譜,第也。'案,史文或單稱'譜',單稱'諜',或連稱'譜諜',其義一也。以上引《史記》證之,'諜曆'當爲'曆諜',而文誤倒。"

姚振宗曰:"《史·三代世表》:太史公曰:'余讀牒記,黃帝以來皆有年數。稽其曆譜諜終始五德之傳,古文咸不同,乖異。'《索隱》曰:'牒者,記系諡之書也。稽曆譜諜,謂歷代之譜諜也。'"

姚氏又曰:"按,諜曆者,記其世系而繫以年,有終始年代之可考者也。劉歆《三統曆》之《世經》亦其類也。其曰漢元殷周,豈自漢代建元改曆之時以上溯殷、周兩代歟?"

耿昌月行帛圖二百三十二卷
耿昌月行度二卷

《補注》王應麟曰:"《後志》:'賈逵論曰:案,甘露二年,大司農中丞耿壽昌奏,以圖儀度日月行,考驗天運狀,日月行至牽牛、東井,日過度,月行十五度。至婁、角,日行一度,月行十三度,赤道使然。'"王先謙曰:"《食貨志》稱壽昌善爲算,昌蓋其字。稱字冠書,如賦家《屈原賦》之例。柳下惠姓展名獲,字季禽,《左傳》稱展禽,《莊子》稱柳下季,亦其比也。"

耿昌月行圖二卷

姚振宗曰:"本書《食貨志》:'宣帝時,大司農中丞耿壽昌以善爲算能商功利得幸于上。'又《本紀》:'五鳳四年春正月,大司農中丞耿壽昌奏設常平倉,以給北邊,省轉漕。賜爵關內侯。'"

又曰:"《續漢·曆志》賈逵論曆曰:'甘露二年,大司農中丞耿壽昌奏，以圖儀度日月行，考驗天運狀，日月行至牽牛、東井，日過度。殿本《考證》曰："推尋文義，'過'字下疑脫'一'字。"月行十五度，至婁、角，日行一度，月行十三度，赤道使然，此前世所共知也。'"

姚振宗又曰："按，賈氏言耿壽昌狀日月行，蓋即謂此二書。此作耿昌即耿壽昌。'月行帛圖'，據賈氏說，'月'上當有'日'字，'帛'是度字之誤，似前二百餘卷為圖，後二卷為說歟？若然，則'月行度'亦脫一'日'字也。《隋志》天文家有《月行黃道圖》一卷，梁有《日目交會圖》鄭玄注一卷，又《日月本次位圖》一卷，皆是類之書。又按，後二卷或其徒所作之節要，故重出其名。"

傅周五星行度三十九卷

《補注》王念孫曰："'傳'當為'傅'。耿昌、傅周皆上姓下名。"

沈欽韓曰："《後志》：'賈逵論曰：臣前上傅安等用黃道度日月，弦望多近。'此傅周或世相傳授也。①"

姚振宗曰："泰州宮夢仁《讀書紀數略》引《五星推步》曰：'金星、水星一日行一度，一月行一宮，一歲一周天；木星十二日行一度，一歲行一宮，十二歲一周天；火星二日行一度，二月行一宮，二歲一周天；土星二十八日行一度，二十八月行一宮，二十八年一周天。'"

姚氏又曰："按，傅周始末未詳，當是宣帝時，與耿壽昌相先後。耿作《日月行度》，傅作《五星行度》，皆曆家推步所有事。《五星行度》即《三統曆》所謂五步是也，文繁不錄。"

律曆數法三卷

《補注》沈欽韓曰："《律曆志》：'唐都分天部，而落下閎運算轉曆。其法以律起曆，曰：律容一龠，積八十一寸，則一日之分也。'"

---

① "此傅周或世相傳授也"，《漢書疏證》作"此傅周亦人名"。

姚振宗曰：："本書《律曆志》：議造《漢太初曆》，乃選治曆鄧平及長樂司馬可、酒泉侯宜君、侍郎尊及與民間治曆者，凡二十餘人，方士唐都、巴郡落下閎與焉。都分天部，而閎運算轉曆。其法以律起曆，曰：'律容一龠，積八十一寸，則一日之分也。與長相終。律長九寸，百七十一分而終復。三復而得甲子。夫律陰陽九六，爻象所從出也。故黄鐘紀元氣之謂律。律，法也，莫不取法焉。'與鄧平所治同。於是皆觀新星度、日月行，更以算推，如閎平法。"

又曰："《隋書·律曆志》曰：'漢室初興，丞相張蒼，首言音律，未能審備。孝武帝創置協律之官，司馬遷言律吕相生之次詳矣。'"

姚振宗又曰："按，《張蒼傳》蒼著書十八篇，言陰陽律曆事。本《志》陰陽家載張蒼書十六篇，餘二篇專言律曆事者，疑在此書。及武帝時落下閎等所作並合爲三卷。又元帝時，京房言六十律相生之法，或亦在是書，以其非一家之説，故不著撰人名氏。"

自古五星宿紀三十卷

《補注》沈欽韓曰："《律曆志》：'劉向總六曆，列是非，作《五紀論》。'此蓋其類。"

姚振宗曰："按，此五星二十八宿之紀也。《隋志》曆數家載七曜曆、五星曆至多，皆其類也。"

太歲謀日晷二十九卷

《補注》王引之曰："'謀'當爲'諜'。應劭注《揚雄傳》曰：'諜，譜也。'上文有'《漢元殷周曆諜》今本訛作"諜曆"。十七卷'，下文有'《帝王諸侯世譜》二十卷'。唐人避太宗諱，書'諜'字作'謀'，因訛而爲'謀'矣。僖二十五年《左傳》：'諜出曰：①原將降矣。'"

---

① "曰"，原誤作"日"，據《漢書補注》改。

《吕氏春秋·爲欲》篇"諜出"訛作"謀士"。沈欽韓曰："《律曆志》：'議造《漢曆》，乃定東西，立晷儀，下漏刻，以追二十八宿相距於四方。'《易通卦驗》：'冬至之日，立八神，樹八尺之表。日中規，①其晷之如度者，則歲美，人民利順；晷不如度者，則歲惡，人民爲訛言。'"

姚振宗曰："《欽定協紀辯方書·義例》篇：《神樞經》曰：'太歲，人君之象，率領諸神，統正方位，斡運時序，總成歲功。以上元閼逢、困敦之歲，起建于子，歲徙一位，十二年一周。'《黃帝經》曰：'太歲所在之辰必不可犯。'曹震圭曰：'太歲者，歲星也，故木星十二年行一周天，一年行一次也。'"

又曰："《説文》：'晷，日景也。'《廣雅》云：'柱景也。'《釋名》：'晷，規也，如規畫也。'《玉篇》云：'以表度日也。'"

帝王諸侯世譜二十卷

《補注》葉德輝曰："《隋志》有《世本王侯大夫譜》，列劉向《世本》前，疑即此篇。"

姚振宗曰："《三代世表》：太史公曰：'五帝、三代之記，尚矣。自殷以前諸侯不可得而譜，周以來乃頗可著。'"

又曰："本書《地理志》：'周爵五等，而土三等。公、侯百里，伯七十里，子、男五十里。不滿爲附庸，蓋千八百國。而太昊、黃帝之後，唐、虞侯伯猶存，帝王圖籍相踵而可知。'"

又曰："王氏《考證》：'龜山楊氏《跋春秋公子血脈譜》：其傳本曰荀卿，而其書《秦譜》乃下及乎項滅子嬰之際，吾知其非荀卿氏作明矣。然自古帝王世系，與夫列國之君，得姓受氏，旁穿曲貫，枝分派別，較然如指諸掌，非殫見洽聞者不能爲也。②'按，荀卿《春秋公子血脈譜》亦名《帝王曆記譜》，或三

---

① "日中"二字原脱，據《漢書補注》補。
② "見"字原脱，據《漢書藝文志條理》及明萬曆十九年刻本楊時《龜山集》補。

卷,或二卷,見《崇文總目》、晁《志》、陳《錄》、《通考》《宋·藝文志》,王氏以楊氏時之説謂即此書,亦頗近似。"

古來帝王年譜五卷

《補注》沈欽韓曰:"《隋志》:'漢初,得《世本》,叙黄帝以來祖世所出。而漢又有《帝王年譜》。'《律曆志》:'太史令張壽王言,黄帝至元鳳三年六千餘歲。又移《帝王録》,舜、禹年歲不合人年。壽王言化益爲天子代禹,驪山女亦爲天子,在殷周間,皆不合經術。'《溝洫志》:'大司空掾王橫言:《周譜》云定王五年河徙。'"

姚振宗曰:"《三代世表》:太史公曰:'五帝、三代之記,尚矣。余讀諜記,黄帝以來皆有年數。'《十二諸侯年表》曰:'譜諜獨記世謚,其辭略。'《索隱》曰:'劉杳云:桓譚《新論》曰,太史公《三代世表》旁行邪上,並效《周譜》。譜起周代。《藝文志》有《古帝王譜》。'"

又曰:"沈濤《銅熨斗齋隨筆》曰:'《漢志》曆譜家有《帝王諸侯世譜》二十卷,《古來帝王年譜》五卷,世譜、年譜即世表、年表,劉杳云《三代世表》並效《周譜》,可見譜與表名異而實同。'"

姚振宗又曰:"按,兩《唐志》有宋均注《帝譜世本》七卷。宋均,魏博士,距漢不遠,其所注爲漢代所有之書可知,《帝譜世本》疑即此兩書之别本。"

葉長青曰:"《世本》十五篇,既列《六藝略》《戰國策》前,則《帝王諸侯世譜》《古來帝王年譜》皆其類也。奈何次於日晷算術之間乎。"

日晷書三十四卷

《補注》沈欽韓曰:"《隋志》:'《黄道晷景占》一卷。梁有《晷景記》一卷。'"

姚振宗曰:"《周禮》:'大司徒之職,以土圭之法測土深,正日景,以求地中。日南則景短,多暑;日北則景長,多寒;日東則景夕,多風;日西則景朝,多陰。日至之景,尺有五寸,謂之地中,天地之所合也,四時之所交也,風雨之所會也,陰陽之所和也。'"

又曰:"本書《曆志》:'武帝元封七年,大中大夫公孫卿、壺遂、太史令司馬遷等言曆紀廢壞,遂詔卿、遂、遷與侍郎尊、大典星射姓等議造《漢曆》。乃定東西,立晷儀,下漏刻,以追二十八宿相距于四方,舉終以定朔晦分至,躔離弦望。'"

又曰:"本書《天文志》:'日有中道。中道者,黄道。黄道北至東井,去北極近;南至牽牛,去北極遠;東至角,西至婁,去極中。夏至至于東井,北近極,故晷短;立八尺之表,而晷景長尺五寸八分。冬至至于牽牛,遠極,故晷長;立八尺之表,而晷景長丈三尺一寸四分。春秋分日至婁、角,去極中,而晷中,立八尺之表,而晷景長七尺三寸六分。此日去極遠近之差,晷景長短之制也。去極遠近難知,要以晷景。晷景者,所以知日之南北也。'"

又曰:"《續漢·百官志》劉昭補注:《漢官》曰:'靈臺待詔四十二人,其三人候晷景。'"

姚振宗又曰:"按,《隋志》天文家有《黄道晷景占》一卷,梁有《晷景記》二卷,似即是書之佚存者。"

許商算術二十六卷

《補注》王應麟曰:"《溝洫志》:'博士許商治《尚書》,善爲算,能度功用。'"

姚振宗曰:"許商有《五行傳記》一篇,見《六藝》尚書家。"

又曰:"本書《溝洫志》:'成帝初,丞相、御史白博士許商治《尚書》,善爲算,能度功用,遣行視屯氏河。建始時,河決平原,杜欽説大將軍王鳳"宜遣丞相史楊焉及將作大匠許商、① 諫大夫乘馬延年雜作。商及延年皆明計算,能商功利,必有成功"。鳳如欽言,白遣焉等作治,六月乃成。鴻嘉四年,勃海、清河、信都河水湓溢,河隄都尉許商行視,圖方略。'按,《志》亦言耿壽昌能商功利,顔氏兩處並注云:'商,度也。'按,《少廣》《商功》乃《九章算術》之篇目,史言此兩人用算,能爲商功之利益,顔注非也。"

姚氏又曰:"按《儒林傳》云'商善爲算,著《五行論》《曆》',《五行論》即尚書家著録之《五行傳記》,曆者即此書也,曆、術並相通。"

杜忠算術十六卷

姚振宗曰:"按,《廣韻》二十九换'算'字注:'計也,數也。'《説文》曰:'算長六寸,計曆數者也。'又有《九章術》,漢許商、杜忠,吳陳熾,魏王粲並善之。"

姚氏又曰:"按《廣韻》言,則許、杜兩家之算術皆九章數術之學也。九章數術已見于此兩家書中,故《七略》不復載。其本師許商與劉中壘同時,杜忠殆亦同時而稍後者,其始末未詳。"

又曰:"又按,是篇凡分三章段:自《黄帝五家曆》至《律曆數法》十一部,所謂'聖王必正曆數''又以探知五星日月之會'者也,是爲第一段;自《古五星宿紀》至《日晷書》五家,皆曆家所有事,世譜、年譜亦所以參稽時代者也,爲第二段;《算術》兩家則步天測景諸術法,爲第三段。"

右曆譜十八家,六百六卷。

姚振宗曰:"按,此篇凡一十八條,條爲一家,故云十八家。然

---

① "宜"字原脱,據《漢書藝文志條理》補。

其中如《顓頊五星曆》《日月宿曆》，或所託非一人，①自當別爲家數。至如《耿昌月行帛圖》《月行度》，則實爲一家之書，別爲二家莫詳其例，今姑仍其舊。其卷數則溢出四十卷。今校定當爲一十八家，五百六十六卷。"

周壽昌曰："案，録中《黃帝五家曆》即《律曆志》所云黃帝、顓頊、夏、殷、周五家也。若《帝王諸侯世譜》《古來帝王年譜》，本書間引之，惜書久佚。《北堂書鈔》引蔡邕議曰：'黃帝、顓頊、夏、殷、周、魯，凡六家曆。'"

曆譜者，序四時之位，正分至之節，會日月五星之辰，以考寒暑殺生之實。故聖王必正曆數，以定三統服色之制，

《補注》王應麟曰："劉歆作《三統曆》及《譜》，三代各據一統，天統子，地統丑，人統寅。《春秋緯‧樂緯》云：'夏以十三月爲正，《息卦》受《泰》，物之始，其色尚黑，以寅爲朔。殷以十二月爲正，《息卦》受《臨》，物之牙，其色尚白，以雞鳴爲朔。周以十一月爲正，《息卦》受《復》，其色尚赤，以夜半爲朔。'《三正紀》云：'正朔三而改，文質再而復。'朱文公曰：'天開於子，地闢於丑，人生於寅，故斗柄建此三辰之月，皆可以爲歲首，②而三代迭用之。'"③按，漢成帝綏和二年劉歆造《三統曆》。

又以探知五星日月之會。

劉光蕡曰："此則別派。"

凶陀之患，吉隆之喜，其術皆出焉。此聖人知命之術也，

劉光蕡曰："聖人知命不在曆，且不用術。"

---

① "人"字原脱，據《漢書藝文志條理》補。
② "首"，原誤作"者"，據《漢藝文志考證》及宋嘉定十年當塗郡齋刻嘉熙四年淳祐八年十二年遞修本《四書章句集注》改。
③ "三正紀"至"迭用之"一句，見於王應麟《漢藝文志考證》，《漢書補注》未稱引。

非天下之至材，其孰與焉！

　　師古曰："與，讀曰豫。"

道之亂也，患出於小人而強欲知天道者，壞大以爲小，削遠以爲近，

　　劉光蕡曰："以天之大而謂災祥在一鄉一邑，且迫於期月之間，宜其破碎難知也。若氣色則可占一方，而其期亦近，氣色皆發於地也。是以道術破碎而難知也。"

　　劉光蕡曰："曆譜當以步日月五星，知寒暑生殺爲本。此爲聖人法天治民之實事，即聖人知命之學也。雜入凶阨吉隆，即已破碎矣，豈待'壞大爲小，削遠爲近哉'？"

　　姚振宗曰："《隋書·經籍志》曰：'曆數者，所以揆天道，察昏明，以定時日，以處百事，以辯三統，以知阨會，吉隆終始，窮理盡性，而至于命者也。《易》曰：先王以治曆明時。《書》叙：朞三百有六旬有六日，以閏月定四時，成歲。《春秋傳》曰：先王之正時也，履端于始，舉正于中，歸餘於終。'又曰：'閏以正時，時以序事，事以厚生，生民之道。'其在《周官》，則亦太史之職。小人爲之，則壞大爲小，削遠爲近，是以道術破碎而難知。"

　　姚明煇曰："非天下之至材，不能與於此，故小人不可強知。天道全體，至遠至大，得其一端者爲方術，得其全體者爲道術。壞大爲小，制遠爲近，皆方術之所爲。今之星命家，皆所謂小人而強欲知天道者。"

五　　行

泰一陰陽二十三卷

　　《補注》沈欽韓曰："《隋志》五行家載《太一占》甚多，今存者《太一龍首式經》一卷。"

姚振宗曰："泰一見兵陰陽家、天文家。"

又曰："《吕氏春秋·大樂》篇曰：'音樂之所由來者遠矣，生于度量，本于太一。太一出兩儀，兩儀出陰陽。陰陽變化，一上一下，合而成章。渾渾沌沌，離而復合，合則復離，是謂天常。天地車輪，終則復始，極則復反，莫不咸當。日月星辰，或疾或徐，日月不同，以盡其行。四時代興，或暑或寒，或短或長，或柔或剛。萬物所出，造于太一，化于陰陽。'高誘曰：'造，始也。太一，道也。陰陽，化成萬物者也。'按，此云云似即此書之大指。"

又曰："《後漢書·方術傳》序：'其流又有七政、元氣。'章懷太子注：'元氣者，謂開闢陰陽之書也。'《河圖》曰：'元氣闢陽爲天。'"

又曰："《四庫》陰陽五行家提要曰：'《史記·日者傳》術數七家，太乙居其一；《天官書》中官天極星，其一明者爲太乙；而《封禪書》亳人謬忌奏祠太一方，名天神貴者太一。鄭康成以爲北辰神名，又或以爲木神，而屈原《九歌》亦稱東皇太乙，則自戰國有此名。《漢志》五行家有《泰一陰陽》二十三卷，當即太乙家之書，然已佚不傳。'"

姚振宗又曰："按，《隋志》五行家有《太一飛鳥曆》一卷，又二卷，《太一十精飛鳥曆》一卷，《太一飛鳥立成》一卷，《太一飛鳥雜決捕盜賊法》一卷，《太一三合五元要決》一卷，梁有《太一帝記法》八卷，《太一雜用》十四卷，《太一雜要》七卷，《雜太一經》八卷，亡。或即是書之散佚別出者，或後人鈔節，或術家依託。"

黄帝陰陽二十五卷

《補注》沈欽韓曰："《御覽》八十二引《黄帝玄女占法》曰：'禹問於風后曰：吾聞黄帝有勝負之圖，六甲陰陽之道，今安在乎？風后曰：黄帝藏會稽之山下。'《隋志》：'《黄帝陰陽遁甲》六卷。'"

姚振宗曰："黄帝見前道家、陰陽家、小説家、兵陰陽家、曆譜家。"

又曰："《五帝本紀》：'軒轅乃修德振兵，治五氣。'王肅曰：'五行之氣。'《索隱》曰：'謂春甲乙木氣，夏丙丁火氣之屬，是五氣也。'又曰：'順天地之紀，幽明之占。'《正義》曰：'言黄帝順天地陰陽四時之紀。幽，陰。明，陽也。占，數也。言陰陽五行，黄帝占數而知之也。'"

姚氏又曰："按，《隋志》五行家有'《黄帝地曆》一卷，《斗曆》一卷，《黄帝九宫經》一卷，《黄帝集靈》三卷，《黄帝絳圖》一卷，《黄帝龍首經》二卷，《黄帝奄心圖》一卷，《黄帝陰陽遁甲》六卷，梁有《黄帝太一雜書》十六卷，《黄帝太一度阨秘術》八卷，《黄帝四部九宫經》五卷，亡。或本書佚存，或後人附託。'《五行大義》引《黄帝斗圖》，似即《斗曆》。《九宫經》有鄭玄注三卷，似從《乾鑿度》注本中析出别行者。《開元占經》引《黄帝要經》，又數引《黄帝占》。孫氏《平津館叢書》有《黄帝龍首經》二卷，《黄帝金匱玉衡經》《黄帝授三子玄女經》各一卷，序謂'《龍首經》在漢時爲民間日用之書，蓋雜占之流也'，並與此書相似，不得而詳矣。"

黄帝諸子論陰陽二十五卷

《補注》王先謙曰："《御覽》五百三十七引《黄帝太一密推》曰：'師廣曰：先知巡狩之年，當視太一與天目在四維之歲，法爲巡狩，若不然，則遣使者按行風俗，太一雖在四維，不出也。即出，知巡狩何方，以主人所在處之。'案，黄帝臣有師曠，或作師廣，此似《黄帝諸子論陰陽》也。"

姚振宗曰："黄帝諸子未詳。"

姚氏又曰："按，黄帝諸子或是封鉅、大填、即大撓。大山稽、力牧、風后、鬼臾區、即大鴻。封胡、孔甲、岐伯、冷淪、天老、五聖、知命、規紀、地典、常先、疑即常儀。羲和、隸首、容成、俞拊之儔，①依託者藉以爲重歟？"

諸王子論陰陽二十五卷

姚振宗曰："諸王子未詳。"

姚氏又曰："按，此列黄帝諸子之後，似即黄帝之諸王子。《五帝本紀》：'黄帝二十五子，其得姓者十四人。'《索隱》按：《國語》胥臣云：'黄帝之子二十五宗，其得姓者十四人，爲十二姓，姬、酉、祁、己、滕、箴、任、荀、僖、姞、儇、依是也，唯青陽與夷鼓同己姓，玄囂與蒼林爲姬姓。'此大抵亦依託者所爲歟？"

太元陰陽二十六卷。

姚振宗曰："《史記·武帝本紀》索隱曰：'泰元者，古昔上皇創曆之號也。'"

姚氏又曰："按，本書《律志》'太極元氣，函三爲一'云云。此《太元陰陽》似即本太極元氣而言。又劉歆《三統曆》屢言太極上元以來，則又似太極上元之時之言陰陽者，大抵亦依託也。《後漢·方術傳》注'元氣者，謂開闢陰陽之書也'，似即此類之書。"

三典陰陽談論二十七卷

姚振宗曰："三典未詳。"

姚氏又曰："按，《隋志》五行家有《陰陽風角相動法》一卷，《陰陽遁甲》十四卷，《陰陽婚嫁書》四卷，《雜陰陽婚嫁書》三卷，《嫁娶陰陽圖》《陰陽嫁娶圖》各二卷，似即是類陰陽之書而輾轉傳錄者。其言婚嫁嫁娶者，蓋設譬之詞，《五行大義·論支

---

① "儔"，原誤作"傳"，據《漢書藝文志條理》改。

干雜》篇言之詳矣。"

神農大幽五行二十七卷

《補注》沈欽韓曰："《御覽》二十八引《神農書》曰：'冬至，陰陽合精，天地交讓，《路史》注引作"交游"。天爲尸温，地爲不凍，君爲不朝，百官爲不親事，不可出游，必有憂悔。'"葉德輝曰："《開元占經》引《神農占》，以每月風雨，占豐穀之貴賤，當出此書。"

姚振宗曰："神農有書二十篇，見《諸子》農家。又有《兵法》一篇，見《兵書》兵陰陽家。"

又曰："《山海經》：'北海之内有大幽之國。'郭璞注：'即幽民也，穴居無衣。'揚子《法言》曰：'窺之無間，大幽之門。'阮籍《大人先生傳》：'召大幽之玉女兮，接上皇之美人。'《抱朴子·暢玄》篇：'淪大幽而下沈，凌辰極而上游。'按，諸書言大幽之義如此，又疑爲人名，神農氏之臣。《後漢·章帝本紀》章和元年詔曰：'光照六幽。'注：'六幽謂六合幽隱之處也。'宫夢仁《讀書紀數略》引《唐紀》：'六幽，上下四方也。'《字典》引《道藏》歌云：'六氣運重幽。'此'大幽'又疑爲'六幽'之誤。"

又曰："蕭吉《五行大義序》曰：'吉尋閱墳索，研窮經典，自羲農以來，莫不以五行爲政治之本。'又曰：'五行幽邃，安可斐然。'"

四時五行經二十六卷

《補注》沈欽韓曰："《齊民要術》所引《雜五行書》，①言農家種殖，殆此類。"

姚振宗曰："荀悦《漢紀》孝成皇帝三年論曰：'經稱立天之道曰陰與陽，陰陽之節在于四時五行。'按，此論在劉向典校經

---

① "雜"字原脱，據《漢書藝文志條理》及《漢書疏證》補。

傳之後,似即本之于《別錄》。"

又曰:"蕭吉《五行大義·論四時休王》曰:'休王之義凡有三種:一五行體休王,二支干休王,三八卦休王。五行體休王者,春則木王、火相、水休、金囚、土死之類是也。支干休王者,春則甲乙、寅卯王,丙丁、巳午相,壬癸、亥子休,庚辛、申酉囚,戊己、①辰戌丑未死之類是也。八卦休王者,立春艮王、震相、巽胎、離沒、坤死、兌囚、乾廢、坎休之類是也。'按,此言四時五行,或亦從是書遞相祖述者。"

猛子閭昭二十五卷

《補注》王先謙曰:"猛子、閭昭,二人。《元和姓纂》有猛氏、閭氏。"

姚振宗曰:"猛子、閭昭未詳。"

陰陽五行時令十九卷

《補注》沈欽韓曰:"亦《易》陰陽、明堂、月令之類。"

姚振宗曰:"《玉海·時令》篇:'《漢志》五行三十一家《陰陽五行時令》十九卷,李尋學天文月令陰陽,尋對諸侍中尚書近臣宜通知月令之意,設陛下出令有謬于時者,當爭之以順時氣。'按,王氏以李尋對詔之言爲是書之證佐。按,尋于陰陽五行月令之學皆所通曉,必及見是書。"

堪輿金匱十四卷

師古曰:"許慎云:'堪,天道。輿,地道也。'"

《補注》錢大昭曰:"《周禮·占夢》正義云:'案《堪輿》,黃帝問天老事云:四月陽建於巳,破於亥,陰建於未,破於癸,是爲陽破陰,陰破陽。'又鄭注《保章氏》云:'《堪輿》雖有郡國所入度,非古數也,今其存可言者,十二次之分也:星紀,吳越也;

---

① "己"字原脫,據日本寬政至文化間活字印林衡《佚存叢書》本蕭吉《五行大義》補。

元枵,齊也;娵訾,衛也;降婁,魯也;大梁,趙也;實沈,晉也;鶉首,秦也;鶉首,周也;鶉尾,楚也;壽星,鄭也;大火,宋也;析木,燕也。^①"沈欽韓曰:"《淮南·天文訓》:'北斗之神,有雌雄堪輿徐行,雄以音知雌。'《公羊》疏:'《堪輿》云:九月,日體在大火。'《御覽》八百四十九:'《風俗通》曰:《堪輿書》云:上朔會客必鬥爭。'《隋志》有《曆頭堪餘》《地節堪餘》《大小堪餘》《四序堪餘》《八會堪餘》等。《吴越春秋》'伍子胥曰:竊觀《金匱》第八,其可傷也'云云。又文種語其妻曰'吾見王時,正犯《玉門》之第八也'云云。案,《金匱》《玉門》是五行書名,其所占類太乙、六壬之式則,或《天一》《太一》兩家言也。"

姚振宗曰:"《日者列傳》褚先生曰:'孝武帝時聚會占家問之,某日可取婦乎? 五行家曰可,堪輿家曰不可。'"

又曰:"本書《揚雄傳》注:張晏曰:'堪輿,天地總名。'孟康曰:'堪輿,神名,造圖宅書者。'師古曰:'堪輿,張說是也。許慎云:堪,天道。輿,地道也。'按,圖宅書似其書中之一篇。"

又曰:"《論衡·譏日》篇:'堪輿曆,曆上諸神非一,聖人不言,諸子不傳,殆無其實。天道難知,假令有之,諸神用事之日也,忌之何福? 不諱何禍?'按,堪輿曆亦似其書中之一篇。"

又曰:"《太平御覽》八百四十九:《風俗通》引《堪輿書》云:'上朔會客必鬥爭。'按,劉君陽爲南陽牧,嘗上朔設盛饌,了無鬥者。按,'上朔會客'云云亦其書中之一事。"

又曰:"《周禮·占夢》注:必以日月星辰占夢者,其術則今八

---

① "星紀"至"燕也"一句,《漢書補注》未稱引。

會其遺象也。賈公彥釋曰：'案，《堪輿》大會有八也，小會亦有八。'又鄭答張逸問，'案《堪輿》黃帝問天老事'云云。①"

又曰："《周禮・保章氏》注：九州諸國中之封域，于星亦有分焉，其書亡矣。《堪輿》雖有郡國所入度，非古數也。賈公彥曰：'古黃帝時堪輿亡，故其書亡矣。後代有作堪輿者，非古數也。'"

又曰："王氏《考證》：唐吕才曰：'按《堪輿經》黃帝對天老始言五姓，後魏殷紹以《黃帝四序經文》撮要爲《四序堪輿》。'"

又曰：《四庫提要》術數類案語曰：'相宅相墓自稱堪輿家。考《漢志》有《堪輿金匱》十四卷，列于五行。顏師古注引許慎曰堪，天道；輿，地道。其文不甚明。而《史記・日者列傳》有武帝聚會占家問某日可娶婦，堪輿家曰不可。《隋志》作堪餘，亦皆日辰之書，則堪輿占家也。'"

又曰："孫星衍《問字堂集・相宅書序》云：'漢時有《堪輿金匱》十四卷，淮南及鄭康成注《周禮》引《堪輿》黃帝問天老事，即此書。'"

又曰："馬國翰《目耕帖》曰：'《淮南・天文訓》引《堪輿》亦以分野爲言，而國名互異，兼說刑德。考《漢・藝文志》五行家有《堪輿金匱》十四卷，《刑德》七卷，此又戰國時書，而《淮南》采之，與鄭注《周禮》所引《堪輿》復不同，然足以互考。'"

姚振宗又曰："按，《隋志》五行家有《二儀曆頭堪餘》一卷，《堪餘曆》二卷，《注曆堪餘》一卷，《地節堪餘》二卷，《堪餘曆注》一卷，《堪餘》四卷，《大小堪餘曆術》一卷，《八會堪餘》《雜要堪餘》各一卷。梁有《大小堪餘》三卷，《堪餘天赦書》七卷，《雜堪餘》四卷，亡。又有《五姓歲月禁忌》一卷。皆不著撰

---

① "堪"，原誤作"增"，據《漢書藝文志條理》改。

人,'輿'並作'餘'。或多有是書之散佚別出者。"

務成子災異應十四卷

《補注》沈欽韓曰:"《隋志》:'《仙人務脫"成"字。子傳神通黃帝登壇經》一卷。'"

姚振宗曰:"務成子有書十一篇,見《諸子》小說家。"

姚氏又曰:"按,《隋志》五行家有《仙人務子傳神通黃帝登壇經》一卷,登壇亦術家之一端,《黃帝登壇經》疑即是書中之一事。其稱仙人務子傳神通,則後世術者所妄題轉寫,又敓'成'字歟?"

十二典災異應十二卷

姚振宗曰:"十二典未詳。"

姚氏又曰:"按,十二典疑是十二諸侯時之言災異者。《天官書》云:'戰國臣主共憂患,其察禨詳候星氣尤急。'又曰:'諸侯更強,時災異記無可錄者。①'"

又曰:"又按,十二典疑是十二月令所謂春行夏令、行秋令、行冬令,則某事見、某災至之類。又或以十二州、十二次、十二律之屬配合五行言災異之應。"

鍾律災異二十六卷

《補注》王應麟曰:"《隋·牛弘傳》引劉歆《鍾律書》。"沈欽韓曰:"此蓋《京房》之術。《後志》:'《京房》以六十律分朞之日,黃鍾自冬至始,及冬至而復,陰陽寒燠風雨之占生焉。'"

姚振宗曰:"《續漢·百官志》劉昭補注:漢官曰:'靈壹待詔四十二人,七人候鍾律。'又《律志》云:'殿中候鍾律用玉律十二。'"

又曰:"王氏《考證》:劉歆《鍾律書》云:'春宮秋律,百卉必凋;秋宮春律,萬物必榮;夏宮冬律,雨雹必降;冬宮夏律,雷

---

① "記"字原脱,據《漢書藝文志條理》及《史記·天官書》補。

必發聲。'"

又曰:"馬國翰《目耕帖》曰:'《律曆志》傳曰"黃帝使伶倫取竹斷兩節而吹之,制十二筩",此竹律始于黃帝也。而《管子》《呂覽》又載黃帝命伶倫與榮將鑄十二鍾,以和五音,則十二鍾律亦昉于黃帝。'"

姚振宗又曰:"按,災異皆屬五行,伏生、董仲舒、劉向、劉歆皆著書傳世,班氏取以為志,此與《十二典災異應》《務成子災異應》皆其類也。"

又曰:"又按,王氏《考證》引後魏《天象志》云:'班氏以日暈五星之屬列《天文志》,薄蝕慧孛之比入《五行》説。七曜一也,而分為二志,故陸機云學者所疑也。'按,五行災異本之《洪範》,學術不同,故分為二志,《七略》編書亦同此例。其天文家之言災異者,如《行事占驗》《彗虹雜占》之類,歸之天文家;五行家之言災異如上三書之類,則歸之五行家。其事倫貫有叙,學者又何所致其疑耶?"

鍾律叢辰日苑二十三卷

《補注》沈欽韓曰:"《日者傳》:'孝武帝時,聚會占家問之,某日可娶婦乎?五行家曰可,堪輿家曰不可,建除家曰不吉,叢辰家曰大凶,曆家曰小凶,天人家曰小吉,太一家曰上吉。辨訟不決,以狀聞。制曰:避諸死忌,以五行為主。人取於五行者也。'案,此數家雖總名五行,所占又不同若此。"朱一新曰:"汪本作'二十二卷'。"王先謙曰:"官本作'二十二'。"

姚振宗曰:"《日者列傳》褚先生曰:'孝武帝時聚會占家問之,某日可取婦乎?叢辰家曰大凶。'"

又曰:"《欽定協紀辯方書·義例》篇曰:'古有建除家、叢辰家,時師已莫識其統系總名選擇,而咸統于天官。'又曰:'叢辰云者,猶言衆辰吉凶,各以義起者也。如兵福小時之即建吉期兵寶之即除之類，或建除家之異名見義，或叢辰家之殊塗同歸，已莫可考。'"

又曰："全祖望《讀易別録》曰：'律厯之分爲日者，《漢志》有《鍾律叢辰》之書，是日者亦本于律。'"

姚氏又曰："按，本《志》序言'五行皆出于律厯之數'，故此類有鍾律、黄鍾之書。叢辰日苑，全氏以爲即是日者。《後漢·方術傳》注云'日者，卜筮掌日之術也'，是卜筮之家亦稱日者，故太史公叙司馬季主以爲《日者傳》。《續漢·百官志》注引《漢官》太史令之屬，有日時待詔四人，蓋其職守。《論衡·譏日》篇言'時日之書，衆多非一'，亦即此類之書。《康熙字典》'辰'字注云：'叢辰，猶今之以五行生剋擇日也'，即引《日者傳》注。"

鍾律消息二十九卷

姚振宗曰："《史·厯書》：黄帝考定星厯，建立五行，起消息。《正義》皇侃云：'乾者陽，生爲息；坤者陰，死爲消也。'"

又曰："蔡邕《月令章句》曰：'古之爲鍾律者以耳齊其聲。後不能，則假數以正其度，度數正則音亦正矣。度數者，可以文載口傳，與衆共知，然不如耳決之明也。'"

又曰："《續漢·律志》曰：'候氣之法，爲室三重，户閉，涂釁必周，密布緹縵。室中以木爲案，每律各一，内庳外高，從其方位，加律其上，以葭莩灰抑其内端，葭莩出河内。案厯而候之。氣至者灰動。其爲氣所動者其灰散，人及風所動者其灰聚。'"

黄鍾七卷

《補注》沈欽韓曰："《隋志》：'《黄鍾律》一卷。'"

姚振宗曰："本書《律志》曰：'五聲之本，生于黄鍾之律。黄者，中之色，君之服也；鍾者，種也。陰陽相生自黄鍾始。'又曰：'數者，一、十、百、千、萬也，所以算數事物，順性命之理也。《書》曰：先其算命。師古曰："《逸書》也。言王者統業，先立算數以命百事也。"本起于黃鍾之數，始于一而三之，三三積之，歷十二辰之數，十有七萬七千一百四十七，而五數備矣。'孟康曰：'黃鍾，子之律也。子數一。泰極元氣含三爲一，是以一數變而爲三。初以子一乘丑三，餘則轉因其成數以三乘之，歷十二辰，得是積數也。五行陰陽變化之數備于此矣。'"

又曰："又《曆書》，太極，中央元氣，故爲黃鍾。"

又曰："《呂氏春秋·適音》篇：黃鍾之宮，音之本也。高誘曰：'本始于黃鍾十二月律。'"

天一六卷

《補注》沈欽韓曰："《淮南·天文訓》：'天神之貴者，莫貴於青龍，或曰天一，或曰太陰。太陰所居，不可背而可向。'《太白陰經》：'黃帝征蚩尤，七十一戰不克。書夢金人引領長頭玄狐之裘云：天帝使授符，得兵符，戰必克。帝寤，問風后，曰：此天應也。乃於盛水之陽，暴壇祭太牢。有玄龜含符致壇，文曰：天一在前，太乙在後。帝再拜授。於是設九宮，置八門，布三奇六儀，制陰陽二遁，凡千八十局，名曰天一遁甲式。'"

姚振宗曰："蕭吉《五行大義·論五行生成數》曰：'天以一始生水于北方，地以六而成之，使其流潤也。地以二生火于南方，天以七而成之，使其光曜也。天以三生木于東方，地以其八而成之，使舒長盛大也。地以四生金于西方，天以九而成之，使其剛利有文章也。天以五合氣于中央生土，地以十而成之，以備天地之間所有之物也。'"

又曰："錢大昕《養新錄》曰：'褚先生云"孝武帝聚會占家問之，某日可取婦乎？天人家曰小吉"，按，天人家不見于《漢·藝文志》，當是"天一"之訛。《漢志》五行三十一家《天一》六卷蓋其一也。'"

姚振宗又曰：" 按，此《天一》六卷似亦取'天一生水，地六成之'之義。兵陰陽家亦有《天一》，似主于星象，此專主五行，名雖同而其術不同也。錢氏所云近得其似。然《四庫提要》陰陽五行類篇末附案引《史記》作'天文家'，蓋'人'爲'文'字之誤也。"

泰一二十九卷

《補注》王應麟曰："《後漢·高彪傳》：'天有太一，五將三門。'注：'《太一式》，凡舉事皆欲發三門，順五將。'"沈欽韓曰："《乾鑿度》：'太一取其數以行九宮。'《隋志》：'《太一式雜占》十卷。《太一九宮雜占》十卷。'"陶憲曾曰："《説文》甲部引《太一經》曰：'頭玄爲甲。'大徐本作"一曰，人頭宜爲甲"。疑出於此書。"錢大昭曰："當作'二十九卷'，①衍'二'字。"王先謙曰："官本作'二十九卷'。"

姚振宗曰："《史·日者傳》褚先生曰：'孝武帝時聚會占家問之，某日可取婦乎？太乙家曰大吉。'"

又曰："《後漢書·張衡傳》注：《易乾鑿度》曰：'太一取其數以行九宮。'鄭玄注曰：'太一者，北辰神名也。下行八卦之宮，每四乃還于中央。中央者，北神之所居，故謂之九宮。天數大分，以陽出，以陰入。陽起于子，陰起于午，是以太一下九宮，從坎宮始，自此而從于坤宮，又自此而從于震宮，又自此而從于巽宮，所以行半矣，還息于中央之宮。既又自此而從于乾宮，又自此而從于兌宮，又自此而從于艮宮，又自此從于離宮，行則周矣，上游息于太一之星而反紫宮。行起于坎宮，終于離宮也。'"

又曰："《説文》'甲'字下引《太一經》曰：'人頭宜爲甲。'段玉

---

① "當"，原誤作"常"，據《漢書補注》改。

裁注曰：'《藝文志》有《太一兵法》一篇，五行家有《泰一陰陽》二十三卷，《泰一》二十九卷，許稱《太一經》者蓋此類。'"
又曰："《吳志·劉惇傳》：'惇于諸術皆善，尤明太一，皆能推演其事，窮盡要妙。又趙達治九宮一算之術，究其微旨，是以能應機立成。對問若神，至計飛蝗，射隱伏，無不中效。'"
姚振宗又曰："按，《後漢·張衡傳》衡上疏曰'臣聞聖人明審律曆以定吉凶，重之以卜筮，雜之以九宮，經天驗道，本盡于此'，則九宮之術為古時所有，與律曆卜筮並重。此《泰一》二十九卷當是言太一九宮者。《隋志》五行家有《太一九宮雜占》十卷，《黃帝九宮經》一卷，又《九宮經》三卷，鄭玄注，《九宮行棋經》三卷，鄭玄注，又《九宮推法》《九宮圖》《九宮變圖》《九宮八卦式蟠龍圖》《九宮郡縣錄》各一卷，《九宮雜書》十卷。梁有《太一九宮雜占》十二卷，《黃帝四部九宮經》五卷，亡。或皆本于是書而輾轉傳錄者。"

刑德七卷

《補注》錢大昕曰："《淮南·天文訓》：'陰陽刑德有七舍。何謂七舍？室、堂、庭、門、巷、術、野。十二月，德居室，三十日，先日至十五日，後日至十五日，而徙所居各三十日。德在室則刑在野，德在堂則刑在術，德在庭則刑在巷，陰陽相得，則刑德合門。八月、二月，陰陽氣均，日夜分平，故曰刑德合門。德南則生，刑南則殺，故曰二月會而萬物生，八月會而草木死。'又曰：'太陰在甲子，刑德合東方宮，常徙所不勝，合四歲而離，離十六歲而復合，所以離者，刑不得入中宮而徙於木。'五行家歲月皆有刑德，七舍則月之刑德也。"
姚振宗曰："蕭吉《五行大義》曰：'德者得也，有益于物，各隨所欲，無悔吝，故謂之德也。《五行書》云若有一德，能禳百災。凡陰陽用事，遇德為善，謂之福德，為有救助，萬事皆吉，災害消亡。德有四德，三者從支干論之，一者從月氣論之。'又曰：'德不孤立，對之以刑。德爲陽，以從乾；刑爲陰，以從坤。亦如人之治政，刑德兩施：德有慶賜爵賞，所以配陽；刑有殺伐削奪，所以配陰。故王者日蝕則修德，月蝕則修刑。董仲舒《春秋繁露》云天道之常，一陰一陽。陽者，天之德；陰者，天之刑。然天之任陽不任陰，好德不好刑，故陽出而積于夏，任德以歲事；陰出而積于冬，錯刑以空處也。太公云人主舉事，善則天應之以德，惡則天應之以刑。此並陰陽相對，德不獨治，須偶之以刑也。'又曰：'日辰支干之刑亦有三種：一支自相刑，二支刑在干，三干刑在支。'"

姚氏又曰："按，《天文志》引《星傳》曰：'日者德也，月者刑也。'《星傳》蓋《黃帝五星傳》也。又《尉繚子・天官》篇梁惠王問曰：'黃帝刑德，可以百戰百勝，有之乎？'本《志》兵陰陽家叙曰'推刑德，因五勝，而爲助'，則刑德之説由來久矣。其書蓋亦託之黃帝，《淮南子・天文》篇引刑德説當是此書。"

風鼓六甲二十四卷

《補注》沈欽韓曰："《後漢書・方術傳》注：'遁甲，推六甲之陰而隱遁也。今書《七志》有《遁甲經》。'風鼓未詳。"葉德輝曰："《一切經音義》十二引《世本》曰：'共鼓、貨狄作舟船。'宋衷注：'共鼓、貨狄，黃帝二臣名也。''共''風'字聲相近，'風鼓'疑即'共鼓'。"王先謙曰："'風鼓'疑'風后'之訛。"

姚振宗曰："蕭吉《五行大義・論配支干》曰：'支干之義，多所配合。一歲合三百六十日者，六六三十六，六甲之數也。六甲間兩月之日者，以陰奇偶備也。陽者爲奇，陰者爲偶，萬物庶類，吉凶之理，以此彰矣。其支干相配歲月日時並然。'"

又曰："王應麟《小學紺珠》曰：六甲謂甲子、甲戌、甲申、甲午、甲辰、甲寅。《內則》'九年教之數日'，朔望與六甲也。

《漢志》云'日有六甲''八歲入小學,六甲五方書計之事'。"
又曰:"顧炎武《日知錄》曰:《食貨志》'學六甲五方書計之事',六甲者,四時、六十甲子之類。"
又曰:"《四庫》陰陽五行家《遁甲演義》提要曰:'《大戴禮》載明堂古制有二九四七五三六一八之文,此九宮之法所自昉。而《易緯乾鑿度》載太一行九宮尤詳,遁甲之法實從此起,于術數之中最有理致。考《漢志》所列唯《風鼓六甲》《風后孤虛》而已,于奇遁尚無明文。《隋志》載有伍子胥《遁甲文》,世不概見。'"
姚振宗又曰:"按,《論衡·變動》篇'六情風家言,風至,為盜賊者感應之而起',又'以風占貴賤'云云,即《翼奉傳》所謂'知下之術,在于六情十二律。觀性以曆,觀情以律,唯奉能用之,學者莫能行'。六情風家似即此《風鼓六甲》。風鼓者,謂風至鼓動之也,亦即風角遁甲之術。《隋志》五行家載風角書、遁甲書至多,梁有《六甲隱圖》,兵家有《六甲孤虛雜決》《六甲孤虛兵法》各一卷,不著撰人,或是書之佚存者。"
又曰:"又按,《後漢·方術傳》序云'其流又有風角、遁甲'。章懷太子曰:'風角,謂候四方四隅之風,以占吉凶也。遁甲,推六甲之陰而陰遁也。《今書七志》有《遁甲經》。'按,《遁甲經》疑即此書。又按,《武經總要》曰'大撓造甲子,推天地之數;風后演遁甲,究鬼神之奧',《抱朴子》云'黃帝講占候則詢風后',則遁甲始于風后,此曰'風鼓','鼓'疑'后'字之誤,或風后之前別有風鼓其人。"

風后孤虛二十卷

《補注》王應麟曰:"《龜策傳》曰:'日辰不全,①故有孤虛。'

---

① "日"字原脫,據《史記·龜策傳》補。

注：'《六甲孤虛法》：甲子旬中無戌亥，戌亥爲孤，辰巳爲虛；甲戌旬中無申酉，申酉爲孤，寅卯爲虛；甲申旬中無午未，午未爲孤，子丑爲虛；甲午旬中無辰巳，辰巳爲孤，戌亥爲虛；甲辰旬中無寅卯，寅卯爲孤，申酉爲虛；申寅旬中無子丑，子丑爲孤，午未爲虛。'《隋志》：'《遁甲孤虛記》一卷，伍子胥撰。'《吳越春秋》計硯曰：'孤虛謂天門地戶也。'《後漢·方術傳》注：'孤謂六甲之孤辰，對孤爲虛。趙彥爲宗資陳孤虛之法，從孤擊虛以討賊。'《孟子》注：'天時，謂時日支干、五行王相孤虛之屬也。'《正義》云：'孤虛之法，以一畫爲孤，無畫爲虛，二畫爲實。以六十甲子日定東西南北四方，然後占其孤、虛、實而向背之，即知吉凶矣。'"①

姚振宗曰："風后有兵書十三篇，見兵陰陽家。"

又曰："《史·龜策傳》：日辰不全，故有孤虛。《集解》曰：'駰案：甲乙謂之日，子丑謂之辰。《六甲孤虛法》：甲子旬中無戌亥，戌亥即爲孤，辰巳即爲虛。甲戌旬中無申酉，申酉爲孤，寅卯即爲虛。甲申旬中無午未，午未爲孤，子丑即爲虛。甲午旬中無辰巳，辰巳爲孤，戌亥即爲虛。甲辰旬中無寅卯，寅卯爲孤，申酉即爲虛。甲寅旬中無子丑，子丑爲孤，午未即爲虛。劉歆《七略》有《風后孤虛》二十卷。'《正義》曰：'案，歲月日時孤虛，並得上法也。'"

又曰："《後漢·方術傳》注：'孤虛者，孤謂六甲之孤辰，若甲子旬中，戌亥無干，是爲孤也，對孤爲虛。前書《藝文志》有《風后孤虛》二十卷。'"

又曰："王氏《考證》：'《武經總要》曰：風后演遁甲，究鬼神之奧。'《吳越春秋》計硯曰：'孤虛謂天門地戶也。'《孟子》注：

---

① 按，此節內容與王應麟《漢藝文志考證》之文相合，與《漢書補注》稱引之文略有出入。

'天時謂時日、支干、五行、王相、孤虛之屬也。'《正義》云:'孤虛之法,以一畫爲孤,無畫爲虛,二畫爲實,以六十甲子日定東西南北四方,然後占其孤虛實,而回背之,即知吉凶矣。'《後漢·方術傳》趙彥爲宗資陳孤虛之法,從孤擊虛以破賊。"

姚振宗又曰:"按,《五行大義·論配支干》載孤虛算法甚詳,文繁不錄。《隋志》五行家有《遁甲孤虛記》一卷,伍子胥撰。又有《孤虛圖》《孤虛占》《孤虛注》各一卷,不著撰人,或即是書之佚出者。"

六合隨典二十五卷

《補注》沈欽韓曰:"《南齊書·禮志》:'五行說,十二辰爲六合。'《占夢》注:'日月之行及合辰所在。'《隋志》:'《六合婚嫁歷》一卷。'《御覽》三百二十八引《玄女兵法》曰:①'三奇六合,主威軍士。'"

姚振宗曰:"《淮南子·時則》篇:六合:孟春與孟秋爲合,仲春與仲秋爲合,季春與季秋爲合,孟夏與孟冬爲合,仲夏與仲冬爲合,季夏與季冬爲合,孟春始贏,孟秋始縮。仲春始出,仲秋始内。季春大出,季秋大内。孟夏始緩,孟冬始急。仲夏至修,仲冬至短。季夏德畢,季冬刑畢。故正月失政,七月涼風不至;二月失政,八月雷不藏;三月失政,九月不下霜;四月失政,十月不凍;五月失政,十一月蟄蟲冬出其鄉;六月失政,十二月草木不脱;七月失政,正月大寒不解;八月失政,二月雷不發;九月失政,三月春風不濟;十月失政,四月草木不實;十一月失政,五月下雹霜;十二月失政,六月五穀疾狂。"

又曰:"《欽定協紀辯方書·義例》篇:《考原》曰:'六合者,月

---

① "曰",原誤作"日",據《漢書補注》改。

建與月將相合也。'《神樞經》曰：'六合者，日月合宿之辰也。'"

姚振宗又曰："按，古之言六合者多矣。《周官》大師掌六律六同以合陰陽之聲，賈公彥曰：'六律爲陽，六同爲陰，兩兩相合，十二律爲六合。'梁元帝《纂要》曰：'天地四方爲六合。'《隋志》五行家有《六合婚嫁曆》一卷，梁有《六合婚嫁書》及《圖》各一卷，此書所言大抵皆此類之事。隋典亦未詳其義。"

轉位十二神二十五卷

《補注》沈欽韓曰："《淮南·天文訓》：'太陰在寅，朱鳥在卯，句陳在子，玄武在戌，白虎在酉，蒼龍在辰。寅爲建，卯爲除，辰爲滿，巳爲平，主生；午爲定，未爲執，主陷；甲爲破，主衡；酉爲危，主杓；戌爲成，主少德；亥爲收，主大德；子爲開，主太歲；丑爲閉，主太陰。'《隋志》：'梁有《十二屬神圖》一卷。'《論衡·難歲》篇：'十二神登明、從魁之輩。'"

姚振宗曰："《論衡·難歲》篇：'《移徙法》曰徙抵太歲，凶；負太歲，亦凶。抵太歲名曰歲下，負太歲名曰歲破，故皆凶也。假令太歲在甲子，天下之人皆不得南北徙，起宅嫁娶亦皆避之。其移東西，若徙四維，相之如者，皆吉。何者？不與太歲相觸，亦不抵太歲之衝也。'① 又曰：'十二神，登明、從魁之輩，工伎家謂之皆天神也，常立子、丑之位，俱有衝抵之氣。移徙者雖避太歲之凶，猶觸十二神之害，爲移徙時者，何以不禁？'按，王仲任言《移徙法》及十二神似即此書。'登明'，《五行大義》作'微明'，蓋六壬所使十二神名也。"

又曰："蕭吉《五行大義·論諸神》篇：諸神者，靈智無方，隱顯不測。孔子曰：'陽之精氣爲神。'又曰：'陰陽不測之謂

---

① "衝"，原誤作"衡"，據《漢書藝文志條理》及《論衡·難歲》篇改。

神。'一解云：神，申也，萬物皆有質礙，屈而不申；神是清虛之氣，無所擁滯，故曰申也。語其神也，名有萬徒，三才之道，百靈非一，並從五行，難可周盡。《九宮經》云：'天一之行，始于離宮；太一之行，始于坎宮。合十二神游行，九宮十二位。'九宮十二神者，天一在離宮，太一在坎宮，天符在中宮，攝提在坤宮，軒轅在震宮，招搖在巽宮，青龍在乾宮，咸池在兌宮，太陰在艮宮，行于九宮，一歲一移，九年復位。天一主豐穰，太一主水旱，天符主饑饉，攝提主疾苦，軒轅主雷雨，招搖主風雲，青龍主霜雹，咸池主兵賊，太陰主陰謀。又別有青龍行十二辰，即太歲之名也。古者名歲曰青龍，此神主福慶。太陰三歲一徙，右行十二辰，即太歲之陰神也，后妃之象，主水雨陰私。害氣右行四孟，一歲一移，以其所至為害，故言害氣。合為十二神九宮之所用也。又有六壬所使十二神，又有十二神將。"姚振宗又曰："按，《協紀辯方書·義例》篇有建除十二神，《考原》曰：'十二神者，除危定執，成開為吉，建破平收，滿閉為凶。'《王莽傳》云：'以戊辰直定御王冠，即真天子位。'師古曰：'于建除之次其日當定也。'知建除之說由來久矣。蓋其說與諸家同起戰國時，而並託之黃帝云。又按《日者傳》褚先生言'武帝時聚會占家問取婦日，建除家曰不吉'，疑此即建除家之書。又術家有太歲十二神、博士十二神，《七錄》五行家有《十二屬神圖》一卷，似即此類之書。"

羨門式法二十卷
羨門式二十卷

《補注》王應麟曰："《日者傳》：'分策定卦，旋式正棋。'《周禮》：'太史抱天時，與大師同車。'①鄭司農云：'抱式以知天

---

① "與大師同車"，《漢書補注》無。

時。'《唐六典》：'三式曰雷公、太一、六壬，其局以楓木爲天，棗心爲地，刻十二神，下布十二辰。'《月令》正義：'按，陰陽式法。'梁元帝《洞林序》云：'羨門五將，韓終六壬。'《司馬相如傳》注：'羨門，碣石山上仙人羨門高也。'"

周壽昌曰："案，《史記·日者列傳》'旋式正棋'，注：'式即栻也。旋，轉也。栻之形，上圓象天，①下方法地，用之則轉天網加地之辰，故云旋式。'《史記·龜策傳》：'衛平乃援式而起。'《王莽傳》：'天文郎案栻於前。'此之式法大約類此。《唐六典》太卜三式曰：'雷公、太一、六壬。其局以楓木爲天，棗心爲地。'《志》又有《羨門式》二十卷。《通志》有《式經》一門書，凡二十二部。"

姚振宗曰："《史·秦始皇本紀》：三十二年，始皇之碣石，使燕人盧生求羨門、高誓。《集解》：韋昭曰：'羨門，古仙人。'《正義》曰：'高誓，亦古仙人。'"

又曰："《封禪書》曰：'自秦帝，而宋毋忌、正伯僑、充尚、羨門子高最後皆燕人，爲方仙道，形解銷化，依于鬼神之事。'韋昭曰：'皆慕古仙人名效神仙者。'《索隱》曰：'羨門高者，秦始皇使盧生求羨門子高是也。'"

又曰："《司馬相如傳》張揖注：《大人賦》曰'羨門碣石山上'，仙人羨門高也。"

又曰："《日者傳》：司馬季主曰：'分策定卦，旋式正棋。'《索隱》：'案：式即栻也。栻之形，上圓象天，②下方法地，用之則轉天網加地之辰，故云旋式。'"

又曰："蕭吉《五行大義·論三十六禽》曰：'禽蟲之類，名數甚多，今解三十六者，蓋取六甲之數，式經所用也。'又云：'十

---

① "圓"，原誤作"圖"，據《漢書注校補》及上下文意改。
② "圓"，原誤作"圖"，據上下文意改。

二屬配十二支，支有三禽，故三十有六禽。'又曰：'十二屬，並是斗星之氣，散而爲人之命，係于北斗，是故用以爲屬。'《春秋·運斗樞》云：'樞星散爲龍、馬，旋星散爲虎，機星散爲狗，權星散爲蛇，玉衡散爲雞、兔、鼠，開陽散爲羊、牛，①搖光散爲猴、豬，②此等皆上應天星，下屬年命。三十六禽各作方位，爲禽蟲之長，領三百六十，十而倍之，至三千六百，並配五行，皆相貫領。'"

又曰："《藝文類聚·卜筮類》：'梁元帝《易洞林》序曰：羨門五將亟經玩習，韓終六壬常所寶愛。'按，太一家亦有五將之目，六壬疑亦在此二書。韓終，秦始皇時人。'終'亦作'衆'，見《始皇本紀》三十五年。"

又曰："王氏《考證》：《周禮》'太史抱天，時與大師同車'，鄭司農云：'抱式以知天時。'《唐六典》：'三式曰雷公、太一、六壬，其局以楓本爲天，棗心爲地，刻十二神，下布十二辰。'"

又曰："全祖望《讀易別錄》曰：'太乙九宮家、遁甲三元家、六壬家，所謂三式之書。三式之書早見春秋之世，伶州鳩已言之矣。'"

姚振宗又曰："按，《五行大義·論三十六禽》數引《式經》《本生經》《集靈經》《禽變》，又有引《簡》云者不知何書，"簡"上似有敚文。容或有在此二書中者。《抱朴子·金丹》篇又引《羨門子丹法》。"

又曰："又按，《隋書》五行家有《太一龍首式經》三卷，《黄帝式用當陽經》二卷，梁有《雜式占》五卷，《式經雜要》《決式立成》各九卷，《式玉曆》《伍子胥式經章句》《起射覆式》《越相范蠡玉笥式》各二卷，亡，亦或有是二書之散佚別出者。"

---

① "陽"，原誤作"羊"，據《漢書藝文志條理》及《五行大義》改。
② "豬"，《漢書藝文志條理》此字漫漶不清，《五行大義》作"猿"。

文解六甲十八卷

文解二十八宿二十八卷

姚振宗曰:"文解未詳。"

姚氏又曰:"按,文解疑亦古術家之一術,六甲即遁甲。《隋志》五行家有伍子胥《遁甲文》一卷,疑在此十八卷中。"

五音奇胲用兵二十三卷

如淳曰:"音該。"師古曰:"許慎云:'胲,軍中約也。'"

《補注》王念孫曰:"案,《說文》:'奇侅,非常也。'《淮南·兵略》篇:'明於刑德奇賌之數。'即此所云奇胲刑德。又曰:'明於奇賌陰陽刑德,五行望氣候,星龜策機祥。'①高注云:'奇賌陰陽,奇秘之要,非常之術。'《史記·倉工傳》:'受其脈書上下經、五色診奇咳術。'然則奇侅者,非常也。侅,正字也。胲、咳、賌,皆借字耳。脈法之有五色診奇侅術,猶兵法之有五音奇侅,皆言其術之非常也。師古徒以'奇胲用兵'四字連文,遂以'胲'爲'軍中約',不知'軍中約'之字自作'該',《說文》:"該,軍中約也。"字從言。非'奇胲'之義。且'奇胲'二字同訓爲'非常',若以'胲'爲軍中約,則與奇字義不相屬矣。"沈欽韓曰:"《抱朴子·極言》篇:'黄帝審攻戰,則納五音之策。'《御覽》三百二十八引《玄女兵法》曰:'黄帝攻蚩尤,三年城不下,募求術士,乃得伍骨,《路史》作"胥"。與之言曰:今日余攻蚩尤,三年城不下,其咎安在?胥骨曰:此城中之將,爲人必白色,商音。帝始攻時,得無以秋之東方行乎?今黄帝爲人蒼色,角音,此雄軍也,以戰爲之。黄帝曰:善,爲之若何?伍骨曰:臣請攻蚩尤,三日城必下。黄帝大喜。其中黄直曰:帝積三年攻蚩尤,而城不下,今子欲以三日下之,何以爲明?伍骨

---

① 按,"明於刑德"一句爲王念孫《讀書雜志》原文,王先謙《漢書補注》所稱引與之略有差異。

曰：不如臣言，請以軍法論。黃帝曰：子欲以何時？曰：臣請朱雀之日，日正中時，立赤色、徵音、絳衣之軍於南方，以輔角軍；臣請以青龍之日，平旦時，立青色、角音、青衣之軍於東方，以輔羽軍；臣請以玄武之日，①人定時，立黑色、羽音、黑衣之將於北方，以輔商軍；臣請以白虎之日，日入時，立白色、商音、白衣之將於西方，以輔宮軍。四將以立，臣請爲帝以黃龍之日，日中建黃旗於中央，以制四方，五軍已具，四面攻蚩尤，三日其城果下。'太師注：'《兵書》曰：王者行師，出軍之日，授將弓矢，士卒振旅，將張弓大呼，太師吹律合音：商則戰勝，軍士強；角則軍擾多變，失士心；宮則軍和，士卒同心；徵則將急數怒，軍士勞；羽則兵弱，少威明。'案，《六韜》亦有《五音》篇，兼以五勝之法制敵，是也。"

五音奇胲刑德二十一卷

《補注》王念孫曰："《兵略訓》：'明於刑德奇賌之數。'即此所云'奇胲刑德'。"

姚振宗曰："顏氏《集注》：如淳曰：'胲，音該。'師古曰：'許慎云：胲，軍中約也。'"

又曰："錢大昕《三史拾遺》曰：'小顏引許慎說當出《淮南》注，與《說文》不同。《說文》"胲，足大指毛也。該，軍中約也，讀若心中滿該"。此"該"當作"胲"。古字少，故假"胲"爲"該"。'"

又曰："武進莊逵吉《淮南兵略校語》云：'古字"胲""咳"皆作"該"。《五音奇胲》，兵家書也，故許慎以爲軍中約。'"

又曰："王氏《考證》：《淮南子·兵略訓》'明于星辰日月之運、刑德奇胲之數、背鄉左右之便，此戰之助也'，注：'奇胲之數，奇秘之數，非常術。'按，今本《淮南子》注云"奇賌陰陽，奇秘之要"，與王

---

① "臣請以"三字原脱，據《漢書藝文志條理》及《漢書疏證》補。

氏所見不同,不知爲高氏注、許氏注也。《史記·倉公傳》:'《脈書》上下經、五色診、奇咳術。''咳'與'胲'同。《抱朴子》云:'黄帝審攻戰,則納五音之策。'"

按,見《内篇·極言》第十三。

又曰:"宋沈括《夢溪筆談》曰:'六十甲子有納音,鮮原其意。蓋六十律旋相爲宫法也。一律合五音,十二律納六十音也。凡氣始于東方而右行,音起于西方而左行;陰陽相錯,而生變化。所謂氣始于東方者,四時始于木,右行傳于火,火傳于土,土傳于金,金傳于水。所謂音始于西方者,五音始于金,左旋傳于火,火傳于木,木傳于水,水傳于土。'又曰:'納音與《易》納甲同法。'"

姚振宗又曰:"按,《五行大義·論配聲音》篇引《黄帝兵決》云云,[①]頗似此書。《隋志》五行家有《五音相動法》二卷,又一卷,《風角五音圖》二卷,又京房、翼奉並有《風角五音占》《五音圖》,大抵皆言納音之術,皆是類之書。"

五行定名十五卷

《補注》王先謙曰:"《白虎通·論名》云:'名或兼或單何?示非一也。或聽其聲,以律定其名。'《易是類謀》云:'吹律卜名。'義亦見《大戴禮》,《五音定名》當謂此。"

姚振宗曰:"《論衡·詰術》篇曰:'五音之家,用口調姓名及字,用姓定其名,用名正其字。口有張歙,聲有内外,以定五音宫商之實。'又'《圖宅術》曰:宅有八術,以六甲之名,數而第之,第定名立,宫商殊别。宅有五音,姓有五聲。宅不宜其姓,姓與宅相賊,則疾病死亡,犯罪遇禍。'又曰:'商家門不宜南向,徵家門不宜北向。則商金,南方火也;徵火,北方水也。

---

① "決",原誤作"法",據《漢書藝文志條理》及《五行大義》改。

水勝火，火賊金，五行之氣不相得，故五姓之宅，門有宜嚮。嚮得其宜，富貴古昌；嚮失其宜，貧賤衰耗。'"

又曰："《五行大義·論納音數》曰：'納音數者，謂人本命所屬之音也。音即宮、商、角、徵、羽也。納者取此音以調姓所屬也。'"

姚振宗又曰："按，《論衡》言五音家定姓名字及宅門似即此。《書》《樂緯》言孔子吹律定姓，《京房傳》言吹律自定爲京氏，皆其術也。《隋志》五行家有《五姓歲月禁忌》《五姓登壇圖》各一卷，即是類之書。"

又曰："又按，是篇事類繁多，多不詳其門徑。今約略釐析。大抵自《泰一陰陽》至《三典陰陽》六家爲一段，《神農大幽五行》至《陰陽五行時令》四家爲一段，《堪輿》一家自爲一段，《務成子》至《鍾律災異應》三家爲一段，《鍾律叢辰》至《黃鍾》三家爲一段，《天一》《太一》二家爲一段，《刑德》至《轉位十二神》五家爲一段，此五家各自一術。《羨門式》二家爲一段，《文解》二解爲一段，《五音》三家爲一段，凡十章段云。"

右五行三十一家，六百五十二卷。

姚振宗曰："按，此家數不誤，篇數則實爲六百五十三卷，似'三'誤爲'二'。"

五行者，五常之形氣也。

王應麟曰："《中庸》注：'木神則仁，金神則義，火神則禮，土神則智，水神則信。'朱文公曰：''知信'二字，位置不能不舛。'"張文饒曰："五運六氣，天之五行也。五音六律，地之五行也。納音，人之五行也。"

《書》云"初一曰五行，次二曰羞用五事"，

師古曰："《周書·洪範》之辭也。"

《補注》錢大昭曰："《五行志》及《孔光傳》並作'羞'。"師古曰：

"羞,進也。"

言進用五事以順五行也。貌、言、視、聽、思心失,而五行之序亂,五星之變作,皆出於律曆之數而分爲一者也。

師古曰:"説皆在《五行志》也。"

其法亦起五德終始,推其極則無不至。

《補注》王應麟曰:"《史記‧曆書》:'鄒衍明於五德之傳,而散消息之分。'沈約云:'五德更王有二家之説,鄒衍以相勝立體,劉向以相生爲義。'"

周壽昌曰:"按,本《志》陰陽家有《鄒子始終》一書,即此古帝王以三統遞傳,三正迭用。自五德終始之説出,秦始皇信之,自命水德,建亥爲正,幾成四正。而後世造言惑世之妖民,俱借此以造亂,皆鄒衍此法之流旣,班氏所謂無所不至也。五行家見《史記‧日者傳》。蓋漢舊行其法。《通志》有五行一類書三十種,凡一千一十四部。"

而小數家因此以爲吉凶,而行於世,

劉光蕡曰:[①]"知此何以又有《五行傳》?"

寖以相亂。

師古曰:"寖,漸也。"

劉光蕡曰:"子政《五行傳》入於書家。此名五行,而各書名五行者,僅《神農大幽五行》《四時五行經》《陰陽五行時令》三書,其他不言五行。其占皆與五行爲用,與中有《叢辰》《刑德》《孤虛》《六甲》《十二神》,蓋即今星命之説也。"

姚振宗曰:"《隋書‧經籍志》曰:'五行者,金、木、水、火、土五常之形氣者也。在天爲五星,在人爲五藏,在目爲五色,在耳爲五音,在口爲五味,在鼻爲五臭。在上則出氣旋變,在下

[①] "光",原誤作"克",據前後文改。

則養人不倦。故《傳》曰天生五材，廢一不可。是以聖人推其終始，以通神明之變，爲卜筮以考其吉凶，占百事以觀于來物，覗形法以辨其貴賤。《周官》則分在保章、馮相、卜師、筮人、占夢、眡祲，而太史之職，實司總之。小數者纔得其十觕，①便以細事相亂，以惑于世。'王氏《考證》：張文饒曰：'五運六氣，天之五行也。五音六律，地之五行也。納音，人之五行也。'"

蓍　　龜

龜書五十二卷

《補注》沈欽韓曰："《隋志》：'《龜經》一卷，晉掌卜大夫史蘇撰。'《崇文總目》：'三卷。'而五十二卷之書亡矣。《史記》褚先生補《龜筴傳》所載，其大略也。"朱一新曰："汪本作'五十三卷'。"王先謙曰："《漢志考》亦五十二卷，知宋本相承作'二'，'三'字誤。"

按，景祐本作"五十二卷"。

夏龜二十六卷

《補注》王應麟曰："《龜策傳》："塗山之兆從而夏啓世。'《墨子》：'夏后開使飛廉析金于山，鑄鼎於昆吾。使翁難乙灼白若之龜，繇曰：逢逢白雲，一南一北，一西一東，九鼎既成，遷于三國。'張衡《靈憲》：'姮娥竊藥奔月，將往，枚筮之於有黃。有黃占之曰：吉。翩翩歸妹，獨將西行，逢天晦芒，毋驚毋恐，後且大昌。'此夏龜筮之見於書者。太史公曰：'三王不同龜。'"

南龜書二十八卷

《補注》沈欽韓曰："《龜人》：'南龜曰獵屬。'《龜筴傳》：'余至

---

① "十"，原誤作"中"，據《漢書藝文志條理》及《隋書·經籍志》改。

江南，觀其行事，問其長老，云龜千歲乃游蓮葉之上。廬江郡常歲時生龜長尺二寸者二十枚，輸太卜官。'《抱朴子·對俗》篇：'《玉策記》曰：千歲之龜，游於蓮葉之上，或在叢蓍之下。'褚先生亦引'《記》曰'，或即《玉策記》也。"

陳直曰："先府君云：'《南龜書》次於《夏龜書》之後，疑爲《商龜書》之誤字。"

巨龜三十六卷
雜龜十六卷

姚振宗曰："《周禮》大宗伯之屬：龜人掌六龜之屬，各有名物。天龜曰靈屬，地龜曰繹屬，東龜曰果屬，西龜曰雷屬，南龜曰獵屬，北龜曰若屬。各以其方之色與其體辨之。凡取龜用秋時，攻龜用春時，①各以其物入于龜室。鄭氏注曰：'色謂天龜玄、地龜黃、東龜青、西龜白、南龜赤、北龜黑。龜俯者靈，仰者繹，前弇果，後弇獵，左倪雷，右倪若，是其體也。東龜、南龜長前後，在陽，象經也。西龜、北龜長左右，在陰，象緯也。天龜俯，地龜仰，東龜前，南龜卻，西龜左，北龜右，各從其類也。'又曰：'太卜掌《三兆》之法：一曰《玉兆》，二曰《瓦兆》，三曰《原兆》。其經兆之體皆百有二十，其頌皆千有二百。'杜子春曰：'《玉兆》，帝顓頊之兆。《瓦兆》，帝堯之兆。《原兆》，有周之兆。'鄭玄曰：'近師皆以爲夏、殷、周。頌爲繇也。②'賈公彥曰：'經兆者，謂龜之正經。體者，謂龜之金、木、水、火、土五兆之體。百有二十者，三代皆同。百有二十、千有二百者，每體十繇，故千二百也。'"

又曰："《爾雅·釋魚》：'一曰神龜，二曰靈龜，三曰攝龜，四曰

---

① "時"，原誤作"秋"，據《漢書藝文志條理》及清嘉慶二十年南昌府學重刊宋本《十三經注疏》本《周禮注疏》改。

② "爲"，《漢書藝文志條理》作"謂"。

寶龜,五曰文龜,六曰筮龜,七曰山龜,八曰澤龜,九曰水龜,十曰火龜。'刑昺曰:'《易·損卦》六五爻辭云十朋之龜,弗克違。馬、鄭皆取此文解之,則此經十龜所以釋《易》者也。'"

又曰:"《史·龜筴傳》:太史公曰:'唐虞以上,不可記已。略聞夏殷欲卜者,乃取蓍龜,已則棄去之,以爲龜藏則不靈,蓍久則不神。至周室之卜官,常寶藏蓍龜;又其大小先後,各有所尚,要其歸等耳。高祖時因秦太卜官。及孝惠、呂后、孝文、孝景因襲掌故,未遑講試,雖父子疇官,世世相傳,其精微深妙,多所遺失。至今上即位,博聞藝能之路,悉延百端之學,通一伎之士咸得自效,絕倫超奇者爲右,無所阿私,數年之間,太卜大集。會上欲擊匈奴,西攘大宛,南收百越,卜筮至預見表象,先圖其利。及猛將推鋒執節,獲勝于彼,而蓍龜時日亦有力于此。上尤加意,賞賜至或數千萬。如丘子明之屬,富溢貴寵,傾于朝廷。至以卜筮射蠱道,巫蠱時或頗中。素有睚眦不快,因公行誅,恣意所傷,以破族滅門者,不可勝數。百僚蕩恐,皆曰龜筴能言。後事覺奸窮,亦誅三族。夫摋策定數,灼龜觀兆,變化無窮,是以擇賢而用占焉,可謂聖人重事者乎!'"

又曰:"又褚先生曰:'臣往來長安,之太卜官,問掌故文學長老習事者,寫取龜筴卜事,編于下方。傳曰:下有伏靈,上有兔絲;上有擣蓍,下有神龜。記曰:能得名龜者,財物歸之,家必大富。一曰兆斗龜,二曰南辰龜,三曰五星龜,四曰八風龜,五曰二十八宿龜,六曰日月龜,七曰九州龜,八曰玉龜:凡八名龜。龜圖各有文在腹下,文云云者,此某之龜也。略記其大指,不寫其圖。王者發軍行將,必鑽龜廟堂之上,以決吉凶。今高廟中有龜室,藏內以爲神寶。'《索隱》曰:'此稱傳曰者,即太卜所得古龜之説也。'"

又曰："本書《百官表》：'太常屬官有太史、太卜令丞。'《續漢書·百官志》：'太常屬有太卜令，六百石，後省並太史。'劉昭補注《漢官》曰：'太史待詔三十七人，其三人龜卜。'"

又曰："《四庫》術數類提要曰：'《漢書·藝文志》載《龜書》五十二卷，《夏龜》二十六卷，《南龜書》二十八卷，《巨龜》三十六卷，《雜龜》十六卷，則漢時其書猶多。漢文帝大橫之兆即其繇辭，褚少孫補《龜策傳》所述即其占法也。'"

又曰："全祖望《讀易別録》曰：'《夏龜》二十六卷即《周禮》所謂玉兆之書，掌于太卜者也。《南龜書》二十八卷即《周禮》六龜之一，亦掌于太卜者。'"

又曰："馬國翰《目耕帖》曰：'《漢·藝文志》著龜十五家有《龜書》《夏龜》《南龜書》《巨龜》《雜龜》各若干卷。按，《周禮》六龜、《爾雅》十龜及《龜筴傳》引記曰者又八名龜，當是此書及《雜龜》中文也。'"

姚振宗又曰："按，《隋志》五行家《龜經》一卷，晉掌卜大夫史蘇撰，《史蘇沈思經》一卷，《龜卜五兆動搖決》一卷，梁有《史蘇龜經》十卷，亡。《宋史·志》《史蘇五兆龜經》一卷，晁氏《讀書志》曰：'《靈龜經》一卷，史蘇撰，論龜兆之吉凶。《崇文目》三卷。'按，史蘇春秋時人，《抱朴子·辯問》篇云：'史蘇、辛廖，卜筮之聖也。'其書在梁時凡十卷，當在此五種書中。又梁有《龜卜要決》《龜圖五行九親》各四卷，不著撰人，疑亦是五書中殘賸。"

蓍書二十八卷

《補注》王先謙曰："《龜策傳》引'傳曰：天下和平，王道得，而蓍莖長丈，其叢生滿百莖'。《白虎通》：'天子蓍長九尺，諸侯七尺，大夫五尺，士三尺。蓍陽，故數奇也。'《儀禮》疏引《三正記》云：'大夫蓍五尺，故立蓍；士之蓍三尺，故坐蓍。'《說文》'蓍'下云：'生千歲三百莖，易以爲數。'此皆當在《蓍書》中。"

姚振宗曰："《龜策傳》褚先生曰：'聞蓍生滿百莖者，其下必有神龜守之，其上常有青雲覆之。傳曰："天下和平，王道得，而蓍莖長丈，其叢生滿百莖。"方今世取蓍者，不能中古法度，不能得滿百莖長丈者，取八十莖已上，蓍長八尺，即難得也。'"

又曰："劉向《五行傳》曰：'龜千歲而靈，蓍百年而神，以其長久，故能辯吉凶也。'又曰：'蓍百年而一本生百莖。'按，此疑是劉氏《稽疑論》之文，本《志》尚書家班氏注曰'入劉向《稽疑》一篇'是也。《稽疑》當並入《五行傳》，故諸書或引劉向，或云《五行傳》。"

又曰："全祖望《讀易別錄》曰：'自孔子作《易》，始以幽贊神明闡蓍之德，而即大衍之策，極其圓神之用。蓍之顯于古也，蓋孔子始也。'又曰：'蓍學既盛，龜學遂失不傳。'"

又曰："《四庫提要》術數類占卜案語曰：'《漢志》《隋志》皆立蓍龜一門，按，《隋志》蓍龜並入五行，唯《宋志》有之。此爲古法言之也。後世非惟龜卜廢，並蓍亦改爲錢卜矣。'"

周易三十八卷

《補注》王應麟曰："《史記·大宛傳》：'天子發書《易》，云：神馬當從西北來。'《隋志》京房有《周易占》《守林》《飛候》《四時候》《錯卦》《混沌》《委化》《逆刺占災異》《占事》。焦贛、費直皆有《易林》。"錢大昭曰："'《周易》'下當有脫字。"按，此如汲冢中之《周易》上下篇，無象象文言繫辭，爲卜筮者所用之《易》，故列入蓍龜家，錢說非也。

姚振宗曰："《周禮》大宗伯之屬：'太卜掌三易之法：一曰《連山》，二曰《歸藏》，三曰《周易》。其經卦皆八，其別皆六十有四。'"

又曰:"《續漢·百官志》劉昭補注:'《漢官》曰:太史待詔三十七人,其三人易筮。'"

又曰:"《史·大宛傳》:'初,天子發書《易》,云神馬當從西北來。《集解》曰:駰案,《漢書音義》曰:發《易》書以卜也。'亦見本書《張騫傳》,裴氏蓋引鄧展說也。"

又曰:"沈括《夢溪筆談》曰:'古之卜者,皆有繇辭。《周禮》之兆,其頌皆千有二百,今此書亡矣。漢人尚視其體,今人雖視其體,而專以五行爲主,三代舊術,莫有傳者。'"

又曰:"王氏《考證》:《左氏》載筮辭,《大有》之《乾》曰:'同復乎父,敬如君所。'《蠱》曰:'千乘三去,三去之餘,獲其雄狐。'《復》曰:'南國蹙,射其元王,中厥目。'其辭皆韻,如《易林》之類。"

周易明堂二十六卷

《補注》沈欽韓曰:"蓋即明堂陰陽之説,類魏相所采者。"

姚振宗曰:"《經義考》:'《周易明堂》,《漢志》蓍龜家三十六卷,佚。'"

又曰:"全祖望《讀易別録》曰:'《周易明堂》二十六卷,見《漢志》蓍龜家。案,漢儒有明堂陰陽之學,《禮記》爲最多,《周易明堂》亦其類也。《經義考》三十六卷。'按,《經義考》'二'誤爲'三'也。"

周易隨曲射匿五十卷

《補注》王應麟曰:"《隋志》有《易射覆》二卷,又一卷。《東方朔傳》:'上使諸數家射覆,朔自贊曰:臣嘗受《易》,請射之。乃別蓍布卦而對。'"沈欽韓曰:"《魏志》:'管輅射覆,卦成。'此並先有卦辭,占者以卦推之。"

姚振宗曰:"本書《東方朔傳》:'上嘗使諸數家射覆,置守宮盂下,射之,皆不能中。朔自贊曰臣嘗受《易》,請射之。乃別蓍布卦而對曰:臣以爲龍又無角,謂之爲虵又有足,蚑蚑脈脈善緣壁,是非守宮即蜥蜴。上曰:善。賜帛十匹。復使射他物,連中。'其下又有與郭舍人射寄生一事,文繁不錄。"

姚氏又曰:"按,《東方朔傳》所載蓋即隨曲射匿之體也。① 《隋志》五行家有《易射覆》二卷,② 又一卷,皆不著撰人,似即本書之佚出者。"

大筮衍易二十八卷

姚振宗曰:"《周禮》大宗伯之屬:'簭人掌《三易》,以辨九簭之名:一曰巫更,二曰巫咸,三曰巫式,四曰巫目,五曰巫易,六曰巫比,七曰巫祠,八曰巫參,九曰巫環,以辨吉凶。凡國之大事,先簭而後卜。'鄭氏曰:'此九巫讀皆當爲筮,字之誤也。更,謂筮遷都邑也。咸,猶僉也,謂筮衆心歡不也。式,謂筮制作法式也。目,謂事衆筮其要所當也。易,謂民衆不說筮所改易也。比,謂筮與民和比也。祠,謂筮牲與日也。參,謂巫御與右也。環,謂筮可致師不也。當用卜者,先筮之,即事有漸也。于筮之凶,則止不卜。'"

又曰:"全祖望《讀易別錄》曰:'《初學記》引《啓筮》即《連山》筮書,《太平御覽》引《殷筮》即《歸藏》筮書,東方朔別蓍布卦而對,是小事筮也。'"

大次雜易三十卷

姚振宗曰:"全祖望《讀易別錄》曰:'《漢志》蓍龜家《大次雜易》三十卷。案,《春秋傳》中有卜筮不引《易》文,據所見雜占而言之者,見杜預、劉炫之說,所謂《雜易》者歟。'"

---

① "傳"字原脫,據《漢書藝文志條理》補。
② "五行家"下原衍"五行家"三字,據《漢書藝文志條理》刪。

鼠序卜黄二十五卷

《補注》沈欽韓曰："《抱朴子·對俗》篇：'鼠壽三百歲，滿百歲則色白，善憑人而卜，名曰仲，能知一年中吉凶及千里外事。'"

姚振宗曰："《史·龜筴傳》：太史公曰：'蠻夷氐羌雖無君臣之序，亦有決疑之卜。或以金石，或以草木，國不同俗。然皆可以戰伐攻擊，推兵求勝，各信其神，以知來事。'"

又曰："本書《郊祀志》：'粵人以雞卜，上信之，雞卜自此始用。'李奇曰：'持雞骨卜，如鼠卜。'按，'鼠卜'即此'鼠序'也，'雞卜'即此'卜黃'也。"

又曰："《抱朴子·對俗》篇：'鼠壽三百歲，滿百歲則色白，善憑人而卜，名曰仲，能知一年吉凶及千里外事。'"

又曰："唐段公路《北户録》曰：'邕州之南有善行禁咒者，取雞卵墨畫，祝而煮之，剖爲二片，以驗其黃，然後決嫌疑，定禍福。言如響答，據此乃古法也。《神仙傳》曰："人有病，就茅君請福，煮雞子十枚，以内帳中。須臾，茅君悉擲出。中無黃者，病多愈；有黃者，不愈，常以此爲候。"'又曰：'南方逐除夜及將發船，皆殺雞，擇骨爲卜，傳古法也。'又曰：'愚又見卜之流雜書傳：虎卜、紫姑卜、牛蹄卜、灼骨卜、烏卜，雖不法于蓍龜，亦有可以稱者。子路見孔子曰："猪肩、牛髀可以得兆，何必蓍龜？"又有螺段卜遺。'"

姚振宗又曰："按，此似載諸雜卜之法，以鼠卜、雞卜在前，故名《鼠序卜黃》以統之。"

又曰："又按《御覽·方術部》載諸雜卜有蠡卜、烏卜、拇蒲卜、十二棋卜、竹卜。竹卜即筳篿之術，亦見《後漢·方術傳》序。十二棋卜即今所傳《靈棋經》是也，其書頗古，疑在是書中。"

於陵欽易吉凶二十三卷

《補注》王先謙曰："《元和姓纂》九'魚'引《風俗通》云：'陳仲子，齊世家也，辭爵灌園於於陵，子孫氏焉。'"

姚振宗曰："應劭《風俗通·姓氏》篇：'於陵氏，陳仲子，齊世家，辭爵灌園于於陵，因氏焉。'《漢·藝文志》有於陵欽。張澍輯注曰：'於陵欽著《易吉凶》二十三卷。'"

任良易旗七十一卷

姚振宗曰："本書《京房傳》：'房奏考功課吏法，後上令房上弟子曉知考功課吏事者，欲試用之。房上中郎任良、姚平願以爲刺史，試考功法。'按，《儒林傳》'房授東海殷嘉、河東姚平、河南乘弘，皆爲郎、博士'，不及任良，其里籍亦不可考。"

姚氏又曰："按，《隋志》五行家有鄭注《九宮行棋經》，兩《唐志》作《九旗飛變》，是'棋'亦爲'旗'，此《易旗》殆亦如《十二靈棋卜經》之類。"

周壽昌曰："按，任良當即京房弟子任良也。官中郎時，房請出任良試考功不行。後無考。《儒林傳》亦無傳。其所爲《易旗》者，全術數之學，無與《易經》正義也。"

易卦八具

《補注》沈欽韓曰："《東觀漢記》：'永平五年秋，御雲臺，詔尚席取卦具。'《士冠禮》：'筮與席所卦。'鄭云：'所卦者，所以畫地記爻。'又《少牢禮》：'卦以木，卒筮，乃書卦於木。'鄭云：'每一爻畫地以識之，六爻備書於版。'然則《易卦八具》，其版書也。"

姚振宗曰："《東觀漢記·沛獻王輔傳》：'輔善《京氏易》。永平五年秋，京師少雨，上御雲臺，召尚席取卦具自爲卦，以《周易卦林》卜之。'"

姚氏又曰："按，卦具即此《易卦八具》也。《卦林》似即前《周易》三十八卷之書。又按,是篇《龜書》至《雜龜》五家爲一段,《蓍書》一家自爲一段,《周易》至《鼠序卜黃》六家爲一段,於陵欽《易吉凶》至《易卦》三家爲一段。凡四章段。"

右蓍龜十五家,四百一卷。

《補注》沈欽韓曰:"《隋志》並入五行家。"

姚振宗曰:"按,此篇家數不誤,其卷數以《易卦八具》爲八卷計之,則缺少八十四卷。今校定當爲四百八十五卷。"

周壽昌曰:"案,《史記·龜策列傳》:褚先生所補傳中,辨采蓍法靈龜八種皆有名,甚詳。此錄中有龜書五種,蓍書一種,褚先生當尚見其書也。"

蓍龜者,聖人之所用也。《書》曰:"女則有大疑,謀及卜筮。"

師古曰:"《周書·洪範》之辭也。言所爲之事有疑,則以卜筮決之也。龜卜曰,蓍曰筮。"

《易》曰"定天下之吉凶,成天下之亹亹者,莫善於蓍龜。"

王應麟曰:"今《易》作'莫大乎蓍龜'。劉向云:'龜千歲而靈,蓍百年而神,以其長久,故能辨吉凶也。'"

劉光蕡曰:"蓍龜與《易》別,可見《易》爲明道之書,非僅卜筮也。"

"是故君子將有爲也,將有行也,問焉而以言,其受命也如嚮,無有遠近幽深,遂知來物。非天下之至精,其孰能與於此!"

師古曰:"皆《上繫》之辭也。亹亹,深遠也。言君子所爲行,皆以其言問於《易》。受命如嚮者,謂示以吉凶,其應速疾,如嚮之隨聲也。遂猶究也。'來物'謂當來之事也。嚮與響同。與,讀曰豫。"

《補注》錢大昭曰:"'莫善',《易·繫辭》作'莫大'。陸《釋文》作'莫善',云'本亦作莫大'。案,何休注《公羊》亦引作'莫善',《儀禮》疏同。賈公彥云:'凡艸之靈莫善於蓍,凡蟲之知莫善於龜。'《中山經》:'江水出焉,其中多良龜。'郭璞云:

'良,善也。'"

及至衰世,解於齊戒,而婁煩卜筮,

師古曰:"解,讀曰懈。齊,讀曰齋。婁,讀曰屢。"

神明不應。故筮瀆不告,《易》以爲忌;

師古曰:"《易·蒙卦》之辭曰:'初筮告,再三瀆,瀆則不告。'言童蒙之來決疑,初則以實而告,至於再三,爲其煩瀆,乃不告也。"

龜厭不告,《詩》以爲刺。

師古曰:"《小雅·小旻》之詩曰:'我龜既厭,不我告猶。'言卜問煩數,媒嫚於龜,龜靈厭之,不告以道也。"

劉光蕡曰:"蓍龜人之數術家,甚是。《洪範稽疑》固以人謀爲主也。"

雜　　占

黃帝長柳占夢十一卷

《補注》王應麟曰:"《史記正義》引《帝王世紀》云:'黃帝因夢求得風后、力牧,因著《占夢經》十一卷。'"沈欽韓曰:"《詩》'大人占之',鄭箋謂以聖人占夢之法占之。"王先謙曰:"庾信《齊王憲碑》:'飛風長柳,月角星眉,莫不吟誦在心,撰成於手。'所云'長柳',即此《長柳書》也。"

姚振宗曰:"黃帝數見道家、陰陽家、小說家、兵家、曆譜、五行家。"

又曰:"《周禮》大宗伯之屬:'占夢以日、月、星辰占六夢之吉凶。一曰正夢,二曰噩夢,三曰思夢,四曰寤夢,五曰喜夢,六曰懼夢。'"

又曰:"太卜掌三夢之法:'一曰致夢,二曰觭夢,三曰咸陟。其經運十,其別九十。'注:'致夢,夏后氏作焉。觭夢,殷人作焉。咸陟,周人作焉。'"

又曰:"皇甫謐《帝王世紀》曰:'黃帝夢大風吹天下之塵垢皆去,又夢人執千鈞之弩驅羊萬群。寤而嘆曰:"風爲號令,執政者也。垢去土,后在也。天下豈有姓風名后者哉?夫千鈞之弩,異力者也。驅羊數萬群,能牧民爲善者也。天下豈有姓力名牧者哉?"於是依二占而求之。得風后于海隅,登以爲相。得力牧于大澤,進以爲將。黃帝因著《占夢經》十一卷。'按,此必是本書序文,皇甫氏據以録之。"

甘德長柳占夢二十卷

《補注》沈欽韓曰:"即占星之甘公。《隋志》:'《雜占夢書》一卷。'"

姚振宗曰:"《史・天官書》:'昔之傳天數者:在齊,甘公。'徐廣曰:'或曰甘公名德,本是魯人。'《正義》:'《七録》云楚人,戰國時作《天文星占》八卷。'按,《天文星占》八卷不見載于本《志》。"

又曰:"本《志》數術總序曰:'六國時楚有甘公。'"

又曰:"《史記・張耳陳餘列傳》:'陳餘襲常山王張耳。張耳敗走,欲之楚。甘公曰:"漢王之入關,五星聚東井。東井,秦分也,先至必霸。楚雖強,後必屬漢。"故耳走漢。'文穎曰:'善説星者,甘氏也。'《索隱》曰:'《天官書》云齊甘公。《藝文志》云楚有甘公。齊楚不同,未知孰是。劉歆《七略》云公一名德。'按,此則漢初亦有甘公,或六國時甘公之後。《抱朴子・辯問》篇云'子韋、甘均,占候之聖也',則又有甘均,殆是一族。"

又曰:"庾信《齊王憲碑文》曰:'飛風長柳,月角星眉,莫不吟誦在心,撰成于手。'按,此則北朝後周時猶行此術,'飛風'似謂'風角'。"

又曰:"明陳士元《夢占逸旨・長柳》篇云:'長柳之演,載諸藝牒，其詳不可得聞已。'"

又曰："洪邁《容齋續筆》曰：'《漢·藝文志》雜占十八家，以《黄帝長柳占夢》十一卷、《甘德長柳占夢》二十卷爲首。魏、晋方技，猶或有之。今人不復留意此卜，雖市井妄術，所在方技，亦無一箇以占夢自名者，其學殆絶矣。'"

武禁相衣器十四卷

《補注》沈欽韓曰："《論衡·譏日》篇：'裁衣有書，凶日製衣有禍，吉日有福。'"王先謙曰："武禁，人姓名。《隋志》：'《雜相書》九卷。梁有《裁衣書》一卷，亡。'"

姚振宗曰："武禁未詳。"

又曰：'《論衡·譏日》篇：'《沐書》曰：子日沐，令人愛之；卯日沐，令人白頭。'又曰：'裁衣有書，書有吉凶。凶日制衣則有禍，吉日則有福。'"

又曰："《魏志·夏侯玄傳》注：'《相印書》曰：相印法本出陳長文，長文以語韋仲將。仲將問從誰得法。長文曰本出漢世，有《相印》《相笏經》。'按，陳群字長文，韋誕字仲將。"

姚振宗又曰："按，王仲任言《沐書》《裁衣書》，陳長文言漢有《相印》《相笏經》，大抵皆是書之散佚者。《隋志》五行家有《沐浴書》一卷，梁有《裁衣書》《相手版經》《受版圖》各一卷，亡，疑皆出于是書。又《開源占經》有《器服休咎怪異占》，亦與此書相似。"

嚏耳鳴雜占十六卷

師古曰："嚏，音丁計反。"

《補注》王應麟曰："《隋志》：'梁有《嚏書》《耳鳴書》各一卷。'"

楊樹達曰："《詩·邶風·終風》：願言則嚏。《鄭箋》：'嚏'，讀當爲'不敢嚏咳'之'嚏'，今俗，人嚏則云'人道我'，此古之遺語也。"

姚振宗曰："《隋志》五行家梁有《嚏書》《耳鳴書》《目瞤書》各一卷，[①]亡。"

姚氏又曰："按，《西京雜記》陸賈曰：'夫目瞤得酒食，燈華得錢財，乾鵲噪而行人至，蜘蛛集而百事喜。故目瞤則祝之，燈華則拜之，乾鵲則餧之，蜘蛛集則放之。'按，此十六卷以《嚏占》《耳鳴占》在前，故即舉以爲名。其下諸雜占，如目瞤之類者，似亦在其中也。觀陸大夫言，則是類之書在漢初已有之矣。今俗所傳有所謂《玉匣記》者，亦載嚏、耳鳴等諸占，豈猶是漢以來之遺法歟？"

禎祥變怪二十一卷

《補注》沈欽韓曰："《中庸》疏：'本有今異曰禎，本無今有曰祥。'"

人鬼精物六畜變怪二十一卷

楊樹達曰："按，《史記·劉侯世家》贊云：'學者多言無鬼神，然言有物。'與此文'物'字皆假爲'魃'。《說文》九篇上'鬼部'云：'魃，老物精也。从鬼彡。彡，鬼毛。或作魅。''物'與'魅'古同音，故假'物'爲'魃'。"

姚振宗曰："《開元占經》：《地鏡》曰：'敬事長老，不失遺舊故，則芝草生。'又曰：'不失民心，則木連理生。'又曰：'本生枝盡向下者，大吉。'又曰：'枯木冬生，是謂陰陽易位，不出二年，國有喪，小人近，君子亡。《天鏡》曰：'人生兩首，不出三年，上帝命王征四方，號令天下。'又曰：'人生四頭兩目，世主大哀；人生多頭，君主有咎，民飢凶流亡。'又曰：'鬼擲人屋扣門戶，如盜賊劫人，不出一年，民人疾病。'又曰：'鬼呼大人當之，是謂喪亡，不出一年，天下爭地。'又曰：'牛生六畜，兵

[①] "目"字原脱，據《漢書藝文志條理》及《隋書·經籍志》補。

且作,其君不安。'"

姚氏又曰:"按,《隋志》五行家梁有《天鏡》《地鏡》《日月鏡》《四規鏡經》各一卷,亡。據《開元占經》所引《天鏡》《地鏡》,似即是書之篇目。又《占經》篇目如竹木草菜占、人及鬼神占、禽占、獸占、牛占、馬占、羊犬豕占、龍魚蟲蛇占諸篇,亦與此兩書相似類也。① 又《抱朴子·極言》篇云'黃帝窮神奸則記白澤之辭',《隋志》五行家有《白澤圖》一卷,疑在此兩書中。"

變怪誥咎十三卷

《補注》沈欽韓曰:"《太祝》六辭,三曰誥。誥,告於神也。咎,自刻責也。曹子建《誥咎文序》:'五行致災,先史咸以爲應政而作。天地之氣自有變動,未必政治之所興致也。於時大風,發屋拔木,意有感焉,聊解上帝之命,②以誥咎祈福。'袁盎心不樂,家多怪,乃之棓生所問占,亦其事也。"

姚振宗曰:"《封禪書》曰:'秦時,祝官有秘祝,即有菑祥,輒祝祠移過于下。'《正義》曰:'謂有災祥,輒令祝官祠祭,移其咎惡于衆官及百姓也。'又:'漢興二年,高祖東擊項籍還入關,悉召故秦祝官,復置太祝、太宰,如其故儀禮。'"

又曰:"《孝文本紀》:'十三年夏,上曰:蓋聞天道禍自怨起而福繇德興。百官之非,宜由朕躬。今秘祝之官移過於下,以彰吾之不德,朕甚不取。其除之。'本書《文紀》十三年夏,除秘祝。應劭曰:'秘祝之官,移過于下,國家諱之,故曰秘也。'"

又曰:"《文心雕龍·祝盟》篇:'至于商履,聖敬日躋,素車禱旱,以六事責躬,則雩禜之文也。春秋已下,黷祀諂祭,③祝幣

---

① "兩"上原衍一"書"字,據《漢書藝文志條理》刪。
② "解",《四部叢刊》影印明活字本《曹子建集》作"假"。
③ "黷",原誤作"黜",據《漢書藝文志條理》改。

史辭,靡神不至。'又曰:'秘祝移過,異乎成湯之心。'"

執不祥劾鬼物八卷

姚振宗曰:"《抱朴子·暢玄》篇:'《神仙集》中有召神劾鬼之法,又有使人見鬼之術。齊人少翁令武帝見李夫人,又令武帝見竈神,此史籍之明文也。'"

又曰:"梁玉繩《瞥記》曰:'《漢·藝文志》有《執不祥劾鬼物》八卷,則符籙不始于張陵。①'"

姚氏又曰:"按,《後漢·方術傳》:'河南有麴聖卿,善爲丹書符劾,厭殺鬼神而使命之。章帝時有壽光侯者,能劾百鬼衆魅,令自縛見形。'又費長房以符驅使社公劾繫鬼物,'後失其符,爲衆鬼所殺'。是皆劾鬼物之術也。又兩漢有大儺之禮,見《續漢·禮儀志》,似亦劾鬼物之一則。"

請官除訞祥十九卷

師古曰:"'訞'字與'妖'同。"

《補注》沈欽韓曰:"《女祝》:'掌以時招、梗、襘、禳之事。'《管子·四時》篇云:'除神位謹禱弊梗。'注:'時方開通,而有弊敗梗塞者,則禱神以通道之。'"

姚振宗曰:"《周禮》大宗伯之屬:'眡祲掌十煇之法,以觀妖祥,掌安宅叙降。正歲則行事。'注:'宅,居也。降,下也。人見妖祥則不安,主安其居處也。次序其凶禍所下,謂禳移之。此正月而行安宅之事,所以順民。'"

又曰:"《論衡·解除》篇:'世信祭祀,謂祭祀必有福;又然解除,謂解除必去凶。解除初禮,先設祭祀。比夫祭祀,若生人饗賓客矣。先爲賓客設膳,已,驅以刃杖。鬼神如有知,必恚止戰,不肯徑去;若懷恨,反而爲禍。如無所知,不能爲凶,解

---

① "籙",原誤作"録",據《漢書藝文志條理》改。

之無益,不解無損。'又曰:'解除之法,緣古逐疫之禮也。昔顓頊氏有子三人,生而皆亡,一居江水爲虐鬼,一居若水爲魍魎,一居歐隅之間,主疫病人。故歲終事畢,驅逐疫鬼,因以送陳、迎新、内吉也。世相仿效,故有解除。解除之法,衆多非一。世間繕治宅舍,鑿地掘土,功成作畢,解謝土神,名曰解土。爲土偶人,以像鬼形,令巫祝延,以解土神。已祭之後,心快意喜,謂鬼神解謝,殃禍除去。'《東觀漢記·鍾離意傳》:'意在堂邑,初到縣,市無屋,意出奉錢帥人作屋。功作既畢,爲解土,祝曰:"興工役者,令百姓無事。如有禍祟,令自當之。"人皆大悦。'"

姚振宗又曰:"按,《續漢·百官志》劉昭補注,《漢官》曰'太史待詔三十七人,有解事二人',似即王仲任所謂解除,亦豈即此請官歟?"

禳祀天文十八卷

師古曰:"禳,除災也。音人羊反。"

《補注》沈欽韓曰:"《晏子·諫》篇:'景公睹彗星,召柏常騫使禳去之。'"葉德輝曰:"《説文》:'禜,設綿蕝爲營,以禳風雨、霜雪、水旱、癘疫於日、月、星辰、山川也。'此即'禳祀天文'之遺法。"

姚振宗曰:"《周禮》天官冢宰之屬:'女祝掌以時招、梗、襘、禳之事,以除疾殃。'鄭氏注:'卻變異曰禳。禳,攘也。四禮唯禳其遺象今存。'賈公彦疏:'此四禮至漢時,招、梗及襘不行,唯禳一禮漢日猶存其遺象,故云今存也。'"

又曰:"《史記·天官書》曰:'日變脩德,月變省刑,星變結和。凡天變,過度乃占。大上脩德,其次脩政,其次脩救,其次脩禳。'"

又曰:"《續漢書·百官志》劉昭補注:《漢官》曰:'太史待詔

三十七人,其二人典禳。'"

姚振宗又曰:"按,《周禮》禳爲四禮之一,宋司星子韋言熒惑可移于相,①可移于民,于歲,即禳祀天文之一事。本書《翟方進傳》所載方進死事,亦似禳祀之一端。兩漢有典禳待詔,隸太常,爲太史令之屬,則此書是其職業歟?"

請禱致福十九卷

《補注》沈欽韓曰:"《隋志》:'梁有董仲舒《請禱圖》。'《太祝》注:'董仲舒救日食,祝曰:炤炤大明,讖滅無光,奈何以陰侵陽,以卑侵尊。'《繁露·郊祀》篇:'郊祝曰:皇皇上帝,照臨下土,集地之靈,降甘風雨,庶物群生,各得其所,靡今靡古,惟予一人,某敬拜皇天之祜。'"

姚振宗曰:"《周禮》大宗伯之屬:'都宗人掌都祭祀之禮。凡都祭祀,致福于國。國有大故,則令禱祀。'又曰:'家宗人掌家祭祀之禮。凡祭祀,致福。國有大故,則令禱祀。'又曰:'大祝掌六祝之辭,以事鬼神示,祈福祥,求永貞。一曰順祝,二曰年祝,三曰吉祝,四曰化祝,五曰瑞祝,六曰筴祝。'鄭司農云:'順祝,順豐年也。年祝,求永貞也。吉祝,祈福祥也。化祝,弭災兵也。瑞祝,逆時雨寧風旱也。筴祝,遠罪疾。'賈公彥疏:'此六辭皆是祈禱之事,皆有辭説以告神,故云六祝之辭。'又曰:'作六辭以通上下,五曰禱。'鄭司農云:'謂禱于天地、社稷、宗廟,主爲其辭也。'大祝又'掌六祈,以同鬼神示',又辨六號、九祭、九擇以享祭祀,似皆于此書有所關涉,文多不錄。"

又曰:"《論語》'子疾病,子路請禱'集注:'禱者,悔過遷善以祈神之祐也。'"

---

① "言",原誤作"官",據《漢書藝文志條理》改。

又曰："唐本《玉篇·言部》：《論語》子路請禱。子曰：'有諸？'《誄》曰：禱爾乎上下神祇。'孔安國曰：'《誄》，禱篇名也。'"

又曰："本書《郊祀志》：谷永曰：'元鼎、元封之際，燕齊之間方士瞋目扼掔，言有神仙祭祀致福之術者以萬數。'"

又曰："《論衡·解除》篇：'世信祭祀，謂祭祀必有福。'又《譏日》篇云：'祭祀之曆，亦有吉凶。假令血忌、月殺之日固凶，以殺牲設祭，必有患禍。'"

姚振宗又曰："按，《封禪書》《郊祀志》所載皆周秦以來請禱致福之事，此十九卷似即祠官之職業。《隋志》五行家有《曆祀》一卷，又梁有《六甲祀書》二卷，據王仲任言似即是書之佚存者。又《續漢志》注引《漢官》太史待詔有嘉法二人，疑亦典領是事者。"

請雨止雨二十六卷

《補注》王應麟曰："《董仲舒傳》言'求雨止雨'。《後漢·輿服志》注引仲舒《止雨書》。"沈欽韓曰："《繁露》有《求雨》篇、《止雨》篇。《御覽》三十五引《神農求雨書》：'春甲乙不雨，東爲青龍，又爲大龍，東方老人舞之，壬癸黑雲興，乃雨。'又曰：'北不雨，命巫祝而曝之，不雨，禱山神，積薪具擊鼓而焚之。'案，其文有斷爛。《繁露》亦引《神農》，然則古法如此。"周壽昌曰："《藝文類聚》一百有《神農求雨法》，《路史·餘論》二同。《漢舊儀》：'成帝二年六月，始命諸官止雨，朱繩反縈社，擊鼓攻之。'"

姚振宗曰："本書《董仲舒傳》：仲舒爲江都相，以《春秋》災異之變推陰陽所以錯行，故求雨，閉諸陽，縱諸陰，其止雨反是。行之一國，未嘗不得所欲。"

又曰："《説苑·辨物》篇曰：'夫水旱俱天下陰陽所爲也。大旱則雩祭而請雨，大水則鳴鼓而劫社。大旱者，陽氣太盛，以厭于陰，惟厭之太甚，使陰不能起也，亦雩祭拜請而已，無敢加也。至于大水，陰氣太盛，而上滅陽精，以賤乘貴，以卑陵尊，大逆不義，故鳴鼓而懾之，朱絲縈而劫之。'"

又曰："《隋志》五行家梁有《董仲舒請禱圖》三卷，亡。"

又曰："馬國翰輯本序曰：'《漢志》雜占家有《請雨止雨》二十六卷，《隋》《唐志》不著錄，佚已久。考董仲舒《春秋繁露》七十五有《求雨》篇，七十六有《止雨》篇，説四時求雨，爲龍以舞，各按方色酒脯，陳祝皆依時數。蓋古有其法，董氏取以明《春秋》雩祭之義。考王充《論衡·順鼓》篇"俗圖畫女媧之象，①爲婦人之形，又其號曰女。仲舒之意，殆謂古婦人帝王者也。男陽而女陰，陰氣爲害，故祭女媧求福祐也"云云，則原書當有禱祠女媧一節。又《藝文類聚》引《神農求雨書》，張華《博物志》載有《祝辭》，皆二十六卷之佚文，並據采錄，集爲一卷。'"

姚振宗又曰："按，王充《論衡·明雩》篇、《遭虎》篇、《商蟲》篇、《感虛》篇，數言變復之家。沈氏《銅熨斗齋隨筆》曰：'變復爲陰陽五行家之一術。'自《禎祥變怪》至此八家，皆所謂變復之家歟？"

泰壹雜子候歲二十二卷。

《補注》王應麟曰："《天官書》：'言候歲美惡。漢之爲天數者，占歲則魏鮮。'"沈欽韓曰："《易通卦驗》亦以卦氣候歲。《御覽》十七及《齊民要術·雜説》並引師曠占歲語。"

子贛雜子候歲二十六卷。

《補注》葉德輝曰："此因子貢貨殖依託而作。"

姚振宗曰："泰壹雜子有《星》二十八卷，《雲雨》三十四卷，並

---

① "媧"，原誤作"禍"，據《漢書藝文志條理》《論衡》改。

見前天文家。"

又曰:"《史·貨殖列傳》:'子贛既學于仲尼,退而仕于衛,廢著鬻財於曹、魯之間,七十子之徒,賜最爲饒益。結駟連騎,束帛之幣以聘享諸侯,所至,國君無不分庭與之抗禮。夫使孔子名布揚於天下者,子贛先後之也。此所謂得勢而益彰者乎?'"

又曰:"《世本·作》篇曰:'后益作占歲之法。'"

又曰:"《天官書》曰:'夫自漢之爲天數者,占歲則魏鮮。'孟康曰:'魏鮮,人姓名,作占候者。'又曰:'凡候歲美惡,謹候歲始。歲始或冬至日,臘明日,正月旦,立春日,而漢魏鮮集臘明正月旦決八風。風從南方來,大旱;西南,小旱;西方,有兵;西北,戎菽爲,孟康曰:戎菽,胡豆也。爲,成也。小雨,徐廣曰:'一無此兩字。'趣兵;北方,爲上歲;東方,大水;東南,民有疾疫,歲惡。欲終日有雨,有雲,有風,有日。是日光明,聽都邑人民之聲。聲宮,則歲善,吉;商,則有兵;徵,旱;羽,水;角,歲惡。然必察太歲所在。在金,穰;水,毀;木,饑;火,旱。此其大經也。'"

姚振宗又曰:"按,術家以子贛善貨殖,爲占書以附託之,而爲其術者又多,所增益集爲一篇,故曰'子贛雜子'。《開元占經》九十三引魏鮮《正月朔旦八風占》,其文與《天官書》異,疑即在此兩書中。"

五法積貯寶藏二十三卷

《補注》沈欽韓曰:"《越絕·計倪内經》:'人之生無幾,必先憂積蓄,以備妖祥。'漢耿壽昌亦精其術。①"

姚振宗曰:"《管子·地數》篇:出銅之山四百六十七山,出鐵之山三千六百九山,此之所以分壤樹穀也。戈矛之所發,刀

---

① "漢"字原脱,據《漢書補注》補。

幣之所起也，能者有餘，拙者不足。伯高曰：'上有丹砂者，下有黃金；上有慈石者，下有銅金；上有陵石者，下有鉛錫赤銅；上有赭者，下有鐵。'此山之見榮者也。桓公問于管子曰：'請問天財所出，地利所在。'管子對曰：'山上有赭者，其下有鐵；上有鉛者，其下有銀；上有丹砂者，其下有鉒金；上有慈石者，其下有銅金。此山之見榮者也。苟山之見榮者，謹封而爲禁，有動封山者，罪死而不赦。'"

又曰："《天官書》：'王朔望氣：大水處，敗軍場，破國之虚，下有積錢，金寶之上，皆有氣，不可不察。'"

又曰："劉向《別錄》曰：'人民密，蚤蝨衆多，則地癢也。'又曰：'鑿山鑽石，則見地痛也。'按，此兩條見《北堂書鈔》一百五十七。《論衡》有云'地之有人民，猶人之有蚤蝨也'，似即《別錄》此兩條上文，故其下云'人民密，蚤蝨衆多'，蓋比喻之詞，皆此書叙錄中語歟？"

又曰："《金樓子·志怪》篇曰：'《地鏡經》凡出三家：有《師曠地鏡》，有《白澤地鏡》，有《六甲地鏡》。三家之經，但說珍寶光氣。前嵩高道士，多游名山尋丹砂，于石壁上見有古文，照見寶物之秘方，用以照寶，遂獲金玉。'《藝文類聚》八十三《地鏡圖》曰：'凡觀金玉、寶劍、銅、鐵，皆以辛之日。待雨止明日，平旦及黃昏夜半觀之，所見光白者玉也，赤者、金黃者銅，黑者鐵。'《太平御覽》八百二《地鏡圖》曰：'夫寶物在城郭丘墟之中，樹木爲之變，視柯偏有折枯，是其候也。'"

姚振宗又曰："按，《隋志》五行家有《望氣書》七卷，《雲氣占》各一卷，梁有《望氣相山川寶藏秘記》一卷，《天鏡經》《地鏡經》各一卷，《地鏡圖》六卷，亡，疑皆此書佚出者。"

神農教田相土耕種十四卷

《補注》沈欽韓曰："《御覽》七十八引《周書》曰：'神農之時，

天雨粟，神農耕而種之。作陶冶斤斧，[①]爲耒耜鉏耨，以墾草莽，然後五穀興。"葉德輝曰："引見《食貨志》。《吕氏春秋·愛類》亦引神農之教，言耕織儲粟之事。"

姚振宗曰："神農有書二十篇，見《諸子》農家。又有《兵法》一篇，見兵陰陽家。又有《大幽五行》二十七篇，見前五行家。"

又曰："《吕氏春秋·六月紀》：'是月也，不可以興土功，不可以起兵動衆。無舉大事，無發令而干時，以妨神農之事。水潦盛昌，命神農，將巡功。舉大事則有天殃。'高誘曰：'無發干時之令，畜聚人功，以妨害神農耘耨之事。'又曰：'昔炎帝神農能殖嘉穀，神而化之，號爲神農。後世因名其官爲神農，巡行堰畝修治之功。于此時或舉大事妨害農事，禁戒之，云有天殃之罰。'按，此則神農亦古官名，故本志農家篇叙云'出于農稷之官'。"

又曰："嚴可均《全上古文編》曰：'《漢·藝文志》雜占家有《神農教田相土耕種》十四卷，《開元占經》一百十一引《神農書》十五條，《神農占》十條。'按，《占經》所引二十五條並在《八穀占》篇中，殆猶是此書佚文歟？"

昭明子釣種生魚鼈八卷[②]

《補注》沈欽韓曰："《文選注》引之，《齊民要術》有陶朱《養魚經》。"

姚振宗曰："昭明子未詳。"

又曰："王應麟《姓氏》：'《急就篇》曰昭明氏，《漢·藝文志》有昭明子。'"

姚氏又曰："按，《人表》第三等有昭明，注云'卨子'。《殷本紀》曰：'殷契佐禹治水有功。帝舜命爲司徒，封于商，賜姓子

---

① "作"字原脱，據《太平御覽》補。
② "魚"字原脱，據《漢書·藝文志》補。

氏。契興于唐、虞、大禹之際，功業著于百姓，①百姓以平。契卒，子昭明立。昭明卒。子相土立。'《荀子·成相》篇云：'契玄王，生昭明，居于砥石遷于商。② 十有四世，乃有天乙，是爲成湯。'按，是書次神農之後，或即此昭明，術家依託稱昭明子歟？"

種樹臧果相蠶十三卷

《補注》沈欽韓曰："《齊民要術》有《栽樹》篇。③《食經》有《種名果法》《作乾棗法》《蜀中藏梅法》《藏乾栗法》《藏柿法》《藏木瓜法》。馬質注《蠶書》：'蠶爲龍精，月直大火，則浴其種。'《御覽》八百二十二引《氾勝之書》曰：'衞尉前上蠶法，今上農法，民事人所忽略，衞尉勲之，可謂忠國愛民之至。'《唐志》：'《蠶經》一卷。'《崇文總目》：'《淮南王蠶經》三卷，劉安撰。'"

姚振宗曰："《秦始皇本紀》：三十四年，丞相李斯曰：'臣請天下敢有藏《詩》《書》、百家語者，悉詣守、④尉，雜燒之。所不去者，醫藥、卜筮、種樹之書。'"

又曰："王氏《考證》：《周禮·馬質》注：《蠶書》曰：'蠶爲龍精，月直大火，則浴其種。'"

姚氏又曰："按，賈思勰《齊民要術》載《種樹》諸篇至多，又引《食經》載藏果法亦數十條，其原蓋出于此。鄭注《周禮》引《蠶書》似即此十三卷中之相蠶。又《崇文總目》農家《淮南王蠶經》三卷，劉安撰，或亦當在此書中。"

又曰："又按，是篇自《黃帝長柳占夢》至《嚏耳鳴雜占》四家爲

---

① "著"，原誤作"者"，據《漢書藝文志條理》及《史記·殷本紀》改。
② "商"，原誤作"商"，據《漢書藝文志條理》及清乾隆嘉慶間嘉善謝氏刻《抱經堂叢書》本《荀子·成相》篇改。
③ "栽"，原誤作"裁"，據《漢書補注》改。
④ "詣"，原誤作"指"，據《漢書藝文志條理》及《史記·秦始皇本紀》改。

一段,《禎祥變怪》至《請雨止雨》八家爲一段,《泰壹》《子贛雜子候歲》兩家爲一段,《五法積貯》至《種樹臧果》四家爲一段,凡四章段。"

右雜占十八家,三百一十三卷。

姚振宗曰:"按,此篇家數不誤,篇數則溢出一篇,今校定當爲三百一十二卷。"

周壽昌曰:"案,錄中如黃帝、甘露《占夢》兩種,殆即《周禮·春官》占夢所云'占六夢之吉凶'也。《通志》有京房、崔元、周宣《占夢書》三種,《志》未錄,殆後來僞託也。《請雨止雨》二十六卷,後無傳書。考董仲舒《春秋繁露》第七十五有《請雨》篇,第七十六有《止雨》篇,豈即此書耶?《藝文類聚》卷一百有《神農求雨法》,《路史·餘論》卷二同。又考《漢舊儀》,成帝二年六月始命諸官止雨,朱繩反縈社,擊鼓攻之。是'止雨'雖有成書,至成帝始行之也。"

雜占者,紀百事之象,候善惡之徵。

師古曰:"徵,證也。"

《易》曰:"占事知來。"

師古曰:"《下繫》之辭也。言有事而占,則覩方來之驗也。"

衆占非一,而夢爲大,故周有其官。

師古曰:"謂大卜掌三夢之法,又占夢中士二人,皆宗伯之屬官。"

王應麟曰:"《隋志》有《占夢書》三卷,京房撰。《志》不著錄。西山真氏曰:'《周官》六夢之占,獨所謂正夢者,不緣感而得。餘雖所因不同,大抵皆感也。感者何?中有動焉之謂也。其動也,有真有妄,夢亦隨之。雖昔聖賢,不能無夢。惟其私欲銷泯,天理昭融。兆朕所形,亦莫非實。高宗之得說、武王之克商,皆是物也。常人則不然,方寸之靈,莫適爲主,欲動情勝,擾擾萬端。故厭勞幕佽,則徒步而夢輿馬矣;惡餒思飫,則霍食而夢粱肉矣。若是者,皆妄也。至於因夢而獲,若主父菩榮之歌、叔孫豎牛之兆,似有其實矣,而卒以基莫大之禍。夢其果有憑焉耶?① 非夢之不可憑也,感之妄,故夢亦妄也。'"

而《詩》載熊羆虺蛇衆魚旐旟之夢,著明大人之占,以考吉凶,蓋參卜筮。

師古曰:"《小雅·斯干》之詩曰:'吉夢維何? 維熊維羆,男子之祥;維虺維蛇,女子之祥。'《無羊》之詩曰:'牧人乃夢,衆維魚矣,旐維旟矣。大人占之,衆維魚矣,實維豐年,旐維旟矣,室家溱溱。'言熊羆虺蛇皆爲吉祥之夢,而生男女。及見衆魚,則爲豐年之應,旐旟則爲多盛之象。大人占之,謂以聖人占夢之法占之也。畫龜蛇曰'旐',鳥隼曰'旟'。"

《春秋》之説訞也,曰:"人之所忌,其氣炎以取之,訞由人興也。

劉光蕡曰:"此數語甚精,能透災祥之原,而不流於幻妄。"

人失常則訞興,人無釁焉,訞不自作。"

師古曰:"申繻之辭也,事見莊公十四年。炎謂火之光始燄燄也。言人之所忌,其氣燄引致於災也。釁,瑕也。失常,謂反五常之德也。炎,讀與燄同。"

《補注》王應麟曰:"今《左傳》作'人棄常則訞興。②'"

故曰:"德勝不祥,義厭不惠。"

師古曰:"厭,音伊葉反。惠,順也。"

桑穀共生,大戊以興;

《補注》王先謙曰:"官本《考證》云,案,監本作'大戊之興',非

---

① 夢其果有憑焉耶,《漢藝文志考證》作'夢其果可憑耶'。
② 按,"今左傳"一句,《漢書補注》引作《左傳》'失'作'弃'。

鴝雉登鼎,武丁爲宗。

師古曰:"説在《郊祀志》《五行志》。"

《補注》王先謙曰:"官本'鴝'作'雊'。"

然惑者不稽諸躬,而忌訞之見,

師古曰:"稽,考也,計也。"

是以《詩》刺"召彼故老,訊之占夢",

師古曰:"《小雅·正月》之詩也。故老,元老也。訊,問也。言不能修德以禳災,但問元老以占夢之吉凶。"

傷其舍本而憂末,不能勝凶咎也。

劉光蕡曰:"雜占爲術,固末中之末。然人在氣交中,物或反常,皆有其故。能思其故,則心存而不放,敬謹以持其身,而不敢動於妄,其益亦大矣。"

形　　法

山海經十三篇

《補注》沈欽韓曰:"《列子·湯問》篇:'夏革曰:大禹行而見之,伯益知而名之,夷堅聞而志之。'《論衡》:'禹主治水,益主記異物。董仲舒覩重常之鳥,劉子政曉貳負之尸。①'劉歆序云:'禹定高山大川,蓋與伯翳主驅禽獸,命山川,類草木,別水土,四岳佐之,以周四方,逮人迹之所希至,及舟輿之所罕到。內別五方之山,外分八方之海,紀其珍寶奇物,異方所生,水土草木禽獸昆蟲麟鳳之所止,休祥之所隱,及四海之外,絕域之國,殊類之人,古文之著明者也。孝武時,東方朔言異鳥之名。孝宣時,臣父向對貳負之臣皆以是書,朝士由

---

① "政",原誤作"駿",據《論衡》改。

是多奇。《山海經》者，可以考休祥變怪之物，見遠國異人之謠俗。臣望所校凡三十二篇，今定爲十八篇。'案，十三篇者，劉向於時合《南山經》三篇以爲《南山經》一篇，《西山經》四篇以爲《西山經》一篇，《北山經》三篇以爲《北山經》一篇，《東山經》四篇以爲《東山經》一篇，《中山經》十二篇以爲《中山經》一篇，並《海外經》四篇，《海內經》四篇，①凡十三篇。至劉歆增《大荒經》四篇，《海內經》一篇，故爲十八篇。多者十餘簡，少者二三篇。宋人著錄，既不能考其篇第所由，而陳振孫以爲《山海經》本解《楚辭·天問》而作，殆於庸妄者也。"

周壽昌曰："《隋·經籍志》：'《山海經》二十三篇。《山海經圖讚》一卷。'今本《山海經》十八卷，《圖讚》一卷，各家編次不同耳。然《隋志》列入地理類。《唐志》同。似較此入形法家爲得體。"

王應麟曰："《隋志》：'相傳以爲夏禹所記。二十三卷，郭璞注。'今按，劉歆所定書，其《南》《西》《北》《東》及《中山》，號《五藏經》，爲五篇，其文最多。《海內》《海外》《大荒》三經，《南》《西》《北》《東》各一篇，並《海內經》一篇，總十八篇。多者十餘簡，少者二三簡。其卷後或題'建平元年四月丙戌，待詔太帝屬臣望校治，侍中光祿勛臣龔、侍中奉車都尉光祿大夫臣秀領主省'。序曰：'禹定高山大川，蓋與伯翳主驅禽獸，命山川，類草木，別水土。四岳佐之，以周四方。逮人迹之所希至，及舟輿之所罕到。內別五方之山，外分八方之海，紀其珍寶奇物，異方之所生，水土、草木、禽獸、昆蟲、麟鳳之所止，休祥之所隱，及四海之外，絕域之國、殊類之人，古文之著明者也。孝武時，東方朔言異鳥之名；孝宣時，臣父向對貳負之

---

① "經"字原脱，據《漢書補注》補。

臣,皆以是書。朝士由是多奇《山海經》者,可以考休祥變怪之物,見遠國異人之謠俗。臣望所校凡三十二篇,今定爲十八篇。'顔之推曰:'《山海經》,禹、益所記,而有長沙、零陵、桂陽、諸暨,後人所羼,非本文也。'《通典》以爲'恢怪不經,疑夫子刪《詩》《書》後尚奇者所作。或先有其書,如詭誕之言,必後人所加也'。郭璞序曰:'東方生曉畢方之名,劉子政辨盜械之尸,王頎訪兩面之客,海民獲長臂之衣,精驗潛效,絕代懸符。'《論衡》謂'董仲舒睹重常之鳥,劉子政曉貳負之尸,皆見《山海經》,故能立二事之説'。今本十八卷,劉歆定爲十八篇,多於《志》五篇,固已不同。尤袤定爲先秦之書,非禹及伯翳所作。晁氏曰:'長沙、零陵、雁門,皆郡縣名,又載禹、鯀,後人參益之。'薛氏曰:'《左傳》稱"大禹鑄鼎象物,以知神奸。入山林者,不逢不若",《山海》所述,不幾是也?《經》言大川所出及舜所葬,皆秦漢時郡縣。又有成湯、文王之事,《筴子》之文,其非先秦有夏遺書審矣。劉歆直云伯益所記,又分伯益、伯翳以爲二人,皆未之詳。考於《太史公記》《漢西京書》,非後世之作也。《山海經》要爲有本於古、秦漢增益之書。太史公謂"言九州山川,《尚書》近之。至《山海經》《禹本紀》所言怪物,余不敢言也",然哉。'朱文公曰:'記異物飛走之類,多云東向,或云東首,皆爲一定之形,疑本依圖畫爲之。'"

姚振宗曰:"侍中奉車都尉光禄大夫臣秀、領校秘書言校秘書太常屬臣望:'所校《山海經》凡三十二篇,今定爲一十八篇,已定。'按,畢氏《篇目考》,"三十二篇"當爲"三十四篇",即就此三十四篇並爲十三篇,此云"一十八篇"乃後人妄改,非正文。《山海經》者,出于唐虞之際。昔洪水洋溢,漫衍中國,民人失據,崎嶇于丘陵,巢于樹木。鯀既無功,而帝堯使禹繼之。禹乘四載,隨山刊木,定高山大川。蓋與伯翳主驅禽獸,命山川,類草木,別水土,四岳佐之,以周四方。逮人迹之所希至，及舟輿之所罕到。内别五方之山，外分八方之海。紀其珍寶奇物異方之所生，水土草方禽獸昆蟲麟鳳之所止，禎祥之所隱，及四海之外，絕域之國，殊類之人。禹别九州，任土作貢，而益等類物善惡，著《山海經》，皆賢聖之遺事，古文之著名者也。其事質明有信。孝武皇帝時，嘗有獻異鳥者，食之百物，所不肯食。東方朔見之，言其鳥名。又言其所當食，如朔言。問朔何以知之，①即《山海經》所出也。孝宣皇帝時，擊磻石于上郡，陷，得石室，其中有反縛盜械人。時臣秀父向爲諫議大夫，言此貳負之臣也。詔問何以知之，亦以《山海經》對。其文曰："貳負殺窫窳，帝乃梏之。疏屬之山，桎其右足，反縛兩手。"上大驚。朝士由是多奇《山海經》者，文學大儒皆讀學以爲奇。可以考禎祥變怪之物，見遠國異人之謠俗，故《易》曰："言天下之至賾而不可亂也。"博物之君子，其可不惑焉！臣秀昧死謹上。建平元年四月丙戌。待詔太常屬臣望校治，侍中光祿勛臣龔、侍中奉車都尉光祿大夫臣秀領主者。'按，《劉歆傳》：'初，歆以建平元年改名秀，字穎叔。'又《儒林傳》云：'時光祿勛王龔與五官中郎將房鳳、奉車都尉劉歆共校書，三人皆侍中。"

又曰："王氏《考證》：太史公曰：'言九州山川，《尚書》近之。至《山海經》《禹本紀》所言怪物，余不敢言也。'朱文公曰：'《山海經》記異物飛走之類，多云東向，或云東首，皆爲一定之形，疑本依圖畫爲之。'"

又曰："鎮洋畢沅《山海經篇目考》：《山海經》三十四篇，禹、益所作。劉秀《表》曰'凡三十二篇'，'二'當爲'四'字之誤。十三篇漢時所合，《藝文志》形法家有《山海經》十三篇。《南

---

① "問"，原誤作"間"，據《漢書藝文志條理》改。

山經》第一、《西山經》第二、《北山經》第三、《東山經》第四、《中山經》第五、《海外南經》第六、《海外西經》第七、《海外北經》第八、《海外東經》第九、《海內南經》第十、《海內西經》第十一、《海內北經》第十二、《海內東經》第十三。此《山海經》古本十三篇，皆劉向校經時所題也。向合《南山經》三篇以爲《南山經》一篇，《西山經》四篇以爲《西山經》一篇，《北山經》三篇以爲《北山經》一篇，《東山經》四篇以爲《東山經》一篇，《中山經》十二篇以爲《中山經》一篇，並《海外經》四篇、《海內經》四篇，凡十三篇。班固作《藝文志》取之于《七略》，而無《大荒經》以下五篇也。"

姚振宗又曰："按，《山海經》漢時有兩本：其一中秘書，即此十三篇是也；其一十八篇，篇目下注云'此《海內經》及《大荒經》本皆逸在外'，畢氏以爲亦劉秀所增，然劉秀《表》止稱'三十二篇'，"二"當爲"四"。則其書合並實止十三篇，非十八篇，審矣。然則十八篇之本，謂爲劉秀所定者，無確據也。何義門《讀書記》亦云'十八篇不知起于何時'，今考郭璞所注乃十八篇之本，距漢不遠，以是知亦起于漢代。"

國朝七卷

《補注》沈欽韓曰："《隋志》：'劉向略言地域，丞相張禹使屬朱貢條記風俗，班固因之作《地理志》。'《國朝》者，疑此是也。大司徒掌建邦之土，地之圖注，若今司空郡國輿地圖。《三王世家》：'御史上輿地圖。'《晉書》：'裴秀曰：漢氏所畫《輿地》及《括地》諸雜圖，各不設分率，又不考正準望，亦不備載名山大川，雖有粗形，皆不精審。'"

周壽昌曰："案，錄中有《國朝》七卷是何書？但以國朝立名，疑是《志》地理，以序在宮宅地形書前也。"

姚振宗曰："本書《地理志》：'秦分天下作三十六郡。漢興，以其郡太大,稍復開置,又立諸侯王國。武帝開廣三邊。故自高祖增二十六,文、景各六,武帝二十八,①昭帝一,凡郡國一百三,縣邑千三百一十四,道三十二,侯國二百四十一。地東西九千三百二里,南北萬三千三百六十八里。漢承百王之末,國土變改,民人遷徙,成帝時劉向略言其地分,丞相張禹使屬潁川朱贛條其風俗,猶未宣究。'"

姚氏又曰:"按,本《志》叙云'形法者,大舉九州之埶以立城郭',即此七卷是也。蓋言西京郡國形勢,以不立地理之目,無可類附,故次于《山海經》。其是否即爲劉、朱二人所述,則不可考矣。"

宮宅地形二十卷

《補注》沈欽韓曰:"《論衡・詰術》篇言圖宅術。《隋志》:'《宅吉凶論》三卷。《相宅圖》八卷。《五姓墓圖》一卷。梁有《冢書》《黃帝葬山圖》各四卷。'又有《五音相墓》《五音圖墓》等書。"

姚振宗曰:"《周禮》地官大司徒之職:'以土宜之法,辨十有二土之名物,以相民宅,而知其利害,以阜人民。'鄭氏注:'相,占視也。'賈公彥疏:'使之得所也。'"

又曰:"王氏《考證》:范氏曰:'考古卜地之法,周始居豳,相其陰陽,觀其流泉,度其隰原,擇地利以便人事而已。其作新邑也。卜瀍水東、瀍水西,又卜瀍水之東,則推其不能決者而合之龜。其法蓋止于此。彼風水向背附著之説,聖人弗之詳焉。雖然,甲子作于大撓,尚矣。宣王揆日以田,既吉戊,又吉庚午,則枝幹固有吉凶。保章氏以星土辨九州之封域,以觀妖祥,則方隅固有休咎,聖人弗詳,而未嘗廢其説。'"

---

① "八"字下原衍一"人"字,據《漢書藝文志條理》及前後文意删。

又曰："孫星衍《問字堂集·相宅書序》云：'古有《宮宅地形》二十卷，見《藝文志》形法家。今所傳惟有《黃帝宅經》，而其文稱文王、孔子、子夏、淮南、李淳風，諸家宅經，蓋宋人撰集成書，非古本矣。然其術有所得，不可誣也。'"

姚振宗又曰："按，《論衡》數引圖宅術，又引《圖墓書》，又引《葬曆》，則漢時亦有相墓之書。《抱朴子·極言》篇云：'黃帝相地理則書青鳥之說。'《隋書·經籍志》五行家有《宅吉凶論》《相宅圖》，《唐志》有《五姓宅經》，《崇文總目》有《淮南王見機八宅經》及今相傳《黃帝宅經》，大抵皆祖述于是書。而相墓之術，王仲任言之鑿鑿，意亦在是書中也。又《抱朴子·遐覽》篇云《道經》中有《興利宮宅官舍法》五卷，似亦道流節錄此書以爲之者。"

相人二十四卷

《補注》錢大昭曰："《荀子·非相》篇楊注：'相，視也。視其骨狀，以知吉凶貴賤。《春秋傳》曰：公孫敖聞其能相人。①'《隋書》：'《相書》四十六卷。'"沈欽韓曰："《崇文總目》有《姑布子卿相法》三卷。袁宏《後漢紀》：'相工蘇大相鄧后曰：此成湯之骨法。'此《相人》所傳也。《御覽》三百七十一：'《相書》：許負曰：乳間闊尺，富貴足壽。乳黑如墨，公侯之相。'劉知幾《史通》：'許負《相經》，當時所聖，見傳流俗。'"

姚振宗曰："《荀子·非相》篇：'相人，古之人無有也，學者不道也。古者有姑布子卿，今之世，梁有唐舉，相人之形狀顏色而知其吉凶妖祥，世俗稱之。'楊倞曰：'姑布子卿，相趙襄子者。唐舉，相李兌、蔡澤者。'"

又曰："《論衡·骨相》篇：'傳言黃帝龍顏，顓頊戴午，帝嚳駢齒，堯眉八采，舜目重瞳，禹耳三漏，湯臂再肘，文王四乳，

---

① "聞"，原誤作"問"，據《漢書補注》改。

武王望陽，周公背僂，皋陶馬口，孔子反羽。斯十二聖者，皆在帝王之位，或輔主憂世，世所共聞，儒所共説，在經傳者，較著可信。若夫短書俗記，竹帛胤文，非儒者所見，衆多非一。'"

又曰："《史通·書志》篇：'至若許負《相經》、揚雄《方言》，並當時所重，見傳流俗。應劭《漢書·周勃傳》集解曰：許負，河內溫人，老嫗也。又《游俠傳》郭解：溫善相人許負外孫也。'按，《周勃傳》載許負相周亞夫事，又《外戚傳》載其相薄太后事。"

姚振宗又曰："按，姑布子卿有《相法》三卷，唐舉有《肉眼通神論》三卷，①《相顯骨法》一卷，許負有《相書》三卷，又《金歌》一卷，《形神心鑑圖》一卷，並見《崇文總目》《日本書目》《通志·藝文略》《宋·藝文志》。又《隋志》五行家梁有樊、許、唐氏《武王相書》一卷，《雜相書》九卷，則又有樊氏及依託武王者，或皆傳自漢代。按，姑布、唐、許三家之書，爲相人術之最著，或不盡出於虛僞，當在二十四卷中。"

相寶劍刀二十卷

《補注》沈欽韓曰："《越絶》：'客有能相劍者薛燭。'《吕覽·別類》篇：'相劍者曰：白所以爲堅也，黄所以爲牣也，黄白雜則堅且牣，良劍也。'梁陶弘景作《刀劍録》。"

姚振宗曰："《隋志》五行家梁有《仙寶劍經》二卷，亡。按，'仙'當是'相'字之誤，或是《仙人相寶劍經》，敚'人相'二字。②"

姚氏又曰："按，《七録》載《相寶劍經》二卷，似即此書之佚存者。《志》序言'舉器物之形容以求其吉凶'，此書是已。"

---

① "論"字原脱，據《漢書藝文志條理》補。
② "敚"，原誤作"叙"，據《漢書藝文志條理》及前後文意改。

相六畜三十八卷

《補注》沈欽韓曰:"《隋志》:梁有伯樂《相馬經》,寧戚、王良、高堂隆《相牛經》《相雞》《鴨》《鵝》等經。《日者傳》:'黃直,丈夫也;陳君夫,婦人也,以相馬立名天下。留長儒以相彘立名。滎陽褚氏以相牛立名。'《後漢書》:'馬援上表曰:近世西河子輿明相馬法。子輿傳西河儀長孺,長孺傳茂陵丁君都,君都傳成紀楊子阿,臣援嘗師事子阿,受相馬骨法。孝武皇帝時,善相馬者東門京,鑄作銅馬法。'"

楊樹達曰:"按,《莊子·徐无鬼》篇記徐无鬼見魏武侯,語之以相狗、相馬。而《荀子》云:'曾不如相雞、狗之足以爲名也。'《魏志·夏侯泰初傳》注云:'漢世有《鷹經》《牛經》《馬經》。'《鷹經》《牛經》《馬經》正相六畜一類書也。"

姚振宗曰:"《列子·說符》篇:秦穆公謂伯樂曰:'子之年長矣,子姓有可使求馬者乎?'伯樂對曰:'臣三子皆下才也。臣所與共有九方皋,此其于馬,非臣之下也。'"

又曰:"《吕氏春秋·觀表》篇:'古之善相馬者,寒風是相口齒,麻朝相頰,子女厲相目,衛忌相髭,許鄙相尻,投伐褐相胸脅,管青相膹膐,[①]陳悲相股腳,秦牙相前,贊君相後。凡此十人者,皆天下之良工也。'又《士容》篇云:'齊有善相狗者。'王氏《考證》:'《淮南子》伯樂、韓風、秦牙、筦青所相各異,其知馬一也。'按,'韓風'即《吕覽》'寒風'。"

又曰:"《日者列傳》褚先生曰:'黃直,丈夫也;陳君夫,婦人也;以相馬立名天下。留長儒以相彘立名。滎陽褚氏以相牛立名。能以技能立名者甚多,皆有高世絕俗之風,何可勝言。'"

又曰:"《後漢書·馬援傳》:援好騎,善別名馬,于交阯得駱

---

① "管",原誤作"筦",據《漢書藝文志條理》及《吕氏春秋》改。

越銅鼓,乃鑄爲馬式,表上之曰:'孝武皇帝時,善相馬者東門京鑄作銅馬法獻之,有詔立馬于魯班門外,則更名魯班門曰金馬門。昔有騏驥,一日千里,伯樂見之,昭然不惑。近世有西河子輿,亦明相法。子輿傳西河儀長孺,長孺傳茂陵丁君都,君都傳成紀楊子阿,臣援嘗師事子阿,受相馬骨法。考之于行事,輒有效驗。臣謹依儀氏䩭,中帛氏口齒,謝氏唇鬐,丁氏身中,備此數家骨相以爲法。'"

又曰:"《魏志·夏侯玄傳》注:《相印書》曰:'相印法出陳長文,長文曰:本出漢世,有《相印》《相笏經》,又有《鷹經》《牛經》《馬經》。'"

又曰:"洪邁《容齋續筆》曰:'今世相馬者間有之,相牛者殆絕,所謂雞、狗、彘者,不復聞之矣。劉向《七略》《相六畜》三十八卷,謂骨法之度數,今無一存。'"

姚振宗又曰:"按,《隋志》五行家梁有《伯樂相馬經》《關中銅馬法》《周穆王八馬圖》《齊侯大夫寧戚相牛經》《王良相牛經》《相鴨經》《相雞經》《相鵝經》各二卷,亡,以即此三十八卷之散佚者。"

又曰:"又按,是篇自《山海經》以下三家爲一段,《相人》以下三家爲一段,凡兩章段。"

右形法六家,百二十二卷。

姚振宗曰:"是篇家數、篇數並不誤。"

形法者,大舉九州之勢

劉光賁曰:"地形,後世《葬經》所祖。"

以立城郭室舍

劉光賁曰:"陽宅。"

形人,

劉光賁曰:"相人。"

及六畜骨法之度數、器物之形容，

　　劉光蕡曰："相印綬及刀劍。"

以求其聲氣貴賤吉凶。猶律有長短，而各徵其聲，非有鬼神，數自然也。然形與氣相首尾，亦有有其形而無其氣，有其氣而無其形，此精微之獨異也。①

　　劉光蕡曰："此合堪輿、相法爲一。城郭宅舍，今之陽宅也。青囊之術固不始於郭璞，而以形爲主，氣爲輔也。"

　　姚明煇曰："大舉九州之勢，以立城郭室舍，即相地相宅形。人及六畜骨法之度數，器物之形容，即相人相物形相之也。黃鐘管長，其聲濁，應鐘管短，其聲清，十二律管有長短，聲有清濁。以今物理學言之，振動數多則聲清，少則濁，自然之理也。"

凡數術百九十家，二千五百二十八卷。

　　《補注》朱一新曰："上文僅有百九家，'十'字當衍。"

　　姚振宗曰："按，以上六種所載都凡之數則爲一百九家，二千五百三十九卷。此云'百九十家'，蓋衍'十'字，而卷數則缺少二十九卷。今校定當爲百一十家，二千五百五十七卷。"

數術者，皆明堂羲和史卜之職也。史官之廢久矣，

　　《補注》宋祁曰："'史官'之下，舊本有'術'字。"沈欽韓曰："史是史巫之史，官則太卜詹尹之官。《律曆志》太史令張壽王、太史丞鄧平，本《志》太史令尹咸皆是。非載筆執簡之史也，故於數術家舉之。"

其書既不能具，雖有其書而無其人。《易》曰："苟非其人，道不虛行。"

　　師古曰："《下繫》之辭也，言道由人行。"

---

① "微"，原誤作"徽"，據《漢書·藝文志》改。

王應麟曰："司馬公《潛虛》曰：'天道精微，非聖人莫能知。今學者未能通人理之萬一，而遽從事於天。昔眭孟知有王者興於微賤，而不知孝宣，乃欲求公孫氏禪以天下。翼奉知漢有中衰阨會之象，而不知王莽，乃云洪水爲災。西門君惠知劉秀當爲天子，而不知光武，乃謀立國師公劉秀；秀亦更名以應之。皆無益於事。是以聖人之教，治人而不治天，知人而不知天。'"

春秋時，魯有梓愼，

《左傳》：襄公二十八年春，無冰。梓愼曰："今茲宋、鄭其饑乎？歲在星紀，而淫於玄枵，以有時菑，陰不堪陽。蛇乘龍。龍，宋、鄭之星也，宋、鄭必饑。玄枵，虛中也。枵，耗名也。土虛而民耗，不饑何爲？"

鄭有裨竈，

《春秋·襄公二十八年》"十有二月甲寅，天王崩"，杜預注曰："靈王也。""乙未，楚子昭卒"，杜預注曰："康王也。十二月無乙未，日誤。"

《左傳》：裨竈曰："今茲周王及楚子皆將死。歲棄其次，而旅於明年之次，以害鳥帑，周、楚惡之。"杜預注曰："旅，客處也。歲星棄星紀之次，客在玄枵。歲星所在，其國有福。失次於北，禍衝在南。南爲朱鳥，鳥尾曰帑。鶉火鶉尾，周、楚之分，故周王、楚子受其咎。俱論歲星過次，梓愼則曰宋、鄭饑，裨竈則曰周、楚王死。傳故備舉以示卜占惟人所在。"

晉有卜偃，

《左傳·閔公元年》：晉侯作二軍，公將上軍，太子申生將下軍。趙夙御戎，畢萬爲右。以滅耿、滅霍、滅魏。還，爲太子城曲沃，賜趙夙耿，賜畢萬魏，以爲大夫。卜偃曰："畢萬之後必大。萬，盈數也；魏，大名也。以是始賞，天啓之矣。天子曰兆民，諸侯曰萬民。今名之大，以從盈數，其必有衆。"初，畢萬筮仕於晉，遇《屯》䷂震下坎上，屯。之《比》䷇坤下坎上，比。屯初九變而爲比。辛廖占之，曰："吉。《屯》固《比》入，吉孰大焉？其必蕃昌。"杜注："屯險難，所以爲堅固。比親密，所以得入。"《震》爲土，杜注："震變爲坤。"車從馬，杜注："震爲車，坤爲馬。"足居之，杜注："震爲足。"兄長之，杜注："震爲長男。"母覆之，杜注："坤爲母。"衆歸之，杜注："坤爲衆。"六體不易，初一爻變，有此六義，不可易也。合而能固，安而能殺，公侯之卦也。杜注："比合屯固，坤安震殺，故曰公侯之卦。"公侯之子孫，必復其始。杜注："畢萬，公高之後，傳爲魏之子孫衆多張本。"

宋有子韋。

王應麟曰："《新序》：'宋景公時，熒惑在心。子韋曰：熒惑，天罰也；心，宋分野也。'陰陽家《宋司星子韋》三篇。"

六國時，楚有甘公，

王應麟曰："《天官書》'在齊甘公'，此云楚，當考。《張耳傳》甘公曰：'東井，秦分，先至必王。楚必屬漢。'"

魏有石申夫。

姚振宗曰："按，此'夫'字衍。"石申夫詳《天文志》。

漢有唐都，

王應麟曰："太史公學天官於唐都。《律曆志》：造《太初曆》，方士唐都與焉。都分天部。《天官書》：'漢之爲天數者，星則唐都。'"

庶得粗觕。

師古曰："觕，粗略也，音才户反。"

《補注》沈欽韓曰："《管子·水地》篇：'心之所慮，非特知於粗粗也。'《春秋繁露》俞序：'始於粗觕，終於精微。''觕'俗亦作'粗'。①《莊子·則陽》篇注：'司馬彪云：鹵莽猶麤粗也。'"

---

① "觕"字原脱，據《漢書補注》及前後文意補。

蓋有因而成易，無因而成難，故因舊書以序數術爲六種。

王應麟曰：“張文饒云：‘象生於數，數生於理。故天地萬物之生，皆祖於數。聖人先知先覺，因制之以示人。以分天度、量地理，觀之天地，皆有數，況人、物乎？始自伏羲畫卦，以用太極；神農植穀，以用元氣。於是黄帝創曆，分天度也；畫野分圻，①量地理也。其餘隸首造算、大橈造甲子、蒼頡制字、岐伯論醫、伶倫造律，皆以理數而示人者也。’”

---

① “野”，原誤作“掛”，據《漢藝文志考證》及《文淵閣四庫全書》本張行成《易通變》改。

方　技

醫　經

黄帝内經十八卷

《補注》沈欽韓曰："《隋志》：'《黄帝素問》九卷。'又'《素問》八卷。全元起注。《黄帝鍼經》九卷'。馬蒔云："《靈樞》，皇甫士安以《鍼經》名之。"《唐志》：'《黄帝九靈經》十二卷。'《讀書志》：'《黄帝素問》二十四卷。王砅注，分爲二十四卷。《靈樞經》九卷。王砅謂此書即《漢志》《黄帝内經》十八卷之九也。馬蒔云："王砅分爲十二卷。"'《考證》：①'王砅云：第七一卷，師氏藏之，今之奉行惟八卷爾。楊玄操云：《黄帝内經》二帙，帙各九卷。王砅名爲《靈樞》。《素問》第七卷亡已久。唐寶應中，砅得先師所藏之卷爲注，合八十一篇二十四卷。'《玉海》六十三引'張仲景云撰用《素問》。則《素問》之名雖著於《隋志》，而已見於漢代，《天元紀大論》等七篇所載，與《素問》略不相通，疑是《陰陽大論》之文，砅取以補所亡云'。余案，《素問·離合真邪》篇：'黄帝曰：夫《九鍼》九篇。夫子乃因而九之，九九八十一篇，以起黄鍾數。②'又《靈樞·九鍼十二原》篇：'今先立《鍼經》，願聞其情。'此書本名《鍼經》者是也。兩《唐志》止謂之《九靈經》，尚無《靈樞》之目。"

周壽昌曰："《唐·藝文志》：'《黄帝内經明堂》十三卷。'《隋志》無之。而《唐志》多'明堂'二字，且卷數不合。外此如《黄

---

① "考證"二字原脱，據《漢書疏證》補。
② "以起黄鍾數"五字，《黄帝内經素問·離合真邪論》篇無。

帝素問》，本《志》無之，而《隋》《唐志》皆有，疑是秦漢間人僞託，東漢時傳布也。"

外經三十九卷

《補注》錢大昭曰："南雍本、閩本'九'作'七'。"王先謙曰："官本'九'作'七'。"

按，景祐本，"九"作"七"。

姚振宗曰："黃帝見前道家、陰陽家、小説家、兵家、①曆譜、五行、雜占家。"

又曰："皇甫謐《帝王世紀》：'黃帝有熊氏命雷公、岐伯論經脈，旁通問難八十一，爲《難經》。教刺九針，著《内外術經》十八卷。'又曰：'岐伯，黃帝臣也。帝使岐伯嘗味草木，典主醫病，《經方》《本草》《素問》之書咸出焉。'"

又曰："皇甫謐《鍼灸甲乙經》序曰：'按，《七略》《藝文志》《黃帝内經》十八卷，今有《鍼經》九卷，《素問》九卷，二九十八卷即《内經》也。《素問》原本經脈，其義深奧，不可容易覽也。又有《明堂孔穴鍼灸治要》，皆黃帝、岐伯遺事也。三部同歸，文多重復，錯互非一，乃撰集三部，使事類相從，删其浮辭，除其重復，論其精要，至爲十二卷。'"

又曰："《太平御覽》四：《抱朴子》曰：'《黃帝醫經》有蝦蟆圖，言月生始二日，蝦蟆始生，人亦不可針灸其處。'"

又曰："《隋書·經籍志》：'《黃帝素問》九卷，《黃帝鍼經》九卷，《黃帝鍼灸蝦蟆忌》一卷，《岐伯經》十卷，《黃帝流注脈經》一卷。'《唐·經籍志》：'《黃帝明堂經》三卷。'《藝文志》同。"

又曰："宋林億等補注《素問》序曰：'在昔黃帝之御極也，以

---

① "兵家"二字原脱，據《漢書藝文志條理》補。

理身緒餘治天下，坐于明堂之上，臨觀八極，考建五常。以爲人之生也，負陰而抱陽，食味而被色，外有寒暑之相盪，内有喜怒之交侵，夭昏札瘥，國家代有。將欲斂時五福，以敷錫厥庶民。乃與岐伯上窮天紀，下極地理，遠取諸物，近取諸身，更相問難，垂法以福萬世。于是雷公之倫，授業傳之，而《内經》作矣。'"

又曰："林億等《甲乙經新校正》序曰：'晋皇甫謐取《黄帝素問》《鍼經》《明堂》三部之書，爲《鍼灸經》十二卷。'又曰：'《黄帝内經》十八卷，《鍼經》三卷，最出遠古，皇甫士安能撰而集之？①'"

又曰："王氏《考證》：夏竦《銅人腧穴圖序》曰：'黄帝問岐伯，盡書其言，藏于金蘭之室。洎雷公請問其道，乃坐明堂以授之。後世言明堂者以此。'"

又曰："《四庫提要》曰：'《漢書·藝文志》載《黄帝内經》十八篇，無《素問》之名。後漢張機《傷寒論》引之，始稱《素問》。晋皇甫《甲乙經序》稱《鍼經》九卷，《素問》九卷，皆爲《内經》，與《漢志》十八篇之數合，則《素問》之名起于漢晋間矣。'"

姚振宗又曰："按，皇甫氏《甲乙經序》云'又有《明堂孔穴》《鍼灸治要》，皆黄帝、岐伯遺事'，林億云'《鍼經》三卷最出遠古'，似皆謂《外經》。《外經》之書至西晋時已非《漢志》三十七卷之舊，《隋》《唐志》所載《蝦蟆忌》《岐伯經》《明堂經》之類，似皆後人集《外經》之文别爲篇目者。又按，此《外經》與後《扁鵲外經》《白氏外經》原本相聯貫，皆蒙上省文，别爲一條，遂各不相屬，謬之甚矣。"

---

① "士"字原脱，據《漢書藝文志條理》及《古今醫統正脈全書》本《甲乙經》補。

扁鵲內經九卷
外經十二卷

《補注》王先謙曰："《隋志》：'《黃帝八十一難》二卷。'《崇文總目》：'秦越人撰。'《史記·扁鵲傳》：'扁鵲者，姓秦氏，名越人。'《正義》：'《黃帝八十一難序》云：秦越人與軒轅時扁鵲相類，仍號之爲扁鵲。'是有兩扁鵲，則此《史記》之扁鵲也，當戰國初。王勃《黃帝八十一難經序》云：'岐伯以授黃帝，黃帝歷九師以授伊尹，伊尹以授湯，湯歷六師以授太公，太公以授文王，文王歷九師以授醫和，醫和歷六師以授秦越人，秦越人始定立章句，歷九師以授華佗，華佗歷六師以授黃公，黃公以授曹元。'"

姚振宗曰："《史·列傳》：'扁鵲者，勃海郡鄭人也，徐廣曰："'鄭'當爲'鄚'。"《索隱》曰："勃海無鄭縣，徐説是也。"今按，扁鵲自言"臣齊勃海秦越人也，家在于鄭"，則碻爲"鄚"字，不得以勃海郡泥之。姓秦氏，名越人。少時爲人舍長。舍客長桑君過，扁鵲獨奇之，常謹遇之。長桑君亦知扁鵲非常人也。出入十餘年，乃呼扁鵲私坐，間與語曰：我有禁方，年老，欲傳與公，公毋泄。扁鵲曰：敬諾。乃出其懷中藥予扁鵲：按，此處當有"曰"字。飲是以上池之水，三十日當知物矣。乃悉取其禁方書盡與扁鵲。忽然不見，殆非人也。扁鵲以其言飲藥三十日，視見垣一方人。《索隱》曰："言能隔墻見人也。"以此視病，盡見五藏癥結，特以診脈爲名耳。爲醫或在齊，或在趙。在趙者名扁鵲。'又曰：'扁鵲名聞天下。過邯鄲，聞貴婦人，即爲帶下醫；過雒陽，聞周人愛老人，即爲耳目痺醫；來入咸陽，聞秦人愛小兒，即爲小兒醫；隨俗爲變。秦太醫令李醯自知伎不如扁鵲也，使人刺殺之。至今天下言脈者，由扁鵲也。'《正義》曰：'《黃帝八十一難》序云：秦越人與軒轅時扁鵲相類，仍號之扁鵲。又家于盧國，因命之曰盧醫也。'"

又曰："《説苑·辯物》篇：'扁鵲診趙太子尸厥，先造軒光之窒，八成之湯，砥鍼礪石，取三陽五輸。使子容搗藥，子明吹耳，陽儀反神，子越扶形，子游矯摩。'按，'陽儀'當是子陽、子儀。本傳云'使弟子子陽屬鍼砥石，使子豹爲五之熨，熨兩脅下'。《周禮・疾醫》疏引劉向云'使子明炊湯，子儀脈神，子術案摩'。"

又曰："《周禮》'疾醫以五氣、五聲、五色眂其死生'，鄭氏注：'五氣，五藏所出氣也。五聲，言語宮、商、角、徵、羽也。五色，面貌青、赤、黃、白、黑也。察其盈虛休王，吉凶可知。審用此者，莫若扁鵲、倉公。'陸氏《釋文》：'案，《漢書音義》云：扁鵲，魏桓侯時醫人。'倉公，見後方技總序。"

又曰："《隋書・經籍志》：'《黃帝八十一難》二卷，《扁鵲偃側鍼灸圖》三卷。'《崇文總目》：'《黃帝八十一難經》二卷，秦越人撰。越人采《黃帝內經》精要之說，凡八十一章，編次爲十三類，理趣深遠，非易了，故名《難經》。'晁《志》云：'唐楊元操編次爲十三類。'"

又曰："王氏《考證》：《史記》倉公、師公、乘陽慶傳黃帝扁鵲之脈書。王勃《八十一難經序》曰：'岐伯以授黃帝，黃帝歷九師以授伊尹，伊尹以授湯，湯歷六師以授太公，太公以授文王，文王歷九師以授醫和，醫和歷六師以授秦越人，秦越人始定立章句。'"

姚振宗又曰："按，王子安氏言'秦越人始定立章句'，當有所受。若是，則《扁鵲內》《外經》即本《黃帝內》《外經》而引申發明之。今可考見者，唯《難經》及《鍼灸圖》二書。"

白氏內經三十八卷
外經三十六卷
旁篇二十五卷

姚振宗曰："按，白氏不詳何人，自來醫家罕見著錄。其書大抵亦本黄帝、扁鵲《內》《外經》而申說之，故其《內經》卷數倍多于前。《旁篇》者，旁通問難之屬也。或統于白氏，或別爲一家。"

又曰："又按，本《志》雜家《伯象先生》一篇，《風俗通·姓氏》篇作'白象先生'。張澍輯注曰'伯與白同'。又《集韻》白音博陌切，與伯同，疑此白氏即岐伯而稱伯氏者。此類醫經皆黄帝、扁鵲、岐伯之所傳，而後如秦越人、倉公亦皆引申發明之。"

又曰："又按，是篇《黄帝內》《外經》爲一段，《扁鵲內》《外經》爲一段，《白氏內》《外經》及《旁篇》爲一段，凡三章段。"

右醫經七家，二百一十六卷。

姚振宗曰："按，此篇止黄帝、扁鵲、白氏三家。此云'七家'者，或以《外篇》及《旁篇》所作非一人，故別爲一家。今仍其舊。篇數則溢出四十一卷。今校定當爲七家，一百七十五卷。"

醫經者，原人血脈經絡

《補注》朱一新曰："汪本'絡'作'落'。古'絡''落'通。"王先謙曰："官本作'落'。"

按，景祐本作"落"。

骨髓陰陽表裏，以起百病之本，死生之分，而用度箴石湯火所施，

師古曰："箴，所以刺病也。石謂砭石，即石箴也。古者攻病則有砭，今其術絶矣。箴，音之林反。砭，音彼廉反。"

《補注》王念孫曰："案，'所施'上當有'之'字，方與下句一例。《文選·東方朔畫贊》注引此有'之'字。"

王應麟曰："《內經素問》岐伯曰：'鑱石鍼艾治其外。'《說苑》：'扁鵲先造軒光之竈、八成之湯，砥鍼礪石，取三陽五輸。

子容擣藥，子明吹耳，陽儀反神，子越扶形，子游矯摩，太子遂得復生。'王僧儒曰：'古以石爲針。《説文》：砭，以石刺病也。《東山經》高氏之山多針石，郭璞云：可以爲砭針。《春秋傳》美疢不如惡石，服虔云：石，砭石也。季世無復佳石，故以鐵代之。'"

調百藥齊和之所宜。

師古曰："齊，音才詣反，其下並同。和，音乎卧反。"

《補注》王先謙曰："官本注'乎'作'呼'。"

至齊之得，

《補注》王先謙曰："官本'得'作'德'。"

猶慈石取鐵，以物相使。拙者失理，以瘉爲劇，以生爲死。

師古曰："'瘉'，讀與'愈'同。愈，差也。"

《補注》王先謙曰："官本作'以生爲死'，義兩通。"

楊樹達曰："按，'以死爲生'與'以瘉爲劇'不類，此毛本誤文。王云'義兩通'，非也。景祐本作'以生爲死'。"

劉光蕡曰："醫關生人性命，神農嘗藥，黄帝論治，伊尹治湯液，自古聖君賢相莫不究心於此，醫之爲術，重於卜筮也明矣。"

經　　方

五藏六府痹十二病方三十卷

姚振宗曰："顔氏《集注》曰：'痹，風濕之病，音必二反。'"

又曰："《素問·痹論》篇：黄帝問曰：'痹之安生？'岐伯對曰：'風、寒、濕三氣雜至，合而爲痹也。其風氣勝者爲行痹，寒氣勝者爲痛痹，濕氣勝者爲著痹也。'著痹者，著而不去也。帝曰：'其有五者何也？'岐伯曰：'以冬遇此者爲骨痹，春爲筋痹，夏爲脈痹，至陰爲肌痹，秋爲皮痹。'帝曰：'内舍五藏六府，何氣使然?'岐伯曰:'五藏皆有合,病久而不去者,内舍于其合也。故骨痹不已,復感于邪,内舍于腎,筋痹内舍于肝,脈痹内舍于心,肌痹内舍于脾,皮痹内舍于肺。所謂痹者,各以其時,重感于風、寒、濕之氣也。'帝曰:'其客于六府者,何也?'岐伯曰:'此亦其食飲居處,爲其病本也。六府亦各有俞,風、寒、濕氣中其俞,而食飲應之,循俞而入,各舍其府也。'注曰:'六府俞謂背俞也,曰膽俞、胃俞、三焦俞、大腸俞、小腸俞、膀胱俞。'《史記·扁鵲傳》:'扁鵲過雒陽,聞周人愛老人,即爲耳目痹醫。'"

又曰:"《説文》:'痹,濕病也。'曲阜桂馥《義證》曰:'《倉頡篇》:痹,手足不仁也。'《一切經音義》十八:'《説文》痹,濕病也。今言風痹、冷痹皆是也。'《漢·藝文志》《五藏六府痹十二病方》三十六卷。按,桂氏引作"三十六卷"者,非也。"

五藏六府疝十六病方四十卷

師古曰:"疝,心腹氣病,音山諫反,又音删。"

《補注》錢大昭曰:"南雍本、閩本'山諫反'下有'又音删'三字。"朱一新曰:"汪本有三字。"王先謙曰:"官本有。"

按,景祐本有"又音删"三字。

姚振宗曰:"《素問·大奇論》曰:'腎脈、肝脈大急沈,皆爲疝。心脈搏滑急爲心疝,肺脈沉搏爲肺疝。三陽急爲瘕,三陰急爲疝。'注:'疝者,寒氣結聚之所爲也。太陽受寒血凝爲瘕,太陰受寒氣聚爲疝。《方書》云三陽急爲瘕,三陰急爲疝。男子有七疝:寒疝、水疝、筋疝、血疝、氣疝、狐疝、癲疝。'"

又曰:"《説文》:'疝,腹痛也。'桂氏《義證》曰:'《史記·倉公傳》:齊北宮司空命婦出于病,臣意診其脈曰:病氣疝,客于膀胱,難于前後溲,而溺赤。病見寒氣則遺溺,使人腹腫。又云:齊郎中令循病,臣意診之曰:湧疝也,令人不得前後溲。

《漢書·藝文志》《五藏六府疝十六病方》四十卷。'"

五藏六府癉十二病方四十卷

師古曰："癉，黃病，音丁韓反。"

姚振宗曰："《史記·倉公傳》：'齊王太后病，召臣意入診脈，曰：風癉客脬，難於大小溲，溺赤。'《正義》曰：'癉音單，旱也。脬亦作胞，膀胱也。言風癉之病客居在膀胱。'"

又曰："《說文》：'癉，勞病也。'桂氏《義證》曰：'《詩·板》下民卒癉，《傳》云癉，病也。馥案，《釋詁》作癉。《禮記·緇衣》章善癉惡，鄭云癉，病也。《書·畢命》作癉。通作憚。《詩·雲漢》我心憚暑，《傳》云憚，勞也。《漢書·藝文志》《五藏六府癉十二病方》四十卷，顏注癉，黃病。'"

風寒熱十六病方二十六卷

姚振宗曰："《素問·風論》篇：黃帝問曰：'風之傷人也，或爲寒熱，或爲熱中，或爲寒中，或爲癘風，或爲偏枯，或爲風也。其病各異，其名不同，或内至五藏六府，不知其解，願聞其説。'岐伯對曰：'風氣藏于皮膚之間，内不得通，外不得泄。風者善行而數變，腠理開則洒然寒，閉則熱而悶。其寒也，則衰食飲；其熱也，則消肌肉。故使人快慄而不能食，名曰寒熱。'"

姚氏又曰："按，《帝王世紀》云'黃帝使岐伯造醫方以療衆疾'，以上四家，大抵多本之岐伯歟？"

泰始黃帝扁鵲俞拊方二十三卷

應劭曰："黃帝時醫也。"師古曰："拊，音膚。"

《補注》王應麟曰："《黃帝八十一難》序云：'秦越人與軒轅時扁鵲相類，仍號之爲扁鵲。'《扁鵲傳》：'上古之時，醫有俞跗，治病不以湯液醴灑、鑱石撟引、案扤毒熨。一撥見病之應，因五藏之輸，湔浣腸胃，漱滌五藏，練精易形。'《周禮·疾醫》注：'脈之大候，要在陽明寸口，能專是者，其惟秦和乎？岐伯、愈拊，則兼彼數術者。'《呂氏春秋》'巫彭作醫'，《説苑》：'上古之爲醫者曰苗父；中古之爲醫者曰俞柎。'《帝王世紀》：'黃帝使岐伯嘗味百草，典醫療疾，今經方本草之書咸出焉。'《素問》云'上古使僦貸季理色脈而通神明'，注：'岐伯祖世之師。'"①

姚振宗曰："黃帝、扁鵲，見前醫經家。"

又曰："《素問新校正》：案，《乾鑿度》云：'夫有形者生于無形，故有太易，有太初，有太始，有太素。太易者，未見氣也。太初者，氣之始也。太始者，形之始也。太素者，質之始也。'"

又曰："《史記·扁鵲傳》：'上古之時，醫有俞跗，治病不以湯液醴灑、鑱石撟引、案扤毒熨。一撥見病之應，因五藏之輸，乃割皮解肌，訣脈結筋，搦髓腦，揲荒爪幕，湔浣腸胃，漱滌五藏，練精易形。'"

又曰："《説苑·辯物》篇：扁鵲過趙，趙中庶子難之曰：'吾聞中古之爲醫者曰俞柎，俞柎之爲醫也，搦腦髓，束肓莫，炊灼九竅而定經絡，死人復爲生人，故曰俞柎。'"

又曰："《周禮》：'疾醫掌養萬民之疾病，以五味、五穀、五藥養其病，以五氣、五聲、五色眡其死生。兩之以九竅之變，參之以九藏之動。'鄭氏注曰：'能專是者其維秦和乎？岐伯、俞柎則兼彼數術者。'陸氏《釋文》：'岐伯、俞柎皆黃帝時醫人。'"

五藏傷中十一病方三十一卷

姚振宗曰："《素問·診要經絡論》：'凡刺胸腹者必避五藏：中心者環死，氣行如環之周則死也。中脾者五日死，中腎者七日死，中肺者五日死，中鬲者皆爲傷中，其病雖愈，不過一歲必死。'

---

① 按，此節內容與王應麟《漢藝文志考證》之文相合，與《漢書補注》稱引之文有出入。

注：'心、肺在鬲上，腎、肝在鬲下，脾居中，故刺胸腹必避之五藏者，所以藏精神魂魄意志，損之則五神去，神去則死至，故不可不慎也。'又曰：'五藏之氣同主一年，鬲傷則五藏之氣互相剋伐，故不過一歲必死。'《後漢書·方術傳》：郭玉曰：'醫之爲言意也。腠理至微，隨意用巧，針石之間，毫芒即乖。神存于心手之際，①可得解而不可得言也。'"

客疾五藏狂顛病方十七卷

姚振宗曰："《素問·生氣通天論》：'岐伯曰：陰不勝其陽，則脈流薄疾，並乃狂。'注：'薄疾，謂極虛而急數也。並謂盛實也。狂謂狂走，或妄攀登也。陽並于四支則狂陽明。'《脈解》篇：'病甚，則棄衣而走，登高而歌，或至不食數日，踰垣上屋。'岐伯曰：'四支者，諸陽之本也。陽盛則四支實，實則能登高而歌。熱盛于身，故棄衣欲走。或妄言罵詈，不避親疏。'《脈解》篇曰：'所謂狂顛疾者，陽盛在上，而陰氣從下，下虛上實，故狂顛疾也。'"

又曰："《説文》：'瘨，病也。'桂氏《義證》曰：'《聲類》：瘨，風病也。《廣雅》：瘨，狂也。俗作癲。《八十一難經》癲病始發，意不樂，直視僵仆，其脈三部陰陽俱盛是也。《秘方》：邪入于陽，轉則爲癲。又通作顛。《漢·藝文志》《客疾五藏狂顛病方》十七卷。'"

金創瘈瘲方三十卷

服虔曰："音瘲引之瘲。"師古曰："小兒病也。瘈，音充制反。瘲，音子用反。"

《補注》王念孫曰："案，師古注瘲音在前，瘈音在後，則'瘈瘲'當爲'瘲瘈'。《説文》：'瘛，小兒瘛瘲病也。'諸書皆言'瘛

---

① "存"字原脱，據《漢書藝文志條理》及《後漢書·方術傳》補。

瘲',無言'瘛瘲'者。"沈欽韓曰:"《靈樞》注:'瘛瘲者,熱極生風也。'"

姚振宗曰:"《説文》:'瘛,病也。瘲,小兒瘛瘲病也。'桂氏《義證》曰:'《玉篇》:瘛瘲,小兒病。戴侗曰:謂小兒風驚乍掣乍縱也。馥案:《潛夫論·忠貴》篇:嬰兒常病,傷飽也。哺乳太多,則必掣縱而生癎。顔注《急就篇》:瘛瘲,小兒之疾,即今癎病也。《漢書·藝文志》《金創瘛瘲方》三十卷,字或作瘲。'"

姚氏又曰:"按,《隋志》醫方家梁有甘濬之、甘伯齊《療癰疽金創要方》各若干卷,徐氏、范氏《療少小百病雜方》《療小兒藥方》,皆取資于是書爲多。"

婦人嬰兒方十九卷

《補注》沈欽韓曰:"《扁鵲傳》:'過邯鄲,聞貴婦人,即爲帶下醫。入咸陽,聞人愛小兒,①即爲小兒醫。'"

姚振宗曰:"《史記·扁鵲傳》:'扁鵲名聞天下,過邯鄲,聞貴婦人,即爲帶下醫;入咸陽,聞秦人愛小兒,即爲小兒醫。'"

姚氏又曰:"按,《隋志》醫方家有《張仲景療婦人方》二卷,《俞氏療小兒方》四卷,當亦取資于是書。"

湯液經法三十三卷

《補注》王應麟曰:"《素問》有《湯液論》。《事物紀原》:'《湯液經》出於商伊尹。皇甫謐云:仲景論《伊尹湯液》爲十數卷。'"

姚振宗曰:"《素問·湯液醪醴論》:黄帝問曰:'上古聖人作湯液醪醴,爲而不用,何也?'岐伯曰:'自古聖人之作湯液醪醴者,以爲備耳,故爲而弗服也。中古之世,道德稍衰,邪氣

---

① "人"字原脱,據《史記·扁鵲傳》補。

時至,服之萬全。當今之世,必齊毒藥攻其中,鑱石鍼艾治其外也。'"

又曰:"本書《郊祀志》:'王莽篡位二年,以方士蘇樂言,起八風臺于宮中。作樂其上,順風作液湯。'如淳曰:'《藝文志》有《液湯經法》,其義未聞也。'"

又曰:"晁氏《讀書志》曰:'醫經傳于世者多矣,原百病之起瘉者本乎黃帝,辯百藥之味性者本乎神農,湯液則稱伊尹:三人皆聖人也,憫世疾苦,親著書以垂後。'"

又曰:"王氏《考證》:'《事物紀原》:《湯液經》出于商之伊尹。皇甫謐曰:仲景論《伊尹湯液》爲十數卷。'按,漢張機仲景或取是書論次爲十數卷也。"

神農黃帝食禁七卷

《補注》沈欽韓曰:"《本草經》:'神農作赭鞭鉤䎿,從六陰與太一外,五岳四瀆土地所生,皆鞭問之,得其主治,一日遇七十毒。'《御覽》七百二十一:'《帝王世紀》曰:黃帝使歧伯嘗味草木,典主醫病,經方《本草》《素問》之書咸出焉。'然《本草》即肇于神農,而黃帝修之。《志》但言《食禁》,未足以盡之也。"葉德輝曰:"康賴《醫心方》二十九引《本草食禁》云:'正月一切肉不食者吉,二月寅日食不吉,五月五日不食麋鹿及一切肉。'即此書也。疑古本附《本草》後,故云《本草食禁》,沈說非也。或據《醫師》疏以'禁'爲'藥'誤,亦非。"

姚振宗曰:"神農見前農家、兵家、五行、雜占家,黃帝見前醫經家。"

又曰:"《周禮·醫師》疏:'案,《漢書·藝文志》云《神農黃帝食藥》七卷。'阮氏《校勘記》:'浦鏜云"禁"誤"藥"。'"

又曰:"何義門《讀書記》曰:'《藝文志》經方家《神農黃帝食禁》七卷。食禁,《周禮》疏中作食藥。'"

又曰："孫星衍《問字堂集・校定神農本草序》曰：'舊説《本草》之名僅見《漢書・平帝紀》及《樓護傳》。予按，《藝文志》有《神農黄帝食藥》七卷，今本譌爲"食禁"。賈公彦《周禮・醫師》疏引其文正作"食藥"。宋人不考，遂疑《本草》非《七略》中書也。賈公彦引《中經簿》又有《子儀本草經》一卷，疑亦此也。'"

又曰："嚴可均《全上古文編》曰：'《漢・藝文志》經方家有《神農黄帝食禁》七卷，《周禮・醫師》疏引"食禁"作"食藥"，獨《本草》不見，見《平帝紀》及《樓護傳》，蓋"食禁""食藥"即"本草"矣。'"

姚振宗又曰："按，《御覽》八百六十七引《神農食經》，《隋志》引《七録》有《黄帝雜飲食忌》二卷，《食經》《雜飲食忌》即此《食禁》七卷之遺。其書蓋言飲食宜忌，其遺文猶略可尋究。自賈《疏》引作'食藥'，阮氏《校勘記》已云'禁'誤'藥'，而孫氏以爲《本草》，又以爲宋人不考。其意在王氏《考證》所補《本草》之書也。按，深寧氏于此事亦嘗引《周禮・醫師》注疏矣，特未嘗以'食禁'爲'食藥'，亦未嘗以'食禁''食藥'爲'本草'，蓋亦以《禮》疏爲誤，故置不復言也。要之，以此書爲《本草》，僅據《禮》疏'食藥'之駁文，實未嘗別有確證。而同時嚴鐵橋氏亦從而和之，是亦所謂高明之過也歟？又按，《禮》疏此條所引《志》序之文，如以'閉'爲'開'，以'平'爲'此'，以'及'爲'乃'，以'增'爲'益'，以'精'爲'積'，以'所'爲'以'，且有敓落數字致不成句者，其誤甚多，不止此一'藥'字也，豈能一一據以正今本《漢志》乎？"

又曰："又按，皇甫謐《帝王世紀》：'黄帝使岐伯嘗味草木，典主醫病，《經方》《本草》《素問》之書咸出焉。'據此，則《本草》在《黄帝外經》三十七卷中，庶幾近似；謂《本草》即此《食禁》

七卷,實未之信。"

又曰:"又按,是篇前四家爲一段,次五家爲一段,又次二家爲一段,凡三章段。"

右經方十一家,二百七十四卷。

姚振宗曰:"按,是篇家數不誤,卷數則缺少二十一卷,今校定當爲二百九十五卷。"

經方者,本草

王應麟曰:"《淮南子》云:'神農嘗百草之滋味,一日而七十毒。'梁《七錄》:《神農本草》三卷。按,《平帝紀》:元始五年,舉天下通知方術、本草者。《郊祀志》:成帝初有本草待詔。《樓護傳》'少誦醫經、本草、方術數十萬言',其名見於此。陶弘景云:'疑仲景、元化等所記。'舊經三卷,藥止三百六十五種。弘景以《名醫別錄》亦三百六十五種,合七百三十種,因而注釋,分爲七卷。唐顯慶中,李勣、于志寧等刊定,蘇恭增一百十四種,廣爲二十卷,並圖合五十四篇。志寧曰:'世謂神農氏嘗藥以拯含氣,而黃帝以前,文字不傳,以識相付,至桐、雷乃載篇册。然所載郡縣,多是漢時,疑張仲景、華佗所記。'國朝開寶中,盧多遜重定,增百三十有三種。嘉祐中,掌禹錫補注,附以新補八十有二種,新定十有七種,合一千七百有六種,分二十有一卷。新、舊混並,經之本文遂晦。《周禮·疾醫》注'五藥,其治合之齊,則存乎神農、子儀之術',疏:'案,劉向云扁鵲使子儀脈神。又《中經簿》云子儀《本草經》一卷。儀與義一人也,①子義亦周末時人。'《六典》注:"凡藥八百五十種,三百六十,《神農本經》;一百八十二,《名醫別錄》;一百十四,《新修》新附;一百九十四,有名無用。"《帝王世紀》:"黃帝岐伯嘗味草木,定《本草經》,造醫方以療衆疾。"張仲景《金匱》云:'神農能嘗百藥。'"

---

① "一人",原誤倒,據《玉海》卷六十三"漢方技四種"條引《周禮疏》乙正。

石之寒温，

王應麟曰："此論經方之語，而無本草之名。"

量疾病之淺深，假藥味之滋，因氣感之宜，辯五苦六辛，致水火之齊，以通閉解結，

劉光蕡曰："藥石之用，盡此四字。人乃欲以藥補養，惑矣。"

反之於平。

姚振宗曰："《文選·孔文舉薦禰衡表》注引《七略》云'解紛釋結，反之于平安'，似即此篇叙之佚文。"

姚明煇曰："經方者，乃上古相傳之醫方，後世莫能出其範圍，故冠以經名也。五苦：黃連、苦參、苦苓、黃柏、大黃。六辛：乾薑、附子、肉桂、吴茱、蜀椒、細辛。制劑有水火之不同。凡藥，火制四，煅、煨、炙、炒也。水制三，浸、泡、洗也。水火共制二，蒸、煮也。此制劑各有所宜也。"

及失其宜者，

《補注》朱一新曰："汪本'其'下有'所'字。"

以熱益熱，以寒增寒，精氣内傷，不見於外，是所獨失也。故諺曰："有病不治，常得中醫。"

《補注》錢大昭曰："今吴人猶云'不服藥爲中醫'。"

周壽昌曰："案，《周禮》賈疏全引此文，改易數語，致不可通。如云寒温，省"本草石之"四字。以"寒温"屬下讀。疾病之淺深，下省"假藥味"十字。辨五苦六辛，致水火之齊，以通開結，閉易開省解字。反之於此，此易平。乃失其宜者。乃易及。以熱益熱，以寒益寒，益易增。積氣内傷，積易精。是以獨失。省"不見於外"四字，以易所省"也"字。故諺云'有病不治，恒得中醫'。又案，《隋·經籍志》醫方類亦本此《志》以立論，而引作通滯解結，較爲得之。"

劉光蕡曰："漢時即有此語，可見良醫之難。"又曰："以不治病爲中醫，中國醫學之壞蓋久矣。"又曰："'醫經''經方'當別爲一家，此生民之要，聖王參贊化育之至顯者。近人謂至治之世，惟有醫，醫所以除天患，兵所以去人患也。人患可以人力除，天患不能以人力消而免也。故聖人欲去兵，而醫則貴有恒也。"

房　　中

容成陰道二十六卷

《補注》沈欽韓曰："《抱朴子・遐覽》篇：'道經有《容成經》。'《列仙傳》：'容成公者，自稱黃帝師，見於周穆王，能善補導之事。'"

姚振宗曰："容成子有書十四篇，見《諸子》陰陽家。"

又曰："劉向《列仙傳》：'容成公者，自稱黃帝師，見于周穆王。能善補導之事，取精于玄牝。其要谷神不死，守生養氣者也。髮白更黑，齒落更生，事與老子同，亦云老子師也。'"

又曰："俞樾《莊子人名考》：'《莊子・則陽》篇有容成氏。《釋文》曰：老子師也。按，《漢書・藝文志》陰陽家有《容成子》十四篇，房中家又有《容成陰道》二十六卷。此即老子之師也。'"

又曰："《後漢書・方術傳》：'甘始、東郭延年、封君達三人，皆方士也。率能行容成御婦人術，或飲小便，或自倒懸，愛嗇精氣，不極視大言。'注：'御婦人之術，謂握固不瀉，還精補腦也。'"

又曰："王氏《考證》：《後漢・方術傳》：'冷壽光者，行容成公御婦人法。'《神仙傳》云：'甘始依容成玄素之法，更演益之爲十卷。'"

姚振宗又曰："按，《列仙傳》言容成公'自稱黃帝師'，正是方術家誇誕之説。黃帝時有容成氏造曆，因此而附會之。《抱朴子·遐覽》篇言《道書》中有《容成經》一卷。"

務成子陰道三十六卷

姚振宗曰："務成子有書十一卷，見《諸子》小說家。又有《災異應》十四卷，見《數術》五行家。"

又曰："《抱朴子·明本》篇：'赤松子、王喬、琴高、老氏、彭祖、務成、鬱華皆眞人，悉仕于世，不便遐遁。'"

又曰："高似孫《緯略》曰：'《黃庭經》極修煉吐納之妙，有務成子注。'"

姚氏又曰："按，《抱朴子·金丹》篇又引《務成子丹法》，或在是書。"

堯舜陰道二十三卷

姚振宗曰："嚴可均《上古三代文編》：'帝堯，姓伊祁，名放勳，帝嚳子，兄帝摯，封爲唐侯，以帝摯之九年受禪，號陶唐氏，以火德王，都平陽。或云以土德王，在位七十年而舜攝，又二十八年崩，年百十七，謚曰堯。帝舜，姓姚，名重華，或云字都君，諸馮人，顓頊之後。堯徵爲司徒，尋攝政受禪，號有虞氏，以土德王，都蒲坂，在位五十年，年百歲，或云百十歲，謚曰舜。'"

湯盤庚陰道二十卷

《補注》沈欽韓曰："《呂覽》：'湯問伊尹曰：欲取天下若何？伊尹對曰：凡事之本，必先治身，嗇其大寶，用其新，棄其陳，腠理遂通，精氣日新，邪氣盡去，及其天年，此之謂眞人。'"

姚振宗曰："嚴可均《三代文編》：'商湯，姓子，名履，一名天乙，契十四世孫，即位十七年克夏，號曰武王。王十三年崩，年百歲，謚曰湯。一曰成湯，一曰武湯。'"

又曰："本書《人表》第二等仁人盤庚，陽甲弟。梁玉繩曰：'盤庚始見《商書》《史·殷紀》《世表》，盤又作般，名旬，殷之中興王也。自奄遷亳、殷,在位二十八年。'"

姚振宗又曰:"按,術家類皆依託黃帝,此兩書又依託堯、舜、湯及盤庚,可謂惑世誣民者矣,不知《錄》《略》之中復何所云也。"

天老雜子陰道二十五卷

《補注》沈欽韓曰:"張衡《同聲歌》:'素女爲我師,儀態盈萬方。衆夫所希見,天老教軒皇。'"

姚振宗曰:"《論語摘輔象》:黃帝七輔,天老受天籙。宋均曰:'天籙,天教命也。'"

又曰:"《帝王世紀》:'黃帝以風后配上台,天老配中台,五聖配下台,謂之三公。'"

又曰:"《文選·嵇叔夜養生論》注引《天老養生經》:老子曰:'人生大期,以百二十年爲限,節度護之,可至千歲。'"

姚振宗又曰:"按,《文選注》引《天老養生經》,或此書之佚出者。"

天一陰道二十四卷

姚振宗曰:"天一有《兵法》三十五篇,見兵陰陽家。又有《天一》六卷,見《數術》五行家。"

姚氏又曰:"按,以上六家皆言陰道。《列仙傳》有云'女丸者,陳市上沽酒婦人也,遇仙人過其家飲酒,以《素書》五卷爲質。丸開視其書,乃養性交接之術'云云,亦陰道中一事也。《隋志》醫方家有《素女秘道經》並《玄女經》一卷。《文選·思玄賦》注引高誘《淮南子》注曰:'素女,黃帝時方術之女也。'《秘道經》《玄女經》蓋即此類之遺。①"

黃帝三王養陽方二十卷

《補注》葉德輝曰:"康賴《醫心方》二十九《養陽》篇引《玉房秘

---

① "遺",原誤作"道",據《漢書藝文志條理》改。

訣》黄帝問素女、玄女、采女陰陽之事。皆其遺説也。《玉房秘訣》等書見《隋志》。康賴，日本人，當中國北宋時。"

姚振宗曰："孫星衍《素女經四季方序》曰：'《素女方》一卷，見《隋書·經籍志》，其名不載《漢·藝文志》，然即神仙家《黄帝雜子十九家方》二十卷之一也。按，當云"房中家《黄帝三王養陽方》二十卷之一"，觀下文可知此駁文而失于訂正者。其書隋唐猶有傳本，王燾取入《外臺秘要》卷十七中，云"出《古今錄驗》，真古書也"。書稱黄帝與素女、高陽負問答，述交接之禁忌，叙四時之藥物，以爲房中卻病之術。文句有韻，以"逆"爲"迎"，以"知"爲"愈"，皆古字古義，審非後人僞作。房中之術，古有傳書，容成、務成、堯、舜《陰道》，俱一家之學，班氏所云"樂而有節，則和平壽考。迷者弗顧，以生疾而隕性命"，誠哉斯言！《千金翼方》卷五行房法一依《素女經》：婦人月信斷一日爲男，二日爲女，三日爲男，四日爲女，以外無子。每日午時夜半後行事生子吉，餘時生子不吉。此亦書佚文，並附識之。'"

姚氏又曰："按，太史公《五帝本紀》贊'百家言黄帝，其文不雅馴，薦紳先生難言之'，此其不雅馴之尤者。黄帝三王，殆即謂黄帝三子，相傳有黄帝授三子《玄女經》，疑即是書之佚出者。"

三家内房有子方十七卷

姚振宗曰："《抱朴子·仙藥》篇：'杜子微服天門冬，御十八妾，有子百三十人，日行三百里。陵陽子仲服遠志二十年，有子三十七人。開書所視不忘，坐在立亡。'"

姚氏又曰："按，葛稚川所説兩事疑出是書，此後世種子方之所由來也。《隋志》醫方家有《玉房秘訣》八卷，《徐太山房内秘要》一卷，或即是書之流。以上二家皆言陽道。"

又曰："又按，是篇前六家爲一段，後二家爲一段，凡兩章段。"

右房中八家，百八十六卷。

姚振宗曰："按，是篇家數不誤，卷數缺少五卷，今校定當爲一百九十一卷。"

周壽昌曰："案，房中各書雖鮮傳錄，玩《志》所闡述，大約容成玉女之術，而僞託於黃帝、堯、舜，尤爲謬妄。至於養陽有子諸方，辭不雅馴，搢紳先生所不道，而歆校入《七略》，何也？蓋歆仕當孝成時，成帝溺志色荒，禍水召孽。歆校書其間，特爲編塵乙覽，導淫逢欲，卒使成帝殞命殄嗣，歆之罪不可道矣。班氏雖以制樂禁情強作理語，未能剷除此門，徒使《藝文》留玷，亦一恨事。《隋》《唐志》存房中一門，而不錄書目，差爲有識，然不如徑刪去此門尤佳。"

房中者，性情之極，至道之際，

《補注》朱一新曰："'性情'，汪本作'情性'。"王先謙曰："官本作'情性'。"

按，景祐本作"情性"。

劉光蕡曰："即'賢賢易色''君子之道造端乎夫婦'。"

是以聖王制外樂以禁內情，而爲之節文。

劉光蕡曰："可見古房中術皆言房中禮樂，以節淫欲也。漢高祖、唐山夫人有《安世房中歌》，其得聖王'制外樂以禁內情'之意矣。《關雎》樂而不淫，'琴瑟友之'亦即此意。枕席之上如在廟廷，如對師友，則天理常存，人欲無或肆之地矣。"

傳曰："先王之作樂，所以節百事也。"樂而有節，則和平壽考。及迷者弗顧，以生疾而隕性命。

劉光蕡曰："'君子之道造端乎夫婦'，房中有禮可以觀其微矣。"

姚振宗曰："《抱朴子·釋滯》篇：'房中之法十餘家，或以補救傷損,或以攻治衆病,或以采陰益陽,或以增年延壽。其大要在于還精補腦之一事耳。此法乃真人口口相傳,本不書也。雖服名藥,而復不知此要,①亦不得長生也。人復不可都絕陰陽,陰陽不交,坐致壅閼之病,故幽閉怨曠,多病而不壽也。任情肆意,又損年命。唯有得其節宣之和,②可以不損。若不得口訣之術,萬無一人爲之而不以此自傷煞者也。玄素子都、容成公、彭祖之屬,蓋載其粗事,終不以至要者著于紙上者也。'又曰:'房中之術,近有百餘事焉。③'《遐覽》篇云:'《道經》中有《玄女經》《素女經》《彭祖經》《子都經》《容成經》各一卷。'又《微旨》篇曰:'善其術者,則能卻走馬以補腦,還陰丹以朱腸,④采玉液于金池,引三五于華梁,令人老有美色,終其所稟之天年。'又曰:'彭祖之法,最其要者。其他經多煩勞難行,而其爲益不必如其書,人少有能爲之者。口訣亦有數千言耳,不知之者雖服百藥,⑤猶不能得長生也。'嚴可均《全三代文編》:'彭祖,姓彭,名翦,一云名籛鏗,一云姓籛名鏗,陸終第三子,祝融之孫,顓頊之玄孫。封于大彭,謂之彭祖。歷事唐、虞、夏,傳數十世,而滅于商。爲守藏史。或謂壽八百歲,不經之談也。有《養性經》一卷,見《隋志》醫方家。又《道藏》臨字五號有《彭祖攝生養性論》,《文選·嵇叔夜養生論》注引《彭祖養生要》,《御覽》七百二十引《彭祖養壽》《老子養生要訣》,皆道家依託。'"

---

① "復不知",原誤作"不復知",據《漢書藝文志條理》及清《平津館叢書》本《抱樸子》(以下《抱樸子》皆據此本,不再注明)改。
② "其"字原脱,據《漢書藝文志條理》及《抱樸子》補。
③ "近"下原衍一"世"字,據《漢書藝文志條理》及《抱樸子》删。
④ "腸",原誤作"陽",據《漢書藝文志條理》及《抱樸子》改。
⑤ "之"字原脱,據《漢書藝文志條理》及《抱樸子》補。

神　仙

宓戲雜子道二十篇

姚振宗曰：“嚴可均《全上古文編》：‘太昊亦作太皞，姓風，號伏戲氏。以木德王，是爲春皇，一云伏羲氏，一云宓戲氏，一云包義氏，一云庖犧氏。都陳。在位百十一年，一云百六十四年。《左傳·定四年》正義引《易》云：伏羲作十言之教，曰乾、坤、震、巽、坎、離、艮、兌、消、息。’按，相傳伏羲文字止此。”

又曰：“王氏《考證》：《帝王世紀》‘宓戲畫八卦，以通神明之德，類萬物之情。所以六氣、六腑、五臟、五行、陰陽、水火升降，得以有象。百病之理，得以類推。炎黃因斯乃嘗味百藥而制九鍼。’莊子曰：‘伏羲得之，以襲氣母。’”

姚振宗又曰：“按，自來神仙家、道家往往託始黃帝，觀于此則漢時相傳且有託始神農、伏羲者。王氏摭《世紀》《莊子》之言以解釋之，其意蓋以爲依託者大抵緣是以爲之説也。”

上聖雜子道二十六卷

姚振宗曰：“按，上聖者，大抵謂上古聖人，在伏羲氏之後者也。上聖雜子猶言泰壹雜子、黃帝雜子、皇公雜子、淮南雜子、子贛雜子、天老雜子及後文道要雜子、神農雜子之類，皆所託之人也。”

道要雜子十八卷

姚振宗曰：“按，道要大抵謂至道之要，無所主名者也。”

黃帝雜子步引十二卷

《補注》王應麟曰：“《列子·天瑞》篇引《黃帝書》曰：‘谷神不死，是謂玄牝。’梁肅《導引圖序》：‘朱少陽得其術於《黃帝外書》，又加以元禽化禽之説，乃志其善者演而圖之。’《隋志》有

《引氣圖》《道引圖》。《抱朴子》云：'黃帝論導養而質玄、素二女，著體診則受雷、岐。'西山真氏曰：'養生之說，出於《老子》。《谷神章》，其最要也。《莊子》曰：黃帝得之，以登雲天。'"①《崇文總目》："《軒轅黃帝導引法》一卷。"

姚振宗曰："《後漢書·華佗傳》：佗曰：'人體欲得勞動，但不當使極耳。動搖則穀氣得銷，血脈流通，病不得生，譬如戶樞，終不朽也。是以古之仙者爲導引之事，熊經鴟顧，引挽要體，動諸關節，以求難老。'章懷太子曰：'熊經，若熊之攀枝自懸也。鴟顧，身不動而回顧也。《莊子》曰：吐故納新，熊經鳥申，此導引之士，養形之人也。'"

又曰："《抱朴子·對俗》篇：'知上藥之延年，故服其藥以求仙。知龜鶴之遐壽，故效其道引以增年。'又《仙藥》篇：'禹步法：前舉左，右過左，左就右。次舉右，左過右，右就左。次舉左，右過左，左就右。如此三步。當滿二丈一尺。'《登涉》篇云：'凡作天下百術，皆宜知禹步。'又《遐覽》篇云：'《道經》中有《道引經》十卷。'"

又曰："王氏《考證》：《列子·天瑞》篇引《黃帝書》曰：'谷神不死，是謂玄牝。'梁肅《導引圖序》：'朱少陽得其術于《黃帝外書》，又加以元禽化禽之說，乃志其善者演而圖之。'《抱朴子》云：'黃帝論導養而質玄、素二女，著體診則受雷、岐。'"

又曰："嚴可均《全上古文編》曰：'《道藏》盡字號有《彭祖導引圖》一篇。'"

姚振宗又曰："按，《隋志》醫方家有《引氣圖》一卷，《道引圖》三卷，注云'立一，坐一，卧一'，其皆原于是書歟？"

---

① 按，此節內容與王應麟《漢藝文志考證》之文相合，與《漢書補注》稱引之文有出入。

黃帝岐伯按摩十卷

《補注》沈欽韓曰："《韓詩外傳》：'子游按摩。'趙岐《孟子注》：'折枝者，按摩、折手節、解罷枝也。'《抱朴子·遐覽》篇：'《按摩經》《導引經》十卷。'《唐六典》：'太醫令屬官按摩博士一人，置按摩師、按摩工佐之，教按摩生。'"

楊樹達曰："按，今日本按摩術盛行，大率瞽者於街頭自名鷰技，中土之流傳也。"

姚振宗曰："《史·扁鵲傳》：'乃使子豹爲五分之熨，以八減之齊和煮之，以更熨兩脅下。'《索隱》：'案，言五分之熨者，謂熨之令溫煖之氣入五分也。八減之齊者，謂藥之齊和所減有八。並越人當有此方也。'《韓詩外傳》云'扁鵲使子游按摩'，《周禮·疾醫》疏引劉向《說苑》云'使子術按摩'。"

又曰："《抱朴子·遐覽》篇：'《道經》中有《按摩經》一卷。'"

又曰："王氏《考證》：'《唐六典》"按摩博士一人"注："崔寔《政論》云熊經、鳥伸，延年之術。故華佗有五禽之戲，魏文有五搥之鍛。《仙經》云戶樞不朽，流水不腐。謂使骨節調利，血脈宣通。"'按，此蓋舉步引、按摩合並言之。"

黃帝雜子芝菌十八卷

師古曰："服餌芝菌之法也。菌，音求閔反。"

《補注》王應麟曰："《黃帝內傳》：'王母授《神芝圖》十二卷。'《水經注》：'黃帝登具茨之山，受《神芝圖》於黃蓋童子。'"

沈欽韓曰："《抱朴子·仙藥》篇：'五芝者，石芝、木芝、草芝、肉芝、菌芝，各有百許種。'"

姚振宗曰："《太平御覽·休徵部》：徐整《長曆》曰：'黃帝以五芝爲房名。'"

又曰："《抱朴子·仙藥》篇：'五芝者，有石芝，有木芝，有草芝，有肉芝，有菌芝，各有百許種也。'又曰：'菌芝，或生深山之中，或生大木之下，①泉水之側。其狀或如宮室，或如車馬，或如龍虎，或如飛鳥，五色無常，亦百二十種，自有圖也。'又《遐覽》篇云：'《道經》中有《木芝圖》《菌芝圖》《肉芝圖》《石芝圖》《大魄雜芝圖》各一卷。'又《黃白》篇云：'夫芝菌者，自然而生。而《仙經》有以五石五木種芝，芝生，取而服之，亦與自然芝無異，俱令人長生。'"

又曰："王氏《考證》：黃氏曰：'《神農經》：五芝久食，輕身，延年不老。《黃帝內傳》：王母授《神芝圖》十二卷。《水經注》：黃帝登具次之山，受《神芝圖》于黃蓋童子。'"

姚振宗又曰："按，《抱朴子·仙藥》篇備言菌芝之事，又云：'事在《太乙玉策》及《昌宇內記》，不可具稱也。'葛稚川習于神仙之術，又距漢不遠，或及見是書，其所云云疑皆出此十八卷中也。"

黃帝雜子十九家方二十一卷
泰壹雜子十五家方二十二卷

姚振宗曰："《抱朴子·釋滯》篇曰：'欲求神仙，唯當得其至要。至要者在於寶精行炁，服一大藥便足。然此三事，復有淺深，不值明師，不經勤苦，亦不可倉卒而盡知也。②雖雲行炁，而行炁有數法焉。雖曰房中，而房中之術近有百餘事焉。雖云服藥，而服藥之方略有千條焉。'又《金丹》篇有《黃帝九鼎神丹經》《太乙招魂魄丹法》。"

又曰："王氏《考證》：羅氏曰：'秦猶以博士領其方，而號其人爲列仙之儒，明猶有所本，非若後世夸者之傳也。'"

姚氏又曰："按，《隋志》醫方家有《養生服食禁忌》一卷，又有《神仙服食經》《服食方》數家，《道藏目錄》如字號有《軒轅黃

---

① "木"，原誤作"水"，據《漢書藝文志條理》及《抱樸子》改。
② "倉"，原誤作"食"，據《漢書藝文志條理》及《抱樸子》改。

帝水經藥法》一卷，大抵原于是兩書。"

神農雜子技道二十三卷

《補注》沈欽韓曰："《抱朴子·極言》篇：'神農曰：百病不愈，安得長生？'"

姚振宗曰："《抱朴子·仙藥》篇：《神農四經》曰：'上藥令人身安命延，升爲天神，遨游上下，使役萬靈，體生毛羽，行厨立至。'又曰：'五芝及餌丹砂、玉札、曾青、雄黄、雌黄、雲母、太乙禹餘糧，各可單服之，皆令人飛行長生。'又曰：'中藥養性，下藥除病，能令毒蟲不加，猛[1]獸不犯，惡氣不行，衆妖併辟。'"

又曰："《對俗》篇曰：'仙人道術，則變易形貌，吞刀吐火，坐在立亡，興雲起霧，召致蟲蛇，合聚魚鼈，三十六石立化爲水，消玉爲粘，潰金爲漿，入淵不沾，蹈刃不傷，幻化之事，九百有餘。'"

姚振宗又曰："按，葛稚川引《神農四經》《御覽》九百八十四引無"四"字。疑即此書。技道者，神仙家之言法術者也。《隋志》五行家引《七録》有《淮南萬畢經》《淮南變化術》《陶朱變化術》《五行變化墨子》之類，皆其流亞也。"

泰壹雜子黄冶三十一卷

師古曰："黄冶，釋在《郊祀志》。"

《補注》沈欽韓曰："《抱朴子》有《黄白》篇，《神仙經》：'黄白之方二十五卷，千有餘首。'"

周壽昌曰："顔注曰：'黄冶，釋在《郊祀志》。'壽昌案，《郊祀志》云：'黄冶變化。'注：晋灼曰：'黄者，鑄黄金也。道家言冶丹沙令變化，可鑄作黄金也。'大約如《隋·經籍志》合丹節

---

[1] "猛"，原誤作"狂"，據《漢書藝文志條理》及《抱樸子》改。

度金丹藥方、《唐·藝文志》燒煉秘訣之類。本書《劉向傳》：向得《淮南鴻寶苑秘書》《鄒衍重道延命方》，上言黃金可成，卒不驗，論死，久得釋。皆此類書也。"

姚振宗曰："《史·封禪書》：李少君以祠竈、穀道、卻老方見上，言：'祠竈則致物，致物而丹砂可化爲黃金，黃金成以爲飲食器則益壽，①益壽而海中蓬萊仙者乃可見，見之以封禪則不死，黃帝是也。'于是天子始親祠竈，而事化丹砂諸藥齊爲黃金矣。"

又曰："本書《劉向傳》：'上復興神仙方術之事，而淮南有《枕中鴻寶苑秘書》。書言神仙使鬼物爲金之術，而更生父德武帝時治淮南獄得其書。更生幼而讀誦，以爲奇，獻之，言黃金可成。上令典尚方鑄作事，費甚多，方不驗。'"

又曰："本書《郊祀志》：'谷永說上曰：臣聞明于天地之性，不可惑以神怪；知萬物之情，不可罔以非類。諸背仁義之正道，不遵五經之法言，而盛稱奇怪鬼神，廣崇祭祀之方，求報無福之祠，及言世有仙人，服食不終之藥，遥興輕舉，登遐倒景，覽觀縣圃，淨游蓬萊，耕耘五德，朝種暮穫，與山石無極，黃冶變化，堅冰淖溺，化色五倉之術者，皆奸人惑衆，挾左道，懷詐僞，以欺罔世主。聽其言，洋洋滿耳，若將可遇；求之，盪盪如係風捕景，終不可得。新垣平、齊人少翁、公孫卿、欒大等，皆以仙人、黃冶、祭祠，後皆以術窮詐得，誅夷伏辜。'晋灼曰：'黃者，鑄黃金也。道家言冶丹砂令變化，可鑄作黃金也。'按，谷子雲之說，舉技道、黃冶合並言之。"

又曰："王氏《考證》：《龜筴傳》褚先生曰：'臣爲郎時，見《萬畢石朱方》。'《隋志》金丹玉液長生之事，歷代糜費不可勝紀，

---

① "成"，原誤作"戍"，據《漢書藝文志條理》及《史記·封禪書》改。

竟無效焉。"

姚振宗又曰:"按,《抱朴子·金丹》篇云'金液,太乙所服而仙者也',則神仙家有自名爲太乙者,似即此泰壹。又引務成子丹法,《黃白》篇又引務成子作黃金法、羨門子丹法、韓終丹法,疑即此泰壹雜子之流。又《遐覽》篇云'《道經》中有《黃白要經》《八公黃白經》各一卷,《枕中黃白經》五卷',《隋志》醫方家有《雜神仙黃白法》十二卷,《陵陽子説黃金秘法》一卷,或皆原于是書。"

又曰:"又按,《抱朴子·黃白》篇云'《神仙經》《黃白之方》二十五卷,千有餘首。或題篇曰《庚辛》,庚辛亦金也。然率多深微難知,其可解分明者少許爾',似即此書,至葛稚川時存二十五卷、千餘首云。"

又曰:"又按,是篇前三家爲一段,後七家爲一段,凡兩章段。前三家雜論神仙之道,後七家言步引按摩芝菌者各一,言服食方者各一,言技道黃冶者各一,自始至終條理井然如此。"

右神仙十家,二百五卷。

姚振宗曰:"按,是篇家數不誤,卷數溢出四卷,今校定當爲二百一卷。"

王應麟曰:"司馬公曰:'老莊之書,大指欲同死生、輕去就;而爲神仙者,服餌修鍊以求輕舉,鍊草石爲金銀。其爲術正相戾。是以劉歆《七略》叙道家爲諸子,神仙爲方技,其後復有符水、禁呪之術。至寇謙之,遂合而爲一。至今循之,其訛甚矣。'蘇氏曰:'黃帝、老子之道,本也;方士之言,末也。'羅氏曰:'秦猶以博士領其方,而號其人爲列仙之儒,明猶有所本,非若後世夸者之傳也。'歐陽氏曰:'自古有道無仙,後世之人知有道而不得其道,不知無仙而妄學仙。'葛洪云:'秦阮倉所記有數百人,劉向所纂,又七十一人。'顏之推云:'《列仙傳》,劉向所造,而贊云七十四人,出佛經,非本文也。'"

神仙者,所以保性命之真,而游求於其外者也。聊以盪意平心,同死生之域,

師古曰:"盪,滌。一曰盪,放也。"

劉光蕡曰:"聊以爲養生之助,非真可恃也。"

而無怵惕於胸中。然而或者專以爲務,則誕欺怪迂之文彌以益多,

師古曰:"誕,大言也。迂,遠也。"

《補注》王先謙曰:"不敢斥言武帝,而其文甚顯。"

非聖王之所以教也。孔子曰:"索隱行怪,後世有述焉,吾不爲之矣。"

師古曰:"《禮記》載孔子之言。索隱,求索隱暗之事。而行怪迂之道,妄令後人有所祖述,非我本志。"

《補注》張佖曰:"案,《禮記·中庸》篇有云:'子曰:索隱行怪,後世有述焉,吾弗爲之矣。'鄭玄注云:'索,讀如攻城攻其所傃之所傃,傃猶鄉也,言方鄉避害隱身而行佹譎,以作後世名也。弗爲之矣,恥之也。'今《志》作'索隱',師古從而解之,文、注即與《禮記》不同,意義亦不相遠,故'索'字不更刊正作'素'字。"

王應麟曰:"《中庸》'素隱',朱文公按《漢書》作'索'。"

劉光蕡曰:"神仙不如養生,養生則神仙之說該其內而無流弊。名爲神仙,即已誕欺怪迂,莫可究詰矣。"

凡方技三十六家,八百六十八卷。

姚振宗曰:"按,此言家數不誤,卷數則溢出六卷,今校定當爲八百六十二卷。"

方技者,皆生生之具,王官之一守也。太古有岐伯、俞拊。中世有扁鵲、秦和。

師古曰:"和,秦醫名也。"

姚明煇曰："岐伯、俞拊皆黃帝臣也，詳見《內經》。扁鵲，秦越人，詳《史記·列傳》，與趙簡子同時，蓋在春秋戰國之際。秦和與趙文子同時，見《左傳·昭公元年》及《晉語》。"

蓋論病以及國，

《補注》王應麟曰："《晉語》：'趙文子曰：醫及國家乎？醫和對曰：上醫醫國，其次疾，固醫官也。'"

原診以知政。

師古曰："診，視驗，謂視其脈及色候也。診，音軫，又音丈刃反。"

漢興有倉公。今其技術晻昧，故論其書，以序方技爲四種。

師古曰："晻，與暗同。"

姚振宗曰："《史記·扁鵲倉公列傳》：太倉公者，齊太倉長，臨菑人也，姓淳于氏，名意。少而喜醫方術。高后八年，更受師同郡元里公乘陽慶。慶年七十餘，無子，使意盡去其故方，更悉以禁方予之，傳黃帝、扁鵲之脈書，五色診病，知人生死，決嫌疑，定可治，及藥論，甚精。受之三年，爲人治病，決死生多驗。文帝詔問其狀，意對受其脈書上下經、五色診、奇咳術、揆度陰陽外變、藥論、石神、接陰陽禁書云云。按，此則醫經、經方兩家之書，大抵皆傳自倉公爲多。方技者，方士之技，故房中、神仙兩家亦以其類附之。"

大凡書，六略三十八種，五百九十六家，萬三千二百六十九卷。入三家五十篇，省兵十家。

《補注》沈欽韓曰："《論衡·案書》篇：'六略之録，萬三千篇。'《隋志》：'《七略》大凡三萬三千九十卷。'與此《志》略異。《通考》卷數與《隋志》同。劉昫《志》亦云：'《漢·藝文志》裁三萬三千九十卷。'則刻本於上應脫'一'字。歆所撰雖名《七略》，其《輯略》即其彙別群書，標列恉趣，若《志》之小序耳，實止有六略也。"

葉德輝曰:"按,《弘明集》引阮孝緒梁《七錄》云:'《漢書·藝文志》書三十八種,五百九十六家,一萬三千三百六十九卷。'是梁時《志》文'二百'作'三百',總覈《志》載書數,實祇多二卷矣。又引《七略》云:'書三十八種,六百三家,一萬三千二百一十九卷。'以較《藝文志》,實多七家。班自注入三家,省兵十家,以較《七略》實少七卷,其數皆足以兩相取證,惟卷帙則無考耳。"陶憲曾曰:"三家者,劉向、揚雄、杜林三家也。五十篇者,書入劉向《稽疑》一篇,小學入揚雄、杜林二家三篇,儒家入揚雄三十八篇,賦入揚雄八篇,凡五十篇,皆班氏所新入也。若禮入《司馬法》,兵技巧入《楚鞶》,本在《七略》之內,互相出入,故於此不數也。"

王先謙曰:"官本'大'下提行。"

王應麟曰:"景迂晁氏曰:'劉歆告揚雄云"三代之書,蘊藏於家直不計耳",顧弗多耶?今有一《周易》而無《連山》《歸藏》;有一《春秋》而無千二百國寶書及《不修春秋》;有鄉禮二、士禮七、大夫禮二、諸侯禮四、諸公禮一,而天子之禮無一傳者,不知其傳孰多於其亡耶?'《隋志》:'光武篤好文雅,明、章尤重經術。鴻生鉅儒,負袠自遠而至。石室、蘭臺,彌以充積。又於東觀及仁壽閣集新書,校書郎班固、傅毅等典掌焉。並依《七略》爲書部,固編爲《藝文志》。'晁氏公武曰:'劉歆始著《七略》,①總錄群書。至荀勗,更著《新簿》,分爲四部,蓋合兵書、術數、方技於諸子。自春秋類摘出《史記》別爲一,②六藝、

---

① "劉歆始著",原誤作"劉始姓著",據《漢藝文志考證》改。
② "摘出",原誤作"春秋",據《四部叢刊》影印宋淳祐本《昭德先生郡齋讀書志》(以下《郡齋讀書志》皆據此本,不再注明)及上下文意改。

諸子、詩賦皆仍歆舊。其後歷代所編書目,如王儉、阮孝緒之徒,咸從歆例。謝靈運、任昉之徒,皆從勖例。唐分經、史、子、集,藏於四庫,是亦祖述勖而加詳焉,歐陽公謂始於開元,其誤甚矣。'"①

王氏又曰:"《決疑》曰:'自六經以至陰陽之家,其數或多或少。春秋九百四十八篇,而其數之不及者七十有一;道家九百十三篇,而其數之衍者四十有四。自此以後,蓍龜一家而卷之溢於目者八十,醫經一家而卷之不登其總者四十有一。或者其傳於後世,有以私意增損者邪?'夾漈鄭氏曰:'蕭何入咸陽,收秦律令圖書,則秦亦未嘗無書籍也。其所焚者,一時間事耳。秦人之典,蕭何能收於草昧之初;蕭何之典,歆何不能紀於承平之後?是所見有異也。'范氏曰:'漢時以竹簡寫書,在天下者至少,非秘府不能備。非如後世以紙傳寫,流布天下,所在皆有也。'"

姚振宗曰:"按,以上六略都凡之數計之,則爲六百七十七家,一萬二千九百五十一篇,圖四十三卷,共一萬二千九百九十四篇卷。與此總數亦不相符,多非其實。今就所載詳加校定,實有六百二十六家,内一家無篇數,一萬二千九百八十一篇,圖四十八卷,共一萬三千二十九篇卷。然與阮氏《七錄序目》所載《藝文志》家數、篇數亦不相合,莫得而詳矣。入三家者,劉向、揚雄、杜林也。五十篇者,尚書家劉向《稽疑》一篇,小學家揚雄《訓纂》一篇、《倉頡訓纂》一篇,杜林《倉頡訓纂》一篇,《倉頡故》一篇,儒家揚雄所序三十八篇,詩賦揚雄賦八篇,凡三家六部五十一篇。此云五十篇者,蓋後人誤以揚雄《訓纂》一篇不數在内故也,已詳見本條。省兵十家者,兵權

---

① "其誤甚"三字原脱,據《昭德先生郡齋讀書志》及上下文意補。

謀省九家，兵技巧省一家，亦各詳本條。尚有樂家出淮南、劉向等《琴頌》七篇，春秋家省《太史公》四篇，蓋因重復，不關家數，故置不復言。此外如諸子出《蹴鞠》入兵家，兵家出《司馬法》入禮家，皆《七略》所有，班氏特移易其部居，無所出入，故亦不必言也。"